CLEMENS M. KASPER

THEOLOGIE UND ASKESE

Die Spiritualität
des Inselmönchtums von Lérins
im 5. Jahrhundert

ASCHENDORFF MÜNSTER

BEITRÄGE ZUR GESCHICHTE DES ALTEN MÖNCHTUMS UND DES BENEDIKTINERTUMS

BEGRÜNDET VON
ILDEFONS HERWEGEN OSB
ABT VON MARIA LAACH

IN VERBINDUNG MIT PETRUS BECKER OSB UND PIUS ENGELBERT OSB
HERAUSGEGEBEN VON EMMANUEL v. SEVERUS OSB
BENEDIKTINER DER ABTEI MARIA LAACH

VERÖFFENTLICHUNG DES ABT-HERWEGEN-INSTITUTS
MARIA LAACH

BAND 40

Vorliegende Arbeit wurde
von der Theologischen Fakultät der Albert-Ludwigs-Universität zu Freiburg
mit dem Bernhard-Welte-Preis 1990 ausgezeichnet.

D 25

Gesamtherstellung: Druckhaus Aschendorff, Münster, 1991

ISSN 0936-3858
ISBN 3-402-03974-5

Inhaltsverzeichnis

Die Arbeit ist der geringfügig verbesserte, um eine Tabelle (S. 372) und die Register erweiterte, Abdruck einer Dissertation, die an der Albert-Ludwigs-Universität, Freiburg (bei Prof. Dr. Karl Suso Frank), entstand. Allen, die positiv zum Gelingen der Arbeit beigetragen haben, sei ausdrücklich gedankt. Stellvertretend seien hier nur Frau Elisabeth Grünbeck, die mich bis zur Fertigstellung des Manuskriptes unermüdlich unterstützte, und P. Dr. Emmanuel von Severus OSB, der die Herausgabe in der Reihe „Beiträge“ äußerst sorgfältig begleitete, genannt.

Himmerod, am Fest des hl. Honoratus (16. 1.) 1991 C. M. Kasper

Quellenverzeichnis

(mit den Abkürzungen der häufig zitierten Werke)

Die Abkürzungen der Ausgaben und Zeitschriften im Quellen- und Literaturverzeichnis folgen, wenn nicht anders vermerkt, dem Abkürzungsverzeichnis der Theologischen Realenzyklopädie (Berlin/New York, 1976).

Da aus dem Corpus Christianorum nur die lateinische Serie benutzt wurde, wird die Abkürzung „CC“ verwendet.

Ambrosius
- Hymnen; A. S. Walpole, Early Latin Hymns (Cambridge 1922) 16–114.
- Examerон; C. Schenkl, CSEL 32,1 (1897) 1–261.

Athanasius
- Vita Antonii (anonyme Übersetzung um 360), Testo critico e commento a cura di G. J. M. Bartelink (Fondazione Lorenzo Valla ³1981).

Augustinus
- Confessiones; L. Verheijen, CC 27 (1981).
- De consensu evangelistarum; F. Weihrich, CSEL 43 (1904).
- De Genesi ad literam; J. Zycha, CSEL 28,1 (1894).
- De moribus ecclesiae catholicae; PL 32,1309–1378.
- De dono perseverantiae; PL 45,993–1034.
- De peccatorum meritis et remissione; J. Zycha, CSEL 60 (1930) 1–151.
- De praedestinatione sanctorum; PL 44,959–992.
- Enchiridion ad Laurentium de fide et spe et caritate; E. Evans, CC 46 (1969) 40–114.
- Ordo monasterii; L. Verheijen, La règle de saint Augustin I. Tradition manuscrite (Paris 1967) 148–152; = OM.
- Praeceptum; ebd. 417–437.

Avitus von Vienne
- Epistola ad Gundobadum; R. Peiper, MGH auct. ant 6,2 (1883) 29–32.

Benedictus
- Regula; R. Hanslik, CSEL 75 (²1977); = RB

Caesarius von Arles
- Sermones; G. Morin, CC 103–104 (1953).
- Regula monachorum; G. Morin, S. Caesarii episcopi Arelatensis opera omnia II (Maredsous 1942) 149–155.
- Statuta sanctarum virginum; A. de Vogüé, SC 335 (1988) 170–272; = Rvirg.

Cassian
- Collationes Patrum; M. Petschenig, CSEL 13 (1886); = Coll.
- De institutis coenobiorum et de octo principalium vitiorum remediis; M. Petschenig, CSEL 17 (1888) 1–231; = Inst.

– De incarnatione Domini contra Nestorium; ebd. 233–391; = De inc.

Claudianus Mamertus

– De statu animae; A. Engelbrecht, CSEL 11 (1885) 18–197.

Concilia Galliae; C. Munier, CC 148 (1963).

Cyprian von Toulon

– Vita Caesarii; G. Morin, S. Caesarii episcopi Arelatensis opera omnia II (Maredsous 1942) 291–345; = V.Caes.

Dinamius

– Vita S. Maximi episcopi Reiensis; S. Gennaro, Dinamii Vita S. Maximi episcopi Reiensis (Catania 1966); = V. Max.

– De insula Lerinensis; A. Riese, Anthologia Latina 1,2 (Leipzig 1906) 265–266.

Ennodius

– Vita Antonii Lerinensis; F. Vogel, MGH auct. ant. 7 (1885) 185–190.

Eucherius von Lyon

– De contemptu mundi et saecularis philosophiae; PL 50,711–726; = Cont.

– De laude eremi; S. Pricoco, Eucherii de laude eremi (Catania 1965); = Laus.

– Formulae spiritalis intellegentiae; C. Wotke, CSEL 31 (1894) 1–62; = Form.

– Instructionum ad Salonium; ebd. 63–161, [diplomatische Ausgabe: G. Maioli, ECarm 30 (1979) 481–485; 32 (1981) 445–520]; = Instr.

– Passio Agaunensium Martyrum; CSEL 31,165–172.

Eusebius Gallicanus; F. Glorie, CC 101 (1970); 101A, 101B (1971).

Faustus von Riez

– Epistulae; A. Engelbrecht, CSEL 21 (1891) 159–219; ep. 8–12, R. Demeulenaere, CC 64 (1985) 406–415.

– De gratia; A. Engelbrecht, CSEL 21 (1891) 1–96; = De gr.

– De spiritu sancto; ebd. 99–157; = De sp.

Ps. Gelasius

– Decretum Gelasianum; E. v. Dobschütz, TU 38,4 (Leipzig 1912).

Gennadius

– Liber ecclesiasticorum dogmatum; C. H. Turner, JThS 7 (1906) 78–99.

– De viris illustribus; E. C. Richardson, TU 14,1 (Leipzig 1896) 57–97; = vir. ill.

Gregor von Tours

– Libri miraculorum; B. Krusch, MGH script. rer. Merov. 1 (1885) 451–820.

Hieronymus

– Epistulae; I. Hilberg, CSEL 54–56 (1910–1918).

– Commentarioli in Psalmos; G. Morin, CC 72 (1959) 163–245.

– Hebraicae questiones in libro Geneseos; P. de Lagarde, CC 72 (1959) 1–56.

– Liber interpretationis Hebraicorum nominum; ebd. 57–161.

– Liber locorum; PL 23,859–928.

– Vita Pauli; ebd. 17–28.

– Vita Hilarionis; ebd. 29–54.

Hilarius von Arles
- Expositio de fide catholica; K. Künstle, Eine Bibliothek der Symbole (Mainz 1900) 173–175.
- Sermo de Vita Honorati; M. D. Valentin, SC 235 (1977); = V. Hon.

Hormisdas
- Epistulae; O. Günther, CSEL 35 (1895).

Johannes Maxentius
- Responsio adversus Hormisdae epistulam ad Possessorem; F. Glorie, CC 85A (1978) 123–153.

Jonas von Bobbio
- Vita S. Johannis abbatis Reomaensis; B. Krusch, MGH script. rer. Germ. 37 (1905) 321–344.

Isidor von Sevilla
- De viris illustribus; BAC 321,90–125 (PL 83,1081–1106).

Leporius
- Libellus emdendationis; R. Demeulenaere, CC 64 (1985) 111–123.

Lupus von Troyes
- Epistula; C. Munier, CC 148 (1963) 140–141.

Pachomius
- Œuvres de S. Pachôme et de ses disciples; L. T. Lefort, CSCO 159 (1956); frz. Übersetzung, in: CSCO 160 (1956).
- S. Pachomii vita bohairice scripta, L.T. Lefort, CSCO 89 (1925).
- S. Pachomii vitae sahidice scriptae, L.T. Lefort CSCO 99/100 (1933).
- Pachomiana latina. Règle et Epitres de S. Pachôme, Epitre de S. Théodore et „Liber" de S. Orisiesius. Texte latin de S. Jérôme, édité par A. Boon. Appendice: La Règle de S. Pachôme. Fragments coptes et Excerpta grecs, édités par L.T. Lefort = Bibliothèque de la Revue d'Histoire Ecclesiastique 7 (Löwen 1932).

Paulinus von Nola
- Epistulae; W. Hartel, CSEL 29 (1894) 1–425.

Porcarius
- Monita; A. Wilmart, RBen 26 (1909) 475–480.

Prosper von Aquitanien
- De gratia Dei et libero arbitrio contra Collatorem; PL 51,213–276.
- Epistula ad Rufinum; ebd. 77–90.
- Pro Augustino responsionum ad capitula obiectionum Vincentianarum; ebd. 177–186.

Regulae
- Regula quatuor Patrum; A. de Vogüé, SC 297 (1982) 180–204; = RIVP.
- Statuta Patrum (= Regula secunda Patrum) ebd. 274–282; = 2RP.
- Regula Macarii; ebd. 372–388; = RMac.
- Regula orientalis; A. de Vogüé, SC 298 (1982) 462–494; = ROr.

Rufinus
– Basili Regula; K. Zelzer, CSEL 86 (1986); = RBas.
– Enchiridion Sexti; H. Chadwick, The Sentences of Sext (Cambridge 1959).
– Eusebii Historia Ecclesiastica; T. Mommsen, GCS 9,1–2 (1903/8).
– Historia monachorum; PL 21,387–462.

Salvianus
– Ad ecclesiam; G. Lagarrigue, SC 1976 (1971) 138–344; = Ad eccl.
– Epistulae; ebd. 76–132.
– De gubernatione Dei; G. Lagarrigue, SC 220 (1975); = De gub.

Sidonius Apollinaris
– Epistulae; C. Luetjohann, MGH auct. ant. 8 (1887) 1–172.
– Eucharisticon ad Faustum (= Carmen 16); ebd. 239–242.

Sulpicius Severus
– Dialogi; C. Halm, CSEL 1 (1866) 152–216.
– Vita Sancti Martini; J. Fontaine, SC 133 (1967).

Valerianus von Cimiez
– Epistula ad monachos; PL 52,755–758.
– Homiliae; ebd. 691–756.

Vincentius von Lérins
– Commonitorium; R. Demeulenaere, CC 64 (1985) 147–195; = Com.
– Excerpta; ebd. 199–231; = Exc.

Vitae
– Vita Germanii (Constantius von Lyon); R. Borius, SC 112 (1965).
– Vita Hilarii (Honoratus v. Marseille? Ravennius von Arles? Reverentius?); S. Cavallin (Lund 1952).
– Vita Lupi; B.Krusch, MGH script. rer. Merov. 7 (Leipzig 1920) 295–302.
– Vita Patrum Jurensium; F. Martin, SC 142 (1968).

Literaturverzeichnis

Ales, A. de, La fortune du „Commonitorium", in: RSR 26 (1936) 334–356.

Alfonsi, L., Il „De laude eremi" di Eucherio, in: Conv. 36 (1968) 361–369.

Alliez, L., Histoire de monastère de Lérins (Paris 1862).

Amand de Mendieta, E., Le système cénobitique basilien comparé au système cénobitique pachômien, in: RHR 152 (1957) 31–80.

Amann, E., Semi-Pélagiens, in: DThC 15 (1939) 1796–1850.

Antier, J. J., Lérins. L'île sainte de la côte d'Azur (Paris 1974).

– Les grandes heures des îles de Lérins (Paris 1975).

Antin, P., Le monachisme selon saint Jérôme, in: Mélanges Bénédictines publiés a l'occasion du XIVe centenaire de la mort de saint Benoît par les moines de l'abbaye de St. Jérôme de Rome (St. Wandrille 1947) 71–105.

Arbesmann, R., The „Daemonium meridianum" in Greek and Latin Patristic Exegeses, in: Tr. 14 (1958) 17–31.

Arnold, C. F., Caesarius von Arelate und die gallische Kirche seiner Zeit (Leipzig 1894).

Auer, J., Militia Christi. Zur Geschichte eines christlichen Grundbildes, in: GuL 32 (1959) 340–350.

Auerbach, E., Literatursprache und Publikum in der lateinischen Spätantike und im Mittelalter (Bern 1958).

Axelson, B., Arelatensia in vitas sanctorum Honorati et Hilarii marginalia critica, in: VigChr 10 (1956) 459–471.

Bacht, H., Antonius und Pachomius. Von der Anachorese zum Cönobitentum, in: StAns 38 (1956) 66–107.

– Mönchtum und Kirche. Eine Studie zur Spiritualität des Pachomius, in: Sentire Ecclesiam. Festschrift H. Rahner, hg. v. J. Daniélou und H. Vorgrimmler (Freiburg 1961) 113–133.

– Der Abt als Stellvertreter Gottes, in: Schol. 39 (1964) 402–407.

– Vexillum crucis sequi. Mönchtum als Kreuzesnachfolge, in: O. Semmelroth u. a. (Hg.), Martyria - Leiturgia - Diakonia (Mainz 1968) 149–162.

– Das Vermächtnis des Ursprungs. Studien zum frühen Mönchtum I (Würzburg 1972; [2]1984).

– Das Vermächtnis des Ursprungs II. Pachomius - Der Mann und sein Werk (Würzburg 1983).

– Die Mönchsprofeß als zweite Taufe, in: Catholica 23 (1969) 240–277.

– Zur Typologie des koptischen Mönchtums: Pachomius und Evagrius, in: K. Wessel, Christentum am Nil (Recklinghausen 1964) 142–157.

Badot, P., L'utilisation de Salvien et de la Vita Patrum Jurensium comme sources historiques, in: RBPH 54 (1976) 391–405.

Bambeck, M., Vier Lexikalia aus Cassianus von Marseille und Eucherius von Lyon, in: ZRP 72 (1956) 386–388.

Bardy, G., „Philosophie“ et „philosophe“ dans le vocabulaire chrétien des premiers siècles, in: RAM 25 (1949 = Mél. M. Viller) 97–108.
– Les origins des écoles monastiques en orient, in: SE 5 (1953) 85–104.
Barralis Salerno, V., Chronologia Sanctorum et aliorum virorum Illustrium ac Abbatum Sacrae Insulae Lerinensis a Domno V. Barrali Salerno Monacho Lerinense (sic) in unum compilata (Lyon 1613).
Bartelink, G. J. M., „Philosophie“ et „philosophe“ dans quelques œuvres de Jean Chrysostome, in: RAM 36 (1960) 486–492.
– Les oxymores „desertum civitas“ et „desertum floribus vernans“, in: SMon 15 (1973) 7–15.
Bataillon, L. J. – Jossua, J. P., Le mépris du monde. De l'intérêt d'une discussion actuelle, in: RSPhTh 51 (1967) 23–38.
Batany, J., Eglise et le „mépris du monde“, in: Annales ESC 20 (1965) 1006–1014.
Bauer, J. B., Corpora orbiculata - eine verschollene Origenesexegese bei Pseudo-Hieronymus, in: ZKTh 82 (1960) 333–341.
Benoît, F., Les chapelles triconques paléochrétiennes de la Trinité de Lérins et de la Gygole, in: RivAC 25 (1949) 3–28.
Berchem, D. van, Le martyre de la Légion Thébaine. Essai sur la formation d'une légende (Basel 1956).
Bergmann, W., Studien zu einer kritischen Sichtung der südgallischen Predigtliteratur des fünften und sechsten Jahrhunderts (Leipzig 1898).
Berschin, W., Biographie und Epochenstil im lateinischen Mittelalter (Stuttgart1986).
Besse, J.-M., Les moines de l'ancienne France. Période gallo-romaine et mérovingienne = Archive de la France monastique, II (Paris 1906).
Bhaldraithe, Eoin de, Conversatio - St. Benedict recovers early Christian Terminology, in: RBS 13 (1986) 3–16.
Biarne, J., La vie quotidienne des moines en Occident du IVe au VIe siècle, in: CollCist 49 (1987) 3–19.
Bittermann, H., The Council of Chalcedon and Episcopal Jurisdiction, in: Spec. 13 (1938) 198–203.
Blaise, A., Dictionnaire latin-français des auteurs chrétiens (Turnhout [2]1967)
– Vocabulaire latin des principaux thèmes liturgiques (Turnhout 1966).
Blatt, F., La latinité et la vie de S. Honorat, in: Er. 45 (1950) 67–88.
Booth, E., A Note on some Themes of St. Augustine's „de trinitate“ present in „de libero arbitrio“, in: Aug.(L) 38 (1988) 25–36.
Borias, A., Dominus et Deus dans la Règle de S. Benoît, in: RBen 79 (1969) 414–423.
Botte, B., Les saints de l'Ancient Testament, in: MD 52 (1957) 109–120.
Bouhout, J. P., Le texte du sermo de Vita sancti Honorati d'Hilaire d'Arles, in: REAug 28 (1982) 133–147.
Brewer, H., Das sog. Athanasianische Glaubensbekenntnis, ein Werk des hl. Ambrosius (Paderborn 1909).
Brox, N., Suchen und Finden. Zur Nachgeschichte von Mt 7,7b; Lk 11,9b. in: Orientierung an Jesus. Zur Theologie der Synoptiker = FS Josef Schmid hg. v. P. Hoffmann u. a. (Freiburg 1973) 17–36.

– Quis ille auctor? Pseudonymität und Anonymität bei Salvian, in: VigChr 40 (1986) 55–65.

Buchem, L. A. van, L'homélie pseudo-Eusébienne de Pentecôte (Nimwegen 1967).

Bunge, G., Akedia. Die geistliche Lehre des Evagrios Pontikos vom Überdruß (Köln 1983 = Koinonia 9).

Burn, A.E., The Hymn Te Deum (London 1926); dt. von O. Wissig, Der Hymnus Te Deum (Kassel 1930)

– The Authorship of the Quicumque vult, in: JThS 26 (1925)19–28.

– An Introduction to the Creeds and to the Te Deum (London 1899).

Burrows, M. S., On the visibility of God in the Holy Man: A Reconsideration of the Role of the Apa in the Pachomian Vitae, in: VigChr 41 (1987) 11–87.

Buytaert, E., L'héreditage litteraire d'Éusèbe d'Émèse (Löwen 1949).

Campenhausen, H. F. von, Der Kriegsdienst der Christen in der Kirche des Altertums, in: Festschrift K. Jaspers (München 1953) 255–264.

– Die asketische Heimatlosigkeit im altkirchlichen und frühmittelalterlichen Mönchtum (Tübingen 1930).

Campos, J., „Disciplina“ y su tradición en la vida monástica, in: Helm. 20 (1969) 105–132.

Carle, P. L., L'homélie de pâques „Magnitudo“ de Saint Fauste de Riez, in: Div. 27 (1983) 123–154; 28 (1984) 2–42. 203–241.

– Sermon de S. Fauste de Riez pour la fête de Pentecôte sur la confirmation, in: NV 61 (1986) 90–104.

Caspari, C. P., Ungedruckte, unbeachtete und wenig beachtete Quellen zur Geschichte des Taufsymbols und der Glaubensregel (Brüssel 1869).

– Alte und neue Quellen zur Geschichte des Taufsymbols und der Glaubensregel (Brüssel 1879).

– Kirchenhistorische Anekdota I. Lateinische Schriften. Die Texte und Anmerkungen (Brüssel 1883).

Cavallin, S., Saint Genès le notaire, in: Er. 43 (1945) 150–175.

– Die Lobrede des Heiligen Hilarius auf das Leben des Heiligen Honoratus, in: Floridus liber = FS Paul Lehmann (Berlin 1950) 83–93.

– Les clausules des hagiographes arlésiens, in: Er. 46 (1948) 133–157.

Chadwick, N. K., Poetry and Letters in Early Christian Gaul (London 1955).

Chadwick, O., John Cassian. A Study in Primitive Monasticism (Cambridge 1950, ²1968).

– Eulasius of Arles, in: JThS 46 (1945) 200–205.

Chavasse, A., Le deuxième canon d'Orange de 441, in: Mélanges Podechard (Lyon 1945) 103–120.

Christophe, P., Cassien et Césaire, prédicateurs de la morale monastique (Paris 1969).

Clement, J. M., Lexique des ancienne règles monastiques occidentals = IP 7 AB (Steenbrugge 1978)

Clercq, C. de, L'influence de la Règle de Saint Pachôme en Occident, in: Mélanges L. Halphen hg. v. C. E. Perrin (Paris 1951) 169–176.

Colombas, G. M., El concepto de monje y vida monástica hasta fines del siglo V, in: StMon 1 (1959) 257-342.
Collins, R. J. H., Faustus von Reij, in: TRE 11 (1983) 63-67.
Consolino, F. E., Fra biografia e confessio. La forma letteraria del sermo de Vita S. Honorati d'Ilairo d'Arles, in: Orpheus 2 (1981) 170-182.
Cooper-Marsdin, A. C., The History of the Islands of Lerins. The Monastery, Saints and Theologians of S. Honorat (Cambridge 1913).
Courcelle, P., Nouveaux aspects de la culture lérinienne, in: REL 46 (1968) 379-409.
– Les lettres grécques en Occident (Paris 1943).
Cristiani, L., Lérins et ses fondateurs (S. Wandrille 1946).
– Eucher, in: DSp 4 (1961) 1653-1660.
Curti, C., La „Passio Acaunensium martyrum" di Eucherio di Lione, in: Convivium Dominicum. Studi sull'Eucarestia nei Padri della Chiesa antica e miscellanea patristica (Catania 1959) 297-327.
Daniélou, J., La typologie d'Isaac dans le christianisme primitif, in: Bib. 28 (1947) 363-393.
Davril, A., La psalmodie chez les Péres du Désert, in: CollCist 49 (1987) 132-139.
Dekkers, E., Profession - second baptême. Qu'a voulu dire Saint Jérôme?, in: HJ 77 (1958) 91-97.
Delehaye, H., Matyr et confesseur, in: Analecta Bollandiana 39 (1921) 20-49.
Diekamp, F., Sancti Eucherii Lugdunensis Episcopi Epitome operum Cassiani eine moderne Titelfälschung, in: RQ 14 (1900) 341-355.
Doré, R., Lérins dans Congrès archéologique de France, 95e session (Aix-en-Provence et Nice 1932) 367-383.
Dörries, H., Die Bibel im ältesten Mönchtum, in: ThLZ 27 (1947) 215-222.
– Mönchtum und Arbeit, in: ders., Wort und Stunde I (Göttingen 1966) 277-301.
Douerin, J., Fauste de Riez, l'homme et l'œuvre, état présent de la question (Masch.Diss. Paris 1973)
Duchesne, L., Fastes épiscopaux de l'ancienne Gaule, 1-3 (Paris 1894-1915).
Dupont, J., Le nom d'abbé chez les solitaires d'Egypte, in: VS 77 (1947) 216-230.
Dupraz, L., Les Passions de S. Maurice d'Agaune. Essai sur l'historicité de la tradition et contribution a l'étude de l'armée pré-dioclétienne (260-286) et des canonisations tardives de la fin du IVe siècle (Fribourg 1961).
Dürig, W., Disciplina. Eine Studie zum Bedeutungsumfang des Wortes in der Sprache der Liturgie und der Väter, in: SE 4 (1952) 245-279.
Dürr, L., Heilige Vaterschaft im antiken Orient. Ein Beitrag zur Geschichte der Idee des Abtes, in: O. Casel (Hg.), Heilige Überlieferung (Münster 1938) 1-20.
Elg, A. G., In Faustum Reiensem studia (Uppsala 1937).
– In ep. Fausti Reiensis 3. adnotationis (Lund 1945).

Engelbrecht, A.G., Studien über die Schriften des Bischofes von Reii Faustus. Ein Beitrag zur spätlateinischen Literaturgeschichte (Wien 1889).

– Kritische Untersuchungen über wirkliche und angebliche Schriften des Faustus von Reiensis, in: Zeitschrift für die österreichischen Gymnasien 41 (1890) 289–301.

Eynde, D. van den, Le deuxième canon du concil d'Orange 441, in: RThAM 9 (1939) 97–109.

Federer, K., Liturgie und Glaube (Fribourg 1950)

Feldhohn, S., Gestorben der Sünde – lebend für Gott. Gedanken zum Taufbewußtsein in den ältesten Mönchsviten und Regeln, in: LuM 33/34 (1963/64) 52–62.

Festugiere, A. J., Les moines d'Orient. I: Culture ou sainteté. Introduction au monachisme oriental (Paris 1961).

Fichtner, J. A., Scripture and Tradition in the Commonitorium, in: AER 149 (1962) 145–161.

Finnegan, E. M., The Origins of Confirmation in the Western Church. A liturgical-dogmatical Study of the Development of the seperate Sacrament of Confirmation Prior to the Fourteenth Century (Diss.Masch. Trier 1970).

Fink-Dehndorfer, E., Conversio. Motive und Motivierung zur Bekehrung in der Alten Kirche (Frankfurt 1986).

Fischer, H., Die Schrift des Salvian von Marseille „An die Kirche" (Frankfurt 1976).

Fischer, J., Die Völkerwanderung im Urteil der zeitgenössischen kirchlichen Schriftsteller (Heidelberg 1948).

Flint, V. J., The True Author of the Salonii Commentarii in Parabolas Salomonis et in Ecclesiasten, in: RThAM 37 (1970) 174–186.

Fontaine, J., Valeurs antiques et valeurs chrétiennes dans la spiritualité des grands propriétaires terriens à la fin du IVe siècle, in: Epektasis. Mélanges J. Daniélou (Paris 1972) 571–594, dt. in: Askese und Mönchtum in der Alten Kirche hg. v. K. S. Frank (Darmstadt 1975) 281–324.

– La letteratura latina cristiana (Bologna 1973).

– Christentum ist auch Antike. Einige Überlegungen zur Bildung und Literatur in der lateinischen Spätantike, in: JAC 25 (1982) 5–21.

Fortin, E. L., Christianisme et culture philosophique au Vème siècle (Paris 1959).

Frank, K. S., Angelikos Bios. Begriffsanalytische und begriffsgeschichtliche Untersuchung zum „engelgleichen Leben" im frühen Mönchtum (Münster 1964).

– Gehorsam und Freiheit im frühen Mönchtum, in: RQ 64 (1969) 234–245.

– Gehorsam, in: RAC 9 (1970) 390–430.

– Vita apostolica. Ansätze zur apostolischen Lebensform in der Alten Kirche, in: ZKG 82 (1971) 145–166.

– Vita apostolica und dominus apostolicus. Zur altkirchlichen Apostelnachfolge, in: Konzil und Papst = FS H. Tüchle, hg. v. G. Schwaiger (München 1975) 19–41.

– Frühes Mönchtum im Abendland, I. Lebensformen, II. Lebensgeschichten (Zürich1975).
– Imitatio apostolorum im frühen ägyptischen Mönchtum, in: Studia Historico-Ecclesiastica = FS. Luchesius Spätling (Rom 1977) 123–145.
– Zum Arbeitsethos der Regula Magistri, in: ThPh 13 (1979) 360–378.
– Vita apostolica als Lebensnorm in der der Alten Kirche, in: IKZ 8 (1979) 106–117.
– Vom Kloster als scola dominici servitii zum Kloster ad servitium imperii, in: SMBO 91 (1981) 80–97.
– Basilius von Caesarea. Die Mönchsregeln (St. Ottilien 1982).
– Zur Anthropologie der Regula Magistri, in: StPatr 18 (1982) 477–490.
– Das Hohe Lied in der frühen Mönchsliteratur, in: EuA 61 (1985) 247–260.
– Das Leben der Juraväter und die Magisterregel, in: RBS 13 (1986) 35–54.
Gallo, G., Uno scritto filo-pelagiano attribuibile a Ilario di Arles, in: Aevum 51 (1977) 333–348.
Gassmann, P., Der Episkopat in Gallien im 5. Jh. (Diss. Bonn 1977).
Gemeren, W. A. van, Abba in the Old Testament?, in: JTES 31 (1988) 385–389.
Gilmont, J. F., Paternité et médiation du fondateur d'Ordre, in: RAM 40 (1964) 393–426.
Gindele, C., Bienen-, Waben- und Honigvergleiche in der frühen monastischen Literatur, in: RBS 6/7 (1981) 1–26.
Glorie, F., La culture lérinienne, in: SE 19 (1969) 71–76.
Gnolfo, G., Pedagogia Pacomiana, in: Sal. 10 (1948) 569–596.
Gouilloud, A., St. Eucher, Lérins et l'église de Lyon au Ve siècle (Lyon 1881).
Gregoire, R., Il „contemptus mundi": ricerche e problemi, in: RSLR 5 (1969) 140–154.
Greshake, G., Gnade als konkrete Freiheit (Mainz 1972).
Griffe, É., Les sermons de Fauste de Riez. La „Collectio Gallicana" du Pseudo-Eusèbe, in: BLE 61 (1960) 27–38.
– Pro Vincentio Lerinensi, in: BLE 62 (1961) 26–32.
– La Gaule chrétienne à l'époque romaine, 1–3 (Paris 1964–65).
– Nouveau plaidoyer pour Fauste de Riez, in: BLE (1973) 187–192.
Gribomont, J., Isaac le patriarche, in: DSp 7 (1971) 1987–2005.
Grillmeier, A. - Bacht, H., (Hg.) Das Konzil von Chalkedon, 3 Bde. (Würzburg ⁵1979).
Guillaume, P. M., Jacob (5. Les pères de l'église), in: DSp 8 (1974) 8–19.
Gutierrez, P., La paternité spirituelle selon S. Paul (Paris 1968).
Guy, J.-C., La place du „contemptus mundi" dans le monachisme ancien, in: RAM-41 (1965), 237–249.
Haarhoff, T., Schools of Gaul. A Study of Pagan and Christian Education in the last Century of the Western Epire (Oxford 1920).
Haemmerle, A., Studien zu Salvian, Priester von Massilia I (Landshut 1893), II (Neuburg 1897), III (Neuburg 1899).
Hagendahl, H., La correspondance de Ruricius (Göteborg 1952).
– Von Tertullian zu Cassiodor (Göteborg 1983).

Hamman, A. G., L'actualité de Salvien de Marseille. Idées sociales et politiques, in: Aug. 17 (1977) 81–93.

Hanslik, R., Klosterregeln im Mönchtum des Ostens und Westens von Pachomius bis Benedikt, in: AAWW.PH 108 (1907)195–203.

Hantsch, H., Die abrenuntiatio im Taufritus und der Mönchsprofeß, in: ÖAKR 11 (1960) 161–189.

Harnack, A. von, Militia Christi. Die christliche Religion und der Soldatenstand in den ersten drei Jahrhunderten (Tübingen 1905, Nachdruck Darmstadt 1963).

Härdelin, A., Monastische Theologie – eine „praktische" Theologie vor der Scholastik, in: ZKTh 109 (1987) 400–415.

Hausherr, I., Opus Dei, in: OrChrPer 13 (1947) 195–218.

— Penthos. La doctrine de la componction dans l'Orient chrétien (Rom 1944).

Häußling, A. A., Mönchskonvent und Eucharistiefeier. Eine Studie über die Messe in der abendländischen Klosterliturgie des frühen Mittelalters und zur Geschichte der Meßhäufigkeit = LWQF 58 (Münster 1973).

Hefele, C. J., Vincentius von Lerinensis und sein Commonitorium, in: ders., Beiträge zur Kirchengeschichte, Archäologie und Liturgik I (Tübingen 1864).

Heiming, O., Zum monastischen Offizium von Kassian bis Kolumban, in: ALW 7 (1961/62) 89–156.

Heinzelmann, M., Bischofsherrschaft in Gallien. Zur Kontinuität römischer Führungsschichten vom 4. bis zum 7. Jh. Soziale, prosopographische und bildungsgeschichtliche Aspekte = Beihefte der Francia 5 (Zürich 1976).

Henry, P., From Apostle to Abbot. The Legitimation of Spiritual Authority in the Early Church, in: StPatr 18 (1982) 491–505.

Herwegen, I., Väterspruch und Mönchsregel (Münster 1937; ²1976).

Hess, W., Imago Dei (Gen 1,26), in: BM 29 (1953) 371–399

Holmes, S., The Origin and Development of the Christian Church in Gaule during the first six Centuries of the Christian Era (London 1911).

Holzapfel, H., Die sittliche Wertung der körperlichen Arbeit (Würzburg 1941).

Honselmann, C., Bruchstücke von Auszügen aus den Werken Cassians – Reste einer verlorenen Schrift des Eucherius von Lyon?, in: TG 51 (1961) 300–304.

Hoppenbrouwers, H., La plus ancienne versison latine de la vie de s. Antoine par Athanase. Étude de critique textuelle (Nimwegen 1960).

— Conversatio. Une étude semasiologique, in: GLCP Suppl. 1 (Nimwegen 1964) 47–95.

Huhn, J., De ratione fidei als ein Werk des Faustus von Reij, in: TQ 130 (1950) 176–183.

Jacquin, M., La question de la prédestination aux Ve et VIe siècles. S. Prosper d'Aquitaine, Vincent de Lérins, Cassien, in: RHE 7 (1906) 269–300.

Kähler, E., Studien zum Te Deum (Berlin 1958).

Kardong, T., The World in the Rule of Benedict and the Rule of the Master, in: StMon 26 (1984) 185–204.

Karpp, H., Probleme altchristlicher Anthropologie (Gütersloh 1950).
— Die Stellung der Alten Kirche zu Kriegsdienst und Krieg, in: EvTh 17 (1957) 496–515.
Kasch, E., Das liturgische Vokabular der frühen lateinischen Mönchsregeln = RBS Suppl. 2 (Hildesheim 1974).
Kasper, C. M., Erat vir unus (1 Sam 1,1) in der Auslegung der Väter. Eine Kurzformel zu Weg und Ziel des asketischen Lebens, in: ThPh 63 (1988) 230–241.
— Der Beitrag der Mönche zur Entwicklung des Gnadenstreites in Südgallien, dargestellt an der Korrespondenz des Augustinus, Prosper und Hilarius, in: Signum Pietatis = FS Cornelius Mayer hg. v. A. Zumkeller (Würzburg 1989) 153–182.
Kattenbusch, F., Verbreitung und Bedeutung des Taufsymbols (Leipzig 1900).
Kaufmann, G., Rhetorenschulen und Klosterschulen in Gallien während des 5. und 6. Jahrhunderts = Historisches Taschenbuch 4. Folge, 10. Jahrgang, hg. v. F. Raumer (Leipzig 1869).
Kelly, J. F., The Gallic Resistance to Eastern Ascetism, in: StPatr 18 (1982) 506–510.
Kelly, J. N. D., Altchristliche Glaubensbekenntnisse (Göttingen 1972).
Kemmer, A., Charisma Maximum. Untersuchungen zu Cassians Vollkommenheitslehre und seine Stellung zum Messalianismus (Löwen 1938).
Kerr, H., The Preaching in the Early Church (New York 1942).
Koch, A., Der heilige Faustus von Riez (Stuttgart 1895).
Koch, H., Vinzenz von Lerin und Gennadius. Ein Beitrag zur Literaturgeschichte des Semipelagianismus, in: TU 31,2 (1907) 37–58.
Kohler, K., Abba Father. Title of Spiritual Leader and Saint, in: JQR 13 (1901) 567–580.
Kok, M., Vincentius von Lerinum und sein Commonitorium, in: IKZ 70 (1962) 75–85.
Kolon, P. B., Die Vita Hilarii Arelatensis. Eine eidographische Studie (Paderborn 1925).
Kopp, S., Augustins Schriften gegen die Semipelagianer (Würzburg 1955).
König, D., Amt und Askese. Priesteramt und Mönchtum bei den lateinischen Kirchenvätern in vorbenediktinischer Zeit.= RBS Suppl. 12 (St. Ottilien 1985).
Kötting, B., Dienstfunktion und Vollmacht kirchlicher Ämter in der Alten Kirche, in: W. Weber, (Hg.) Macht - Dienst - Herrschaft (Freiburg 1974) 75–80.
Krischker, E., Zur Sprache der Regula Pachomii in der lateinischen Version des Hieronymus (Diss.Masch. Wien 1965).
Labhardt, A., Sur une passage de S. Jérôme, in: Hommage et reconnaissance = FS K. Barth (Neuchâtel-Paris 1946) 56–62,
Labriolle, P., Le démon du midi, in: Bulletin Du Cange 9 (1934) 46–54.
Lahargou, P., De schola lerinensis aetate merovingica (Paris 1892).
Lambot, C., Un Ordo officii du Ve siècle, in: RBen 42 (1930) 77–80.

Langgärtner, G., Die Gallienpolitik der Päpste im 5. und 6. Jh. Eine Studie über das apostolische Vikariat von Arles. Theophaneia 16 (Bonn 1964).
Lebreton, J., S. Vincent de Lérins et s. Augustin, in: RSR 30 (1940) 368–369.
Leclerq, J., Éloge de la stabilité, in: CollCist 47 (1985) 259–266; dt. in: EuA 62 (1986) 251–258.
– „Eremus" et „eremita". Pour l'histoire du vocabulaire de la vie solitaire, in: COCR 25 (1963) 8–30.
Leipoldt, J., Schenute von Atripe und die Entstehung des national-ägyptischen Christentums = TU 25,1 (Leipzig 1903).
Leeming, B., The False Decretals, Faustus of Riez and the Pseudo-Eusebius, in: StPatr 2 (= TU 64) (1967) 122–140.
Leroy, J. B., L'œuvre oratoire de S. Fauste de Riez. La collection gallicane dite d'Eusèbe de Émèse (Masch.Diss. Straßburg 1954).
– Le cénobitisme chez Cassian, in: RAM 43 (1967) 121–158.
– Les préfaces des écrits monastiques de Jean Cassien, in: RAM 42 (1966) 157–180.
Leroy, J. - Glorie, F., Eusèbe d'Alexandrie source d'Eusèbe de Gaule, in: SE (1969) 33–70.
Lienhard, J. T., Paulinus of Nola and Early Western Monasticism = Theophaneia 28 (Bonn 1977).
– Discernments of Spirits in the Early Church, in: StPatr. 18 (1982) 519–522.
Lietzmann, H., Symbole der Alten Kirche (Bonn 1914).
Lods, K., Le progrès de temps de l'église selon Vincent de Lérins, in: RHPhR 55 (1975) 365–385.
Loofs, F., Leontius von Byzanz = TU III (Leipzig 1888).
– Semipelagianismus, in: RE 18 (1906) 192–203.
Lorenz, R., Die Anfänge des abendländischen Mönchtums im 4. Jh., in: ZKG 15 (1966) 1–61.
Lorié, L.T., Spiritual Terminology in the Latin Translations of the Vita Antonii (Nimwegen 1955).
Lotter, F., Antonius von Lérins und der Untergang Ufernorikums, in: HZ 212 (1971) 265–315.
Ludwig, G., Cassiodor. Über die Entstehung der abendländischen Schule (Frankfurt 1967).
Madoz, J., El testimonio de Gennadio sobre S. Vicente de Lerins, in: EE 10 (1931) 5–34.
– El concepto de la tradición en San Vicente de Lerins. Estudio históricocrítico del Conmonitorio (Rom 1933).
– Excerpta Vincentii Lirinensis (Madrid 1940).
– Cultura humanistíca de san Vicente de Lerins, in: RSR 39 (1951) 461–471.
Malnory, A., Saint Césaire, évêque d'Arles (503–543) (Paris 1894).
Malone, E. E., The Monk and the Martyr. The Monk as the Sucessor of the Martyr (Washington 1950).

– Martyrdom and Monastic Profession as a Second Baptism, in: Vom christlichen Mysterium. Gesammelte Arbeiten zum Gedächtnis von O. Casel (Düsseldorf 1951) 115–134.
Marrou, H. I., Geschichte der Erziehung im klassischen Altertum (München 1977).
Marsili, S., Giovanni Cassiano ed Evagrio Pontico. Dottrina sulla caritatà e contemplazione (Rom 1936).
Masai, F., Les antécédents de Cluny. La Règle du Maître à Moutiers-Saint Jean, in: A Cluny. Travaux du congrès (Dijon 1950) 192–202.
– La Vita patrum iurensium et les débuts du monachisme à Saint Maurice d'Agaune, in: FS B. Bischoff (Stuttgart 1971) 43–73.
Mathisen, R.W., Petronius, Hilarius and Valerianus. Prosopographical Notes on the Conversation of Roman Aristocraty, in: Hist. 30 (1981) 106–112.
– Hilarius, Germanus and Lupus. The Aritocratic Background of the Celidonius Affaire, in: Phoe. 33 (1979) 160–169.
McDewart, J., The Christology of the Pelagian Controversy, in: StPatr 18 (1982) 1221–1244.
McLaughlin, T. P., Le très ancien droit monastique de l'Occident (Paris 1935).
Mellier, A., De vita et scriptis S. Eucherii (Lyon 1877).
Merx, A., Eine Rede vom Auslegen (Halle 1879).
Montauzan, G. de, Saint Eucher, évêque de Lyon et l'école de Lérins, in: BHDL (1923) 81–96.
Mordek, H., Libertas monachorum. Eine kleine Sammlung afrikanischer Konzilstexte des 6. Jahrhunderts, in: ZSRG.K 103 (1986) 1–17.
Morin, G., Hierarchie et liturgie dans l'église gallicane au Ve siècle d'apres un écrit restitué à Fauste de Riez, in: RBen 8 (1891) 97–104.
– Critique des sermons attribués à Fauste de Riez dans la récent édition de l'academie de Vienne, in: RBen 9 (1892) 49–61.
– Le symbole d'Athanase et son premier témoin, S. Césaire, in: RBen 18 (1901) 337–336.
– L'origine du symbol d'Athanase, in: RBen 44 (1932) 207–219.
– La collection gallicane dite d'Eusèbe d'Émèse et les problemes qui s'y ratachent, in: ZntW 35 (1935) 92–115.
Moris, H., L'Abbaye de Lérins. Histoire et monuments (Paris 1909).
Moxon, R. S., The Commonitorium of Vincentius of Lérins (Cambridge 1915).
Mühlenberg, E., Der semipelagianische Streit, in: HDThG 1 (1982) 464–476.
Müller, C. D. G., Die alte koptische Predigt (Diss.Masch. Heidelberg 1954).
Mundo, A., Les anciens synodes abbatiaux et les Regulae SS. Patrum, in: StAns 44 (1959) 107–125.
– Las reglas monasticas latinas del siglo VI y la lectio divina, in: StMon 9 (1967) 229–255.
Nagel, P., Die Motivierung der Askese in der Alten Kirche und der Ursprung des Mönchtums = TU 95 (Berlin 1966).
Nahmer, D. van der, Die Klostergründungen „in solitudine"; ein unbrauchbarer hagiographischer Topos?, in: HJLG 22 (1972) 90–111.

– Über Ideallandschaften und Klostergründungsorte, in: SMBO 84 (1973) 195–270.
– „Dominici scola servitii" - Über Schulterminologie in Klosterregeln, in: RBS 12 (1984) 143–186.
Neufville, J., Sur le texte de la Règle des IV Pères, in: RBen 75 (1965) 307–312.
– Les éditeurs des Regulae Patrum: Saint Benoît d'Aniane et Lukas Holste, in: RBen 76 (1966) 327–343.
– Règle des IV Péres et seconde règle des Péres. Texte crit., in: RBen 77 (1967) 47–106.
Neuhäusler, E., Der Bischof als geistlicher Vater nach den frühchristlichen Schriften (Münster 1964).
Nodes, D. J., De subitanea paenitentia in Letters of Faustus of Riez and Avitus of Vienne, in: RTAM 55 (1988) 30–40.
Nürnberg, R., Askese als sozialer Impuls. Monastisch-asketische Spiritualität als Wurzel und Triebfeder sozialer Ideen und Aktivitäten der Kirche in Südgallien im 5. Jh. = Hereditas 2 (Bonn 1988).
Nußbaum, O., Kloster, Priestermönch und Privatmesse (Bonn 1961).
O'Connor, S., St. Vincent of Lerins and St. Augustine, in: DoC 16 (1963) 123–257.
O'Donnell, J. J., Salvian and Augustin, in: Augustinian Studies 14 (1983) 25–34.
Olsen, G.W., Reform after the Pattern of the Primitive Church in the Thougt of Salvian of Marseille, in: CHR 68 (1982) 1–12.
Opelt, I., Briefe des Salvian von Marseille - zwischen Christen und Barbaren, in: Romano Barbarica 4 (1979) 161–182.
– Quellenstudien zu Eucherius, in: Hermes 91 (1963) 476–483.
– Zur literarischen Eigenart von Eucherius, Schrift De laude eremi, in: VigChr 22 (1968) 198–208.
– Antikes Bildungsgut bei Salvian von Marseille, in: VigChr 28 (1974) 54–61.
Oppenheim, P., Symbolik und religiöse Wertung des Mönchskleides im christlichen Altertum (Münster 1932).
Poschmann, B., Die abendländische Kirchenbuße im Ausgang des christlichen Altertums = MSHTh (München 1928).
– Buße und Letzte Ölung = HDG IV,3 (1951).
Pastorino, A., Il concetto di tradizione in Giovanni Cassiano e in Vincenzo Lerino, in: Sileno 1 (1975) 37–46.
Pellegrino, M., Salviano di Marsiglia (Rom 1939).
Penco, G., Sulla diffusione della Regula Magistri, in: Ben. 10 (1956) 181–198.
– Sulla professione monastica come secondo battesimo, in: RivLi 47 (1960) 34–39.
– La vita ascetica come „filosofia" nell'antica tradizione monastica, in: StMon 2 (1962) 79–93.
– La vocatione di Abramo nella spiritualità monastica, in: RAM 8 (1963) 148–160.

– Il tema dell'esodo nella spiritualità monastica, in: Vagaggini, Bibbia et spiritualità (Rom 1967).
Plenkers, H., Untersuchungen zur Überlieferungsgeschichte der ältesten lateinischen Mönchsregeln (München 1906).
Pricoco, S., Per una nuova edizione del De contemptu mundi di Eucherio di Lione (Turin 1967).
– Sidonio Apollinare tra Claudio Mamerto e Fausto di Riez e la datatione del „De spiritu sancto", in: Did. 15 (1965) 115–140.
– Quaedam de Hilarii Arelatensis sermone de vita Honorati, in: Estrallo dell'Annuario dell'Istituto Magistrato Turino Colonno 1968/69 (Catania 1969) 175–182.
– Modelli di santità a Lerino. L'ideale ascetico nel Sermo de Vita Honorati di Ilario d'Arles, in: SicGym 27 (1974) 54–88.
– Una nota biografica su Salviano di Marsiglia, in: SicGymn 29 (1976) 351–368.
– Barbari, senso della fine e teologia politica. Su un passo del De contemptu mundi di Eucherio di Lione, in: Romano Barbarica 2 (1977) 209–229.
– L'isola dei santi. Il cenobio di Lerino e le origini del monachesimo gallico = Filologia e critica 23 (Rom 1978).
– La scala di Giacobbe, in: RBS 14/15 (1988) 41–58.
Prinz, F., Zur geistigen Kultur des Mönchtums im spätantiken Gallien und im Merowingerreich, in: ZBLG 26 (1963) 29–102.
– Frühes Mönchtum im Frankenreich (München 1965; ^{2}1988).
Racle, G., A propos du Christ-Pére, in: RSR 50 (1962) 400–408.
Ranke-Heinemann, U., Zum Ideal der vita angelica im frühen Mönchtum, in: GuL 29 (1956) 347–357.
– Das Verhältnis des frühen Mönchtums zur Kirche, in: GuL 30 (1957) 272–280.
– Die Gottesliebe als ein Motiv für die Entstehung des Mönchtums, in: MThZ 8 (1957) 289–294.
– Das Vollkommenheitsideal im frühen Mönchtum, in: BM 35 (1959) 109–121.
– Das frühe Mönchtum. Seine Motive nach den Selbstzeugnissen (Essen 1964).
Regamey, P. R., La componction du cœur, in: Portrait spirituel du chrétien (Paris 1963).
Rehling, B., De Fausti Reiensi epistula tertia (Münster 1898).
Riche, P., Éducation et culture dans l'Occident barbare. VIe–VIIe siècles (Paris 1973).
Rothenhäusler, M., Ältestes Mönchtum und klösterliche Beständigkeit, in: BM 3 (1921) 223–237.
– Die Anfänge der klösterlichen Profess, in: BM 4 (1922) 21–28.
– Unter dem Geheimnis des Kreuzes. Die klösterliche Profess bei Kassian, in: BM 5 (1923) 91–96.
Ruppert, F., Meditatio - Ruminatio. Zum Grundbegriff christlicher Meditation, in: EuA 53 (1977) 83–93.

– Das pachomianische Mönchtum und die Anfänge klösterlichen Gehorsams (Münsterschwarzach 1971).
Ruppert, G., Das Traditionsprinzip des Vincentius von Lerinum, in: ThGl 75 (1985) 446–449.
Sachers, E., Paterfamilias, in: RECA 18,4 (1949) 2121–2157.
Schäfer, A., Römer und Germanen bei Salvian (Breslau 1930).
Schanz, M. – Hosius, C., Geschichte der römischen Literatur = HbAW 8,4,2 (München 1920; Neudruck 1959).
Schatz, W., Studien zur Geschichte und Vorstellungswelt des frühen Mönchtums (Diss.Masch. Freiburg 1957).
Schwarz, E., Konzilsstudien I. Cassian und Nestorius (Straßburg 1914).
Severus, E. von, Zu den biblischen Grundlagen des Mönchtums, in: GuL 26 (1953) 113–122.
Sieben, H. J., Zur Entwicklung der Konzilsidee III: Der Konzilsbegriff des Vinzenz von Lerin, in: ThPh 46 (1971) 364–386.
– Die Konzilsidee in der Alten Kirche (Paderborn 1979).
Simonetti, M., I fonti del „De spiritu sancto“, in: SicGymn 29 (1976) 413–425.
– Il De gratia di Fausto di Riez, in: Studio Storico Religiosi 1 (1977) 125–145.
– Fausto di Riez e i Macedoniani, in: Aug. 17 (177) 333–354.
Souter, A., Observations on the Pseudo-Eusebian Collection of Gallican Sermons, in: JThS 41 (1940) 47–57.
Steidle, B., Heilige Vaterschaft, in: BM 14 (1932) 215–225.
– Abba Vater, in: BM 16 (1934) 89–101.
– „Der Zweite“ im Pachomiuskloster. Zum Verständnis des 63. Kapitels der Regel St. Benedikts, in: BM 24 (1948) 97–104; 174–179.
– Das Inselkloster Lerin und die Regel St. Benedikts, in: BM 27 (1951) 376–387.
– Dominici schola servitii, in: BM 28 (1952) 397–406.
– „Glückliche und selige Insel Lérins“, in: BM 28 (1952) 219–229.
– Homo Dei Antonius. Zum Bild des Mann Gottes im Alten Mönchtum, in: StAns 38 (1956) 148–200.
– De conversatione morum suorum. Zum philologischen Verständnis von Regula Benedicti cap. 58,17, in: StAns 42 (1959) 136–144.
– Das Versprechen der Beständigkeit, des Tugendwandels und des Gehorsams in der Regel des hl. Benedikt, in: BM 36 (1960) 105–122.
– „Wer euch hört, hört mich.“ Die Einsetzung des Abtes im alten Mönchtum, in: BM 40 (1964) 179–196.
– Die Armut in der frühen Kirche und im alten Mönchtum, in: BM 41 (1965) 460–481.
– Der Osterbrief unseres Vaters Theodor an alle Klöster, in: EuA 44 (1968) 104–119.
– Der hl. Abt Theodor von Tabennesi, in: EuA 44 (1968) 91–103.
– Per oboedientiae laborem. Zum Prolog 2 der Regel St. Benedikts, in: EuA 53 (1977) 428–435; 54 (1978) 200–210; 280–285.
Stiglmeyr, J., Das Quicumque und Fulgentius von Ruspe, in: ZKTh 49 (1925) 341–357; 628–632.

Stolle, F., Das Martyrium der thebaischen Legion (Breslau 1891).
Stroheker, K. F., Der senatorische Adel im spätantiken Gallien (Tübingen 1948).
Strunk, G., Kunst und Glaube in der lateinischen Heiligenlegende. Zu ihrem Selbstverständnis in den Prologen (München 1970).
Styblo, H., Die Regula Macharii, in: WSt 76 (1963) 124–158.
Tamburrino, P., Koinonia. Die Beziehung „Monasterium" - „Kirche" im frühen pachomianischen Mönchtum, in: EuA 43 (1967) 2–21.
— Die Heiligen des Alten Testaments in der 1. Katechese des hl. Pachomius, in: EuA 45 (1969) 50–56.
Tibiletti, C., Giovanni Cassiano. Formazione e dottrina, in: Aug. 17 (1977) 355–380.
— Libero arbitrio e grazia in Fausto di Riez, in: Aug. 10 (1979) 259–285.
— La salvezza umana in Fausto di Riez, in: Orph. 1 (1980) 371–390.
— Tertulliano, Lérino e la teologia provenzale, in: Aug. 30 (1990) 45–62.
Triacca, A. M., „Cultus" in Eusebio Gallicano, in: EL 100 (1986) 96–110.
Ueding, L., Die Kanones von Chalkedon in ihrer Bedeutung für Mönchtum und Klerus, in: A. Grillmeier und H. Bacht, Das Konzil von Chalkedon II (Würzburg 1954) 569–676.
Vandenbroucke, F., La profession, second baptême, in: VS 71 (1947) 250–263.
Veilleux, A., La liturgie dans le cénobitisme Pachômien au quatrième siècle (Rom 1968).
— La théologie de l'abbatiat cénobitique et ses implications liturgiques, in: VS.S 21 (1968) 351–393.
— Abbatial Office in Cenobitic Life, in: MonS 6 (1968) 3–45.
Viard, P., Fauste de Riez, in: DSp 5 (1964) 113–118.
Viller, M. - Rahner, K., Aszese und Mystik in der Väterzeit (Freiburg 1939).
Vogel, C., La dicipline penitentielle en Gaule des origines à la fin de VIIe siècle (Paris 1952).
Vogüé, A. de, Le Monastère - Église du Christ, in: StAns 42 (1957) 23–46.
— Monachisme et église dans la pensée de Cassien, in: Théologie de la vie monastique (Paris 1961) 213–240.
— La communauté et l'abbé dans la règle de s. Benoît (Tournai 1961).
— La paternité du christ dans la règle de s. Benoît, in: VS 110 (1964) 55–67.
— Sur une serie d'emprunts de saint Colomban à Fauste de Riez, in: StMon 10 (1968) 119–123.
— La vie des péres du Jura et la datation de la Regula orientalis, in: RAM 47 (1971) 121–127.
— La règle de Césaire d'Arles pour le moines: un résumé de sa règle pour les moniales, in: RAM 47 (1971) 369–406.
— Experience of God and Spiritual Fatherhood, in: MonS 9 (1972) 83–97.
— Les noms du supérieur de monastère dans la règle pachomienne, in: StMon 15 (1973) 17–22.
— Les noms de la porte et du portier dans la règle de Pachôme, in: StMon 17 (1975) 233–235.

– La Regula orientalis. Texte critique et synopse des sources, in: Ben. 23 (1976) 241–272.
– Sur le patrie d'Honorat de Lérins, in: RBen 88 (1978) 290–291.
– La règle de Vigile signalée par Gennade. Essai d'identification, in: RBen. 89 (1979) 217–229.
– La règle de IV Péres et les statuts des douze apôtres, in: RBen 90 (1980) 132–134.
– Persévérer au monastère jusqu'a la mort, in: CollCist 43 (1981) 337–365.
– Entre Basile et Benoît: l'„Admonitio ad filium spiritualem" du Pseudo-Basile, in: RBS 10/11 (1984) 19–34.
– La pauvreté dans le monachisme occidentale du IVe au VIIIe sicle, in: CollCist 46 (1984) 177–185.
– Eucharistie et vie monastique, in: CollCist 48 (1986) 120–130; dt. in: EuA 63 (1987) 83–94.

Weigel, G., Faustus of Riez (Philadelphia 1938).

Weiss, J. P., Essai de datation du Commentaire sur les Proverbes attribué abusivement à Salonius, in: SE 19 (1969–70) 77–114.
– La personalité de Valerien de Cimiez, in: Philologie, Histoire et Littérature anciennes. Annales de la Faculté des Lettres de Nice 11 (1970) 141–162.
– Valerien de Cimiez et Valère de Nice, in: SE 21 (1972–73) 109–146.
– Honorat héros antique et saint chrétien. Étude du mot gratia dans la Vie de saint Honorat d'Hilaire d'Arles, in: Aug. 24 (1984) 265–280.

Wickham, L. R., Eucherius, in: TRE 10 (1982) 522–525.

Windass, G. S., The Early Christian Attitude to War, in: IThQ 30 (1963) 234–248.

Wilmart, A., Cadre du commentaire sur Job du prêtre Philippe, in: StT 59 (1933) 315–322.

Winkler, G., Confirmation or Chrismation, in: Worship 58 (1984) 2–16.

Woslok, A., Die Gottesprädikation „Pater et dominus", in: dies. Laktanz und die philosophische Gnosis (Heidelberg 1960) 232–242.

Wörter, F., Beiträge zur Dogmengeschichte des Semipelagianismus (Paderborn 1898).
– Zur Dogmengeschichte des Semipelagianismus (Münster 1899).

Wrozol, L., Die Psychologie des Johannes Cassian, in: DT 2. Serie (5) 32 (1918) 181–212; 425–456; (7) 34 (1920) 70–96; (9) 36 (1922) 269–294.
– Die Hauptsündenlehre des Johannes Cassian, in: DT 37 (1923) 385–404; 38 (1924) 89–91.

Zelzer, K., Zur Überlieferung der lateinischen Fassung der Basiliusregel, in: Überlieferungsgeschichtliche Untersuchungen = TU 125 (Berlin 1981) 625–635.
– Die Rufinusübersetzung der Basiliusregel im Spiegel ihrer ältesten Handschriften, in: Latinität und Alte Kirche, FS. R. Hanslik = WSt Beiheft 7 (1977) 341–350.

Zimmermann, F., Des Claudianus Mamertus Schrift De statu animae, in: DT 28 (1914) 238–256; 333–368; 470–495.

Zschimmer, W. Salvianus, der Presbyter von Massilia und seine Schriften. Ein Beitrag zur Geschichte der christlich-lateinischen Literatur des 5. Jahrhunderts (Halle 1875).
Zumkeller, A., Das Mönchtum des heiligen Augustinus (Würzburg 1950; ²1968).

Vorliegende Studie war im Frühjahr 1989 im Wesentlichen abgeschlossen. Die danach erschienene Literatur konnte nicht mehr eingearbeitet werden. Auf einige Neuerscheinungen sei jedoch an dieser Stelle hingewiesen.

Es handelt sich um einen Artikel von M. Carrias, Vie monastique et règle à Lérins au temps d'Honorat, in: RHEF 74 (1988) 191–211, der speziell der Frage der Lériner Regel nachgeht. Dabei verfolgt er hauptsächlich die vom Herausgeber der Vita Honorati in den SC angegebenen basilianischen Anklänge und postuliert unter Ablehnung der These Pricocos (es gibt keine Lériner Regel) für die Frühzeit von Lérins ein Derivat der Mönchsregeln des kappadokischen Mönchsvaters. Zugleich vernachlässigt oder leugnet er die pachomianischen Einflüsse.

Die andere Arbeit von R. Nouailhat, Saints et Patrons. Les premiers moines de Lérins (Paris 1988) untersucht, ähnlich wie Kapitel 2 der vorliegenden Arbeit, „spirituelle Elemente" des Mönchtums von Lérins und in einem eigenen Kapitel (245–308) unter der Überschrift „Le combat monastique. Théologie et politique" die theologischen Implikationen bei Salvian von Marseille und Vincentius von Lérins. Hierbei kommt er zu teilweise gleichen Ergebnissen wie ich.

Der Mangel bei der Arbeiten besteht vor allem darin, daß sie sich in keiner Weise mit den von Vogüé vorgelegten Hypothesen zum Regelmönchtum von Lérins auseinandersetzen, obwohl sie diese Thematik ansprechen (Carrias, 192 mit Anm. 7–11; Nouailhat, 14 mit Anm. 16), letzterer die „Theologie" auch nur ausschnittsweise behandelt.

Auf den Artikel von Carrias hat A. de Vogüé bereits geantwortet in: Aux origines de Lérins: la règle de saint Basile? in: StMon 31 (1989) 259–266. Er teilt nicht die Auffassung des Verfassers von einer basilianischen Regel in Lérins und wiederholt noch einmal seine in den SC vorgetragene These.

Vorwort

Seit die Insel Lérins, St. Honorat, Mitte letzten Jahrhunderts von der provençalischen Abtei Senanque 80 Jahre nach der Säkularisation wieder mit Mönchen des Zisterzienserordens besiedelt wurde, wuchs das wissenschaftliche Interesse an ihren literarischen Quellen und ihrer Geschichte. Es entstanden gleich mehrere französische Arbeiten in rascher Folge, von denen die bedeutendste das zweibändige Werk von Alliez ist.[1] Dem folgten zu Beginn dieses Jahrhunderts weitere französische und eine englische Darstellung, die alle von Alliez abhängen.[2] Diese Arbeiten beschränken sich weitgehend auf einen deskriptiven Abriß der Geschichte der Insel und eine Inhaltsangabe der Werke ihrer bedeutendsten Vertreter. Daneben erschienen im deutschen Sprachraum dogmengeschichtliche Studien zu den theologischen Hauptwerken des Faustus und Vincentius.[3] Mit B. Steidle trat erstmals das f r ü h e M ö n c h t u m von Lérins als Beitrag zur gerade begonnenen Regeldiskussion (Regula Benedicti – Regula Magistri – Kontroverse) ins Blickfeld der deutschen Forschung (1951/2).[4] Aber erst F. Prinz gelangen 1963 und 1965 größere Abhandlungen über dieses Phänomen, das er in seiner Rolle a l s V o r l ä u f e r d e s m e r o w i n g i s c h e n M ö n c h t u m s unter historischem und soziokulturellem Gesichtspunkt untersuchte.[5] Hier wurden auch erstmals Beziehungen

[1] L. Alliez, Histoire de monastère de Lérins (Paris 1862); ders., Visite aux îles de Lérins (Brignoles 1840); ders., Les îles de Lérins. Cannes et ses rivages environments (Paris 1860); A. Aubert, Une journée aux îles de Lérins (Grasse 1869); A. Azais, Les îles de Lérins (Nîmes 1850); F. Bourquelot, Les îles de Lérins (Moulins 1850); J. Galbert, Saint Honorat et son monastère (Grenoble 1896); P. Goux, Lérins au cinquième siècle (Paris 1856); P. Lahargou, De schola Lerinensis aetate merovingica (Paris 1892); J. Puverel, Les îles de Lérins et le monastère St. Honorat (Antibes 1869); A. L. Sardon, Notice historique sur Cannes et les îles (O. O. 1867); ders., Histoire de Cannes et des îles de Lérins (O. O. 1894); P. Senequier, L'abbaye de Lérins (Paris 1885); F. Silfverberg, Historia Monasterii Lerinensis usque ad annum 731 ennarata (Kopenhagen 1834) – alle diese Arbeiten sind mehr oder weniger deutlich abhängig von der Chronologia Sanctorum et aliorum virorum Illustrium ac Abbatum Sacrae Insulae Lerinensis von V. Barallis Salerno (Lyon 1613).

[2] H. Moris, L'abbaye de Lérins. Histoire et monuments (Paris 1909); L. Cristiani, Lérins et ses fondateurs (S. Wandrille 1946); A. C. Cooper-Marsdin, The History of the Islands of Lérins (Cambridge 1913).

[3] Vgl. im Literaturverzeichnis die Arbeiten von A. Koch, H. Koch und F. Wörter.

[4] Das Inselkloster Lerin und die Regel St. Benedikts, in: BM 27 (1951) 376–387; „Glückliche und selige Insel Lérins", in: BM 28 (1952) 129–229.

[5] S. Literaturverzeichnis.

zum Mönchtum des Umfeldes nach den Quellen der Zeitgenossen, insbesondere zum martinischen Mönchtum, beleuchtet. Inmitten der nun zahlreicher werdenden kleineren Arbeiten zu Einzelfragen und den popularwissenschaftlichen Büchern von J. J. Antier,[6] die das allgemein gewachsene Interesse an Lérins widerspiegeln, stellt das Werk des Italieners S. Pricoco, L'isola dei santi (1978), einen vorläufigen Höhepunkt dar. In seinen Ausführungen stellt er Lérins in den weiten Rahmen der weltanschaulichen und ideengeschichtlichen Entwicklung der Spätantike.

Anhand dieser Literatur läßt sich das Geflecht von Beziehungen, in denen sich die bald sehr einflußreiche Mönchsinsel befand, gut ablesen: ihre Bedeutung im theologischen, kirchenpolitischen – in ihren Mönchsbischöfen – und archäologischen Bereich.

Auffälligerweise war die wissenschaftliche Erforschung des eigentlichen Mönchtums und seiner Spiritualität, so wie sie zu beinahe allen Parallelerscheinungen des Orients und Okzidents erfolgt war, fast völlig ausgeblendet; ebenso wurde in Artikeln zur Entwicklungsgeschichte einzelner Phänomene des Mönchtums der Beitrag von Lérins weitgehend übergangen, so daß ihm zu Unrecht nie ein eigenständiger Platz in der monastischen Landschaft zugewiesen wurde. Ein Blick auf die Quellenlage erklärt dieses Versäumnis oder Zögern sehr rasch: Von den gesicherten Schriften, die von Lérins überliefert sind, interpretiert kaum eine direkt das monastische Selbstverständnis, und die stark divergierenden literarischen Genera der Werke scheinen sich der Analyse und Erforschung der bekannten monastischen Parameter zu entziehen. Hinzu kommt die Crux einer Vielzahl anonymer Schriften, die man nicht völlig unberechtigt dem Lériner Kreis zuweist.

An dieser Stelle setzt die vorliegende Arbeit an. Eine Spiritualität des Inselmönchtums von Lérins läßt sich m. E. nur darstellen, wenn das gesamte Lériner Schriftkorpus untersucht wird und nicht nur die in erster Linie „monastischen" Texte. Das heißt zunächst: Sichtung auch der anonymen Schriften, die einem Verfasser aus dem Lériner Kreis – vor allem Faustus von Riez – seit längerem zu- und abgesprochen werden, um, soweit mit literarkritischen Methoden möglich, bei neuen Erkenntnissen eine Zuweisung zu wagen.

Das heißt weiter: nicht nur die Werke heranzuziehen, die die Lériner Mönche während ihres Aufenthaltes in Lérins verfaßten, sondern auch jene, die in deren Bischofszeit entstanden und nicht das Mönchtum, sondern theologische Probleme zum Gegenstand haben. Da die

[6] S. ebd. Beachtliches unter den derzeit aufblühenden historischen (Kloster-) Romanen leistete S. Strömholm in seinem in einer Romantrilogie erschienen Buch „Der Wald", das mit erstaunlicher Sachkenntnis ein zutreffendes Charakterbild des Faustus zeichnet.

Mönchsbischöfe eine monastische Vergangenheit haben, kann man davon ausgehen, daß sie, auch nachdem sie nicht mehr auf der Insel lebten, von den monastischen Gedankengängen bestimmt blieben. Tatsächlich läßt sich bei Faustus feststellen, daß in seinen frühen Schriften theologische und asketische Gedanken der Hauptwerke rudimentär vorhanden sind, und daß die theologischen Hauptwerke die frühen Predigten und Briefe ergänzend interpretieren. Bei aller Vorsicht gegenüber einem Themen- und Stilwechsel, der durch die Übernahme des neuen Amtes bedingt ist, dürfen diese Beobachtungen nicht übergangen werden, da sie eine geistige Entwicklung der Inselspiritualität sichtbar machen, die entscheidend sein wird, wenn das Gesamtphänomen Lérins in seiner Stellung im aufkeimenden abendländischen Mönchtum bewertet werden soll.

Zum dritten heißt das: Eine Spiritualität von Lérins läßt sich nur ermitteln, wenn die Beziehungen der oben genannten Bedeutungen von Lérins untereinander beleuchtet werden: Wie beeinflußt die dort entstandene Theologie und überhaupt das theologische Interesse das Mönchtum? Welche monastisch-asketischen Implikationen sind in der Theologie zu finden? Schlägt sich die Tatsache, daß Lérins „Geburtsstätte der Bischöfe Galliens“[7] wurde, auf die Geistigkeit *(schola Lirinensis?)* und die Einstellung zur Welt nieder? Findet ein solches Interesse einen Ausdruck in der Archäologie oder kann aus der Archäologie die Bestätigung der Verbindung von Theologie und Askese als monastisches Proprium von Lérins entnommen werden?

Wenn auch jede Form von Mönchtum des Morgen- und Abendlandes in seinem zeitgenössischen theologischen Umfeld steht, so wurde Theologie doch nie so extensiv, so intensiv und schulmäßig betrieben wie in Lérins, wie nicht nur die dort erstmals in der christlichen Literatur auftauchenden Kompendienwerke des Vincentius (Excerpta aus Augustinus [Trinitätslehre], Commonitorium [Häretikerkatalog, Gnadenlehre]) und des Eucherius (exegetische Werke aus Hieronymus, Augustinus u. a.; Auszüge aus den Werken Cassians) belegen. Bis zum Konzil von Orange (529), das den „Semipelagianismus“ offiziell verurteilte, war die in Lérins entwickelte und von Faustus vehement propagierte Theologie in ganz Gallien vorherrschend.

Schließlich müssen die monastischen Parameter, deren Begrifflichkeit sich nur andeutungsweise in Lériner Schriften findet, mit Hilfe der Literatur des Umfeldes – von Pachomius bis zur Regula Magistri und Caesarius – gedeutet werden, um auch auf diesem Weg den Platz von Lérins in der Entwicklung zu bestimmen und gegebenenfalls seine Originalität und seinen Beitrag zu erkennen.

[7] Von Lérins als *nutrix sanctorum* spricht Ennodius, Vita Antonii Lirinensis 39; vgl. A. C. Cooper-Marsdin, Lérins 137: „a nursery of bishops“.

Bei allem sollte der Leser das „unwissenschaftliche Argument" nicht aus dem Auge lassen: Lérins wird erst dann voll verständlich, wenn man seine „Atmosphäre" – Landschaft, Insellage – erlebt hat. Ich werde immer wieder versuchen, auf diesen Eindruck, der sich in den verwendeten literarischen Stilmitteln widerspiegelt, hinzuweisen.

Der Arbeitsgang umfaßt nach einleitenden Bemerkungen zum literarischen Genus der Leriner Schriften im ersten Kapitel die Terminologie zum Oberen, zur Gemeinschaft und der Organisation des sich entwickelnden Lebens sowie deren geistliche Bedeutung und Dimension nach den aus der Forschung vorgegebenen Rastern. Im zweiten Kapitel schließt sich die Darlegung des monastischen Selbstverständnisses an („Spiritualität"). Während hierbei schon immer wieder auf Querverbindungen zur Theologie hingewiesen wird, bringt Kapitel 3 eine eigene Untersuchung der Quellen zur Theologie auf Lérins, dieses Mal unter Berücksichtigung der asketischen Implikationen. Dazu gehört die Stellungnahme zur Zuweisung anonymer Symbola: des Symbolum gallicanum, sc. Fausti, und des Symbolum Athanasianum (Quicumque).

Dabei läßt sich unschwer eine Genese des Mönchtums in Lérins erkennen, das die Gesamtentwicklung des morgen- und abendländischen Mönchtums gleichsam im Mikrokosmos sichtbar macht: vom charismatischen Eremitentum zur Institutionalisierung im Zönobium. Die Aufarbeitung dieses Komplexes blieb bis heute ein Desiderat – trotz der beachtlichen Neuerscheinung von R. Nürnberg, Askese als sozialer Impuls (1988; Auslieferung Jan. 1989), die sich auf den Seiten 97–139 mit der „Leriner Spiritualität" befaßt, wenn auch unter anderen Gesichtspunkten. Auch sie klammerte die theologischen Werke von Lérins aus der Untersuchung aus und ging die Frage nach der Predigtliteratur des Faustus nur unbefriedigend an (222–245), was zweifellos eine Verengung der Sichtweise bedeutet.

Ein weiterer, nicht weniger wichtiger Fragenkomplex, dessen Beantwortung erhebliche Auswirkung auf das Ergebnis – die Darstellung der Spiritualität – hat, wurde umgangen: Im Zusammenhang mit Lérins ist immer die Frage nach einer möglichen „Regel des Honoratus" oder zumindest einer „Regel von Lérins" gestellt worden. S. Pricoco glaubte in der letzten Monographie über Lérins diese Frage eindeutig negativ beantworten zu können, womit die Diskussion beendet schien. 1982 legte A. de Vogüé jedoch eine neue Hypothese vor, in der er von sechs der frühesten abendländischen Mönchsregeln drei direkt Lérins zuwies und drei weitere seinem näheren Einflußbereich.[8] Seine Bemühungen um die Chronologie der Regeln bestätigen z. T. meine Beobachtungen

[8] Les règles des saints Pères (SC 297/298). Er konnte dabei auf allerdings nur vage Vermutungen früherer Arbeiten zurückgreifen; vgl. den Forschungsbericht in § 4.

bezüglich der Entwicklung des Lebens auf der Mönchsinsel. Sie krankten allerdings daran, daß das Mönchtum von Lérins bis dahin nicht genügend und systematisch erforscht worden ist und keine ausreichenden Ergebnisse vorlagen, die eine Zuordnung der Regeln zur Lériner Organisation zweifelsfrei zugelassen hätte. Vogüé griff nur auf bereits Bekanntes zurück bzw. wählte aus dem Schriftkorpus die Stellen aus, die seine Hypothese stützten. Davon, daß das „Milieu" von Lérins, auf das man sich allenthalben berief, bekannt sei, kann aber bisher keine Rede sein. Die Prüfung seiner Hypothese steht ebenfalls bis heute aus.

Die vorliegende Monographie kann Vogüés Entwurf – allein schon wegen seiner Bedeutung für die Spiritualität – weder übergehen noch kritiklos übernehmen. So sah ich mich genötigt, die Arbeit sozusagen als Probe seiner Hypothesen anzulegen und mich in einem Schlußkapitel den Zuweisungen der Regeln zu widmen. Der Gang der Arbeit beschreitet daher den umgekehrten Weg, den Vogüé einschlug: Während er im Blick auf die Edition die innere Zusammengehörigkeit, die Quellen und die Chronologie der Regeln erforschte, für die er dann den entsprechenden monastischen Rahmen in Lérins zu finden glaubte, geht diese Untersuchung von einer möglichst umfassenden Darstellung des Mönchtums von Lérins aus und fragt nach den diesem Befund entsprechenden Regeln. Es wird dem Leser deutlich, daß dies nur n a c h einer gründlichen Erforschung a l l e r Lériner Quellen möglich ist, aus denen ein den Regeln kompatibles Raster zu erstellen ist.

Ein erster Exkurs am Schluß der Arbeit zeigt an einigen Beispielen meine Methode der Zuweisung anonymer Predigten aus der südgallischen Predigtsammlung Ps.-Eusebius-Gallicanus an Faustus und klassifiziert die Predigten in vier Gruppen, die sie nach einer „sicheren" bis „unwahrscheinlichen" Verfasserschaft durch Faustus einteilen. Ein zweiter Exkurs gibt Aufschluß über die Quellen (Bibliothek) des Eucherius.

Nur so ist letztlich die Frage nach dem Beitrag von Lérins zur Entwicklung des abendländischen Mönchtums zu beantworten und seine Eigenständigkeit und Originalität zu erweisen. Die Erforschung der „Lériner Wirkungsgeschichte", die hier nur in Ansätzen, die den gewählten Zeitraum des 5. Jh.s nur wenig überschreiten, vorgestellt wird, kann die Bedeutung des Lériner Mönchtums weiter hervorheben. Das übersteigt jedoch den Rahmen einer patristisch-theologischen Arbeit.

So kann diese Arbeit auch nicht als letzte Aufhellung zu dieser Frage verstanden werden, sie will ein weiterer Diskussionsbeitrag sein.

Zeittafel

ca. 360 - 429/30	Honoratus
ca. 400 - 410	Gründung von Lérins
ca. 419 - 426	Veröffentlichung von Cassians Inst. und Conl.
ca. 410 - 426	Entstehung einer ersten Regel in Lérins (RIVP)
426	Honoratus wird Bischof von Arles; er hinterläßt die 2RP
426 - 433	Maximus Abt von Lérins
430 - ca. 460	Faustus Abt von Lérins; Maximus Bischof von Riez
bis ca. 434	Eucherius auf Lero († 450 als Bischof von Lyon)
ca. 430 - 449	Hilarius Bischof von Arles
456	III. Konzil von Arles; danach: Endredaktion der RIVP
ca. 460 - ca. 495	Faustus Bischof von Riez; er hinterläßt die ROr
ca. 470/71	Konzile von Arles und Lyon unter Faustus zur Gnadenlehre
? - ca. 490	Porcarius Abt in Lérins
Ende 5. Jh.	RMac
ca. 490 - ca. 500	Caesarius auf Lérins
ca. 500 - 502	Caesarius Abt in Arles
nach 530	Nonnenregel des Caesarius
ca. 534 - 542	Mönchsregel des Caesarius

Prolegomena

1. Das Schrifttum der Lériner

Als Einführung in das Thema sollen zunächst die Werke der Lériner vorgestellt werden, um sodann - soweit möglich - anhand dieser Quellen die Bibliothek der Mönchssiedlung zu rekonstruieren. Dabei werden auch die Schriften erwähnt, die im unmittelbaren Umkreis von Lérins und in seinem Einflußbereich entstanden sind. Auskunft über das Lériner Schrifttum gibt der Schriftstellerkatalog des Gennadius.[1]

1. Hilarius von Arles (401–449). Gennadius vermerkt:[2]

vitam sancti Honorati decessoris sui composuit (um 430).

Neben diesem Sermo auf das Leben des Gründerabtes habe er noch *aliqua et parva* verfaßt, über die Gennadius keine weiteren Auskünfte gibt. Die V.Hil. (um 500), im Anhang zum Schriftstellerkatalog (c. 100) Honoratus von Marseille zugeschrieben,[3] führt weitere Werke des Hilarius an,[4] deren Entstehung ebenfalls in seine bischöfliche Amtszeit fällt:

licet gratia eius ex his operibus, quae eodem dicendi impetu concepit, genuit, ornavit, protulit possit absque haesitatione dinosci:
1. vita scilicet antistitis Honorati,
2. homiliae in totius anni festivitatibus expeditae,
3. symboli expositio ambienda,
4. epistolarum vero tantus numerus,
5. versus etiam fontis ardentis.

[1] De viris illustribus, E. C. Richardson, TU 14,1 (Leipzig 1896) 57–97.

[2] Ebd. c. 70 (85,21); vgl. Isidor von Sevilla, De viris illustribus c. 29 (PL 83,1098B): *Hilarius Arelatensis episcopus scripsit vitam parentis et praedecessoris sui, sanctissimi ac venerabilis Honorati episcopi suavi ac praeclaro praedictam eloquio.*

[3] Über die Verfasserschaft besteht keine Klarheit; als möglicher Verfasser wird auch ein Ravennius, Nachfolger von Hilarius in Arles (oder: Reverentius), genannt. Durch die Namensgleichheit (Hilarius verfaßt die Vita des Honoratus von Arles und Honoratus von Marseille die des Hilarius von Arles) kommt es in der Literatur immer wieder zu Verwechslungen oder Unklarheiten; vgl. W. Berschin, Biographie und Epochenstil (Stuttgart 1986) 245: „Die Vita S. Hilarii ist wiederum vom Nachfolger des Honoratus (sic) geschrieben, der Reverentius heißt." D. König, Amt und Askese (St. Ottilien 1985) 204: „Nach dem Bericht des Gennadius-Fortsetzers hat Hilarius Nachfolger, der ebenfalls Honoratus hieß, eine Vita Hilarii verfaßt."

[4] V. Hil. 14,25/30.

Zu 2. ist mit einiger Sicherheit höchstens eine Homilie erhalten, die sich nun im Corpus des Eus. Gall. befindet.[5]

Zu 3. ist eine nicht ganz gesicherte Explanatio symboli überliefert.[6]

Zu 4. findet sich nur noch ein Brief an Eucherius, der ihn als Bischof erreichte (nach 434).[7]

Zu 5. existieren kaum nennenswerte gesicherte Reste.[8]

Diese selbst im Katalog der V.Hil. nicht gerade bedeutenden Schriften lassen trotz des rhetorischen Lobes seiner literarischen Fähigkeiten[9] kaum den Schluß zu, er habe das Ps.-Prosperianische Carmen de Providentia Dei (sc. Divina) verfaßt,[10] das ihm aufgrund theologischer Implikationen zugeschrieben werden sollte.[11]

2. Der V. Hon. sind Hinweise auf verlorengegangenes Schrifttum des Honoratus zu entnehmen. Hilarius schreibt von dessen Korrespondenz[12]:

[5] Hom. LVI De natale sancti Genesii (CC 101A,651–654); die Verfasserschaft ist umstritten: C. F. Arnold, Caesarius von Arelate (Leipzig 1894) 68 Anm. 192: „Die Schrift stammt nicht von Hilarius"; in jüngerer Zeit häufen sich die Stimmen, die diese Homilie dem Hilarius zuschreiben, vgl. S. Cavallin, S. Genès le notaire, in: Eranos 43 (1945) 150–175, hier: 172: „la tradition désigne – a mon avis à juste titre – Hilaire comme son auteur"; E. Griffe, La Gaule chrétienne III (Paris 1965) 224–245 Anm. 21.

[6] K. Künstle, Eine Bibliothek der Symbole (Mainz 1900) 173–175.

[7] CSEL 31,197,22–198,11.

[8] Es sind nur vier Verse erhalten, vgl. A. Riese, Anthologia latina (Leipzig 1906) Nr. 487.

[9] Vgl. Gennadius, vir. ill. 70 (85,16): *homo genere clarus et longe aliter educatus;* V. Hil. 14,1: *temporalis vero eius praedicatio quantum flumen eloquentiae habuerit, quas sententiarum gemmas sculpserit, ut aurum supernorum sensuum repperit, argentum splendentis eloquii abundaverit, descriptionum varias picturas et rhetoricos colores expresserit;* vgl. das Lob eines sonst unbekannten Livius (ebd. 23): *temporis illius poeta et auctor insignis* <. . .> *si Augustinus post te fuisset, iudicaretur inferior.* Ein Schulrhetor Auxiliaris (vgl. M.Schanz – C. Hosius, Geschichte der römischen Literatur = HbAW 8,4,2, [München 1920] 339) soll über das Talent des Hilarius gesagt haben (V. Hil. 14, 34/39): *Dictu difficile est, quanti mihi pretii fuerint litterae sanctitatis tuae, in quibus ita expertam facundiam recognovi, sicut tenes in aliis modestiae morumque operibus principatum. Ignosce de te studiose minora dicenti, quia semper in praedicatione sui virtus erubescit, cum hoc ipsum verecundiae genus pars magna virtutis sit.*

[10] M. P. McHugh, The Carmen De Providentia Dei attributed to Prosper of Aquitaine (Washington 1964) = PatSt 98.

[11] So G. Gallo, Uno scritto filo-pelagiano attribuibile a Ilario di Arles, in: Aevum 59 (1977) 333–448. Selbst wenn Gennadius' Schriftstellerkatalog nicht erschöpfend ist, wäre ihm ein so auffälliges Werk, das an Umfang der V. Hon. kaum nachsteht, nicht entgangen. Gallo übersieht bei der Zitation des Gennadius offensichtlich (a.a.O. 342 Anm. 43), daß dessen Notiz über weitere Schriften *aliqua et p a r v a* lautet und daß selbst das Verzeichnis der V. Hil. den Schluß auf ein Werk dieser Art nicht rechtfertigt.

[12] V. Hon. 22.

literum officia <. . .> *novis affectibus variata reddebat; quam blanda, quam dulcia* <. . .> *Eucherius cum ab heremo in tabulis cera illitis literas eius suscepisset: mel suum ceris reddidisti.*

Als Bischof habe er täglich über die Dreifaltigkeit gepredigt.[13] Ob Honoratus eine Regel verfaßt hat, wird im letzten Kapitel der Arbeit zu klären sein.

3. In der von Gennadius vorgegebenen Chronologie folgt als nächster Lériner Mönch und Schriftsteller Vincentius († vor 450). Gennadius kennt nur:

adversum haereticos (= Commonitorium, ca. 434).[14]

Aus Prospers Responsiones ad capitula obiectionum Vincentianarum (431)[15] läßt sich auf eine frühere Schrift schließen, die

Obiectiones

gegen die augustinistische Deutung der Gnadenlehre Augustins. Gennadius erwähnt auch nicht die vor 440 verfaßten

Excerpta

aus Augustinus, ein dogmatisches, antinestorianisches Lehrbuch.[16]

4. Eucherius († 450) verfaßte den Großteil seiner Schriften auf Lero, der Lérins benachbarten, größeren Insel (heute: Ste. Maguerite), bevor er 434 Bischof von Lyon wurde. Gennadius nennt den Brief an den Verwandten des Eucherius (432)[17]

de contemptu mundi et saecularis philosophiae.

In diesem Brief kündigt Eucherius ein weiteres Werk – über die wahre Philosophie und die echten Philosophen – an, das, falls er es geschrieben hat, verloren gegangen ist.[18] Gennadius zählt weiterhin die Lehrbücher des Eucherius an seine Söhne auf, in denen er „dunkle Stellen" der heiligen Schriften erklärt (428–434):[19]

[13] Ebd. 38,20/26.

[14] Vir. ill. 75 (83,23). Text in CC 64,147–195; unverzichtbar bleibt aber wegen des ausführlichen Index weiterhin G. Rauschen, Vincentii Lirinensis commonitoria = FlorPatr 5 (Bonn 1905).

[15] PL 51,177–186. Über die Abfassungszeit vgl. C. J. Hefele, Vincentius von Lérins und sein Commonitorium, in: ders., Beiträge zur Kirchengeschichte, Archäologie und Liturgie (Tübingen 1864) 145–174; H. Koch, Vincentius von Lérins und Gennadius. Ein Beitrag zur Literaturgeschichte des Semipelagianismus, in: TU 31,2 (1907) 35–58.

[16] CC 64,199–231.

[17] Vir. ill. 64 (83,8/16); Handschriften und eine kritische Edition fehlen; PL 50,711–726. Zur Abfassungszeit: ebd. 722 A (1185 Jahre nach der Gründung Roms). Vgl. S. Pricoco, Per una nuova edizione . . . (Turin 1967).

[18] Cont. 724 B: *Sed alius adversus philosophos dicendi locus reservetur* <. . .> *Omitte iam illas, quibus oblectaris maxime generalis eorum sententias, breviter ex omni disputationis genere collectas.*

[19] CSEL 31,3–62 (Form.) ebd. 65–161 (Instr.); die Edition ist nicht fehlerfrei; eine diplomatische Edition der Instr. hat G. Maioli besorgt: ECarm 30 (1979) 481–485; 32 (1981) 445–520. Die Abfassungszeit der Instructiones und Formulae ist in jüngster Zeit umstritten. Alle Handbücher geben die Zeit vor der Ernennung des Eucherius

Instructionum libri duo,

Formulae spiritalis intellegentiae,

sed et sancti Cassiani quaedam opuscula lato tensa eloquio verbi revolvens tramite in uno coegit volumine aliaque tam ecclesiasticis quam monasticis studiis necessaria,

ein Werk, das verlorengegangen ist. Die Epitome operum Cassiani sind eine Fälschung.[20] Die bereits in die Bischofszeit, also nach 434 datierende

Passio acaunensium martyrum

mit einem angehängten Brief an Salvius[21] findet bei Gennadius ebensowenig Erwähnung wie der Brief an den Mitbruder Hilarius (um 427)

De laude eremi,

der mehrmals in der V. Hon. zitiert wird und als einziges Werk des Eucherius dem Isidor von Sevilla bekannt ist.[22]

5. Der letzte große Lériner in der ersten Hälfte des 5. Jh. ist Faustus von Riez, dessen literarische Tätigkeit hauptsächlich in seine Bischofs-

zum Bischof von Lyon an, also vor 434. S. Pricoco, Una nota biografica su Salviano di Marsiglia, in: SicGym 29 (1976) 351–368 und I. Opelt, Briefe des Salvian von Marseille: Zwischen Christen und Barbaren, in: Romano barbarico 4 (1979) 161–182, melden dagegen Bedenken an. Auffällig ist, daß alle Dankesschreiben der Freunde, die die Schrift erhalten haben, an Eucherius als Bischof (also nach 434) gerichtet sind (CSEL 31,197–199: ep. 8 des Salvian, der Brief des Bischofs Hilarius von Arles und der des Presbyters Rusticus). Salvianus nennt bei Kenntnisnahme der Schrift die Söhne des Eucherius bereits *magistri ecclesiae;* sollte das das Bischofsamt bezeichnen, wäre der Brief auf 440 zu datieren, da zu diesem Zeitpunkt Veranus und Salonius auf Konzilien als Bischöfe erwähnt sind (erstmals auf dem Konzil von Orange 441; vgl. C. Munier, Concilia Galliae, CC 148,57,6/8). Gennadius, vir. ill. 64 (83,8/10), sagt aber, daß die Söhne zur Zeit der Abfassung noch nicht Bischöfe, also noch auf Lérins waren. Wenn Salvian nach der Aussage des Eucherius (Instr. praef.) dessen Söhne nach dem Weggang des Hilarius nach Arles 429 unterrichtet haben soll und zur Zeit der Abfassung des Sermo de Vita Honorati (430) nach dem Bericht des Hilarius (19 § 2) noch auf der Insel weilte, erscheint es seltsam, daß er die Schriften des Eucherius nicht gekannt haben soll und ihm erst zehn Jahre später dafür dankte. Andererseits müßte es verwundern, daß Eucherius so lange nach der Abfassung erst seine Werke verschickte. Letzte Klarheit wird es nicht geben. Sicher ist, daß Eucherius, wenn Salvian vielleicht kurz nach 430 (so Pricoco) die Insel verlassen hat, seine Schriften zwischen 430 und 440 für Lérins schrieb, ob als Mönch oder als Bischof muß dahingestellt bleiben. Jedenfalls sind seine Gedanken und sein Wissen ganz von der Theologie und der Literatur auf Lérins geprägt.

[20] F. Diekamp, Sancti Eucherii Lugdunensis Episcopi Epitome operum Cassiani: eine moderne Titelfälschung, in: RQ 14 (1900) 341–355. Auch die von K. Honselmann publizierten Fragmente lassen keine sicheren Schlüsse auf das verlorengegangene Werk des Eucherius zu: Bruchstücke von Auszügen aus den Werken Cassians. Reste einer verlorengegangenen Schrift des Eucherius von Lyon?, in: TG 51 (1961) 300–304.

[21] CSEL 31,165–173.

[22] Ebd. 178–194; die bessere Edition bietet: S. Pricoco (Catania 1965); Isidor, vir. ill. 28 (PL 83,1098 B).

zeit und somit in die zweite Hälfte des 5. Jh. fällt. Aus seiner Zeit als Abt von Lérins ist Gennadius ein Brief bekannt, der sowohl über die monastische Terminologie wie auch über das theologische Denken dort Aufschluß gibt:[23]

epistula in modum libelli ad diaconum quendam Graecum.

Alle anderen Werke, die Gennadius gelesen hat und nennt, stammen aus der Zeit von ca. 460–490:

De spiritu sancto (um 471),[24]

De gratia (um 475),

sowie andere theologische Werke (meist in Briefform).[25] Darunter erwähnt er besonders zwei kleinere Schriften

adversum Arianos et Macedonianos

adversum eos, qui dicunt in creaturis aliquid incorporeum.

Diese beiden libelli kann man in ep. 3 vereinigt finden.[26] Claudianus Mamertus verfaßte gegen die darin vertretene Auffassung von der Körperlichkeit der Seele sein Werk De statu animae.[27]

Darüber hinaus hat Faustus noch mehr geschrieben, was Gennadius nicht vermerkte, weil er es nicht gelesen habe. Sind wir schon über die ursprüngliche Gestalt der Schriften des Faustus nicht völlig im Klaren, wie die verstreut aufgefundenen Fragmente zu De gratia belegen,[28] so besteht gegenüber allen weiteren angeblichen Texten eine große

23 Gennadius, vir. ill. 86 (91,19/21): *in qua epistula admonet eum credere sanctam Mariam virginem non hominem purum genuisse, qui postea susceperit divinitatem, sed Deum verum in homine vero.* = Ep. 7 (CSEL 21,200–207) zur Datierung ebd. XXVI, und J. Douerin, Fauste de Riez, l'homme et l'œuvre. État present de la question (Masch.Diss. Paris 1973), 84: „vers 440".

24 Diese Schrift meint auch Sidonius in ep. 9,9, wenn er schreibt: *legimus opus operosissimum multiplex <...> bipertitum sub dialogi schemate sub causarum themate quadripertitum* (MGH auct. ant. 8,157,30).

25 Gennadius, vir. ill. 86 (91). W. Bergmann, Studien zu einer kritischen Sichtung der südgallischen Predigtliteratur des 5. und 6. Jh. (Leipzig 1898; Nachdruck: Aalen 1972) 55–71, hat als einziger bisher die Echtheit der Briefe 6 und 9, die hauptsächlich asketischen Inhalts sind, angezweifelt. Seine Annahme ist seither nicht bestätigt, eher widerlegt worden; so z. B. G. Weigel, Faustus of Riez (Philadelphia 1938) und J. Douerin, Fauste de Riez 83; der letzte Herausgeber der fünf Briefe des Faustus an Ruricius, R. Demeulenaere, CC 64 (1985), 406–415 (ep. 9: 408–412), geht von authentischen Schriften des Faustus aus.

26 Diese These stellte B. Rehling, De Fausti Reiensi epistula tertia (Münster 1898) auf, wobei ihm die HSS Recht zu geben scheinen, die bisweilen die letzte Schrift gesondert überliefern; ihm folgt G. Weigel, Faustus of Riez 84. J. Douerin, Fauste de Riez 89, sieht das Werk gegen die Arianer als verloren an, dagegen glaubt J. Huhn, De ratione fidei als ein Werk des Faustus von Riez, in: TQ 130 (1950) 176–183, sie in dem im Anhang zu den Werken des Faustus abgedruckten Opusculum zu erkennen (CSEL 21, 453–459); diese Auffassung konnte sich nicht durchsetzen.

27 CSEL 11.

28 Die Bruchstückhaftigkeit von De gr. 2,6–8. 12 konnte der Herausgeber Engelbrecht nachweisen (CSEL 21,75.90); Fragmente dazu ebd. 97–98 und in CC 85A,149.151 in den Werken Maxentius.

Unsicherheit. Daß Faustus sowohl als Abt wie als Bischof gepredigt hat, steht außer Zweifel.[29] Aber noch mehr als seine Hauptschriften sind diese Homilien bearbeitet und zensiert worden, so daß man nur mit größter Umsicht an den Kern seiner homiletischen Literatur herangehen darf, die sich zum größten Teil in der Ps.-Eusebianischen Homiliensammlung findet.[30] Alles weitere, was bis zur Neuzeit noch erhalten geblieben sein soll, muß als verloren gelten.[31]

7. Aus dem unmittelbaren Einflußbereich von Lérins ist noch Salvian zu erwähnen, der über zehn Jahre auf der Insel lebte und dort die Söhne des Eucherius erzog.[32] Unmittelbar vor oder nach seinem Weggang nach Marseille schrieb er

Ad ecclesiam libri IV,[33]

die er in ep. 5 Salonius, dem Sohn des Eucherius, widmet und darin erklärt, warum er das Werk, das Gennadius Adversum avaritiam nennt,[34] unter dem Pseudonym Timotheus herausgab. Seine Predigten und alle weiteren Schriften, die Gennadius aufzählt, sind nicht erhalten:

De virginitatis bono,
De praesenti iudicio (= De gubernatione Dei?),[35]
Expositionis extremae partis libri Ecclesiastes ad Claudium,
De principio Genesis usque ad condicionem hominis.

Allein die Aufzählung der in Lérins entstandenen Werke ermöglicht einen Einblick in die Vielfalt und Bandbreite des nicht nur monastischen, sondern auch theologischen und dogmatischen Interesses der Inselbewohner, das die folgende Untersuchung hervorheben möchte. Sie ist vor allem unerläßlich für die Rekonstruktion der Bibliothek, die ihrerseits wieder die These des von theologischen Interessen und theologischer Auseinandersetzung geprägten Mönchtums erhärtet, das erstmals oder gar einzig im Westen nach östlichem Vorbild Fuß faßte.

2. Bemerkungen zum literarischen Genus

Aus a l l e n genannten Quellen, d. h. auch aus den primär theologischen, die bei früheren Arbeiten regelmäßig ausgeklammert wurden,

[29] Vgl. Sidonius, ep. 9,3 (MGH auct. ant. 8,151).

[30] CC 101; 101A; 101B. Vgl. dazu den Exkurs am Schluß der Arbeit.

[31] Johannes Trithemius verfügte im 15. Jh. noch über einen Liber contra Anthropomorphistas, den B. Rehling, De Fausti Reiensi epistula tertia 56 ebenfalls in der ep. 3 erkennen möchte. Vgl. auch Engelbrecht, CSEL 21,XXXI; er ist jedoch offensichtlich verloren gegangen.

[32] Vgl. Eucherius, Instr. praef. (CSEL 31,66); über die Dauer des Aufenthaltes auf Lérins herrscht Unklarheit, vgl. Anm. 19.

[33] SC 176,138–345.

[34] Vir. ill. 68 (84,26/28): <...> *et pro eorum praemio satisfactionis ad Salonium episcopum librum unum.*

[35] SC 220.

wird hier zum erstenmal versucht, ein möglichst umfassendes Bild von Lérins im 5. Jh. zu zeichnen. Das bringt zwar, bedingt durch das unterschiedliche Genus der Schriften, methodische Probleme mit sich, da nicht alle Quellen in der gleichen Weise ausgewertet werden können. Zugleich aber vermittelt eben diese Verschiedenartigkeit tiefere und differenziertere Erkenntnisse über die Spiritualität der Lériner, die durch die aktuelle theologische und dogmatische Diskussion und die konstruktive und aktive Auseinandersetzung mit ihren Problemen geprägt ist.

Die Schriften stecken einen Zeitraum von knapp einem Jahrhundert ab und erfordern daher eine differenzierte Betrachtung: sie müssen jeweils in ihrem zeitlichen Kontext gesehen und interpretiert werden. Es ergibt sich daher kein statisches Bild von Lérins; vielmehr läßt sich ein Entwicklungsprozeß erkennen, dem das üblicherweise gezeichnete Bild des Lériner Mönchtums nicht gerecht wird. Das Lérins des 5. Jh.s ist nicht nur das des Honoratus! Die Aussagen des Faustus kennzeichnen einen anderen Entwicklungsstand, der den größten Umbruch in der Genese der Mönchssiedlung auf dem Weg zur Institutionalisierung darstellt; die Regeln des Caesarius vom Anfang des 6. Jh.s lassen retrospektiv den Endpunkt der Entwicklung im ausgehenden 5. Jh. erkennen. Zu beachten ist auch, daß Lérins nicht mit dem Maßstab des weiterentwickelten Mönchtums des 6. und 7. Jh.s gemessen werden darf; vieles, was der Forschung durch die Untersuchung dieses späteren Mönchtums bekannt ist, geht auf den prägenden Einfluß von Lérins zurück.[36]

Die Werke gehören den unterschiedlichsten literarischen Genera an. Je nach ihrer Aussageabsicht beleuchten sie Aspekte verschiedener Themenbereiche des monastischen Lebens und Denkens. Daran hat sich die Fragestellung zuvörderst zu orientieren. Eine Vita etwa macht naturgemäß wenig theologische Aussagen und die primär theologischen Schriften lassen kaum etwas von der Organisation des Mönchtums erkennen; von einer *consolatoria laus* sollte man nicht unbedingt Angaben über die Entstehung von Regeln erwarten,[37] und ein Konzils-

[36] Im Laufe der Untersuchung wird an der benutzten Literatur deutlich werden, daß fast regelmäßig der Beitrag von Lérins an der Entwicklung des abendländischen Mönchtums übergangen oder nicht entsprechend berücksichtigt wurde.

[37] Für den Herausgeber der V. Hon., M. D. Valentin, SC 235, 25/26 und, ihm folgend, S. Pricoco, L'isola 77–93, ist es ein Hauptargument gegen eine Regel des Honoratus oder eine Regel von Lérins, daß die Vita Honorati keine diesbezüglichen Angaben macht; es wird zu zeigen sein, daß dieses Argument zu schwach ist und daß es Gründe gegeben haben mag, daß Hilarius die Tatsache einer Regelübergabe oder -einsetzung nicht erwähnte.

text, der Kompetenzen zwischen Kloster und Diözese regelt, braucht keine Angaben über die monastische Kultur zu enthalten. Allerdings verschränken sich bei den Schriften eines Mönchtums, das die theologische Auseinandersetzung mit dem asketischen Leben verbindet, die Themenbereiche, so daß wichtige und bisher wenig berücksichtigte Informationen gerade daraus gewonnen werden können. So können etwa in einer exegetischen Schrift (Form., Instr.) auch versteckte Aussagen über die Gnadenlehre, ja sogar über die äußere Lebensform, die immer Hintergrund des Verfassers bleibt, gefunden werden, und ein theologischer Brief kann, indem er die heilige Schrift (z. B. Psalmen) oder Kirchenväter als Autorität heranzieht, mit einer angefügten Bemerkung sagen, daß das Zitierte täglich oder zu bestimmten (Fest-)Zeiten gebetet wurde.

Es wird daher möglich und nötig sein, an ein und dieselbe Schrift mehrmals, aber mit unterschiedlicher Fragestellung, heranzugehen, um sie in jeder Hinsicht auszuschöpfen. Dadurch daß manche Textpassagen nicht eindeutig einer einzigen Aussageabsicht zugeordnet werden können, können sie tatsächlich auf mehrere Themenbereiche hin befragt werden und neue Aspekte zum Gesamtbild beitragen.

Um andererseits die Aussagekraft der einzelnen Werke nicht überzustrapazieren und zugleich die Weite der literarischen Befähigung und Tätigkeit der Lériner zu skizzieren, seien die Schriften sechs Gruppen (Genera) zugeordnet. Die Bestimmung des Genus kann nicht immer zweifelsfrei erfolgen, auch seine Bezeichnung mag bisweilen umstritten sein, doch ist dies eine erste Möglichkeit des Zugangs zu dem disparaten Lériner Dossier.

1) Viten und Biographien

Die wichtigste Quelle zur Darstellung des frühen Lérins sind die Lebensbeschreibungen der ersten Äbte: die V. Hon. des Hilarius und die Homilien des Faustus über Honoratus und Maximus (Hom. LXXII und XXXV aus der Sammlung Eusebius Gallicanus). Doch haben wir es nicht einfach mit Viten zu tun. Hilarius folgt inhaltlich dem durch Sulpicius Severus geschaffenen neuen Mischgenus einer Mönchs- und Bischofsvita,[38] wobei er beide Elemente ausgewogener dimensioniert als das Vorbild. Er schreibt selbst als Bischof und Prediger, als Nachfolger des Honoratus, noch ganz unter dem Eindruck der eigenen, erst in kürzester Vergangenheit zurückliegenden mönchischen Erfahrung. So liefert die V.Hon. ungleich mehr Material zur monastischen Lebensform als die V. Martini.

[38] Vgl. W. Berschin, Biographie und Epochenstil 195.

Eine zweite Eigenart der ersten Lériner Viten ist ihre Präsentation als Sermones.[39] Das hat Konsequenzen für die Diktion und die Darbietung des Gegenstandes: Gegenüber einer Vita in Buchform bietet sich so eine ganz andere von Hilarius und Faustus ausgiebig genutzte Möglichkeit, den Adressatenkreis affektiv einzubeziehen.[40] Neben der Vorstellung des Helden scheint ihnen dies das wichtigste Anliegen gewesen zu sein. Schon durch das einleitende *hodie* (V. Hon. 1,5) wird eine Aktualisierung erreicht, die unmißverständlich klar macht: Nicht Vergangenes wird in dieser Rede geschildert, sondern Gegenwärtiges vollzogen.[41]

Zur stilistischen Besonderheit der Lériner Vita im Gewand des Sermo gehören zwei weitere Beobachtungen, die sich als die beiden Seiten einer Münze erweisen: Das Fehlen alles Wunderbaren und Exzessiven, das Faustus sogar noch polemisch unterdrückt, und die prinzipielle Möglichkeit, alle aufgezählten Vorzüge und Tugenden nachahmen zu können, weil es sich bei ihnen um die „alltäglichen Tugenden“[42] handelt, die monastisches Leben Lériner Prägung (Askese und ausdrückliches theologisches Bekenntnis) ausmachen. Auf diese Weise soll am Beispiel der Oberen[43] die Hörerschaft auferbaut und

[39] Vgl. ebd. und F. E. Consolino, Fra biografia e confessio. La forma letteraria del Sermo de Vita S. Honorati di Ilario d’Arles, in: Orph. 2 (1981) 170–182, hier 172: „Già il titolo Sermo de vita Honorati annuncia la duplice natura dell’opera: vita di un santo che fa da sogetto per una omelia.“

[40] Vgl. V. Hon. 1,1: *Agnoscitis dilectissimi diem publicis fidelium maeroribus consecratus, qui mihi* <. . .>; 2,16: *aliqua ex his, quae de illo dilectionis vestrae corda meditentur;* 34,13: *probe vos ista nostis et multo plenis vobis quam sermo sufficitis, qui animorum meditatione describitis;* 32,5: *vester me amor provocat vester affectus de illo aliquid loquendi fiduciam subministrat.* – Noch direkter in der Anrede sind die Lebensbeschreibungen des Faustus: XXXV,65/78: *vobis enim, iste athleta Christi, in illo agone sudavit; vobis, dum se extollit, fructificavit; sibi illic serens, vobis colligebat; sibi quaerens, vobis nescius acquirebat* <. . .>; 204: *ecce qualiter ambitiosus vester a vobis, ecce quali pecunia sacerdotium comparavit;* 210/215: *intervenit autem in medio huius negotii haec ipsa illius sanctitas et salus vestra; nemo neget, nemo nescire se simulet: inde vos ademit, unde vos saepius, ut confidimus, a peccatis redemit. Quaerebitis magnum, sed vere summum repperitis; probastis in illius plane et impleta vestra et exoperata iudicia, plus vobis vita illius reddidit quam fama promiserat;* 299: *rapiat unusquisque, quod possumus de bonis* <. . .> *parentis;* 308: *ita ergo agamus bona illius consectantes.*

[41] Vgl. W. Berschin, Biographie und Epochenstil 244.

[42] Vgl. S. Pricoco, Modelli di santità a Lérino, in: SicGym 27 (1974) 54–88, hier 62: „in questa l’inclinazione all’edificazione morale dei lettori e perciò a presentare nel singolo l’espressione individuale di un ideale valido per tutti, operava assai più che l’interesse storico e commemorativo.“ 78: „Ilario va trascrivendo nel personaggio di Onorato un concetto della santità e della perfezione, un ideale antropologico dell’ascesi cristiana monastica, che respinge ogni eccesso, anche della virtù, e ogni esteriorità, cerca e coltiva le qualità dell’anima e del carattere, le virtù praticate nella quotidiana e tacita dedizione di sè a Dio e al prossimo.“ Ganz ähnlich F. E. Consolino, Fra biografia e confessio 175.

[43] Vgl. V. Hon. 31,15: *magni* <. . .> *viri multa patiuntur; ut alios pati doceant, nati sunt in exemplum.*

unmittelbar zur Nachahmung angeregt werden.[44] Zugleich wandelt sich der Charakter der rhetorischen Vita mehr und mehr vom „Panegyricus" (Hilarius)[45] zur Exhortatio (Faustus). Faustus übernimmt auch bedenkenlos Passagen in die Homiliae ad populos.[46] Mit der Nähe zum Realistischen hängt eine weitere schriftstellerische Eigenart der Lériner zusammen: Sie übernehmen aus der Tradition fast nur solche Bilder und Topoi, die in der Wirklichkeit der Insel eine Entsprechung haben; wird ein geläufiges und naheliegendes Bild ausgelassen, so kann man fast sicher schließen, daß sie dazu in der Realität keine Analogie fanden.

Des weiteren ist der Zuhörerkreis für die Auswahl der gebotenen Episoden aus dem Leben der Oberen entscheidend. Die vor dem Volk gehaltenen Reden (V. Hon., De abbate Maximo, Hom. XXXV) weisen weniger spezifisch monastische Züge auf als die vor den Mönchen in Lérins vorgetragene Gedenkrede auf Honoratus (Hom. LXXII; ca. 460), die z. B. als einzige von der Einsetzung einer Regel durch Honoratus spricht und deren Befolgung einfordert – für die Hörer der Diözesen Arles oder Riez hätte eine solche Bemerkung nicht viel Sinn.

Auf eine letzte Besonderheit der V. Hon. sei schließlich hingewiesen: Sie ist nicht nur Biographie, sondern über zwei große Kapitel (23–24) hinweg Autobiographie, *confessio,* des Hilarius, die natürlich ganz der Illustration der Tugenden des Honoratus in e i n e m konkreten Fall dient. Sein Bemühen um die Bekehrung des Hilarius wird literarisch anhand der Confessiones VIII des Augustinus gestaltet. Dabei übernimmt Honoratus die Rolle und die mütterlichen Züge Monikas, so daß man im Hinblick auf diese beiden Kapitel schon von einem „Augustinismus des Hilarius" sprach.[47]

Aus den bekenntnishaften Viten im Gewand der Rede erhält man einen gewichtigen Einblick in das Leben, das monastische Selbstverständnis und nicht zuletzt auch in die landschaftliche Atmosphäre der Mönchsinsel. Hingegen sind die Angaben über die konkrete Lebensform bzw. die monastische Fachterminologie eher bescheiden.

2) Mönchspredigten

Die zweite wichtige Quelle für die Rekonstruktion des sich entwikkelnden Lebens auf Lérins sind die Homiliae ad monachos des Faustus

[44] Gennadius, vir. ill. 70 (85) schreibt daher treffend über den Sermo de Vita Honorati: *ad multorum utilitatem necessarium opus.* Nicht nur der Hörer und Leser von damals wird das gedacht haben.

[45] Diese gleichfalls mögliche Gattungsbezeichnung wählte S. Pricoco, Modelli di santità 60.

[46] Vgl. die Auflistung der „Redintegrationes" in CC 101,399.

[47] E. F. Consolino, Fra biografia e confessio 180.

(433-ca.460). Ihre Zuordnung zu einem literarischen Genus ist schwierig, da sich im Westen kaum vergleichbare Literatur findet, wenngleich unumstritten ist, daß Äbte vor ihren Gemeinschaften gepredigt haben. Im Ps.-Eusebianischen Corpus finden sich zehn Mönchspredigten (XXXVI–XLV), die als eigene Sammlung tradiert wurden. Aber schon die erste und die letzte gehören nicht in engerem Sinn dazu; sie sind Ansprachen an das Volk (Hom. XLV In Quadragesima).[48] Dies sowie die Tatsache, daß Faustus auch hier einzelne Textpassagen, unter Auslassung speziell monastischer Tugenden, in die Homiliae ad populum übernimmt, macht eine erste Einordnung möglich: Durch die Verwendung der gleichen stilistischen Mittel in allen Homilien tragen die Mönchspredigten unverkennbar den Charakter moralisierender Exhortationes (Castigationes), wie sie in der Ps.-Eusebianischen Predigtsammlung zu finden sind.

Doch müssen sie darüber hinaus weiter charakterisiert werden. Die wenigen, immer wiederkehrenden Themen kennzeichnen die geistige Situation und den Wandel auf der Insel.

Hom. XXXVII hat das Gebet zum Gegenstand; es ist *ruminatio.* Die Speise, die dem Mönch die Kraft zur Askese gibt, ist das Wort Gottes. Zwei Arten der Askese werden programmatisch vorgestellt: die, die den äußeren Menschen betrifft und in Zucht hält, und die, die seine Gesinnung reinigt. Beide sind aufeinander verwiesen.

XXXVIII handelt vom Gehorsam, der sich in der Stabilitas loci bewährt.

In XXXIX geht es um die Übereinstimmung der äußeren asketischen Praxis mit der inneren Haltung: die exterior-interior-Thematik.

Hom. XL weist das Leben im Kloster als einen immerwährenden Vollzug der Buße aus, der in der Stabilitas seine Echtheit erweist. Während die Welt nichts mehr zu bieten hat, bleibt als einzige Zuflucht nur die Insel (der Ort der Stabilitas) als Ort des Heils.

Hom. XLI zählt die Tugenden des Mönchsberufs auf und zeichnet ein leuchtendes Bild des verheißenen Lohns für den aufrichtigen Vollzug der Askese.

[48] Das wird heute allgemein angenommen: G. Morin, CC 104,957.965; F. Glorie, CC 101C,946: „homilia XLV, quae minime ad monachos directa videtur, sed potius ad populum in quadragesima; . . . homilia XXXVI neque ad monachos destinata est"; A. de Vogüé, Sur une série des emprunts, in: StMon 10 (1968) 119.123. Diese Meinung bestätigt der handschriftliche Befund. Zwei HSS zu XLV vermerken: Incipit homilia ad populum in quadragesima (CC 101A,535); die älteste HS zu XXXVIII (= III ad monachos) schreibt: *Incipit ad eiusdem* (sic) *secunda,* demnach wäre Hom. XXXVI nicht zu den Mönchspredigten gezählt worden (ebd. 435).

Hom. XLII beschreibt anfangs den Wert der gemeinschaftlichen Beziehungen. Im größeren zweiten Teil werden im Stil der anderen Homilien die Tugenden des einzelnen und die Wachsamkeit vor dem Feind (Teufel) – gerade auch am Ort der Askese, der als solcher noch keine Sicherheit zu bieten vermag – genannt.

Hom. XLIII betont mit der exterior-interior-Thematik den Wert der äußeren Askese (u. a. Pünktlichkeit bei den gemeinsamen Gebetszeiten), der stets die innere Bußgesinnung beigeordnet sein muß.

Hom. XLIV führt erneut die zentralen Themen an: Stabilitas, Gebet, Buße.

Die Mittel, mit denen die Themen den Hörern nahegebracht werden, sind stets die gleichen: Tugend- und Lasterkataloge; drastische Darstellung von Lohn und Strafe bereits jetzt und im Jenseits, Drohung und Verheißung und fast unausgesetzte Mahnungen und Forderungen zu vermehrter, d. h. aufrichtiger Askese. In der Art, in der die Homilien ihren Gegenstand einführen, scheinen sie praktisch eine Erweiterung der Vätersprüche darzustellen. Das Thema wird nach jeder Seite hin beleuchtet und betrachtet, so daß alles auch für den einfachen Mönch leichter faßbar wird als in tiefer Durchdringung des Wertes, des Gegenstandes und der Methodik der Askese. Hier geht es zuerst um Praxis und Vollzug.

Damit finden die Lériner Mönchspredigten doch ein Pendant, das sie der Gattung nach einordnen läßt: Sie entsprechen den Katechesen der Pachomianer.[49]

Aus ihnen können wichtige Hinweise über den gemeinsamen Lebensvollzug und die monastische Fachterminologie gewonnen werden. Vor allem sind sie ein Zeugnis des gewandelten monastischen Selbstverständnisses (Spiritualität) der Lériner auf dem Weg zum institutionalisierten Mönchtum.

3) Bekehrungsschriften

Einer weiteren Gruppe von Schriften lassen sich die wichtigsten Briefe des Lériner Kreises zuordnen. Bei den Briefen des Eucherius, De laude eremi und De contemptu mundi, ist nur noch am Anfang und Schluß die Briefform zu erkennen. Die Themen, die im Titel ausgedrückt sind, bestimmen ihren Charakter weit mehr. Sie intendieren, wie auch die epp. 7 und 8 des Faustus, die Adressaten zum Leben in Lérins zu bewegen bzw. sie in ihrem Entschluß zum asketischen Leben zu bestärken. Die Welt wird dabei nicht bloß negativ dargestellt; ihre (verbliebene) Schönheit soll die Liebe zu Gott entflammen, vor allem

[49] Vgl. C. D. Müller, Die alte koptische Predigt (Masch.Diss. Heidelberg 1954) 300–349.

aber soll der sichere und unvergleichliche Ort der Askese, Lérins, aufgesucht werden, der die *via regia* in Theologie und Askese gewährleistet.

Diese Briefliteratur gibt Aufschluß über die Motive zur Askese. Da sie von Lériner Absendern stets in unverkennbar werbender Absicht geschrieben wurden, können sie dem Genus „Bekehrungsschriften" oder werbende Schriften subsumiert werden. Die Definition dieser Gattung ist relativ jung und nicht unumstritten, scheint hier aber eine Bestätigung zu erfahren.[50]

4) Kompendienwerke

Die Kompendienwerke des Eucherius und des Vincentius sind vor allem deswegen aufschlußreich, weil sie als primär nichtmonastische Schriften dennoch von Mönchen und für Mönche verfaßt wurden und damit ein zentrales Anliegen des Mönchtums von Lérins offenbaren. In der Literaturgeschichte stellen sie ein Novum dar.[51] Sie sollen aus dem Schatz der Tradition leicht zugänglich Wissen erhalten und vermitteln bzw. die orthodoxe Lehre sichern. Darüber hinaus beziehen sie durch Eingriffe in die exzerpierten Textstellen im Gewand der Exegese bzw. Trinitätslehre Position in dem gerade erneut entflammten Gnadenstreit. In den Formulae gibt Eucherius gemäß der älteren Tradition die Allegorese als Hilfsmittel zur Schriftauslegung an. Zwar gibt er vor, einem dreifachen Schriftsinn zu folgen – *litteralis, moralis (tropicus), superior (anagoge)* – begnügt sich aber fast ausschließlich mit der *duplex scientia* (Cassian, Coll. 14,1,2): dem historischen (practicen) und dem allegorischen (theoreticen, *contemplativus*) Schriftsinn.[52] In

[50] Vgl. E. Fink-Dehndorfer, Conversio. Motive und Motivierung zur Bekehrung in der alten Kirche (Frankfurt 1986). Verf. zählt dazu vor allem Zeugnisse über selbstvollzogene Bekehrungen der Verfasser der Schriften, die die Absicht haben, die Conversio im Leser zu wecken. Kritisch dazu die Rezension von H. J. Sieben, in: ThPh 63 (1988) 604-605.

[51] Vgl. J. Madoz, Los Excerpta (Madrid 1940), 40. Madoz betont die streng systematische Auswahl der Augustinussentenzen bei Vincentius nach christologischen und trinitätstheologischen Gesichtspunkten und hebt dies gegen vergleichbare spätere Werke des Prosper (Liber sententiarum ex operibus Augustini delibatarum; CC 68A, 219-365) und Eugippius (Excerpta ex operibus s. Augustini; CSEL 9) ab; ebd. 44: „El Lirinense, por el contrario, es rigurosamente sistematico."

[52] Letzterer ist bei Cassian unterteilt in: tropologisch, allegorisch und anagogisch, wodurch Cassian (mit dem Litteralsinn) einen vierfachen Schriftsinn tradiert. Eucherius referiert die Meinung einiger Väter (*sunt etiam,* Form., Praef. 5,12), die den allegorischen Schriftsinn als einen vierten neben dem historischen, tropologischen und anagogischen nennen und ihn als „Schatten der künftigen Geschehnisse" verstehen. – Eine dreifache Auslegung der Schrift im Anschluß an die Origenisten (*sicut traditur,* ebd. 4,16ff) ist Eucherius bekannt; dabei weise der dreifache Sinn auf Leib, Seele, Geist hin (1 Thess 5,23). Auch das weltliche Wissen werde dreigeteilt in Physik, Ethik

den Instructiones folgt er der „moderneren Methode", die vor allem Hieronymus im Westen bekannt machte und propagierte: der Deutung schwieriger und sich scheinbar widersprechender Textstellen der Heiligen Schrift.

Die exegetischen Werke des Eucherius erklären zudem wichtige Begriffe aus dem kirchlichen und monastischen Sprachgebrauch und weisen somit auf die Lebensform in Lérins hin.

5) Die Schriften dogmatischen Inhalts

Eigens berücksichtigt werden die theologischen Schriften des Faustus. Es sind Traktate zu aktuellen dogmatischen Fragen, die mit dem Mönchsleben zunächst nicht eng in Verbindung zu stehen scheinen. Doch ist ihre Thematik und auch ihre Diktion – schlichter Stil, Fehlen spekulativer Höhen, praktische und asketische Ausrichtung – bereits in den Homiliae ad monachos grundgelegt. Daher geben sie in vorzüglicher Weise – rückblickend – Aufschluß über die (Anfänge und) Entwicklung des theologischen Denkens auf Lérins.

6) Texte mit rechtlichem Charakter

Am zuverlässigsten informieren die „juristischen" Texte aus dem Umkreis von Lérins über die formale Seite und die einschlägige Terminologie des Mönchslebens. Dazu zählen der Konzilsbeschluß von Arles (456), der das Verhältnis von Kloster/Abt und Diözese/Bischof neu ordnete, sowie die noch zu bestimmenden Regeln von Lérins. Direkte Angaben zur Theologie und zur Spiritualität des Mönchtums treten entsprechend zurück. Doch sind dies die wichtigsten Zeugen für die Bedeutung des Klosters in der kirchlichen wie in der monastischen Landschaft. Die Regeln markieren eine nicht zu unterschätzende Zäsur in der Entwicklung von Lérins und des Mönchtums im Abendland.

3. Die Bibliothek in Lérins

Daß die hier genannten Leriner alle noch eine gewisse klassische Bildung genossen haben, bedarf kaum der Erwähnung, wenn man sich

und Logik (*id est naturalis, moralis, rationalis;* vgl. Form., Praef. 4,24 ff). Wie die Vermischung der benutzen Quellen (vgl. Exkurs zu den Quellen des Eucherius) zeigt, folgt Eucherius keinem einheitlichen System, und es fragt sich, ob er diese Art der Auslegung überhaupt in ihrer Tiefe verstanden hat. – Zur Methode des Eucherius vgl. A. Merx, Eine Rede vom Auslegen (Halle 1879) 48.

ihre Herkunft aus dem senatorischen Adel vor Augen hält.[53] Da sie, wenn auch vereinzelt noch zu spüren, nicht mehr in dem Maß lebendig ist wie etwa bei Hieronymus, das theologische Denken kaum bestimmt und aus asketischer Ideologie dem allmählichen und geradezu bewußt herbeigeführten Verfall entgegensieht, brauchen ihre Quellen hier nicht eigens aufgeführt zu werden.[54] Die nur spärliche Zitation erfolgte aus dem Gedächtnis, klassische Schriften scheinen nicht Bestandteil der Bibliothek gewesen zu sein. Die Aufmerksamkeit richtet sich daher auf die theologische Bibliothek.

Als überaus aufschlußreich erweisen sich für die Rekonstruktion die Kompendienwerke des Vincentius und des Eucherius. In seinen Exzerpta verwendet Vincentius ausschließlich Augustinus:[55]

De trinitate,
De doctrina christiana,
Contra Maximinium arianorum episcopum,
De consensu evangelistarum,
Enchiridion sive de fide, spe et charitate,
De peccatorum meritis et remissione,
De praedestinatione sanctorum,
De dono perseverantiae.

Dazu war er im Besitz einiger Briefe des Bischofs von Hippo: 137, 187, 205. Für das Commonitorium zieht er

Ambrosius, De fide,
Hilarius, De trinitate,
Cassian, De incarnatione Domini contra Nestorium,
Hieronymus, De viris illustribus,
Tertullian, De praescriptione haereticorum,

heran sowie eine Reihe von Synodal- und Papstschreiben, insbesondere die des erst kürzlich beendeten Konzils von Ephesus.

Eucherius verfügt als Bibelwissenschaftler über eine entsprechende exegetische Bibliothek. Eine Untersuchung seiner Schriften auf ihre Quellen hin liegt nur lückenhaft vor.[56] Ein Exkurs am Ende der Arbeit versucht, diesem Mangel abzuhelfen. Demnach lassen sich für die Bibliothek in Lérins folgende Werke des Hieronymus nachweisen:

[53] Vgl. die entsprechenden §§ in K. F. Stroheker, Der Senatorische Adel im spätantiken Gallien (Tübingen 1948).

[54] Ausführlich zu den klassischen Quellen, P. Courcelle, Les lettres grecques en occident (Paris 1948) 210–253; ders., Nouveaux aspects de la culture lérinienne, in: REL 46 (1968) 379–409; Schanz/Hosius, Geschichte der römischen Literatur, a.a.O. 511–547; F. Prinz, Frühes Mönchtum im Frankenreich (München/Wien 1965; ²1988 Darmstadt) 57ff; I. Opelt, Antikes Bildungsgut bei Salvian, in: VigChr 28 (1974) 54–61.

[55] Vgl. dazu das Quellenverzeichnis in CC 64,465–472; zur Absicht dieser Auswahl und der ganzen Schrift vgl. unten in § 3.

[56] Vgl. I. Opelt, Quellenstudien zu Eucherius, in: Hermes 91 (1963) 476–483.

Hebraicae quaestiones in libro Geneseos,
Liber interpretationis Hebraicorum nominum,
De situ et nominibus locorum hebraicorum liber,
In Psalmos homiliae,
Commentarioli in Psalmos,
Commentariorum in Esaiam libri,
Commentariorum in Hiezechielem libri,
Commentariorum in Mathaeum libri,

dazu Briefe mit meist exegetischem Inhalt (18; 26; 28; 36; 64; 120). Darüber hinaus benutzt er folgende Werke Augustins:

De Genesi ad litteram,
Enarrationes in psalmos,
De consensu evangelistarum,
Enchiridion,
De trinitate,
In epistolam Johannis.

Zum Bestand der Bibliothek des Eucherius gehörten ferner:

Ambrosius, De Spiritu sancto;
Rufinus, Eusebii Historia Ecclesiastica;
Cassian, De incarnatione Dei;
Institutiones;
Collationes patrum.

Letzteres ergibt sich schon aus der Notiz des Gennadius, wonach Eucherius die umfangreichen Bücher Cassians in ein handliches Format gebracht habe. Bezüglich seiner asketischen Schriften sind die Quellen nicht so eindeutig zu bestimmen. Das hat seinen Grund darin, daß sich gerade auf diesem Gebiet eine monastische Latinität entwikkelt hatte, die zu Beginn des 5. Jh.s kaum mehr wirklich Originelles entstehen ließ. Anklänge an folgende Schriften ließen sich in Laus. nachweisen:[57]

Prudentius, Cathemerinon;
Rufinus, De benedictionibus patriarcharum;

für De contemptu mundi:

Lactantius, Institutiones;
Augustinus, De civitate Dei;
Confessiones;
Hieronymus, De viris illustribus;
Rufinus, Historia Ecclesiastica;
Enchiridion Sexti.

Daß in den asketischen Kreisen die Kenntnis fast der gesamten monastischen Literatur vorlag, kann angenommen werde; im Laufe der Arbeit wird auf Anklänge bei Hilarius und Faustus an die Mönchsliteratur hingewiesen. Dazu können gezählt werden:

[57] Vgl. P. Courcelle, Nouveaux aspects 379–401.

Athanasius (Evagrius), Vita Antonii;[58]
Sulpicius Severus, Vita Martini;
Dialogi;
Hieronymus, Mönchsviten;
Pachomiana latina.

Die Benutzung anderer monastischer Quellen, wie z. B. die bekannten lateinischen Mönchsregeln des Augustinus und des Basilius, wird erst die folgende Untersuchung und die Klärung der Frage nach den Lériner Regeln nachweisen können.

Im Gegensatz zu anderen Lérinern nennt Faustus seine Quellen z.T. selbst in seinen Schriften. In ep. 7 zitiert er – Zeugnis der liturgischen Praxis – einen ambrosianischen Hymnus.[59] Vom gleichen Kirchenlehrer benutzt er De fide;[60] mit den *scripta sancti pontificis Augustini*[61] sind in diesem Zusammenhang die Bücher über die Dreifaltigkeit gemeint. In ep. 3 zitiert er *quondam receptissimus pater,* d. i. Cassian,[62] und einen Jobkommentar, den er dem Hieronymus zuschreibt, der aber eher von dessen Schüler Philippus verfaßt wurde.[63] Unter der allgemein angenommenen Voraussetzung, daß die Homiliae ad monachos und die Lobreden über seine beiden Vorgänger von Faustus stammen, läßt sich zudem eine auffällige Affinität zu den koptischen Pachomiusschriften feststellen.

Zu seinen theologischen Hauptschriften sind die Quellen bereits erforscht worden.[64] Zweimal zitiert er in De gratia Augustinus wörtlich,[65] allerdings mit nicht zentralen Gedanken; die Absicht ist zu

58 Daß es sich um die Übersetzung des Evagrius handelt, ergibt der Vergleich des Lériner Vokabulars mit dem der beiden lateinischen Fassungen der V. Antonii (im Verlauf der Arbeit); vgl. dazu L. T. A. Lorié, Spiritual Terminology in the latin Traditions of the Vita Antonii (Nimwegen 1955).

59 CSEL 21,203,12.

60 Ebd. 206,1/9 = Ambrosius, De fide III, 8 (CSEL 78,555); die gleiche Passage taucht in Hom. I,9/19 aus Eus. Gall. auf.

61 Ebd. 201,12.

62 CSEL 21,174,8/23 = Cassian, Coll. 7,13 (CSEL 13,192,19–193,7).

63 CSEL 21,173,23–174,3; ausführlich dazu unten: § 2 I, 2. 3) Die Körperlichkeit der Seele.

64 Vgl. G. Weigel, Faustus of Riez 33; M. Simonetti, I fonti de spiritu sancto di Fausto di Riez, in: SicGym 29 (1976) 413–425; ders., Fausto di Riez e i Macedoniani, in: Aug. 17 (1977) 333–354.

65 De gr. 1,5 (20,13) *non omnia quae tacentur negantur;* ebd. 2,9 (81,21/23): *utrumque simul currit in isto alveo torrente generis humani, malum, quod a parente trahitur, et bonum, quod a creante tribuitur.* – Beide Zitate konnten selbst durch die EDV des Augustinerinstitutes, Steinbachtal 2, 8700 Würzburg, nicht ausfindig gemmacht werden; hier danke ich besonders P. A. Zumkeller für seine Hilfe. – Zum erstgenannten Zitat finden sich allerdings Anklänge in den antipelagianischen Schriften, vgl. Contr. Julianum opus imperfectum, c. 2 (CSEL 85,1, 254,19): *dic, si potes; sed omnio non potes et tamen originale peccatum n e g a n d o non t a c e a s,* und ep. 217,7 (CSEl 57,408,14): *absit, ut, quod facere deum rogamus oribus et vocibus nostris, eum facere n e g e m u s cordibus nostris et,*

erkennen, die eigenen Anschauungen durch Zitation eines anerkannten Kirchenmannes zu legimitieren – eine Tendenz, die bei allen theologischen Arbeiten der Leriner zu bemerken ist. In De spiritu sancto verwendet er:

Ambrosius, De spiritu sancto;
Basilius, De spiritu sancto;
Didymus, De spiritu sancto;
Rufinus, Expositio symboli;
Athanasius, Ep. ad Serapion;
Ps.-Eusebius von Vercelli, De trinitate;
Origenes, De Principiis;
Hom. in Samuhelem.[66]

Doch geben die genannten Schriften eher den patristischen Rahmen an, in dem Faustus sich in großer Freiheit bewegt.[67]

Zusammenfassung

1. In den Schriften der Leriner ist ein monastisches wie auch biblisch-theologisches Interesse festzustellen.

Das theologische Denken liegt auf der Linie „konservativen Zeitgeistes". Als Schwerpunkte, die die aktuelle theologische Diskussion nahelegte, sind zu erkennen: Gnadenlehre im Spannungsfeld von Augustinismus und Pelagianismus und Trinitätslehre in der Abwehr des Nestorianismus und der Reste des Arianismus. Was an theologischen Fragen darüber hinausgeht, wird an entsprechender Stelle vermerkt.

2. An den Schriften des Eucherius und Vincentius ist zu erkennen, daß man in Lérins über Kirchengeschichte, Dogmenentwicklung und das kirchliche Zeitgeschehen in relativ kurzer Zeit gut unterrichtet war,

quod est gravius, ad alios etiam decipiendos hoc non t a c e a m u s disputationibus nostris, et dum volumus apud homines defendere liberum arbitrium <. . .>; ep. 217 ad Vitalem steht am Ende des pelagianischen und am Anfang des „semipelagianischen" Streites; vgl. C. M. Kasper, Der Beitrag der Mönche zur Entwicklung des Gnadenstreites in Südgallien, in: Signum pietatis, FS C. Mayer, hg. v. A. Zumkeller (Würzburg 1989) 154–155; damit wird bestätigt, daß Faustus die Diskussion genau kannte und in seinen späteren Schriften gezielt gegen Augustinus argumentierte. Vgl. auch De natura et origine animae 1,30 (CSEL 60,331,12): *cum vero t a c i t u m est, occultum est, non n e g a t u m , sed neque affirmatum.*

[66] Vgl. dazu unten § 2 I Zur Anthropologie; und C. M. Kasper, Erat vir unus, (1 Sam 1,1) in der Auslegung der Väter, in: ThPh 63 (1988) 230–241. Zur Verwendung von Origenes, De principiis in De gratia vgl. bei Weymann, in: Philologus 54 (1895) 184.

[67] Vgl. dazu M. Simonetti, I fonti 420: „l'usuale libertà con cui fa uso delle sui fonti".

wenn auch bisweilen nur aus zweiter Hand.[68] Man nahm daran regen Anteil und griff aktiv in die theologischen Streitfragen ein.

Mindestens Eucherius konnte wohl Griechisch und vielleicht auch Hebräisch.[69]

3. Die Bibliothek diente ganz dem doppelten Interesse der Inselbewohner. Die Studienreisen, die Honoratus und Caprasius (evtl. noch andere) unternahmen, bevor sie sich in Lérins niederließen, brachten sie in Berührung mit den Mönchsschriften des Hieronymus und seinen Übersetzungen, die man zeitlich noch vor Cassian als Orientierung für die eigene Lebensform auswertete. Zugleich brachten diese Fahrten über das Mittelmeer den Kontakt mit den theologischen und exegetischen Werken aus Bethlehem und Afrika,[70] die der Mönchsinsel ihre besondere Note gaben – etwa in Anlehnung an Hieronymus', wissenschaftliches Mönchsleben, das man in Lérins mehr „institutionalisierte"; konkrete theologische Inhalte wurden hier mit der Askese verbunden. Die Orientierung an Theologie und Mönchtum gerade in „Übersee" und nicht an den – wenn auch spärlichen – theologischen und monastischen Zentren des europäischen Festlandes unterstützte den Selbstand der Mönchsinsel, mußte aber auf lange Zeit gesehen zu einer zumindest theologischen Isolierung führen.

4. Theologisch-asketisches Interesse und die Benutzung der Quellen änderten sich kaum beim Wechsel vom Mönchsberuf zum Bischofsamt, wie bei Honoratus, Hilarius und Faustus abgelesen werden kann. Auf diese Beobachtung stützt sich unter anderem die These der vorliegenden Arbeit, daß das, was in theologischen Spätschriften gefunden werden kann, bereits rudimentär auf Lérins vorhanden war,

[68] P. Courcelle, Les lettres grecques 218–219 zeigt auf, daß die Kenntnis der Werke des Apollinaris gegen Porphyrius bei Vincentius, Com. 11,11 (161,51) bzw. 17,11 (171,54/59) auf der Notiz des Hieronymus, vir. ill. 104 sowie Rufins Hist. Eccl. VI,19,5 beruht. Auch die Bewertung der Werke des Origenes, Com. 17,17 (172, 83), folgt der „Interpolationstheorie" Rufins; evtl. diente auch Augustins De haeresibus als Quelle.

[69] Vgl. Instr. 68,20: *is – issa,* und Wendungen wie *hebraicum est* (wohl aus Hieronymus); griech: Instr. 146,19/20; 154,13; 155,1 passim und Wendungen wie *graecum est.* Diese finden sich auch an Stellen, die keine Parallele zu Hieronymus haben, an denen Eucherius vermutlich selbständig arbeitet. P. Courcelle, Les lettres grécques 218 führt die Kenntnis der griechischen Sprache bei Eucherius auf die allgemein bekannte kirchliche Etymologie zurück; Vincentius war nach seiner Meinung kaum des Griechischen mächtig, da er die Kenntnis der aufgezählten Häresien aus lateinischen Katalogen schöpft; vgl. vorige Anm.

[70] Neben Augustinus ist in Lérins auch Cyprian gelesen worden, vgl. F. Glorie, La culture lérinienne, in: SE 19 (1966) 71–76, der Spuren von Briefen Cyprians in Hom. XVII aus Eus. Gall. nachweist. S. Pricoco, L'isola 193–199 glaubt, daß De contemptu mundi des Eucherius nicht ohne Kenntnis einer vergleichbaren Schrift des Cyprian (ad Demetriam) verfaßt worden sei; vgl. dazu unten § 2 II 2. 2) Die Motivation zur Askese.

aber auch, daß die Spätschriften Rückschlüsse auf die Entwicklung des Denkens auf der Insel ermöglichen. Zugleich ist ein weiteres Kriterium zur Sichtung des Predigtwerkes des Faustus gegeben.

5. Nicht zuletzt geben Bibliothek und Schriften Aufschluß über den „Lériner Lehrbetrieb", die *schola Lirinensis*. Theologische Kompendienwerke eignen sich zweifellos zum Unterricht, der ganz bewußt nicht nur auf beschauliche Zurückgezogenheit abgestimmt war. Das zeigen ganz besonders die Schlußkapitel der Instructiones, in denen nicht mehr biblische, sondern liturgische und kirchenrechtliche Begriffe erklärt werden.

Schließlich geben die Quellen Aufschluß über die benutzen Bibelfassungen. Es scheint, als sei man in Lérins im Besitz sämtlicher damals existierenden Ausgaben – ausgenommen des hebräischen Urtextes gewesen.[71] Ps 64 z. B. wird bei Eucherius in drei verschiedenen Fassungen zitiert: nach der Vulgata, nach einer vetus latina und in der hieronymianischen Fassung iuxta hebraeos.[72] Das Buch Job und bisweilen die Psalmen werden in den Formulae iuxta hebraeos zitiert.[73] Eucherius war zudem im Besitz der LXX, wie die griechischen Zitate und die ausdrückliche Berufung auf diese Übersetzung nahelegen.[74] Auch die „neue" Übersetzung des Hieronymus wird mehrfach als solche explizit genannt.[75] Eine Beobachtung ist durchgehend zu machen: die Vulgata wird hauptsächlich in den neutestamentlichen Schriften und in den Psalmen – in der Erklärung der Psalmen in den Instructiones[76] gar ausschließlich – benutzt. Die meisten Abweichungen von ihr finden sich im Alten Testament und dort besonders in den Weisheitsbüchern und den Deuterokanonika. Das gleiche läßt sich an Vincentius und Faustus nachweisen.[77] Wenn somit auch keine einheitliche Bibelfassung vorliegt, so findet sich hier doch einer der frühesten Nachweise von Hieronymus' Vulgatatext.

71 Der Verweis (Instr. 71,15): *quippe in Hebraeorum libris ita legatur* stammt aus Hieronymus, Hebraicae quaestiones in libro Geneseos 10,19.

72 Form. III (14,6): Ps 64,14: „vetus latina"; (14,17): Ps 64,12: Vulgata; (15,3): Ps 64,11 iuxta hebr.; – Instr. (137,12): Ps 18,10: „vetus latina"; (90,22): Ps 18,3: Vulgata.

73 Form. IV (23,22): *in psalmum secundum hebraeum;* ebd. (25,19.22): *in Job secundum hebraeum.*

74 Instr. 89,20: *In Graeco* haimátôn *legitur;* ebd. (155,21): *ululae in Esaia ab omni translatione nomine ipso Hebraeo Ihihim appellantur, s e p t u a g i n t a tantum interpres pro his onocentauros in translatione posuerunt.*

75 Instr. (68,21): *recens translatio;* (ebd. 149,3): <...> *vocabula* <...> *quae obscuriosa sunt in translatione veteri habentur haec vero, quae lucidiora apparent novae translationis textu continentur.*

76 Die Instructiones scheinen nach den Formulae entstanden zu sein.

77 Zu Faustus vgl. F. Kaulen, Geschichte der Vulgata (Mainz 1868) 198. A. Souter, Observations on the Pseudo-Eusebian-Collectio, in: JThS 41 (1940) 47–57; dort auch weitere Literatur.

§ 1 Form – Organisation des Lebens in Lérins

Für die folgende Untersuchung, die ein terminologisches Koordinatensystem des Leriner Mönchtums zum Gegenstand hat, ist vorab zu bedenken, daß, wenngleich wir auf eine bald zweihundertjährige monastische Tradition im Osten zurückschauen können, für das Abendland noch in der Mitte des 5. Jh.s eine nicht zu übersehende Unsicherheit im Umgang mit den sich erst allmählich entwickelnden Termini technici vorherrscht. Für Lérins hat das seinen Grund im Zusammentreffen der verschiedenen überkommenen und übernommenen Traditionen, die das Überdauern archaischer Lebensformen und ihrer Begriffe begünstigten und eine eigene klare Fachterminologie nur langsam entstehen ließen. Die zusätzliche Schwierigkeit, eine solche zu eruieren, hängt mit dem Genus der einigermaßen sicheren Leriner Schriften zusmmen, die eine begriffliche Abgrenzung und Determinierung nicht zum Ziel haben: die Mönchspredigten, die Viten einschließlich der Homilien De s. Maximo (XXXV) und In depositione s. Honorati episcopi (LXXII), die Schriften des Eucherius und die Monita des Abtes Porcarius. Einzig beim 3. Konzil von Arles (456) als kirchlich-rechtlichem Dokument wird man sich auf exakte Terminologie verlassen dürfen. Mit großer Behutsamkeit sind daher die vermuteten Termini technici zu betrachten und begriffliche Umschreibungen und Annäherungen an sie wahrzunehmen; gegebenenfalls kann der Befund durch Verwandtes aus zeitgenössischen Quellen gedeutet werden.

I. DER OBERE – HIERARCHISCHE STRUKTUR

1. Der Leiter der Gemeinschaft

Das früheste Zeugnis, das über die Terminologie Auskunft geben könnte, die V. Hon., nimmt sich diesbezüglich relativ bescheiden aus. Honoratus wird gleich zu Beginn (1,6) als *Honoratus pater* bezeichnet. Doch hat das in der Einleitung noch keine spezifische Bedeutung: Als Verstorbener wird er zu den *patres* gezählt. Bei der Beschreibung des Lebens auf der Insel (17–22) erhält dieses *pater* schon eher einen technischen Sinn: *omnes dominum, omnes patrem vocabant* (19,6). Aus dem Text geht jedoch noch nicht zweifelsfrei hervor, daß es sich um den Titel des Oberen und Leiters der Gemeinschaft handelt, da unter den Tugenden des Honoratus vor allem die hervorgehoben wird, die ihn als besonders väterlich ausweist.[1] Doch findet sich auch an anderen Stellen sowohl für Honoratus wie für Maximus diese Bezeichnung.[2] Kommt ihnen diese Bezeichnung zu, „weil sie sich durch die duplex doctrina, Theorie und Praxis, auszeichnen",[3] oder verbirgt sich dahinter der Titel der ersten Väter von Lérins?

In der vergleichbaren lateinischen monastischen Literatur ist *pater* selten eindeutig als Titel eines Oberen zu erkennen. Die Vitae patrum zeigen einen archaischen Gebrauch des Begriffs:[4] der *pater* ist der *abbas,* der *senior,* der in der Askese erfahrene Mönch. Orientierung gaben eher die lateinischen Pachomiusschriften des Hieronymus, wie die Übernahme der dort reich ausgefalteten Oberenterminologie in den Lériner Sprachgebrauch nahelegt. Es läßt sich eine übertragbare Entwicklung feststellen. Die zeitliche Nähe der Schriften zur Gründung der pachomianischen Kolonien läßt unter *pater* zunächst fast ausschließlich den Gründer Pachomius erkennen.[5] In zweiter Linie tauchen die *patres monasterii* als Klosterobere auf.[6] Weiterhin verwendet Hieronymus *caput* als Titel für den Leiter;[7] auch das findet sich in Lérins, wenngleich der Bezug zum paulinischen Bild von Christus als

[1] Bereits vor seiner Reise und der Gründung von Lérins glaubten die ihn Aufsuchenden im eigenen Vaterhaus angekommen zu sein (V. Hon. 9,29/31): *nullus illuc peregrinationis labore defessus non tamquam ad patriam et patrimonii sui rura pervenit.* Von seinen Mönchen heißt es (19,5): *in illo sibi patriam ac propinquos et omnia simul reddita computantes.*

[2] Bez. Honoratus: XXXV,95.101: *communis pater Honoratus fundator; pater Honoratus <...> legem tradidit;* LXXII,13.82: *nec indiget gloriosus pater, degeneris filii ore laudari; pater noster Honoratus;* V. Hil. 3,1.14: *Honoratus pater;* ebd. 8,9. Eucherius preist seinen Sohn Salonius glücklich, da er *sub Honorato patre* auf der Insel lebte, Instr. Praef. (66,1). Bez. Maximus: XXXV,170.189. Schließlich schreibt Hilarius auch von Caprasius (V. Hon. 12,5): *quem semper in Christo patrem computantes, patrem nominarunt.*

[3] So B. Steidle, Heilige Vaterschaft, in: BM 14 (1932) 215–226; hier 225 ganz allgemein für die „Kirchenväter" ausgeführt.

[4] In 3,36 (PL 73,755C) begegnet die gleiche Kombination wie in der V. Hon: *tamquam pater et dominus;* vergleichen ließe sich auch Hieronymus, ep. 125,15 (CSEL 56,134,11): *praepositum monasterii timeas ut dominum diligas ut parentem;* vgl. dazu Eucherius, Cont. 724A: *Dominum, quia Dominum vocas, metue; quia patrem dilige;* von Honoratus heißt es, daß er die Kleriker wie Väter ehrte, V. Hon. 5,39. In den augustinischen Regeltexten findet sich: *praeposito tamquam patri oboediantur* (Praeceptum 7,1; 435,217) sowie: *fideliter oboediant, patrem suum honorent post Deum; praeposito suo deferant sicut decet sanctos* (OM 6; 150,24/27). Nur im letzten Fall ist *pater* Terminus technicus.

[5] Vgl. Praec. inscr. (13,2); Lib. Ors. 21 (122,24). Lib. Ors. 41 (135,17) und 80 (142,24) versteht darunter die Lehrmeister des Mönchtums: *patres nostri nos docuerunt.*

[6] Praec. praef. (Hieronymi) 2. 7 (5,11; 8,5). Von Praec. 1–47 heißen sie jedoch *principes monasterii;* vgl. zu diesem Wechsel A. de Vogüé, Le nom du supérieur, in: StMon 15 (1973) 7–22.

[7] Praec. Praef. 7.8 (8,7; 8,17).

dem Haupt der Glieder (Eph 3,15, 1 Kor 12,12) mehr im Vordergrund steht.[8] Gleiches gilt für die Begriffe *dux* und *princeps.*[9] Erneut sind die Leriner bei der Verwendung dieser Termini für die Oberen vom biblischen Gebrauch bestimmt.[10] Unabhängig von bestimmten Personen mahnt aber Faustus in Hom. XXXVIII,151: *oboedientiores fuerimus praepositis ac patres nostri.* Das dokumentiert, daß beide Begriffe um die Mitte des 5. Jh.s auf eine Tradition zurückschauen können, die nicht nur bildhaft geblieben ist, sondern als Bezeichnung für den und die Leiter (in hierarchischer Abstufung) gebräuchlich war.

Unverkennbar bleibt die Unsicherheit in der Terminologie. Alle in Lérins benutzten Ausdrücke für das Leitungsamt finden sich bei Hieronymus vorgezeichnet, doch vermochte sich keiner mehr eindeutig durchzusetzen. Der alte, angestammte Begriff *pater* blieb den Gründern mit Leitungsfunktion vorbehalten, wozu Honoratus, aber in gewissem Sinn auch noch Maximus und Caprasius zählen. Die meisten anderen: *dux, caput, princeps* zeichnen sich durch ihre Ursprünglichkeit, ihre Nähe zum biblischen Kontext und die unmittelbare Wirkung ihrer Bildhaftigkeit aus. Dem dem *pater* beigefügten *dominus* in der V. Hon. ist weiter unten noch Aufmerksamkeit zu schenken, da sich mit diesem Begriffspaar in der altkirchlichen Literatur die Vorstellung der „Paternitas Christi" verbindet.[11] Ihre Übertragung auf Honoratus als Oberen findet sich expressis verbis in V. Hon.[12]

[8] V. Hon. 19, 20: *una capitis gloria in diversitate membrorum.*

[9] Die Begriffe sind synonym und meinen die oberste Spitze der Hierarchie. Praec. 1–49: *princeps monasterii,* dreimal auch in Lib. Ors., aus dem sich die Synonymität ergibt: 7 (11,12): *duces monasterii et praepositi domorum* und 11 (115,24): *de praepositis domorum* <. . .> *de principibus monasteriorum.*

[10] Laus 1,5: *habuisti ducem* <. . .> *militiae caelestis magistrum.* Die Übertragung einer „Mosestypologie" auf Honoratus ist bekannt (vgl. LXXII,49.150; s. u. 3. Die geistliche Dimension des Leitungsamtes), spielt aber bei Eucherius keine Rolle (vgl. ebd. 8,100. 103). Faustus hingegen läßt sich in seinem Lob des Honoratus und Maximus von Ex 13,21 leiten: XXXV,106: *hoc itaque duce sanctae congregationis splendissima illa die ac nocte columna non defuit.* ebd., 119: *virum perfecti exercitus idoneum ducem.* LXXII,56: *talis itaque ducibus, ut sic dixerim: numquam in hac eremo defuit vel columna nubis vel columna ignis* (Ex 13,22). – V. Hil. 8,2: *illum ducem* <*Honoratum*> *suum patremque profectum in sacerdotales fastigium collocatum.* Gleichfalls bildhaft und nicht als t.t. zu urgieren, ist der Gebrauch von *princeps* bei Faustus. XXXV,43.101: *sicut illic pro Isaac aries occulta mysterii dispensatione supponitur, ita hic, dum in illa sancta congregatione de milite consurgit, in principem promovetur* <. . .> *pater Honoratus tamquam Moyses primi populi primus princeps ductandi per desertum.*

[11] VP 3,26 (PL 73,755C); Hieronymus, ep. 125,15; RM 19,2;61,2 (SC 106,92.280); Porcarius, Monita 10; Hist. Mon. prol. (PL 21,390). Vgl. dazu A. de Vogüé, La communauté et l'abbé (Paris 1961) 466.

[12] V. Hon. 4,9: *elegit sola Christi paternitas censeri.*

Im Westen entwickelt sich eine neue, wiederum von Hieronymus, evtl. auch durch Sulpicius Severus beeinflußte Begriffswelt,[13] die auch Lérins übernimmt, und die teilweise schon anklang: es sind die Begriffe *abbas* und *praepositus,* die zugleich eine Hierarchie deutlich machen, die auf einen größeren organisierten Klosterverband schließen läßt.

Meinte in den Mönchsschriften der frühen Zeit[14] *abbas,* genau wie *pater,* schlicht den Mönch in der Wüste, den Altvater oder den Lehrer einiger Brüder, so leitet schon Ende des 4. Jh.s Hieronymus eine Bedeutungsverschiebung ein, indem er mit diesem Begriff konkret den eingesetzten Leiter einer Mönchsgemeinschaft bezeichnet.[15] Was an Eindeutigkeit des Begriffs noch fehlt, wird in den Dialogen des Sulpicius (ca. 404) durch den absoluten Gebrauch: *abbas* = Vorsteher/Abt klar.[16] Cassian ist hauptsächlich die alte Bedeutung präsent; doch auch bei ihm wird ein Bedeutungswandel spürbar.[17] Auf diese Entwicklung griff man in Lérins ab Faustus zurück. Das früheste Zeugnis, das wir von ihm besitzen, ist ep. 7 aus dem Jahr 440. Er rät dem Diakon Graecus, daß er zum Heil der Seele nichts Besseres tun könne, *quam ut sub aliquo* <...> *abbate vitam tuam munias ac voluntates tuas senioris legibus tradas.*[18] Aus dem Kontext geht noch nicht hervor, welche Bedeutung *abbas* hier hat und in welcher Beziehung der *abbas* (sg.) zu den *seniores* (sg. und pl.) steht; ob es sich um allgemeine Größen oder um die hierarchische Struktur eines Klosters – nämlich Lérins, von wo aus Faustus schreibt – handelt. Auf mittelbarem Weg kann man erkennen, daß ihm letzteres vorschwebte. In ep. 8 rät er ganz ähnlich seinem Freund Ruricius, dem späteren Bischof von Limoges: *primum bonum esset* <...> *si perfectam magis alicuius monasterii scholam vel certe*

[13] Eine Ausnahme stellt die Regel des Isidor dar (BAC 321,90–125), die erneut auf Pachomius zurückgreift; bei ihm hält sich (um 615) *pater* (7,1), *pater monasterii* (13,3), *pater monachorum* (18,4). Spätere Schriften verwenden *pater* nicht mehr im technischen Sinn.

[14] Zu denken ist hier an die lat. V. Ant., an Cassian, wie auch an die Vitae patrum.

[15] Ep. 51,2 (CSEL 54,398,18): *per sanctum presbyterum et abbatem monachorum* Gregorium. Es handelt sich um eine Übersetzung des Briefes von Epiphanius an Johannes von Jerusalem, ca. 394.

[16] Dial. I,10 passim (CSEL 1,162,4.9. passim).

[17] Vgl. z. B. Inst. 2,2,5 (CSEL 17,20,7/8): *plerumque seniorum institutionis expertes monasteriis praeesse audemus et abbates nos antequam discipulos professi.* 4,7 (ebd. 52,16): *ab abbate instituit;* 4,1 (49,10): *ab uno regnante abbate;* Conl. 20,1 (CSEL 13,554,10): *abbas et presbyter ingenti coenobio praesideret.* Zur Zeit, da er Honoratus den zweiten Teil der Conlationes widmet, nennt er ihn allerdings nicht Abt: *<frater Honoratus>, ingenti fratrum coenobio praesidens congregationem suam* <...> Vgl. dazu L. T. A. Lorié, Spiritual Terminology (Nimwegen 1955) 55.

[18] CSEL 21,200–207; hier 207,15/16. Zur Datierung vgl. Engelbrecht, ebd. XXVI; G. Weigel, Faustus of Riez (Philadelphia 1938) 63–64; J. Douerin, Fauste de Riez (Paris 1973; Masch.Diss.) 84.

insulanam angelicae congregationis militiam liceret expetere.[19] D. h. für Faustus ist das Heil vor allem im Kloster - einer *schola,* die zu dieser Zeit notwendigerweise einen Leiter hat - zu finden.[20] Die gleiche Konstellation liegt auch in ep. 7 zugrunde. Faustus meint beide Male das gleiche; in ep. 7 nennt er nur die Autoritätsträger, in ep. 8 nur den äußeren Rahmen der gleichen Institution: Lérins. Die hierarchische Struktur der ep. 7 findet sich zudem in den zeitgleichen Mönchspredigten des Faustus.[21] Er bezeichnet (nach 460) Maximus, der von 428–433 Abt war, als *abbas,*[22] und wird gegen Ende des 5. Jh.s selbst so von Sidonius Apollinaris und dem Verfasser der V. Hil. als ehemaliger Abt betitelt, zu einer Zeit, da der Begriff bereits etabliert war.[23] Abt Porcarius ist schließlich nur noch als *abbas* von Lérins bekannt.[24]

Als ein in vieler Hinsicht beachtliches Dokument bringt das 3. Konzil von Arles (456) erstmals in einem offiziellen kirchlichen Text den Begriff *sanctum presbyterum Faustum, a b b a t e m monasterii,* um das Vorsteheramt des Faustus zu benennen.[25] Ab dieser Zeit kann er als Gemeingut und Terminus technicus der Kirche betrachtet werden.

Es bleibt in den Lériner Schriften die Bedeutung von *praepositus* zu untersuchen (auch pl.). Der Gebrauch ist nicht einheitlich, so muß auch hier über die ältere Mönchsliteratur und über die sparsamen Angaben, die zu seiner Funktion gemacht werden, Aufschluß über dieses Amt gewonnen werden. In den Hom. XL und XLIII erscheint *praepositus* nur im Plural;[26] in XLII und XLIV werden nur *seniores* genannt.[27] Die am meisten ausgefaltete Terminologie liegt in XXXVIII vor, in der sowohl die *seniores* und die *praepositi* als Obere (Sammelbegriff?) wie auch *praepositus* und *abbas* als singuläre oberste Autorität

[19] CSEL 21,210,3.

[20] Im Laufe der Untersuchung wird sich zeigen, daß Faustus mit diesen Begriffen nur Lérins selbst hat meinen können.

[21] XXXVIII,31: *seniores praeceptum;* ebd. 44: *praepositus vel abbas;* ebd. 75: *praepositus;* ebd. 152: *praepositis ac patribus nostris;* XLII,155: *Christo in senioribus suis obtemperavit.* XLIV,84: *seniori meo inoboediens fui.*

[22] XXXV,234: *qui iamdudum in abbatem pontificem gesserat postmodum abbatem in pontificem custodivit.*

[23] Sidonius, ep. 9,3,4 an Faustus (MGH auct. ant. 8,151,2); Eucharisticon ad Faustum (Carm 16,113; ebd. 241): *urbem tu cuius monachosque antistes abbas bis successor agis;* V. Hil. 12,10: *sanctus Faustus presbyter pariter et abbas.*

[24] V. Caes. 5. 7. 11. (298,25; 299,15.20; 300,24).

[25] CC 148,133,11/12. Für Faustus wird ausschließlich *abbas* benutzt (ebd. 132,5; 134,28.30.33), Honoratus hingegen wird als *fundator* bezeichnet. Von Bischof Theodor von Fréjus heißt es im gleichen Dokument: *antiquus abba et episcopus;* im allgemeinen wird dieser Theodor mit dem gleichnamigen ehemaligen Abt der stöchadischen Inseln gleichgesetzt, dem Cassian den dritten Teil seiner Conlationes widmet. Diese Annahme ist jedoch nicht zwingend.

[26] XL,182.183: XLIII,90.

[27] S. o. Anm. 21; *senior* als „Alter“: XXXVIII,173.181.198.

auftauchen. Daß der *praepositus* in größter autoritativer Nähe - oder gar Personalunion - zum Abt zu sehen ist, ergibt sich daraus, daß ihm das Recht der Ausschließung zukommt (75). Das Aufbegehren des ungehorsamen Bruders *ante praepositum vel abbatem* (44) legt jedoch eine Unterscheidung der Begriffe und weitere Differenzierungen nahe.

Praepositus domus ist bei Hieronymus (Pachomius) der Vorsteher eines Hauses der Mönchskolonie, dem *pater* untergeordnet; in den Schriften Cassians und beim frühen Hieronymus der ep. 22 trägt der Dekan einer Gruppe von Mönchen (Novizen) diesen Titel,[28] je nach Zusammenhang im Sg. oder Pl. Für diese *praepositi* steht bei Cassian gelegentlich die Bezeichnung *seniores.*[29] Aber auch *praepositus* im Sg. als Leiter der Gemeinschaft findet sich bei ihm.[30] Diesen Gebrauch zeigen die Regeln aus augustinischem Milieu: im OM sowie im Praeceptum erscheint er zwar dem *pater* bzw. *presbyter* untergeordnet, tritt aber sonst als unangefochten obere Größe auf.[31] Sulpicius Severus kennt keinen *praepositus.* Im Laufe des 6. Jh.s, bei Caesarius und Aurelian, und im 7. Jh. in Spanien ist der *praepositus* der „Zweite" (ehemals *secundus*) oder er wird eindeutiger als Dekan *(decanus)* eingeführt, der die Aufsicht über eine Gruppe von Mönchen hat; schließlich kann der Begriff im Pl. als Sammelbegriff für Obere schlechthin fungieren.[32]

So läßt sich für den *praepositus* in Lérins letztendlich keine terminologische Eindeutigkeit erreichen. Durch Cassian ist er als Leiter der Gemeinschaft bekannt, funktional nicht von den *seniores* zu unterscheiden; in der Pachomiana latina ist er ein untergeordneter, aber dennoch verantwortlicher Vorsteher kleinerer Gruppen. Hom. XXXVIII, die wegen ihrer differenzierten Begrifflichkeit wohl später anzusetzen ist als XLII und XLIV *(seniores)* und XL und XLIII *(praepositi),* mag ein Zeugnis des terminologischen Wandels sein. Die Institution eines *secundus,* eines „deuteros" nach östlichem Vorbild, erscheint zwar nicht in den bisher herangezogenen Quellen aus Lérins. Jedoch gibt Hom. LXXII,41/61 Anlaß, zumindest zeitweise in der

[28] Inst. 4,10 (CSEL 17,53,25; 54,13); ebd. 4,27 (66,4).

[29] Ebd. 4,7 (52,8); 4,9 (53,11); 4,10 (54,4). Aus Pachomius Praec. 143 und Iud. 8 (51,13; 67,3), geht nicht klar hervor, inwieweit damit nur der in der Askese erfahrene Mönch gemeint ist oder der Hausobere ganz allgemein. Bei Caesarius, RMon, setzt sich der *praepositus* vom *senior* in der Oberenliste deutlich ab (151,3, Morin).

[30] Conl. 18,7 (CSEL 13,514,16); Inst. 5,17 (CSEL 17,103,11).

[31] OM 6 (150,25); Praeceptum 7,1; 7,2 (435,217).

[32] Bei Pachomius gibt es einen *secundus* für jedes einzelne Haus, d. h. einen Vertreter des *praepositus* mit eigenem Tätigkeitsbereich, aber keinen *secundus* der ganzen Gemeinschaft. Vgl. B. Steidle, Der Zweite im Pachomiuskloster, in: BM 24 (1948) 97-104.174-179; F. Ruppert, Das pachomianische Mönchtum (Münsterschwarzach 1971) 315-320. Zum Ganzen A. de Vogüe, La communauté 290.389ff.

Person des Caprasius einen solchen – etwa nach dem Vorbild Theodors unter Pachomius und Horsiesius – anzunehmen. Nicht nur die Moses-Aaron-Typologie für Honoratus und Caprasius legt das nahe, sondern auch die folgende, sicherlich nicht unbedachte Darstellung:

gubernantes eos

Honoratus	Caprasius
ille imperio	*iste consilio*
ille vigilabat solliciti pastoris officio	*iste in secreto positus velut in monte remotus*
illius radiabatur lumine.	*istius consolatione velut quodam refrigerebatur.*

Eine solche Gegenüberstellung ist in einer Lobrede, die nicht Fakten vermitteln, sondern nur Erbauliches darbieten und zur Nachahmung auffordern will, zwar nicht zu pressen, doch ist eine Assistenz des Caprasius unter der Leitung des Honoratus durchaus denkbar. Für die Anfangszeit, in der es von der Gemeinschaft heißt *pusillum quidem, sed electum gregem,* mag ein *secundus* zur Unterstützung des Honoratus ausreichend gewesen sein, bei der rasch wachsenden Zahl der Asketen wird ein differenzierteres Oberensystem erforderlich geworden sein.[33] Die V. Hon. berichtet von einer Gruppe *probatissimi viri,* die als *dispensatores* mit der Austeilung der Almosen beschäftigt waren.[34] *Dispensatores* als Ökonomen sind durch Hieronymus bekannt: im Vorwort zu den Praecepta finden sie sich in der Rangliste der Dienste unmittelbar nach den *capita, patres monasterii.*[35] Erst die V. Caes. I,6 (um 550) benennt das Amt, mit dem Caesarius der Gemeinschaft in Lérins von 490–502 diente, als das eines *cellarius,* zu dem er durch die Wahl der Brüder berufen wurde. Als solchem oblag ihm, für die leiblichen Bedürfnisse innerhalb der Gemeinschaft Sorge zu tragen.

Anhand der benutzten Quellen der Lériner und eines späteren Zeugen (Caesarius), der bald, nachdem er Lérins verlassen hatte, aus seinen dort gewonnenen Erfahrungen eine Nonnenregel und später eine Mönchsregel verfaßte, kann man sich für das sich entwickelnde Lérins etwa folgende hierarchische Struktur vorstellen:

[33] LXXII,51; V. Hon. 20,23.

[34] V. Hon. 20,23. Honoratus wird in 20,22 wegen seiner Güte selbst *dispensator* genannt. Für ihn hat das Wort jedoch vor allem die Bedeutung des *dispensator gratiae,* vgl. u. § 3 I, 1, 1).

[35] Praec. praef. 2 (5,11): *monasterii patres – dispensatores – ebdomadarii – ministri;* ebd. 8 (8,16/17): *capita monasteriorum – dispensatores – praepositi – ministri;* Praec. 77 (35,17) 78 (36,2); 137 (49,4). Zeitweise hatte auch Theodor das Amt des „oikonomos" *(dispensator)* inne, war aber zugleich Oberer von Tabennisi, über das nur noch Pachomius die Oberaufsicht hatte, vgl. F. Ruppert, Das pachomianische Mönchtum 320–323.

Pachomius	Lérins		Caesarius
	bis 430	2. Hälfte 5. Jh	
pater, caput	pater, caput	abbas (=praepositus?)	abbas
Theodor=deuteros	Caprasius=secundus	praepositus	praepositus
dispensatores	dispensatores	cellarius	
domuum praepositi	Cassian – -praepositus = -seniores	praepositi (Sammelbegriff)	
ministri		seniores	senior

2. *Die Rechtssphäre des Abtes nach dem 3. Konzil von Arles*

Im folgenden soll es nicht um die „Aufgaben“ des Abtes von Lérins gehen, sondern um das, was ihm durch rechtliche, autoritative Dokumente und Aussagen zugestanden bzw. untersagt ist. Quellen, die darüber Aufschluß gäben, wären in erster Linie Mönchsregeln, über deren sichere Existenz bisher noch keine eindeutigen Ergebnisse vorliegen. Aus den Homilien des Faustus läßt sich nur weniges entnehmen, es wird jedoch in hervorragender Weise durch die Ereignisse und den Text des 3. Konzils von Arles[36] ergänzt. Von daher ist dieses Konzil für die ganze vorliegende Arbeit von größter Bedeutung. Die Aufgaben des Abtes kommen in einem anderen Zusammenhang zur Sprache. Auch das ergibt sich aus der gattungsbedingten Aussageabsicht der heranzuziehenden Texte (Viten): sie sprechen weniger von Aufgaben als vielmehr von den Tugenden ihrer Helden, die später evtl. institutionalisiert als Abtsspiegel in Regeln ihren Niederschlag finden können.

Für den Oberen findet sich in Hom. XXXVIII,74 das Recht der Ausschließung *pro summo crimine.* Das vom Herrn von ihm geforderte

[36] CC 148,131–134. Die Literatur bis 1938 ist gut zusammengestellt von H. Bittermann, The Council of Chalcedon, in: Spec. 13 (1938) 198–303, hier: 101 Anm. 2 und 3. Nach 1938 ist zu nennen: L. Ueding, Die Kanones von Chalkedon in ihrer Bedeutung für das Mönchtum, in: Grillmeier-Bacht, Das Konzil von Chalkedon (Würzburg 1963) 569–676; P. H. Lafontaine, L'évêque d'ordination des réligieux (Ottawa 1951); P. Gassmann, Der Episkopat in Gallien im 5. Jh. (Bonn 1977) 152–153; E. Griffe, La Gaule chrétienne III (Paris 1965) 340; N. Chadwick, Poetry and Letters (London 1955) 148–149; E. Ewig, Klosterprivilegien des 7. und frühen 8. Jh., in Adel und Kirche, FS für Gerd Tellenbach (Freiburg 1968) 52–56. Zur Errechnung des Jahres zwischen 449 und 461 (so die Angabe von Munier in CC), vgl. Mansi, Coll. Conc. VII,907 (Paris/Leipzig 1901); T. P. McLaughlin, Le très ancien droit monastique de l'occident (Paris 1935).

officium loquendi und das *admonere et obsecrare* fällt bereits in den eher spirituellen Bereich.[37]

Es lassen sich aber Angaben über den Modus der Abtseinsetzung finden. Faustus berichtet in Hom. XXXV,98/104:

(I) dignus, cui tamquam Elias (= Honoratus) ad superna migrandus Eliseo (= Maximo) discipulo, pallium pietatis et gratiae ac praeclara meritorum indumenta, et in se augendus et in filio duplicandus;
(II) dignus, inquam, hic cui ille piissimus pater Honoratus, tamquam Moyses primi populi primus princeps ductandi per desertum Israelis legem tradidit, et quasi fortissimo Jesu Nave, pia iure transfunderet.

Aus der Elija-Elischa- und der Mose-Josua-Typologie läßt sich die erste Abtsbestellung durch Designation ablesen.[38] Das Konzil von Arles macht hierzu noch eine ergänzende Bemerkung:[39]

clerici ad ordinationem episcopi debita subiectione respiciant laica omnis congregatio ad solam ac liberam abbatis proprii quem sibi elegerit ordinationem dispositionemque pertineat regula quae a fundatore ipsius monasterii dudum constituta est in omnibus custodita.

Das Konzil erklärt oder bestätigt, daß der Abt von der Gemeinschaft eigenverantwortlich gewählt wird. Das weitere ergibt sich daraus, wie das *regula . . . in omnibus custodita* aufgefaßt wird: a) als Parenthese (dann Nominativ); dann steht der Satz isoliert als Schlußbemerkung; b) als abl. abs: „gemäß einer/der in allem beachteten Regel . . .“. Im Fall b) wäre ein Inhalt der/einer Regel, die Honoratus festgesetzt hat, daß der Abt von der Gemeinschaft gewählt wird. Das paßt auch zu (II) aus Hom. XXXV: Honoratus übergibt seinem von ihm noch designierten Nachfolger u. a. die Anweisung *(legem tradidit),* daß die künftigen Äbte gewählt werden. Mit der Amtszeit des Gründers hört das Recht der Designation auf.[40]

Darüber hinaus gibt das Konzil noch weitere Hinweise zu Aktionen aus der Rechtssphäre des Abtes, die sowohl im Interessensbereich von

[37] XLIV,63/65; XXXIX,1/3: *sicut a nobis dominus, pro suscepti officii necessitate deposcit officium, ita a vobis, carissimi, audiendi requirit affectum.* Vgl. dazu RBas, Prol. (CSEL 86,5–7). Hom. LIII,2/4: *quia a nobis admonitionis poscitur debitum, et vobis oboedientiae exspectatur officium.*

[38] Vgl. A. de Vogüé, La communauté 303 Anm. 2; die Mose-Josua-Typologie kannte auch das pachomianische Mönchtum bez. Pachomius und Theodor und Horsiesius; vgl. unten: 3. Die geistliche Dimension des Leitungsamtes.

[39] CC 148,134,32/36. Interpretierende Satzzeichen sind ausgelassen.

[40] Designation findet sich ebenso in der RM 93,25/29; bei Pachomius und Petronius, dort aber auch die Wahl der Brüder und anschließende Designation durch Pachomius; desgleichen bei den Juravätern VPJ 61.115 (SC 142,304.306); nach Cassian, Coll. 4,1 (CSEL 13,98,1); Inst. 4,28 (CSEL 17,67,17/18). A. de Vogüé hat gezeigt, daß Designation nicht ein archaisches Stadium bezeichnet, sondern sich in allen Epochen findet, La communauté 351–353.

Lérins wie auch in dem des Ortsbischofs liegen und daher zu einem Konflikt führen mußten.

1) Die Teilnehmer des Konzils

In der Einladung *(epistula generalis)* werden die streitenden Parteien benannt: Es handelt sich um eine

> *causa, quae inter sanctum episcopum Theodorum et sanctum Valerianum vel sanctum Maximum item episcopos atque abbatem Faustum necnon et relinquos fratres insulae Lerinensis acciderat.*

Wie sich die Parteiungen zusammensetzten, ist sprachlich nur schwer zu entscheiden. Es legt sich jedoch nahe, die trennende Konjunktion im ersten *et* zu sehen und nicht im *atque,* wie gelegentlich behauptet wird: Theodor von Fréjus ist der für Lérins zuständige Diözesanbischof; den genannten Maximus identifiziert man allgemein als den Bischof von Riez aus der gleichen Provinz Narbonensis II, vormals Abt in Lérins. Der frühere Lériner Mönch Valerianus ist Bischof von Cimiez aus der Provinz Alpes maritimae.[41] Ein Streit ist deshalb nicht zwischen Faustus und den ehemaligen Mitbrüdern, für deren einen Faustus noch eine engagierte Lobrede hält, anzunehmen, sondern nur zwischen ihnen und dem Ortsbischof Theodor. Der Streitpunkt, der auch die Parteiungen trennt und deutlich macht, warum drei Bischöfe in die Auseinandersetzung verwickelt sind, findet

[41] Duchesne, Fastes épiscopaux I (Paris 1907) 295. J. P. Weiss, La personnalité de Valérien de Cimiez, in: Annales de la Faculté des lettres des Sciences humaines de Nice 11 (1970) 141–162 bestreitet in seinen Vorarbeiten zur kritischen Ausgabe der Homilien des Valerianus im CC dessen ehemalige Zugehörigkeit zu Lérins, allerdings mit wenig überzeugenden Argumenten. So wenig wie das Argument der Senecarezeption des Valerianus seine monastische Vergangenheit in Lérins belegen kann (so N. Schack, De Valeriano saeculi quinti homelita christiano, Kopenhagen 1814), so wenig können die von Weiss, a.a.O. 154, konstatierten stoischen Einflüsse für eine heidnisch-philosophische Vergangenheit mit letzter Sicherheit sprechen und damit – nach Weiss – einen Aufenthalt auf Lérins unmöglich erscheinen lassen; auch Vincentius hatte eine ähnliche Vergangenheit (Commonitorium I,5; CC 64,147,25/27). Auch die ambivalente Haltung in der Gnadenlehre, die sowohl Einflüsse Augustins (etwa in Hom. 9; PL 52,725–728) kennt, ohne freilich seine Härten zu übernehmen, wie auch die des Pelagius (Hom. 3; ebd. 700) spricht nicht gegen, sondern eher für einen Aufenthalt in Lérins, wo die nicht ganz einheitliche theologische Position charakteristisch wurde (vgl. u. § 3 I, 1. und 2.). An anderer Stelle sieht Weiss gerade im Konzil von Arles ein Indiz gegen die Zugehörigkeit des Valerianus zu Lérins, indem er die die Parteien trennende Konjunktion im *atque* sieht, daraus eine Gegnerschaft zu Faustus postuliert und das als Argument gegen die Lériner Vergangenheit anführt, vgl. Valérien de Cimiez et Valère de Nice, in: SE 21 (1972/3) 109–146, hier: 144. – Vgl. dazu aber: R. W. Mathisen, Petronius, Hilarius and Valerianus, in: Hist. 30 (1981) 106–112. Den Aufenthalt des Valerianus auf Lérins behauptet ohne Angabe von Gründen Vincent Barallis, Chronologia Sanctorum I,203 (Lyon 1613), dessen Quellen nicht alle bekannt sind.

sich in der Institutio des Konzils und betrifft die Befugnisse des für Lérins zuständigen Ortsbischofs. Dort heißt es u. a. daß die Kleriker des Klosters nur von ihm oder einem mit ihm verbundenen Bischof *(cui ipse iniunxerit)* ordiniert werden dürfen.[42] Das legt nahe, daß Faustus zur Weihe seiner Kleriker oder Diakone seine ehemaligen Mitbrüder bestellt hatte,[43] deren Amtsbereich nicht nach Lérins reichte (Valerianus) und die mit dem Bischof von Fréjus durch eine Provinzgrenze, die zugleich Metropolitangrenze war, auch nicht verbunden waren (Maximus).

Rusticus, der Metropolit der Narbonensis I (Narbonne), erhält eine eigene Einladung, was die Bedeutung dieser Angelegenheit als Musterfall für den ganzen Bereich der Septem Provinciae erkennen läßt.

Ravennius, der Bischof von Arles, ist der Vermittler, woraus zu schließen ist, daß die Petitio der Bischöfe an Leo I. um die Wiedererrichtung der unter Bischof Hilarius verwirkten Vorrang- und Metropolitanstellung von Arles über Vienne in der Provinz Viennensis zu gewissem Erfolg geführt hat.[44]

Für den Beschluß des Konzils zeichnen 13 Bischöfe verantwortlich:

Ravennius	Arles	Viennensis	
Nectarius	Avignon	„	
Constantius	Carpentras	„	
Asclepius	Cavaillon	„	
Justus	Orange	„	
Salonius	Genf	„	(Sohn des Eucherius)
Ingenuus	Embrun	Alpes maritimae; Metropolit	
Rusticus	Narbonne	Narbonensis I; Metropolit	
Florius	Lodève	„	

Nicht zu lokalisieren sind Euantius (Yantius?), Zoticus (Jotecus?), Chrysantius (Chrysapius?) sowie ein weiterer Maximus. Bis auf Zoticus unterzeichnen die letzten alle das Bittschreiben an Leo, scheinen also in der Nähe von Arles oder/und gleichfalls in der Viennensis angesiedelt zu sein. Auffallend ist, daß die in den Streitfall verwickelten Kontrahenten nicht genannt sind: Theodor, Valerianus und Faustus, so daß es zweifelhaft erscheint, daß der am Schluß genannte

[42] CC 148,133,23/24.

[43] Diese Vermutung bestärkt sich, wenn man bedenkt, daß Maximus aus persönlichen Gründen nicht in Fréjus Bischof werden wollte, sondern erst das „Angebot" von Riez wahrnahm (XXXV,157/181) und somit für Faustus, der ihn sehr schätzte, als zuständiger Ortsbischof „ausfiel".

[44] CC 148,107–110; so erscheint auch nicht der zurückgesetzte und offensichtlich deswegen verärgerte Bischof von Vienne; vgl. dazu G. Langgärtner, Die Gallienpolitik der Päpste im 5. und 6. Jh. Eine Studie über das apostolische Vikariat von Arles (Bonn 1964).

Maximus der oben erwähnte Lériner Bischof von Riez sein soll. Das umschriebene Gebiet – der größte Teil der Septem Provinciae – kennt tatsächlich noch drei weitere Bischöfe dieses Namens, deren Sitz allerdings nicht bekannt ist.[45] Konsequent erscheint es deshalb anzunehmen, daß keiner der von dem Streit Betroffenen die Institutio mitverfaßt hat.

2) Die Streitpunkte

Bei der Analyse des Konzilstextes machte man in der bisherigen Forschung zu wenig darauf aufmerksam, daß sich die am Ende stehenden Beschlüsse sowohl auf frühere Abmachungen des Honoratus (oder/und Maximus – der Vertragspartner wird nicht genannt) mit dem damaligen Diözesanbischof Leontius († 432) berufen,[46] als auch ein weiteres Treffen des Faustus mit Theodor von Fréjus einbeziehen,[47] deren Inhalt und Verbindlichkeit wir nur durch Heranziehen aller verfügbarer Quellen erschließen können.[48] Man wertete die Beschlüsse vielmehr in ihrer Wirkungsgeschichte für die folgenden Jahrhunderte und nicht in ihrer Entstehung und umittelbaren Bedeutung für den Abt von Lérins aus. Absprachen der Äbte mit dem Diözesanbischof gehen aus dem Text zweifelsfrei hervor, es fragt sich aber, ob das, was das Konzil verfügt, konkret der Inhalt jener Treffen war. Das Verb, das immer wieder darauf anspielt, lautet *vindicare,* dem in diesem Zusammenhang kein in erster Linie rechtlicher Charakter anhaftet.[49] Eine zweite Stelle, die sich auf eine vermutete gemeinsame Regelung und deren Inhalt bezieht, ist der genannte abl. abs. *regula* <. . .> *custodita.* Wenn das Konzil eigens diese *regula* in Erinnerung rufen muß, kann man davon ausgehen, daß sie eine zeitlang in Vergessenheit geraten ist oder durch eine andere Praxis überholt war. Gleichfalls ist denkbar, daß die „Konzilsväter" erst jetzt beim Aufflammen der Kompetenzstreitigkeiten, in Erinnerung an die *pristina pax*[50] zwischen Lérins und Fréjus, die umstrittenen Fragen oder eine Praxis

[45] Vgl. die Bischofsliste in CC 148,107.109–110.

[46] CC 148,133,21/22: <. . .> *hoc tamen sibi tantummodo vindicaturus* <Theodor>, *quod decessor suus sanctae memoriae Leontius episcopus vindicaverat, idest ut* <. . .>.

[47] Ebd. 17/20: *quin potius collationem, utpote antiquus abba et episcopus* <Theodor>, *ei* <Fausto> *ut piam ac necessariam perpetuo exhiberet et solatia secutura, quae verbis dignabatur promittere, rebus ipsis in quo usus exigeret plenissime exhiberet* (es folgt das Zitat der vorigen Anm.).

[48] Soweit ich sehe, hat nur H. Bittermann, a.a.O. ausdrücklich darauf aufmerksam gemacht; ihr folgt P. H. Lafontaine, a.a.O. (s. Anm. 36). Ausführlich wird dies im letzten Kapitel noch einmal zur Sprache kommen.

[49] Nach A. Blaise, Dict. des auteurs chrétiens, 849: 1 revendique comme vrai, affirmer, soutenir; attester; canoniser; 2. obtenir. Nach Du Cange: *usus habere.*

[50] CC 148,133,13.

regeln, die vorher durch großzügige Handhabung unangefochten waren bzw. stillschweigend geduldet wurden.

Hilarius ist stets bemüht, in seinem Sermo de Vita Honorati die Freundschaft zwischen Leontius, der zu diesem Zeitpunkt noch lebt, und Honoratus zu betonen; bereits bei der Besiedlung der Insel heißt es von der Begegnung der beiden: *oblectatus vicinia et caritate constrictus.*[51] Als engere und mehr rechtliche Bindung erscheint die Tatsache der Weihe: *hic primum i l l i g a t u r diu evitati clericatus officio,*[52] durch die Honoratus tatsächlich an den Bischof und den Ort in der Diözese gebunden wird. So ließ er sich weder auf seiner Reise nach Ägypten in Marseille, noch auf der Rückreise in Italien weihen,[53] weil dies das Ende seiner Peregrinatio bedeutet hätte; denn mit der Weihe ist die Eingliederung in den Diözesanklerus verbunden.

Zugleich betont Hilarius geradezu eine Gleichstellung zwischen Honoratus und den Bischöfen noch vor seiner Erhebung zum Bischof von Arles,[54] ein Zug, der bei vielen Lérinern genannt wird und in der Eindringlichkeit der Wiederholung über das Toposhafte hinauszuweisen scheint: die priesterliche, ja episkopale Würde, die sie bereits vor der Weihe besaßen.[55] Die V. Hil. bezeugt, daß Hilarius in Lérins Faustus einen Platz zwischen den Bischöfen *(sacerdotes)* Theodor und Maximus zuwies, als sie auf der Insel zu Besprechungen weilten, was die nicht geringe Bedeutung, die man den Lériner Äbten beimaß, erkennen läßt.[56] – All das läßt eher auf großzügiges Gewährenlassen im Wirken wie in den Befugnissen schließen als auf kleinliches Abgrenzen, zumal bekannt war, wie sehr sich die Bischöfe um den wandernden Honoratus bemühten, um ihn ihrem Klerus einzugliedern. Man wird ihm als Entgegenkommen einen weiteren Handlungs-

[51] V. Hon. 15,14; *constricti caritate* wird von Eucherius, Laus 43,491, als Ausdruck für die brüderliche Liebe der Mönche von Lérins benutzt.

[52] V. Hon. 16,10.

[53] Ebd. 13.15.

[54] V. Hon. ebd. 16,16: *nemo umquam episcoporum sibi tantum usurpavit ut se presbyteri illius collegam computaret, verum ille tam integram in sacerdotio monachi humilitatem conservabat, quam plene monachus sacerdotii merita possederat.*

[55] Zu Maximus XXXV,208: *perfectio propter quam a vobis est inquisitus ipsa est episcopatus.* Und wie bei Honoratus heißt es hier (ebd. 233/236): *iamdudum in abbatem pontificem gesserat postmodum abbatem in pontificem custodivit.* Für Honoratus und seinen Bruder Venantius heißt es: *privatus quidam iam tunc in conversatione eorum episcopatus gerebatur* (V. Hon. 9,20) und: *quam salubritatem ecclesiis sine ullo clericatus actu invexerint* (ebd. 13,10). Für Hilarius als Mönch: *pontificalis gloria mundo nota satis superque monstravit* (V. Hil. 7,12); als Priester (Bischof?): *consecratur in sacerdotio, iam diu virtutem meritis consecratus* <. . .> *effectus nomine sacerdos qui iam pridem erat virtutum decoratus insignibus* (ebd. 10,11). Ebenso Sidonius Apollinaris über Faustus in Ep. 9,3,4 (MGH auct. ant. 8, 151–152).

[56] V. Hil. 12,9/12.

bereich und größere Unabhängigkeit zugestanden haben.[57] Genau das bestätigt Hilarius: *sacerdotium quippe suum in ecclesia hac nomine auctum vidimus, sanctimonia vero a c t i b u s i a m p r i u s summum.*[58] Hier findet die antizipierte Bischofswürde *(sacerdotium summum)* ihren aktiven Ausdruck.

Das ursprüngliche Vertrauensverhältnis war z. Zt. des 3. Konzils durch ein Zerwürfnis erschüttert;[59] Bischof Theodor nahm Anstoß an der Amtsausübung – jene eben zitierten acta - des Faustus, in der er einen Eingriff in seine Befugnisse sah. Worin könnten diese acta bestanden haben? Etwa in jenen, die beim Konzil von Arles als „vindiziert" beschrieben wurden? Sie lauten:

> *hoc tamen sibi tantummodo vindicaturus quod decessor suus, sanctae memoriae Leontius episcopus vindicaverat, id est*
> *1. clerici atque altaris ministri a nullo nisi ab ipso vel cui ipse iniunxerit ordinantur,*
> *2. chrisma nonnisi ab ipso speretur,*
> *3. neophyti si fuerint ab ipso confirmentur,*
> *4. peregrini clerici absque ipsius praecepto in communionem vel ad ministerium non admittantur.*
> *Monasterii vero omnis laica multitudo ad curam abbatis pertineat, neque ex ea sibi episcopus quidquam vindicet aut aliquem ex illa clericum nisi abbate petente praesumat.*

Zunächst fällt sprachlich auf, daß trotz des einleitenden *tantummodo,* das eine Einschränkung zum Ausdruck bringt, durch die Formulierung der drei negierenden Klauseln (1,2,4: *a nullo nisi ab ipso – nonnisi ab ipso – absque ipsius* <. . .> *non;* und [3] zeigt durch das *si fuerint,* daß man mit dem Eintreffen dieses Falles rechnete oder er schon eingetreten sein mußte) eher der Eindruck entsteht, als müßten die Rechte des Bischofs an Stelle der Rechte des Abtes gesichert werden. Und wie bislang aus der einschränkenden Formulierung *tantummodo* und *neque ex ea sibi episcopus quidquam vindicet aut aliquem ex illa clericum nisi abbate petente praesumat* geschlossen worden war, daß der B i s c h o f unerlaubt in die Rechtssphäre des Abtes eingegriffen habe, so müssen

[57] Von einer stillschweigenden oder vorsätzlichen Privilegierung sprechen A. Malnory, Saint Césaire (Paris 1894) 272, und S. Holmes, The Origin and Development of the Christin Church in Gaule during the first six Centuries of the Christian Era (London 1911) 283.

[58] V. Hon. 25,4. Eine ebensolche Zweiteilung in *sanctimonia – acta* bietet die V. Hil. 11,9/20: *non solum verbis, sed factis;* P. Gassmann, (Anm. 36) 146, deutet diese Stelle: „damit ist der gesamte disziplinarische, geistige, religiöse und organisatorische Aufgabenbereich angedeutet, den der Bischof als Inhaber der höchsten Amtsgewalt und -befugnis gegenüber seinem Klerus zu erfüllen hat".

[59] So schreibt das Konzil (133,7/9. 15/17): *sanctus ac beatissimus frater Theodorus episcopus primum exoraretur a nobis ut scandalum quod et ipse et nos graviter dolebat exortum* <. . .> *nec quisquam deinceps ex his quae sibi fratrem Faustum arguebat fecisse aut verbis repeteret aut animo retineret.*

umgekehrt die hier verwendeten Negationen ebenso im Sinn von jetzt zu beschränkenden Übergriffen des A b t e s in den Kompetenzbereich des Bischofs ernstgenommen werden. Ueding meint, daß dies lauter Rechte seien, die ohnehin immer dem Bischof zustanden, das letzte aber in der Linie einer alten, von vielen Synoden ausgesprochenen Praxis liege, und untersucht den Fall nicht weiter.[60] Warum mußten sie dann noch eigens ausgesprochen, „vindiziert" werden? Wir versuchen, anhand der Leriner Texte und anderer Quellen darüber Aufschluß zu erhalten.

Eine Quelle kann nach allgemeiner Überzeugung ausgeschlossen werden: die Kanones von Chalzedon, die das Mönchtum betreffen, da ihnen nur eine schleppende Rezeption vergönnt war.[61] Dennoch spiegeln sie in ihrer disziplinären Dimension nur das wieder, was allenthalben im Schwange war: eine allgemein restriktive Haltung, die auch den gallischen Episkopat nicht ohne Grund erfaßte, wogegen sich der Abt von Lérins - gleichfalls in Erinnerung an die *pristina pax* - widersetzte.

(4) peregrini clerici absque ipsius praecepto in communionem vel administrandum non admittantur.

Das Verbot, wandernde Kleriker in die Gemeinschaft - gemeint ist üblicherweise: in den ortsansässigen Klerus - aufzunehmen, ist seit langem Gemeingut auch in Gallien. Meist ist eine Aufnahme, eine Zulassung zu Weihe und Dienst, was hier etwa dem *ad ministerium admittantur* entspräche, nur mit Empfehlungsschreiben des Heimatbischofs oder der zuständigen kirchlichen Oberen möglich.[62] Sollte eine solche Regelung anfangs in Lérins auch zwischen Honoratus und Leontius ausgemacht worden sein, so geriet sie nach dem Zeugnis der V. Hon. bald in Vergessenheit. Hilarius berichtet (430) von der auffallenden Gastfreundschaft, die keinen zeitlich begrenzten Aufenthalt für Gäste kannte;[63] zugleich hören wir von einer rasch wachsenden Gemeinschaft, die nicht nur Laien eintreten ließ. Eucherius spricht es (428) in De laude eremi aus: *digna* (Lérins) *quae et praestantissimos*

[60] Ueding, Die Kanones von Chalcedon (Anm. 36) 624.

[61] Vgl. B. Steidle, Chalzedon und das Mönchtum, in: BM 28 (1951) 471-479.

[62] Beispiele für Gallien: Konzil von Nimes (394) can. 1. 3. (CC 148,50); Tourin (389) can. 7 (ebd. 58); Arles II (442-506) can. 35 (ebd. 121); - Empfehlungsschreiben: Angers (433) can. 8 (ebd. 138); Vannes (461-491) can. 5 (ebd. 152); Agde (506) can. 27 (ebd. 205). Für Afrika und Rom sind sie zusammengestellt von Lafontaine (Anm. 36) 28-29 und O. Nußbaum, Priester, Mönche und Privatmesse (Bonn 1961) 46. Auch in die RB 61,13/14 fand eine solche Regelung Eingang, offensichtlich durch die Erfahrungen in Lérins inspiriert (in der RM findet sich kein entsprechender Passus), vgl. A. de Vogüé in SC 186,1381-1383.

[63] Vgl. V. Hon. 20; insbes. 20,7/8: *nemo illuc non festinus accessit; nemo illic moras suas sensit.*

alat monachos et ambiendos proferat sacerdotes.[64] Zwar wird nicht gesagt, nach welchem Modus die *monachi* und *sacerdotes* in die Gemeinschaft aufgenommen wurden, das Vorkommen dieser Tatsache und die ausdrückliche Erwähnung im Konzilstext lassen jedoch aus der Perspektive des Bischofs die Dringlichkeit einer Regelung in diesem Punkt erkennen.

(2) chrisma nonnisi ab ipso speretur[65]
(3) neophyti si fuerint ab ipso confirmentur

Das Chrisam muß vom Ortsbischof abgeholt werden, wie es das Konzil von Vaison (442) verfügt und die Statuta ecclesiae antiqua wiederholen.[66] Auch hier kann sich Faustus einer Übertretung schuldig gemacht haben, indem er das Chrisam und die *confirmatio* für seine Mönche aus der Hand eines anderen Bischofs empfing.[67]

Der Bestimmung kann jedoch auch anderes zugrunde liegen. Wenn Faustus die Sakramentenspendung selbst vornahm, lag es dem Ortsbischof möglicherweise daran, die Befugnisse des Faustus zu beschneiden, um ihn in eine kontrollierte Abhängigkeit vom Bischofsstuhl zu bringen. So ist zu fragen, ob es dem Priesterabt erlaubt war, die in (2) und (3) angesprochenen Sakramente zu spenden. Chrisam wurde außer bei der postbaptismalen Salbung *(confirmatio)* auch zur Bereitung des Taufwassers benutzt, zur Konsekration der Kapellen und Altäre, bei der Salbung von Kranken (dabei mit Wasser vermischt) sowie bei der Priester- und Bischofsweihe. Diese Handlungen fallen im allgemeinen in den ausschließlich bischöflichen Machtbereich. Bischofsweihe wird in Lérins kein Streitpunkt gewesen sein. Doch erfahren wir bereits nichts mehr darüber, wer die von Honoratus errichtete Kirche[68] - und später andere Kapellen auf der Insel - konsekrierte. Ebensowenig sind wir über die Praxis der Taufspendung auf Lérins informiert. Das Recht dazu wurde üblicherweise an Priester

64 Laus 41,477; das Verb *proferre* legt nicht nahe, daß es sich nur um einen Gastaufenthalt handelt.

65 Diese Wendung kann hier sowohl das Austeilen des Chrisams an die Priester wie aber auch die Applikation durch den Bischof selbst meinen.

66 Konzil von Vaison, can. 3, (CC 148,97); SEA can. 87 (ebd. 180).

67 Unter den Tätigkeiten, die für Hilarius aufgezählt werden, findet sich auch *confirmare monachos* (V. Hil. 11,17). Die V. Hil verrät nicht, welcher Personenkreis damit angesprochen ist: die Mönche der eigenen Gemeinschaft (vgl. ebd. 7,13;10,17), zu der er immer wieder zurückkehrte, oder die Mönche der Klöster, die er errichtete (ebd. 11,15). Von Hilarius wissen wir aber, daß er sich wiederholt Übergriffe über den Amtsbereich seiner eigenen Diözese hinaus zuschulden kommen ließ; er kann also auch sakramentale Handlungen in Lérins vorgenommen haben (ebd. 21; auch die VPJ 18 berichten davon [SC 142,258]). Vgl. dazu G. Langgärtner, Die Gallienpolitik der Päpste 61-79.

68 V. Hon. 17,1/2: *sufficiens electis Dei ecclesiae templum excitatur.*

delegiert;[69] auch ein Abt konnte sie vornehmen, sofern die *conversio* zum Mönchtum zugleich eine zum christlichen Glauben war.[70]

So bleibt noch, wie (3) zeigt, die *confirmatio* umstritten. Wenngleich streng bischöfliche Machtbefugnis, konnte auch sie delegiert werden: dem unrechtmäßig geweihten Bischof Armentarius von Embrun werden durch Hilarius von Arles alle episkopalen Rechte abgesprochen, außer Jungfrauen zu konsekrieren und jenes *neophytos confirmare.*[71] Auch das erste Konzil von Orange (441) spricht in can. 2[72] von weiterreichenden Rechten der Priester *(ministri)* bezüglich der *confirmatio;* besonders in ländlichen Gegenden - und auch Lérins wäre wegen seiner abgeschiedenen Lage darunter zu zählen[73] - konnte der Priester sie vornehmen. Diese den Priestern zugestandene und von Faustus wahrgenommene Befugnis sollte durch das Konzil von Arles beschnitten werden.

(1) clerici atque altaris ministri[74] *a nullo nisi ab ipso vel cui ipse iniunxerit ordinantur.*

Diese Bestimmung steht nicht ohne Bezug zur letzten; wenn, wie oben bemerkt, Priester bzw. Kleriker in die Gemeinschaft aufgenommen wurden, stand das Problem der Weihe nicht so drängend an. Sobald aber einige Mönche geweiht werden sollten, mußte ein Bischof mit Weihevollmacht anwesend sein. Theodor kann sich in einer

[69] Konzil von Orange (441) can. 2 (CC 148,78): *ministri* (hier Priester und Diakone), *qui baptizandi recipit officium.*

[70] So etwa bei Pachomius, vgl. A. Veilleux, Liturgie 206–220.

[71] Konzil von Riez (439) can. 3 und 4 (CC 148,68).

[72] Ebd. 78. Speziell zu diesem Kanon und den Befugnissen der Priester vgl. D. van den Eynde, Le deuxième canon du concil d'Orange de 441 sur le chrismation, in: RTAM 11 (1939) 97–109; A. Chavasse, Le deuxième canon d'Orange de 441, in: Mélanges Podechard (Lyon 1905) 103–120 = MD 54 (1958); G. Winkler, Confirmation or Chrismation, in: Worship 58 (1984) 2–16, bes. 11–12; L. A. van Buchem, L'Homélie pseudo-Eusébienne de Pentecôte (Nimwegen 1967) bes. 95–110.

[73] Ein Baptisterium zeugt heute noch von der Praxis der Taufspendung auf der Insel; durch archäologische Untersuchungen konnte es in die Zeit des Faustus datiert werden: der oktogonale Grundriß des Baptisteriums weist architektonisch in das 4./5. Jh. Das 6. Jh. kennt fast nur noch den viereckigen Grundriß. Ebenso lassen die aufgefundenen Stuckelemente auf eine frühe Datierung schließen, vgl. M. R. Doré, Lérins, in: Congrès Archéologique de France, Sessio 95, (Aix-en-Provence et Nice 1932) 367–383; H. Moris, L'Abbaye de Lérins. Histoire et monuments (Paris 1909) 383–385; P. Mérimée, Notes d'un voyage dans le Midi de la France (Paris 1835) 265–266; Rohault de Fleury, Une visite archéologique à l'île Saint Honorat. Chronologie des abbés de Lérins (Cannes 1868); H. Leclerque, Art. Lérins, in: DACL 18 (1929) 2596–2627, bes. 2622–2624; A. C. Cooper-Marsdin, The History of the Islands of Lérins (Cambridge 1913) 312–313.

[74] Dies sind meistens Diakone, vgl. Vaison, can. 3 und 9 (CC 148,97,18;101,86); Riez, can. 7 (ebd. 67,100.102); beim Konzil von Orange, can. 2, kann *minister* auch „Priester" heißen (vgl. Anm. 33).

gefestigten Tradition sehen, wenn er den Anspruch erhebt, allein für Lérins bevollmächtigt und zuständig zu sein.[75] Allem Anschein nach machte ihm Faustus dieses Recht durch die Einladung der mit ihm befreundeten Bischöfe streitig.[76]

Eine andere Hypothese kann an dieser Stelle diskutiert werden: die Möglichkeit, daß der Abt selbst geweiht habe. Von Honoratus und Faustus wurde berichtet, daß ihnen bereits vor der Weihe „bischöfliche Würde" in Lérins zukam und daß sie die *acta summi sacerdotii* ausübten. Im Umkreis der Leriner Schriften finden sich weitere Hinweise darauf. Faustus schreibt von der Tätigkeit des Maximus auf Lérins. In einem an alttestamentlichen Patriarchenbildern orientierten Abschnitt heißt es: *quantos ibi Jakob noster (Maximus) virtutum institutionibus sacerdotes, quantos in Christo genuit patriarchas* (XXXV,58). Es ist nicht eindeutig auszumachen, ob eine Verbindung wie *sacerdotes . . . genuit* „ordinieren" bedeutet. Zweimal findet sich aber das *gignere* im Zusammenhang mit dem *sacerdotium.* Hilarius bekennt in V. Hon. 36,7 den Bürgern von Arles: *vobis enim me iam tunc per illum Deus genuit.* Aus der V. Hil. ist nicht mit letzter Sicherheit zu erschließen, daß die Priesterweihe des Hilarius erst bei seiner Bischofserhebung stattgefunden haben muß,[77] so daß eine Weihe auf Lérins durchaus möglich erscheint. Das Subjekt von *genuit* ist zwar Gott, aber *per illum* (Honoratus). Eine letzte Stelle sei aus Hom LI,8 (Sermo in depositione sacerdotis dicendo) angefügt; der predigende Bischof sagt von den Priestern: *in Christo enim Jesu per evangelium ipse nos genuit.* – An diesen Stellen wird das *gignere* im Zusammenhang mit dem erlangten *sacerdotium* gesehen. Zwingend läßt sich daraus nichts ableiten, allenfalls ein versteckter Hinweis, der sich durchaus in die beschriebene Situation einfügen könnte.

Es bleiben die zwei sich anschließenden Bestimmungen zu betrachten: *monasterii vero omnis laica multitudo ad curam abbatis pertineat.*[78] Dies

[75] Die Vollmacht des Bischofs, in seiner Diözese alleine Weihen vorzunehmen, findet sich in allen entscheidenden Konzilstexten und Synodenbeschlüssen, auch in Gallien: Tourin (398), can. 3 und 7 (CC 148,56.58); Tours (461), c. 9 und 10 (ebd. 146.147); Angers (453), can. 9 (ebd. 138); Vannes (465), can. 10 (ebd. 154); vgl. dazu P. H. Lafontaine, L'évêque d'ordination des réligieux (wie Anm. 36) 21–31.

[76] Ein Beispiel einer in dieser Weise unerlaubten Ordination berichtet Hieronymus, ep. 51 ad Joannem; ep. 82 ad Theophilum contra Joannem; er schildert die Weihe seines Bruders, des Mönchs Paulinian, durch einen nicht zuständigen Bischof in einer beiden fremden Diözese; vgl. dazu P. H. Lafontaine, L'évêque d'ordination des religieux 35–40; D. König, Amt und Askese (St. Ottilien 1985) 66–70.

[77] V. Hil. 9,42: *vocibus humanis favore superno dignus pontifex clamaretur;* ebd. 10,8: *sicut sacerdotii gradu summus* (= Bischof!) *ita humilitatis descensu fastigium celsae sublimitatis indeptus. O vere perfectus Christi discipulus, qui vias magistri secutus exercuit docendo quod didicit. Consecratur in sacerdotio iam diu virtutum meritis consecratus.* – So hieß es bereits von Honoratus, der schon Priester war, als er Bischof wurde, vgl. Anm. 54 und 55.

[78] CC 148,133,28/29.32/34.

ist in Hinblick auf can. 4 von Chalcedon, der die totale Unterordnung einer Mönchsgemeinschaft unter den Ortsbischof verlangt, sicher eine freiere Regelung, zumal – und hier wird die eigentliche Einschränkung Theodors deutlich – der Bischof keinen aus ihr ohne ausdrückliche Bitte des Abtes weihen darf.[79] Doch zum einen war das Chalcedonense noch nicht rezipiert, so daß die Bestimmung von Arles demgegenüber als freier hätte empfunden werden können, zum anderen folgt sofort die Einschränkung: *hoc enim et rationis et religionis plenum est, ut clerici ad ordinationem episcopi debita subiectione respiciant,* womit ausgedrückt wird, daß eine doppelte Autorität auf der Insel errichtet worden ist.[80] Das aber bedeutet erneut eine Einschränkung des Wirkungsbereiches des Abtes von Lérins, wenn man den Status quo vor dem Konzil von Arles vor Augen hat.

Das Konzil von Arles regelte damit den Kompetenzbereich des Abtes von Lérins und seines Ortsbischofs. Dabei greift es frühere Abmachungen zwischen den Äbten und dem Vorgänger im Bischofsamt auf. Der Inhalt der früheren Übereinkunft läßt sich nur ungefähr feststellen; sicher scheint aber, daß Teile davon in Vergessenheit geraten sind und durch die gewachsene Gemeinschaft innerhalb der Diözese neue Probleme aufkamen, die Faustus eigenmächtig zu regeln suchte, wobei er in Erinnerung des einstigen guten Einvernehmens mit dem zuständigen Bischof für sein Wirken dessen Bewilligung nicht einholte. Es ist dabei zu beachten, daß das Konzil nicht den ganzen Katalog der *officia episcopalia* auflistet, sondern nur das anspricht, was umstritten ist und deswegen der Kodifizierung bedarf. Für Lérins und den Abt Faustus wirkt dies wie ein starker Riegel: die angemaßten (?), sicherlich aber bisher stillschweigend ausgeübten Rechte des Abtes auf freie Wahl eines für Weihen zuständigen Bischofs, die Spendung der Initiationssakramente und die ungehinderte Aufnahme der wandernden Mönche und Kleriker fallen künftig dem Jurisdiktionsbereich des Bischofs zu, der zugleich die Oberaufsicht über die Klerikermönche der Gemeinschaft erhält. Dem Bischof wird dagegen jedes Recht, in die Gemeinschaft der Laienmönche einzugreifen, verwehrt, worin er seinerseits eine Beschränkung seines Anspruchs hinnehmen muß. Folge der gegenseitigen Beschränkung – denn von einem frühen Beispiel der Exemption oder der Privilegierung von Lérins durch das

[79] CC 148,133,32/34: *neque ex ea sibi <...> quidam vindicet aut aliquem ex illa clericum nisi abbate petente praesumat.* Diese Bestimmung ging mit fast gleichem Wortlaut in die Statuta ecclesiae antiqua, can. 4 (ebd. 168), ein und wurde von Caesarius von Arles in das Konzil von Agde, can. 27 (ebd. 205), übernommen.

[80] Vgl. dazu T. P. Laughlin, Le très ancien droit monastique de l'occident (wie Anm. 36) 114.

Konzil kann unter Beachtung aller Faktoren keine Rede sein – ist eine wohl einmalige Aufteilung und Doppelung der Autorität im Kloster: die Gemeinschaft untersteht allein dem Abt, die Kleriker sind (zusätzlich) dem Bischof durch die *debita subiectio* unterworfen, der nun die *res spirituales* verwaltet.[81]

3. Die geistliche Dimension des Leitungsamtes in Lérins

Das Bild eines geistlichen Leiters von Lérins schlechthin nachzuzeichnen, wie man es nach Texten einer Regel tun kann, bringt erneut Schwierigkeiten. Es gibt in der ersten Hälfte des 5. Jh.s nicht „einen" oder „den" Abt von Lérins, sondern drei durchaus herausragende charismatische Einzelpersönlichkeiten sui generis, die prägende Führergestalten waren, an denen sich eher ein Abtsspiegel orientierte, als daß sie sich nach einem solchen formten.

Über die beiden ersten, Honoratus und Maximus, sind wir durch die Lobreden (V. Hon. und die Homilien XXXV und LXXII) und die – wegen des großen zeitlichen Abstandes freilich nicht sehr wertvolle – V. Maximi unterrichtet, die jedoch von verschiedenen Autoren mit unterschiedlichen Auffassungen und Anliegen verfaßt wurden. Für den dritten – Faustus – können wir aus seinen Predigten über Honoratus und Maximus ohne weiteres auch ein Stück abbatiale Selbstdarstellung entnehmen. So findet man für die erste Zeit in den authentischen Schriften keinen einheitlichen und durchgehenden Leitfaden für die geistliche Führerschaft. Die Leitungsqualitäten von Honoratus und Maximus lassen sich nur als ihre persönlichen Tugenden und das ihnen eigene Charisma darstellen. Es verbietet sich daher nach den frühen Zeugnissen, von „den Aufgaben" des Abtes zu reden: sie lebten ihre Tugenden, die sich erst später als „Aufgaben" des Oberen in anderen Texten, etwa Regeln, niederschlugen. Was an gemeinsamen, beherrschenden und „überpersonalen" Zügen dennoch gefunden werden kann, ist freilich nicht nur Ausdruck allgemeiner

[81] Der Begriff stammt von Engelbrecht, CSEL 21,IX (Prolegomena). – Eine solche Interpretation wird bestätigt durch ein vergleichbares Konzil in Spanien aus dem 7. Jh. (Hispalense II can. 7; Bruns, Canones apostolorum et conciliorum II [Berlin 1839] 68–83). Dort hatte der Bischof aus Unwissenheit den Priestern weiterreichende Vollmachten überlassen *(absente episcopo altaria erigere, basilicas consecrare),* so daß sich das Konzil veranlaßt sah, einzugreifen und die umstrittenen Rechte detailliert zu regeln und Verbote zu erlassen. Vergleichbar sind auch die „Freiheitsbestrebungen" des afrikanischen Mönchtums gegenüber den Bischöfen, vgl. H. Mordek, Libertas monachorum. Eine Sammlung afrikanischer Konzilstexte des 6. Jh., in: ZSRG. K 71 (1976) 1–6.

monastischer Latinität, sondern läßt etwas von eigenständigem Lériner Geist erkennen, der Späteren Orientierung wird.[82]

Wie berechtigt diese Aussage ist, zeigt eine zweite Beobachtung im Vorfeld: außer einem ausdrücklichen „Oberenspiegel" fehlen weitgehend auch Hinweise auf die Verwendung vergleichbarer zeitgenössischer Quellen in Lérins so daß der positiven Darstellung der Oberen in den Viten und Homilien z.T. originäre Gedanken eignen.[83] Zweifellos waren die frühen und berühmten Mönchsviten in Lérins bekannt. Doch unterscheiden sie sich wesentlich von den Texten der Lériner Autoren: sie distanzieren sich sowohl von den gehäuften und übertriebenen Wunderberichten der V. Martini wie auch von der gewiß zeugnishaften, aber allein der Selbstheiligung dienenden Frömmigkeitsakrobatik der V. Antonii. Ihr Bestreben geht dahin, ihre „Helden" den großen Vorbildern auf einer anderen Ebene gleichzustellen oder sie, bisweilen gezielt polemisch, zu überbieten.[84]

[82] Vgl. A. de Vogüé, La communauté 116.121, der auf Einflüsse der V. Hon. auf die RB hinweist.

[83] In den Praec. et Inst. der Pachomiana latina c. 18 (58–62, Boon) ist ein umfangreicher Oberenspiegel zu lesen; jedoch ergeht er sich, gleichsam als Negativfolie, in 52 Verboten bzw. Vorschriften bezüglich dessen, was der Obere nicht darf. Die Regula Orientalis (um die Mitte des 5. Jh.s, als dem charismatischen Geist die Tendenz der Institutionalisierung und Reglementierung folgte) übernimmt daraus den größten Teil, läßt aber die fürchterlichen Drohungen für den Fall der Nichtbeachtung aus. Auch der Lib. Ors. bringt in cc. 7–18 (112–120) einen ausführlichen Oberenspiegel, der tatsächlich manches Verwandte zu Lérins enthielt. Allein zwei Beobachtungen lassen mich zögern, ihn als Quelle für Lérins anzusehen: ihm war im Westen keine breite Rezeption beschieden (vgl. H. Bacht, Vermächtnis I, 32); vor allem aber hat die ausgeprägte Hirtenterminologie für den Oberen (cc. 8.11.17) in Lérins keine Entsprechung. An gegebener Stelle wird auf Gleichklingendes hingewiesen. Vgl. B. Steidle, Der Oberenspiegel im Testament des Abtes Horsiesi, in: EuA 43 (1967) 22–38. – Ob das Praeceptum Augustins in der Frühzeit in Lérins eine Rolle spielte, kann nicht eindeutig geklärt werden. In 7,3 (436,225/232; Verheijen) liegen Ansätze eines Oberenspiegels vor. An anderen Stellen jedoch, an denen die augustinischen Regeltexte als Quelle hätten dienen können (Gebet/Offiziumsplan – Gemeinschaftsverständnis – Arbeit; s. u.), wurde Augustinus nicht herangezogen; es ist vorstellbar, daß hier schon die Bedenken gegen den Lehrer der Gnade zu Reserven bei den Lérinern führten. Auch Basilius schreibt im Großen Asketikon zur Spiritualität des Oberen (GR 25–31.43; besonders 25 und 30). Diese Kapitel finden sich nicht in der lat. RBas. Doch ist es denkbar, daß Honoratus, des Griechischen zweifelsohne mächtig, auf seiner Studienreise Bekanntschaft mit den Großen Regeln des Basilius machte. Ob jedoch Hilarius und Faustus, die über Honoratus schrieben, sich an diesem Text orientierten, scheint m. E. sehr zweifelhaft. – Etwaige Parallelen zur V. Martini beschränken sich auf allgemeine Züge des *vir sanctus,* die Sulpicius Severus in den resümierenden Schlußkapiteln Revue passieren läßt. Die literarischen Mittel, die Tugenden seines Helden darzustellen, sind die zahlreichen Wunderberichte.

[84] Als sichere literarische Quelle für manche Tugend des Honoratus dienten dem Hilarius Passagen aus De laude eremi des Eucherius. Durch die Personifizierung der Wüste ist die Übertragung möglich. Die V. Hon. wurde dann die Lériner Urvita, aus der alle späteren schöpften.

In der Selbstbeschränkung der Lériner, die alles Wunderbare und Extreme ausschließt, liegt für diese Untersuchung ein großer Vorteil, da das Leben in der Gemeinschaft eher eine „rein menschliche“ denn wunderbare und durch Wunder zu bewältigende Angelegenheit ist. Gerade von dieser „Menschlichkeit“ und der menschlichen Problembewältigung geben die sich eher nüchtern ausnehmenden Viten Zeugnis und können dadurch und durch die allmähliche Stilisierung der persönlichen Tugenden des Honoratus und Maximus das Material für einen Oberenspiegel liefern.

Der Darstellung der Tugenden und Charakteristika wird daher ein Zug von Anfang an gemeinsam sein: die Möglichkeit der Nachahmung, was wiederum Wundertätigkeit ausschließt. Das entspricht der literarischen Gattung, in der das Leben der Oberen dargestellt wird: in Ansprachen an das Volk. Eine solche Maxime folgt dem monastischen Grundsatz, wonach der Vorgesetzte in seinem Leben ein klares Abbild der Gebote Gottes zur Nachahmung geben soll.[85] So heißt es für Honoratus, daß er durch seine Tugenden eben diese bei den anderen erweckte.[86]

1) Orientierung am biblischen Vorbild

a. Der Obere als Patriarch

Die Patriarchentypologie ist in der Patristik durchaus geläufig.[87] Ihren Ursprung hat sie im Osten. Neben der „eigentlichen“ Typologie, der Deutung auf Christus hin, werden insbesondere von Philo herkommend und daher frei von der christusbezogenen Einschränkung die Patriarchen als Vorbilder des Strebens und des asketischen Lebens vorgestellt und eingeführt.[88] Diese Deutung wurde durch die alexandrinische Schule (Clemens) als sensus moralis auch christliches Gedankengut. Nirgendwo gelangte sie zu einer solchen Blüte und Konzentra-

[85] Vgl. z. B. Augustinus, Praeceptum 7,3; Lib. Ors 9 (113,23); 13 (116,25); Basilius, GR 43; Apophthegma 174 (Poimen) (PG 26,361 B); RIVP 2,3: *Debet his qui praeest talem se exhibere ut Apostolus ait: Estote (sic) forma credentibus* (1 Tim 4,12); Cassian, Inst. praef 4 (CSEL 17,4,13): *sola vita sufficiat ad exemplum;* passim.

[86] Vgl. V. Hon. 18,29 *(excolere, inardescere).*

[87] Vgl. zu den einzelnen Patriarchen die entsprechenden Artikel in DSp und RAC sowie J. Daniélou, Sacramentum futuri. Études sur les origines de la typologie biblique (Paris 1950); ders., La typologie d'Isaak dans le christianisme primitif, in: Bib. 28 (1947) 263–393; hier 371.

[88] So wird Abraham bei Philo der durch Belehrung zur Vollkommenheit Gelangte (mathesis), Jakob verkörpert den Weg des Kampfes (askesis), Isaak die glückliche Veranlagung, die ihn zur Vollendung führte (physis). Vgl. T. Klauser, Abraham, in: RAC 1 (1950) 18–27; J. Daniélou, La typologie, a.a.O. 367; W. Völker, Fortschritt und Vollkommenheit bei Philo (Leipzig 1938), bes. 220–333.

tion wie im pachomianischen Mönchtum und seinen Schriften. Im Westen findet sich einzig in Lérins ein ebenso starkes Pendant der biblischen und besonders alttestamentlichen Bildsprache, so daß sich ein Vergleich nahelegt.[89]

Das pachomianische Mönchtum kennt die Patriarchen als Typoi für Christus nicht. Es lassen sich aber drei Varianten der Verwendung der Patriarchengestalten erkennen. Als erste ist die aus der paränetischen Literatur bekannte Deutung für das asketische Leben zu nennen, die vor allem in den Katechesen des Pachomius zu finden ist: Abraham, der auf Gottes Geheiß auszog, in der Fremde wohnte und mit der Opferung Isaaks geprüft wurde, ist Bild des Gehorsams.[90] Isaak verkörpert als das zu opfernde Lamm die Reinheit,[91] Jakob die Demut, die Ergebenheit und die Standhaftigkeit,[92] Josef die Weisheit. Darüber hinaus sind Abraham und Lot Vorbilder der Gastfreundschaft.[93] Daran knüpfen sich Aufforderungen zur Nachahmung: Zum Leben unter Menschen wird die Nachahmung Abrahams, Lots, Moses und Samuels, zum Leben in der Wüste die der Propheten empfohlen.[94] Hier ist der Patriarch exemplum für alle. – Mit dem patriarchengleichen Leben wird auch die Verheißung, die an sie erging, verknüpft: Weil Josua tapfer kämpfte, gab Gott ihm auch die Macht über die Feinde; für die Mönche heißt das: über die Dämonen und Laster.[95] In der Nachfolge des Gehorsams Abrahams liegt für die Mönche der Auftrag und die Erfüllung der Gastfreundschaft begründet; in Josefs Kampf und Herrschaft über die Feinde (Gen 39,7) sehen sie ihren Kampf gegen die Unreinheit vorgebildet; durch Folgsamkeit wurde Mose Gesetzgeber und durfte Gott schauen; die Gottsucher Daniel, die drei Jünglinge, Job, Susanna und Judit durften Gott in den heikelsten Situationen finden.[96]

89 Vgl. die ausführliche Darstellung von P. Tamburrino, Die Heiligen des Alten Testamentes in der ersten Katechese des Pachomius, in: EuA 45 (1969) 50–56. Hierbei geht es vor allem um die Vorbildhaftigkeit der Patriarchen für das Leben der Mönche; die Gleichsetzung der Oberen mit den Patriarchen findet sich in dieser Katechese nicht und wird auch von T. nicht angesprochen.

90 Pachomius, 1. Kat. (CSCO 160,1,12. [= Œuvres]). Ebenso in den koptischen Viten (bohairische Viten: CSCO 89 [= Bo; mit frz. Übersetzung]; sahidische Viten: CSCO 99/100 [= S; mit frz. Übersetzung]): Bo 194 (214,14/22); S^{3b} (362,10/14); S^{8} (41,16); S^{3} (59,19): Abraham, Isaak und Jakob als Vorbild des Glaubens. Bo 194 (214,10): die Heiligen des Alten Bundes als Vorbilder allgemein. Bo 102 (171,35): Mose und die Heiligen als „Modelle".

91 Pachomius, 1. Kat. (Œuvres 1,19/21).

92 Ebd. (1,22/24).

93 Bo 40 (110,4); Bo 194 (214,28).

94 Pachomius, 1. Kat. (Œuvres 6,23).

95 Ebd. (8,7).

96 Ebd. (10,15.23; 11,5).

Ein zweiter Strang, der hauptsächlich in den Viten anzutreffen ist, sieht in den Patriarchen direkt die Leiter der Koinonia vorgebildet. Pachomius führt das Volk wie Mose;[97] Theodor sieht sich als Sohn Abrahams, weil er seine Heimat, sein Land und seine Verwandtschaft verließ.[98] Pachomius und Theodor sind Abbilder von Mose und Josua[99] und insbesondere von Jakob und Josef: Pachomius (Jakob) segnet seine Söhne; und Theodor, der Gesegnete (Josef), ernährt seine Brüder mit den Weisungen Gottes.[100] Er ist zugegen als sein Vater (Apa Pachomius) stirbt.[101] Die Segensverheißung Gottes an Abraham ergeht auch an die Pachomianer:[102] er wird sich nach dem Tod des Apa auch des Theodor und seiner Brüder annehmen, wie er sich Abrahams und Lots annahm.[103]

Eine letzte Klassifizierung ergibt sich daraus: Pachomius und die Väter der Koinonia sind nach ihrem Tod nicht nur bei Abraham versammelt,[104] sondern sind nun selbst in die Reihe der Patriarchen aufgenommen: „der Gott Abrahams, Isaaks, Jakobs, Josefs und unseres Vaters Pachomius".[105]

In Lérins ist eine solche Gruppierung der Motive nicht auszumachen; vielmehr finden sich alle in oft kühnen und sonderbaren Zusammenstellungen auf die Oberen zentriert, die Abbilder der Patriarchen sind und so mit ihrem Leben selbst die exempla zur Nachahmung werden.[106]

Der monastischen Literatur des Westens ist hauptsächlich Abraham und sein Leben als Richtschnur für asketisches Leben vertraut. Dabei spielt vor allem das Auszugsmotiv, Gen 12,1, eine Rolle.[107] Für die Väter („Patriarchen") von Lérins bot sich dieses Bild an, da sie nicht nur durch den Ort ihres Wirkens von ihrem Heimatland getrennt waren, sondern auch, bevor sie sich auf der Insel niederließen, weite Reisen unternahmen; zudem ist von keinem der ersten Lériner das

[97] S^{3b} (350,22).
[98] S^{10} (29,34).
[99] Bo 78 (139,19); S^{5} (274,4); vgl. auch Pachomius, ep. 3 (82,9ff Pachomiana latina, Boon).
[100] Bo 165 (191,7/9); Bo 194 (215,1/8); Bo 199 (219,24/29); S^{6} (330,23).
[101] S^{7} (50,34).
[102] Bo 194 (213,5).
[103] Bo 190 (208,4).
[104] S^{6} (331,17).
[105] Horsiesius, 2. Kat. (Œuvres 91,4; 98,7); Theodor, 3. Kat. (ebd. 40,8/11).
[106] Vgl. B. Steidle, Homo Dei Antonius – Zum Bild des Mannes Gottes im alten Mönchtum, in: Antonius Magnus Eremita = StAns 38 (1965) 148–201. Das Bild der Patriarchen kommt dabei so gut wie gar nicht vor.
[107] Cassian, Conl. 3,4,1 (CSEL 13,70); 3,6,2 (ebd. 73); 3,12,1 (ebd. 84); Hieronymus, ep. 22,1; 29,5; 71,2; 125,20. Vgl. G. Penco, Il tema dell'Esodo nella spiritualità monastica, in: C. Vagaggini, Bibbia e spiritualità (Rom 1967) 331–377.

Heimatland bekannt.[108] Das Vorbild Abrahams steht am Anfang des neuen Lebens; seine Haltung gilt als Voraussetzung für den Oberendienst.

Als Typoi für Honoratus und Maximus bemüht Faustus nicht nur einen, sondern gleich alle Patriarchen. Honoratus war den Mönchen Abraham nicht nur *pro derelicto patriae,* sondern auch wegen des Beispiels vollkommener *abrenuntiatio;* den Bewohnern von Arles ist er Jakob gewesen, weil er tüchtig und sorgfältig seine Hirtenpflicht als Bischof wahrnahm.[109]

Bei der Darstellung der *abrenuntiationes* des Maximus, die sich an Cassians Collatio 3,6 orientiert,[110] wird der einmalige Auszug des Abraham und des Maximus *(corporaliter, visibiliter)* ausgeweitet auf die immer schon vorhandene geistige *(spiritaliter)* Haltung des Maximus bereits als Stadtasket, die für jeden Mönch Orientierung ist und Nachahmung verlangt. Schon Hilarius sah darin die Sohnschaft Abrahams für Honoratus verwirklicht.[111] Der Patriarch wird also nur insofern nachgeahmt, als er Typos des Oberen ist. Die Nachahmung selbst richtet sich in erster Linie auf das exemplum der geistlichen Leiter Honoratus und Maximus. Diese erfüllen in ihrer vollkommenen

[108] Vgl. A. de Vogüé, Sur le patrie d'Honorat de Lérins, in: RBen 88 (1978) 290–291; dieses Faktum weitet sich zu einem literarischen Topos aus: die V. Hil. vermeidet es unter Berufung auf ihr Vorbild, das Heimatland des Hilarius zu nennen; vgl. Eugippius, ep. ad Paschasium 7–9 (Eugippius, Das Leben des heiligen Severin. Einführung, Übersetzung und Erläuterung von R. Noll; [Passau 1981] hier 42–44).

[109] Hom. LXXII,151/157.

[110] Cassian, Conl. 3,6,2 (CSEL 13,73,5/22): *nunc de abrenuntiationibus disserendum est, quas tres esse patrum traditio et scripturarum sanctarum demonstrat auctoritas, quasque unumquemque nostrum omni studio oportet inplere. prima est qua corporaliter universas divitias mundi facultatesque contemnimus, secunda qua mores ac vitia affectusque pristinos animi carnisque respuimus, tertia qua mentem nostram de praesentibus universis ac visibilibus evocantes futura tantummodo contemplamur et ea quae sunt invisibilia concupiscimus . . .* <Gen 12,1>. *primum dixit de terra tua; id est, de facultatibus mundi huius opibusque terrenis: secundo de cognatione tua, id est de conversatione et moribus vitiisque prioribus, quae nobis a nostra nativitate cohaerentia velut adfinitate quadam et consanguinitate cognata sunt: tertio de domo patris tui, id est omni memoria mundi huius quae oculorum occurrit obtutibus.* Man beachte die Zuordnung der einzelnen Glieder des Zitats zu den *abrenuntiationes.* – XXXV,16/24.33: *nondum quidem visibiliter exierat de terra sua et cognatione sua et de domo patris sui; sed iam spiritaliter reliquerat terram suam, quia nullis inclinabitur concupiscentiis actibusque terrenis; iam reliquerat congnationem suam, quia nullis iam carnalium necessitudinum detinebatur afflictibus, nullis vitiorum, quae per longam consuetudinem proxima et cognita animae efficiuntur, velut parentum constringebatur amplexibus; iam reliquerat domum patris sui, quia in inquisitione aeternae illius patriae supernis intentus incesserat. tamquam Abraham ergo corporaliter de domo et de loco sui divina vocatione dignus egreditur.*

[111] V. Hon. 12,1: *exeuntes de terra sua et de domo et de cognatione sua exemplo pares vere Abrahae filii demonstrantur.*

patriarchengleichen *abrenuntiatio* zugleich die apostolische Haltung der Exousia: siehe, wir haben alles verlassen und sind dir nachgefolgt.[112]

Wie Honoratus ist auch Maximus Jakob, weil er die Brüder in der Heimat verließ *(legimus . . . sine ullo subsidio, solum in baculum suum transisse Jordanem* – d. h. nach Lérins übersetzte) und nach langer Pilgerschaft *(post longae peregrinationis absentiam* = Aufenthalt in Lérins),[113] durch doppelte Heirat geehrt *(duabus honorabilem coniugibus),* zum Vaterland zurückkehrte (gemeint ist das Festland).[114] Die beiden Frauen Jakobs finden dabei eine eigenwillige Deutung: Die siebenjährige Abtszeit, in der Maximus den Brüdern diente, ist Faustus Grund genug, diese als „Lea" zu bezeichnen. Er steht mit der Deutung: Zeit der Askese = Zeit der Lea in der Tradition von Philo und Evagrius,[115] die die Zeit der Vorbereitung auf die beseligende Schau, also das Mönchsleben, mit der Dienstzeit um Rachel gleichsetzen.[116] Die gesuchte Rachel ist dann aber für Faustus nicht etwa die unio mystica, sondern die Bischofszeit und Bischofswürde, für die die in Lérins verlebte Zeit nur eine Vorbereitung war.[117]

Eine sehr kühne Deutung erfährt die Opferung Isaaks. Diese fand bislang nur als Sinnbild (Typos) für Christus Verwendung. Hier aber ist Maximus Isaak, der vom Vater *(pater Honoratus)* als lebendes Opfer ausersehen wurde und auf diesem Altar vielen die Vollendung erwarb.[118] Selbst der Widder als Substitutionsopfer – in der Tradition ebenfalls ein Sinnbild für Christus[119] – wird auf Maximus gedeutet: *ita hic, dum in illa sancta congregatione de milite consurgit in principem*

[112] Mt 19,27 ist eine der wenigen neutestamentlichen Stellen, die die Leriner zur Darstellung der Oberen heranziehen; dabei sind sie ganz offensichtlich von der V. Antonii, c. 2, beeinflußt; V. Hon. 20,14/20; XXXV,27.

[113] XXXV,50/54: *ita hic sanctorum eximius patrem ac fraternitatem suam fugiens, se solum ex omnibus portans, in spiritu tamquam in baculo transmissum angustissimo freto deserit; Lirinensis sedem immo latebram petit, ubi, a mundi tamquam ab inimici periculis tutus, multis laboribus desudatis* <. . .>; ebd. 85/88: *sic industrius atque avidus negotiator extera atque longinqua expetit loca, collaturus regionibus suis peregrina ac pretiosa commercia; absentat paulisper a patria, ut novas opes ac divitias transmarinas reportet ad patriam.* Zu beachten ist auch hier die Nähe des Bildwortes zur Realität.

[114] XXXV,45/49. Jakob als Beispiel der Entschlossenheit konnte Faustus bei Hieronymus finden: ep. 118,7; 123,14 (Jakob kehrt wegen seiner Entschlossenheit mit reichem Segen zurück).

[115] Vgl. J. Daniélou, La typologie 380; zu Evagrius vgl. Einleitung zu den 153 Kapiteln über das Gebet, in: Cist. Stud. Ser 4 (1978) 52.

[116] Vgl. bei Faustus, Hom. XXXV,54: *multis laboribus desudatis.*

[117] Gregor der Große setzt das Bischofsamt wegen der Mühen, die es mit sich bringt, mit der häßlichen Lea gleich.

[118] XXXV,37: *et super insulae lirinensis aram tutis humeris crucem domini baiulaturus imponitur.* Auch aus dieser Stelle kann – wie bei der Elija-Elischa-Parallele – die Designation des Abtes gedeutet werden (s. o.).

[119] J. Danielou, La typologie 371.

promovetur: ex ove in gregis arietem commutatur.[120] Es ist anzunehmen, daß Faustus in der patristischen Literatur belesen war und die christologische Typologie kannte. Mit vorliegendem, sicherlich nicht unbewußtem Transfer auf Maximus, wollte Faustus möglicherweise die Präsenz Christi im Oberen, oder die Mittlerrolle des Oberen als vicarius Christi andeuten.

An die Patriarchen- und Exodusthematik schließt sich „chronologisch" die des Mose, Aaron und Josua an.[121] Maximus und Honoratus sind vor allem deswegen Mose und Aaron, weil sie das Volk, die *angelica congregatio,* aus Ägypten, dem alten Leben, in die Freiheit Christi führen[122] und für sie ein Lager errichten.[123] Einen Mosedienst für die Gemeinschaft versieht Honoratus in der Wandlung der bitteren Wasser auf der Insel,[124] wie auch in der Übergabe eines Gesetzes, einer Regel.[125] Ihm steht Caprasius als Aaron beiseite.[126] Honoratus wird für die Diözese Arles wegen der höchsten priesterlichen Würde zu Aaron.[127]

Erneut ist es das Anliegen des Faustus, die allgemeine, von allen nachzuahmende spirituelle Haltung dieser *duces* hervorzuheben: Wie Mose gegen die Amalekiter die Hände erhob (Ex 17,11), so ist auch gegen den Teufel zu kämpfen;[128] wie Josua – das ist Maximus, nachdem er das Gesetz des Mose = Honoratus empfangen hatte – gegen die Feinde kämpfte, so ist nun gegen die Leidenschaften anzutreten;[129] und wie Honoratus die Schlangen von der Insel vertrieb, so müssen jetzt die *spiritales aspides et basiliscos* ausgetrieben werden.[130]

Selbst die „Randerscheinungen" der Patriarchen- und Exodusgeschichte werden zur Deutung verwandt: Die leuchtenden Säulen Caprasius, Honoratus und Maximus,[131] die dem Volk den Weg weisen. Ihre Tugenden sind nicht Ausweis der eigenen Heiligkeit, sondern

[120] XXXV,42/44.

[121] Dieser Chronologie folgt auch Eucherius in Laus 3,46/48; 7–15; 29–30. Sein Hauptinteresse liegt aber nicht auf den Oberen, sondern bei der Wüste, die die Heiligkeit der Wüstenbewohner unterstützt.

[122] XXXV,101; LXXII,50/55.157/166.

[123] V. Hon. 16,3; LXXII,50.

[124] V. Hon. 17,1/6; LXXII,90. Mose als Bild für den Oberen: Cassian, Inst. 4,7 (CSEL 17,52).

[125] XXXV,101; LXXII,161/164.

[126] LXXII,49; vgl. o. I 1. Die Hierarchie der Oberen.

[127] LXXII,150. Aaron als Bild für das Bischofsamt ist bereits aus der Didaskalie bekannt, c. 29,4 (Funk 105).

[128] LXXII,60.

[129] XXXV,101/118.

[130] V. Hon. 5; LXXII,82/99.

[131] XXXV,107; LXXII,55.

stehen ganz im Dienst der Brüder; die diesbezüglich geforderte Nachahmung sieht Faustus in der *illuminatio alienorum.*[132]

Um die Vorzüge der Gründer zu unterstreichen, fügt er die Erfüllung der Askese an: als Freunde Gottes verkosten sie – wie Mose – seine Nähe gleichsam von Angesicht zu Angesicht.[133] In den Augen des Faustus führte seine Forderung zur Nachahmung bereits durch den Mittlerdienst der Oberen zum Erfolg: die Brüder der Gemeinschaft werden selbst zu Patriarchen;[134] nach ihrem Tod werden sie zu den Vätern versammelt.[135]

Die ersten Lériner Oberen sind für ihre Biographen die Patriarchen selbst; nicht nur durch Nachahmung, sondern und vielmehr durch das Stilmittel der „asketischen Typologie". In den Patriarchen ist vorgebildet, was Honoratus und Maximus in Lérins in die Wege leiten und vorleben: der notwendige, reale und geistliche Auszug im Gehorsam auf das Wort Gottes hin (Abraham); die opferbereite Hingabe (Isaak); die Stärkung und Segnung der Brüder (Jakob); die Errichtung des „Lagers", der priesterliche Dienst, der asketische Kampf und die Gottesfreundschaft (Mose, Aaron, Josua). Durch ihr Beispiel werden diese Haltungen zu Tugenden, die nun von der Gemeinschaft an i h n e n abgelesen werden sollen und nachgeahmt werden müssen.

Der Obere als Prophet spielt bei weitem keine so bedeutende Rolle. Die wenigen Anklänge bleiben im Rahmen des Bekannten: Honoratus steht in der Tradition eines Elija; er ist der *probatus Israelis agitator.*[136] Die prophetische Gabe wird nur mit größter Zurückhaltung erwähnt; das entspricht den bisherigen Beobachtungen: Prophetie ist keine nachahmbare Tugend.[137]

An dieser Stelle ist ein Vergleich mit dem pachomianischen Schrifttum angezeigt. Es ist anzunehmen, daß aus der Kenntnis des koptischen Mönchtums die alttestamentlich geprägte Bildsprache und vor allem die Gleichsetzung der Oberen mit konkreten Patriarchengestalten in Lérins weiterlebt. Die sich aufdrängenden Parallelen zeigte die Gegenüberstellung. Während sich jedoch bei den Kopten mit einiger Klarheit drei Verwendungsmöglichkeiten dieses Stilmittels erkennen

[132] Vgl. dazu unten II 4: Vertikale und horizontale Beziehungen.

[133] Dt 24,10 in XXXV,246; LXXII,27. *Amicus dei* in Anlehnung an Num 12,8; Jdt 28,23; Ex 33,11; im Zusammenhang mit der Martyriumsterminologie nennt Hilarius Honoratus ausdrücklich *amicus dei,* V. Hon. 39,1.

[134] XXXV,58/59: *quantos ibi Jacob iste noster* <...> *in Christo genuit patriarchas.*

[135] LXXII,15; V. Hil. 32,22; 33,6.

[136] 2 Kön 2,12 in V. Hon. 28,5; vgl. ebd. 1,12.

[137] Anklänge an Prophetie: V. Hon. 23,23: *prophetico spiritu ante iam praemiserat;* ebd. 36,13: *f o r t a s s e praescius;* XXXV,73: *prophetica haec apis* (= Maximus). Zum Bild des Propheten in der monastischen Literatur vgl. B. Steidle, Homo Dei Antonius 159–168.

ließen, ist dies in Lérins verwobener, vielleicht weiterentwickelt. Vom Topos der Kulmination der Tugenden ausgehend, scheuen sich die Biographen nicht, ihre Oberen der Reihe nach mit den Heiligen des Alten Testaments gleichzusetzen bzw. in ihnen erfüllt zu sehen, was diese in ihrer Zeit vorlebten: in jeder Situation verfügen sie über die von dem jeweiligen Heiligen verkörperte notwendige Eigenschaft. Dabei ging man methodisch so vor, daß die aus der Patristik bekannte allgemeine asketische Verwendung des Vorbildcharakters der Patriarchen „typologisch" auf die Oberen projiziert wurde, wodurch sie in besonderer Weise selbst zum Gegenstand der Nachahmung werden. Die pädagogische Funktion dieser Viten bzw. Sermones wird damit offenkundig.[138]

Die asketische Komponente hat in Lérins jedoch einen theologisch-spirituellen „Unterbau": In der Anwendung der zunächst Christus vorbehaltenen Bilder (Opferung Isaaks; Substitutionsopfer; leuchtende Säule etc.) auf die Leiter ist der Aspekt: „Christus im Oberen", der Obere als *vicarius Christi* deutlich erkennbar. Daher kann berechtigt von einer „asketischen Typologie" gesprochen werden: Die Patriarchen werden typologisch, d. h. hinweisend auf Christus, so auf die Oberen bezogen, daß in ihnen selbst Christus gesehen wird.

Indem die Gründer (Patriarchen) von Lérins in die Reihe der biblischen Heiligen gestellt werden, wird zudem eine heilsgeschichtliche Einheit postuliert. In diese Einheit werden die Mönche bruchlos eingefügt; an ihnen vollendet und erfüllt sich erneut, was einst geschrieben wurde. Die Heiligen der Bibel sind nicht nur Bilder zur Ausmalung der Schriften, ihre Nennung ist nicht nur ein literarisches Stilmittel; die Väter von Lérins erfüllen in ihrem Leben *spiritualiter* und *corporaliter,* was sie in den Patriarchen sahen.[139] Durch den Rückgriff auf vorchristliche Vorbilder des Mönchtums umgehen die Lériner eine – schwierigere – neutestamentliche Begründung ihrer Lebensform durch Jesus selbst, der nicht kam, um zu zerstören, sondern zu erfüllen. Die Vorbildhaftigkeit und die Heiligkeit der Leiter der Gemeinschaft hängt damit sowohl von ihrer Antwort auf den Anruf Gottes ab wie auch von der Treue, in der sie der ihnen in der

[138] Vgl. K. S. Frank, Imitatio Apostolorum im frühen Mönchtum, in: Studia Historico-Ecclesiastica = Festgabe L. Spätling (Rom 1977) 123–145. Zur Historia Lausiaca schreibt F: die Nennung der Heiligen des AT „geschieht ... nicht zum Lobe der Großen, sondern zum Nutzen der Leser. Beide Texte (Historia Lausiaca und Historia Monachorum) stellen sich offen unter ein didaktisch-erbauliches Ziel. Das drängt von selbst zum Hinweis auf die Exempla".

[139] Dies ist eine häufig zu beobachtende Eigenheit der Lériner Texte: das Bildwort bleibt nicht Bildwort, sondern steht in größtmöglicher Nähe zur gemeinten Realität; umgekehrt: ein Bildwort wird in Lérins erst dann gebraucht, wenn es ein Entsprechen in der Wirklichkeit hat.

Heilsgeschichte zugekommenen Sendung und Mittlerrolle entsprechen.

In der Frage nach den Quellen für das Lériner Mönchtum können wir uns nicht nur auf literarische Parallelen stützen: Da die Verwandtschaft zu den koptischen Pachomiusschriften besonders bei Faustus, der vor seinem Eintritt nachweislich keine Studienfahrt nach Ägypten, unternommen hat, eklatant ist, muß, wenn die Kenntnis der koptischen Sprache bei ihm aller Wahrscheinlichkeit nach nicht angenommen werden kann und die Existenz weiterer lateinischer Übersetzungen pachomianischer Schriften zweifelhaft ist, ein lebendiger Kontakt zu den Tabennisioten bestanden haben – wohl durch die Reisen des Honoratus und Caprasius –, der ein Weiterleben dieser Gedanken bis Faustus ermöglichte. Die Quellen für Lérins gehen somit offensichtlich über die lateinische Literatur hinaus; seine Spiritualität gründet nicht notwendig auf nur literarischen Vorbildern und weist damit mehr Originalität auf als bisher angenommen.

b. Der Obere nach den neutestamentlichen Exempla

Neutestamentliche Exempla zur Charakterisierung der Oberen werden in Lérins wie beim pachomianischen Mönchtum auffallend selten verwendet.[140] Dennoch erscheinen die Apostelfürsten mit eigenen Attributen als Vorbild für Maximus: *Paulus apparebat in vultu, Petrus in spiritu; illius districtionis huius erat pietatis aemulator.*[141] Durch die Dichotomie *vultus – spiritus* wird die für die Spiritualität der Mönchspredigten wichtige exterior-interior-Thematik angedeutet, d. h. das In-Einklang-Bringen von äußerem und innerem Lebenswandel (= Heiligkeit). Auch hier wird zur Nachahmung des Oberen aufgefordert.

140 Auf das geringe Vorkommen der neutestamentlichen Vorbilder im alten Mönchtum und insbesondere bei Pachomius hat bereits K. S. Frank, Imitatio Apostolorum 138–140, hingewiesen. Vgl. zum Ganzen, ders., Vita apostolica. Ansätze zur apostolischen Lebensform in der alten Kirche, in: ZKG 82 (1971) 145–166 (I); ders., Vita apostolica und dominus apostolicus, in: Konzil und Papst = FS für H. Tüchle (Paderborn 1975) 19–41 (II); und ders., Vita apostolica als Lebensnorm der alten Kirche, in: IKZ 8 (1979) 106–117 (III), besonders 110–114. In der alten Kirche nehmen die ntl. Exempla, die Apostel, nur eine untergeordnete Rolle ein; eine Ausnahme scheint die RM zu sein, die die apostolische Sukzession auf die Äbte überträgt (vgl. III; 116); die vita apostolica beschränkt sich hier auf die „allgemeingültige Vorbildethik, bei der die einmal gewählten Exempla variabel sind und jede Form asketischen Lebens begründen können" (Frank, Imitatio Apostolorum 131). Vgl. auch P. Henry, From Apostle to Abbot. The Legitimation of Spriritual Authority in the Early Church, in: StPatr. 18 (1982) 491–505.

141 XXXV,129; den Vergleich konnte Faustus bei Eucherius, Laus 42,476 finden: *digna* (Lérins) *quae caelestibus disciplinis Honorato auctore fundata sit, quae tantis institutis nacta sit patrem spiritus vigore et vultus radiantem.* Petrus und Paulus waren auch Vorbilder für Martinus, vgl. Sulpicius Severus, Dial. II,13,5 (CSEL 1,196,14); ep. 1 (138,17).

Apostolisch ist Maximus durch die Befolgung der Tugenden nach Gal 6,9[142] und vor allem durch Gründung und Bau einer Kirche; doch dabei bleibt es nicht: die eigentliche apostolische Tat in Riez war, daß er in den Gläubigen den Tempel Gottes errichtete.[143] Immer ist es das Anliegen des Faustus, den übertragenen, bildhaften und geistlichen Wert der konkret vorgefundenen Tat hervorzuheben.

Alle weiteren Anklänge an die apostolische Lebensweise bleiben im Rahmen des Bekannten und sagen nichts über besondere Eigenschaften der Oberen aus.[144]

Selbstverständlich fehlt im Reigen der Bilder die *vita angelica* nicht.[145] Honoratus und sein Bruder Venantius führen sie bereits als Stadtasketen, ihre Reise mit Caprasius ist eine *conversatio angelica,*[146] in Lérins pflegen sie die *contemplatio angelica.*[147] Faustus beläßt es nicht bei dieser Charakterisierung, sondern weist darauf hin, daß jener *angelicus vir* (LXXII,28) durch *angelicum officium* und *angelicum studium* (XXXV,142) die Menschen selbst zu Engeln macht.[148] Dadurch wird die Gemeinschaft zur *angelica congregatio.*[149] Erneut zeigt sich darin ein Zug zur „Spiritualisierung", jener genannten ausdrücklichen Überhöhung der Fakten und selbst der literarischen Topoi auf eine geistig-innerliche Ebene, die seine Exzerpte aus der V. Hon. kennzeichnet und mit Ablehnung und Kritik der Wundersucht einhergeht.[150] Es bleibt

[142] XXXV,279: *urgebat se apostolicis adhortationibus sicut dicit: Bonum, inquit, facientes non deficiamus; tempore enim suo metemus non deficientes.* Faustus legt diese Stelle im Sinne seiner Gnadenlehre aus, s. u. § 3, I 1, 2) b: Homilie auf Maximus. In De gr. 1,12 (41,11) findet sich Gal 6,9 in eindeutig „semipelagianischem" Zusammenhang.

[143] XXXV,223/230: *cuius tabernaculum istud, christianorum principes fundaverunt, id est apostoli: ipse condidit ecclesiam; plus est quod insinuabit vobis, sancta in vobis deo templa construxit;* den Bau der Kirche erwähnt auch Dinamius, V. Maximi 8 (83); 9 (87).

[144] Vgl. Mt 19,27: XXXV,27; Mt 19,21: V. Hon. 20,14/20.

[145] Vgl. B. Steidle, Homo Dei 173–196; K. S. Frank, Angelikos Bios. Begriffsanalytische und begriffsgeschichtliche Untersuchung zum engelgleichen Leben im frühen Mönchtum (Münster 1964).

[146] V. Hon. 10,15; 12,6.

[147] Laus 43,494.

[148] Zu V. Hon. 17,30 vgl. LXXII,109/110; *angelicum officium,* V. Hon. 16,5; *caelestium studium,* V. Hon. 19,12, ist aus Laus 23,245 entnommen.

[149] Vgl. XXXV,42.69.142. Laus 43,487; Faustus, ep. 8 (210,6).

[150] Ablehnung der Wundertätigkeit: V. Hon. 37,4/10: *multa quidem tibi divinitus signorum specie indulta novimus, quicumque proprius adsitebamus* <. . .> *et tamen quod maius signum virtutis esse potest quam signa fugere et occultare virtutes?* Neben der in Anm. 130 genannten Übernahme eines Zitates aus V. Hon. in Hom. LXXII läßt sich die Methode des Faustus noch an LXXII,82/99 erkennen, die aus V. Hon. 15 entnommen ist; heißt es dort in Anlehnung an Ps 90,13, daß Honoratus die Schlangen von der Insel vertrieben habe, schreibt Faustus: *ita et nos spiritales aspides et basiliscos ex nostris cordibus effugemus, ne hic invisibiliter revocemus, quod illius merita visibiliter expulerunt.* <. . .> *Mirum forte aliquibus de serpentibus sit;*

nicht bei der Beschreibung der an sich schon lobenswerten Tat und Eigenschaft, sondern die Gabe ist dem Oberen immer auch geistliche Aufgabe: So heißt es bei Faustus: *alios ex feris homines*[151] *alios ex hominibus quodammodo angelos efficiebat* (LXXII,110). Honoratus hat Wundertaten wie Dämonenaustreibungen und Totenerweckungen weder vorzuweisen, noch hat er sie nötig wie die *alii;* was jene äußerlich sichtbar wirkten, das wirkt Honoratus viel mächtiger in den Herzen der Menschen.[152] Darin ist eine deutliche Spitze gegen die Martinusschriften zu erkennen.

Schließlich ist der Obere das *receptaculum spiritus sancti,*[153] der Geistesmann, der durch Liebe, Beispiel und Ermahnung zu den verschiedenen Geistesgaben (vgl. den Tugendkatalog nach Eph 4,2) für die bleibende Eingießung des Geistes in seinem Kloster sorgt.[154]

Alle Bilder und Typoi gipfeln in Christus selbst als dem Schlüsselbild für die Haltung des Oberen. Salvian nennt Honoratus eine Sonne, die in Christus ist und der Gemeinschaft Licht spendet.[155] Jeder, der

nobis autem alia in illo viro miranda ac praedicanda sunt: quantas hic spiritales bestias interfecit: in quantorum silvestribus moribus, ursorum luporumque feritatem in novam mansuetudinem commutavit! in quantis, devicta ira ac superbia, leonem subegit: in quantis draconum extincta prostravit invidia! – Ita ut, monstris spiritalibus subiugatis, in illo videatur impletum: Super aspidem et basiliscum ambulabis.

[151] Das fand Faustus in V. Hon. 17,31; Hilarius kehrte das mythische Bild der Circe durch Honoratus um: *non Circeo, ut aiunt, poculo ex hominibus feras sed ex feris homines Christi verbum tamquam dulcissimum poculum Honorato ministrante faciebat;* ebd. 17,18/19: *quotiens de immanibus belvis quasi mites fecit columbas.* Auch Faustus kennt den Mythos; im gleichen Passus vergleicht er Honoratus mit der Bärenmutter, die ihre Jungen, die als ungeschlachte und unförmige Masse zur Welt kommen, erst durch liebevolles Ablecken in eine passable Form bringt: *sicut quaedam bestiae catulos suos sine ulla specie parere dicuntur, quos rursum lambendo reformare ac sedulo linguae ministerio, asseruntur, ad speciem revocare faciemque eis reddere et reliquas naturae partes ore perficere: ita et ille magnificus pastor, linguae medicabili blandimento, species imaginem reformabat.* Zu Gebrauch und Quellen der mythischen Bilder bei den Lérinern vgl. P. Courcelle, Nouveaux aspects de la culture lérinienne, in: REL 46 (1968) 379–409, bes. 408–409.

[152] Vgl. LXXII,122/132: *laudetur ab aliis quicumque sanctorum in opere virtutum: qui daemones ex aliorum carne depulerit. Mihi vero iste laudandus est: qui spiritus immundos non de membrorum latibulis, sed de ipsis mentibus et cordibus effugebat – tot expellens daemones quot curaverat passiones. Laudetur, inquam ab aliis: qui defuncta iam spiritu atque animo vacua corpora vitae reddit. Sed non minus iste laudandus est: qui mortuas saepe in corporibus animas suscitavit – nam etsi minus in aliquem defunctum visa est per eum haec fragilis vita revocari, plus est quod perpetuam inveniri.*

[153] V. Hon. 29,20; vgl. zu diesem Bild B. Steidle, Homo Dei 183–189.

[154] V. Hon. 19,16/21: *hinc ille erat et adhuc orationibus suis permanet diffusa in monasterio suo Sancti Spiritus gratia, tanti doctoris et exemplo et admonitione firmata, in variis charismatum donis: in humilitate et mansuetudine, in caritate non ficta.* Vgl. auch XXXV,68: *spiritalis columba* als Bezeichnung für Maximus.

[155] V. Hon. 19,8/15.

Sehnsucht nach Christus hatte, suchte Honoratus und wirklich: Christus fand, wer Honoratus aufsuchte.[156] Durch sein Tun und Leben erweist er sich als das vollkommene Bild Christi in Person und Funktion des Oberen.[157] Von hier aus gewinnt die Übertragung des paulinischen ekklesialen Bildes vom *caput membrorum* auf den Oberen und die Gemeinschaft ihren tiefsten Sinn: ihre Mitglieder als Leib, als Ekklesiola, mit Christus in der Person des Abtes als Haupt.[158] Er ist nicht nur der Einende und Leitende, sondern auch der sich für andere Hingebende: *vere servus omnium factus propter Jesum Christum.*[159]

2) Der Lériner Abtsspiegel und die „Aufgaben des Abtes“

Aufgrund dieser Untersuchungen lassen sich die Tugenden des Abtes als Aufgaben in einem positiv formulierten Abtsspiegel zusammenstellen.

Der Obere (Honoratus) hat zwar alle Tugenden in solcher Vollkommenheit als übe er nur eine einzige mit besonderer Intensität,[160] dennoch ragt aus allen die Liebe hervor, die die Mutter aller Tugenden ist.[161] Noch als Bischof weiß er, daß er zum Regieren zuerst die Liebe wieder herstellen muß; so bemüht er sich, eher mit Liebe zu regieren, als mit Schrecken zu herrschen.[162] Es ist sein erklärtes Ziel, den anderen diese Liebe zu Christus und dem Nächsten einzupflan-

[156] Ebd. 17,7; zweifelsohne entnimmt Hilarius diesen Passus aus Laus 41,460: *tuam (eremus) sanctorum familiaritatem quaesivit, deum repperit; Christum in te, quisquis te colit, invenit.*

[157] V. Hon. 17,34; hier findet die Sorge um die Brüder in deutlicher Anspielung auf Christus (Mt3,9) folgenden Ausdruck: *lapides in Abrahae filios vertentur.* Mit *lapides* sind die ehemals harten Herzen der Eintretenden gemeint.

[158] Vgl. das oben unter I 1. zu caput Gesagte. V. Hon. 19,20: *una capitis gloria in diversitate membrorum.*

[159] 1 Kor 9,19 in V. Hon. 18,10.

[160] V. Hon. 27,6 und XXXV,237. Die Mönchsväter rieten immer dazu, lieber eine Tugend besonders zu pflegen, als in allen Tugenden nur Weniges zu Wege zu bringen. Zum Topos der Kulmination der Tugenden vgl. J. Fontaine, La letteratura latina cristiana (Bologna 1973) 103.

[161] V. Hon. 28,10: *caritas omnium virtutum mater.* Ein Blick in den Index der V. Hon. zeigt, daß die Begriffe *amor* und *caritas* am häufigsten nach *Deus* und *Christus* verwendet werden.

[162] V. Hon. 28,6: *praeterea amore potius regere quam terrore dominari.* Der Herausgeber Valentin verweist auf den heidnischen Ursprung dieser Maxime (Xenophon, Kyriopaideia 8,2,26, sowie Cicero, De officiis 2,23). Nach Augustinus ep. 211,15 und Praeceptum 7,3 (436,231 Verheijen) ist Hilarius der nächste, der sie in seiner Schrift verwendet, bevor sie in den Abtsspiegel der RB eingeht. Vgl. A. de Vogüé, La communauté 378 Anm. 1; K. Groß, Plus amari quam timeri, in: VigChr 27 (1973) 208–229.

zen[163] und die Herzen *(mentes)* nach seinem Herzen *(pectus)* zu formen, nachdem er selbst diesen Weg der Liebe gegangen ist.[164]

Jeden, der sich ihm und der Gemeinschaft anschließen möchte, nimmt er in liebender Umarmung auf, „das ist in der Liebe Christi"[165] und führt ihn zur vollkommenen Umkehr, so daß er mehr und mehr das frühere Leben verachten lernt. Sein pädagogisches Prinzip ist an Röm 12,15 und 1 Kor 9,22 orientiert: sich mit den Freuenden zu freuen, mit den Weinenden zu weinen und allen alles zu werden.[166]

Durch sein Tugendbeispiel, durch Liebe und Barmherzigkeit regt er andere zur Tugend an, da er weiß, daß das Heil, die Furcht und der Fortschritt der Seelen ihm zum Ruhm wird.[167]

Immer ist er auf das Wesen des einzelnen bedacht: den einen ermahnt er öffentlich, den anderen im Geheimen, diesen streng, jenen sanft.[168] Dadurch erreicht er, daß Liebe und Furcht gewahrt bleiben, sich gegenseitig bedingen und zu geistigem Wachstum beitragen.[169] Er trägt Sorge, daß niemand, von seiner Arbeit erdrückt, traurig oder durch Nachlässigkeit träge wird.[170] So sehr kennt er die Brüder, trägt

[163] V. Hon. 18,28: *amorem Christi et proximorum amando inserere.*

[164] V. Hon. 8,19: *ita enim propheta memoratus sub Dei voce pronuntiat: Ordinate in me caritatem. Ordinavit plane eam ille et sub caritatis dispositione perspexit primo Deum, tum proximum diligendum.* Das hat bereits Eucherius an Hilarius geschrieben, Laus 1,22/23: *servasti ergo caritatis ordinem lege praescriptum primo deum tuum, exin proximum diligendo.* In beiden Stellen geht es um die Überordnung der Gottesliebe über die Liebe zum Menschen (also nicht das evangelische Doppelgebot) – bei Honoratus um die Durchsetzung der Bekehrung gegen den Willen des Vaters, bei Hilarius um die Rückkehr von Arles, wo er nach dem Amtsantritt des Honoratus als Bischof verbleiben sollte, nach Lérins. Vgl. K. S. Frank, Das Hohe Lied in der frühen Mönchsliteratur, in: EuA 61 (1985) 247–260.

[165] V. Hon. 17,4; 17,13: *itaque velut ulnis effusis protentisque bracchiis in amplexum suum omnes* <. . .> *invitabat.* Das fand Hilarius wiederum in Laus (42,468): *<insula>, quae procellosi naufragiis mundi effusis piissimis ulnis receptat venientes ab illo, saeculi flagrantes aestu blande introducit suas, ut illic spiritum sub illa interiore domini umbra anheli resumant.*

[166] V. Hon. 27,6; vgl. die gleichen Schriftstellen in: Lib. Ors. 13 (117,5 Boon), in den koptischen Viten: S[1] (3,21–4,9).

[167] V. Hon. 17,43/46: *sicut enim virtus ad virtutem excitat, ita miseratio miseris impensa fructificat. Metit enim in singulis plus quam sibi singuli; singulorum enim salus unam illi gloriam instruit;* vgl. Hom. XLIV,91/96. Liebe und herzliches Erbarmen als Tugenden des Oberen auch in: Lib. Ors. 13 (117,3). Damit die Sorge für die Seelen dem Oberen zum Ruhm werden kann, fügen die älteren Abtsspiegel den Gedanken der Rechenschaftsablegung an, der in Lérins fehlt, vgl. Lib. Ors. 10 (114–115); Augustinus, Praeceptum 4,8; 7,3; RBas 17; RIVP 5,15.

[168] V. Hon. 17,48.

[169] Ebd. 17,50/54: *inde illud erat quod non facile quemquam tantum vel amari vidimus vel timeri: ita enim duos hos adfectus sui in unoquoque suorum collocabat ut et amor suus delicti metum et timor disciplinam introduceret.*

[170] Ebd. 18,4/6; vgl. Lib. Ors. 7 (112,21).

ihre Herzen in seinem,[171] daß er selbst um die Träume und die Regungen des Magens weiß. Schwächere Mönche bedrückt er nicht durch hohe Forderungen, den Starken ist er durch sein eigenes Streben ein Ansporn.[172] Einem jeden wird er nach seinem Vermögen gerecht und sorgt sich in gleicher Weise um die leibliche wie um die seelische Gesundheit.[173] Jede Übertreibung soll gemieden werden.[174]

Der Fall der Streites ist selbst für die *angelica congregatio* nicht ausgelassen: Honoratus läßt den zu Schaden Gekommenen das Zugefügte durch seinen Trost leichter ertragen, den anderen zur Einsicht über das begangene Unrecht gelangen.[175] Dabei sind seine Ermahnungen so, daß der Fehlende in der Zurechtweisung noch Freude empfindet; wenn seine Ermahnungen nicht zum Ziel führen, bestürmt er Gott dafür im Gebet.[176] So soll allen das Joch Christi erleichtert werden, damit sie in der Freude des ersten Tages der Bekehrung in Sehnsucht nach Christus immer neu entflammt werden.[177]

Mehr Tugend als Aufgabe ist ihm die Sorge für die Kranken und die Gäste; nach dem Vorbild der Väter empfängt er jeden Gast, als habe er gerade ihn erwartet[178] und ist dabei von vertrauend sorgloser Freigebigkeit. Wen er persönlich nicht erreichen kann, den erfreut er mit *litterarum officia,* beschriebenen Wachstäfelchen als Zeugnis seiner Liebe.[179]

Alle diese Qualitäten, die er in der Gemeinschaft jedem einzelnen zukommen läßt, demonstriert er nochmals gegenüber Hilarius, zu dem er hinausfährt, um ihn für das Leben auf der Insel zu gewinnen und ihn, seinen Verwandten, zu seinem Sohn zu machen.[180]

171 V. Hon. 18,4: *mentes in mente gestaret.*

172 V. Hon. 18,12/24. Auch Lib. Ors. 7 sieht vor, daß der Obere Arbeit und Erholung mit den Mönchen teile.

173 Vgl. V. Hon. ebd.

174 V. Hon. 37,3.

175 V. Hon. 18,20/24. Zum Mut zur Zurechtweisung: Lib. Ors. 9 (114,7); 15 (118,5).

176 V. Hon. 26,16; 17,38.

177 Ebd. 18,39.

178 Ebd. 18,15: *cum tanto omnes gaudio et alacritate suscipiens tamquam expectasset.* Dies ist Aufgabe des Abtes nach RIVP 2,36; vgl. Lib. Ors. 21 (105) und Praec. 40–47 (129).

179 Ebd. 22. Eucherius rühmt diese Täfelchen in den höchsten Tönen: *mel suum ceris reddidisti* (ebd. 22,8; vgl. o. Prolegomena Anm. 12). Vgl. dazu C. Gindele, Bienen-, Waben- und Honigvergleiche in der frühen monastischen Literatur, in: RBS 6/7 (1981) 1–26. Es ist allerdings fast symptomatisch, daß Abhandlungen dieser Art den Beitrag, den Lérins in vielen Fällen liefert, übergehen. Diese Nachlässigkeit hat viel dazu beigetragen, daß Lérins gerade noch als „bedeutsames Kloster" bekannt wurde, ohne daß man sich auf die intensive Erforschung der Quellen einließ, um seinen Beitrag zur Entwicklung des Mönchtums im Abendland herauszustellen.

180 V. Hon. 23–24; V. Hil. 4.

3) Die Vaterschaft des Oberen

Über den Begriff der Vaterschaft und den der *paternitas Christi*[181] ist bereits viel gearbeitet worden, so daß die Frage nach der Herkunft dieser Terminologie auf Lérins – aus römisch-griechischer oder jüdisch-christlicher Traditition – hier nicht erörtert zu werden braucht.[182] Es soll vielmehr die Frage gestellt werden: wie verstehen die Lériner als ehemalige Hocharistokraten die Wendung *dominus et pater,* die für Honoratus gebraucht wird (V. Hon. 19,4/5)?

Dominus et pater ist die aus dem römischen Gesellschaftsleben vertraute Bezeichnung für den *paterfamilias;* im 5. Jh. ist sie längst christliches Gemeingut geworden.[183] Vor dem Hintergrund des noch stark römisch geprägten Gedankenguts der ersten Lériner Mönche[184] könnte sich für den Oberen auch die Analogie zur römischen Vorstellung des *paterfamilias* nahelegen, wie sie noch die Regula Magistri in c. 11 expliziert. Erstaunlicherweise fehlt in Lérins, wie auch aus den bisherigen Darlegungen über den *pater spiritalis* hervorging, jede weitere Reminiszenz an das hauptsächlich von juristischen und wirtschaftlichen Gesichtspunkten bestimmte Bild des *paterfamilias* als Herrscher seiner Sippe; auch die römische *familia* läßt sich nicht mit

[181] Über die Entstehung der Begrifflichkeit vgl. B. Steidle, Heilige Vaterschaft, in: BM 14 (1932) 215–226; ders. Abba, Vater, in: BM 16 (1934) 89–101; G. Racle, A propos du Christ-Pére, in: RSR 50 (1962) 400–408; A. de Vogüé, La paternité du Christ dans la règle de S. Benoît, in: VS 110 (1964) 55–67; M. S. Burrows, On the Visibility of God in the Holy Man: A Reconsideration of the Role of the Apa in the Pachomian Vitae, in: VigChr 41 (1987) 11–33.

[182] Aufschlußreich zum Vaterschaftsgedanken aus jüdisch-christlicher Sicht: P. Gutierrez, La paternité spirituelle selon S. Paul (Paris 1968); W. A. van Gemeren, Abba in the Old Testament?, in: JETS 31 (1988) 385–398; D. Marin, Abba Pater, in: Coll. Latomus 44 (1960) 503–509; Marin weist auf die unterschiedlichen Vatervorstellungen im biblisch-aramäischen und im griechisch-römischen Denken hin. Zum Vaterschaftsgedanken in der Patristik: K. Kohler, Abba Father. Titel of Spiritual Leader and Saint, in: JQR 13 (1901) 567–580; L. Dürr, Heilige Vaterschaft im antiken Osten, in: O. Casel (Hg.), Heilige Überlieferung (Münster 1938) 1–20; G. Bunge, Geistliche Vaterschaft. Christliche Gnosis bei Evagrios Pontikos (Regensburg 1988).

[183] Vgl. A. Wlosok, Die Gottesprädikation pater et dominus bei Laktanz. Gott in Analogie zum römischen paterfamilias, in: dies., Laktanz und die philosophische Gnosis (Heidelberg 1960) 232–246; A. Borias, Dominus et Deus dans la règle de S. Benoît, in: RBen 79 (1969) 414–423. Die RB jedoch nahm für ihre Vorstellung vom Abt nicht an der römischen *paterfamilias*-Vorstellung ihr Maß; dies hat A. de Vogüé eindeutig zurückgewiesen, La communauté 120–128.

[184] Zum politischen Denken des Eucherius vgl. S. Pricoco, Barbari, senso della fine e teologia politica, in: Romano Barbarica 2 (1977) 209–229; zu Salvian: L. J. van der Lof, Die Gotteskonzeption und das Individuum bei Salvian, in: TU 116 = StPatr 13 (1975) 322–329. Eucherius schreibt in Form. 5 (31,5): *pater: dominus;* vgl. aber auch seine Auslegung zu Eph 3,15 (Instr. I;129,18/22): *ille <Deus> nobis pater primus et verus sit, ab illius nomine derivatur, quando alii patres appellantur.*

der *congregatio* des Honoratus vergleichen.[185] Eine einzige Analogie ließe sich über die explizierte Strafgewalt des Abtes erkennen, aber selbst sie – wie auch die Sorgepflicht des Vaters – wird ausschließlich mit der Autorität der Bibel begründet.[186] Die wirtschaftlichen Belange, die zu den Obliegenheiten des *paterfamilias* gehören, werden schon bald in Lérins zugunsten der pastoralen Aufgaben delegiert.

Beherrschend wird die Vorstellung, daß der eigentliche *dominus* Christus selbst im Oberen ist. Das geht nicht allein aus der „asketischen Typologie" hervor; das Joch Christi wird in einem Parallelismus mit dem Gehorsam, der den Oberen geleistet wird, gleichgesetzt.[187] Unrecht und Hinterlist gegen die *praepositi* richten sich gegen Christus selbst; auch Lk 10,16b findet Verwendung, was auf Christus, den eigentlichen *abba* der Gemeinschaft, verweist.[188] Schließlich fordert Christus selbst und nicht mehr der Obere Rechenschaft für das gelebte Mönchsein.[189]

So steht die Gemeinschaft in erster Linie unter der *paternitas,* dem *dominium Christi.* Christus ist der eigentliche *pater et dominus.* Seine Eigenschaften sind die, die den Oberen als *vicarius Christi* zieren[190] und dessen Vaterschaft begründen.

Ein erstes Moment der Vaterschaft ist zwar nicht spezifisch monastisch, spielt aber in Lérins eine durchaus nicht untergeordnete Rolle: Der Abt in Lérins ist Vater, weil er Spender der Taufe ist.

185 Vgl. E. Sachers, Paterfamilias, in: RECA 18,4 (1949) 2121–2157.

186 Z. B. 1 Kor 4,21 in Hom. XXXVIII,70; XLIV,69; ebenso bei Pachomius in S^3 (70,9/14).

187 XXXVIII,149/153; XLII,107/112; s. u. II 3. 3) c: Gehorsam.

188 XLII,126/131; Lk 10,16a, das eine große Rolle bei der Begründung des den Oberen geleisteten Gehorsams in anderen Mönchsregeln spielt, kommt in den Lériner Texten allerdings nicht vor; vgl. dazu B. Steidle, Wer euch hört, hört mich (Lk 10,16a); die Einsetzung des Abtes im alten Mönchtum, in: BM 40 (1964) 179–196; F. Ruppert, Das pachomianische Mönchtum 428–443. Erst Predigten aus der Bischofszeit des Faustus führen Lk10,16a an: LXI,1/3: *fidelium exhortatores animarum, ministri sunt caelestium praeceptorum – dicente domino: qui vos audit, me audit.* XLVI,5/14: *Miror autem, quod a me officium exigui ac nudi sermonis exposcit:* <...> *cuius quidem pastorali ac pio studio, vestra quoque oboedientia suffragatur – nam quia ad pastores ipse dominus loquitur: qui vos audit, me audit, exaudiri illum facilius a deo facitis, dum illo deum libenter auditis.* Das Zitat steht bei Faustus nie im Zentrum einer längeren Erörterung.

189 XLII,126/131.

190 Der Begriff fällt in Lérins zwar nicht, die gemeinte Sache kommt jedoch klar heraus; vgl. H. Bacht, Der Abt als Stellvertreter Christi/Gottes, in: Schol. 39 (1964) 402–407. Der Artikel ist hauptsächlich eine Rezension zu B. Hegglin, Der benediktinische Abt in rechtsgeschichtlicher Entwicklung und geltendem Recht (St. Ottilien 1961). Mehr zu diesem Thema bei H. Bacht, Unser Vater Apa Pachomius, in: ders., Vermächtnis I, 213–224.

Von diesem bei den Kirchenvätern mit der Vaterterminologie bedachten initiierenden Akt ist der Blick sodann vor allem auf die Gründung der Mönchskolonie zu richten, die den ersten Lérinern die Bezeichnung *pater* einbrachte. In beiden Fällen entsteht ein geistliches Vater-Sohn-Verhältnis, das der Taufende (Bischof oder Priester) über den Katechumenen (oder der weihende Bischof über den Ordinierten), oder der Gründer über seine Jünger erhält, die er sich somit als Söhne in und durch Christus zeugt.[191] Hier begegnet wieder das schon früher erwähnte *gignere.*[192] Die Tradition kennt schon in ältester Zeit das Bild der Zeugung durch den Lehrer.[193] Maximus zeugt durch *virtutum institutiones* Priester und Patriarchen in Christus (XXXV,58); die Mühe des Honoratus, die er für die Bekehrung des Hilarius aufwendet, um ihn zu seinem Sohn zu machen, faßt letzterer zusammen: *me <. . .> per illum Deus genuit.*[194] Honoratus gibt Leben weiter durch sein Wort, womit die altmonastische Lebensspendung in der Übermittlung des Logos anklingt.[195] In den Augen des Faustus schafft er seinen Söhnen durch seine Lehren das ewige Leben, was mehr bedeutet, als Tote zu erwecken.[196] Damit wird er für sie zum Mittler. Gott wirkt durch ihn und schafft letztendlich sich selbst Söhne.

Honoratus ist zugleich Lehrer und Meister.[197] In der V. Hon. sind diese Begriffe noch nicht so ausgeprägt; jeweils einmal fallen sie für Honoratus,[198] der noch im Schlaf seine Aufgabe als Lehrer wahrnimmt und *praecepta* und *exhortationes* erläßt.[199] Unter Faustus wird die Schulterminologie ausgeprägter. Maximus ist ebenso wie schon Honoratus *magister,* die Mönche sind *discipuli* in der *schola Lirinensis.*[200] Als Lehrer und Meister ist er zugleich Vorbild und authentischer Interpret des Lebens, dessen Gesetzgeber er geworden ist. Zum Mosedienst gehörte nicht nur die Herausführung aus der Gefangenschaft,[201] sondern auch die Übergabe eines Gesetzes, das

[191] Vgl. O. Betz, Die Geburt der Gemeinde durch den Lehrer, in: NTS 3 (1956) 314–323; E. Neuhäusler, Der Bischof als geistlicher Vater nach den frühchristlichen Schriften (Münster 1964). – Faustus spricht auch als Bischof seine Priester als *filii* an: ep. 10 (217,6).

[192] Vgl. dazu den vorigen Abschnitt.

[193] Vgl. P. Gutierrez, La paternité spirituelle 91–133.

[194] V. Hon. 36,6.

[195] Vgl. I, Herwegen, Väterspruch und Mönchsregel (²1976) 14.

[196] V. Hon. 18,9/24; LXXII,122/132; vgl. o. Anm. 152.

[197] Vgl. A. de Vogüé, La communauté 139–133.

[198] V. Hon. 19,17: *doctor;* 13,10: *magister.*

[199] Ebd. 17,26; 23,12; 27,1; 43,40.

[200] XXXV,142.188; XXXIX,25; XL,114.

[201] Zur Rettung aus Gefangenschaft und dem damit verbundenen Vaterbegriff vgl. H. Kasper, Griechische Sotervorstellungen und ihre Übernahme in das politische Leben Roms (Masch.Diss. Münschen 1961) 86.

göttlich inspiriert ist.[202] Durch die getreue Befolgung der Regel, die das Konzil von Arles noch einmal einschärft, werden die Mönche an seinem Leben teilhaben,[203] werden zu seinen Söhnen, partizipieren am Gesetz Gottes und werden mit ihren Oberen in die Reihe der Patriarchen aufgenommen.

Schließlich ist Honoratus in seiner Funktion als *vicarius Christi* Arzt seiner Mönche, was ebenso seine geistliche Vaterschaft kennzeichnet.[204]

So findet sich bereits am Anfang des abendländischen Mönchtums ein Vaterbild, das die römische Terminologie nur noch als Hülle kennt und gebraucht, sonst aber ganz und gar in biblischer und urmonastischer Tradition steht. Das vielfältige charismatische Element, das die Väter der Wüste auszeichnete, lebt im Vater der Gemeinschaft weiter und steht am Beginn der geistlichen Vaterschaft, deren Seele Christus, die Liebe selbst, ist.

Damit ist die Gestalt des Oberen in Lérins anhand der zur Verfügung stehenden Quellen weitgehend erfaßt. Die V. Maximi fand wegen des größeren zeitlichen Abstands, der auch mit sich bringt, daß sie im Stil der frühmittelalterlichen Viten die Gestalt des Maximus durch vielfache Wunder verdunkelt, weniger Beachtung.[205]

Außer Betracht gelassen wurden jene Züge der Oberen, die ihnen unabhängig von ihrem monastischen Engagement zugeschrieben werden und die sie nach dem Muster eines allgemeinen Stilmittels mit Figuren anderer Viten gemein haben: so etwa der *puer senex,*[206] die Durchsetzung der Bekehrung gegen den Willen des Vaters[207] oder die Lebensführung als vollkommener Christ bereits während des Katechumenats,[208] der geistliche Streit um die höhere Tugend[209] und die Flucht

[202] LXXII,160/163: *apostolicae regulae praecepta, ex utroque composita testamento, velut duas tabulas, detulit de institutione aegyptiorum patrum, tamquam de monte virtutum;* ebd. 33/35: *qui fideliter sanctam regulam custodierit, ab illo allatum et per illum a Christo ad confirmationem loci istius constitutam.*

[203] Vgl. dazu bei Pachomius, Bo 190 (207,24): Theodor ahmte in allem Pachomius nach, dem er dadurch Sohn geworden war; Lib. Ors. 23 (125,10): *vere sumus famuli Domini Jesu Christi et filii Pachomii et discipuli coenobiorum.*

[204] Vgl. V. Hon. 18,12: *mirandum est* <...> *tam varia praesertim infirmitate vexatus.* <...> *Infirmos ipse infirmior visitavit; refrigeria animarum simul providit et corporum.* Für jedes Gift hat er ein Heilmittel (ebd. 15,27); er selbst ist die *medicina* (ebd. 27,6). Vgl. dazu Eucherius, Form. 5 (31,13): *medicus: Christus vel doctus* (!); V. Maximi 10 (93,248): *spiritalis medicus.*

[205] Zum „Epochenstil" der V. Max. vgl. W. Berschin, Biographie und Epochenstil I, (Stuttgart 1986) 259–260.

[206] Vgl. V. Hon. 5,7/8; 8,8/14; 10,11; 11,10. Vgl. dazu den Kommentar des Herausgebers in SC 235,35. – Eucherius, Laus 3,33/34.

[207] Vgl. V. Hon. 5 § 3 findet sich auch in der V. Martini 2,3–4; 6,3.

[208] V. Hon. 5 § 5; vgl. dazu V. Martini 3,3.

[209] V. Hon. 9 § 2; vgl. B. Steidle, Homo Dei 195.

vor dem Bischofsamt,[210] die Sehnsucht nach dem Martyrium,[211] die Macht über die Tiere[212] und der Reliquienkult um den Verstorbenen.[213] Das sind die bekannten literarischen Topoi, die für diese Untersuchung wenig Wert haben und wegen ihrer Allgemeinheit auch keine Abhängigkeiten aufzuzeigen vermögen. Bei all dem ist jedoch das Bemühen erkennbar, Honoratus in die Reihe der berühmten Männer zu stellen, denen er um nichts nachsteht, die er sogar durch vornehme Zurückhaltung (in besonders herausragenden Taten) übertrifft: *et tamen quod maius signum virtutis esse potest quam signa fugere et occultare virtutes.*[214]

Zusammenfassung

Die Untersuchungen zum Oberen erhellen zugleich ein Stück des monastischen Selbstverständnisses in Lérins.

1. Die relative Unabhängigkeit vom Kontinent. Das abendländische Mönchtum des Festlandes beeinflußte Lérins kaum. Die kritische Ablehnung des Wunderbaren läßt eine geradezu bewußte Distanz zum martinischen Mönchtum vermuten. Monastische Ausprägungen anderer Mönchslandschaften – etwa Italien, vielleicht auch die Asketen Spaniens oder des afrikanischen Mönchtums – mögen über den Seeweg wohl bekannt geworden sein (insbesondere für Augustinus ist dies zu vermuten), schienen aber wegen der unterschiedlichen Zielsetzung als Vorbild monastischer Organisation in Lérins nicht geeignet zu sein.

2. Die Anbindung an den Osten. Die unbestreitbare Nähe zum östlichen und dort hauptsächlich zum koptischen – und nicht syrischen oder griechisch-basileischen – Mönchtum im ersten Lériner Jahrhundert führte nicht zu einer abbildgetreuen Übernahme von dessen Organisation und Terminologie. Vielmehr läßt sich ein Entwicklungsprozeß beobachten, den die Tabennisioten selbst sechzig Jahre früher

[210] Hom XXXV § 8; Diese Episode fehlt auffallenderweise in der V. Max des Dinamius. Daß er gerade dieses geläufige und geschätzte Stilmittel nicht benutzte, könnte ein Hinweis darauf sein, daß ihm der Sermo des Faustus evtl. nicht bekannt war; vgl. dagegen W. Berschin, Biographie und Epochenstil 260; möglicherweise kann man die Auslassung als weiteres Zeichen der „Umstilisierung von einem Epochenstil zum anderen" deuten.

[211] Vgl. Sulpicius Severus ep. 2,12 (CSEL 1,144) und V. Hon. 37,3 und besonders V. Hon. 38; dort aber geistvoller durch die Deutung: *martyr* = *testis* = *confessor* (des dreifaltigen Gottes gemäß der orthodoxen Lehre, also antiarianisch und antinestorianisch). Vgl. dazu unten § 2 II, 2. 2) Mönchsleben als Martyrium.

[212] Bei den Vätern sehr häufig; Sulpicius Severus, Dial. I,13–15; II,3.9.10; III,3.9; V. Hon. 15;17,4. Ennodius, V. Antonii Lirinensis 32 (MGH auct. ant. 7, 189).

[213] V. Hon. 35,2; Sulpicius Severus, Dial. II,8.

[214] V. Hon. 37,9.

durchmachten. Durch die Sammlung verschiedener monastischer Traditionen entstand zunächst eine terminologische und inhaltliche Unsicherheit und Konfusion in der Bestimmung der eigenen Lebensform und des eigenen Selbstverständnisses, die sich aber bald zu einem wegweisenden Ausgangspunkt monastischer Latinität im Abendland entwickelte. So konnte hier erstmals der Weg von *pater* (*dux, caput* und anderen archaischen Bezeichnungen für den Oberen) als dem charismatischen Führer einer Asketen-(Anachoreten-)gruppe über *praepositus* bis hin zum *abbas* eines sich allmählich entwickelnden Zönobiums aufgezeigt werden. Auch die hierarchische Struktur, die im 6. Jh. weitgehend beherrschend ist, ließ sich für Lérins nachweisen.

Gleiches gilt von der geistlichen Dimension des Oberen. Die Bedeutung von Lérins besteht nicht darin, überhaupt einen Oberenspiegel geschaffen zu haben, sondern wieder in der Sammlung, gezielten Auslassung und im Ordnen des vorgefundenen Materials, wodurch ein für das Abendland wichtiger Vermittlungsdienst geleistet wurde. Weil die Darstellung, der Gattung der Lobreden gemäß, nur positiv formuliert, wird sie, in der Verwendung der gebräuchlichen biblischen Bilder und Typoi sowie herausragender menschlicher Tugenden und Vorzüge, zu einer reichen Quelle für ein späteres qualis abbas esse debeat, das bereits alle Elemente vorzeichnet,[215] die auf der Höhe des abendländischen Mönchtums in den Regeln den Oberen charakterisieren. Durch die Auslassung des Wunderbaren und die generelle Nachahmbarkeit aller Eigenschaften kommt dem Lériner Oberenspiegel eine pädagogische Funktion zu, die für die ganze Gemeinschaft Gültigkeit erlangt. Über den Oberen werden die Brüder vor allem in vertikaler Richtung auf Christus hin zentriert, der selbst das *dominium* führt; die Mittlerschaft, die *paternitas* des Oberen in Christus steht eindeutig über der Bedeutung der *congregatio* als einem Weg zum Heil.

3. Das Autarkiebewußtsein. Die vorrangige Orientierung am Osten und zugleich die Unabhängigkeit vom Festland, führten bald nach dem Tod des Honoratus, der mit seinem Ortsbischof freundschaftlich verbunden war, zu einem unverkennbaren Selbst- und Machtbewußtsein auf Lérins, das sich durch eine schleichende, aber gezielt angestrebte Loslösung von der oberhirtlichen Autorität seinen Ausdruck verschaffte. Dabei konnte man sich bereits auf die Größe und die Berühmtheit des rasch gewachsenen Klosters stützen. Diesen Bestrebungen, die die volle sakramentale Gewalt in den Händen des Abtes zu sehen wünschte, wurde mit dem Konzil von Arles ein jähes Ende gesetzt. Lérins war damit mit seinem Abt und den Priestern der Gemeinschaft in diözesane Bestimmungen und Reglementierungen

[215] Vgl. A. Veilleux, Abbatial Office in cenobitic Life, in: MonS 6 (1968) 3–45; A. de Vogüé, Experience of God and Spiritual Fatherhood, in: MonS 9 (1972) 83–97.

eingegliedert; die Kompetenzen des Abtes und des Bischofs auf der Insel wurden genau abgesteckt. Ein Konzil aber, das zur Einschränkung der Unabhängigkeit von Lérins eigens zusammenkommt, kann nur wiederum seine Bedeutung im 5. Jh. unterstreichen.

II. DIE GEMEINSCHAFT

1. Soziokulturelle Vorgegebenheiten des Gemeinschaftslebens

1) Herkunft der Mitglieder

Für das Selbstverständnis der Gemeinschaft und ihrer Spiritualität ist es nicht unerheblich, an die soziale Herkunft ihrer herausragendsten Mitglieder zu erinnern.[216]

Wenn sich die aristokratische Herkunft auch nicht lückenlos nachweisen läßt – auch nicht immer für die bekanntesten Vertreter der Gemeinschaft –, so gibt darüber doch zumindest die Korrespondenz und die Nobilität der Absender Aufschluß, sowie das Ambiente der eigenen Schriften, die den Geist der gebildeten römischen Oberschicht atmen.

Für Honoratus ist die konsularische Abstammung bezeugt;[217] sie ergibt sich daher auch für seinen Verwandten Hilarius.[218] Für Eucherius[219] ist sie primär aus seinem Briefwechsel mit dem hochadligen Paulinus von Nola[220] und aus seiner Schrift De contemptu mundi an den Verwandten Praefectus Praetorio Galliarum Valerianus[221] zu schließen. Seine Schriften sind zudem von einer römischen, politischen Theologie bestimmt.[222] Vor und nach seinem Weggang von Lérins steht er mit Salvian[223] und Hilarius[224] im Briefwechsel. Spätere legendarische Viten bezeugen für ihn senatorische Herkunft.[225] Er selbst

[216] Vgl. dazu F. Prinz, Frühes Mönchtum im Frankenreich 55ff; S. Pricoco, L'isola dei santi 40–59.

[217] V. Hon. § 4; K. F. Stroheker, Der senatorische Adel im spätantiken Gallien, Nr. 196.

[218] V. Hon. § 4; Gennadius, De vir. ill. 70; Stroheker, Nr. 193;

[219] Stroheker, Nr. 120.

[220] Paulinus von Nola, ep. 51; CSEL 28,423–425.

[221] Stroheker, Nr. 400; vgl. dazu R. W. Mattisen, Petronius, Hilarius and Valerianus, in: Hist. 30 (1981) 106–112.

[222] S. Pricoco, Barbari, senso della fine e teologia politica, in: Romano Barbarica 2 (1977) 209–229; ders. L'isola, 223–244: La Passio Acaunensium martyrum e l'ideologia dell'impegno civile.

[223] Salvian, ep. 2 und 8; SC 176,84.118.

[224] Hilarius, ep. (CSEL 31,197).

[225] V. Consortiae; AA SS Juni IV, 250; vgl. J. R. Martindale, The Prosopography of the Later Roman Empire II (Cambridge 1971) Nr. 405.

weist Vincentius und Lupus, den späteren Bischof von Troyes, als Brüder aus;[226] die Vita Lupi macht ihn zum Schwager von Hilarius[227] und zum Verwandten von Honoratus. Über die soziale Herkunft von Faustus ist nichts bekannt, doch schließt Prinz aus seinen politischen Verhandlungen mit dem Westgotenkönig Eurich, daß er ebenfalls der aristokratischen Oberschicht angehört haben müsse. Diese Ansicht wird durch die Freundschaft und den Briefwechsel mit Ruricius, zunächst Priester, dann Bischof von Limoges, der aus senatorischem Geschlecht stammt, bestätigt.[228]

Von Salvian wissen wir wieder nach seinem eigenen Zeugnis von seiner adeligen Herkunft.[229] Die Gemeinschaft ist somit in ihren bedeutendsten Vertretern aristokratisch bestimmt und gelenkt. Die Folgen, die sich für die Spiritualität ergeben, werden uns weiterhin beschäftigen müssen.

2) Geistliche Hierarchie

Ganz offensichtlich war die Anwesenheit und Mitgliedschaft von Priestern kein Problem.[230] Darin unterscheidet sich Lérins von den Anfängen des pachomianischen Mönchtums,[231] als Pachomius sich sträubte, Priester in die Gemeinschaft aufzunehmen. Nicht einmal der Versuch einer Rechtfertigung ihrer Gegenwart – wie bei Martinus[232] – wird unternommen. Dies ist jedoch nicht als Einfluß des augustinischen Mönchtums zu deuten, da dort wegen der seelsorglichen Einbindung, die in Lérins völlig fehlt, das Priesteramt konstitutiv war.[233] Auffällig ist die wie selbstverständlich angesehene Einrichtung der Priesteräbte. Die ersten Äbte waren alle Priester, und das erstmalig im westlichen Mönchtum ebenso unproblematisch wie die Integration der Priestermönche. Von der unbedingten Notwendigkeit der Weihe für die Übernahme des charismatischen Leitungsamtes sagen die Texte nichts.

Man trüge sachfremde Problematik in die frühe Zeit von Lérins, wollte man einen Gegensatz zwischen Priestern und Laien konstru-

226 Laus 42,482.

227 V. Lupi § 1; MGH rer. merov. 7, 295 (Krusch 1920).

228 Briefe des Ruricius, CC 64,311–394; 5 Briefe des Faustus an Ruricius, ebd. 406–415.

229 Salvian, ep. 1,5; SC 178,78,31, demnach stammt zumindest sein Verwandter aus einer *domus non despectabilis.*

230 Vgl. oben zum Konzil von Arles.

231 H. Bacht, Antonius und Pachomius, in: StAns 38 (1956) 66–107, hier 84; ders., Vermächtnis II, 49.

232 Vgl. D. König, Amt und Askese 108–111.

233 Ebd. 155–167.

ieren. Die Einheit und Einigkeit findet ihren Ausdruck in der Bezeichnung *congregatio.* Die Terminologie steht unter dem Einfluß Cassians, der dieses Wort fast ausschließlich zur Benennung der im Osten kennengelernten Asketengemeinschaften verwendet und es auch für Lérins benutzt.[234] Bei Pachomius (Hieronymus) findet es sich so gut wie gar nicht;[235] hier setzte sich – durch den Gleichklang bei der Übersetzung bedingt – *communio* (Koinonia) durch.[236] Auch bei Augustinus und der Regula Basilii sucht man vergebens danach. Für Lérins ist dies jedoch der kennzeichnende Name der Gemeinschaft.[237] Eine Ausnahme bringt die früheste Beschreibung bei Eucherius: er sieht *sanctorum coetus conventusque,*[238] führt dies aber nicht, wie der Zusammenhang zeigt, als Terminus technicus ein.

Der einzelne ist der *frater,* der *religiosus,*[239] der *servus Dei*[240] und bereits sehr früh, wenn auch nicht häufig, der *monachus,* den Eucherius als *solitarius* definiert;[241] bei diesem Begriff steht ihm also noch das Eremitische deutlich vor Augen. Auch Faustus spricht einmal ausdrücklich von den *eremitae;*[242] da ihm *frater* und *monachus* ebenso zur Verfügung stehen, ist der Begriff in diesem Fall nicht unterzubewerten. In der gleichen Homilie fällt noch *congregatio* und *schola,* woraus zu erkennen ist, daß sich zu seiner Zeit beide Lebensformen, die anachoretische und die zönobitische – eventuell im Übergang von der einen zur anderen – auf Lérins fanden. Auf der bildhaften Ebene bleibt die Bezeichnung *discipulus,*[243] die mit *schola* korrespondiert.

[234] Praef. ad Conl. 11–17 (CSEL 13,311,8): *unus quidem vestrum ingenti fratrum ceonobio praesidens congregationem suam.* E. Kasch, Das liturgische Vokabular der frühen lateinischen Mönchsregeln 8, vermutete, daß Cassian *congregatio* nur für die liturgischen Versammlungen gebrauchte; zumindest diese Stelle zeigt, daß dies nicht mit Ausschließlichkeit behauptet werden kann.

[235] Vgl. Boon, Pachomiana latina, Index.

[236] Lib. Ors. 50 passim., H. Bacht, Vermächtnis II 218 Anm. 593.

[237] V. Hon. 19,1; 20,23: *sancta, angelica congregatio;* ebenso Faustus ep. 8 (210,8); Hom. XXXV,42.69.106.142; XXXVIII,73; XXXIX,14; XLII,49; Paulinus von Nola, ep. 51,1; Institutio des Konzils von Arles (CC 148,133,14).

[238] Laus 43,487.502; E. Kasch, Das liturgische Vokabular 7.13 findet beide Begriffe in den Mönchsregeln für die Gebetsversammlung bezeugt.

[239] *Religiosus:* XXXIX,65; Cont. 719 A.

[240] XL,113.

[241] Laus 42,479; Instr. II (157,15): *monachus;* Instr. II (160,11): *monachus – solitarius;* vgl. V. Hon. 16,18; 17,2; XL,114.179; LXXII,70.

[242] XXXIX,36; von Cassian bis Isidor findet sich die Gleichsetzung von *eremita* und *anachoreta,* vgl. dazu J. Leclerq, „Eremus“ et „eremita“, in: COCR 25 (1963) 6–30, hier: 18–19.

[243] XXXV,188.

2. *Die Lebensform*

1) Wohnungen

426 beschreibt Eucherius in De laude eremi die Wohnungen der Mönche: *haec* (Lérins) *nunc habet sanctos senes illos, qui divisis cellulis Aegyptios patres Galliis nostris intulerunt.*[244] Diese Bezeichnung wählte schon Hieronymus für die Einsiedeleien der ägyptischen Mönche.[245] Auch Vincentius schreibt - um 434 -, daß er in einer zurückgezogenen Siedlung wohne und: *in ea secretum monasterii incolamus habitaculum.*[246] Ganz ähnlich berichtet Hilarius von der Bautätigkeit des Honoratus: er erbaute eine Kirche *(templum ecclesiae),* die die Erwählten Gottes aufnehmen konnte, und *apta monachorum habitaculis tecta.*[247] Der *locus orationis,* den die Regula Basilii als Versammlungsort für gemeinsame Gebetszeiten kennt, hat bei Eucherius noch einen unspezifischen Sinn.[248] Im Verlauf der V. Hon. nehmen die Hinweise auf gemeinschaftliches Leben zu; das Kloster wird eine *officina virtutum* genannt, schließlich ein *monasterium.*[249]

Die Texte bezeugen für das erste Drittel des 5. Jh.s eine eremitische Lebensform auf Lérins, die sich neben der allmählichen Entwicklung zum Zönobium behaupten konnte. Auf Lero, wo Eucherius lebte, scheint es nur die anachoretische gegeben zu haben.

2) Gebet

a. Liturgische Gebetszeiten

Über gemeinsame Gebetszeiten fehlen bis weit in die Mitte des 5. Jh.s (Homiliae ad monachos) konkrete Angaben. Wegen des Kirchbaus, der alle Brüder aufnehmen konnte, ist jedoch auf liturgische Versammlungen zu schließen. Weiterhin können wir von der täglichen Eucharistiefeier ausgehen; dies legt die ständige Gegenwart eigener Priester nahe, zudem verrät Eucherius in den Instructiones diese Praxis.[250] Aus dem Studium des Cassian und des Hieronymus weiß er zwar um den Brauch, nur ein- bis zweimal in der Woche

244 Laus 42,486.

245 Ep. 22,33,1 (CSEL 54,196,1).

246 Com. 1,2 (CC 64,147,22).

247 V. Hon. 17,2.

248 RBas. 107,3 (CSEL 86,135). Laus 26,269: *locus (desertum) ergo iam ille vocetur orationis locus.* Vgl. E. Kasch, Das liturgische Vokabular 204.

249 V. Hon. 17,34; 17,16; 19,17; 28,12.

250 Instr. I, (109,10/16) zu Mt 26,29: *<non bibam amodo de hoc genimine vitis . . .> regnum dei, ut docti interpretantur, ecclesia est in qua cottidie bibit sanguinem suum Christus per sanctos suos tamquam caput in membris suis.* - Hinter den *docti* verbirgt sich Hieronymus, ep. 120,2 (CSEL 55,480,9/18). Lib. eccl. dogm. c. 22 des Gennadius bezeugt deutlich die tägliche Eucharistiefeier (ed. Turner, in: JThS 7 [1906] 94).

Eucharistie zu feiern,[251] doch die Art, in der er davon berichtet, schließt einen solchen für Lérins aus.[252]

Aus der Wendung *ieiunia vigiliaeque* können keine Schlüsse gezogen werden, da diese Verbindung ein stilisierter Platzhalter für das asketische Leben schlechthin ist. Auch *opus dei* ist keine Bezeichnung für das Gebet; es meint allgemein die asketische Übung.[253] Erst Caesarius benutzt in seiner Mönchsregel den Begriff als terminus technicus.[254] Bisweilen fällt bei Eucherius und Hilarius auch *divinum officium* oder *divinus cultus,* doch meint das nicht das institutionalisierte Horengebet, sondern die Gott geschuldete Pflicht und Verehrung.[255]

Faustus spricht in seinen Predigten aber häufig von den *vigiliae,* die gemeinsam an einem Ort gehalten werden.[256] Seine Intention geht jedesmal dahin, daß durch Essen, Schlafen und Reden die Mühe einer ganzen Nacht zerstört werde.[257] – Ganz offensichtlich wurde in Lérins noch nicht jenes Entgegenkommen an die menschliche Schwachheit gebracht, von dem Cassian spricht: Zur Vermeidung der Laster und des erneuten Schlafes nach den Vigilien wurde *nostro tempore,* d. h. vor 400, als Cassian noch im Kloster zu Bethlehem weilte, eine weitere Hore *(matutina)* eingeführt.[258] Dieser Begriff fällt bis zur Zeit des Faustus nicht, was durchaus dem konservativen Geist von Lérins

[251] Hieronymus. ep. 108,2 (CSEL 55,335); Cassian, Inst. 3,2.9.11 (CSEL 17,34.43.44.); Conl. 18,15,6; 19,4; Cassian kennt auch die tägliche Kommunion, wobei offenbleibt, ob sie innerhalb einer Eucharistiefeier stattfand: Inst. 6,8; Conl. 7,30,2; 9,21; 14,8,5. Pachomius, Praec. 15, vgl. dazu H. Bacht, Vermächtnis II, 85 Anm. 69.76.80 sowie Veilleux, La liturgie 226–248. Zum Ganzen: A. Häußling, Mönchskonvent und Eucharistiefeier (Münster 1973). A. de Vogüé vertritt die Ansicht, daß sich tägliche Eucharistiefeieren beim frühen Mönchtum nicht nachweisen lassen. Er führt dazu u. a. die RM an, die die Aufnahme von Priestern nicht zuläßt, sowie fehlende Angaben etwa in den Regeln des Caesarius oder Aurelian. Dagegen sprechen jedoch deutlich die aufweisbaren sakramentalen Gegebenheiten in Lérins (vgl. das Konzil von Arles) und die eben zitierten Texte der Leriner. U. U mag Lérins die Ausnahme in der gesamtmonastischen Landschaft gewesen sein. Vgl. A. de Vogüé, Eucharistie und Mönchsleben, in: EuA 63 (1987) 83–94.

[252] Instr. I (127,17): <...> *etiam quibusdam locis per Aegypti rura vel Syriae die sabbati nocte post cenam dicitur ad ecclesiam conveniri.*

[253] Hom. XLI,71; XXXVIII,28.217. Besonders wird das in XLIV deutlich: dort wird *opus dei* neben *oratio* als Tätigkeit des Mönches genannt; vgl. XXXV,242: *semper in operis exercitio;* XXXVIII,38: *dei opere agere;* XL,11: *opus beatae castitatis;* XLIV,71: *in opere dei promptior. Opus dei* ist bei Eucherius synonym mit *opus professionis,* Cont. 724 A; 711 D. Vgl. I. Hausherr, Opus dei, in: OrChrPer 13 (1947) 195–217.

[254] G. Morin, Caesarii opera omnia II (Maredsous 1943) 151,2.

[255] V. Hon. 16,5; vgl. 16,10; 18,12; 22,4; 29,15; 34,8; 38,9. – Laus 23,245; – Cont. 712 C: 713 A; 726 B.

[256] XLIV,27: *in choro psallentium;* XLIII,67, XLIV,23: *de vigiliis revertens.*

[257] XLIII,72: *ac sic uno momento laborem totius noctis effudi.*

[258] Inst. 3,4,5 (CSEL 17,38). Vgl. Kasch, Das liturgische Vokabular 61.

entspricht, das sich am Vorbild der ältesten Väter,[259] und an Pachomius orientiert.[260] Die Art, in der sonst vom Gebet gesprochen wird, legt nicht nahe, sich einen von mehreren Horen unterbrochenen Tag vorzustellen, den Cassian und Hieronymus von Bethlehem, Palästina und Mesopotamien kennen.[261] Nur die *lectio* wird noch eigens erwähnt, so daß für sie eine bestimmte Zeit angenommen werden muß.[262]

Die V. Hil. berichtet, daß Hilarius in Arles nach dem Vorbild von Lérins „inmitten der Stadt die eremitischen Einrichtungen erglänzen ließ";[263] zu ihnen gehörte u. a. die Abhaltung des *sacrificium vespertinae laudationis,*[264] so daß von hier aus die Gebetspraxis von Lérins bestätigt ist. Porcarius rät in seinen Monita dem Empfänger neben dem ununterbrochenen Gebet zweimal am Tag eine besondere Gebetszeit einzuhalten, was nicht nur allgemein kirchliche Praxis, sondern auch älteste monastische Tradition ist.[265]

Die Bestandteile des gemeinsamen Gebets lassen sich nicht lückenlos rekonstruieren. Daß vor allem die Psalmen benutzt wurden, steht außer Zweifel. Mehrfach wird der Gesang der Psalmen genannt.[266] Möglicherweise waren bereits Hymnen im spezifischen Sinn Bestandteil der Gebetszeiten. Faustus bezeugt um 440 die Kenntnis und Verwendung von nach Festzeiten wechselnden Hymnen.[267] Eucherius wendet sich an mehreren Stellen seiner Instructiones liturgischen Fragen zu.[268] Dort erfahren wir nicht nur, daß *hymnus* eindeutig von *psalmus* geschieden wird – bei Egeria, Augustinus und Cassian findet sich noch eine Gleichsetzung –, sondern auch, daß Hymnen, wohl

[259] Inst. 2,2; 3,2.

[260] Zwei Synaxen, abends und morgens; vgl. Veilleux, Liturgie 292–315.

[261] Cassian, Inst. 3,2; Hieronymus, ep. 108,20; Vgl. zum Ganzen J. Biarne, La vie cotidienne des moines en occident du IVème au VIème siècle, in: CollCist 49 (1987) 3–19.

[262] XLIV,71; vgl. auch XXXV,242. Um 480 schreibt Faustus in seiner ep. 6 an Felix, daß dem nächtlichen Gebet und Schweigen bis zur dritten Stunde die Lesung folgen solle. Das konnte ohne weiteres dem Brauch in Lérins folgen, der zumindest bis Faustus angenommen werden dürfte.

[263] V. Hil. 7,13.

[264] Ebd. 27,2. Vgl. Cassian, Inst. 3,4,9 (CSEL 17,37,17/19); E. Kasch, Das liturgische Vokabular 80: Dinamius berichtete von Maximus, daß er in Riez Vigilien abgehalten habe (V. Max. 10,250).

[265] Monita 12: *orationi nihil praeponas tota die, vel maxime matutinis et vespertinis horis Deo adhaerere contende.* Der Begriff *matutinus* weist in die spätere Zeit; in den Mönchsregeln ist er seit der RMac (Ende 5. des Jh.s) belegt.

[266] V. Hil. 19,1; 27,5; 32,4: *modulatio psalmorum;* vgl. E. Kasch, Das liturgische Vokabular 180.

[267] Ep. 7 (203,10): *accipe etiam in hymno sancti Ambrosii, quem in natali dominico catholica per omnes Italiae et Galliae regiones persultat ecclesia: Procede de thalamo tuo, geminae gigans substantiae.*

[268] Instr. II (De variis vocabulis, 145,12/23; De graecis nominibus, 160,16/20).

aufgrund der Autorschaft der unverdächtigen Ambrosius und Hilarius, nicht mehr unter dem gnostisch-manichäischen Verdikt standen und damit im kirchlichen Gebrauch zugelassen waren.[269] Eine interessante Unterscheidung trifft Eucherius zwischen *psalmus* und *canticum*:[270] Der Psalm wird nach dem Psalterium (dem Instrument, der Zither) benannt, das *canticum* geht aus der Stimme, dem Wort, hervor; deswegen ist letzteres für die Wissenschaft *(scientia)*, für die Kontemplation *(ad contemplativam, i. e. ad theoriam)*, der Psalm für die Arbeit *(opus)*, das aktive Leben *(ad actualem, i. e. ad practicen)* bestimmt und geeignet. An Hieronymus ep. 28 orientiert er seine Ausführung zu *diapsalma*;[271] dabei wählt er aus der Vorlage die spirituelle und nicht die gesangstechnische Bedeutung aus. Weiterhin erklärt er: *alleluia, amen, osianna; antiphona* wird mit *vox reciproca* wiedergegeben, was wiederum auf die liturgische Praxis in Lérins verweist.[272] Aus Faustus De. gr. kann geschlossen werden, daß Ps 50 täglich gebetet wurde – in welcher Form, geht daraus jedoch nicht hervor.[273] Valerianus zitiert in seiner ep. ad monachos, in der er aus jedem Brief der Hl. Schrift ein Zitat anführt, zu diesem Thema nur Kol 3,6; für den liturgischen Gebrauch bleibt das zu unbestimmt.[274]

Caesarius liefert mit seiner Nonnenregel eine wichtige Quelle für das Ende des 5. Jh.s voll entwickelte gemeinschaftliche Gebet in Lérins; er folgt in ihr *maxima parte secundum regulam monasterii*

[269] Ebd. 160,20: *hymnus – carmen in laudem dei.*

[270] Ebd. 99,22. Die Stelle ist Eigengut des Eucherius, sie hat kein Vorbild bei Cassian. Da es sich in diesem Passus im Rahmen seiner Psalmenerklärung offensichtlich um eine Auslegung zum Titel von Ps 107 handelt (canticum psalmi David – der Psalm wird zwar nicht genannt, aber aus dem Zusammenhang kann geschlossen werden, daß Ps 107 an der Reihe ist), ist nicht mit letzter Klarheit zu entscheiden, ob ihm hier auch eine liturgische Bestimmung vorschwebte. – Vgl. dazu die Einleitung zu seinen Formulae (5,20–6,3): *omnis disciplina nostrae religionis ex illo duplici scientiae fonte manavit, cuius primam practicen secundam theoreticen vocaverunt, i. e. actualem et contemplativam.* <. . .> *ergo actualis scientia in diversa studia diffunditur, contemplativa autem in duas derivatur partes, i. e. in historica disputatione et spiritalis intellegentiae interpretatione consistit.* Diesen Passus zur Erklärung der verschiedenen Schriftsinne entnahm er Cassian, Conl. 14,13 (CSEL 13,398,20–399,3).

[271] Instr. II (145,14/19; vgl. Hieronymus, ep. 28 De diapsalmate (CSEL 54,227–232): *diapsalma – semper, i. e. quod illa quibus hoc adnectitur sempiterna esse confirmet ad deo, non conmutationem metiri significat* <. . .> *ex hoc sive personarum sive sensuum intellegatur esse conversio.*

[272] Weitere liturgische Begriffe, jedoch nicht aus dem Bereich des Gebets: *baptisterium, chrisma, eucharistia, symbolus* (ebd. 160,20).

[273] De gr. 1,2 (12,25); Cassian berichtet in Inst. 3,6, daß in Italien, den Klöstern Mesopotamiens und Palästinas der 50. Psalm für die neu eingeführte morgendliche Gebetszeit oder den Abschluß der Nachtwachen bestimmt gewesen sei. Die Erwähnung bei Faustus mag ein Hinweis auf die nun in Lérins aufgenommene Praxis der „Matutin“ sein.

[274] PL 52,757 A.

Lirinensis.[275] Die Vita ergänzt zudem, daß er nie die *instituta Lirinensium* verlassen habe.[276] So erfahren wir von einem ausführlichen Tages- und Nachtplan, der neben den Vigilien *(nocturnae)* und der Vesper *(lucernarium)* auch eine *matutina, tertia, sexta, nona* und eine *duodecima* vorsieht; darüber hinaus von den Strukturelementen des Gebets: neben der Psalmodie finden sich der *directaneus,* die *antiphonae,* der *responsus* oder *responsorius, lectiones, missae* und ein *capitellum.*[277] Der Hymnus, den O. Heiming noch als ein neues Element bei Caesarius annimmt, ist bei Faustus bereits bezeugt. Die große Zahl der Hymnen, die Caesarius von Lérins übernimmt und von denen einige erstmals hier genannt werden, ist bemerkenswert.[278]

b. Privates Gebet

Neben dem kanonischen Gebet hatte das private Gebet des einzelnen einen hohen Stellenwert. Es scheint, daß dieser Art zu beten das Wort *oratio* vorbehalten bleibt.[279] Eucherius preist den „Rahmen", in dem dies geschieht als: *sonitus silentium, placida quies.*[280] Die überragende Bedeutung des „freien" Gebets zieht sich durch alle Schriften der Lériner; an folgenden Begriffen kann das verdeutlicht werden.

Vacare – occupare. Komprimiert führt Faustus über Maximus aus: *semper in operis exercitio, semper in compunctionis affectu, semper o c c u p a t u s , semper v a c a n s.*[281] Das Gebet gehört zu den *sanctae occupationes.* Der Sinn des Lebens an diesem Ort ist das *vacare deo.*[282] Für Hilarius ist es eine *occupatio mundana,*[283] die nur in Lérins so leicht gelinge.[284] Das

[275] Rvirg 66 (SC 345,245).

[276] V. Caes I,5 (Caesarii opera omnia II, Morin, 300,29).

[277] Zur Deutung der Begriffe und deren praktischer Realisierung vgl. O. Heiming, Zum monastischen Officium von Kassian bis Kolumban, in: ALW 7,2 (1961/2) 89–156.

[278] Die 13 Hymnen sind zusammengestellt und auf ihre Quellen untersucht von C. F. Arnold, Caesarius v. Arelate 514–516; vgl dazu unten § 3 II, 4. 2).

[279] Vgl. V. Hon. 37,11: *nulla tibi unquam maior, quam in orationibus et psalmis voluptas* <...> *familiarius oratio tua Christi auribus erat;* vgl. ebd. 38,5. In der 2RP 22 wird durch den Zusatz *c u r s u s vel orationum vel psalmorum* der Wechsel von Gebeten und Psalmen in e i n e r Gebetszeit zum Ausdruck gebracht. – E. Kasch, Das liturgische Vokabular 32; die oft untrennbare Zusammengehörigkeit und inhaltliche Ununterscheidbarkeit der beiden Begriffe hat A. Davril, La psalmodie chez les Pères du désert, in: CollCist 49 (1987) 132–139, dargestellt.

[280] Laus 37,403; vgl. dazu Cassians Bemerkung über das Schweigen beim Gebet: Inst. 2,10; Conl. 9,35 (CSEL 13,282/283); Coll. 9,27 (274,3/5).

[281] XXXV,242.

[282] XLI,2; vgl. RIVP 3,4 (als Bezeichnung für das Gebet); Vincentius, Com. 1,4 (147,24).

[283] V. Hil. 5,25; *mundana* erinnert an die *ruminatio,* die nur den reinen Tieren möglich ist; in dieser Auslegung läßt sie sich bis Caesarius verfolgen.

[284] Laus 33,344: *ubi quaeso magis vacare et quam dulcis sit dominus videre contingit? Ubi promptior . . .? Ubi facilius . . .?*

vacare deo muß ein *vacare praeceptis eius* und zugleich die *occupatio studiis doctrinae caelestis* sein.[285] Es ist kein abgegrenzter Zeitraum für etwas (die Lesung) noch von etwas (der Arbeit) sondern ist zugleich die *occupatio* durch Gott, das immerwährende Verweilen bei Gott, das Gebet. Erst in zweiter Linie meint *occupatio* die Fülle der asketischen Leistungen.[286] – *Vacare* und *occupare* können allerdings auch negative Bedeutung haben.[287] Dem hat der Mönch zuvorzukommen durch ein Leermachen des Geistes von allen weltlichen Sorgen und durch die *sanctae occupationes.*[288]

Ruminatio führt Faustus als nächstes in diesem Zusammenhang ein.[289] Die Sehnsucht nach Gott kommt im *incessibiliter ruminare* zum Ausdruck.[290] Diese Terminologie ist Cassian verpflichtet.[291] Nur scheint Faustus die Urbedeutung zu klar vor Augen zu stehen, so daß er sie durch ein vorgesetztes *spiritaliter* abschwächt, eine Wendung, die später bei Caesarius geläufig wird.[292]

Gegenstand der *ruminatio* ist, wie aus den zitierten Schriftstellen deutlich wird, das „Wort", die *lex domini;* diese werden dem Mönch zur Speise und zum Trank.[293] Wo daher von *esca, cibus* und *panis* die Rede ist, schwingt jeweils diese Haltung mit.[294] Voraussetzung für die

[285] Cont. 719 A; V. Hil. 26,12.

[286] XXXVII,2; vgl. auch XXXVII,11: *sanctae exercitiae;* XXXIX,83: *sanctae labores.*

[287] XLII,75: *si forte domum nostram spiritalibus bonis inveniat <diabolus> vacuam et vacantem et cum turbis suis eam valeat occupare;* negative Bedeutung von *vacare:* XLIV,41; V. Hon. 3,14; Cont. 715 D; von *occupare:* V. Hon. 6,7; XLII,73/75; Cont. 715 D.

[288] XXXVI,47

[289] XXXVII,5/8: *quid autem sit ruminare aperte docet sermo divinus dicens: in lege domini voluntas eius et in lege eius meditabitur die ac nocte* <Ps 1,2> *et iterum: meditatio cordis mei in conspectu tuo semper* <Ps 18,5>. Die Verbindung von Ps 1,2 mit Ps 53,8 *(voluntarie sacrificabo tibi domine)* findet sich in paränetisch-asketischem Zusammenhang in De gr. 1,9 (28,26/28) und 1,16 (50,7/8) und scheint für Faustus daher von größerer theologischer wie auch asketischer Bedeutung zu sein.

[290] XXXV,258: <...> *et fuerunt ei lacrimae panes die ac nocte: ut pro cibo ac potu hoc secum incessabiliter ruminaret: quando veniam et parebo ante faciem dei? ut praeter vitam nil esuriret, praeter iustitiam nil sitiret.*

[291] Conl. 11,15 (332,8/13): <...> *ut meditatio eius secundum psalmographi sententiam* <Ps 1,2> *omnes vitae nostrae dies noctesque consumat et mentem nostram insatiabiliter esurientem sitientemque iustitiam caelestis huius cibi perpetua ruminatione sustentet;* Coll. 14,13,7 (416,21/22): *discursus cogitationum tuarum sicut tibi divini legis* <Ps 1,2> *sancta et incessabilis ruminatio.*

[292] Vgl. CC 104 Index.

[293] XXXVII,16: *panis angelorum Christus est, cuius cibi nos participes sumus quando mentem in eius praecordiis occupamus; ecce verum cibum qui reficit et non deficit;* u. ö. Für Eucherius ist *cibus* und *panis* das Wort oder der Wille Gottes: Form. 7 (39,12): *panis – Christus vel sermo domini;* ebd. (41,7): *cibus – sermo vel voluntas domini;* ein eucharistisches Verständnis liegt nicht vor.

[294] Laus 39,434: *inveniantur etiam illic* <*in eremo*> *panis vivus, qui de caelo descendit;* 44,520: *internum hominem superno pane pascis.* XXXV,68: *vobis, haec spiritalis columba, cibum de illa Christi mensa angelica congregatione capiebat.*

ruminatio ist die Reinheit des Herzens, denn auch nur die reinen Tiere käuen wieder, ein Bild, das in der lateinischen Literatur von Augustinus bis Caesarius verbreitet ist.[295] Die Speise ist notwendig, um den asketischen Kampf zu bestehen;[296] und wer einmal von ihr gekostet hat, wird weiter nach ihr verlangen (Sir 24,29).[297]

Meditatio wird dagegen relativ wenig gebraucht.[298] Die der Bekehrung des Honoratus vorausgehende Überlegung nennt Hilarius *meditatio;* ebenso seine Gedanken und seine Sehnsucht nach dem Martyrium.[299] Sowohl Hilarius wie Faustus legen ihren Zuhörern das Leben des Honoratus als *meditatio* vor.[300] Sie hat nicht jenen intimen Klang, der bei *ruminatio* mitschwingt und scheint weiter gefaßt zu sein als bloß die Versenkung in die Schrift.[301]

Fast völlig ohne Bedeutung in diesem Zusammenhang ist die Verwendung von *contemplatio* und *consideratio.* Die Gemeinschaft lebt in der *contemplatio angelicae quietis,*[302] was eine Zusammenfassung, bzw. Kurzfassung aller monastischen Tugenden zu sein scheint.

Aufschlußreicher für die Arbeitsweise des Eucherius als für die systematische Behandlung des Gebets ist die Erklärung zu 1 Tim 2,1 *(obsecro igitur primo omnium fieri obsecrationes, orationes, postulationes, gratiarum actiones).* Er übernimmt zur Erklärung der Gebetsarten in straffer Kürzung Cassians Coll. 9,9-17 und weicht nur in der Erklärung der *oratio* ab, die Cassian mehr als ein Gelöbnis, Eucherius *pro adipiscendis* versteht. Jede weitschweifende Erklärung und Betrachtung liegt ihm fern; es geht ihm, wie allen

[295] Die basileische Tradition kennt es nicht; hingegen die Pachomiana latina, Praec. 122 (46,5); vgl. zum Ganzen F. Ruppert, Ruminatio, in: EuA 53 (1977) 83-93; er läßt allerdings die Hinweise auf Faustus aus.

[296] Vgl. XXXVII,20ff.

[297] Dies ist ein beliebtes Zitat bei Faustus: Hom. XXXVIII,233; VI,34. Bemerkenswert ist, daß die gleichen Schriftstellen, die hier die geistige Speise des Wortes meinen, in zwei anderen Predigten, für die die Verfasserschaft des Faustus angenommen werden kann (XVII; XLVII), das Altarsakrament bezeichnen (*cibus altaris* XVII,74.80) - ein Wandel, der sich mit der größeren Sakramentenbezogenheit des Faustus als Bischof von Riez gut erklären läßt. Das Material aus den Mönchspredigten hat er dabei weiterverwandt: XXXVII,15/17-XVII,78/79 und XLVII,74/80; XXXVII,18/20-XVII,23.66; XXXVII,12-XVII,53. Die Verfasserfrage zu Hom. XVII klärt zugunsten des Faustus: P. L. Carle, L'homélie de pâques „Magnitudo" de S. Fauste de Riez, in: Div. 27 (1983) 123-154; 28 (1984) 3-42.203-241.

[298] Vgl. o. Anm. 291.

[299] V. Hon. 8,1; 38,18.

[300] Ebd. 34,14; Hom. LXXII,22.

[301] Vgl. E. Kasch, Das liturgische Vokabular 266-271.

[302] Laus 43,494; die *contemplatio mundi* (Cont. 720B) meint die Betrachtung der Schöpfung als Weg zur Erkenntnis Gottes; auch die *consideratio domini* (720A) ist mehr das Wissen um Gott als eine Schau. Vgl. aber V. Hil. 10,20: *sapientiae consideratione praecipuum.*

Lériner Lehrmeistern, um praktisches asketisches „Handwerkszeug".[303]

Compunctio und *contritio.*[304] Nur Eucherius verwendet *contritio* im Sinne der von Cassian bekannt gemachten Bedeutung der Zerknirschung des Herzens als einer Geisteshaltung, in der Gott im Gebet dem Menschen begegnet.[305] Für Faustus bedeutet sie das asketische Verhalten des Menschen, wodurch das Sarkische in ihm niedergehalten wird, also ein äußeres aktives Tun.[306] *Compunctio* verwendet Eucherius nicht. Bei Faustus, Hilarius und in der V. Hil. hat *compunctio* die Bedeutung von *contritio cordis.* Eine solche Gleichsetzung findet sich ebenfalls bei Cassian.[307] Die *compunctio* ist die Bewahrerin vor Hochmut und ein Zeichen der Demut;[308] sie gehört zum *universus religionis chorus.*[309] Wie das Gebet immerwährend sein soll, so auch die *compunctio:* Maximus und seine Mönche waren *semper in compunctionis affectum.*[310] – In Hom. XLIII bedeutet sie Bußgesinnung, so daß die Wendung *contritio compunctionis* kein Pleonasmus ist.[311]

Wo die Zerknirschung geübt wird, sind zahlreiche Seufzer und fließen reichlich Tränen. In den Viten findet eine Lacrima-Terminologie nach *amor* und *caritas* die reichste Verwendung. Doch neben den Tränen als Ausdruck des Trennungsschmerzes bei Abschied und Tod, scheint nur noch Honoratus, evtl. auch Hilarius,[312] die Gabe der

[303] Instr. I (132,20): *obsecrationes fiunt pro peccatis praeteritis vel praesentibus, orationes pro adipiscendis quae speramus, postulationes cum pro aliis intervenimus, gratiarum actiones, cum ea quae poscimus inpetramus, vel certe cum pro immensis dei beneficiis gratiae laudesque rependimus.* Die Vaterunser-Erklärung des Cassian läßt er unberücksichtigt.

[304] Vgl. dazu P. R. Regamey, La componction du coeur, in: Portrait spirituel du chrétien (Paris 1963) 76–97; sowie: V. Loi, Influssi dell'esegesi biblica nello sviluppo del termine contritio, in: VigChr 3 (1966) 69–83.

[305] Inst. 6,3,17; Conl. 5,16,6; 9,8; 20,7; passim (s. Index). Eucherius, Form. 3 (14,6): *valles contritiones – cordis humilis.* Cont. 719B: *summum illum dominorum Dominum summa cordis contritione confessi sunt* – die *contritio* ist die Haltung der zu Gott Bekehrten *viri illustrissimi.*

[306] Das geht aus den Wortverbindungen hervor: XXXVIII,34. XXXVII,34; XLIII,53: *carnis c.;* XL,59: *cordis c.;* passim. Besonders ist auf Hom. LXIV: *Oportet semper orare et non deficere,* hinzuweisen, die sich aus Fragmenten der Mönchspredigten zusammensetzt. Die Verbindung von *orare* im Titel mit dreimaligem *contritio* im Text weist auf den Zusammenhang beider Begriffe/Inhalte hin (LXIV,53.66.129). In De gr. ist das Wort nicht weniger häufig: *c. abstinentiae* (31,27); *c. laboriosa* (33,27); *c. lugenda* (10,15); *agon et c.* (91,14); *c. exercetur* (85,29), ep. 5 (195,7).

[307] Z. B. Conl. 20,6,2 (CSEL 13,599,6/22) und in der Coll. über das Gebet, 9,26.27.

[308] V. Hon. 9,18.

[309] XXXV,201,301; vgl. XLIV,72; XL,61; XXXVIII,238; V. Hil. 7,10.12; 8,6.

[310] XXXV,242; XL,34.61.

[311] XLIII,93.103; häufiger wird diese Bedeutung in den Predigten ans Volk vgl. XLV,27: *privata compunctio;* XVLII,102.

[312] Bezüglich der V. Hil bleibt immer zu berücksichtigen, daß sie die Züge des Honoratus oftmals nur auf Hilarius übertrug.

Tränen im Sinn der Vätertradition[313] zu besitzen. Sie steht für Honoratus im Rang höher als das Almosengeben und gehört fest in sein pädagogisches Konzept,[314] das bei der Bekehrung des Hilarius komprimiert zum Ausdruck kam: sie war zum großen Teil eine Frucht seiner Tränen,[315] die die V. Hil. zu reichen Flüssen anwachsen läßt.[316] Für die Gründer gehörten sie zur Grundausstattung der Tugenden.[317] Sie begleiten das Gebet nicht nur in der stillen Kammer, sondern auch das bereits liturgisch geordnete.[318]

In den Mönchspredigten wird ebenfalls von Tränen gesprochen. Die bereits genannte Formelhaftigkeit findet auch hier ihren Ausdruck: sie erscheinen in Aufforderungen zu gesteigerter Askese.[319] Faustus spricht von ihnen nun aber verstärkt im Zusammenhang von Buße;[320] es scheint, daß er ihnen, wenn er auch nicht mehr die einstige Tiefe dieser Gabe und der Gedanken darüber erreicht und durchdringt, einen neuen Inhalt zu geben sucht.

Im allgemeinen kann man jedoch an der Formelhaftigkeit und der Übersteigerung der Terminologie den Verlust des Inhalts (und des Phänomens) am Ende des 5. Jh.s erkennen. Was noch bei Cassian[321] und den Vätern als Problem erörtert wurde, ist hier „institutionalisiert" oder entleert. Längere Ausführungen oder Erklärungen erfolgen nicht. Es geht um die Bewahrung des alten asketischen Gutes, das nur in Erinnerung gerufen zu werden braucht. Faustus setzt aber auch neue Schwerpunkte: ihm geht es um die Übereinstimmung der äußeren Praxis mit der inneren Haltung (exterior-interior-Thematik).

Aus den späteren Predigten erhalten wir ergänzende Hinweise zur monastischen Gebetspraxis. In Hom. LXIV[322] mahnt er die Gemeinde zu der ihm aus Lérins bekannten Haltung des unablässigen Gebets, die

313 Vgl. B. Steidle, Die Tränen. Ein mystisches Problem im alten Mönchtum, in: BM 20 (1938) 181–187.

314 V. Hon. 9,14; Vgl. o. zum Lériner Abtsspiegel; V. Hon. 17,14: Röm 12,15; 26,2: Seufzen wegen der Sünden anderer.

315 V. Hon. 24,1; 23,25.

316 V. Hil. 3,9: *quod <...> lacrimarum fluentibus rivis iugiter irrigabat;* ebenso in: 4,7.10; 7,9.

317 In XXXV,258 bei Maximus nur noch im Zusammenhang mit einem Schriftzitat (Ps 41,4). In V. Hon. 26,3 und V. Hil. 30,4.34 in Verbindung mit *compunctio/contritio.*

318 V. Hil. 9,24; 19,1; 32,5.

319 XLIV,73; XXXVI,107.

320 XL,59: *multo opus fletus, multo gemitus est;* vgl. XL,60, XLV,43.60: hier finden auch die Pss 37,9; 6,7; 101,10 Verwendung, die ausdrücklich die Tränen erwähnen.

321 Vgl. z. B. Coll. 9,28.

322 Hom LXIV ist eine redaktionelle Arbeit; als Redaktor der einzelnen, aus den Mönchspredigten entnommenen Fragmente kann auch Faustus angenommen werden. Die mit dem für Faustus ungewöhnlichen *cum haec ita sint* eingeleiteten Zeilen 94/97 stammen dagegen von einem späteren Bearbeiter; Faustus verwendet ausschließlich *quae cum ita sint.*

durch Ermahnungen und Einsicht in die Barmherzigkeit Gottes erlangt werden soll.[323] Wie sehr es bei der Hinführung der Gemeinde zum Gebet um das Ideal der inneren Gebetshaltung geht, kommt durch die exterior-interior-Thematik zum Ausdruck: es bleibe nicht beim *corporaliter genus flectere,* sondern beginne mit *animam praeparare,*[324] d. h., sich von Leidenschaften frei zu machen. Beispiel für die rechte Gesinnung ist der Zöllner, der auch in De gr. im gleichen Zusammenhang bemüht wird.[325] Faustus sieht und kennt aus Lérins die Gefahr des Hochmutes und der Selbstgefälligkeit, die aus der asketischen Leistung entstehen kann. Damit wird das äußere Tun nicht abgewertet, jedoch dem Anspruch des Äußeren muß die innere Haltung angeglichen werden und entsprechen.

c. Theologische Begründung des Gebets

Das Gebet war immer unbestrittenes Zentrum und Wesensmerkmal des Mönchtums und bedarf von daher keiner neuen Begründung. Faustus legt aber Wert darauf, eine andere als die asketische Rechtfertigung anzufügen: es müsse doch so sein, „daß wir mit unseren Gebeten der Welt zu Hilfe eilen“ und dürfe nicht umgekehrt werden, „daß wir der Fürbitte der Welt bedürfen“.[326]

Ein weit wichtigerer Grund zu beten ergibt sich aus seiner theologischen Position. In Hom. XXXVIII,1/58 führt er häufig Mt 7,7 an:[327] „bittet, und ihr werdet empfangen, suchet, und ihr werdet finden, klopft, und es wird euch aufgetan“. Seine Auslegung dazu lautet: *petamus orando* <Gebet>, *quaeremus laborando* <„Arbeit“>, *pulsemus desiderando, pulsemus proficiendo* <„Conversatio“>, *pulsemus perseverando* <„Stabilitas“>.[328] Die Predigt ist ein frühes Zeugnis der eigenständigen

[323] LXIV: De eo quod dicit in evangelio: oportet semper orare et non deficere (Lk 18,1: Titel der Predigt); LXIV,7: *quomodo teneri possit continuatae orationis intentio.* Vom unablässigen Gebet spricht er auch in Sermo extravagans 3,30/40 (CC 101C,838–841; der Sermo besteht fast nur aus Zitaten aus De gr.; vgl. dazu u. zur Theologie § 3 I,4 – zur Verfasserschaft des Faustus s. u. im Exkurs zu der Ps-Eusebianischen Predigtsammlung). Das dort verwendete 1 Thess 5,17 *sine intermissione orate* benutzt auch Valerianus in seiner ep. ad monachos um seiner Forderung nach dem immerwährenden Gebet Nachdruck zu verleihen (PL 52,757 B). Vgl. Porcarius, Monita 30: *contende in oratione semper;* 43: *oratio continua.*

[324] LXIV,27: *tunc caelum patuit imbribus, nunc patet precibus.*

[325] Lk 18,3: LXIV,130/176; De gr. 1,16 (51,22): *sed ante omnia adrogantiam laboris refugiamus nec nobis quicquam de eius meritis vindicemus, ne Pharisaeum imitari mortifera iactantiae praesumptione videamur.*

[326] XXXIX,39.

[327] Dieses Zitat durchzieht alle seine späteren Schriften: XXXV,195; LXIV,3/6; De gr. 2,10 (87,5).

[328] Man kann darin die Elemente einer „Profeßformel“ erkennen. – Vgl. dazu LXIV,5: *petamus itaque orando, quaeremus laborando, pulsemus perseverando.* Die Übernahme asketischer Gedanken in Predigten ans Volk ist offensichtlich.

gnadentheologischen Position des Faustus; ihre aus der asketischen Praxis erwachsenen Gedanken gingen z. T. in De gr. ein und können von dort gedeutet werden.[329] Mit Mt 7,7 werden die menschlichen Eigenleistungen im Gnadengeschehen gegen eine allmächtige Gnade betont, die Gottes Antwort und Belohnung bedingen.[330] De gr. 1,3 zeigt, wie Askese und Theologie einander durchdringen: wäre alles Gnade, so wäre jedes Beten umsonst, und ohne Gebet wird sich Gott nie den Menschen zuwenden. Da die Lériner nicht die Vorstellung einer zuvorkommenden Gnade teilen - gleich, ob der Schluß, den sie daraus zogen, sich mit theologischer Notwendigkeit ergäbe - erhält das Gebet im Rahmen der Askese nach Mt 7,7 seine wichtige, theologisch begründete Bedeutung: es zeigt sich darin, wie groß und verantwortungsvoll der Anteil menschlichen Tuns am Gelingen des Weges zum Heil ist. Mehrere Schriftzitate sollen die Bedeutung und die Notwendigkeit des Gebets für die Askese theologisch stützen.[331]

Die Schriften der Lériner lassen Entwicklung, Bedeutung und Art des Gebets erkennen. Dem privaten, unablässigen Gebet wird noch großer Wert beigemessen. Man folgt dem Ideal der Vätertradition. Die Praxis der Gebetsstunden - morgens und abends - ist von Pachomius übernommen, evtl. sogar aus direkter Kenntnis: die Institutiones Cassians entstanden erst ca. 10 Jahre nach der Gründung von Lérins und scheiden daher als mögliche Quelle aus. Die basileische und augustinische Tradition, die bereits mehrere Tageshoren kannten, waren in Lérins nicht in Brauch oder wurden zunächst, vielleicht auch aus theologischer Reserviertheit ihren Schöpfern gegenüber, bewußt umgangen.

Die äußere und innere Gebetspraxis steht im allgemeinen monastischen Strom, läßt aber auch Eigeninterpretationen des übernommenen Gutes erkennen. Von Eucherius ist bekannt, daß er Auszüge aus Cassian anfertigte; auch wenn sie verlorengegangen sind, ist seine

[329] Vgl. u. § 3 II,2. Folgende inhaltliche Übereinstimmungen sind festzustellen:

XXXVIII,7/10 -	De gr. 1,10 (33,26);
XXXVIII,10/17 -	2,12 (95,2);
XXXVIII,18 -	1,18; (56,4);
XXXVIII,82/87 -	2,10 (88,19/20);
XXXVIII,196 -	2,5 (68,19);
XXXVIII,214 -	1,12 (43,18);
XXXVIII,215/216 -	2,4 (67,4), vgl. ep. 1; (163,8);
XXXVIII,224/228 -	1,12 (43,20/24).

Die Verbindung von 1 Kor 2,9 mit Röm 8,18 (XXXVIII,3/4.23/24) findet sich auch in De gr. 2,12 (92,10/14). Beide Zitate finden sich in der „semipelagianischen" Coll. 13; auch die übrigen in XXXVIII verwendeten Schriftstellen tauchen dort auf.

[330] Vgl. De gr. 2,10 (87,5).

[331] Mt 14,38; Lk 21,36; Mt 17,20.

eklektizistische Auszugstechnik in seinem exegetischen Werk, das er aus asketischer Quelle speist, erkennbar. Verwendet und praktiziert werden in Lérins mehr die einleitenden, unmittelbar griffigen Stellen aus den jeweiligen Abschnitten des vorliegenden Textes bei Cassian. Jede längere Ausführung, alles Theoretisieren ist den Lérinern anfangs fremd. Deutlich erreicht man nicht mehr die Höhen frühmonastischer spekulativer Gedankengänge oder die Durchdringung der asketischen Phänomene und Grundlagen. Man schaut auf sie zurück, ohne sie zu reflektieren, man benutzt Bekanntes, ohne sich Rechenschaft darüber ablegen zu müssen. Es geht darum, asketisches Leben möglichst rasch zu formen. Faustus legt Wert darauf, daß das Übernommene nicht ohne inneres Entsprechen tradiert wird. Die Zeit nach ihm ist nur noch aus der Wirkungsgeschichte greifbar. Mit dem unaufhaltsamen Verlust der ersten Begeisterung, dem Schwinden der lebendigen Tradition, nicht zuletzt mit dem Anwachsen der Brüderschaft wurde eine Organisation des Gebetslebens unvermeidlich. Positiv formuliert heißt das: es blieb keine Leere zurück, sondern es entstand Raum für Neues, für einen monastischen Tagesplan, dem *ordo Lirinensis,* mit weitausgeformter Gestaltung der einzelnen Gebetszeiten. Dieser konnte sein Vorbild durchaus in dem Bericht Cassians über die Gebetspraxis der „Klöster Palästinas, Mesopotamiens und des ganzen Orients“ (Conl. 2,3) gefunden haben. Nicht auszuschließen ist zu einem so späten Zeitpunkt – Ende des 5. Jh.s, unter dem Wirken des Caesarius – auch eine Übernahme der in Afrika und von Augustinus geübten Gebetstradition.

3) Arbeit

Der so auffälligen Hervorhebung des Gebets entspricht auf der anderen Seite ein auffälliges, fast völliges Schweigen bezüglich der körperlichen Arbeit. Daraus den Schluß zu ziehen, daß in Lérins nicht gearbeitet wurde, wäre sicher voreilig. Die geringe Berücksichtigung der Arbeit in den Schriften der Lériner mag im Genus ihren Grund haben und in der Absicht der Verfasser, die primär nicht den äußeren Ablauf des Tages regeln wollen wie etwa Regeltexte; es ist auch möglich, daß bezüglich der „Arbeitsmoral“ eine Ermahnung nicht so notwendig erschien wie etwa zur exterior-interior-Thematik oder zu den aufkommenden zönobitischen Tugenden des Gehorsams und der Stabilitas.

Im frühesten Zeugnis von Lérins, De laude eremi, fehlt die Erwähnung der Arbeit als etwas Lobenswertes, das die Bewohner der Wüste auszeichnete, völlig.[332] Eucherius ist die *contemplatio angelica* wichtiger;

[332] Laus 43,490/498. – Dieses Schweigen ist mit Sicherheit kein Zufall. In einer mit diesem Abschnitt vergleichbaren Schrift Augustins (De moribus ecclesiae c. 67) lobt

deshalb kann es keine Arbeit – zumal die mühevolle, lebenserhaltende – geben. Ein engelgleiches Leben ernährt sich auch von der Speise der Engel, und die Diktion des Lobes der Wüste ist jeweils so gehalten, daß die benutzten biblischen Bilder, die von der Himmelsspeise als Geschenk an die Wüstenbewohner sprechen, sich ohne weiteres auf die anfangs problemlose Versorgungssituation der ersten Lériner deuten lassen.

Sie schien, auch nach dem Zeugnis der V. Hon., tatsächlich die Notwendigkeit der Arbeit als Grundlage der Existenz oder des Almosengebens entbehrlich gemacht zu haben. An materieller Zuwendung war die Insel reich gesegnet, so daß man die *dispensatores* einsetzen mußte, um das Eingegangene an Bedürftige austeilen zu können;[333] selbst nachdem Honoratus einmal alles verschenkt hatte, erhielt er prompt wieder das Nötigste, um seine Gemeinschaft ernähren zu können.[334]

Dennoch gibt es Hinweise darauf, daß Lériner Mönche körperliche Arbeit leisteten. Gennadius rühmt Hilarius, daß er die bäuerliche Arbeit nicht gescheut habe.[335] Ob sich dies auch auf Lérins bezieht, geht aus der Notiz nicht hervor, da Gennadius vom *Arelatensis ecclesiae episcopus* spricht und nicht vom Mönch Hilarius. Doch ist es ihm immerhin eine eigene Bemerkung wert, daß Hilarius trotz adliger Abstammung arbeitet – hätten Eucherius, Vincentius und Faustus, die ebenfalls von Gennadius angeführt werden, körperliche Arbeit geleistet, hätte das wohl ebenso Erwähnung gefunden.

Für die Frühzeit gibt die V. Hon. Aufschluß über Maß und Art der Arbeit: <Honoratus> *valentes corpore a desidia semper excutiens* <. . .> *providerit, ne quem nimis labor gravaret, ne quis nimia quiete torpesceret.*[336] Wie das Anwachsen der Gebetszeiten ein Zugeständnis an die menschliche Schwachheit war, so scheint auch die Arbeit anfangs motiviert

der Verfasser – wie Eucherius – in hellen Tönen die Mönche, die er in Rom antraf; doch hebt er, wenn auch in antimanichäischer Polemik, besonders die Handarbeit der Mönche hervor: *operantur manibus ea quibus et corpus pasci possit, et a Deo impediri non possit* (PL 32,1338).

[333] V. Hon. 21–22.

[334] Bereits als junger Mann hatte Honoratus ein recht unkompliziertes Verhältnis zum Besitz; angeregt von Mt 19,21, das schon Antonius zur Besitzaufgabe drängte, gab er nicht nur den eigenen Besitz weg, sondern machte auch vor dem seiner Eltern nicht halt (V. Hon. 11 § 4).

[335] De vir. ill. 70 (85,14/16): *non solum mentis pietate, sed et corporis sui sollicitus. Nam pro reficiendis pauperibus etiam rusticationem contra vires suas, homo genere clarus et longe aliter educatus, exercuit.* Daß er überhaupt schwere Arbeiten nicht scheute, berichtet zudem die V. Hil. 15,19/21 und das Epitaphium 9 auf Hilarius (Cavallin 110).

[336] V. Hon. 18,7.4.19.

gewesen zu sein: nicht unbedingt nötig zum Unterhalt,[337] diente sie als Parergon, um dem Müßiggang zu wehren, die Kontemplation rein zu halten,[338] um dem zerstreuten Geist eine Stütze zu bieten. Sie dient als willkommene Abwechslung und Erleichterung jener höchsten Anstrengung: des immerwährenden Gebets, das keine allzu große, ihrem Wesen fremde Beanspruchung verträgt. Einen tieferen sittlichen oder gar pädagogischen Wert in ihr – wie etwa Cassian die Arbeit als Heilmittel gegen die Akedia empfiehlt – suchen wir vergeblich.[339] Zwar kennt Faustus die Einflüsterungen, in deren Gewand sich die Akedia birgt,[340] doch ist ihm der Gehorsam als Korrektiv allemal näher; in ihm erkennt er die höhere Tugend.[341]

In seine Abtszeit fallen weitere Zeugnisse für die Einstellung zur Arbeit. Zunächst empfiehlt er, als ein Verteidiger der Mäßigung und der *via regia,* in seiner ep. 7 dem Diakon Graecus ganz im Zuge der alten Tradition die Arbeit als Parergon: Graecus solle von allzuviel Lesung und übersteigerter Askese Abstand nehmen, da das dem Geist schade und ihn krank mache; statt dessen solle er sich mehr mit körperlicher Arbeit befassen.[342] Aufschlußreich für den (neuen) Stellenwert der Arbeit ist seine Hom. XLII. Sie ist zugleich die einzige unter den Mönchspredigten, die zu dieser Frage etwas beiträgt. Faustus spricht hier im Vokabular der Mönchsregeln von „notwendi-

[337] Vgl. dazu die Kritik Cassians in Inst. 10,23 (193,14), der als erste Begründung für die geringe Zahl der zudem noch disziplinlosen gallischen Klöster angibt: <. . .> *ut possint in eis <monasteriis> iugiter perdurare et si eis subpeditare quoquo modo valeat sufficientia victus alterius largitate. Voluptas tamen otii et pervagatio cordis diutius eos in loco perseverare non patitur.* Dies war offensichtlich der Hintergrund, vor dem Faustus die Stabilitas einschärfte.

[338] Vgl. Cassian. Inst. 2,12,2 (27); 2,14 (29).

[339] Vgl. zur Wertung der Arbeit: H. Dörries, Mönchtum und Arbeit, in: ders. Wort und Stunde I, Göttingen 1960, 277–301, hier: 280.291; F. Prinz, Askese und Kultur, 68–77; H. Holzapfel, Die sittliche Wertung der Arbeit im christlichen Altertum (Würzburg 1941) 15–25; K. S. Frank, Zum Arbeitsethos der Regula Magistri, in: ThPh 54 (1979) 360–378.

[340] Zu XXXVIII,133/144 vgl. Cassian, Conl. 10,2; wie von der Arbeit weiß Eucherius auch von der Akedia, dem Mittagsdämon, nichts, Laus 38,421: *in illo quoque meridie sponsus recubat habitatoresque deserti caritate vulnerati contemplantur eum dicentes: invenimus quem quaesivit anima nostra, tenebimus eum et non dimittemus;* vgl. dazu R. Arbesmann, The „Daemonium meridianum" and Greek and Latin Patristic Exegesis, in: Tr. 14 (1958) 17–31; P. Labriolle, Le démon du midi, in: Bulletin Du Cange 9 (1934) 46–54; G. Bunge, Akedia. Die geistliche Lehre des Evagrios Pontikos vom Überdruß (Köln 1983 = Koinonia 9).

[341] Vgl. dazu schon Cassian, der rückblickend schreibt: *non tam operis conpendia lucrave sectatur quam oboedientiae virtutem exsequi toto studio atque aemulatione festinet.*

[342] Ep. 7 (207,1/5): *rectum animi sensum, qui multae lectionis pondus non sustinet* <. . .> *magis laboris occupatione castiga* <. . .> *tempera immoderatum abstinentiae rigorem, qui etiam menti generat infirmitatem.* Vgl. dazu Hieronymus, ep. 130,17,2 (CSEL 56,198).

ger" Arbeit,[343] die nicht unwillig, nicht mit Widerspruch, vor allem nicht murrend getan werden dürfe; nach getaner Arbeit ist es gleichfalls nicht statthaft, sich ihrer zu rühmen.[344] Ganz offensichtlich brachte das Anwachsen der Gemeinschaft auch die Notwendigkeit der Arbeit, vor allem zu organisierter Arbeit mit sich, die nicht bei allen Gefallen gefunden hatte. Dennoch ist anzunehmen, daß nicht unterschiedslos jede Arbeit von Mönchen getan werden mußte oder getan wurde: Für die Zeit am Ende des 5. Jh.s berichten die Verfasser der V. Caesarii lobend, daß er, trotz seines hohen Standes, mit n u r einem Sklaven nach Lérins kam. Caesarius wird nicht der einzige Adlige gewesen sein, der Bedienstete mitbrachte;[345] und wenn es den Biographen als erwähnenswert erschien, eine nur so geringe Zahl eigens zu betonen, so kann eine Gruppe von „Mitarbeitern" auf Lérins, die die schwereren Arbeiten tat, angenommen werden.

Um die Mitte des 5. Jh.s äußert sich Valerianus in seiner ep. ad. monachos zur Frage der Arbeit. Er ist der einzige Lériner, der 2 Thess 3,10 (wer nicht arbeitet, soll auch nicht essen) zitiert, das Augustinus fast zum Leitzitat seiner Schrift De opere monachorum machte. Doch die Verbindung dieses Zitats mit Jo 6,51 hebt das Essen, die Speise, eindeutig auf die geistige Ebene und damit *opus* und *labor* aus 2 Thess 3,10 auf die der geistlichen Mühe und Übung.[346]

Die Situation scheint damit wie folgt bestimmt:

Die aristokratische Herkunft der ersten Lériner ließ die Arbeit als etwas ihnen recht Fremdes erscheinen. Zudem erweist sich die Herkunft als zunächst sicheres Ruhepolster in Fragen des Unterhalts.

Ebenso stand zu Beginn das engelgleiche Leben mit dem hohen Anspruch des immerwährenden Gebets der Arbeit in gewissem Sinn entgegen. Wo sie dennoch von Mönchen verrichtet wird, dient sie der Entspannung im zurückgezogenen Leben.[347]

[343] Wie in den Regeln verwendet Faustus für die Arbeit das Wort *opus; labor* hingegen ist eher ein Sammelbegriff für jegliche asketische Mühe.

[344] XLII,113/116: *ante omnia cavemus ut, quod nobis agere necesse est, non agamus inviti, nec ante opus contradicamus, nec in opere murmuremus, nec nobis de consummato opere placeamus male blandiente iactantia.* Das gleiche Vokabular findet sich in 2RP 22/27.

[345] V. Caes. 1,5 (289,19): *cum uno tantum famulo socius ageret.* Auch die Vita Antonii (Lirinensis) berichtet, daß Antonius mit zwei Gehilfen seine Reise antrat; diese wurden ihm zu Brüdern. Das schreibt RIVP 2,35 vor.

[346] PL 52,757 B: *de hinc praecepti ordinem cum omni labore sectantes: ut si quis operari non vult, nec manducare. Ipse enim est panis, qui de caelo descendit cui admisceri neminem decet, nisi opera.* 758 B: *fides sine operibus mortua est* (Jak 2,26 – dieses Zitat ist zudem semipelagianisch „besetzt").

[347] Vgl. etwa Cassian, Inst. 2,12,3 (28); dort berichtet er, daß der Zellenbewohner allein, evtl. mit Begleitung des Mitbewohners, der Arbeit nachgeht. Diese Situation spiegelt sich in der 2RP wieder; s. u.

Die immense, sicherlich nicht nur „innere" Fruchtbarkeit der Insel, die Eucherius beschreibt (Laus 39–41), nimmt ihr Vorbild zweifelsohne auch an der Realität der Inseln Lero und Lérins, die aber vorrangig von den „Sklaven" bestellt worden zu sein scheinen.

Organisierte Arbeit, die sich aus der Institutionalisierung des Lebens mit Notwendigkeit ergab, wird unter Faustus aufgekommen sein.

Wenn auch die schwere körperliche Arbeit ausfiel, trat nicht nur das Gebet an ihre Stelle, sondern ebenso eine produktive literarische Tätigkeit der herausragendsten Vertreter bis Faustus. Arbeit wird verstanden als Bildungsarbeit.

3. Modalitäten bei der Übernahme des Mönchslebens

1) *Mutatio nominis habitusque*

Eine stereotype Wendung der Mönchspredigten ruft die einmal geleistete *mutatio nominis habitusque* in Erinnerung.[348] Genaue Angaben über die Mönchskleidung bzw. den Ritus oder Zeitpunkt des Kleiderwechsels sucht man allerdings vergeblich.[349]

Die Melote ist in Lérins aus der Hl. Schrift und aus der Kenntnis der monastischen Literatur bekannt.[350] Aber der Duktus bei Eucherius, und vor allem bei Cassian, läßt schließen, daß sie in Gallien nicht in Brauch war.[351] Mit großer Sicherheit kann gesagt werden, daß ein Pallium im Sinne der Mönchskleidung getragen wurde: Aus der V. Hon. 8,8 ist zu erfahren, daß Honoratus bei der Übernahme des asketischen Lebens eines anlegte. In einem Brief Caelestins an die Bischöfe der Narbonensis und Viennensis wird den Bischöfen, die ehemals Mönche waren, untersagt, weiterhin das Pallium zu tragen, woraus zu schließen ist, daß Honoratus diesen Brauch aus Lérins mitbrachte.[352] Mönchskleidung und Kleiderwechsel hat es somit gegeben. Aus Hom. XXXVIII,122 erfahren wir, daß das erste Kleid und der „Weltname" abgelegt wurden[353], wenn auch das Wort *habitus* so

[348] Z. B. XXXVIII,115.122; XL,45 u. ö.

[349] Die gleiche Schwierigkeit begegnet bei Pachomius, Praec. 49.81.91.98. Vgl. dazu H. Bacht, Vermächtnis II, 162 Anm. 215–217. In Lib. Ors. 22 und Praec. 81 sowie in der Praef. des Hieronymus zur Pachomiana latina werden die einzelnen Kleidungsstücke aufgezählt: dabei ergeben sich keine Hinweise für Lérins.

[350] Z. B. Cassian, Inst. 1,7; 4,13; Conl. 18,6,2.

[351] Eucherius, Instr. II (156–157: De vestibus). Eucherius beschreibt nur die in der Hl. Schrift genannten Kleidungsstücke in Anlehnung an Hieronymus' ep. 64. – Cassian, Inst. 1,10 (CSEL 17,15,6): *melotae gestatio derisum potius, quam aedificationem ullam videntibus conparavit.* Vgl. dazu Eucherius, Instr. II (157,1/2): *melotes in Regnorum pellis simplex qua m o n a c h i i n A e g y p t i i e t i a m n u n c utuntur ex uno latere dependens.*

[352] Caelestin, ep. 4 (PL 50,430–431).

[353] Vgl. zum Kleiderwechsel Cassian Inst. 4,5; Caesarius, RVirg 4,3 (182): *habitu mutando;* 5,1 (ebd.) *mutatis vestibus;* 37 (220): *habitus laicum;* 39,1 (222): *habitus*

angelegt ist, daß es neben der wörtlichen auch die übertragene Bedeutung zuläßt: die Verpflichtung zu dem radikal anderen Leben.[354] Im Zusammenhang mit der exterior-interior-Thematik drängt sich das letztere geradezu auf[355] - doch setzt sie nach Lériner Sprachgebrauch und Spiritualität auch das *exterior* voraus.

In den Formulae des Eucherius ist die symbolische Bedeutung der Kleider ähnlich wie in Cassians Inst. 1, aber doch unabhängig davon, auf knappe Formeln gebracht: *stola – indumentum baptismi; cilicium – penitus testimonium; cingulum – spiritalis operis accinctus.*[356] Nur noch symbolische Bedeutung hat diese Terminologie in den Predigten aus der Bischofszeit des Faustus.[357]

Nicht so leicht ist die Bedeutung der *mutatio nominis* zu fassen. In vergleichbaren Schriften sind keine positiven Zeugnisse für einen tatsächlichen Namenswechsel zu finden. Evtl. läßt die parallele grammatikalische Struktur von *mutatio nominis habitusque* von dem realen Kleiderwechsel auch auf einen wirklichen Namenswechsel schließen, der konkreter ist als die Bedeutung von *nomen conversationis;* letzteres findet sich in allen zeitgenössischen Mönchsschriften und bezeichnet den Eintritt, bei dem das Weltliche - *nomen saeculare* - abgelegt wird.

Nun sind aber gerade in Lérins vermehrt Beispiele des Namenswechsels zu finden: Vincentius veröffentlicht sein Commonitorium unter dem bedeutungsvollen Namen „Peregrinus“, Salvian seine Schrift Ad ecclesiam unter dem des Timotheus. A. de Vogüé behauptet sogar: „<. . .> Eusebius Gallicanus - c'est le prêtre-nom de Fauste.“[358] Doch

saecularis. S. Pricoco, L'isola 118, meint, hinter *habitus* stünde ausschließlich eine bildhafte Bedeutung; die Beispiele aus Caesarius, die in ähnlichem Zusammenhang wie in Lérins auftauchen, widerlegen das jedoch. Wenn Faustus in ep. 6 (197,14/20) Ruricius, der sich für das asketische Leben entscheiden soll, rät, eine einfache, keineswegs auffällige und heruntergekommene Kleidung zu wählen, so kann das auch als Absetzung von der eigentlichen Kleidung der Mönche in einem Kloster verstanden werden.

354 Vgl. Cassian, Inst. 1,1 (CSEL 17,8,2): *h. monachorum;* 1,3 (11,12): *h. Aegyptiorum;* 1,7 (13,6.13); 4,7 (52,5): *h. monasteriale;* an all diesen Stellen ist vom Gewand die Rede; dagegen 1,2 (9,28) *habitus* als „Gehabe“, „Art“ o. ä.

355 So in Hom. XXXVIII,115. Vgl. Hieronymus, ep. 126,16 (CSEL 56,134,18–135,1) und ep. 58,2 (CSEL 54,529,5). Vgl. zum Ganzen: P. Oppenheim, Symbolik und Wertung des Mönchskleides, Münster 1932, bes. 1–29.

356 Form. 6 (38,16–39,4).

357 Hom. XXXV,99: *pallium pietatis et gratia ac praeclara meritorum indumenta;* XLV,101/103: *indumentum nuptiale* (Mt 22,11), *pallium immortalitatis, tunica sanctorum corporum; angelica stola.* Sermo extravagans 6,125 (= XXXV,303): *benevolentiae ac sapientiae monile.*

358 A. de Vogüé, Persévérer au monastère jusqu'à la mort, in: CollCist 43 (1981) 337–365, hier: 350; ders. Entre Basile et Benoît: L'„admonitio ad filium spiritualem“ du Pseudo-Basile, in: RBS 10/11 (1984) 19–34, hier: 27. Vogüé umgeht damit zugleich die leidige Frage der Zuweisung Ps.-Eusebianischer/Faustischer Predigten.

können diese Beispiele nicht auf einen allgemeinen Brauch schließen lassen: Die jeweils anderen Schriften der Leriner sind unter ihrem eigenen Namen veröffentlicht worden; Salvian verfaßt sogar eigens einen Brief an Salonius, in dem er das Pseudonym erklärt.[359] Vincentius wählte bewußt für seine Schrift einen anderen Namen, weil er wohl Anfeindungen wegen der darin enthaltenen gnadentheologischen Auffassungen mit Recht befürchten mußte, wie sie seine frühere und verlorengegangene Schrift bereits in Prospers Responsiones ad capitula obiectionum Vincentianarum hervorrief.[360]

Wenn diese Einzel- und Sonderfälle auch als Pseudonyme erklärt werden können, muß die Frage nach einem genuin monastisch begründeten Namenswechsel in Lérins offenbleiben. Es gilt hier aber das gleiche wie beim Kleiderwechsel: Hinter dem bildhaften Wort und der verlangten inneren Einstellung mag sich die Realität am *homo exterior* verbergen.

2) *Professio* und zweite Taufe

Unter *professio* wird nicht ein bestimmtes oder das Mönchsgelübde verstanden. Einzelne Gelübde gab es ohnehin nicht.[361] *Professio* bezeichnet in den monastischen Schriften den Mönchsberuf, das Gesamt der asketischen Pflichten: *opus nostrae professionis* schreibt Eucherius.[362] In diesem Sinn füllt auch Faustus die *sacra professio* inhaltlich:

> Ganz besonders gehört es zu unserem Beruf *(ad professionem nostram pertinet),* keine Tröstungen in diesem Leben zu suchen, keine Ruhe, nichts

[359] Ep. 9. Unter den Motiven des Namenswechsels, die Salvian in ep. 9,13–16 (128–130) angibt, sind einige für den monastischen Rahmen durchaus relevant: Vermeidung der Eitelkeit und des irdischen Ruhmes, Betonung der Verborgenheit, um nur dem göttlichen Wissen vorbehalten zu bleiben. – Vgl. N. Brox, Quis ille auctor? Pseudonymität und Anonymität bei Salvian, in: VigChr 40 (1986) 55–65. Verf. analysiert die von Salvian angegebenen Gründe und vergleicht sie mit parallelen Erscheinungen in der asketischen Literatur. Er kommt zu dem Schluß (59): „Es ist offenbar ein Topos gewesen, daß der Asket, wenn er schreibt, seinen Namen unterdrückt." – De gubernatione Dei hat Salvian verfaßt und unter seinem Namen herausgegeben, als er nicht mehr in Lérins war! – (69): „Das literarische Verfahren Salvians <. . .> ist also aus der asketisch-monastischen Tradition zu erklären". – Darin kann ein Anzeichen für einen asketisch begründeten Namenswechsel in Lérins gesehen werden.

[360] PL 51,177–186. Vincentius kann aber auch aus rein asketischen Gründen diesen Namen gewählt haben, vgl. u. § 2 II, 2. 1) b: Mönchsleben als *exodus* und *peregrinatio.*

[361] Auch noch nicht das Gelübde der „Stabilitas": vgl. etwa Hom. XL,152: in *arbitrio est, cum velis, ad saeculum declinare.*

[362] Cont. 711 C; 726 C u. ö. Vgl. dagegen die Ausführungen von R. Nürnberg, Askese als sozialer Impuls 122–123, *professio* meine nur die allgemeine Berufung zum „entschiedenen christlichen Leben". An anderer Stelle werde ich auf ihre Einwände näher eingehen.

Gutes in diesem Leben empfangen zu wollen, sondern die Ehren zu fliehen, uns zu freuen an der Unterwerfung und Demütigung, die Mühe der Armut zu suchen, nicht bloß die Habe, sondern auch die Begierde danach aus dem Herzen zu reißen.[363]

Mönche, die ihrem Entschluß untreu werden, haben vergessen, was sie gelobten, wozu sie eigentlich gekommen sind.[364] Auch *votum* meint nicht „Gelübde“ in dem Sinn, der sich im Laufe der Zeit herausbildete. In der Anfangszeit hatte der Entschluß zur Übernahme des asketischen Lebens keinen rechtlich bindenden Charakter. Den in Arles um den sterbenden Honoratus versammelten Mönchen von Lérins brauchte er nicht zu sagen, daß sie ins Kloster zurückkehren sollen, weil er wußte, daß sie es tun würden, außer denen, die ohnehin schon in ihrem Herzen beschlossen hatten, diese Gelegenheit zum Weggang zu benutzen.[365]

Wenn wir nun Kleiderwechel, Namenswechel(?) und ein zumindest vor Gott gemachtes Versprechen finden – selbst die *(ab-)renuntiatio* fehlt nicht[366] –, also Aussagen, die in dieser Form auch für die Taufe gelten, so ist die Gleichsetzung: „Mönchsprofeß = zweite Taufe“ für dieses frühe Stadium des Mönchtums doch nicht angebracht. Selbst ein zeitliches Zusammenfallen von Taufe und Beginn des asketischen Lebens – wie es das Konzil von Arles zum Ausdruck brachte – kann nicht als Beleg gelten. Die Texte bieten keine Anhaltspunkte zur Identifizierung von zweiter Taufe und Übernahme des asketischen Lebens, vor allem keinen Initiationsritus, der sich mit dem der Taufe vergleichen ließe.[367] Vergleiche lassen sich wohl finden: so wird beide Male von einer *conversio* gesprochen, das vergangene Leben wird jeweils als Fessel erkannt, dem das Joch Christi als neue Freiheit

[363] XXXIX,58/63. Vgl. auch XL,43.180; XLII,105.155. Vgl. dazu S. Pricoco, L'isola 145. R. Nürnberg, a.a.O. läßt die Interpretation Pricocos von *professio* = Mönchsberuf nicht gelten. – Daß bei Faustus aber *professio,* wenn es um den Mönchsberuf gehe, immer mit einer Erläuterung versehen sei (etwa *sancta* – so R. Nürnberg), widerlegt die zitierte Stelle; *professio* in einer genuin Lériner Schrift meint das monastische Leben.

[364] XXXVIII,56: *quid voverunt, obliti sunt propter quid hic venerunt; votum* drückt allgemein eine Verpflichtung gegenüber Gott aus, XLI,49: *quod datur ex voto, solvitur ex debito;* XXXVIII,159: *videamus: per inoboedientiam animarum, opera non respici, ieiunia non audiri, v o t a non suscipi.*

[365] V. Hon. 33,15/20: <...> *nisi eorum, qui iam et se superstite animi definitione migrassent.*

[366] XLII,68: *at vero nunc, postquam voluntatibus illius renuntiavimus.* – Faustus rühmt Honoratus wegen seiner *perfecta abrenuntiatio* (LXXII,152).

[367] Daß Honoratus sich zu Beginn der zweiten *conversio* (V. Hon. 8,2) – also zum asketischen Leben, nachdem die erste (ebd. 5,22) zur Taufe führte – die Haare scheren ließ, ist allgemein Brauch gewesen und steht nicht im Zusammenhang mit einem Ritus; ebenso ist auch das Pallium allgemeines Zeichen des asketischen Lebens, das Honoratus als Stadtasket bereits praktizierte.

gegenübersteht. Sonst aber läßt die Terminologie gerade bei Faustus, bei dem wir über mehr vergleichbares Material verfügen, keine auch nur oberflächliche Beziehung erkennen.[368]

Dennoch müssen wir dem Thema weiter Aufmerksamkeit schenken, denn die Analogie liegt auf anderem, nicht rituellem oder terminologischem und daher nicht unmittelbar erkennbarem Gebiet.[369]

Ganz unbefangen kann noch Eucherius den Zusammenhang von Taufe und dem Leben in der *eremus* darstellen, da er nur die biblischen Bilder verwendet: Die Taufe *in Moyses* (1 Kor 10,2), die Taufe des Johannes und die Taufe Christi.[370] Die Umkehrtaufe auf Mose und die des Johannes weisen auf die Beziehung *paenitentia* – asketisches Leben hin. Bezüglich der Taufe Jesu folgt Eucherius östlichem Vorbild: Dort bedeutet sie nicht die Übernahme des Gehorsams, Offenbarwerden des Sohnes, sondern Heiligung des Wassers, das nun dem Wüstenbewohner als Stärkung zur Verfügung steht.[371]

Faustus läßt immer wieder durchscheinen, daß die *mutatio vitae,* die in der *mutatio nominis habitusque* ihren Ausdruck findet, die früheren Weltsünden tilgt. Wichtigstes Zeugnis dafür ist Hom. XL. Darin wird das Leben im Kloster gleichsam als Vorwegnahme der zukünftigen Belohnung dargestellt.[372] Die *praegustatio* erlangt der Mönch zum Zeitpunkt der *conversio* zum *deo servire;* sie äußert sich darin, daß er der Herrschaft der Sünde entflohen ist. Ein großer Teil des Lohnes besteht schon darin, nichts mehr mit der Welt und ihren Sünden gemein zu haben. Faustus führt das weiter aus:

[368] Ausdrückliche Taufterminologie findet sich in den Ps.-Eusebianischen Hom. VI,9/22; XIV,90/99; XV,6/36.77/92; XVII,40/53; XX,54/70; XXIX,23/36; XXXIV,49/138 (darin viel aus De sp.); LVIII,4. Dabei ist jedoch nie eine Parallele zum asketischen Leben gezogen. Auch die beiden Homilien De s. Joanne Baptista (XXX; XXXI) enttäuschen in dieser Hinsicht. – Die meisten der hier aufgezählten Predigten weisen auffällig viele Ähnlichkeiten mit dem Sprachschatz des Faustus auf, so daß, wenn ihm die Parallele: Taufe – *professio* bekannt gewesen wäre, er sie ohne Zweifel hätte anführen können.

[369] Vgl. dazu reichhaltige Literatur bei Veilleux, La liturgie 198/225, und H. Bacht, Die Mönchsweihe als zweite Taufe, in: Catholica 23 (1969) 240–277, bes. 251. Beide setzen sich mit diesem Thema bei Pachomius auseinander; auch dort findet sich noch keine Analogie. Dagegen scheint bei Hieronymus dieses Thema angedeutet zu sein, ep. 39 (CSEL 54,299,14/17): *nunc vero, cum propitio Christo ante quattuor ferme menses secundo quondam modo se propositi baptismo laverit et ita deinceps vixerit, ut calcato mundo semper monasterium cogitarit;* vgl. auch ep. 130,7 (CSEL 56,186).

[370] Laus 15,171; ebd. 21,216/218: *in deserto ab hoc baptismus traditur, in deserto paenitentia praedicabitur;* vgl. ebd. 22.

[371] Ebd. 22,232: *mystico ergo flumine infusus nihil sibi prius agendum putat quam ut ad secreta contendat. et tamen ille sanctificantes semper purgatus abluerat.*

[372] XL,1/4: *scimus* <...> *magnam esse in futuro repositam remunerationem; sed, si bene recipiamus, in hoc ipso sopore quod gerimus, quodammodo etiam in praesentiam partem praemii possidemus.*

Erkennen wir also, wieviel uns der Herr durch seine Berufung *(pia vocatio)* verliehen hat. Laßt uns zählen, wenn wir können, von wievielen Sünden wir befreit sind, seit dem Zeitpunkt, an dem wir unsere hiesige Lebensweise begonnen haben. <. . .> und nun, nachdem wir dem Willen des Teufels abgesagt haben *(renuntiavimus),* sieht er seine Verehrer zum Dienst ihres Schöpfers zurückkehren, sieht er gleichsam seine Bilder *(idolum* – nicht *imago)* in die Tempel Gottes gewandelt.[373]

In Hom. XLIII,42 hält er den lau Gewordenen die *bona initia* vor Augen, die sie nun anklagen. Wenn er damit auch nicht in der Sprache der Taufliturgie spricht, so bleibt doch die mittelbare Beziehung der zweiten *conversio* zur ersten bestehen, und zwar im Hinblick auf die sündentilgende Kraft des Eintritts. Dabei macht Faustus jedoch unmißverständlich klar, daß es sich dabei nur um den *reatus culpae* und nicht um den *reatus poenae* handelt. Der Nachlaß der Sünden kommt durch den Eintritt zustande – sozusagen ex opere operato -, der Nachlaß der Sündenstrafen *(poena)* erst durch den ihm folgenden Lebenswandel *(conversatio),* den er als Buße begreift.[374]

Eine solche Auffassung entspringt der theologischen Konzeption des Faustus. Dem Menschen ist durch die *conversio* zum Mönchsstand zwar die aktuelle Sünde genommen, doch steht er, da er die Blüte der Tugend als Folge der Urschuld verloren hat, weiterhin unter der *consuetudo peccandi,*[375] gegen die er in beständiger Buße[376] anzukämpfen hat, um den Namen der *professio* mit Recht tragen zu dürfen.[377] Von einer gegenseitigen liturgischen Durchdringung der beiden Akte findet sich noch nichts, aber der innere Bezug von Taufe und *professio* ist hier spürbar, wenn auch Gegensätze nicht zu übersehen sind: Völlige Entsühnung bewirkt nur die Taufe. Für Faustus bleibt beides nicht fortwährendes und ungeschuldetes Gnadengeschenk, sondern hinterläßt dem Menschen ein *debitum:*[378] bezüglich der Taufe ein gläubiges

[373] XL,15/18.68/71.

[374] Ähnlich äußert sich Faustus über die Taufgnade in De gr. 1,14 (47,19/27), deren Wirkung von der Mitarbeit des Menschen abhängt. – Zur engen Verknüpfung von *bona initia* und der folgenden *conversatio* vgl. XLII,102; XLIII,45/51: *respiciamus ad fidem illam fervoremque quo coepimus, et ad ornandum conversationis nostrae usum saltem de primordiis nostris sumamus exemplum. Si periculosum est non quotidie addidisse, quanto periculosius est etiam ab initiis recessisse.*

[375] So in: XXXV,21; XXXVIII,200; XL,24; XLII,122; V. Hon. 23,20. Der Pelagianismus kennt auch die Gewöhnung im Guten, die schließlich zur Sündelosigkeit führen kann; Faustus hat nur in XXXVIII,219 die *consuetudo proficiendi.*

[376] Zu Mönchtum und Buße vgl. I. Hausherr, Penthos. La doctrine de la componction dans l'Orient chrétien (Rom 1944).

[377] XLII,104/105: *ideo magnis viribus defendendum est magnae nomen professionis.* XXXVIII,115.

[378] XL,19/20: *et tunc videbimus, quantum etiam de praesentibus beneficiis domino debeamus;* in XXXVIII,46 spricht der, der die Insel verlassen will selbstherrlich: *liber sum, nihil debeo.*

und gehorsames Leben, das die Sünde meidet, bezüglich der *professio* des Mönchs zusätzlich das umfassende asketische Leben *(conversatio, professio),* um das Angeld der Sündentilgung zu bewahren und das Ziel: das künftige Freisein von Sünde und Schuld, entgegen der *infelix consuetudo peccandi,* zu erreichen. Das ist die dem Menschen mögliche Leistung, sein Anteil am Gnadengeschehen, die er in den monastischen Übungen des Gebets, des Gehorsams, der Askese zur Erlangung des Heils selbst vollbringen muß und vollbringen kann.

3) Die Elemente des Mönchsberufs *(professio)* in Lérins

Wenngleich *professio* die Gesamtheit des asketischen Lebens bedeutet und sich nicht in einzelne „Gelübde" aufteilen läßt, so seien ihre Elemente doch gesondert in Augenschein genommen, da sie erkennen lassen, was der Eintretende übernimmt, wenn er sich der Gemeinschaft in Lérins anschließt.

a. Die Entstehung der *stabilitas (loci)*

In unterschiedlichem Zusammenhang wurde bisher die Stabilitas genannt. Zwei Homilien scheinen sie hauptsächlich zum Thema zu haben (XXXVIII; XL); sie ist ohne Zweifel nicht zentral innerhalb der asketischen Leistungen, wird aber für Lérins mehr und mehr charakteristisch.

Bis zur Zeit des Faustus können wir mit Sicherheit annehmen, daß es ein Versprechen der Stabilität nicht gab.[379] Es stand den Mönchen frei, jederzeit wieder zu gehen, was offenbar auch Praxis war, sonst müßte Faustus nicht so sehr für das Verbleiben im Kloster werben. Die schon genannte freiheitliche Regelung diesbezüglich mochte das Gespür für diese „neue" Tugend geschärft haben. Selbst Eucherius kennt in seinem sonst ungetrübten Lob die Möglichkeit des Weggangs.[380] Probleme ergaben sich sicher aus der großzügigen Aufnahme der Gäste: Nach der Schilderung des Hilarius konnte jeder so lange bleiben, wie er wollte, und ging erst weg, wenn er sicher und getröstet war; dabei spürte er die Zeit des Aufenthaltes nicht. Genau dies aber ist die Praxis, gegen die Faustus angeht, da er dahinter nicht nur Lauheit, sondern auch die Absicht verspürt, sich mit zeitweisem Aufenthalt von Sündenstrafen loszukaufen.

[379] Gegen B. Steidle, Das Versprechen der Beständigkeit, in: EuA 36 (1960) 105–122, hier 109: „Es ist anzunehmen, daß im Profeßversprechen der Mönche von Lérins die örtliche Beständigkeit ausdrücklich erwähnt wurde." Textlich gibt es zu dieser Behauptung keine Grundlage, zumindest müßte angegeben werden, zu welchem Zeitpunkt dies vermutet werden könnte.

[380] Laus 41,464: *tuum, qui non refugit habitaculum, factus est dei templum* – ein solcher Satz setzt voraus, daß man auch gehen konnte.

Ein anderes ist, daß Mönche durch auswärtige Verpflichtungen (Bischofsamt) der Insel entzogen wurden – zumindest nach dem literarischen Zeugnis taten sie es stets widerstrebend. Hier gewinnt man den Eindruck, Lérins sei von vornherein als Durchgangs-, Ausbildungs- bzw. Vorbereitungsstätte für sie gedacht.[381]

Die Sprache des Faustus zur Stabilitas ist noch völlig „unverbraucht", was ihre Nichtexistenz nahelegt. Man merkt, wie er um ein Ideal wirbt, ohne sich auf ein vorhandenes Gebot berufen zu können. Ihm fehlt ein Repertoire an schlagkräftigen Schriftzitaten, das schon Caesarius zur Verfügung stand.[382]

Im folgenden braucht es nicht um die Genese des Stabilitasgedankens oder -versprechens in der christlichen Spiritualität zu gehen; das wurde bereits in aller Ausführlichkeit geleistet.[383] Vielmehr sollen Motivationen und Beziehungen der Stabilitas zu anderen Tugenden dargestellt werden, die in Lérins zu ihrer Genese beitrugen.

Diese ergeben sich aus den Themen der Predigten. Keine behandelt die Stabilitas als erstes und eigentliches Thema. Hom. XXXVIII, die wohl eindrucksvollste, hat außer dem einleitenden *pulsemus perseverando* (nach Mt 7,7) keine ausgeprägte Terminologie; sie warnt nur vor dem Gegenteil, dem *discedere*. Ihr Hauptgegenstand ist der Gehorsam. In XL ist das Vokabular bereits ausgefeilter. Man findet *stabilis, stabilitas, perseverantia, consummatio, ... usque in finem* und, was die Stabilitas als „dynamische" ausweist – nicht ein In-sich-Ruhen, sondern ein kämpferisches Feststehen und Widerstehen –: *persistendo, proficiendo.* Doch hier ist das Thema die Buße und nicht die Stabilitas.

Diese Beziehung begegnete bereits im letzten Abschnitt. Faustus sieht im Kloster ein Bußinstitut. Da alles bei Gott, dem gerechten Richter, gesammelt, hinterlegt und aufgezeichnet ist, und dem Menschen die Schwere der Schuld und die Strafe vor Augen stehen, ist eine leichte und kurze Buße, ein bloßes Bekenntnis der Schuld nicht

[381] XXXV,54/57; V. Hon. 24 § 2.

[382] Caesarius beginnt seine RMon: *Inprimis si quis ad conversionem venerit, ea condicione excipiatur, ut usque mortem suam ibi perseverit* (149,11) und schließt mit dem „Stabilitas-Zitat" Mt 10,22 (= 24,13) (155,10). – Vgl. auch RVirg 49 (SC 345,236); ep. ad Caesariam 2, (ebd. 302); Mt 10,22 verwendet in gleichem Zusammenhang auch Cassian in Inst. 4,36,2. Bei Faustus und im gesamten Leriner Schrifttum taucht es nicht auf.

[383] Vgl. M. Rothenhäusler, Ältestes Mönchtum und klösterliche Beständigkeit, in: BM 3 (1921) 223–237; ders. Die Beständigkeit des Benediktiners, in: BM 3 (1921) 357ff; B. Steidle, Das Versprechen der Beständigkeit, des Tugendwandels und des Gehorsams in der Regel St. Benedikts, in: EuA 36 (1960) 105–122; A. de Vogüé, Pérséverer au monastère jusqu'à la mort, in: CollCist 43 (1981) 337–365, die sich mit nur geringen Abweichungen auf die gleichen Quellen stützen; J. Leclerq, Éloge de la stabilité, in: CollCist 47 (1985) 259–266 (dt. in: EuA 62 (1986) 251–258).

ausreichend,[384] um die Sündenlast zu tilgen, auf die der ewige Tod steht.[385] Manche fühlten sich sicher, sahen sich bereits durch den Eintritt als Heilige.[386] Ihnen setzt Faustus ein doppeltes *hic sumus et tuti non sumus* entgegen.[387] Auch der ehemalige Lériner Salvian polemisiert gegen dieses selbstgenügsame Sicherheitsdenken der Religiosen.[388] Beide sind zudem als entschiedene Gegner der weit hinausgeschobenen *paenitentia in extremis* bekannt.[389] Weil niemand wegen des vergangenen Lebens und bezüglich seines Ausgangs die Heilsgewißheit hat, darf er in der Buße nicht ruhen, *antequam ad finem felicis consummationis perveniat.*[390] Alle Hoffnung und Freude liegt in *consummatione et fine.*[391] Um den himmlischen Lohn zu erlangen, genügen keine vier bis fünf, auch keine zwanzig bis dreißig Jahre Aufenthalt, wenn man danach wieder in die Welt zurückkehrte.[392] Soll daher die Lebensbuße garantiert sein, muß die Zeit und die Form, in der sie geleistet werden muß, auch im Kloster garantiert sein. Deswegen: Buße in *stabilitas usque in finem,* deshalb das aufkeimende Bestreben, *stabilitas* in ein rechtsbindendes Gelübde zu fassen, um dem Mönchsleben einen der Weltbuße korrespondierenden Rang einzuräumen und zugleich der Lauheit zu wehren. So entstand allmählich aus dem Zusammenwachsen von Stabilitas und Buße ein am Beginn des Klosterlebens stehendes Gelübde – nicht jedoch zur Zeit des Faustus.

[384] Vgl. XL,44/49: *aliquanti sufficere nobis putamus, quod secretum istud conscendimus, quod locum habitumque mutavimus, quod hic aliquantum temporis duximus, spem omnem in annorum numerum collocantes. Ac sic, perniciosa nosmetipsos persuasione fallentes, putamus quod mala nostra spatio temporis evanuerint.*

[385] Hom. XL,50.70: *nec transitoria opus est satisfactione pro malis illis, propter quae paratus est ignis aeternus;* vgl. ep. 5 (187,10/14): *tria itaque haec capitalia, sacrilegium, adulterium, homicidium, nisi hic perfectae paenitentiae fuerint expiata remediis, perennibus illuc concremabuntur, incendiis. hos itaque immisericordes a fide et baptismo non legimus declinasse sed perpetuam mortem divina cognoscimus auctoritate meruisse.*

[386] XLIII,76: *quod nos interdum sanctos putamus.*

[387] XL,176.205.

[388] De gub. 5,10,51–56; (SC 220,350–354).

[389] Faustus ep. 5 (184); Salvian, Ad eccl. 1,10,49–54 (174–178); vgl. dazu D. J. Nodes, De subitanea Paenitentia in Letters of Faustus of Riez and Avitus of Vienne, in: RTAM 55 (1988) 30–40.

[390] XL,90.110.

[391] Ebd. 125: *quia spes nostrae omnes in consummatione atque in finem consistunt;* ebd. 133: *omnis prosperitas omnisque laborum felicitas in fine consistit.*

[392] Ebd. 121: *etiamsi hic viginti aut triginta annos domino impendissemus* – <. . .> *et ut satis unum annum ageremus in saeculo: inaestimabile esset quantum nobis de aeternae vitae gaudiis fraudaremus.* Ebd. 134: *cum autem etiam illis dolendum sit, qui hinc* <. . .> *post aliquantum annorum profectum, aliquibus desideriis abstrahuntur: quid de illis erit, qui hic quattuor aut quinque annis longissimum tempus credunt et omnem reliquiae vitae tractum in saeculi vanitate consumunt? Cum etiam unus annus saeculi, labores nostros in eremo acquisitos ita possit absumere* <. . .>. Vgl. eine ähnliche Problematik bereits bei Cassian, Conl. 18,3 (CSEL 13,536).

Ein weiterer Grund für die Entstehung eines Stabilitasversprechens liegt in der Verbindung mit der Akedia; durch das 10. Buch der Institutiones Cassians ist sie literarisch im lateinischen Westen bekannt, auch in Lérins.[393] Die Einflüsterungen, die den Mönch aus der Wüste herauslocken wollen, entsprechen dem, was der Dämon der Akedia dem Mönch bei Cassian vorgaukelt. Allerdings erscheint die Stabilitas nicht als unmittelbares Heilmittel gegen die Akedia, dazu ist sie noch zu wenig ausgeformt und geprägt, außerdem ist sie als Wert in sich noch nicht ins Bewußtsein gekommen. Es stehen bekanntere und „größere" Tugenden bereit. Cassian empfiehlt als Mittel dagegen noch die Arbeit. Für Faustus führt der Weg aus ihr über die dauernde Unterwerfung im Gehorsam, der in der Stabilitas seine Echtheit erweist. An über zehn Stellen spricht er in Hom. XXXVIII vom Gehorsam; mindestens die Hälfte davon verbindet er mit dem Gedanken der monastischen Stabilität, bzw. dem des Ungehorsams, der Absicht wegzugehen. Der Ungehorsam erscheint ihm als einziges Motiv, die Insel zu verlassen.[394] Wer sagt: *liber sum, nihil debeo,* ist nicht nur dem Befehl des Oberen ungehorsam; er leugnet, in der Schuld des Blutes Christi zu stehen. Er wird durch den Dämon des Ungehorsams verhärtet[395] – bei Cassian durch den der Akedia – und verfällt der „negativen Stabilitas": er steht fest im Ungehorsam und rühmt sich deswegen auch noch: *quam bene acquievi; quam constanter illi <praeposito> restiti, quanta auctoritate respondi! Putabat: quod me semper humiliare deberem.*[396] Aus diesen Gründen die Insel zu verlassen, ist eine sinnlose Flucht, da man sich selbst überallhin mitnimmt; nur dann hätte es Sinn, wenn man vor dem Teufel flöhe; das gelingt aber gerade nicht, indem man von Ort zu Ort flieht, sondern von der Sünde zur Tugend,

[393] Vgl. XXXVIII,133: *tempore etenim discessionis multa promittit inimicus; persuadet: sibi se illuc quo tendit, maiorem profectum, multam gratiam atque rerum abundantiam reperturum, ac tamquam angelum suscipiendum.* – Vgl. dazu Cassian, Inst. 10,2 und Hom. XL,165: *per cogitationes ac per diversas tentationes ex hoc loco quodammodo quasi extra castra producere et quasi eminentissima arce deponere <...>. Mittit primum intentiones diversas, indignitates, animositates, ut, dum homo semel destinarit atque in furore definierit implere contendat, non cogitet damnum suum, non respiciat ad ruinam. Et, cum illum deposuerit, tunc in nihilum iam profutura paenitudo succedit.* Vgl. RMac 27. Es ist zu beachten, daß die Versuchung immer in Gestalt des Feindes auftritt, nicht etwa aus dem Menschen. Der Mensch ist gut, doch muß er gegen den Feind von außen kämpfen.

[394] Vgl. XXXVIII,42: *desero atque discedo; hoc ego ferre non patior; ingenuus homo sum;* ebd. 53: *malo discedere quam emendare, quam satisfacere, quam implere, quod praecipis.*

[395] Ebd. 79: *ille enim, quia non potest aliquam absolute de loco salutis* (Lérins) *excludere: immittit primum occasiones et causas; immittit inoboedientiae passionem quam semper socia infelicitas comitatur;* vgl. ebd. 204/210.

[396] Ebd. 206.

von der Leidenschaft zur Besserung.[397] Das kann nur im Gehorsam erreicht werden. Nicht gehorchen und weggehen wollen, heißt, doppelt den Willen des Teufels zu tun, heißt, sich schon jetzt der Verdammnis auszuliefern.[398]

Bedeutung und Wert der Stabilitas zeigt sich somit zuerst im Zusammenhang mit anderen Tugenden, als deren Prüfstein sie auftritt und eingeführt wird. Damit ist ihr jedoch implizit ein Platz eingeräumt, der ihr in vergleichbaren monastischen Schriften nicht zukommt und der sie geeignet macht, sich als selbständigen Wert zu entwickeln.

Stabilitas braucht selbstverständlich ein Objekt – doch dieses ist keineswegs immer klar. Bei Benedikt gibt es eindeutig die *stabilitas in congregatione* (RB 4,78). In Lérins – und das ist wichtig für das monastische Selbstverständnis – kommt der Gemeinschaftsbezug kaum in den Blick. Zweimal wird er nur angedeutet: Dem Ungehorsamen wird vor Augen gehalten, daß er im Fall des Austritts vom Leib der Gemeinschaft abgeschnitten und ohne Frieden, ohne brüderlichen Trost sei.[399] Sonst aber steht eindeutig der Ort als Objekt der Stabilitas im Vordergrund. Das meint jedoch mehr und etwas anderes als bei Cassian oder in der Apophthegmatatradition das Verbleiben in der Zelle.[400] Die Insel selbst wird zum Ort des Heiles, von dem der Teufel weglocken will,[401] sie ist der Ort, an den der Herr den Mönch gerufen hat,[402] wo er ihn zum erstenmal erleuchtete; der Hafen, in den er ihn nach schweren Stürmen und Unwettern führte, an den man voll Freude kam und Namen und Kleid der Welt ablegte. Selbst die Vögel lieben ihre Nester, die wilden Tiere den Ort ihrer Geburt und werden zu ihm durch eine Sehnsucht nach Nahrung bewegt; um wieviel mehr müßte es der Wunsch des vernunftbegabten Menschen sein, sich an das Geschenk Gottes zu binden.[403] Diese Stellen, die nur vom Zusammenhang: *stabilitas – locus* handeln – andere Stellen über den Ort ließen sich beliebig anfügen,[404] – erhalten durch ein fünfmaliges

[397] Ebd. 59: *emenda te, et fugiet a te. Resistite diabolo et fugiet a vobis* (Jak 4,7). Das gleiche Argument bringt Eucherius in Form der Frage in Cont. 719D: *aut quo suppetit, ut fugiant, qui a Deo se avertunt?* Zur Bekräftigung fügt er Ps 138,7.10 an.

[398] Das *etiam in praesenti,* das in XL,4 die Vorwegnahme himmlischer Belohnung anzeigte, kann auch diesen ernsten Ton erhalten.

[399] XXXVIII,73: *a corpore congregationis abscisi;* ebd. 121: *oblivisci fraterna societatis et consolationis?* Doch schon der letzte Satz steht inmitten von Hinweisen auf den Ort: *eradiceris de loco ad quem te dominus tuus vocaverat, in quo te primum illuminaverat, in quem te post mala saeculi quasi ad portum de gravi tempestate induxerat:* <. . .> *oblivisci loci illius in quo primum pristinum habitum et nomen saecularis exueras?*

[400] Vgl. Cassian, Inst. 4,2.10.

[401] XXXVIII,79.

[402] XL,120: *in loco vocationis persistendo.*

[403] XXXVIII,123/132.

[404] Vgl. u. § 2 III: Der Ort.

lokatives *hic* als Hinweis, wo Askese nur gelebt werden kann, ein zusätzliches Gewicht.[405] *In insula vivere* heißt Mönchsein und umgekehrt. Wenn man auch meint, an einem anderen Ort als Mönch leben zu können – die Insel zu verlassen heißt immer, sich aufs ungewisse Meer zu begeben, nicht zu wissen, ob man wieder Boden unter die Füße bekommt oder sicher ankommt; die Gefahr des Schiffbruchs oder der Verlust der Ladung liegt nahe[406] – und dies nicht nur bildlich gesprochen, sondern zugleich in der realsten Bedeutung des Wortes. Wenn man sich in die Lage der Bewohner auf der einsamen Insel versetzt, begreift man, warum Faustus immer vom Bleiben am Ort spricht, warum er den Ort für den Begriff der Stabilitas in den Vordergrund rückt.[407] Das lokale Element steht ihm so deutlich vor Augen, daß die Insel zum Symbol und Maßstab für die Beharrlichkeit, ja für die Askese des Mönches wird.

Die Bindung nicht an Abt oder Gemeinschaft, sondern an den Ort, von der andere Mönchsschriften ganz schweigen, ist nicht nur entscheidend für die Entstehung der *stabilitas loci*, sondern auch in bezug auf ein sie betreffendes Gelübde. Da es eine *dedicatio*, eine Hingabe an einen Ort nicht geben kann, ist sie im asketischen Leben auch hauptsächlich auf Gott gerichtet,[408] zumal da die Gemeinschaft, an die man sich binden könnte, als eigene wichtige Größe im Bewußtsein nicht existiert. Auch der Präpositus/Abt hat eine eher subsidiäre Funktion auf dem Weg des einzelnen zu Gott und zum Heil und ist – im Gegensatz zum Ort – durchaus auswechselbar, da es dem Mönch frei steht, sich seinen Lehrer zu suchen. Je mehr sich aber der Klosterverband festigt und mit ihm die Autorität des Oberen, je mehr er organisiert ist und bestimmend wird, um so mehr treten Mittel zur Sicherung seiner geordneten Existenz in den Vordergrund, um so mehr müssen Formen entstehen, die dem Aufnahmeritus rechtsbindende Kraft verleihen. Eine solche Entwicklung können wir für die zweite Hälfte des 5. Jh.s in Lérins annehmen, wofür Caesarius in seinen Regeln Zeugnis gibt.[409]

Es bleibt noch kurz zu beleuchten, was mit „dynamischer Stabilität" umschrieben werden kann. Diese ist kein besonderes Lériner Kennzeichen, sondern lag im Interesse jedes Mönchtums und läßt sich somit

[405] XL,148/152.

[406] XXXVIII,110/116.

[407] XL,209: *ideoque, in quantum possumus, stabiles simus in hoc tranquilissimo sinu.*

[408] Vgl. das unter *professio* und *votum* Gesagte.

[409] Vgl. Anm. 382. Von der Existenz einer schriftlich festgehaltenen Profeßformel sind wir aus der ersten Hälfte des 5. Jh.s vom koptischen Mönchtum Schenutes unterrichtet. Bei ihm war ebenfalls die wachsende Zahl der Brüder, die eine Organisation notwendig erscheinen ließ, ausschlaggebend; vgl. J. Leipoldt, Schenute von Atripe, (Leipzig 1903) 106–113.

auch viel einfacher belegen. Ein Satz des Faustus mag das erläutern: *cursum nostrum stabilitate et perseverantia commendare debemus, in loco vocationis nostrae persistendo et perficiendo dirigemus.*[410] *Stabilitas* und *perseverantia* beziehen sich hier auf den Lauf.[411] Es geht um das innere Feststehen im Fortschreiten. In diesen Zusammenhang gehört auch Jak 4,7 *(resistite – stare – diabolo)* und das *semper incipere usque ad finem.*[412] Bereits in V. Hon. wird die Sehnsucht, nach Christus zu entbrennen wie am ersten Tag als Vorbild für die immerwährende Haltung dargestellt.[413] Ebenso schreibt Faustus von Maximus: *usque ad finem semper inciperet, inter ipsa primordia consummatus apparuit.*[414] Es ergeht die Aufforderung, bis zum Ende auf der Suche zu sein,[415] immer von neuem die Leidenschaften zu bekämpfen,[416] damit man nicht mitten im Kampf dem Teufel die Hand reicht. Diesen Ermahnungen liegt die exterior-interior-Thematik zugrunde, mit der Faustus nicht bei der Betrachtung des äußeren Ortes stehenbleibt. Es genügt nicht, bloß auf der Insel zu leben.[417] Darin liegt die Gefahr, ein bequemes Leben zu führen, nachdem man erst einmal auf ihr ist.[418] Die Vollendung *(consummatio)* des Mönchslebens wird als ein *perseverare* im Kampf begriffen, das der äußeren Stabilitas als inneres Pendant zugeordnet ist und wie sie bis zum Ende nicht nachlassen darf.

410 XL,49.

411 Bei Faustus meint *cursus* fast immer das asketische Leben: XL,19.154; XXXVIII,234; Eucherius, Form. (49,11): *currere – in operibus bonis properare.*

412 Vgl. XXXVIII,182: *quotidie sic agit quasi semper incipiat.* XLIII,45: *respiciamus ad fidem illam fervoremque quo coepimus et ad ornandum conversationis nostrae usum saltem de primordiis nostris sumamus exemplum.*

413 V. Hon. 18,30: *innovare gaudia et ad Christi semper desiderium tamquam primo conversionis die inardescere.* Vgl. XL,102: *in fervore quo coepimus perseveremus.* Dazu Theodor, 3. Katechese (51,27): zurückkehren zum Anfang der Berufung heißt auch immer zum Geist des Gründers Pachomius zurückzukehren; vgl. Cassian, Inst. 4,37.

414 XXXV,4; ebd. 291: *ille exercitio infatigabiliter accinctus ad nova merita novus semper assurgens.*

415 XXXVIII,235: *quaeremus usque in finem.*

416 XLII,55: *quotidie resecemus passiones;* ebd. 117: *neglegentias nostras quotidie discutiamus;* XLIII,118: *contra nosmetipsos quotidie dimicemus;* XLIV,77: *nosmetipsos quotidie castigemus.*

417 XXXIX,32: *non enim in hoc loco bene vixisse laudandum est, sed in hoc loco bene fecisse* (vgl. dazu Hieronymus, ep. 58 an Paulinus [CSEL 54,529]: *non Hierosolymis fuisse, sed Hierosolymis bene vixisse laudandum est);* XL,112: *nec nobis sufficere putemus ad plenam salutem; quo inter servos dei vel habitationes censemur vel nomine computamur; quod in insula vivere atque in monachos psallere videmur.* XL,109: *nemo ergo securum se debere esse iudicet, antequam ad finem felicis consummationis perveniat.* Vgl. auch XLIV,8/10; XL,176.205.

418 In bildreicher Sprache schildert XL,91/100 die Gefahren, die bis zum Ende *(antequam ancoram optato in litore collocemus)* dem Mönch auflauern: die geistlichen Räuber am Wegesrand, das Überschreiten einer engen Brücke, der Kampf in der Schlachtreihe.

Die Untersuchung zeigt Wert und Genese der Stabilitas. Sie ist zunächst anderen Tugenden beigeordnet, ist einerseits Prüfstein, andererseits Garant für asketisches Leben. Von der anfänglich nur negativen Umschreibung *(non discedere)* entwickelt sich eine positive *(stabilitas, perseverantia)*, die, zur *stabilitas loci* geworden, in der zweiten Häfte des 5. Jh.s im Zusammenhang mit der Aufwertung und Institutionalisierung der Gemeinschaft als neuer Größe Ausdruck einer verselbständigten T u g e n d d e r S t a b i l i t a s wird, die zu einer Einbindung in ein Gelübde drängt.

b. Armut

Die Armut gehört traditionsgemäß zu den selbstverständlichen Elementen der Askese, über die sich die Mönchsväter nicht lange auslassen.[419] Allerdings können Motivation und Art, darüber zu reden, differieren, so daß man daraus auf ihre Handhabung und ihre Bedeutung für das Gemeinschaftsleben schließen kann.

Es wird vor allem das Besitz s t r e b e n bekämpft, das Anhäufen von Gütern n a c h dem Eintritt ins Kloster. Cassian widmet diesem Laster das 7. Buch seiner Institutiones. Dabei spielt die Einstellung zum Reichtum generell keine Rolle. Für Cassian, Salvian und Faustus ist er ein *medium,* das je nach Gebrauch zum Guten und Bösen neigen kann.[420] Für Eucherius ist er von vornherein negativ belegt, wenn er *quidam nostrorum* zitiert: „Was anderes ist der Reichtum als ein Unterpfand des Unrechts."[421] Er weist auf eine Verwandtschaft hin, die sich bis zur Ähnlichkeit der Worte erstreckt: *vitiis et divitiis.*[422] In den Homilien des Valerian, die seine monastische Herkunft nicht verbergen, wird der Besitz dann zum Übel, wenn er festgehalten und nicht für Almosen verwendet wird.[423]

[419] Vgl. Cassian, Inst. 4,2 (CSEL 17,55,12): *commemorari superfluum puto;* vgl. A. de Vogüé, La pauvreté dans le monachisme occidental, in: CollCist 46 (1984) 177–185; B. Steidle, Die Armut in der frühen Kirche und im alten Mönchtum, in: BM 41 (1965) 460–481.

[420] Cassian, Coll. 3,7,11 (79,3); 3,9,3 (81,5); 4,3 (111); Salvian, Ad eccl. 1,5,24.35 (156,164); Faustus, De gr. 1,3 (14,15): *non aurum in culpam venit sed quidquid auro obryzo adulterium fraus iniquitatis admiscuit;* XL,198: *apostolus non dixit: aurum vel argentum radix est malorum omnium, sed magis cupiditas divitiarum.*

[421] Cont. 716B, dort auch die Verwendung von 1 Tim 6,9: *Radix enim omnium malorum est cupiditas.*

[422] Ebd. Den inneren Reichtum meint Eucherius, wenn er seinem Verwandten vorhält, daß er allen Reichtum und alle Annehmlichkeiten von Gott hat, den er deswegen am meisten lieben müsse.

[423] Vgl. die Homilien 7,8,9 bes. 7,3 (PL 51,714 A/D).

Für Honoratus war die Aufgabe des Besitzes nach dem Wort Jesu (Mt 19,21) keine Frage.[424] Das wurde beispielhaft *(fuerat exemplum)* für alle Nachfolgenden, die mit ihrem Eintritt ihr Vermögen zum Verteilen zu Honoratus brachten.[425]

Das ist die von keinem Lériner angefochtene Praxis; ein Verstoß gegen sie wird an keiner Stelle gerügt. Daß sie aber gerade zu Beginn des 5. Jh.s nicht selbstverständlich war, zeigen die Klagen Cassians,[426] die überaus scharfe Kritik Salvians an die Asketen, die entweder ihren Besitz behielten[427] oder ihn Verwandten zur Anhäufung des Vermögens überließen,[428] statt ihn zu Werken der Barmherzigkeit zu verwenden. Diese sind Religiosen nur dem Kleid und dem Namen nach, nicht aber nach der Gesinnung.[429]

Die Armutspraxis in Lérins sah vor, daß das Notwendigste an Nahrung und Kleidung immerhin beschafft werden konnte.[430] Die Mittel dazu liefen bei Honoratus ein und wurden von *dispensatores* an Bedürftige und von Honoratus an die Gemeinschaft ausgeteilt, wobei er jedem zuteilte, was er benötigte. Darin wird der Unterschied zur bereits ausgeformten pachomianischen Koinonia der Praecepta deutlich, bei der der Armutsforderung zusätzlich zu aller Askese eine solidarische Dimension und vereinheitlichende Tendenz innewohnt, so daß sie eine Funktion des Gemeinschaftslebens wurde.[431]

Die vor allem individuelle Betrachtungsweise der Armut wird durch die Stelle, die Faustus dem Thema widmet, noch bestätigt. Zugleich findet sich die für ihn typische und fast ausschließliche Übertragung auf die innere Ebene (exterior-interior-Thematik). Armut an sich ist noch nicht verdienstvoll, in ihr aber auch nichts zu begehren, ist Tugend.[432] So lange man nicht aus ganzem Herzen und Sinn arm wird, kann Armut nicht für Tugend, sondern nur für Elend gehalten

[424] V. Hon. 11,23. Hilarius wußte, welche Bedeutung Mt 19,21 in der monastischen Tradition hatte. Die Kenntnis davon mag er direkt aus der V. Antonii oder auch aus den Confessiones des Augustinus gewonnen haben, deren c. 8 er als literarisches Vorbild der eigenen Bekehrung nutzte.

[425] V. Hon. 20 § 3; Eucherius bestätigt das, Laus 34,363: *qui <habitatores> abiciunt divitias, dum egere malunt.* – Zur anfänglichen Einheit von Klosteroberen und Verwalter s. o. I 1; vgl. dazu Lib. Ors. 26 (127,20 Boon). Von Hilarius schreibt Eucherius in Laus 3,32: *et tu licet omnem iamdudum censum in Christi pauperes Christo dives effuderis.*

[426] Inst. 4,15.

[427] De gub. 5,10,53–55 (SC 220,350–352).

[428] Ad eccl. 2,9,42–43 (SC 176,216–218); 4,7,34–37 (332–334).

[429] Ebd. 4,1,2 (310,20).

[430] Vgl. V. Hon. 20 § 4; vgl. Cassian, Inst. 7,29.

[431] Praec. 81; Lib. Ors. 21–23.26.27; vgl. H. Bacht, Vermächtnis I, 225–243. Die koptischen Viten berichten, daß auch hier zunächst nur anachoretisch lebende Asketen zusammengefaßt waren, VC 3,7 (65,7).

[432] Hom. XXXIX,64.

werden. Es nützt auch nichts, ein ganzes Vermögen zurückgelassen zu haben, wenn die Begierde - nicht nur nach Reichtum - in einem verbleibt.[433] So kommt es zu schwersten Streitereien,[434] weil man die äußeren Güter zwar verließ *(exteriora bona)*, die inneren Übel *(interiora mala)* aber behielt.[435] Was außerhalb *(foris)* nicht mehr besteht, muß nun vor allem im Inneren *(intus)* mit der Wurzel ausgerissen werden.[436] Wenn somit auch kein realer Besitz vorliegt, so ist das erste Anliegen des Mönches, die Übereinstimmung von außen und innen zu leisten, den Kampf gegen Begierden und Habsucht zu führen.[437] Ein Bild der vollendeten Armutshaltung zeichnet Faustus an der Person des Maximus: Er leistete die wahre apostolische Apotaxis (*vera et perfecta conversio* - nach Mt 19,27), indem er nicht nur die äußeren Güter mit der Welt zurückließ, sondern auch die Leidenschaften: *non solum possessio neglegitur in rebus, sed etiam passio repudiatur in moribus.*[438]

Auf die gleiche exterior-interior-Argumentation zielt auch Eucherius' Ablehnung des Reichtums[439] und die von ihm vorgelegten Motive, ihn ganz zu verlassen. Neben der Hinfälligkeit alles Zeitlichen, die ein Anhäufen von Gütern sinnlos erscheinen lassen muß und der beklagenswerten *brevitas* fügt er an: *foris est quod amas, extra te est, quod concupiscis, reverte potius in te, ut sis tibi carior, quam tua.*[440]

Auch bei den anderen Lérinern wird die Motivation zur Besitzaufgabe ganz auf dem Heilsindividualismus aufgebaut. Für Salvian steht an erster Stelle die Vermehrung der Verdienste.[441] Armut ist Zeichen des

[433] XL,187: *unde non satis prodest quod a nobis qualescumque facultates excludimus, quando ipsa in nobis resident cupiditates;* ebd. 203: *nihil proficiet homo, relinquendo quod extra se habet, qui vitia in se tenet.*

[434] Ebd. 190: *pro vilium rerum appetitu gravissimas intentiones movemus.* Vgl. Cassian, Inst. 4,15,1 (56.23): *pro vilissimis nullisque rebus accendimur.* - Vgl. auch Valerianus, Hom. 20, die 1 Tim 6,9 zufolge alle Übel aus der Habgier/Begierde ableitet. Für ihn sind *ebrietas* und *cupiditas* Grundlaster; vgl. Hom. 6,2 (PL 51,710A).

[435] XL,191; der gleichen spiritualisierenden Exegese folgt Valerianus, Hom. 2,2 (697C): die *bona* aus Mt 19,21 werden zu den eigenen *mala*, die man zurücklassen muß.

[436] XL,196: *ea quae foris posita erant et intus in animae ipsius visceribus adhaeserunt, radicitus evellantur.*

[437] Die gleichen Gedanken finden sich auch beim Armutsideal des Augustinus, vgl. dazu B. Steidle, Die Armut in der frühen Kirche 473-475. - Die Begierde/Habsucht, die in der klassischen Achtlasterlehre Cassians *avaritia* heißt, wird bei den Lérinern durchgehend *cupiditas* genannt. Sie (Eucherius, Faustus, Valerianus) stützen sich dabei alle auf 1 Tim 6,9; *avaritia* fällt nur ganz selten (XXXIX,64; Valerianus, Hom. 7,3 [714C]; 9,3 [720D]).

[438] XXXV,25/37.

[439] Cont. 716-717.

[440] Ebd. 716 C; ebd D: *nos potius nos amemus quam nostra. Nostra* meint bei Eucherius in diesem Zusammenhang immer: *anima*, den *homo interior.*

[441] Ad eccl. 4,7,28 (328); 3,18,77 (294).

Gottvertrauens, Ausdruck der Ganzhingabe.[442] Erst an zweiter Stelle finden sich die Werke der Barmherzigkeit, wobei die Frommen zuerst bedacht werden müssen.[443]

Aus der Bischofszeit des Faustus sind wir durch seine ep. 8 an Ruricius über die Besitzfrage unterrichtet.[444] Es ist keine Frage für Faustus, daß der Besitz aufgegeben werden muß, welchen Lebensstand man auch wählt. Dabei läßt er allerdings drei Möglichkeiten zu *(distrahere vel administrare vel locare):* der königliche Weg *(via regia)*[445] ist der der Mäßigung, indem ein kleiner Teil zur Existenz zurückbehalten wird und der Rest den Armen zukommt.[446] Die zweite wird durch die Sorge für die Verwandten diktiert – eine deutliche Milderung gegenüber Salvian; doch soll das durch einen Verwalter geschehen.[447] Das Beste ist jedoch, daß der Diener Christi sich bemüht, ganz die Wege des armen Christus zu gehen, indem er die „vollkommene Schule irgendeines großen Klosters" oder gleich den Kriegsdienst der engelgleichen Gemeinschaft auf der Insel anstrebt. Denn ebenso groß wie die Hochherzigkeit ist die Schwierigkeit, inmitten des Saeculums dem eremitischen Ideal zu folgen.[448] Dieser Passus bringt zwar nichts Neues, läßt aber deutlich das Werben für Lérins durchscheinen, wo für Faustus Askese (allein) vollkommen möglich ist. Die Motivation zur Armut bleibt im asketisch individuellen (anachoretischen) Rahmen.

Bis zur ep. 8 des Faustus (ca. 470) finden wir für Lérins zwar den üblichen Besitzverzicht für die Eintretenden, der auch fraglos eingehalten wird, jedoch keinerlei Hinweis auf eine innergemeinschaftliche Dimension bezüglich der Motivation der Güteraufgabe – oder gar die Rückführung auf die apostolische Urgemeinde wie bei Augustinus. Die Nachfolge des armen Christus, sowie vor allem die geistige Haltung

[442] Ebd. 2,12,54–59 (224–228).

[443] Ebd. 4,7,36–39 (332–334).

[444] CSEL 21,209,29–211,2; auch CC 64,407–408.

[445] Der Begriff ist häufig und kennzeichnend für die vermittelnde Spiritualität des Faustus besonders in der Gnadenlehre: De gr. Prologus (4,15); ep. 1 (161,12); bezüglich der Askese: ep. 7 (200,19; 207,5).

[446] Ep. 8 (210,18/20): *cursum per viam regiam tota mediocritate dirige. quod cum suadeo, videor vel nostram utilitatem vel pauperum cogitare.* – Die gleiche Lösung bietet auch Valerianus, Hom. 4,6 (705 B)

[447] Ebd. (210,12/13): *optimum est in secundo gradu sub noxio beneficiis administratore consistere, si vel voluntas suppetat vel facultas necessitatem annuae pensionis impleverit.* Vgl. dazu die Bestimmungen der RM 91 oder 86. Zum Ganzen: B. Steidle, Die Armut in der frühen Kirche 476–478.

[448] Ep. 8 (210,3/8): *primum revera bonum esset, ut Christi famulus Christi pauperis vias ex toto pauper studeret incedere, si perfectam magni alicuius monasterii scholam vel certe insulanam angelicae congregationis militiam liceret expetere. Nam in medio saeculi institutionem eremiticam proferre quanta magnanimitas, tanta est difficultas.*

der Armut, die Übereinstimmung der äußeren mit der inneren, bestimmen den Skopus der Texte, die damit erneut auf überwiegend anachoretisch lebende Adressaten auf der Insel schließen lassen.

c. Gehorsam

Als letzte literarisch reich bedachte Tugend in Lérins ist der Gehorsam zu nennen. Für Faustus ist er die Tugend schlechthin, die für ihn so außerhalb eines vergleichbaren Maßstabes steht, daß sie in den zahlreichen Tugend- und Lasterkatalogen der Mönchspredigten neben anderen nur dreimal genannt wird - in denen aus De gr. schon gar nicht mehr[449] - und doch gleichsam allgegenwärtig ist, so daß sie als die umfassende Lebenshaltung des Christen überhaupt erscheint. Für den Mönch ist sie nach Mt 7,26 (auf Fels gebautes Haus) Fundament und Summe des Lebens und Strebens.[450] *Oboedientia* und der monastische *labor* (nicht: „Arbeit“) werden austauschbar.[451] Nichts soll der Mönch dem Gehorsam vorziehen[452] und sich stets vor Augen halten, daß aller Schaden aus dem Ungehorsam erwächst (XXXVIII,145). Die relativ spät anzusetzende Hom. XXXVIII scheint eine einzige Katechese zu diesem Thema zu sein. Dabei lassen sich drei Dimensionen erkennen: die asketische, die theologische und die soziale, die wechselseitig in Beziehung treten können. Die ersten zwei tragen einen eher individualistischen Charakter, die dritte bezieht, wie der Name andeutet, die Gemeinschaft mit ein. Die asketische Komponente tritt zutage im Zusammenhang mit der Stabilitas.

Der Gehorsam, die Unterwerfung eines Freigeborenen unter einen Meister erscheint ihm unerträglich; er fühlt sich frei *ingenuus sum* (43); *liber sum* (48). Doch dies ist eine trügerische Freiheit, da er sich durch seinen Widerspruch in die Knechtschaft der Sünde begibt. Aus diesem Grund ist die Verweigerung des Gehorsams gegenüber dem Oberen durch Flucht von der Insel ganz und gar sinnlos: von allen Seiten wird er von Lastern eingesperrt (59). Das führt zu einer seelischen Isolation: er wird hart und starr (88), unfähig, die Geschenke Gottes in

[449] XLII,42/44; XLIII,68; XLIV,80; De gr. 1,8 (24,22.26,11); 1,17 (54,3); 2,12 (92,3); ep. 6 (198-199).

[450] XXXVIII,95/107: *haec enim parabola maxime ad inoboedientes respicit.*

[451] XXXVIII,18: *animae et corporis laboribus desudemus totis licet oboedientiae viribus exerceamur.* Dieser Satz hat Parallelen in De gr. 1,18 (56,4): *se pro eius purgatione multo labore desudat* und in ep. 1 (163,8/10. Die Gleichsetzung von *labor* und *oboedientia* findet sich häufig in De gr. 1,5 (20,29); 1,6 (22,20/21); 1,10 (34,23); 1,16 (52,20); 2,4 (67,1); 2,12 (91,15.27); Parallelen, die den theologischen Zusammenhang der Predigten mit De gr. und der theologischen Konzeption dort zeigen, vgl. o. II 2. 2: Theologische Dimension des Gebets, Anm. 329. - Vgl. B. Steidle, Per oboedientiae laborem, in: EuA 53 (1977) 428-435; 54 (1978) 200-216.280-285; ders., Der Genetivus epexegeticus, in: StMon 2 (1960) 193-203; (EuA 36 [1960] 105-122).

[452] XXXVIII,170: *nihil oboedientiae praeferat.*

diesem Leben zu erkennen (131) und sich Autorität und Vernunftgründen zu beugen. Schließlich hat er zu niemandem mehr Vertrauen als zu sich selbst und folgt nur noch seinem eigenen Willen. Erst in der Standhaftigkeit zeigt sich der Gehorsam und überhaupt erst der Mönch. Nur in diesem asketischen Zusammenhang wechselt unmerklich die Ausrichtung des Gehorsams: einmal wird der Obere genannt, ein anderes Mal direkt Gott. Die Verweigerung richtet sich zwar konkret gegen den Oberen, doch dem Flüchtigen kommt nicht in den Sinn, daß er eigentlich Gott Gehorsam schuldet: „Ungehorsam, was ist das anderes als dem Herrn selbst zuzurufen:‚ich schulde dir nichts', oder das Joch Christi abzuschütteln" (48). Ungehorsam wird sofort als ein Werk des Teufels gedeutet. Daß der Gehorsam gegen Gott im Gehorsam gegen den Abt, der Interpret seines Willens ist, verwirklicht wird, ist monastisches Gemeingut: *Christo in senioribus suis obtemperavit.*[453] Jedoch sucht man vergeblich nach Ausführungen – insbesondere nach Schriftbeweisen –, die die Inkarnation des Willens Gottes im Oberen argumentativ nahezubringen suchen. Hier, in diesem individuell-asketischen Rahmen, hat der Gehorsam erzieherische Funktion: Er ist das einzige Mittel zum Fortschritt (182), das Mittel, Sünde zu umgehen und aus der eigenen Isolation herauszutreten. Schließlich ist es das den Mönchen zukommende Charisma zu hören, während dem Obern die Pflicht obliegt zu lehren.[454]

Diese Züge eignen vornehmlich dem anachoretischen Gehorsamsideal,[455] doch werden in keiner Weise auch nur annähernd so extreme Leistungen genannt oder gefordert, von denen etwa Cassian zu berichten weiß. Vielmehr wird von einem leichten Befehl des Oberen gesprochen (31), der einen Dienst für andere vorsah und dadurch den Widerspruch provozierte. Das führt zur sozialen Komponente, die im Vergleich zu den individuellen Motiven noch relativ wenig entwickelt ist. Hom. XL, die in ihrem ersten Teil die horizontalen Beziehungen mehr in den Blick treten läßt, nennt ihn das Mittel, das die Gemeinschaft aufbaut. Je älter der Mönch ist, um so mehr soll er sich zu dieser Auferbauung verstehen (XXXVIII,171). Ungehorsam zerstört und verleitet zu Laster und Nachlässigkeit *(aedificat – destruet)*. Konkret heißt das, mit Phil 2,21, nicht das Eigene zu suchen, sondern sich für den Dienst am anderen mit Eifer und Klugheit einzusetzen (35). Damit verhilft der Gehorsam erneut, sich aus der Isolation – diesmal von den Brüdern – zu begeben. In diesem späteren Stadium (Mitte 5. Jh.) wird er zum Dienst am Aufbau der Gemeinschaft.

[453] XLII,155; vgl. A. de Vogüé, La communauté 275.281.
[454] XXXIX,1/4; vgl. dazu RBas, Prol. (CSEL 86,5).
[455] Vgl. K. Heussi, Der Ursprung des Mönchtums 122.

Die theologische Dimension schließlich dient nicht dazu, die soziale zu stützen oder die Autorität des Oberen zu rechtfertigen. Sie fördert erneut den anachoretischen Heilsindividualismus. Faustus hat sie besonders in De gr. entwickelt. Hierzu werden die meisten Schriftbelege angeführt. In dem beherrschend werdenden Leistung-Verdienst-Schema[456] wird der Obere zwar noch genannt, aber nicht als Ziel des Gehorsams, sondern als Mittel – nicht einmal als Vermittler der Gebote Gottes –, um über ihn zu Verdiensten und zum Lohn zu kommen: *quantum oboedientiores fuerimus praepositis ac patribus nostris, tantum oboediet et deus orationibus nostris.*[457] Die Mittel sind für Faustus keineswegs exklusiv gemeint. Viel häufiger spricht er von anderen Weisen, sich das Heil zu erwerben: Gehorsam gegenüber Regel und Geboten Gottes, gesteigerte Askese, Aufrichtigkeit in der Lebensführung (exterior-interior-Thematik), Befolgung der Tugenden, Meidung der Laster, die oftmals keinen Gemeinschaftsbezug haben u. v. a. m. Der Gehorsam aber wird mit der häufigen Zitation von Mt 7,7 zum entscheidenden Beitrag des Menschen am individuellen Gnadengeschehen auf seinem eigenen Weg zum Heil. Deswegen wird er vor allem Gott entgegengebracht, der seine Gebote *(praecepta)* in den Hl. Schriften hinterlegt hat.[458] In ihnen ruft und weckt Gott einerseits den Menschen,[459] andererseits öffnet der Gehorsam erst den Weg zum Erbarmen Gottes,[460] der dann – *admirabile commercium*[461] – bereitwillig

[456] Vgl. XXXVIII,147/242. Der Höhepunkt dieser theologischen Ausführungen findet sich in 221/226: *et ubi viderit Deus devotionem animi ardentiorem, insinuabit affectum, et quanto nos addiderimus ad studium, tanto ille apponet ad adiutorium; quanto nos apposuerimus ad diligentiam, tanto ille addet gloriam: qui habet dabitur ei, at abundabit* (Mt 13,12); *et alio loco dicit: Posui ad adiutorium super potentem* (Ps 88,2). Diesen Passus übernimmt Faustus später in sein Hauptwerk De gr. 1,12 (43,20/24). Weitere Parallelen s. o. II 2. 2) a.: Theologische Dimension des Gebets, Anm. 329.

[457] XXXVIII,152; wie weit dabei die Gegenwart Christi im Oberen im Bewußtsein ist, läßt sich nicht sagen; damit wäre wiederum in erster Linie der zweiten göttlichen Person der Gehorsam geleistet. Für diese Annahme spricht der Autoritätsbeweis Lk 10,16b: Wer euch verachtet, verachtet mich. Er wird jedoch in XLIII,92 nicht im Zusammenhang mit dem Gehorsam vorgebracht, sondern mit Beleidigung *(colaphizo)* des Praepositus. Vgl. auch XLVI,13 und LXI,2/3.23/24 (von Faustus), die Lk10,16a in bezug auf das Bischofsamt zitieren.

[458] De gr. 2,6 (72,2/5): *qui <...> scripturis sanctis sequaci sensu se accomodat <...> scripturas sanctas ad intellectum suum violenter adtrahere et praesumptive nititur applicare* <...>; XXXVIII,161: *amplius illius mandata sectemur.*

[459] De gr. 1,18 (57,27): *vides, quia sicut dei est, ut provocans adhortetur, ita oboedientiae hominis reservatum est, ut sequatur.*

[460] De gr. 2,6 (74,23): *oboedientia viam aperuit ad misericordiam.*

[461] Faustus benutzt diesen Begriff häufig für das Zusammenwirken von menschlichem Tun und Gnade: De gr. 2,4 (66,25); ep. 9 (211,10; 215,2): *commercium quoddam dandi et accipiendi inter deum et hominem.*

seine Gnade zur Hilfe und Vollendung hinzugibt. Das Zusammenwirken beider ist nicht zu durchschauen, es entzieht sich der *curiositas.*[462] Dabei kommt der Menschwerdung (und Erlösungstat) Christi nur geringe Bedeutung im Gnadengeschehen auf dem Heilsweg des Menschen zu; sie dient vor allem als *exemplum* – das Beispiel selbst wird zur Gnade.[463] Damit begibt sich Faustus ungewollt in bedenkliche Nähe zu der pelagianischen Auffassung von Heil und Erlösung.[464] – Die Vorstellung von der Selbsterlösungsfähigkeit des Menschen eignet wesenhaft der asketisch orientierten Soteriologie. Auf dem Boden einer christologisch begründeten Erlösungslehre tritt eine derartige Vorstellung in den Hintergrund. Nur in diesem Zusammenhang – Menschwerdung Christi als Gnade durch das Beispiel seines Lebens – fällt das sonst[465] als Autorität zitierte Jo 6,38; und nicht etwa, um mit dem Gehorsam Christi dem Vater gegenüber den dem Oberen geschuldeten Gehorsam des Mönches zu fordern. Was aber Gott nicht zu gering war, soll dem Menschen nicht als zu schwer erscheinen.[466] Hier trifft sich Faustus vor allen anderen monastischen Quellen zum Gehorsam erneut mit Cassian, bei dem ebenso keine doktrinäre Lehre zur Autorität des Oberen expliziert wird. Sie wird erst nötig, wenn der Gemeinschaftsverband fest konstituiert werden muß; Cassian schreibt aus seiner anachoretischen Begeisterung und Vergangenheit, die Faustus noch stark bewegte; in diesem Milieu fehlt der Gehorsam nicht, er wird einem charismatischen, meist frei gewählten Abbas entgegengebracht, von dem man persönlich und individuell das Wort Gottes und dessen Interpretation erwartete; demgegenüber erscheint der zönobitische Obere mehr als ein Ordnungsträger. In der Person des Faustus spürt man das Bemühen der Verschmelzung beider Größen.

Der theologischen Konzeption des unter dem Leistung-Verdienst-Schemas gesehenen Gehorsams liegt die bei Pelagianern und Semipelagianern gleichermaßen favorisierte Schöpfungstheologie und die Lehre vom Urstand zugrunde. Leid, Sünde und Tod kamen einzig

[462] De gr. 1,12 (44,6).

[463] XXXVIII,161/165: *Unde nos amplius illius mandata sectemur, qui ad hoc ad nos de caelo descendit: ut non solum redimeret mortis pretio sed etiam ut vitae aedificaret exemplo. Et cum illo dicamus: Ego non veni facere voluntatem meam, sed voluntatem illius qui misit me patris*(Jo 6,38).

[464] Vgl. G. Greshake, Gnade als konkrete Freiheit. Eine Untersuchung zur Gnadenlehre des Pelagius (Mainz 1972) 116–118.

[465] Vgl. RBas 12.181.184.

[466] XXXVIII,178.

durch den Ungehorsam Adams in die Welt.[467] Im Vermögen *(potentia)* des Menschen und insbesondere des Mönches, steht es jedoch, diesen paradiesischen Zustand vor der Ungehorsamstat Adams wieder herzustellen, indem er im Gehorsam die *consuetudo peccandi* überwindet. Solange er als ein *vas oboedientiae,* als ein *vas sanctificationis*[468] den Gehorsam bewahrt, hat das nicht nur die Mehrung der Tugenden und Kräfte zur Folge, sondern je demütiger und gehorsamer der Mönch ist, um so leichter und süßer empfindet er den Gehorsam als Joch Christi.[469] Ungehorsam hingegen raubt die Kräfte[470] und verhärtet das Herz, woraus weitere Laster und Strafen erwachsen.[471] Ohne Gehorsam – gemeint ist immer: Gott gegenüber – ist das gesamte asketische Leben nichtig *(opera, ieiunia, vota, ...)* und wird von Gott nicht anerkannt.[472]

Indem sich Faustus von der sozialen Einbindung des Gehorsams weitgehend unberührt zeigt und auch die Ausrichtung auf den Oberen als dem Vermittler der Gebote Gottes und als Objekt des Gehorsams im Hintergrund bleibt, wird der Gehorsam auf der theologischen Ebene, den man einer transzendenten (Gott) und überindividuellen (Regel und Hl. Schrift) Größe erweist, zum geeigneten Instrument des Heilsindividualismus – des Beitrags des Menschen an seinem eigenen Heilsweg im Gnadengeschehen – und versinnbildet somit erneut eher das Ideal des auf sich gestellten einzelnen, als das des Zönobiten. Selbst für den von Honoratus geforderten Gehorsam wirbt er in seiner Lobrede (nach 456) nur mit einem Rückgriff auf den Urstand[473] – nicht im Hinblick auf die konstituierte Gemeinschaft – und deutet damit wiederum nur die individuelle Dimension an, die in Lérins lange beherrschend war. Während seine Zeitgenossen und Vorbilder haupt-

[467] De gr. 1,1 (9,11): zu Röm 5,12 heißt es: *si non recessit superbus ab oboedientia, permaneret aeternus in gloria;* ebd. 1,13 (13,13): *initium totius ruinae inoboedienta fuit.* Vgl. Hom. LXXII,69 (s. u. Anm. 473).

[468] De gr. 1,11 (37,8.20).

[469] XXXVIII,149.

[470] Ebd. 84.

[471] Ebd. 87: *inoboedientia obdurat animum;* in De gr. 2,1 (58–61) widmet Faustus ein ganzes Kapitel dem Problem der Herzensverhärtung und ihrer Ursache bzw. ihrem Verursacher: es ist für ihn ein großes theologisches Problem angesichts des Vorhersehens bzw. Vorherwissens und der Vorherbestimmung Gottes.

[472] XXXVIII,156/160: *videamus quam acceptabilia sunt domino opera vel ieiunia eorum, qui suis potius quam seniorum voluntatibus obsequuntur. Clamant illi: Quare ieiunavimus, et nescisti? humiliavimus animas nostras, et non aspexisti* <Jes 58,3>; *et ille respondet: Ideo: quia in diebus ieiuniorum vestrorum inveniuntur voluntates vestrae! Videmus: per inoboedientiam animarum, opera non respici, ieiunia non audiri, vota non suscipi.*

[473] LXXII,69: *Teneamus oboedientiam, de qua ille semper specialius et studiosius praemonebat; quam si monachus non habuerit, vere pauper et nudus est. Denique primus homo, postquam oboediens esse desiit, nudum se esse cognoscit.*

sächlich die immanente und soziale Ausrichtung des Gehorsams als Funktion des Gemeinschaftslebens hervorheben,[474] kommt es Faustus als Abt auf die Beziehung des einzelnen zu Gott an, wozu der Gehorsam den Weg öffnet. Das Kloster soll eine Schule sein, in dem der Mönch lernt, diesen Weg zu gehen. Gemeinschaft, d. h. wohl eher die Versammlung einzelner, und der Obere haben nur Werkzeugfunktion, um das Gelingen zu gewährleisten. Gehorsam steht nicht im Dienst der Einheit oder der Gemeinschaft, sondern im Dienst der persönlichen Vervollkommnung und Heiligung. Er bereitet den Weg zum Himmel und zwar nicht nur den des Mönches, sondern in gleicher Weise den eines jeden Menschen, der nicht unter der Leitung eines Oberen steht. Faustus will Gemeinde ebenso als asketische Gemeinschaft wie sein Kloster verstehen und verbindet bereits in Lérins Askese mit der Theologie, die er erst ca. 20 Jahre später aus seiner asketischen Erfahrung ausformt und niederschreibt.

Wenn auch drei Dimensionen des Gehorsams in Lérins anklingen: die asketische in der Verbindung mit der Stabilitas, die soziale im Zusammenhang mit der Gemeinschaft und die theologische als Eröffnung des einzig möglichen Heilsweges, so verkümmern doch die beiden ersten zugunsten der dritten. Was für die Stabilitas galt, trifft hier in gleicher Weise zu: je mehr die Gemeinschaft in den Blick kommt und eigenen Wert erhält, um so mehr tritt die soziale Dimension als ein Mittel zu ihrem Aufbau und als Garant ihrer Organisation und ihres Bestandes mit dem Oberen zusammen hervor.

d. Monastische *conversatio*

Was über das bisher Gesagte hinaus an Tugenden erwähnt wird, geht nicht über die auch sonst bekannten Elemente des Mönchsberufs, der *professio,* hinaus und bleibt im Rahmen der monastischen *conversatio.* Sie tauchen immer wieder ohne große Erklärung in den Tugend- und Lasterkatalogen auf. Nur die auffälligsten und für das Mönchtum auf Lérins aufschlußreichsten seien noch kurz kommentiert.

Viermal findet sich in den Katalogen die Verletzung der *regula* eingeklagt.[475] Diese stereotype Erwähnung läßt mit dem Zeugnis des Konzils von Arles den Schluß auf eine wirkliche monastische Regel zumindest zur Zeit des Faustus zu. *Regula* meint zu diesem Zeitpunkt

[474] Vgl. F. Ruppert, Das pachomianische Mönchtum 366–463; R. spricht nur kurz das Verhältnis von sozialer und theologischer Komponente des Gehorsams an. Siehe auch: K. S. Frank, Art. Gehorsam, RAC 9 (1970) 390–430, bes. 422ff, und A. de Vogüé, La communauté 207–288.

[475] XXXVIII,197: *regulam violare;* XL,181: *transgressio regulae;* XLIII,68; XLIV,13.

mehr als bloß reguläres Mönchsleben oder eine allgemeine Norm; dafür stehen andere Begriffe.[476]

Auch die – allerdings nur einmalige – Erwähnung der *discretio* fällt auf. Doch rät der Kontext davon ab, darin die monastisch-asketische Tugend zu erkennen, um die Cassian so sehr bemüht ist.[477] Tatsächlich zeigt sich Faustus eigentümlich unberührt von den Überlegungen Cassians, wie aus De gr. zu entnehmen ist, wo *discretio* häufig verwendet wird. Sie hat hier die Bedeutung der in seiner Theologie als unerläßlich angesehenen Befähigung des Menschen, zwischen gut und böse zu unterscheiden.[478]

Ebenso wenig beeindruckt scheinen Faustus und die Lériner von der Acht-Laster-Lehre, die Cassian von Evagrius vermittelte. Wenn ihre Elemente auch alle einzeln vorkommen, so doch nie unter den seit Cassian geläufigen Bezeichnungen,[479] so wie auch nicht im Zusammenhang einer Predigt; letzteres hat seinen Grund darin, daß es die Lériner bis Faustus unterließen, das vorgefundene asketische Traditionsgut selbständig zu einer eigenen geistlichen Lehre zusammenzustellen.[480] In der Häufigkeit gleich nach der *superbia* wird vor allem *gula atque luxuria*[481] und *ira et iracundia*[482] genannt. Häufig geht Faustus gegen die Geschwätzigkeit an, die demnach ein großes Übel dargestellt haben mag.[483] Besonders schlimm: hinter dem Rücken des Oberen und die *murmuratio* sowie die *verbositas* nach den Vigilien.[484]

[476] Vgl. u. § 4.

[477] Cassian, Conl. 2; bei Faustus steht die *discretio* im Kontext allgemein christlicher Tugenden XLII,32: *gratia humilitatis, fidei ignis, flamma fervoris, oleum caritatis, lumen discretionis.* – Die Literatur ist äußerst umfangreich, vgl. J. Guillet, Art. Discernement des esprits, DSp 3 (1957) 1222–1291; A. Cabassut, Art. Discrétion, ebd. 1311–1330; zuletzt J. T. Lienhard, Discernments of Spirits in the Early Church, in: StPatr 18 (1982) 519–522.

[478] De gr. 1,1, (8,6); 1,6 (21,8); 2,8 (76,1); 2,12 (94,26); in diesem Sinn wird *discretio* auch im Eusebius Gallicanus verwendet: XVI,23; XXXII,73; XXVII,5; desgl. Eucherius, Instr. I (78,2). Einzig in LXXII,117 könnte die monastische Tugend gemeint sein, wenn Faustus von Honoratus schreibt: *caritati admixta discretio.*

[479] So finden sich folgende Umschreibungen: für *fornicatio: aculeus non edomitae carnis* (XLII,80); *maculae libidinum* (XXXIX,114); *obscenae cogitationes* (XLIII,81), wobei *cogitatio* bereits als das entsprechene Laster gilt; es kann auch einfach die mangelnde *castitas* beklagt werden: XL,11; – für *acedia: tepor* (XLII,23.45); für *avaritia: cupiditas;* für *vana gloria: honores refugere* (XXXIX,60).

[480] Vgl. dazu u. § 2 II,3: Geistliche Lehre.

[481] XL,7; XLII,79; XLIII,112; XLIV,85.

[482] XXXIX,33; XLII,24.89.95.137; XLIII,16.30.113; XLIV,32.43.74.85.

[483] Sie sei ein *commune et familiare malum* (XLII,88); weiterhin XXXIX,102: *mendaciis vel maledictis lingua commaculat;* ebd. 55.75: *linguam nequitiis et obtrectationibus polluamus;* XL,178; XLII,89,94: *gladium linguae;* XLII,91 (passim): *maledicere, maleloquare;* XLIII, 113: *contradictio tumida.*

[484] XLIII, 67/69; XL,178; XLIV,24; XLI,4; XLII,114; XLIV,26.81; LXXII,114/115.

Daß das Lachen dem Mönch fremd sei, ist auch in Lérins kein Novum.[485] Überraschend taucht in den sonst eher moralisierenden Predigten aber im Verbund mit *fides et devotio* die *hilaritas,* mit der Gott gedient wird, auf, die angesichts der *severitas* des Mönchtums immer Stiefkind blieb.[486]

Die Tugend- und Lasterkataloge,[487] die als Anfang einer Systematisierung gewertet werden können, gingen später teilweise oder ganz in andere Homilien des Ps.-Eusebianischen Predigtkorpus ein, wobei die speziell monastischen Tugenden ausgelassen wurden.[488]

All das faßt monastischer und Leriner Sprachgebrauch mit *conversatio* zusammen.[489] Ihr fällt nicht das Gewicht eines Sammelgelübdes neben anderen zu, sie umschreibt als einer von mehreren Begriffen (*cursus noster, professio, peregrinatio, sanctae occupationes* u. a.) die Gesamtheit der *onera* und *labores,* die der Mönch bei der *conversio* auf sich nahm, den monastischen Lebenswandel, ohne Unterscheidung des zönobitischen oder anachoretischen Lebens. Diese Verwendung kam zu Beginn des 5. Jh.s auf, die Leriner konnten den Begriff in der Pachomiana latina des Hieronymus kennengelernt haben.[490]

[485] XLIV,85: *plus risi hodie quam decebat;* XLIV,75: *in risu rarior;* vgl. B. Steidle, Das Lachen im alten Mönchtum, in: BM 20 (1938) 271-280.

[486] XLI,20.32.64; vielleicht schon in der V. Hon. 26,15: *quis ita mixtam laetitia disciplinam propinavit.* Die Edition von Cavallin (1952) hat an dieser Stelle *hilaritas!* Die RMac ist die erste Regel, die diesen Begriff in ihren Wortschatz übernimmt (2,7; 20,4) vgl. Lexique des anciennes règles monastiques occidentales (Steenbrugge 1978).

[487] Es finden sich nicht nur einfache Reihungen, sondern auch Gruppierungen und Gegenüberstellungen von Lastern und ihnen entgegengesetzten Tugenden; so teilt z. B. XLIII,112 die Laster in „geheime" *(carnis vanitas; secretae inhonestaeque; cogitationis obscenitas; tacitae mentis voluptas; incauti cordis impietas)* und solche, *qui manifesta sunt: (gulae appetitus, irae motus, superbiae impetus, contradictiones tumidas; obtrectationes improbas);* bei Gegenüberstellungen kommt die Verantwortung der Brüder füreinander zum Tragen: durch die eigenen Tugenden können die Laster der Brüder ausgerottet werden, aber auch umgekehrt; vgl. XLII,22: *vitia – virtutes; tepor – fervor; iracundia – patientia; superbia – humilitas; infirmitas – sanitas; foeditas – pulchritudo;* und ebd. 42. Die gleiche Anordnung findet sich in De gr. 1,8 (26,11/13).

[488] XL,90/98 in LXIV,75/84; XLII,22 in II,21/23; XLIV,77/90 in IV,173/185; dabei wurde ausgelassen: *puto quod hodie illum incipientem destruxi, seniori meo inoboediens fui; gula victus sum; plus hodie risi, plus cibo ac potu, plus otio ac somno quam decebat indulsi.*

[489] Vgl. L. T. A. Lorié, Spiritual Terminology 80-88.

[490] Vgl. H. Bacht, Vermächtnis II, 115 Anm. 4; 236 Anm. 10a (dort auch weitere Literatur); H. Hoppenbrouwers, Conversatio, in: Graecitas et latinitas christianorum primaeva, Suppl. Fasc. I (Nimwegen 1964) 53-95. H. nennt folgende Definitionen der *conversatio:* „le s'occuper de" (69); „endroits monastiques" (80); „vie dans l'état de conversus" (87); der Artikel beschäftigt sich hauptsächlich mit der Entwicklung des Begriffs, bevor er in einem speziellen Sinn im Mönchtum verwendet wurde.

Bei Eucherius ist er - abgesehen von seinem Vorkommen in Phil 3,20 - durch Appositionen nur negativ bestimmt[491] und kommt für den Lebenswandel des Mönches nicht in den Blick. Bis Faustus ist deutlich eine Entwicklung in Wertung und inhaltlicher Füllung des Begriffs zu erkennen.

Von den 13 Stellen, an denen er sich bei Hilarius (V. Hon.) findet, ist nur an zweien mit dem absoluten Gebrauch das Mönchsleben gemeint. In dem asketischen Leben, das Honoratus und sein Bruder Venantius führten bevor sie auf Reisen gingen (= *conversatio*), sah man sie bereits als *episcopati* an (9,21). In Lérins steht Honoratus den *recenti adhuc conversatione praevalidos* im monastischen Leben *(ieiuniis vigiliisque)* bei (18,4). Sonst werden erklärende Appositionen beigefügt (*angelica;* 12,6).

Bei Faustus ist die Nähe zum terminus technicus am ehesten greifbar. Das zeigten neben den Textvarianten der HSS, bei denen man *conversatio* gegen *conversio* austauschte,[492] auch Verbindungen wie *conversationis nomen,* wobei *conversatio* synonym zu dem umfassenden Begriff *professio (professionis nomen)*[493] verwendet wird. Der Teufel wird durch die *conversatio* provoziert (XLII,101).

In der Lobrede auf Maximus liegt der gleiche Gebrauch vor: Nachdem er schon lange als Asket im Verborgenen gelebt hatte, führte er dieses Leben nun für alle sichtbar: *publica conversatione suscepta unter den novae conversationis leges.*[494] An anderen Stellen finden sich Appositionen wie *sancta* (LXXII,81) und *mundana* (XXXIX,43) oder einfach *conversatio nostra,*[495] das aber nicht häufiger ist als etwa *cursus noster* oder *professio nostra.*[496]

[491] Z. B. Laus 28,293: *conversationis tumultus;* 37,410; Phil 3,20 in: ebd. 27,276; XXXV,293.

[492] So in XLII,101; XL,42; nach allgemeinen exegetischen Grundsätzen ist nicht unbedingt der ältesten HS als der wertvolleren der Vorrang zu geben, sondern eher der komplizierteren Lesart, was für *conversatio* in diesem Fall zutrifft. B. Steidle, De conversatione morum 136-144, hat gezeigt, daß im 8./9. Jh., aus denen die ältesten HSS des Eus. Gall. stammen, *conversatio* oft durch *conversio* ersetzt wurde, da *conversatio* als für sich stehender Ausdruck mit einer umfassenden Bedeutung den Herausgebern zu der Zeit (bereits wieder) zu fremd erschien.

[493] XLII,42.104.

[494] XXXV,11.14.

[495] Zu diesen Stellen bemerkt Hoppenbrouwers, a.a.O. 88: „la signification atteint ici son plein développement, conversatio s'y révèle terme technique exprimant ‚vie de moine'". Dabei setzt er die Homilien jedoch erst nach 485 an. Die Predigten sind aber um die Mitte des 5. Jh.s zu datieren. Zu diesem Zeitpunkt ist die Entwicklung zum t.t. noch nicht abgeschlossen.

[496] XXXVIII,234; XL,119; XLII,19.154: *cursus;* XXXVIII,125; XXXIX,58, XL,180; XLII,104: *professio.*

Eine so große Bedeutung wie in der RB[497] kommt diesem Begriff der *conversatio* in Lérins also nicht zu; dagegen sprechen die noch vielfältigen und variierenden Bezeichnungen für das Mönchsleben, die unterschiedliche inhaltliche Füllung, wie auch der Rückgriff auf präzisierende Ergänzungen. Wohl aber trägt Lérins zur Entwicklung des Begriffs zum terminus technicus im 6. Jh. bei. In seinen späteren Schriften bleibt Faustus von der asketischen Bedeutung des Begriffs bestimmt.[498]

4. Vertikale und horizontale Beziehungen in der Gemeinschaft

Nach den bisherigen Beobachtungen entsteht der Eindruck, als liefen die Beziehungen der Gemeinschaft fast ausschließlich zwischen dem Oberen und den einzelnen. Das ergibt sich sowohl aus der rührenden Sorge des Honoratus um jeden einzelnen Mönch als auch aus den Predigten des Faustus. Die Gemeinschaft hat lediglich die verantwortungsvolle Aufgabe, den Abt zu wählen.[499] Das kam ihr mit dem Weggang des Honoratus zu (428), der als einziger seinen Nachfolger noch designierte, so daß in Lérins wohl erstmalig diese Art der Abtsbestellung bezeugt ist und Faustus der erste von der Gemeinschaft gewählte Abt ist. Die Relationen lassen sich somit zunächst – in der Richtung von unten nach oben – als oberenzentriert, in der Richtung von oben nach unten als individuumbezogen bezeichnen.

Es fanden sich aber auch Tugenden und Laster, die offensichtlich auf vorhandene horizontale Beziehungen hinweisen (unnütze Rede, Zorn usw.). Dieser Spur ist abschließend nachzugehen, da sich daraus ergänzende Angaben über die Entwicklung der monastischen Lebensform ergeben können. Tatsächlich finden sich eine ganze Reihe verstreuter Hinweise; in Hom. XLII,1/58 sind sie so komprimiert, daß man sie als Ausgangspunkt benutzen kann. Man kann davon ausgehen, daß Hom. XLII eine ursprüngliche Einheit darstellt und daß ihre Entstehung noch in die Mitte des 5. Jh.s fällt.[500]

[497] Vgl. dazu E. de Bhaldraithe, Conversatio – St. Benedict recovers early Christian terminology, in: RBS 13 (1986) 3–17.

[498] Vgl. ep. 6 (169,22). In De gr. 1,9 (29,10): *non condicio hominis sed conversatio designatur;* in 2,6 (73,13) ist der „rechte Wandel" vor Gott gemeint. In ep. 6 (197,21) bezeichnet *praeteritae conversatio* den früheren Lebenswandel, der abgelegt wurde. In den Predigten des Eus. Gall. variiert der Gebrauch je nach Zusammenhang, vgl. Index CC 101C,1140/1141.

[499] Vgl. 3. Konzil von Arles (456), (CC 148,134,34).

[500] Vgl. im Anhang: Exkurs zum Eus. Gall.

Hier faßt Faustus die brüderlichen Beziehungen unter dem Begriffspaar *aedificatio/illuminatio – destructio (ruina)* zusammen.[501] Der gute Wandel ist den vielen eine Freude, die somit auferbaut und erleuchtet werden (46/47). Die guten Taten werden, indem man sie mit anderen vollbringt, vermehrt. Man selbst erleidet keinen Verlust,[502] wenn man mit dem eigenen Licht der Tugenden das Feuer der anderen entzündet und ihre Nachlässigkeiten und Laster löscht.[503] Die Lichtterminologie orientiert sich am Gleichnis der klugen Jungfrauen und ist im ganzen Lériner Schrifttum zu finden.[504] Die Mönche und ihr Leben sind nach Mt 5,14 das Licht auf dem Berg, ihr Dienst sieht vor, die Welt und die Menschen zu erleuchten. Wohin sie kommen, dorthin bringen sie das Licht, was sie berühren, leuchtet wieder. Wenn man dazu bedenkt, daß - nicht nur in Lériner Vorstellung - der Fall in die Sünde Verdunkelung des Geistes bedeutet,[505] erhält die *illuminatio* noch ein ganz anderes Gewicht in den brüderlichen Relationen.

Eine überraschend menschliche Konkretisierung erfährt die *aedificatio* darin, daß dem Wankenden nicht nur kein „linker Rat" gegeben werden dürfe, daß er falle und verderbe oder durch den Stachel der üblen Rede „ruiniert" werde *(adiuvat ad ruinam),* sondern daß man ihn *solatii porrecta manu sublevat,* was wohl als tröstende Geste verstanden werden darf (46/52). Wenn man das Berührungsverbot im alten Mönchtum bedenkt, ist eine solche Geste hier um so erstaunlicher.

Demgegenüber steht die *destructio alienorum* als schwere Verfehlung. In den als „Beichtspiegel" gehaltenen Lasterkatalogen taucht sie auf.[506] Indem man seine eigenen Fehler nicht tilgt (*lampadas nostras illuminare non posse,* 27), wird der andere „ruiniert" (20.51), seine Tugenden können sich in Laster kehren, sein Licht kann erlöschen (21/28). Doch

[501] XLII,5.10.21.46; *aedificatio alienorum;* ebenso in: XXXVIII,171; XLIV,82; - XLII,6.23.30.47: *illuminare;* XXXVIII,197; XLIV,84: *alienos destruere.*

[502] XLII,37/41: *numquam enim tibi deficit, quidquid alteri te proficit.* XLII,10/12: *quantos aedificavit, tantis feneravit; et quantum bonum ex se proximis commodavit, tantum in sua lucra convertit.*

[503] XLII,32: *fidei ignis, flamma fervoris, oleum caritatis;* ebd. 42/45: *benedicta illa a deo anima, cuius humilitas alterius confundit superbiam, cuius patientia proximi extinguit iracundiam, cuius oboedientia pigritatem alterius tacite increpat, cuius fervor inertiam alieni teporis exsuscitat.*

[504] Mönchsleben als Licht bei Eucherius, Laus 36,392/397 (Mt 5,14); 40,451; 42,466: *cunctis locis qua piorum illuminantur recessu reverentiam debeo;* 42,477: *<Honoratus> vultus radiantem; <Vincentius> interno gemmam splendore perspiciam.* Valentin, SC 235,40, zählt allein für die V. Hon. 22 Belege für die Lichtterminologie. Faustus, Hom. XXXV,75: *lampas magna non sibi accenditur;* ebd. 108: Maximus und Honoratus als leuchtende Säulen; ebd. 143: *splendebat omnis insula radiata ac repercussa suorum luce meritorum;* Mt 5,14 in ebd.: 149/155.228; LXXII,147/148; V. Hil. 2,16: *vultus nivei nitorem fulgentium luminum facies.*

[505] Vgl. XXXVIII,201; XLII,90/98; XLIV,42/50.

[506] XXXVIII,198; XLIV,83: *iuniorem, incipientem destruxi.*

muß der Schuldige bedenken, so viel er zerstört hat, so groß ist die Gefahr der Verdammung, die er auf sich zieht, denn das Übel fällt immer auf seinen Urheber zurück (14/17.93).

Andere Lériner Schriften bringen nur Ansätze von horizontalen Beziehungen zur Sprache. Bereits für Honoratus wird das Bemühen um brüderliche Liebe bezeugt; sein Bestreben war es: *amorem Christi et proximorum amando inserere.*[507] Faustus unterstreicht das mit dem Hinweis auf den rechten (antiarianischen) Glauben der Einheit in drei Personen, den Honoratus verkündete,[508] der der Gemeinschaft nun Ansporn und Vorbild für Einheit und Gleichheit sei.[509] Liebe *(amor* und *caritas)* waren für Honoratus und die frühen Lériner von großer Bedeutung.[510]

Wenn auch in den asketischen Schriften des Eucherius Hinweise auf die horizontalen Beziehungen fehlen[511] - das ist vor dem Hintergrund des eigenen eremitischen Ideals verständlich -, so widmet er in seinen Formulae den zentralen Begriffen jeweils eine eigene Erklärung: *aedificare – bona opera facere vel bene docere; destruere – mala opera exercere vel mala docere.*[512] An anderer Stelle ist für ihn *frater – Christus vel proximus,* woraus sich von alleine die gegenseitige Hochschätzung ergibt.[513]

Im Vergleich zu den Zeugnissen des gesamten monastischen Stromes - man denke an Basilius (RBas) und Augustinus[514] - zu Beginn

[507] V. Hon. 18,28.

[508] Vgl. V. Hon. 38,22.

[509] LXXII,64/68: *teneamus imprimis fidem rectam: credamus patrem et filium et spiritum sanctum: unum deum. – Ubi enim est unitas, esse non potest inaequalitas; et, cum filius, quia deus est, perfectus, consummatus et plenus sit, prorsus minor dici non potest plenitudo.* Diese Argumentation ist nicht neu, vgl. Augustinus, Contra Petil. 2,104,239 (CSEL 52,152–155). Faustus nutzt sie für seine Verbindung der Theologe mit der Askese.

[510] Valentin (SC 235,39) schreibt dazu: „il est symptomatique, que l'expression de saint Paul: ‚in caritate non ficta' (2 Kor 6,6) soit la seule citation biblique, utilisée à deux reprises dans la vita (10,18; 19,19/20)". Vgl. auch I. Opelt, Die Briefe des Salvian von Marseille, in: Romano Barbarica 4 (1979) 161/182; sie führt 175/182 ausführliche Erklärungen zu *amor* und *caritas* an und kommt zu dem Schluß (178): „wir meinen, daß <es> in der Absicht Salvians lag, die christliche Zuneigung inmitten einer immer bedrohlicheren Welt <zu> dokumentieren: m. a. W. wir halten dies für eine wichtige Komponente des Geistes von Lérins".

[511] Das *constricti caritate,* Laus 43,492, taucht bei Eucherius unter den Tugenden auf, die nicht speziell zönobitisch klingen. Die gleiche Wendung benutzt Hilarius, um die Beziehung des Honoratus zum Bischof Leontius von Fréjus zu beschreiben (V. Hon. 15,14), die sicherlich anders war, als die mitbrüderliche.

[512] Form. 7 (48,18/22).

[513] Ebd. 5 (31,11).

[514] Zu Basilius vgl. E. Amand de Mendieta, Le système cénobitique basilien comparé au système cénobitique pachômien, in: RHR 152 (1957) 31/80. Zu Augustinus vgl. A. Zumkeller, Das Mönchtum Augustins 121/214; Zumkeller läßt durch die Wahl seiner

des 5. Jh.s nehmen sich diese 60 Zeilen im Lériner Dossier als Manifestation horizontaler Beziehungen relativ bescheiden aus. Freilich widmet Cassian in seiner 16. Conl. über die geistige Freundschaft diesem Themenkomplex einige Aufmerksamkeit und zeigt große Erfahrung mit den psychologischen Verhaltensmustern des Zusammenlebens, doch geht es ihm darin nur um den Gegensatz: Streit - Liebe bzw. Zorn und seine Vermeidung; das „gewöhnliche Leben"[515] kommt nicht zur Sprache. Lérins kann daran keine Orientierung zur Gestaltung des gemeinsamen Lebensvollzugs gewonnen haben. Ob aus der RBas oder dem Praeceptum Augustins Anregungen entnommen wurden, läßt sich nicht mit Bestimmtheit sagen. Vielmehr scheinen manche Phänomene gemeinmonastisches Gut gewesen zu sein, sobald es um das Zusammenleben von Brüdern geht.[516] Doch bleibt das Fehlen einschlägiger Schriftzitate, wie Apg 4,32/35 und Ps 132 ein auffälliger Mangel in der Grundlegung des Gemeinschaftslebens.

Auch *aedificatio* ist ein in der Tradition geläufiger Begriff. Und doch zeigt der Gebrauch in Lérins eine nicht unerhebliche Nuance, die der Erwähnung bedarf. Wenn Cassian und Basilius, um nur zwei monastische Quellen zu nennen,[517] von *aedificatio* reden, so wird das stets mit Attributen konkretisiert: es geht immer um ein „Sich-ergötzen", Freuen-an (Gehorsam, Leben des Anderen) und passiv: erfreut werden durch (Hl. Schrift, Rhema des Älteren): *aedificatio* mit Abl. oder *per* + Akk; oder es geht um ein Starkwerden im Glauben etc: *aedificatio* + Gen. Einen solchen Gebrauch sucht man in Lérins beinahe vergebens. *Aedificatio* und entsprechend *destruere* tauchen in der der Urbedeutung am nächsten kommenden absoluten Verwendung auf:[518] *quantos aedificavit – quantos destruxit; aedificatione illuminat* etc. Damit wird, wenn auch noch unsicher in der Begrifflichkeit, umfassend die Gesamtheit des guten zwischenmenschlichen Handelns umschrieben. Zusammen mit den bisherigen Ergebnissen ist darin ein recht plastisches frühes Zeugnis der im A u f b a u befindlichen – im Wechsel von anachoretischer zu zönobitischer – Gemeinschaft zu erkennen.

Kapitelüberschriften keinen Zweifel daran, daß das Gemeinschaftsleben bei Augustinus das Zentrum seines Mönchtums war. Die V. Martini bietet nichts Vergleichbares; auch hier wurde die „Gemeinschaft der einzelnen" gelebt.

515 Den Begriff prägte H. Bacht, für den alltäglichen Lebensvollzug der Pachomianer (Antonius und Pachomius 97).

516 So z. B. daß Tugenden Gaben für alle sind, in deren Verwirklichung sich auch der Fortschritt des einzelnen mehrt; RBas 3,14 (28); Augustinus, Praeceptum 5,2 (430,157).

517 Die Zeugen ließen sich vermehren, vgl. Blaise, Dictionnaire des auteurs chrétiens: aedificatio, aedifico; E. Kasch, Das liturgische Vokabular 261–265.

518 Dies ist als ein weiterer Beleg dafür zu werten, daß die Sprache in Lérins sehr nahe an der Urbedeutung der Ausdrücke operiert.

Ein Vergleich mit dem pachomianischen Mönchtum soll die Untersuchung beenden. Auch hier finden wir den Übergang von einer lockeren Asketengemeinschaft zur Koinonia.[519] Zwar sind die Überlegungen des Pachomius und noch mehr seiner Nachfolger zum gemeinsamen Leben weiterentwickelt; gerade die Iudica geben einen offensichtlich fortgeschritteneren Stand wieder, in dem die Belange der Gemeinschaft geregelt werden.[520] Eine literarische Abhängigkeit zu den koptischen Schriften wird sich nicht nachweisen lassen, und doch sind - wie bereits bei der Oberentypologie - auf relativ knappem Raum eine Fülle inhaltlicher Parallelen zu den Katechesen der Tabennisioten festzustellen. Das positive Verhalten zueinander wird mit „erbauen" umschrieben;[521] jeder soll dem anderen ein Gegenstand der Erbauung sein und aus diesem Grund die Laster meiden.[522] Es soll der Wunsch aller sein, die Brüder zu stärken.[523] Dann erscheint man auch der Welt als Licht[524] und ist ein heilsames Beispiel für die Jüngeren.[525] Das Gegenteil wird auch hier als der „Ruin" des Bruders umschrieben,[526] der durch böse Worte und Bitterkeit hervorgerufen wird.[527] Ebenso korrespondieren die Schriftzitate 1 Thess 5,11 (4,18): „Tröstet euch gegenseitig" und Eph 4,2: „In Demut und Sanftmut, in Langmut und Liebe ertragt einander" in der Katechese des Theodor[528] mit den entsprechenden Ermahnungen in den Schriften der Lériner.[529] Dennoch bleibt auch hier viel, das in Lérins nicht in dieser Ausdrücklichkeit zu finden ist[530], und es bleibt wieder die Frage, wie Faustus zu einer solchen Übereinstimmung mit (koptisch) pachomianischen Gedanken kommen konnte - wenn man nicht alles auf eine allgemei-

519 VC 3,7.

520 Zur Gemeinschaft bei Pachomius vgl. A. Veilleux, La liturgie 167-197.

521 Theodor, 3. Katechese, Ouevres 51,5/15.53,15. (Der Vergleich erfolgt am frz. Text.)

522 Ebd. 41,9; auch die griechische Vita prima schreibt (G^1 28, Halkin): eis oikodomen tôn adelphôn.

523 Theodor, 3. Katechese (54,22).

524 Ebd. (43,30).

525 Ebd. (53,15).

526 Ebd. (54,17).

527 Ebd. (41,28; 55,1).

528 Ebd. (43,27).

529 XLII,135; XXXV,126. V. Hon. 19,3; 2RP 5. In Mönchsregeln nur noch in RBas 13,7.

530 Z. B. im Lib. Ors. 23 (125,9): *invicem amare;* bes. c. 52. Ein stärkerer Einfluß des Lib. Ors. kann jedoch ausgeschlossen werden. Vgl. auch Theodor, 3. Katechese (44,1/7; 52,32); oder Schriftzitate wie 1 Petr 4,8 (die Liebe deckt viele Sünden zu) bei Pachomius, 1. Katechese (16,35). Excerpta (62,15 Boon): „Das Wichtigste: Liebe deinen Nächsten wie dich selbst und hüte deine Zunge." Ausführlich wird auch die Vergebungsbereitschaft behandelt: Pachomius, ep. 7 (95,5/14 Boon); 1. Katechese (4,31-25,19; 16,9); Lib. Ors. 54-55. Vgl. zum Ganzen, F. Ruppert, Pachomianisches Mönchtum 347-355.

ne monastische „Latinität", die hier fraglich ist, schieben möchte – und nicht die Iudica oder andere lateinische Vorbilder heranzog. Die große Nähe zu Pachomius noch vor der Verwendung von Basilius und Augustinus, selbst in der Frage der gemeinschaftlichen Beziehungen, ist erneut erwiesen.

Zusammenfassung

Die Untersuchung zur Gemeinschaft gab Aufschluß über Lebensformen und bereits einen Einblick in die Spiritualität und das Selbstverständnis des Mönchtums von Lérins.

1. Form. Das Mönchsleben begann auf Lérins als lockere Eremitengemeinschaft unter der Leitung weniger Oberer, deren höchster (Pater/Abt), wenn auch zufällig, in der ersten Zeit immer Priester war. Außer zu dem wahrscheinlich täglichen Nacht-/Morgengebet, dem Abendgebet und zur Eucharistiefeier, die eigene Priester zelebrierten und zu der alle Mönche zusammenkamen, lebten sie in größerer Unabhängigkeit und individuell zugestandener Freiheit zurückgezogen in ihren Eremitagen, in denen sie das ununterbrochene Gebet pflegten. Durch Sklaven oder Bedienstete der adligen Mönche blieben sie von schwerer Arbeit unbehelligt. Weitere Formen des gemeinsamen Lebens geben die Texte nicht preis. Die conditio monachorum unterschied sich anfangs nicht wesentlich von der, die über Cassian und Hieronymus im ersten Drittel des 5. Jh.s auf dem Festland bekannt wurde. Die äußeren Zeichen der *conversio* (Mönchskleidung, Besitzverzicht, Armut, *mutatio nominis habitusque*) sind Gemeingut. Sie blieben zunächst, der Lebensform entsprechend, nur Ausdruck der eigenen Bekehrung ohne vereinheitlichende Tendenzen.

2. Geist. Das Genus der herangezogenen Texte ließ zwar nicht viel über Form und „Regel" des Lebens erkennen – das mag jedoch bei der Betonung der individuellen Freiheit noch gar nicht virulent gewesen sein –, dafür geben sie einen einmaligen Einblick in die Genese der Gemeinschaft und den Umgang mit den sie bestimmenden Werten.

Man weiß sich durchaus im monastischen Strom der Spätantike. Viele Elemente ihrer Spiritualität konnten als bekannt vorausgesetzt werden und bedurften keiner Erwähnung. So vermissen wir nicht nur eigenständige Theorien und Grundlegungen zu den wichtigsten monastischen Haltungen; sie fehlen, gemessen am Bemühen Cassians, fast vollständig. Die Tendenz geht eher dahin, möglichst rasch monastisches Leben durch Appelle und Ermahnungen, durch Ratschläge und kurze Erinnerungen an die Werte der Alten ins Leben zu rufen. Der Schwerpunkt liegt eindeutig auf der Praxis, der eigenen asketischen und verdienstvollen Leistung, dem Tun und Vollbringen, nicht auf

Spekulation oder eigener gedanklicher Durchdringung des Bekannten. Dabei werden unter Vermeidung aller extremen und außergewöhnlichen Formen des asketischen Lebens die alten eremitischen Ideale wiederholt und in Ehren gehalten und zugleich größter Wert darauf gelegt, daß sie, vor Entleerung bewahrt, mit innerer Kraft erfüllt bleiben. Die stilistischen Mittel dazu sind die von diesem Interesse geleitete Exzerptionstechnik sowie die exterior-interior-Thematik.

3. Transformation. Das Wachsen der Gemeinschaft und das zuletzt genannte Interesse an der Verinnerlichung verlangte bald neue Organisationsformen und eine neue, den gewandelten Verhältnissen angemessene Interpretation. So tritt noch in der ersten Hälfte des 5. Jh.s die zönobitische Lebensform neben die eremitische. Infolgedessen erfährt als neuer Schwerpunkt die horizontale Beziehung eigene Aufmerksamkeit; der in eremitischer Tradition und Lériner Theologie gedeutete Gehorsam wird um die soziale Komponente bereichert; die Stabilitas, bisher „innerer“ Garant und Prüfstein der büßenden und asketischen Existenz, wird zum Ordnungsfaktor und verselbständigt sich wohl noch in der zweiten Hälfte des 5. Jh.s zur Tugend der Stabilitas loci, die in einem eigenen Gelübde rechtsbindend wird; die anfängliche *oratio continua* erfährt gleichsam als Stützen und Pfeiler einen in Horen gegliederten Tagesablauf mit reich ausgefalteter liturgischer Gestaltung.

4. Analogie, nicht Kopie. Die früheren Beobachtungen über die geistigen und geistlichen Wurzeln von Lérins bestätigen sich erneut. Wenn auch die basileische und augustinische Tradition nicht unbekannt gewesen sein mag – es ließ sich bisher kein einschlägiges Zeugnis für ihre Verwendung finden –, so wurde sie bei Faustus offensichtlich bewußt umgangen, nicht nur bei der Organisation des äußeren Lebens, sondern auch bei der Grundlegung und Wertung der vertikalen Beziehungen im zönobitischen Ideal, mit dem Basilius und Augustinus die größte Erfahrung besaßen. Statt dessen gewinnt die Analogie zum pachomianischen Mönchtum neues Gewicht. Die Parallelen sind auffällig, wenn auch wegen der fremden Sprache (koptisch) nicht zwingend nachweisbar. Es läßt sich aber ein bis zur inhaltlichen Darstellung vergleichbarer Wandel von eremitischer zu zönobitischer und organisierter Lebensform feststellen. Lérins bleibt ältester ägyptischer Tradition verpflichtet: Pachomius und seinen Vermittlern Cassian und Hieronymus, die nicht kopiert, sondern adaptiert werden. Damit bezeugt und vermittelt Lérins diesen Lebensstrom des Mönchtums durch die gelebte Praxis, die auf der Insel erst in einem zweiten Schritt schriftlich fixiert wird.

5. Genese. So kann auf zeitlich kurzem und lokal eng begrenzten Raum eine Genese des Mönchtums komprimiert und konsequent

verfolgt werden: von den Anfängen eines charismatischen Gründers und seiner Freunde bis hin zum Beginn organisierten und schließlich tradierfähigen Mönchtums, das sich durch Bestrebungen der Institutionalisierung, durch Bewahrung ältester Ideale und zugleich ihrer Neuinterpretation im Wandel der Zeitumstände das Überleben und seine Eigenständigkeit richtungsweisend bis ins Mittelalter sichert.

6. Theologie und Askese. Ein völlig neuer Gesichtspunkt ergibt sich aus der betonten Verknüpfung beider Größen. Sie begegnete beim Gebet, bei der Besitzaufgabe und bei der Begründung des Gehorsams. Diese asketisch monastische Theologie geht dabei zunächst von dem einfachen Leistung-Verdienst-Schema aus: je größer (= aufrichtiger) die Askese, um so größer das Ansehen bei Gott. In einem zweiten Ansatz werden die asketischen Übungen als Beitrag des Menschen auf seinem Weg zum Heil gedeutet, die er aus eigener Kraft leisten kann und muß, aufgrund deren Gott erst seine Gnade, seine Hilfe bei dem begonnenen Werk gewährt. Daß damit Askese einen heilsnotwendigen Charakter erlangt, ist die Konsequenz, die Faustus nun als neue Motivation der Askese einführt. Eine weitere Konsequenz spricht mit gleicher Ernsthaftigkeit die Vorwegnahme paradiesischen Lebens an. In der Ableistung der Askese kann die beim Eintritt gewährte Sündentilgung bewahrt und durch Gehorsam der Urstand Adams wiedererlangt werden. Im Fall des Versagens (Austritt, Laster) trifft den Mönch jedoch die volle Last der Kehrseite dieser Ernsthaftigkeit: er verfällt bereits jetzt dem Teufel. Mönchtum hat immer eine implizite Theologie im Hintergrund, von der sie geleitet wird; die explizite Ausführung und Verbindung von Theologie und Askese, die im Folgenden verstärkt beobachtet werden kann, erscheint hier jedoch erst- und einmalig.

§ 2 Geist – Monastisches Selbstverständnis in Lérins

I. DER MENSCH, ANTHROPOLOGIE DES LERINER MÖNCHTUMS

Eine Anthropologie des Mönchtums von Lérins läßt sich auf unmittelbarem Weg nicht erstellen. Sie ist in erster Linie die Anthropologie seiner einzelnen Vertreter, soweit die Aussagen ihrer Schriften direkt oder indirekt es zulassen, solche Fragen an sie heranzutragen. In keiner der genuin auf Leriner Boden entstandenen Schriften sollte man eine fertige und vollständige Anthropologie erwarten. Das lag nicht in der Absicht der mehr auf Praxis und unmittelbar griffige Wirksamkeit ausgerichteten Texte. Doch das ist bereits eine Aussage bezüglich der Einschätzung des Menschen: Er ist mehr der Mensch der asketischen Tat als der spekulativen Beschauung. – Aus dem vorangegangenen Kapitel ist zudem deutlich geworden, welch hohe Beachtung dem Mönch als Individuum entgegengebracht wird.[1]

Ein weiterer Grund für die Dürftigkeit anthropologischer Aussagen ist, daß bereits vieles als bekannt vorausgesetzt werden konnte; man greift auf Bewährtes zurück und war schon deswegen nicht genötigt, detaillierte Ausführungen zu geben.

Wenn für die Untersuchung nun auch die theologischen Haupt- und Spätschriften des Faustus herangezogen werden, die sich an vielen Stellen expressis verbis mit anthropologischen Fragen befassen,[2] so ist dies keine Verlegenheitslösung mangels entsprechender Angaben in den übrigen Mönchsschriften. Nicht nur ihr innerer Zusammenhang mit den Gedanken der Mönchspredigten, die die späteren theologischen Ausführungen der Hauptwerke bereits rudimentär erkennen lassen, rechtfertigt es, diese Schriften heranzuziehen, sondern auch die Berufung des Faustus auf Autoritäten, die eindeutig in die zurückliegende Zeit weisen, die er zur Kenntnis des Mönchtums studierte: Cassian, Augustinus und Hieronymus; Origenes (Rufinus) nennt er nicht, obschon er in der gleichen Weise sein Wissen ihm verdankt. Hier läßt er die Vorsicht walten, die vor ihm schon Cassian an den Tag

[1] Vgl. V. Hon. 17–18 und 23–24: Die Bekehrung des Hilarius.

[2] So ist De gratia bereits durch die Themenstellung eine Antwort auf die Frage nach dem Vermögen des Menschen; epp. 3 und 5 enthalten die umstrittenen Aussagen über die Körperlichkeit der Seele.

legte, um wegen des umstrittenen Kirchenvaters nicht in Verdacht der Irrlehre zu geraten. Bereits vor ihm lasen und verwerteten Eucherius und Vincentius deren Schriften.

Da vor allem Cassian bezüglich der Anthropologie der Gewährsmann ist, der bedenkenlos Verwendung findet, ist es nicht nötig, bis zu den Anfängen der christlichen Anthropologie zurückzugehen, um die Position des Faustus zu bestimmen;[3] sie ist in der Seelenlehre – insbesondere die Körperlichkeit der Seele betreffend – die des Cassian, bezüglich der *imago-similitudo*-Lehre die des Origenes (Rufinus).[4]

In der Darstellung der Lériner Anthropologie wird die Position des Faustus, auch ohne Berücksichtigung seiner Hauptschriften, das größere Gewicht haben. Immerhin hat er 30 Jahre lang die Geschicke der Insel bestimmt. Dennoch soll nicht die Anthropologie des Faustus dargestellt werden, sondern, unter Berücksichtigung von Hilarius und Eucherius, die in manchen Ansichten von ihm abweichen, eine Entwicklung sowie der gemeinsame Boden aufgezeigt werden, auf dem ihre Gedanken wachsen konnten.

1. Die conditio humana

1) Der Mensch als Kompositum von *corpus/caro* und *cor*

Zur Beschreibung des Menschen *(homo)* als *corpus* und *caro,* der gerade von der Welt ins Kloster kommt, findet kaum einer der Lériner besonders freundliche Worte. Das ist eine geläufige Einschätzung, zumal in asketischen Kreisen. So erinnert Honoratus die Brüder noch auf dem Sterbebett, in welch zerbrechlicher Herberge man doch hause.[5] Die *humana fragilitas* betonen auch die Homilien, und Abt Porcarius hebt gleich zu Beginn seiner Monita hervor, daß der Mensch im Körper nur Gastrecht genießt.[6]

Homo taucht im weiteren kaum auf, außer in der Verbindung von *homo interior/exterior.* Dabei ist zu beachten, daß der homo exterior weder der Mensch vor dem Eintritt oder außerhalb des Klosters ist

[3] So J. Douerin, Fauste de Riez 150–170, der jeder philosophischen Strömung in den Werken des Faustus nachgeht, dabei aber Cassian übersieht, der die Hauptquelle, auch für die unterschiedlichen Tendenzen in den Schriften des Faustus, darstellt. Zum Hintergrund dieses Abschnittes vgl. H. Karpp, Probleme altchristlicher Anthropologie (Gütersloh 1950).

[4] Es sind besonders: Conl. 1; 4; 7; 8; 19. Faustus bleibt im Exzerpieren dabei wie immer auf das „technisch" Notwendigste beschränkt. Weiterhin: Origenes: De principiis 3,6,1; 4,4,4.10. (GCS 22 = Origenes 5; Koetschau, 1913; 280,13; 363,22). Eine lat.-dt. Ausgabe besorgten H. Görgemanns und H. Karpp (Darmstadt 1976, ²1985).

[5] V. Hon. 32,7: *quam fragile habitamus hospitium.*

[6] XXXIX,24; XXXV,275; Monita 1: *hospes es in hoc corpore.*

noch auch das, was mit *caro/corpus* am Menschen umschrieben wird.[7] Mit einer solchen Setzung wollen beinahe alle Leriner eine dualistische Schau des Menschen, wie sie in den mittelalterlichen Schriften aus der griechischen Philosophie übernommen wurde, vermeiden. Dementsprechend ist der *homo interior* auch nicht als Gegensatz zum *homo exterior* konzipiert.

Bei Faustus kann man den Eindruck gewinnen, als sei der Begriff *homo* bisweilen nach dem augustinischen Modell zugunsten von *anima* überhöht oder gar eliminiert.[8] Gleichwohl gilt seine Sorge nicht nur den *interiora hominis,* sondern dem ganzen Menschen, jedoch nur insoweit seine asketischen Belange angesprochen werden, d. h. wenn es um die Darstellung der äußeren Askese geht: die *contritio corporis* (*ieiunium vigiliaeque* etc.). Es mag am Genus der Texte liegen (Predigten im Sinne der Exhortationes), daß die natürlichen äußeren Bedürfnisse des Menschen, also etwa die Notwendigkeit der angemessenen Kleidung, die Nahrung, die Sorge für die Kranken usf. keine Erwähnung finden, wie es von späteren Regeln bekannt ist. Sie werden nur in ihrer Verkehrung zum Lasterhaften genannt (Gaumenlust, Schlafsucht).

Ganz anders war es noch bei Honoratus, der sich in seiner umfassenden Aufgabe als Vater der Gemeinschaft besonders auch diese Bedürfnisse angelegen sein ließ. Die Nöte seiner Brüder machte er zu den seinen.[9] Honoratus nimmt diese Anliegen sehr ernst und erhebt nicht den Verdacht, in den körperlich Schwachen Simulanten zu finden, die eine entsprechende Behandlung verdienten, wie es in der RM geschieht.

Auch Eucherius weiß um die notwendige Sorge für den Leib und verurteilt weder sie noch das Leibliche überhaupt. Er erinnert nur daran, daß sich die Würde unseres Wesens in der Seele reicher, also nicht einzig und allein, findet.[10] Der Seele muß man mehr zur Hilfe kommen als dem Leib, damit das, was größer ist, nicht hinter das, was

[7] Bei Eucherius klaffen öfter die Begrifflichkeit und seine eigene Intention auseinander. In seinem Kompendienwerk zur Allegorie findet sich eine einfache Gleichung: *caro: homo exterior* (belegt mit Gal 5,17); *interior homo: anima rationalis* (belegt mit Eph 3,16); Form. 6, De interiore homine (37,19; 35,4). Daß dies dennoch nicht genau seine Ansicht wiedergibt, wird die Untersuchung der Begriffe in seinen anderen Schriften zeigen.

[8] *Anima* statt *homo:* XXXVIII,30.147.211; XLII,4.42.154; XLIII,97; XLIV,79; *animus* statt *homo:* V. Hon. 9,26; 36,1.

[9] V. Hon. 17–18. Vgl. o.: Die Vaterschaft des Oberen und der Leriner Abtsspiegel.

[10] Cont. 713 C: *multus corpori curationum usus impenditur; multum huic operae in spem medelae datur.* <. . .> *et si varia corpori auxilia studio tuendae sanitatis adhibentur, fas non est tamen animam velut exclusam iacere* <. . .> *immo vero plura animae conferenda sunt, si corpori tanta praestantur.* <. . .> *anima pars melior ubi substantia nostra abundantior dignitas consistit.*

kleiner ist, gestellt werde. Zwar ist das Fleisch zur Sünde geneigt und ruft nach der Erde, aus der es stammt, doch geht Eucherius nie über die gewohnten Formulierungen hinaus, die bei den christlichen Schriftstellern des Altertums üblich sind.[11] Es kommt zu keiner Zweiteilung, bei der die Beziehung zwischen der Seele, die nach oben strebt[12] und dem Fleisch, das von der Erde angezogen wird, als unaufhörlicher Konflikt angesehen wird. Der Leib an sich, insofern er teilhat an der Materie, wird nicht verachtet.

Die erst bei Faustus mit *corpus* verbundenen Metaphern, wie *carcer, captivitas, catena, angustia, tenebrae, latebra*[13] sind bei Eucherius und Hilarius[14] nicht auf die „Hülle" bezogen, die die Seele umgibt und ihre edle Natur hindert, sich frei zu entfalten; bei ihnen meint das Bild der Fessel das *saeculum,* das den Menschen mit seinen Lockungen umgarnt.

Mit *caro* verbindet Faustus all das, was der Mönchsstand meiden soll.[15] Nicht so sehr das Fleisch als solches ist daher schlecht, sondern die Laster, für die das Fleisch besonders anfällig ist. Erstaunlicherweise findet sich bei Eucherius in Cont. kein Hinweis auf die i m F l e i s c h weitergegebene Erbsünde. Dieses Schweigen erscheint um so bedeutsamer, da ausgehend von Augustinus die Vorstellung allgemein wurde, daß von der Erbsünde vor allem auch das Fleisch berührt werde.[16]

[11] Cont. 713 D: *caro siquidem proclivis in vitia ad terram nos tamquam in originem revocat, haec (anima) vero veniens a patre luminum, sicut ferri ignibus, mos est, in superiora nititur.* Vgl. bei Faustus, ep. 9 (212,19): *terrenus homo.*

[12] Vgl. das Bild vom Geist als der Feder bei Cassian, Conl. 9,4. Zum im Menschen ausgetragenen Kampf: Conl. 4,10 (CSEL 13,104,26–105,2). In dieser Schärfe wird das Bild von keinem Leriner übernommen.

[13] XLII,139: *cogitemus, qui luctus erit neglegenti animae ex hoc corpore discedenti, quae angustiae quae caligo, quae tenebrae;* ebd. 157: *exire de huius corporis habitaculo quasi post longas carceris tenebras producatur ad lumen;* ebd. 165: *post longae captivitatis catenas;* ep. 5 (189,14) *educ domine de carcere animam meam* (Ps 141,8) *i. e. de hospitii corporalis angustiis.* – Nur den Leib des Sünders bezeichnet Eucherius in Anlehnung an Mt 23,27 als *sepulchrum,* Form. 5 (De variis nominum appellationibus; 34,19).

[14] V. Hon. 17,24: *nam velut educti in novam lucem, antiquum illum diu insidentium errorem carcerem detestabantur;* ebd. 7,14: *festinemus ergo erui ab his laqueis.*

[15] XLIII,12: *carnis vanitas;* in anderen, wahrscheinlich von Faustus stammenden Predigten: XIX,189: *c. iniuria;* LVIII,40/41: *c. laetitia ac voluptas;* LXI,97: *c. luxuria;* XIX,41: *c. illecebra.*

[16] So z. B. auch Faustus in De gr. 1,2 (12,23/28): *originale autem peccatum ex parentibus etiam baptizatis per carnis originem ad filios transire non dubium est dicentibus nobis cotidie cum propheta: ecce enim in iniquitatibus conceptus sum et in delictis peperit me mater mea, sicut et apostolus istud insanabile piaculum ex uno in omnes homines pertransisse confirmat.* Vgl. ebd. (13,22/23): *et dum homo aequalitatem domini sui praesumit, c o r p o r i s s u i p e r d i d i t potestatem.* (Vgl. ep. 5; 190,9/13; s. Anm. 52.) Es ist zu beachten, daß Faustus *aequalitas* gebraucht; die *similitudo* zu erstreben, ist dagegen Gebot des Menschen. – Nur in Laus 6 spricht Eucherius davon, daß der erste Mensch den

Den Lastern kann der Mensch (Asket) erfolgreich die *carnis contritio* entgegensetzen, die freilich von der *mentis intentio* und *cordis afflictio* geleitet sein muß.[17] Andernfalls bleibt der Mensch eine *non edomita caro* (XLII,80).

Die doppelte *sollicitudo* und die Leitung (nicht Kampf) der *caro* durch *mens/cor* lassen erkennen, daß es sich nicht um einen Dualismus handelt, sondern lediglich um eine Überordnung der *anima (= domina, melior pars)* über die *caro (= famula, peior pars)*, eine Vorstellung, die sich von Platon bis Seneca findet, von Plotin bis Ambrosius und in Lérins zum erstenmal bei Eucherius auftaucht, von wo sie Eingang in die Schriften des Faustus fand.[18] Dieses Überordnungsverhältnis führt in der asketischen Anthropologie von Lérins statt zur Formulierung der dualistischen Schau, des Widerstreites zwischen Fleisch und Geist, zu einer moralischen Schlußfolgerung. Die Hauptaufmerksamkeit muß der Seele zuteil werden, weil sie der wertvollere und nützlichere Teil des Menschen ist – man beachte aber die bewußte Wahl der Komparative, die eine absolute Wertung vermeidet.[19]

In einem weitausholenden Vergleich der Askese mit der Landwirtschaft macht Faustus, der Spiritualität der bekehrten Aristokraten entsprechend, deutlich, daß zur Bestellung der *terra corporis* unabdingbar die Reinigung des *ager cordis* gehört.[20] Körper und Seele bilden zusammen den Menschen, der sich durch Askese Gott nähert!

Was bei Eucherius nur angedeutet ist, die Geneigtheit zur Sünde, weitet sich bei Faustus in eine Klage über die Sündenverfallenheit, Schwachheit und Hinfälligkeit der menschlichen Natur. Dagegen steht gerade bei ihm der aus asketischer Zuversicht und der theologischen Position gewachsene Optimismus bezüglich der Möglichkeit des Menschen, diesem Mangel aus eigener Kraft abzuhelfen.

Aber Faustus hat als Leiter der Gemeinschaft – anders als der Eremit Eucherius – bei den Mönchen, und nicht nur in ihrem früheren und nun verneinten Leben, zuviel Lauheit und Nachlässigkeit – beide unverhältnismäßig häufig in den Lasterkatalogen – erfahren, deren

nachfolgenden Generationen durch seinen Fall *(lapsus*, nicht *peccatum originale)* eine generelle Geneigtheit zur Sünde hinterlassen habe und somit den „Stachel des Todes".

[17] XXXVIII,34; XLIII,53.

[18] Cont. 713 C/D; Hom. XLIII,56/63; ep. 5 (190,16): *mens domina exercet imperium et caro subiuncta;* ep. 9: *ista <caro> exhibet ministerium, illa <‹anima> consilium.*

[19] Cont. 713 A: *optimum deinde est curam principalem animae impendere, ut quae utilitat prior et non sit consideratione posterior;* 713 C: *merito poscit studia maiora pars melior.* 713 D: *congruum non est, in hoc honore nostrae sollicitudinis eam nos subicere peiore.*

[20] Vgl. auch Eucherius, Form. 3 (De terrenis, 13,11): *terra homo ipse* (Mk 4,8) *in malam partem de peccatore* (Gen 3,14). Vgl. Anm. 110.

Bekämpfung entscheidend ist für das Gelingen des asketischen Lebens; selbst die Freude an der Sünde ist nicht gewichen: je mehr man sündigt, um so mehr Freude hat man daran, und: dem Schlechteren folgt man bereitwilliger als dem Besseren.[21]

Einer der zentralen und auch theologisch bedeutsamen Begriffe ist dabei die *consuetudo peccandi,*[22] die aus der Nachlässigkeit und Bequemlichkeit entstand und das Herz verhärtet. Die Menschen nach dem Fall gewöhnten sich nach dem Beispiel Adams daran zu sündigen. Um dieser Gewohnheit zu wehren, wurden die Gesetze der Hl. Schriften erlassen, an denen sie sich jeweils wieder orientieren konnten. D a s ist bereits unterstützende Gnade Gottes, wie auch das Auftreten von Exempla, heiliger Männer des Alten Testaments v o r dem Gesetz, die dieser *consuetudo* nicht erlegen waren. Solange der Mensch aber die Gewohnheit zu sündigen nicht überwunden hat, bedarf er der Gnade der Hl. Schriften, der Beispiele, der Ermahnungen und der Mitwirkung Gottes. So gelangt der Mensch schließlich über die *consuetudo proficiendi ad maiora* und zum vollkommenen Leben, zu den Verheißungen Christi.[23]

Die *obduratio cordis,* die mit dieser *consuetudo peccandi* im Zusammenhang steht, stellt im anthropologischen System aller干Lériner ein schwerwiegendes Problem dar, dem sie in ihren theologischen Hauptwerken nachgehen.[24] Die dort vorgetragenen theologischen Erkenntnisse sind von der asketischen Erfahrung geprägt. Ausgangspunkt sind jene Schriftstellen, die den Eindruck erwecken, die *obduratio cordis* sei ein Werk Gottes.[25] Das ist nicht nur mit der Lériner Vorstellung unvereinbar, da es keine Prädestination, zumal keine doppelte, zum Guten und zum Bösen geben könne, sondern führte letztlich auch alle Mühe der Askese ad absurdum. Die *obduratio* muß daher als Werk des Menschen und seines eigenen Willens ausgewiesen werden.[26] Faustus stellt die Herzensverhärtung als eine eindeutige Folge der Nachlässig-

[21] XXXVIII,191/196; XXXIX,22/24; XL,26.

[22] Vgl. o. zu *professio;* XXXVIII,200: *consuetudo vitae prioris;* XLIII,68: *c. obtrectationis;* XXXV,21: *c. vitiorum;* vgl. auch V. Hon. 23,20.

[23] XXXVIII,219: *ut his spiritalibus quibusdam gradibus ascendere mereamur ad promissa domini Jesu Christi.*

[24] Faustus, De gr. 1,17–18; 2,1–2; Eucherius, Instr. I (85–86).

[25] Z. B. Ex 4,21 in De gr. 2,1 (59,10) oder Jes 6,10 in Instr. I (85,22). – Insbesondere in den pelagianisch-semipelagianischen Kreisen wurde dies stark diskutiert, da eine Herzensverhärtung, deren Urheber Gott sein solle, dem allgemeinen Heilswillen widerspräche; vgl. daher auch den pelagianischen sermo De induratione cordis Pharaonis (PLS 1,1506–1539).

[26] Vgl. De gr. 1,18 (56,6); 2,1 (60,1): *agnosce rationem obdurationis et vim propriae voluntatis;* und ebd. (60,13/14).

keit im asketischen Leben dar.[27] Für die Lériner Theologen ist sie die Antwort des vorherwissenden Gottes auf das Nichtwollen des Menschen. Der also, der Gottes Güte verachtet, indem er dem rebellischen Geist des Ungehorsams und Stolzes Gehör schenkt,[28] erntet ein verhärtetes Herz,[29] für das er selbst die Verantwortung trägt.

In der asketischen Anthropologie von Lérins findet auch der Tod eigene Beachtung. Von Honoratus heißt es, daß er den Tod weder gewünscht noch gefürchtet habe.[30] In Cont. spricht Eucherius bei der Betrachtung der Welt – also zunächst ohne asketischen Bezug – von einem zweifachen Tod: dem unausbleiblichen des Individuums und dem kosmischen Tod der Welt.[31] Der Tod ist eine unerbittliche Kraft, der die Generationen wie ans Ufer brechende Wellen zerschlägt. Nichts sehen die Menschen so häufig wie den Tod, und nichts vergessen sie so schnell wie ihn.[32] Doch verbindet er das nicht mit der mittelalterlichen Todessehnsucht, sondern erneut mit moralischen Forderungen: Der Mensch soll die Sinnlosigkeit erkennen, sich an eine sterbende Welt zu binden. Der leibliche Tod wird nicht wie ein freimachendes Ereignis ersehnt, das den Menschen auflöst, denn das Leben wird bei Eucherius nicht als ein Übel empfunden, da es die Vereinigung der Seele mit dem Leib verwirklicht, mit denen man sich Gott nähert. So bezieht sich Phil 1,23 auch nicht auf die Trennung der Seele vom Leib, sondern auf das Austreten des Asketen aus der Welt:

> Laßt uns, wie geschrieben steht, unseren Weg zum Weggang bereiten. Selig seid ihr, die ihr euch schon mit Christus versöhnt habt; keine große Angst vor dem Tod beunruhigt diejenigen, die bereits verlangen, aufgelöst zu werden und bei Christus zu sein. Keine große Angst beunruhigt die, die den letzten Tag ihres Lebens schon bereit, schon in Ruhe, in Stille *(iam parati, iam quieti in silentio expectant)* erwarten.

Die letzten Worte weisen auf das asketische Leben hin.[33]

[27] XXXVIII,204: *cor neglegentis obduretur* (jedoch immer noch Passiv!); vgl. De gr. 1,17 (54,9): *non utique violentia compellentis se clementia relaxantis obdurationis occasio est;* vgl. auch ebd. (59,24).

[28] De gr. 2,1 (59,25): *perspice quomodo rebellum spiritum caelestis levitas obdurat.* Der *angelus rebellus* taucht auch in XXXVIII,55 auf und in den wahrscheinlich von Faustus stammenden Predigten LX,22 und XV,131.

[29] De gr. 2,1 (60,6); XXXVIII,87/91: *ita inoboedientiae obdurat animum quem semel ceperit: ut ad suscipienda praecepta nec auctoritate nec ratione flectatur, sed, quod pessimum est, sibi soli credat, et pro omni ratione intentiones suas sequatur, et hoc solum rectum putet quod obduratio corde conceperit.* Vgl. dazu o. den Zusammenhang mit Gehorsam; De gr. 1,17 (54,26): *superbia depravantur;* XLII,25: *superbia nostra depravet.*

[30] V. Hon. 30,9/11.

[31] Cont. 722 D – 723 A.

[32] Cont. 717 C/D; Eucherius schreibt dies angesichts der Völkerwanderung.

[33] Cont. 717 D; ganz ähnlich bei Cassian, Inst. 4,38 (CSEL 13,74,26).

Den Tod als Metapher für den Auszug in die Askese meint auch Faustus, wenn er den Wunsch äußert *triumpho evictae carnis* ins Reich Gottes (= asketisches Leben) einzugehen.[34] Formelhaft entleert erscheint dagegen die Verwendung von Ps 141,8: *educ domine de carcere animam meam, i. e. de hospitii corporalis angustiis.*

2) *Imago* und *similitudo*

Eine asketische Anthropologie, die den Menschen, wie bereits angedeutet, in ein Gefüge von Forderungen stellt, bleibt so lange unvollkommen, als in ihr nicht auch das Vermögen des Menschen entsprechend bedacht wird, das ihm erst die Möglichkeit gibt, diesen Forderungen gerecht zu werden. Der äußeren Gestimmtheit liegt denn auch eine entsprechende innere Konstellation zugrunde.

Nach einem seit Irenäus bekannten Ansatz ist der Mensch bei Faustus nach Gottes Bild *(imago)* und Gleichnis *(similitudo)* geschaffen,[35] wobei die Begriffe im Gegensatz zur biblischen Absicht (Gen 1,26), jedoch nach altkirchlicher Tradition, inhaltlich verschieden gefüllt werden.[36]

Die *imago* bezieht sich vorrangig und unmittelbar nicht auf die äußere Erscheinung des Menschen, die er hauptsächlich mit dem Vieh gemein habe,[37] sondern, da der dreifaltige Gott, Vater, Sohn und Heiliger Geist, als Schöpfer geistiger Natur ist, findet sich die imago vor allem im geistigen Bereich des Menschen: in der *anima.*[38] Die gleiche Ansicht vertritt Eucherius.[39] Jedoch ist die Gottebenbildlichkeit nicht ausschließlich auf die Seele beschränkt, sondern auch der Leib hat in gewisser Weise an ihr teil, wenn auch nicht in vollem Umfang.[40] Wenn auch beide - Eucherius zumindest in seiner Lériner Zeit - die Ansicht der Körperlichkeit der Geistwesen und somit auch der Seele vertreten, halten sie doch unbedingt an ihrer Gottebenbildlichkeit

[34] Ep. 9 (214,22); diese asketische ep. hat zusammen mit ep. 6. große Verwandtschaft zu den Homilien.

[35] De gr. 2,9 (78,16).

[36] Vgl. L. Scheffczyk, Urstand, Fall und Erbsünde, HDG II,3a (1.Teil) 1981. H. Merki, Art. Ebenbildlichkeit, in: RAC 4 (1959) 459–479; G. B. Ladner, Art. Eikon, in: ebd. 771–786; W. Hess, Imago Dei (Gen 1,26), in: BM 29 (1953) 371–399.

[37] De gr. 2,9 (78,1/5): *quod si ad illam exterioris hominis speciem formati sumus, in cuius membris visus, auditus, gustus, odoratus et tactus est, quid erit in honoris aut gratiae, si de illa participemus imagine, quam nobis ex parte maxima communem scimus esse cum pecude.*

[38] De gr. 2,8 (76,24/25); 2,9 (78,16/25). Vgl. bei Cassian, Conl. 10,2.3.5.

[39] Cont. 713D: *haec <anima> in nobis imago dei.*

[40] Vgl. De gr. 1,1 (10,3/8): *quid vero aliud intellegendum est etiam in ipsa, qua homo conditus est, dei imagine nisi perenitatis insigne? quam perennitatem non solum animae non ademptam, sed etiam corpori agnoscis resurrectionis virtute reparatam. quapropter immortalitatem homini commissam non dubites ante culpam, quam reddi perspicis etiam post ruinam.*

fest.[41] Die Kennzeichen der unverlierbaren imago sind: *veritas, iustitia, ratio, sapientia, aeternitas.*[42] Faustus definiert: durch die Gottebenbildlichkeit vermag der Mensch einzusehen, richtig zu verstehen und zwischen dem Bösen und dem Guten nach abwägendem Urteil zu entscheiden.[43] Der freie Wille, der sich *in intellectu, in ratione atque sapientia* findet und äußert,[44] gehört ebenso zu den unverlierbaren Gütern,[45] die nach dem Sündenfall dem Menschen nicht genommen, wohl aber geschwächt wurden.[46] Wollte man diese Begabung durch Gott dem Menschen nach dem Fall absprechen, so hieße das, ihn vollends auf die Stufe des Tieres herabsetzen, dem die *imago* abgeht.[47] Mit dieser pointierten Aussage sollen gewisse Kreise des in Gallien verbreiteten Augustinismus getroffen werden, der dem Menschen nach dem Fall nicht mehr den freien Willen, sich zum Guten und Bösen in gleicher Weise entscheiden zu können, zuspricht.

Neben der unverlierbaren *imago* besitzt der Mensch noch die *similitudo.*[48] Wer oder was im Menschen Träger der *similitudo* ist, führt Faustus nicht aus. Eucherius behauptet: *in mente,*[49] macht allerdings nicht klar, wie er die *mens* versteht. Lériner Anthropologie sieht keinen Gegensatz zwischen *mens* und *anima.* Die *mens* scheint eine Ausdrucks-

[41] S. dazu unten ausführlich zur Körperlichkeit der Seele.

[42] De gr. 2,9 (78,28/29) – der Text in CSEL lautet: *inseruit veritas iustitiam, ratio sapientiam, perennitas aeternitatem.* W. Bergmann, Südgallische Predigtliteratur 26, zeigt, daß einer Aufzählung im gleichen Kasus (Akk.) der Vorzug gebührt. An der Aufzählung zeigt sich, daß der Leib nicht in vollem Maße an der *imago* teilhat, da er nicht ewig ist.

[43] De gr. 2,9 (79,12).

[44] De gr. 2,10 (88,15/18): *inter haec si requiras, ubi sit libertas arbitrii posita, ubi sit voluntas hominis constituta, ubi nisi in intellectu, in ratione atque sapientia?* – De gr. 1,9 (29,26/27): *sesum rationis et arbitrium voluntatis in unamquamque animam inseruit inspiravit infudit.*

[45] Ebd. 2,9 (79,24/25); ep. 5 (189,25): *sciendum est, quia ideo mors ad animam non pervenit, quia in eam dominus imaginem suam <. . .> collocavit.*

[46] Ebd. 1,8 (25,4): *ita humani arbitrii a deo concessa libertas florem vigoremque gratiae suae perdidit, tamen ipsa non periit.* Ebd. 1,7 (24,14): *non periit actio etsi amissa perfectio. non inquam harum virtutum periit castitas, etsi temerata virginalis integritas.* Vgl. ebd. 2,8 (76,6/8).

[47] Ebd. 1,7 (23,21/23): *quae cum ita sint, si hominem a sinistra mali non revocat intellectus, si ad dexteram boni non hominis tenebitur conditione, se pecudis.* Vgl. die gleiche Aussageabsicht in 1,7 (23,47); 2,10 (87,22/27); 2,12 (94,17/21).

[48] In ep. 6 (198,15/18) und der Parallele in ep. 9 (212,26–213,2) ist Faustus, soweit ich sehe, das einzige Mal inkonsequent in der Terminologie: durch die höhere Art der Abstinenz *(alterum abstinentiae genus est multo sublimius multoque pretiosius;* gemeint ist die Askese des homo interior) gelänge es dem Menschen *per mansuetudinem, patientiam, tranquillitatem imaginem dei in vultu interioris excolere.* Die *imago* kann sich der Mensch jedoch nicht durch eigenes Tugendstreben erwerben. Sie ist Gottes Gabe und Geschenk. Wie im folgenden deutlich wird, muß hier die *similitudo* gemeint sein.

[49] Instr. I (68,23).

form der *anima* zu sein. In diese Vorstellung würde sich Eucherius' Annahme, die *similitudo* befinde sich *in mente,* gut einfügen.

Der Text bei Faustus zur *similitudo* ist für unseren Zusammenhang von solcher Wichtigkeit, daß er hier ganz erscheinen soll:[50]

> Weil Gott Güte, Erbarmen, Geduld und Gerechtigkeit ist, wird man, je mehr man gerecht und geduldig erfunden wird, sich um so mehr als Gott ähnlich erweisen, dessen Ähnlichkeit *(similitudo)* man nicht im Aussehen, sondern in den Tugenden besitzt. Und deshalb heißt es von Gott, er ist schlicht, einfach, rein *(subtilis, simplex, sincerus)*;[51] „einfach" deshalb, weil ihm nichts von außen beigefügt, nichts von anderswoher angetragen wurde, sondern in ihm ist Kraft, Wesen und Wesenheit *(virtus, essentia, substantia)*. Und so ist Gott, was er hat: der Mensch hat diese Gaben aber nicht, wenn er sie nicht annimmt. Da also Gott gerecht und Gerechtigkeit ist, barmherzig und Barmherzigkeit, gut und Güte *(pietas)*,[52] kann der Mensch (zwar) gerecht, nicht aber Gerechtigkeit, gut, nicht aber Güte sein, weil er das nicht von Natur aus hat *(naturaliter)*, sondern durch Schenkung *(largiter)*. Ist jener (Gott) z. B. golden, so kann der Mensch als vergoldetes Gefäß *(vas)* erscheinen. Im Menschen ist Geschenk *(gratia)*, was in Gott Natur ist;[53] in ihm ist geschaffen *(creatum)*, was in Gott ungeschaffen *(ingenitum)* ist. Deshalb erscheint mit Recht der Stand des Menschen als ein zweifacher *(duplex status hominis)*, dem diese Tugenden so eingepflanzt sind, daß sie bisweilen verloren und erlangt werden.

[50] De gr. 2,9 (79,3/19).

[51] Vgl. De sp. 2,1 (131,21): *solus deus, in quo intellegitur et spiritus sanctus, simplex subtilis et purus.* – Vgl. Eucherius, Cont. 720D: *miraris quod purum est atque simplex? nihil illo bonitate sincerius.*

[52] Vgl. ep. 5 (193,10/20): *quod autem sermo tuus de poeta mutuatus ignem animae simplicis aestimavit, de sola hoc divinitatis substantia dici convenit, cui nihil adpositum, nihil a superiore conlatum, nihil constat adiunctum. iustus pariter et iustitia, vivens et vita, sapiens et sapientia est, viruts et origo virtutum. in principalibus enim bonis suis hoc ipse, quod possidet. homo vero duplex intelligi potest, qui vivens et iustus et sapiens dici potest, vita autem et iustitia et sapientia dici non potest, qui ita his induitur, ut aliquotiens exuatur. quod homini datum est, deo insitum est. homo verbi gratia deauratus est, deus aureum est, in quo potentia et gratia quod natura.*

Ep. 8 (208,22–209,10): *divinae imaginis, ita enim de domino legimus: purus, simplex subtilis. sed multo aliud indicat divina illa simplicitas. siquidem in nobis duplex inest in spiritu et carne substantia. nos quod habemus accepimus, nobis diversa virtutum charismata adiuncta sunt, non innata. sine dubio adponitur, quod auferri potest. ut boni simus, de auctoris sumus bonitate mutuati, ex illo quidem vivimus, sed vita, sicut ille est, non sumus. iusti esse possumus, iustitia esse non possumus. ille ideo simplex, quia nihil ei ex accedenti largitate conlatum est. qui ex se subsistit, aliunde nihil sumpsit. deus et vivens pariter est et vita, bonus et bonitas, misericors et misericordia. in virtutum suarum gloria hoc est ipse, quod possidet. verbo tenus homo deauratus est, deus aurum est. quod in homine gratia est, in deo natura est et propterea, quia nihil ei extrinsecus accessit, nihil ei detrahi potest. detrimentum non recepit, quia nescit augmentum.*

[53] Vgl. dazu ep. 5 (190,1/5): *nam sicut deus immortalis, misericors, iustus, patiens est, ita harum dona virtutum in faciem nostri interioris infudit, ut, quanto quisque magis patiens, magis iustus, magis misericors existeret, tanto magis divinae participationis munere praeditus appareret.*

Daß in einer solchen Konzeption deutliche Ansätze für eine asketische Auswertung liegen, geht bereits aus dem Text hervor. Es wird noch klarer, wenn man sich vergegenwärtigt, daß bei Faustus Gute und Böse die *imago* besitzen, die *similitudo* aber nur die Guten erwerben können, die sich durch Tugendübung mühen, am Sein Gottes und seinen Tugenden, die sein Wesen und seine Wesenheit sind, zu partizipieren. Von ebenso asketischer Bedeutung ist Faustus' Rede vom *duplex status hominis* und der im Gegensatz dazu stehenden Einfachheit Gottes. Der Mensch kann die Duplizität als Geschöpf zwar grundsätzlich nicht verlassen, doch kann er, wie Faustus in seinen Briefen ausführt, durch vermehrtes Tugendstreben in der Verähnlichung mit Gott dessen *simplicitas, subtilitas, sinceritas* mehr und mehr in sich verwirklichen, indem er nämlich das ist, was er tut.

Gerade diese Überlegung liegt der exterior-interior-Thematik in den Homilien zugrunde, die auch auf die Einheit von *uterque homo,* auf die Aufhebung des *duplex status* hinwirken möchte. Daß dieses Ziel durchaus erreicht werden kann, zeigt Faustus an den Heiligen des Alten Testaments, die diese Einheit in sich realisierten. Er bemüht in ep. 6 dazu den Wortlaut von Job 1,1, um das zu verdeutlichen:

> *erat vir unus abstinens ab omni mala; vir, inquit, unus, hoc est semper idem quia nihil in eo erat dubius, nil duplex nil accidens, nil varium, nil divisum, sed eum in statu virtutum suarum aequali ordine permanentem tempora non mutabant*[54]

(Die hervorgehobenen Prädikate werden in De gr. und De sp. von Gott ausgesagt!) In ep. 9 zitiert er das wortgleiche 1 Sam 1,1: *erat vir unus* mit der gleichen Deutung und fügt hinzu: „Jener berühmte Elkana, der in mystischer Rede *vir unus* genannt wird."[55]

Es sei bereits jetzt darauf hingewiesen, daß Faustus die Wurzel des *duplex status hominis,* in der Art, wie er dem Menschen bewußt und als Dissonanz empfunden wird, in der Ursünde sieht *(malum originale).* Im Urstand gab es ihn nicht, er ist die Folge des falsch gebrauchten freien Willens des ersten Menschen, eine Folge des Ungehorsams.[56] Deswegen ist die Rückführung und Wiedererlangung des *status simplex* auch

[54] Ep. 6 (198,19/23).

[55] Vgl. zu diesem ganzen Zusammenhang C. M. Kasper, Erat vir unus (1 Sam 1,1) in der Auslegung der Väter. Eine Kurzformel zu Weg und Ziel des asketischen Lebens, in: ThPh 63 (1988) 230–241. Dort auch Nachweis der Abhängigkeit dieser Auslegung von Origenes. Vgl. auch u. 4) Asketisch-paränetische Konsequenz: die exterior-interior-Thematik.

[56] De gr. 1,2 (13,8/14): *agnosce causam mali originalis de oblectamento natum conceptionis et de vitio voluptatis, propterea etiam Adam et Evam in origine sua obnoxios conditio ista non tenuit* <. . .> *initium totius ruinae inoboedientia fuit.* – De gr. 1,2 (14,12/13): *per superbiae spiritum simplicem corrupuit affectum et sicut immortalitatis privilegium, ita donum perdidit puritatis.*

die Umwandlung zum paradiesischen, zum heiligen Menschen.[57] Eine solche Auffassung in den Hauptwerken des Faustus hat ihre Wurzel in Lérins.

Letztlich ist in dem zitierten Text der Begriff *vas* ein Schlüsselwort der Anthropologie des Faustus, das immer dann auftaucht, wenn es um die dem Menschen verliehene Möglichkeit und Kraft geht, mit der Hilfe Gottes[58] aus dem *vas contumeliae/iniquitatis* ein *vas honoris/sanctificationis* zu werden.[59] Dabei wird er durch das Heilmittel der Buße[60] zum *vas oboedientiae,* womit Faustus wieder sein asketisch-paränetisches Interesse erkennen läßt. In den eigenen Mühen *(labores)*[61] liegt die Kraft, die durch den Fall verlorene Blüte und Fruchtbarkeit der geschwächten Willensfreiheit und Tugenden der *similitudo* Gottes wieder anzunähern.[62]

3) Die *lex naturalis/naturae*

Zur Begabung des Menschen durch Gott gehört nach einer verbreiteten Auffassung die Kenntnis der *lex naturalis,*[63] des natürlichen

[57] Von der zum Himmel emporsteigenden Seele des Honoratus wird gesagt, sie sei *generosa sincera* (Gottesprädikationen) V. Hon. 34,4.

[58] *Divina cooperatio,* nichts anderes meint bei Faustus nämlich *per gratia.*

[59] Vgl. zu diesem Thema De gr. 1,11 (36–40); ep. 5 (185).

[60] De gr. 1,11 (37,10/15): *remedium paenitentiae;* ebd. (38,19): *ad gratiae oleum adponit studium suum et cum dei adiutorio iungit se requientis intentio.* Vgl. auch das o. zu Buße und Gehorsam Gesagte.

[61] Vgl. De gr. 1,18 (56,3): *ecce deus hominem non solum salvari optat, sed pro eius purgatione multo labore desudat;* ebenso: XXXVIII,18.

[62] Vgl. De gr. 1,7 (26,0/13): *si quis, inquit, vult post me venire, abneget se ipsum sibi* (Lk 9,23), *id est alter efficiatur ex altero. patientia vincat iracundiam, temperantia refrenet concupiscentiam, humilitas exturbet superbiam, crux conterat voluptatem, quis haec sine labore cordis, sine afflictione carnis, sine magno hominis utriusque luctamine dormienti sibi per solam gratiam aestimet conferenda?* – Lk 9,23 par. ist als asketische Einführung der Dreifaltigkeitspredigt des Faustus (XXXIV) vorangestellt. Ähnliche Gegenüberstellungen von Lastern und Tugenden sind in den Homilien häufiger zu finden, vgl. XLII,22/45 u. u: 3. Geistliche Lehre: Weg und Ziel der Askese.

[63] Grundlage dieser Lehre ist Röm 2,14. Während aber sonst diese Schriftstelle dahingehend befragt und ausgelegt wird, ob es für die Heiden eine (natürliche, mit der Natur gegebene) Möglichkeit des Heiles gibt – Augustinus vernachlässigt dabei das *naturaliter* und diskutiert mehr die M ö g l i c h k e i t e n des Heils der Heiden –, geht es Faustus hier vor allem um gerade dieses *naturaliter* des Gesetzes, mit dem der Mensch bereits durch die *conditio humana,* von Anbeginn also, ausgezeichnet ist *(imprimis utique hominis conditione percepit);* daraus folgt für ihn der unbedingte allgemeine Heilswille Gottes, der jedem die Möglichkeit gibt, sein Heil zu wirken und zu erlangen. Vgl. zu dieser Thematik: J. Riedel, Das Heil der Heiden nach Röm 2,14/16.26.27, Mödlingen/Wien 1965, bes. 7–27; S. Lyonnet, Lex naturalis praecipiat secundum s. Paulum et antiquam Patrum traditionem, in: Verbum Dei 45 (1965) 150–161; B. Montagnes; Autonomie et dignité de l'hommes, in: Angelicum 51 (1974) 186–211; M. Lackmann, Geheimnis der Schöpfung. Die Geschichte der Exegese von Röm 1,18/23; 2,14/16; Apg 14.15/17 ... (Stuttgart 1952).

Gesetzes, das durch die *gratia prima*[64] – also durch Schöpfungsgnade, nicht durch übernatürliche – eingepflanzt ist. Die Lériner haben diese Auffassung und die Ausführungen darüber aus Cassians Conl. 8,23 in wesentlichen Zügen übernommen.[65] Bereits vor Mose wußte der Mensch dem Gesetz entsprechend zu handeln, Gott und den Nächsten zu lieben (Mt 22,40) und die Gebote zu halten, die erst das mosaische Gesetz brachte.[66] Dem Menschen ist mit der Kenntnis des Gesetzes zugleich die Kraft gegeben, dessen Gebote zu befolgen,[67] freilich wieder mit der unterstützenden und auch vor dem Fall notwendigen Hilfe und Mitarbeit Gottes;[68] wer dennoch nicht danach handelt, ist unentschuldbar (Röm 1,19). Der Gehorsam (des ersten Menschen) hätte den Sündenfall verhindern können.[69] Der Ungehorsam gegen die *lex naturalis* wurde zur Quelle jeder Schuld.[70]

Zur Untermauerung seiner These führt Faustus ausdrücklich und namentlich Augustinus als Autorität an,[71] verwendet aber weiterhin – wie Eucherius – Cassian, aus dessen Conl. 8,23 sie die alttestamentlichen Gestalten entnehmen, die bereits vor Mose und vor der Ankunft Christi – also ohne sein Beispiel und seine Gnade – gemäß der *lex naturalis* lebten: Abel, Noah, Henoch, Abraham, Lot, Job, Rahab.[72]

[64] Vgl. De gr. 2,8 (76,11/12): *hic <Abel> ergo cui cognomen iusti immaculatae vitae perfectio dedit, quo erudiente iustitiae sectator existeret, nisi eum lex visceribus inscripta docuisset;* ebd. 2,9 (79,30–80,4): *cum homines ita fuerint imagine et similitudine dei praediti, ut multi etiam filii dei meruerint nuncupari, vel paucis adhuc exemplis praestringere nos oportet, quanti ante legem litterae erudiente lege naturae, quae prima, ut dicimus, dei gratia est, vestibula salutis intraverint, per Christum ad ipsa vitae penetralia perducendi.* – ebd. (76,20/24): *vides bonum credulitatis non novellum esse privilegium, sed vetustum, et inter ipsa mundi coalescentis exordia mentem hominis sicut intellectu atque ratione ita etiam fide ad summo auctore dotam.*

[65] Vgl. De gr. 2,9–10 (80–89) und Eucherius, Instr. I (76–77) mit Conl. 8,23 sowie Conl. 13,12,3.

[66] Instr. I (77,2/5).

[67] De gr. 2,10 (87,3/8).

[68] Ebd. 1,1 (8,26): *ego arbitror, quod libertas arbitrii sibi sola sufficere sine praesidio gratiae non potuerit, etiam antequam privilegium illius transgressi prima violaret.* – Das ist in dieser Schärfe gegen Pelagius gesagt. – *transgressio* und *violare* ist bereits in den Mönchspredigten ein stehender Ausdruck für die Regelübertretung.

[69] De gr. 1,1 (9,11/12): *si non recessisset superbus ab oboedientia, permaneret aeternus in gloria.*

[70] Ebd. 2,10 (85,2/7).

[71] Ebd. 2,9 (81,19/23); vgl. aber o. Die Bibliothek von Lérins: die Stelle ließ sich im Werk Augustins nicht nachweisen.

[72] Zu De gr. 2,9 (80,5/18) vgl. Conl, 8,23 (242,2/10): Abel und Henoch;
De gr. 2,9 (81,5/11) vgl. Conl. 8,23 (242,5/8): Noah;
De gr. 2,10 (84,15/19) vgl. Conl. 8,23 (242,15/17): Abraham;
De gr. 2,10 (84,19/28) vgl. Conl. 8,23 (242,17/22): Job;
Eucherius, Inst. I (77,9/14): *et ut hoc etiam exemplis probemus, ante hanc legem litterae per illam naturae legem Abel iustus agnoscitur, Enoch rapitur, Noe eligitur, Abraham pater gentium*

Selbst die Heiden könnten nach dem Zeugnis der Schrift durch die eingepflanzte *lex naturalis* Gott erkennen und ihn entsprechend verehren, aber sie w o l l t e n nicht.[73] Hier stößt Faustus auf das gleiche Problem wie bei der *obduratio cordis:* die Ausstattung des Menschen mit Erkenntnis und freiem Willen liegt mit seinem schuldhaften Nichtwollen und seinem selbst verantworteten Ungehorsam im Widerstreit.

So bestätigt sich von der Anthropologie her die Bedeutung des theologisch begründeten Gehorsams, der in Lérins nicht in erster Linie von einer menschlichen Instanz oder dem Ordnungsgedanken in der Gemeinschaft legitimiert wird, sondern vielmehr der *lex (naturalis)* gilt, somit Gott geschuldet wird und der persönlichen Heiligung des Menschen dient. Das erklärt die eher lose Gehorsamsbindung im Gemeinschaftsverband des frühen干Leriner Mönchtums: der Gehorsam muß zuerst Gott erwiesen werden und findet erst danach im Gehorsam, der dem Oberen geleistet wird, seinen Ausdruck.

Weil aber der Mensch auf die Dauer zu schwach ist, trotz der Hilfe Gottes die *lex naturalis* zu befolgen, und die *consuetudo peccandi* seine Erkenntniskraft und die klare Entscheidung zwischen Böse und Gut trübte, mußten, um zum Heil des Menschen Übertretungen *(transgressio)* zu verhindern, weitere Gesetze erlassen werden. Das mosaische Gesetz ist demnach das zweite Gesetz,[74] dem weitere folgten bis hin zur Regel des Klosters,[75] die dem Menschen helfen soll, auf dem Weg des Gehorsams und der Tugenden zu seinem ersten Stand in der vollkommenen *similitudo* zu gelangen.

nuncupatur. quam ob rem hanc Mosi legem non sero esse prolatum praecedens efficit lex naturae per quam multi deo probabiles extiterunt.

[73] Vgl. De gr. 2,10 (85,2/4): *unde hic extra legem positi accusantur increduli, nisi legem naturae, cui fides iuncta est, servare noluerunt;* ebd. 2,11 (89,26/29): *vides, quia hic alienigena deum scire potuit et laudare, sed noluit.* Eucherius, Instr. I (86,2/3): *non poterant credere ita dicitur, sicut et nos saepe aliqua dicimur non posse, quia nolumus.* – Bei beiden liegt die Betonung nicht auf der Tatsache, daß der Glaube der Heiden möglich war, sondern auf dem *nolle,* das genau wie das gute Wollen in der Kraft des Menschen liegt.

[74] De gr. 2,9 (81,14/18): *legem itaque litterae absque dubio caelestis dispensatio non dedisset, nisi legem naturae interpellasset usque ad iram diluvii perducta transgressio. itaque haec lex Moysi, quae prima creditur, iam secunda est.*

[75] Vgl. LXXII,33: *qui <Honoratus> fideliter sanctam regulam custodierit, ab illo allatum et per illum a Christo ad confirmationem loci istius constitutam;* – ebd. 160: *quibus de Aegypti servitute translatis, apostolicae regulae praecepta ex utroque composita testamenta velut duas tabulas* (dies erinnert an das Gesetz des Mose) *detulit de institutione aegyptiorum patrum tamquam de monte virtute.* Faustus verpflichtet mit dieser theologischen Argumentation die Mönche auf den Gehorsam, wobei er von dem Gott geschuldeten Gehorsam ausgeht: ebd. 70/72: *si monachus <oboedientia> non habuerit, vere pauper et nudus est. Denique primus homo, postquam oboediens esse desiit, nudum se esse cognovit.* Hom. LXXII entstand fast zeitgleich mit den theologischen Hauptwerken des Faustus.

4) Asketisch-paränetische Konsequenz: die exterior-interior-Thematik

Bei einer Anthropologie, die die habituelle Schwächung des Menschen berücksichtigt, ihm aber noch genügend Stärke und Eigenverantwortung beläßt, sich aus diesem Mangel mit eigener Kraft zu befreien, erscheint die exterior-interior-Thematik als geradezu notwendige paränetische Konsequenz. Dabei geht es nicht mehr um den grundsätzlichen Stand des Menschen nach dem Fall, die Dissonanz, die in ihm das Bewußtsein seiner Schwäche und der zur Aufgabe gewordenen *similitudo* hervorruft, sondern um den als Mönch nach asketischen Regeln Lebenden, dessen Inneres nicht nachvollzieht, was er äußerlich lebt. In beiden Fällen liegt jedoch die gleiche Nachlässigkeit und Schuld vor. Hier setzt Faustus mit Vorliebe an.

Ausgehend von seinen Homilien zieht sich diese Thematik in zahllosen Variationen, von denen hier nur ein kleiner Teil angeführt wird, durch alle seine späteren Schriften.[76]

Ihre Einführung ist fast immer auch formal an der Wendung: *quid prodest . . .; non sufficiat . . .* zu erkennen. Dem folgt die Darstellung des äußeren asketischen Tuns, das nicht davon dispensiert, auch die innere Askese zu üben. Daraus geht hervor, daß der *homo exterior* nicht ein schlechter Weltmensch ist oder der „alte" Mensch, auch nicht die negativ beurteilten *caro* und *corpus* – Faustus vermeidet sorgfältig die Antinomie *homo carnalis* und *homo spiritalis* –, sondern bereits der sich mühende, dennoch lau gewordene Mönch. Bei der enormen Häufigkeit dieser Mahnungen wird das eines der Probleme auf Lérins gewesen sein, das sich offensichtlich aus der allgemeinen anfänglichen Begeisterung für das Mönchsleben ergab, die allzu viele zu einem raschen und unüberlegten Eintritt bewegt haben mag, dessen Konsequenz man nicht tragen konnte oder wollte. Die exterior-interior-Thematik kämpft weithin gegen die Veräußerlichung des sich durch sein Mönchtum in Sicherheit glaubenden Asketen.[77]

[76] In der Ps.-Eusebianischen Predigtsammlung findet sie sich in allen „asketischen" Homilien, denen man weitgehend eine Verfasserschaft durch Faustus zusprechen kann: LII Sermo de eo quod ait: ubi duo vel tres fuerint congregati in nomine meo, ibi sum et ego in medio eorum (Mt 18,20); LIII Exhortatio et castigatio ad plebem in qua multa de obtrectatione dicuntur; LIV De eo quod ait: ecce quam bonum et quam iucundum, fratres habitare in unum (Ps 132,1), bes. §§ 5–7; in LII und LIV geht es nicht in erster Linie, wie man erwarten sollte, um das Zusammenleben der Brüder, sondern um den *homo interior* und den *homo exterior,* die in Übereinstimmung zu bringen seien; LX Sermo exhortatorius contra diversa vitia; LXI Sermo castigationis in quo inoboedientia infructuosa arbori comparatur; LXIV De eo quod ait: oportet semper orare et non deficere (Lk 18,1); LXXIV Sermo exhortatoribus.

[77] Vgl. dazu eine ähnliche Thematik in der RM 88: der junge Eintretende muß erst den inneren Menschen bereitet haben, bevor es zur *mutatio habitus* kommt. – Vgl. dazu K. S. Frank, Zur Anthropologie der Regula Magistri 486; der Artikel ist insofern

Das beginnt bereits mit dem Ortswechsel. Es nützt nichts, diesen Ort aufgesucht zu haben, wenn man ebenso bleibt, wie man in der Welt sein konnte (XXXIX,11); es genügt noch nicht, sich in (auf) dieser Schule (Insel) zu versammeln, unter Mönchen zu wohnen, Psalmen zu singen und „Herr, Herr" zu rufen, die Kleider und den Namen gewechselt zu haben;[78] nicht schon an diesem Ort gut gelebt zu haben *(bene vixisse)* ist lobenswert, sondern erst gut gehandelt zu haben *(bene fecisse)*. Was nützt die Zurückgezogenheit, wenn weiter die Bosheit herrscht und die Welt im Inneren gehegt wird? Die äußere Ruhe ist kein Ersatz für innere Unruhe, tobende Laster und rasende Leidenschaft. Auch die äußere Armut ist nichts wert, wenn nicht die Liebe zum Besitz ausgerottet wird.[79] Es nützt nichts, das Fleisch mit Fasten und Wachen auszudörren und sich dabei nicht um den Geist *(mens)* und das Innere *(interiora)* zu kümmern und das zu vernachlässigen, was Gott am meisten von uns wünscht: ein reines und von Nachlässigkeiten freies Herz.[80] Körperliche Trübsal *(afflictio corporalis)* läßt sich nicht mit übler Nachrede vereinbaren: das Werk *(opus dei)* geht sonst auf in Rauch und Schatten. Das äußere Werk wird nicht abgewertet, aber seine Relation immer und immer wieder eingeschärft: umsonst schmeicheln wir uns mit dem körperlichen Kreuz und der Betrübnis des Herzens; umsonst ist es, wenn der äußere Mensch sich fortwährend in heiligen Mühen übt und der innere nicht von Leidenschaften geheilt wird.[81] Ist nämlich der innere Mensch besiegt, *iam uterque captivus est;*[82] denn niemals fällt der äußere Mensch in Laster, wenn es nicht vom inneren vorbereitet wird.[83] Deswegen muß zum äußeren Fasten immer auch die innere Abstinenz von den Sünden hinzukommen; die äußere Askese muß dergestalt sein, daß sie zur inneren führt, sie möglich macht und geistliche Früchte bringt.[84] Demnach gibt es zwei Genera der *abstinentia crucis,* dessen eines *(corporale)* sich auf die körperlichen Laster bezieht, während das

aufschlußreich, da er zu beinahe jedem der innerhalb der Anthropologie erarbeiteten Aspekte eine abweichende Position der RM von Lérins zeigt, was für die Frage nach ihrer Herkunft von dort entscheidend ist: auf dem Boden von Lérins können ihre Gedanken nicht entstanden sein.

[78] XL,112ff. XLIV,3.23/40.

[79] XXXIX,48. 58/64; XL,187/208; vgl. o. zur Armut.

[80] XLI,9.

[81] XXXIX,82.

[82] XLIII,63.

[83] Vgl. ep. 5 (190,12) und De gr. 2,4 (67,3): *vitium ergo quod laborem inperitissime efugiendum putas, non in opere, sed in corde consistit.*

[84] XXXIX,105: *ita corpus exerceamus ieiuniis, ut mentem purgemus a vitiis.* XLIII,50: *opus est ergo, ut laborem corporalem spiritalis fructus i. e. morum emendatio subsequatur.* – Hom. IV, die größere Anleihen aus der Mönchspredigt XLIV macht, bringt das Wortspiel: *viae immutatio, vitae intellegitur emendatio.*

andere *(spirituale: pretiosius atque sublimius)* die des Herzens *(animus)* meint.[85] Diese Unterscheidung übernimmt Faustus später noch in seine epp. 6 und 9[86] und ruft dabei jedesmal die Verantwortung des Menschen für die *imago dei* in ihm in Erinnerung.[87]

So hat nach Faustus die äußere Askese für den *homo exterior* sowohl vorbereitende als auch stützende Funktion[88] mit dem Ziel, die Übereinstimmung des Mönches mit sich selbst *(uterque homo)*,[89] das heißt aber, die *simplicitas* und *sinceritas* zu erreichen.

Wer der Enge des Klosters entfliehen will, verkennt, daß er dabei seiner eigenen Enge und Fessel der Leidenschaft nicht entkommt und sich – den äußeren und inneren Menschen – überallhin mitnimmt.[90] Ort und Gemeinschaft bieten zwar keine Garantie, das Ziel zu erreichen; sie haben auf dem Weg als weitere *exteriora* subsidiäre Funktion,[91] die den Mönch aber auch in die Verantwortung nehmen.

Das Ziel sieht Faustus in Maximus verwirklicht: am äußeren Menschen leuchtete die innere Stärke und die *imago sanctitatis* auf. Die die Apostelfürsten auszeichnende Heiligkeit trug er im Inneren wie am Äußeren: *Paulus apparebat in vultu, Petrus in spiritu; illius districtionis huius erat pietatis aemulator.*[92]

Für Eucherius ist die Wüste nicht nur die Weide *(pratum)* des inneren Menschen,[93] die Wüste bringt diese mit sich im Einklang stehenden Mönche überhaupt erst hervor, die sowohl die Tugenden in Vollkommenheit besitzen als auch völlig bedürfnislos sind, weil sie Christus im Geist genießen *(frui): interioris hominis faciem exterioris habitu praeferebant.*[94] Seinen weltlichen Verwandten erinnert er unentwegt, die Sorge um das Innere *(causa animae)* nicht zu vernachlässigen;[95] um dieses zu unterstützen, will er ihn zum Eintritt in Lérins bewegen.[96]

Homo exterior und *homo interior* bezeichnen somit zwei Verhaltensweisen ein und desselben Menschen im asketischen Leben. *Homo exterior* meint dabei die geleistete äußere Askese des Mönches, die ständig in

[85] XXXVII,4253.
[86] Ep. 6 (197,10–199,2); ep. 9 (212,17–213,2).
[87] S. o. zur *imago dei.*
[88] Vgl. XLIII,115.
[89] Vgl. ep. 5 (189,21).
[90] XXXVIII,59/70. Für Honoratus war die Freiheit der Welt eine Scheinfreiheit und im Grunde die eigentliche Fessel.
[91] XLI,1/2; XLII,4; s. o. zur Stabilitas und zur Gemeinschaft.
[92] XXXV,121/131.
[93] Laus 39,437.
[94] Ebd. 43,490.
[95] Cont. 714 A: *quid prodest, si adiiciat cibis, non habens consulendum est anima?* (vgl. Mt 16,26). 716 C: *foris est quod amas, extra te est, quod concupiscis. Revertere potius in te ut sis tibi tu carior, quam tuam.*
[96] Ebd. 724 D; 726 D.

Gefahr ist, es damit Genüge sein zu lassen; nie wird sie gänzlich abgelehnt, aber auch nie – isoliert von der inneren – als absolute Leistung vorgestellt oder gefordert. Zur äußeren muß notwendig die gleiche innere Haltung gestellt werden, sei es von vorneherein, sei es, daß die äußere Askese das Vehikel zur inneren darstellt. Der ganze Mensch als Kompositum von Geist und Fleisch nähert sich Gott; die Einheit im Streben beider, die Beendigung der Dissonanz, ist die Vollendung und Vollkommenheit der Askese, die in der paradiesischen Urharmonie ausklingt.

5) *Monachus* und *mundus*

Für die Mönche von Lérins ist die Welt kein Thema mehr. Sie taucht nur noch im Rückblick auf. Schon von Honoratus heißt es, daß er wünschte, von ihr durch einen tiefen Graben getrennt zu sein.[97] Den Mönch kann sein früheres Tun in ihr eigentlich nur noch mit Scham erfüllen,[98] sein ganzes Streben muß darauf gerichtet sein, nun nichts mehr mit ihr gemein zu haben, nicht im *homo exterior,* noch viel weniger im *homo interior.*[99] Weder im Reden noch im Wünschen[100] soll er mit der Welt weiterhin vertraut sein.[101] Dem instabilen Mönch wird warnend gesagt, daß selbst ein kurzer erneuter Aufenthalt in ihr die Verdienste von Jahren zunichte macht,[102] überhaupt könne er in der Welt nur sündigen.[103] Der Weltmensch im Vergleich mit dem klösterlichen kommt erst gar nicht mehr ins Gespräch.

Die Welt wird nach dem Untergang des Römerreiches nur noch als im Verfall und Altern begriffen;[104] was sie noch zeigt, ist trügerischer leerer Glanz, und was sie noch zu bieten hat, bringt nur weiteren Schaden.[105] In gleicher Weise beklagt Eucherius die *fragilitas* und die *brevitas* des menschlichen Lebens. Durch Hinwendung zum Hafen des Mönchsstandes[106] kann der Mensch diesem Verfall jedoch entgehen; der Weg dorthin führt über die Überwindung des vordergründigen „Positivismus“[107] und die Einkehr in sich selbst und gipfelt in der *fuga mundi.*

[97] V. Hon. 15 § 3.

[98] XLII,61.

[99] Vgl. XXXIX,38: *mundum intra nos inclusum teneamus;* XLIV,10.

[100] XLI,4; XLIII,27.

[101] XXXIX,51/52: *famulari.*

[102] XL,139.

[103] XLII,100; XL,17.

[104] Cont. 721C–722C.

[105] Ebd. 714B–717D.

[106] Ebd. 726C: *professionis nostrae portum.*

[107] Cont. 720A: *cur in praesentium rerum oblectabili defigimur aspectu? cur iis tantum libet incubare, quae cernimus? numquid luminibus istis tantum vivimus, aut solos in usum gestamus oculos?* Vgl. 722A.

Eucherius schreibt so nicht an Mönche, sondern an seinen weltlichen Verwandten. Dem Mönch braucht eine solche Einschätzung der Welt – zumindest stilistisch: Eucherius geht es in seinem rhetorischen Aufwand gar nicht um die absolute Abwertung der Welt, wie es ihm auch nicht um die Abwertung des Leibes ging[108] – nicht mehr vor Augen geführt zu werden; ihm genügen die kurzen Erinnerungen der Homilien.

In der Lériner Anthropologie gibt es für die Mönche nicht „zwei Welten": die Welt „draußen" und die des Klosters. Es gibt nur eine, in der Lérins die geographische und ideelle Insel der Ausnahme, das neue und eigentliche Heimatland, darstellt.[109] Dieses Vaterland ist das vorweggenommene Paradies, das der Mönch in der individualistisch geprägten Spiritualität nicht nur an diesem Ort finden, sondern auch im *ager cordis/pectoris*[110] errichten soll.

Gewiß drückt sich eine Stellungnahme zur Welt darin aus, daß sie aus den Homilien fast völlig ausgeblendet wird; jedoch ist das tatsächliche Engagement der Lériner für die Welt: die Bereitschaft, zahlreiche Bischofsstühle zu besetzen, eine ebenso bedeutsame, wenn auch „nonverbale" Position zu ihr, die den Wert der eigenen Aussagen sogar in Frage stellt. Auch Genus und Anlage der noch in Lérins verfaßten Hauptschriften und eine genauere Analyse von De contemptu mundi offenbaren eine andere Sicht, als sie ein bislang angenommenes „Milieu" erwarten läßt.[111]

Die grundsätzliche Offenheit, sich mit dem Geschehen in der Welt auseinanderzusetzen, kommt in den Schriften des Salvian und Eucherius zum Ausdruck. Eucherius steht der Glanz des Römerreiches noch deutlich vor Augen; bei ihm ist der wahre Christianus der Romanus, das römische Reich ist mit der Oikumene gleichgesetzt,[112] die Barbaren werden übergangen. Die Haltung (der Asketen) zur Welt wird in seiner späteren Schrift, bei der Interpretation der Passio Agaunensium

108 S. dazu unten: II, 1. 2): Die innere Motivation ... – Eine nur negative Weltsicht, die in Gallien im 5. Jh. durch das südgallische/Lériner Mönchtum beeinflußt worden sei, muß stark bezweifelt werden; diese Ansicht vertrat T. Kardong, The World in the Rule of Benedict, in: StMon 26 (1984) 185–204; hier 197 Anm. 33.

109 *Patria* ist eines der häufigsten Worte in der V. Hon.

110 Vgl. XLIII,18; ep. 9 (213,16); Laus 40/41; I. Opelt, Art. Erde, in: RAC 5 (1161–1163).

111 Auf dieses „Milieu", das erst erarbeitet werden muß, berief sich u. a. auch T. Kardong (Anm. 108). Über einen anderen als den hier eingeschlagenen Weg kommt R. Nürnberg, Askese als sozialer Impuls, zu ähnlichen Ergebnissen. M. E. vertritt sie jedoch mit zu großer Einseitigkeit und unter Ausschluß zahlreicher anderer – auch monastischer Motive – ihre These von der aus der Askese erwachsenen Weltzugewandtheit.

112 Vgl. Cont. 721 C – 722 A. Vgl. S. Pricoco, Barbari, senso della fine e teolgia politica, in: Romano barbarica 2 (1977) 209–229.

Martyrum, deutlich.[113] Das Martyrium der Thebäer läßt Eucherius nicht durch die völlige Befehlsverweigerung der Soldaten gegenüber dem heidnischen Kaiser begründet sein, wie es frühere Martyrerakten und selbst die V. Martini noch als ein Ideal darstellten.[114] Nicht mehr die Unvereinbarkeit der *militia Christi* mit der *militia Caesaris* steht zur Diskussion: die Thebäer sind bereit, dem Kaiser zu folgen, in seinem Dienst zu stehen, solange er nicht Widergöttliches verlangt, nämlich Christen zu töten.[115] – In dieser von der Tradition der militärischen Martyrerakten abweichenden Interpretation zeigt sich die gewandelte Auffassung der Leriner Askese, die den Grund für die Übernahme ziviler Ämter z. T. erklärt: Das Motiv der christlichen Pflicht und Zulässigkeit öffentlichen Engagements.

Auch Salvian denkt noch römisch; doch die antike und Eucherianische Gleichung erweitert er: der wahre Römer und Christ ist der Asket.[116] Inmitten des verfallenden Römertums, für das es keine Rettung mehr gibt, wird die *virtus Romana* nur noch bei den Asketen gelebt und garantiert. Die Barbaren stehen in einem günstigeren Licht da, weil sie sittlich vollkommener leben als der römische Christ. Sie sind in der Welt die eigentliche Zukunft.[117]

2. *Die interiora hominis (Seelenlehre)*

Die bisherige Untersuchung der *conditio humana* zeigt eine Dichotomie und keinen Dualismus zwischen dem *homo interior* und dem *homo exterior*. Es bleibt die Frage, ob die Leriner nicht einen Dualismus im Inneren des Menschen, in seiner Seele, erkennen, einen Widerstreit der verschiedenen Seelenkräfte. Eine vorläufige Klärung wird die Zusammenstellung und Interpretation der einschlägigen Begriffe bringen.

1) *anima, animus, mens* und *cor*

Ganz im allgemeinen bleibt die Bezeichnung *interiora hominis*.[118] Ihnen kommen in der Bedeutung die *viscera* (XLIV,36) recht nahe, die

[113] CSEL 31,165–172.

[114] Vgl. G. S. Windass, The Early Christian Attitude to War, in: IThQ 30 (1963) 234–248.

[115] Vgl. Passio (168,9/25). Vgl. dazu S. Pricoco, L'isola 223–244.

[116] De gub. I,5; vgl. Schäfer, Römer und Germanen bei Salvian, Breslau 1930. Die Literatur zu Salvian ist umfangreich; genannt sei nur: A. G. Hamman, L'actualité de Salvian de Marseille, Idées sociales et politiques, in: Aug. 17 (1977) 81–93; G. W. Olsen, Reform after the Pattern of the Primitive Church in the Thought of Salvian of Marseille, in: CHR 68 (1982) 1–12.

[117] Vgl. De gub. 5,11,61.67.70; vgl. dazu: J. Fischer, Die Völkerwanderung 181.

[118] XXXVIII,11; vgl. XXXIX,38: die Leidenschaften seien *intra nos conclusum*.

durch die Affekte, wie z. B. den Haß, infiziert werden können. Später präzisiert Faustus, daß dafür hauptsächlich die *mens* anfällig ist, für die er auch *cor/pectus* setzt. Die Identität der Begriffe geht daraus hervor, daß die *lex naturalis* ihren Platz einmal *in visceribus,* dann wieder *in cordibus hominum,* schließlich *in paginis mentis* findet.[119]

Mens und *cor* – ganz selten auch *animus* – sind zudem der nach allen Seiten hin offene Teil des Menschen. Die *mens* muß mit heiligem Dienst beschäftigt *(occupare)* werden, sonst wird sie über die Sinne des Menschen das gesuchte Angriffsfeld des Teufels[120] und kann zu seinem Gefangenen werden. Dazu schickt er verschiedene Leidenschaften und Gedanken,[121] vor denen sich der Mensch schützen kann, indem er seine Sinne nach außen hin verschließt.[122] Gerade weil das *cogitare* vornehmlich Aufgabe der *mens* ist, zeigt sie sich dort auch empfänglich und beeinflußbar. Allein in ihr findet der Kampf der *intentiones* statt, die sowohl die eigenen und von Natur aus guten Regungen wie auch die von außen kommenden bösen umfassen.[123] Aus diesem Grund muß der Mensch ständig wachsam sein und die Nachlässigkeiten ausrotten, da der Feind sonst die Begabung der *mens* verdunkelt.[124] Durch die eingepflanzte *lex naturae* hat sie ihrerseits die Kraft, von der *anima* Gefahren abzuhalten;[125] damit scheint sie als eine Ausdrucksform der *anima* bestimmt, in deren Dienst sie steht.[126]

In der Bedeutung sind *mens* und *cor* zwar nicht voneinander zu scheiden – vieles, was von der *mens* gesagt wird, sagt Faustus auch von *cor/pectus* –, dennoch verbindet er nur mit *cor* die Thematik der

[119] De gr. 2,9 (76,12; 81,19; 82,16); in XL,58 spricht er auch von *viscera animae.*

[120] XXXVIII,82; XLII,81; XLIV,83; ep. 6 (199,3/8): *quicquid enim pulchrescit visu, quicquid lenocinatur visu, quicquid blanditur auditu, quicquid mollescit adtactu, quicquid dulcescit gustu, haec omnia, si his abutamur, intentionem de spiritalibus ad terrena devolvunt.*

[121] XLII,91: *cogitationes.* Bei Cassian ist dies von vornherein ein Begriff für die Laster.

[122] XXXVII,8.46: *clausis sensibus.*

[123] XXXVIII,128; XLIII,51; XL,171; ep. 5 (184,21); Eucherius, Cont. 723 B. Gut von Natur aus sind die eigenen deshalb, weil sie mit der *lex naturalis* eingepflanzt worden sind.

[124] XXXIX,71: *mentem emendemus, aut quae interiora sunt curemus;* XLI,14: *mentem ab omni maledicto liberam;* u. ö. – XLII,95; ep. 7 (204,10): *praesumptio et elatio suffundit mentis intuitum* (das sagt Faustus von den Häretikern); XXXVIII,202: *obscurat atque obruit intellectum.*

[125] XLIII,60: *fieri enim potest ut ad animae non perveniat periculum si mens respuat voluptatem.* Faustus hat sich aber nie klar ausgedrückt, ob nicht auch die *anima* als Bild Gottes Träger der *lex naturae* ist.

[126] Vgl. ep. 3 (175,12): *intellegendum est, quod aliud sit animae status aliud is, quid anima nascitur, cogitationis affectus;* die *cogitationes* werden sonst als Tätigkeit der *mens* oder des Herzens gedeutet: XL,176; XLIII,82.

„Verhärtung“. *Cor* ist Sitz der Tugenden und Laster[127] und kann als Ziel des asketischen Strebens zur Wohnung des Heiligen Geistes werden.

Faustus gibt des weiteren keine Klarheit über die Struktur des inneren Menschen. In eindeutigem Parallelismus setzt er *anima/cor/mens* gleich.[128] Was zunächst als Spezifikum und Kennzeichen der *mens* ausgesagt wurde, trifft ebenso für die *anima* zu,[129] die als das umfassende innere Prinzip gilt, sofern *anima* nicht *homo* ersetzt.

Animus bezeichnet nicht einen Teil im Inneren des Menschen. Der Begriff steht zusammen mit *affectus* und *sensus* für die Gesinnung oder die Seelenregungen, also Ausdrucksformen von *anima* und *mens.*[130] So findet sich im Menschen nur jene einzige Größe, die *anima,* in ihren Ausdrucksformen *mens* und *cor.* Die aufgefundene Dichotomie bleibt bestehen. Der exterior-interior-Thematik folgend kann das Pendant zu *corpus/caro* bald *mens,* bald *anima,* bald *cor* heißen.

Es bleibt die Frage nach der in anderen Anthropologien genannten letzten Kraft im Menschen, dem *spiritus.* Auch er scheint nur für den *homo interior* zu stehen[131] oder für den Hl. Geist, der im Herzen des Menschen Wohnung nimmt.[132]

In ep. 5 nimmt Faustus dazu Stellung, ob Seele und Geist das Gleiche seien oder ob sie voneinander verschieden sind. Die Antwort, die er findet, entnimmt er erneut Cassian:[133]

> Es ist bekannt, daß sich der Mensch aus zwei Wesenheiten *(substantiae)* zusammensetzt: der Seele und dem Körper. Der Geist *(spiritus)* aber erweist sich bald als *naturalis,* bald als *accidens.*

[127] Z. B. XL,176: *tepor cordis;* XXXIX,47: *inquietudo in corde;* ebd. 62: *cupiditates de cordibus;* XLII,86: *humilitas cordis;* XLIII,82: *obscenis cogitationibus in ipso corde confundimus.*

[128] Vgl. XLII,95. Faustus spricht vom *oculum cordis* (XLII,46.117); dann aber wieder von *pedes/membra animae* (XL,91; ep. 6; 199,14); in ep. 10 (215,25): *habet et interior noster oculos suos;* und ebd. (216,4): *facies animae;* in ep. 5 (190,2): *facies interioris.* Eucherius faßt das kurz zusammen, indem er feststellt, daß die Glieder des Leibes ein Äquivalent im inneren Menschen haben, ohne sie einem bestimmten Teil des inneren Menschen zuzuweisen: *decachordum: praecepta decem vel geminati quique sensus hominis exterioris cum interiore* (Form. 9: De Hierusalem vel adversis eius; 56,24).

[129] Nach ep. 5 (187,15) verfügt die Seele *(anima)* über *vigor sentiendi et intellegendi,* die als Leistung der mens ausgewiesen wurden. Was Gott der Seele als seinem Bild verliehen hat: *ratio, sapientia, intellectus* halten andere für Kennzeichen des *animus;* Faustus folgt Cassian, Conl. 1,14.

[130] XLI,20: *cum hilari agamus animo, cum bonae devotae voluntatis affectu;* ebd. 27: *ex toto animo;* ebd. 39: Gott schaut nicht auf die Gaben, die *vili animo* gegeben werden. V. Hon. 9,23: *humilitatis animo;* 20,14: *munificenti a.; misericordiae a.;* 33,17: *superstite a.;* 35,12: *animi caritate;* – vgl. XXXVIII,9.222; XXXIX,3; XLII,108; Instr. 1 (91,9).

[131] Vgl. z. B. XL,60: *spiritus compunctionis.*

[132] Vgl. De sp. 2,8–12.

[133] Ep. 5 (191,11); Conl. 4,19. Vgl. dazu L. Wrozol, Die Psychologie des Johannes Cassian, in: DT 2. Serie (5) 32 (1918) 181–212 . . . .

Manchmal wird der Geist nämlich für die Seele gehalten, manchmal als das Trachten der Tugend *(virtutis appetitus)*, manchmal als geistliche Neigung *(spiritalis affectus)* angesehen. Dadurch ist ein und derselbe Mensch bald *carnalis*, bald *animalis*, bald auch *spiritalis* gesinnt.

Unschwer ist zu erkennen, daß dies keine Antwort auf die gestellte Frage nach dem *spiritus* ist. Es ist die platonische Teilung der einen Seele in die drei Seelenteile bzw. Seelenkräfte, denen Cassian drei *abrenuntiationes* zuordnet,[134] die Faustus ebenfalls bekannt sind. Verfolgt man die Antwort des Faustus weiter, so bestätigt sich diese Beobachtung. *Carnalis* ist der Mensch, wenn er den Bedürfnisen des Bauches und der Kehle im Essen und Trinken durch Völlerei *(ingluvies)* und Gefräßigkeit *(voracitas)*[135] nachgeht, also die lasterhafte Übersteigung der natürlichen Bedürfnisse. *Animalis* ist er, wenn er nach weltlicher Art über Gott nachdenkt oder sich mit Sorgfalt an eitlem Wissen oder den Studien der Philosophen erfreut. *Spiritalis* ist er schließlich, wenn er die ehrenhaften heiligen *spiritalia* ersehnt, wenn er durch Gottesfurcht, durch die Kraft des Herzens *(cor)*, aufsteigt, wenn er den Heiligen Geist zu sich durch die Reinheit des Herzens und die Beachtung der Keuschheit einlädt und damit zum Tempel Gottes wird (1 Kor 3,16). Er fügt noch an, daß diese *spiritalia* dem Menschen nicht von Natur aus eingepflanzt sind, sondern durch die Gnade hinzugegeben werden, durch eigene Mühen bewahrt werden müssen und durch Sünden verloren gehen.

Auch über den *spiritus* weitet sich die Anthropologie nicht zu einem trichotomischen System, ebensowenig entsteht ein Dualismus widerstreitender Seelenteile im Menschen.[136]

[134] Vgl. Conl. 3,6,2, von Faustus übernommen in Hom. XXXV,16/24 im Anschluß an Gen 12,1: *exierat de terra (1) sua, et cognatione (2) sua, et de domo patris (3) sui.* Wie Faustus hält Cassian diese Dreiteilung jedoch nicht durch und spricht hauptsächlich von *carnalis* und *spiritalis;* gelegentlich überträgt er die Dreiteilung der Seele auf drei Menschengruppen - auf diese praktische Anwendung kommt es ihm eher an als auf die philosophische Analyse des inneren Menschen - dabei ordnet er die *saeculares* der *pars carnalis* zu, die *tepidi* der *animalis* und die *perfecti* der *spiritalis.* Vgl. dazu A. Kemmer, Charisma maximum (Rom 1938) 35.

[135] Es fällt auf, daß Faustus sich nicht an der Achtlasterlehre des Cassian orientiert und hier eine andere Terminologie verwendet. Ob das ein Hinweis ist auf das, was er im Exzerpt des Eucherius las? Er kennt zwar Todsünden (ep. 5; 191,3), aber wenn er Laster mit Zahlen verbindet, so sind es einmal drei *capitalia: sacrilegium, adulterium, homicidium* (ep. 5; 187,10), ein andermal, den fünf Sinnen entsprechend, fünf *principalia vitia* (ep. 9; 214,6).

[136] Eine einzige Ausnahme bei Faustus ist zu verzeichnen, die aber wegen der sonst vorherrschenden Aufteilung nicht überbewertet werden darf: ep. 6 (199,14). Ausgehend von Mt 11,12 *(regnum caelorum vim patitur)* erklärt er, wer die *violenti* sind: es sind die Asketen, die mit Macht das Himmelreich an sich reißen: *vim enim factura est anima, ut carnales affectiones spiritui subdat, ut crucem deliciis praeferat, ut vigilias somnis dulcibus anteponat, ut adversarium in membris suis vincat, ut ex alio alter effectus ad illam*

Warum aber hält sich Faustus nicht an das verbreitete Modell? Was entspricht dem *principale animae* etwa eines Hieroymus oder dem *spiritus* anderer Anthropologien?[137]

Es konnte gezeigt werden, daß nach der Lehre des Faustus Gott den inneren Menschen mit der *imago* und all ihren Fähigkeiten und der *lex naturalis* bereits reichlich und für die asketischen Belange durchaus zulänglich ausstattete. Die jedem eingeschriebenen *(inserere, inspirare, infundere)* Gesetze, die Erkenntniskraft, die Fähigkeit zu unterscheiden und der freie Wille sind die in der asketischen Anthropologie von Lérins ausreichenden Kräfte, den Weg zur Vollkommenheit zu gehen; sie werden immer wieder neu geweckt und unterstützt durch Impulse weiterer Exteriora: Hl. Schrift, Regel, Beispiel, Ort und Gemeinschaft im asketischen Leben. Da zwischen den *interiora hominis* nicht geschieden wird, übernimmt die Verbindung zu Gott, ähnlich wie bei Cassian, nicht der *spiritus* (des Menschen), sondern die *anima* durch ihre Organe *(membra)* oder Kräfte (*mens/cor* als Wohnung des Hl. Geistes oder Christi).[138]

2) Der Ursprung des Bösen

Wenn nun auch das asketische Leben als ein kämpferisches verstanden wird, so spielt sich dieser Kampf nicht zwischen den *interiora hominis* ab, sondern im Inneren des Menschen, der für sich eine Einheit bildet, im Widerstreit der *intentiones,* die über die fünf Sinne von außen an den ganzen *(uterque)* Menschen herangetragen werden. Das Böse hat in der allgemeinen干Lériner Auffassung außerhalb des Menschen seinen Ursprung und tritt auch von dort an ihn heran.[139] Der Kampf wird zum Kampf mit dem Teufel, der nicht in der Seele des Menschen ist, sie auch nicht durchdringen kann. Deswegen schickt er

domini praeceptionem idoneus inveniatur. – Hier scheint die Anthropologie trichotomisch ausgeweitet zu sein. Bereits in XXXVII hat Faustus diese Stelle ausgelegt, jedoch ohne dabei die anthropologischen Aussagen zu machen, die er später als Bischof in ep. 6 anfügte. Das Vorbild dazu waren die parallelen Stellen bei Cassian, Conl. 24,26 und Conl. 7,6. Faustus benutzt jedoch nur die letztere für seine Zwecke, wo Cassian die *vis* auf die Mühen des Menschen bezieht, immer seine Gedanken zu bewachen, um ganz dem Herrn anzuhangen. Daß er Conl. 24,26 ausklammert, ist bedeutsam, da Cassian dort die *vis* der Seele im Gehorsam gegenüber dem Abt sieht. Faustus benutzt aber, wie gezeigt wurde, keine einzige Schriftstelle, um einen solchen Gehorsam zu legitimieren. Auch Augustinus äußert sich zu Mt 11,12 (Conf. 8,6,19) ähnlich wie Faustus. Diese Passage übernimmt Eucherius in Cont. 720 A/B.

137 K. S. Frank, Die Anthropologie der RM 483, deutet den *spiritus* in der Verwendung des Magisters als „Wort und Führung des Abtes“, als mittelbare Führung des Heiligen Geistes.

138 Vgl. V. Hon. 37,24. Zu Cassian vgl. A. Kemmer, Charisma maximum 37.

139 Vgl. V. Hon. 18,26; Eucherius, Cont. 720D. In den Instr. I (69,24) erklärt er das Entstehen des Bösen dadurch, daß das Gute böse gebraucht wurde, also aus einer freien Tat des Menschen; die Problematik scheint damit aber nur verschoben.

zunächst *occasiones et causas,*[140] mit denen er sie über die Sinne umgarnt, wenn sich der Mensch nicht vor seinen Einflüsterungen verschließt. Solange der Mensch noch in der Welt war, fand der Teufel leicht Zugang. Nun aber findet er sein Bild[141] in den Tempel Gottes gewandelt. Wenn er die Seele dann nicht wachsam und beschäftigt *(occupare)* findet, sondern *vacuam et vacantem,* kehrt er, provoziert durch den Schritt des Eintritts *(conversio),* mit sieben weiteren bösen Geistern zu dem aufgeräumten Haus zurück.[142]

Zwar nennt Faustus die Sündenverstricktheit des ganzen Menschen *(anima cum carne sua)* durch das *malum originale,*[143] er kennt die rebellische Konkupiszenz – die Geneigtheit des Fleisches, gegen den Geist aufzubegehren, und die des ganzen Menschen gegen Gott – als seine Folge; er versteht sie jedoch letztlich als eine jeweils nur äußere und aktuelle (allenfalls als eine habituelle Gefahr). Die von Gott geschaffene Seele ist, wenn sie mit dem Fleisch in Verbindung tritt, dank der ihr einwohnenden *imago dei* und der zu ihr gehörenden *lex naturalis,* die ihm stets als Orientierung und Kraft zum Guten bleibt, nicht völlig verdorben, sondern nur geschwächt: Ihre Erkenntniskraft ist beeinträchtigt; sie hat die Blüte der Tugend, nicht aber die Fähigkeit zur Tugend, die zu erlangen ihr nun (nach dem Fall) mehr Mühe bereitet, verloren.[144]

[140] XXXVIII,77/83; XL,164: *ideo quia hic positos nocere non praevalet vult aliquos minus cautos, per cogitationes ac per diversas tentationes ex hoc loco quodammodo ex castra producere.*

[141] Es ist nicht die *imago diaboli;* nur Gott kann im Menschen eine *imago* besitzen. Für das hier gemeinte Bild benutzt das christliche Latein das durch seine Herkunft aus der griechischen, paganen (stoischen) Philosophie negativ belastete Wort *idolum;* vgl. XLII,70.

[142] Vgl. Mt 12,44 in XLII,61/75. Die genannten Begriffe *occupare, vacare, conversio* weisen auf die geistliche Beschäftigung im Mönchsleben, das Gebet, hin; s. o. § 1 II, 2. 2).

[143] De gr. 1,2 (13,8/10): *agnosce causam mali originalis de oblectamento natum conceptionis de vitio voluptatis.* – Ep. 5 (190,9/13): *sicut originale peccatum pro unitate corporalis hospitii utrumque conlectitur, pari uterque homo in peccatorum societate constringitur, ita eis in criminum participatione una causa est, sicut in virtutum remuneratione par gloria est.*

[144] Vgl. De gr. 1,11 (39,3/4): *ut vero de bonis mali efficiantur, hoc facilius in se recipit humana fragilitas, ut de vase honoris in vas contumeliae transeat;* ebd. 2,8 (76,6): *post primi hominis praevaricationem non mors arbitrii, sed infirmitas, ne impossibilitas, sed difficultas proposito labore successit;* ebd. 1,8 (25,17/19 in bezug auf Ps 118,173): *hoc est dicere, sollicitabat me quidem in sinistram partem perniciosa mundi voluptas, sed in dexteram mandatorum tuorum traxit utilitas;* ebd. (24,23 – 25,8): *sicut post inveteratam luxuriae consuetudinem reparatio continentiae multo labore constabit et sicut longe temulentiae usu captivata sobrietas cum violentiae rigidae crucis vix recipitur, quae prius, cum illaesa teneretur, parvo negotio servabatur, siquidem cum voluptate quadam inviolata conscientiae possidetur, et quemadmodum post diversa carnalium blandimenta vitiorum, quae facile prima aetas statum suum retinens calcare potuisset, cum magno luctamine velut contra ardui montis ascensum ad virtutis viam reditur, ita humani arbitrii a deo concessa libertas florem vigoremque gratiae suae*

Deswegen können Seele und Leib nur durch die jeweils aktuelle Sünde in ernste Gefahr kommen, die der Teufel an sie heranträgt. Diesen Schluß bestätigen auch die weiteren Ausführungen des Faustus, die ganz von seiner asketischen Erfahrung bestimmt bleiben.[145] In der Anstrengung des Willens liegt für den Menschen die Möglichkeit, der Sünde zu entsagen und sich vor ihr zu bewahren.

Da die Folgen der Laster die Verdunkelung des *intellectus* und des *lumen mentis* sind,[146] gewinnt die Aufgabe und Verantwortung der Brüder füreinander: die *illuminatio,* ihre eigentliche und tiefe Bedeutung.

3) Die Körperlichkeit der Seele

Warum aber kann der Teufel nicht direkt in die Seele eindringen, sie durchdringen? Diese Frage führt zum letzten und am meisten umstrittenen Punkt der Seelenlehre des Faustus, die er in epp. 3 und 5 entwickelt. Sie brachten ihm in der Literatur unberechtigt den Vorwurf des Traduzianismus ein. Ep. 3 veranlaßte Claudianus Mamertus zu einer umfangreichen Gegenschrift: De statu animae.[147] Diese Schrift ist das einzige philosophische Werk des Abendlandes zwischen Augustinus und Boethius.[148] Die Anlage der umfangreichen Replik macht ein grundlegendes Mißverständnis in der Beurteilung der Schriften des Faustus offenbar. Claudianus übersieht, daß Faustus gar nicht im Sinn hatte, eine philosophische Abhandlung über die Seele zu verfassen, sondern daß er ganz aus seinem asketischen Rahmen (Cassian!) und auch nur mit diesem Ziel und Zweck argumentiert. Dabei hat er sich die bei Hieronymus bloß verbal gebliebene Ablehnung der Philosophen durchaus zu eigen gemacht. In keiner Weise zeigt er sich von den traditionellen Lehren über die Seele beeinflußt - weder von den paganen (platonisch oder stoisch) noch von den christlichen (Tertullian und Augustinus),[149] selbst wenn er vorgibt, die Meinung der Väter zu referieren. Er stützt sich hier einzig auf Cassian.

perdidit, tamen ipsa non periit, ut divina munera non tam interdicta sibi sentiat, quam cum summo labore ac sudore per adiutorii patrocinium sibi repetenda esse cognoscat.

[145] Vgl. Ep. 5 (190,13/14.17): *numquam enim exterior in baratrum luxuriae caderet, nisi ei consensum praeberet interior.* <...> *oboedientia a serviente cessaret, nisi voluntas a iubente praecederet.* Beispiel und Terminologie stammen hier noch ganz aus asketischem Milieu, vgl. Cassian, Inst. 9,6 (CSEL 17,169,5/8).

[146] XXXVIII,201; XLII,95.

[147] CSEL 11 (1885, Engelbrecht).

[148] Vgl. dazu F. Zimmermann, Des Claudianus Mamertus Schrift De statu animae libri tres, in: DT 1 (1914) 238-256.333-368.470-495; E. L. Fortin, Christianisme et culture philosophique au Vème siècle, Paris 1959; P. Courcelle, Les lettres grecques en occident (Paris 1943) 226-243.

[149] Vgl. Douerin, Fauste de Riez 189.

Die Unkenntnis des asketischen Milieus tritt bei Claudianus dort zutage, wo er die ehemaligen Leriner Mönche Faustus und Eucherius gegeneinander ausspielen möchte. Letzteren lobt er[150] und zitiert eine sonst verlorengegangene Homilie, in der er das Zusammenwohnen der zwei Substanzen in Christus mit dem Einwohnen der unkörperlichen Seele im Menschen erklärt. Auf Lérins jedoch folgte Eucherius der Lehre von der Körperlichkeit der Geistwesen, zu denen auch die Seele gerechnet wird, als einem festen Bestandteil der asketischen Anthropologie. Er faßt diese Lehre der Väter in seinen Instructiones zusammen, ohne sie abzulehnen.[151] – Von einer gewissen Ironie zeugt die Widmung des Werkes, das an Vorwürfen gegen den Verfasser der ep. 3, von dem er vorgibt, ihn nicht zu kennen,[152] nicht spart; sie ist an Sidonius, den Freund des Faustus gerichtet, der, durch einen solchen offensichtlichen Angriff verärgert, erst nach einer neuerlichen Intervention des Claudianus antwortet,[153] dabei aber nicht auf den Inhalt des Werkes eingeht. In einem fast zeitgleichen Brief an Faustus lobt Sidonius, daß Faustus alles philosophische Gehabe und Getue äußerlich und innerlich abgetan habe und nun ehrenhafter philosophiere als alle Philosophen;[154] bemerkenswerterweise stellt er dabei fast allen Philosophen, auf die sich Claudianus beruft, ein schlechtes Zeugnis aus, indem er sie lächerlich macht.

Da Faustus Cassian folgt, kann zunächst der Vorwurf des Traduzianismus von ihm genommen werden. Der Traduzianismus verdankt seinen Namen den Aussagen, die er über die Entstehung der Seele macht: Mittels eines *tradux* bringen zwei Seelen beim Zeugungsakt eine neue hervor; daß die Seele körperlich sei, ist nur eine (nicht notwendige) Nebenerscheinung dieser Lehre; letztere Annahme

[150] De statu aninmae II,9 (135,9–136,4).

[151] Instr. (107,27/29): *angeli vero cum se humanis offerunt oculis, credentur, ut quorundam opinio est, ex isto crassiore aere, i. e. vicino terris ad praesens corpus adsumere.*

[152] Dies wird allgemein bestritten, vgl. Douerin, Fauste de Riez 169; Fortin 44. Vgl. De statu animae I,2 (25,13): *si bene conscius disputas, cur nomen occultas?* ebd. (26.3): *nemo enim studet occultari, nisi qui formidat agnosci;* I,3 (31,18): *risum tamen in isto conparationum ac prolocutionum tuarum genere tenere vix possum* <...> *magna videlicet rerum ignoratio et scientiae mira praesumptio;* I,1 (23,2/4): *catholicae sanitati opiniones inimicas stultae concipiunt, vane proferunt, superbe adstruunt, cum temeritate scribunt, cum parvae intentione defendunt;* II,7 (123,5): *verborum puerilium spumas exspuunt.*

[153] Die Widmung des Claudianus: Praefatio (18–20); sein Mahnschreiben an Sidonius: ep. prior (198–199); der Brief 9,9 des Sidonius: MGH auct. ant. 8, 54–56. Zu diesem Briefwechsel vgl. S. Pricoco, Sidonio Apollinare tra Claudiano Mamerto e Fausto di Riez e la datazione del „De spiritu sancto", in: Didaskaleion 15 (1965) 115–140; Fortin 63–64.

[154] Ep. 9,9 (158,17/33): <...> *nobilius philosophari* <...> *stoicos, Cynicos Peripateticos haeresiarches.* Bereits Gennadius lobt an Faustus nicht seine philosophische Kenntnis, sondern seine Vertrautheit mit der Schrift, vir. ill. 86 (91,3): *vir in divinis scripturis satis intentus.*

bedingt allerdings nicht die traduzianistische Entstehungslehre. Cassian sagt ganz deutlich, daß die Seele nicht durch eine andere hervorgebracht werden kann.[155] Eine Lehre von der im Fleisch übertragenen Erbsünde, die auch die Seele erfaßt und verdirbt, begünstigte das Aufkommen des Traduzianismus. Da Pelagius und alle, die offen oder im Verborgenen mit ihm sympathisierten, eine durch die Erbsünde verderbte Seele ablehnten und einem radikalen Kreatianismus folgten, näherte sich die Orthodoxie, allein um sich von Pelagius abzusetzen, mehr und mehr dem Traduzianismus. Deswegen erstaunt es nicht, daß Hieronymus und vor allem Augustinus, die zunächst entschiedene Kreatianisten waren, angesichts der pelagianischen Gefahr in ihrer Ansicht unsicher wurden.[156] Faustus macht diesbezüglich überhaupt keine Aussage - sieht man von der über die Erschaffung der Seele Adams ab, die selbstverständlich wie alles Körperliche (!) am Anfang von Gott geschaffen wurde.

Nach Meinung der von der Stoa geprägten Väter, auf die Faustus sich beruft,[157] ist zwischen Unsichtbarem und Unkörperlichem zu unterscheiden. Alles Geschaffene ist Materie und daher körperlich. Davon sind Engel,[158] Dämonen (gefallene Engel) und Seelen nicht ausgenommen, weil sie einen Anfang haben und im Raum sind. Hieronymus wird dafür als Zeuge zitiert.[159] Für Faustus steht fest: was Quantität hat, benötigt Raum, was Raum benötigt, ist körperlich.

[155] Conl. 8,25,1 (CSEL 13,244-245).

[156] Auf Anfrage Augustins resümiert Hieronymus die Auffassungen über die Entstehung der Seele in ep. 126, ohne aber selbst Stellung zu beziehen.

[157] Ep. 3 (173,11): *non pro sensus mei praesumptione depromam, sed pro sanctorum opinione seniorum.*

[158] Ebd. (173,20/21); Eucherius, Instr. (107,27/29).

[159] Ebd. (173,23): *globos siderum corporatus arbitrantur;* die Herkunft der Stelle bei Hieronymus läßt sich nicht ermitteln. Eine zweite Stelle, die Faustus aus Hieronymus entnommen haben will: *si angeli caelestia etiam corpora ad conparationem dei immunda esse dicuntur, quid putas homo aestimandus,* findet sich aber im Job-Kommentar des Hieronymusschülers Philippus c. 52 (PL 26 [1884] 655-850 hier: 726 D). Die Kenntnis dieses Werkes hat weiterreichende Folgen: Der Jobkommentar, in PL noch als Ps.-Hieronymus ausgegeben, ist eine der wenigen Schriften, die in 1 Sam 1,1 (Job 1,1) der Auslegung des Origenes folgen (s. o.). Faustus kann sie Ps. Hieronymus/ Philippus entnommen, und überhaupt diesen Kommentar als ein Werk des Hieronymus gekannt haben. Auch Claudianus bestreitet nicht, daß es sich hier um eine authentische Schrift des Hieronymus handelt; er kennt sie gut und wirft Faustus vor, sie falsch verstanden zu haben, I,11 (51,22): *de quodam opere sancti Hieronymi capitulum quodam, quod quidem te constat non intellexisse.* Sollte diese Ansicht Richtigkeit haben? Gennadius allerdings kennt Philippus als einen *optimus adiutor Hieronymi* und weiß auch um dessen Jobkommentar (vir. ill. 63). Tatsächlich ist die quellenkritische Lage noch nicht geklärt; zu den unterschiedlichen Rezensionen vgl. A. Wilmart, Cadre du commentaire sur Job du prêtre Philippe, in: StT 59 (1933) 315-322; J. B. Bauer, Corpora orbiculata - eine verschollene Origenesexegese bei Pseudo-Hieronymus, in ZKTh 82 (1960) 333-341, bes. 334 Anm. 12.

Ohne Raum, Qualität und Quantität ist nur Gott allein, wie Cassian lehrt und daraus schließt, daß die Seele als Geschaffene diesen Vorzug, der Gott allein gebührt, nicht haben kann.[160]

Daß die Seele an Raum gebunden ist, geht daraus hervor, daß sie im Menschen eingepflanzt ist,[161] wenngleich sie sich in ihm durch die Sinne und Gedanken frei bewegen kann. So kommt Faustus zu der oben angedeuteten Unterscheidung von *animae status* und *animae affectus.*[162]

Mit *animae affectus* bezeichnet er das, was die Seele durch Erinnerung oder bloße Vorstellung erfährt, ohne daß ihre Substanz nach außen tritt oder das, was sie beschäftigt, wirklich erlebt. Große Städte haben so Raum in der Seele,[163] nur was in ihnen konkret vorgeht, bleibt ihr verborgen; der Mensch kann an seinen Freund denken, ohne daß sein Verlangen in dem Maß gestillt wäre wie bei seiner wirklichen Anwesenheit. Er kann an Petrus und Paulus denken, wobei ihm die Herrlichkeit des Himmels verborgen bleibt; an die Hölle, ohne ihre Qualen zu empfinden. Die Seele kann sich durch Ähnlichkeiten diese Dinge vorstellen.[164] Dabei ist nicht der *animae status,* sondern nur der Sinn *(sensus)* beteiligt. Deswegen kann man sich auch nur einiges aus den Erscheinungen, nicht aber die aktuelle Situation vorstellen:[165] Der Mensch kann sich vorstellen, mit jemandem im Gespräch zu sein, aber: *quid geratis, et utrum quieti an lectioni vel orationi vacetis, ignoro;* – Faustus bleibt hier in seinem asketischen Vokabular!

Wo er aber mit seiner Substanz ist, erfaßt der Mensch die ganze Situation - nicht so bei bloß affektiver Gegenwart, es sei denn, man behaupte, die Seele bestünde aus Gedanken; das kann jedoch nicht sein, weil die Seele auch ohne Gedanken weiterbesteht. Der Denkinhalt ist nicht die Substanz der Seele, sondern tritt aus ihr heraus, nachdem er durch die Ursachen der Dinge über die ausgesandten Sinne empfangen wurde.[166] So kann Faustus den Unterschied von Wahrnehmung und Vorstellung erklären.

[160] Ep. 3 (174,8/23) = Cassian, Conl. 7,13 (192 ff.).

[161] Ep. 3 (175,7): *inserta membris et illigata visceribus.*

[162] S. o. Anm. 120 ff.

[163] Vgl. dazu Origenes, Hom. 21 in Luc. (GCS, Orig. 9; 131).

[164] Ep. 3 (176,4): *per varias similitudines fingit.*

[165] Ebd. (176,9/13). Augustinus, De quantitate animae 14,23 (PL 23,1048), verwandte bereits die gleiche Argumentation, um über die Vorstellungskraft der Seele ihre Unkörperlichkeit nachzuweisen.

[166] Ep. 3 (177,3/5): *unaquaeque anima aut multiplicia cogitata rerum causis intra se concepta parturiat aut sensu suos velut quaedam officia aut ministeria diversis necessitatibus occupanda dispergat, ipsa vero in conclavi corporis sui semel de eo exitura requiescat.*

Daß die Seele räumlich ist, sagt weiterhin eindeutig die Hl. Schrift. Gott allein ist unkörperlich, so kommt nur ihm Ubiquität zu,[167] nicht aber der Seele, die sonst alles durchdringen könnte.[168] Wenn Engel die Seele des verstorbenen Lazarus in den Schoß Abrahams tragen,[169] ist von beiden die Körperlichkeit ausgesagt. Wenn der reiche Prasser und Lazarus an verschiedenen Orten sind, so gelingt das nur, wenn ihre Körperlichkeit vorausgesetzt ist. Und wenn es heißt: Führe meine Seele aus dem Kerker (Ps 141,8), kann dies auch nur sein, wenn die Seele an einem Ort ist, wenn sie Raum benötigt und Ausdehnung hat, wie die Körper.[170] Fühlen und die Qualen der Hölle erleiden, kann nur von einem Körper ausgesagt werden,[171] so daß Gleiches für die Teufel gilt.

Eine eigene Erklärung legt Hilarius Honoratus in den Mund: Die Trennung von Seele und Leib sei zwar hart, viel härter aber ist die Gemeinschaft beider in den Flammen der Hölle.[172] Da er der Seele keine Körperlichkeit zuschreiben will, nimmt er, um die Empfindung der Qualen auszudrücken, die Gemeinschaft von Leib und Seele in der Hölle an. Nur der Geist könne beide Substanzen in der Erinnerung seiner edlen Herkunft für den ewigen Frieden bewahren.

Wenn die Engel die Patriarchen und Maria besuchten, waren sie ohne Zweifel nicht mehr im Himmel, und wenn der aus dem Himmel verstoßene Drache keinen Leib hätte, hätte er auch nicht ein Drittel der Sterne vom Firmament fegen können.[173] Bei der Auferweckung des Lazarus konnte seine Seele nur deswegen zurückgerufen werden,

[167] Ebd. (180,23–181,6): *unus ergo deus incorporeus, quia et incomprehensibilis et ubique diffusus, ex nullius enim facturae corporeae materia materiale sumpsit exordium, et ideo coaeternus filius patri, qui ex nullo opere conditus nullisque initiis circumscriptus super omnia quae figulo suo conprehensibilia atque corporea intra mundi corpus operatus est incorporea maiestate diffunditur, ex ingenito genitus, i. e. ex patre, se semper cum patre his, quae excitavit ex nihilo, indiscreta sancti spiritus societate dominatur.* – Vgl. bei Gennadius, Eccl. dogm. (JThS 7 [1906] 89–99) XI (91): *nihil incorporeum et invisibile natura credendum nisi solum deum, <. . .>; qui ideo incorporeus creditur quia ubique est et omnia inplet atque constringit, ideo invisibilis omnia creaturis quia incorporeus est.* – Gennadius vermeidet dabei sorgfältig, eine Aussage über die Beschaffenheit der Seele zu machen.

[168] Vgl. Ep. 3 (179,23): *<anima> si loco non continetur, ergo ubique diffunditur omnia intrare, implere, et ubique praesens esse dicitur ac, si creatori suo creatura sociaretur et fragilis auctori suo non iam res dei est, sed pars dei aestimanda iungitur.*

[169] Vgl. dazu Cassian, Conl. 1,14; Eucherius, Inst. I (112,24–113,29). Diese Beispiele finden sich in beinahe allen anthropologischen Werken, vgl. H. Karpp, Probleme altchristlicher Anthropologie 78.

[170] Ep. 5 (189).

[171] Ebd. (189,7/8); ep. 3 (179,1); ep. 5 (189,20–190,1): nur der Körper erleidet die Strafe des Todes, da die Seele nach Gottes Bild geschaffen ist und ihr deswegen die unverlierbare Perennität zukommt.

[172] V. Hon. 32,18.

[173] Ep. 3 (178).

weil sie vorher außerhalb des Leibes war. Ebenso war es mit der unbefleckten, aber körperlichen Seele Jesu, die aus ihm herausging, als er ins Grab gelegt wurde, und zum Himmel aufstieg, als sie die Welt verließ.[174] Gewiß ist der Sohn dem Vater wesensgleich, doch nahm er beim Eintritt in die Welt die körperliche Seele an.[175]

So kann Faustus nun auch erklären, warum der körperliche Teufel nicht direkt in der ebenfalls körperlichen Seele wirken kann.[176] Nach der Lehre Cassians können Geister zwar in den Leib eindringen, sich aber wegen ihrer feinen Körperlichkeit nicht gegenseitig durchdringen und voneinander Besitz ergreifen. Die nichtigen Geister wählen daher den Weg über die Glieder und Sinne des Menschen, die sie durch Versuchungen reizen können.[177] Sie können zwar nicht durch Eingießung *(infusio)* die Herzen und Sinne der Menschen einnehmen, aber ihren Willen durch Verkehrung und Nachlässigkeit an sich ziehen. Allein der Hl. Geist kann ganz die Seele durchdringen.

Damit steht aber auch die Lehre von der Körperlichkeit der Seele im Dienst der asketischen Anthropologie von Lérins.

Zusammenfassung

Die Anthropologie auf Lérins ist vornehmlich über Faustus von Cassian bestimmt, doch bringt er sein eigenes Vorverständnis mit, von dem aus er seine Übernahmen deutet. Dieses bewegt sich im Rahmen der duch die Askese geprägten praktischen Theologie des sogenannten Semipelagianismus.

Der primäre Sinn für die Praxis findet bei Faustus, wiederum weit mehr als bei Cassian oder den Vätern der christlichen Anthropologie bzw. Psychologie, seinen Ausdruck in einem bisweilen derben Mate-

[174] Ebd. (177–178).

[175] Ebd. (181).

[176] Vgl. De sp. 2,1 (132–133), vgl. dazu Cassian, Conl. 7,10; Faustus hat also trotz des Angriffes des Claudianus († um 470) nach dessen Kritik seinen Standpunkt erneut vertreten (De sp. ca. 471).

[177] Vgl. Cassian, Conl. 7,15; Faustus, De sp. 2,1 (132,21–133,5): *Manifestum est, quod se etiam daemonum inportuna violentia in homines, quos temptandos acceperit frequenter infundat. non ita est. nam corporis latebras intrare possunt, animae vero interiora adire non possunt. sciendum ergo est, quod spiritalium nequitiarum dolosa subtilis illa membrorum loca suo turbat incurso, quae interdum vino nimio vel febrium fatigantur accensu. in animae itaque sensus inimica temptatio per malitiam scit inrepere, in animae vero recessus per naturam nescit influere. et ideo huiusmodi spiritus inmundos humanae mentes ac pectora non naturarum infusione capiunt, sed voluntatum pravitate concipiunt. manifestum itaque est quod penetrare animarum substantias nequeunt. quod si aliquando daemonibus nosse contigerit, de proditione est coniuentiae (sic!), non de potestate naturae.*

rialismus bzw. naiven Realismus und Biblizismus, in dem sich ein Unvermögen offenbart, Glaube und Vernunft zu vereinbaren.

Wenn auch die zwischenmenschlichen Beziehungen und die natürlichen Bedürfnisse des Menschen bei Faustus kaum berücksichtigt sind und *homo* bisweilen durch *anima* ersetzt wird, ist bei allen Lérinern doch das Interesse am ganzen Menschen offenbar. So vermeiden sie, einen Dualismus im Menschen auszusagen; sie bleiben bei einer geläufigen Überordnung der Seele über den Leib und sagen nichts über einen Kampf zwischen Seele und Leib. Wie die exterior-interior-Thematik zeigt, ist die Anthropologie eher dichotomisch – und nicht dualistisch – und weitet sich auch nicht über die Seelenlehre zur Trichotomie.

Die Seele erscheint wie ein unbeschriebenes Blatt, das mit hervorragenden Gaben ausgestattet ist; durch den Sündenfall wurde sie zwar geschwächt, nicht aber völlig verdorben. Auf sie treffen in gleicher Weise über die Sinne stets gute und böse *intentiones* ein, die sie mit dem ihr verbliebenen freien Willen gleichsam sortieren und so der *consuetudo peccandi* entgehen kann.[178] Richtschnur ist ihr dabei die eingepflanzte *lex naturae,* die durch weitere *leges,* die auch zu den *intentiones* zu zählen sind, gestützt wird.

In einer solchen Disposition tritt die Soteriologie fast notwendigerweise in den Hintergrund und schafft Raum für den allenthalben vorherrschenden Moralismus: durch Steigerung der Askese und Vermehrung der Tugend kann der Mensch die *similitudo dei* mehr und mehr an sich verwirklichen und seinen *status duplex* – letztlich wieder eine Manifestation der exterior-interior-Thematik – überwinden und die paradiesische *sinceritas* der Heiligen und Gottes selbst wiedererlangen. Wenn auch die Welt kaum mehr in den Blick kommt, sicherlich aber nicht nur abgewertet wird, kann das Ziel nur im Hafen des monastischen Berufes auf Lérins erreicht werden. Die Spät- und Hauptschriften des Faustus bestätigen die Ansätze der Homilien. So kann eine Entwicklung der Lériner Anthropologie von den frühesten Anfängen (V. Hon.) bis in die 70er Jahre des fünften Jahrhunderts verfolgt werden. Trotz dieser Entwicklung hat sich Faustus nicht die Verfeinerung der gängigen Anthropologien zu eigen gemacht, wenngleich bei ihm noch eine breite Bildung vorausgesetzt werden kann. Die Anthropologie aus Lérins blieb immer eine praktische und von der Praxis bestimmt.

[178] De gr. 2,10 (88,15/22): *ubi sit libertas arbitrii posita, ubi sit voluntas hominis constituta, ubi nisi in intellectu, in ratione atque sapientiam.* <. . .> *quam ob rem si quando delictum aliquod anima intra domicilium suum captiva meditatur, reclamant ei cogitationum secreta interdicunt intrinsecus officia sua, sed vires subtrahit resistendi consuetudo peccando.*

II. DAS LEBEN

1. Die Motivation zur Askese

Die Darstellung und Analyse der Motivationen, die Männer des beginnenden 5. Jh.s bewegte, ein asketisches Leben in Lérins zu führen, läßt ganz konkret das innere und äußere Profil der Gemeinschaft erkennen.[179]

Über die Beweggründe der Lériner Mönche sind wir von jedem ihrer Schriftsteller durch einen oder mehrere Texte unterrichtet: durch werbende Briefe, Aufnahmegesuche und Bekehrungsberichte in den Viten, die trotz aller Tendenz zur Stilisierung der persönlichen Züge ahnen lassen, was als entscheidend für den Eintritt gewertet wurde.

Untersucht werden im folgenden die äußeren und die inneren Gründe, die dazu motivierten, nach Lérins zu kommen, sowie die, die die Asketen anhielten, dort zu bleiben.

Bezüglich des ersten Schrittes geben die Quellen und die allgemeine geschichtlich-politische Situation schnell Auskunft. So berechtigt die These, Lérins sei in der ersten Hälfte des 5. Jh.s das „Flüchtlingskloster" der nordgallischen Aristokratie gewesen,[180] sein mag, reduziert und verkennt sie doch, wenn sie ausschließlich eine solche äußere Veranlassung als Grund für die Entstehung von Lérins hervorhebt, die persönlichen und inneren Beweggründe, die zur *conversio* führten.[181]

[179] Ausgeklammert seien hier alle „allgemeinen" Motive, die das Entstehen der Askese und des Mönchtums gleich welcher Provenienz bestimmen: das Streben nach Idealen, die in der Nachahmung erworben werden. Die meisten davon werden im folgenden Abschnitt „Metaphern für das Mönchtum" besprochen.

[180] Vgl. F. Prinz, Frühes Mönchtum 44–55.

[181] Gegen die These vom „Flüchtlingskloster" hat sich bereits D. von der Nahmer, Die Klostergründungen „in solitudine" – ein unbrauchbarer hagiographischer Topos? in: HJLG 22 (1972) 90–111, ausgesprochen; bes. 94: „Viele sind geflohen, aber nur ein Lérins entstand! Der Ursprung von Lérins läge zuletzt in jedem Fall nicht bei der Flucht, sie erklärt weder die Entstehung noch die Bedeutung des Klosters <. . .>". S. Pricoco, L'isola 70–72, wiederholt – bei aller Anerkennung der These vom „Flüchtlingskloster" – diese Bedenken und macht innere Gründe gegen die Argumentation von Prinz geltend. 1) Seine These simplifiziere die Komplexität der geschichtlichen Situation. 2) Sie ist zudem nur auf einige berühmte Vertreter des frühen Lérins beschränkt, für die Prinz eine Herkunft aus Nordgallien annimmt, was keineswegs zweifelsfrei zu erweisen ist. Auch spätere, die nachweislich nicht aus dem Norden stammen und deren soziale Herkunft nicht bekannt ist, standen den ersten an Berühmtheit in nichts nach und sorgten über lange Zeit für das Bekanntwerden der Mönchskolonie. Insofern könne man nicht davon reden, daß Lérins eine rein südgallische Angelegenheit gewesen sei. Für die frühen Lériner ist nur bei Lupus der Norden Galliens als Heimat erwiesen. Die Aristokratie kam nach Lérins zudem über einen längeren Zeitraum, so daß nicht in jedem Fall die Aufhebung der Präfektur in Trier der Grund für die Flucht in den Süden gewesen sei. 3) Schließlich sei die „aristocraticita dell'asceterio" zu Beginn des 5. Jh.s ein allgemeines Phänomen.

Auch dürfte die Behauptung, daß die entmachtete Aristokratie „sich naturgemäß nach standesgemäßen Positionen umtun mußte“[182] und in der kirchlichen Hierarchie über den Eintritt in ein Kloster die beste Möglichkeit dazu sah, den Tatsachen nur teilweise gerecht werden. Gleichwohl haben solche Aussagen durchaus ihr Recht: Sie versuchen, der allgemein aufgebrochenen monastischen Begeisterung im Abendland um die Jahrhundertwende und danach in einem politischen und soziokulturellen Kontext auf die Spur zu kommen. Die äußeren Faktoren bestimmen die Entscheidung des Menschen erheblich und häufig unbewußt mit. Bewußt bleibt ihm allerdings meist nur der persönliche, viel tiefer liegende und einer objektiven Betrachtung entzogene Entschluß, der sich u. a. hinter dem Wort „Berufung“ verbirgt. Von der *pia vocatio domini*[183] wird ohne Zögern und ohne lange Erklärung gesprochen. Lérins ist dabei der *locus vocationis* (XXXV,118; XL,120). Die *vocatio* bestimmt nicht nur den ersten Schritt zur Askese, sondern ist ein Angeld, das durch das ganze Leben hindurch eingelöst werden muß und den Asketen in die Verantwortung nimmt. Faustus macht dies durch die wiederholte Zitation von 1 Kor 1,26 deutlich: *videte vocationem nostram.* Mit 2 Thess 1,11: *dignetur vos vocatione sua deus et impleat omnem voluntatem bonitatis et opus fidei in vobis,*[184] fügt er die doppelte *vocatio* des Anfangs und der Bewährung in sein theologisches System ein, um das Verhältnis von Glauben und Werken auf dem Weg zum Heil zu erklären. Die erste *vocatio* erfordere den kurzen Weg des Glaubens *(compendium fidei),* die zweite, nach dem Empfang der Gnade,[185] den Fleiß der Werke und die mühevolle, aber von Gott unterstützte Knechtschaft, damit man die Gnade nicht umsonst empfange (vgl. 1 Kor 6,1).[186]

1) Die äußere Motivation: Lérins als „Flüchtlingskloster“ oder Stütze der *via regia* in Theologie und Askese?

Vincentius begründet seine Absicht, das Commonitorium zu verfassen, mit der eschatologischen Stimmung der Zeit, dem Herannahen des göttlichen Gerichts und dem ihm vorausgehenden vermehrten Auftreten der Häretiker, also mit seinem apologetischen Interesse. In

[182] F. Prinz, Frühes Mönchtum 48.

[183] V. Hon. 9,3; XXXV,33; XL,15.

[184] XXXV,33; De gr. 1,6 (22,12/26).

[185] Faustus meint in De gr. 2,7 die Taufgnade – das gleiche ließe sich auch von dem Geschenk *(gratia)* des Eintritts sagen; Faustus hat seine sakramententheologischen Aussagen nach seinen monastischen Erfahrungen ausformuliert. S. o. § 1 II, 3. 2): Professio und zweite Taufe.

[186] Vgl. De gr. 2,6 (22,23/26): *agnosce distinctos esse gradus vocationis et consummationis. fidem expectat a parvulis, opera etiam cum fide a confirmatis requirit ita tamen, ut credulitatis affectum proficientibus augeat et laborantibus adiutor.*

eschatologischem Licht sieht er die *urbium frequentiam turbasque vitantes,* denen er nach einer Zeit des Umhergetriebenwerdens in den Stürmen des weltlichen Kriegsdienstes endlich entflohen ist. Im Hafen des Mönchslebens *(portum religionis),* zurückgezogen in einer Zelle des Klosters, legte er alle Nichtigkeit und aufgeblähten Stolz ab und kann nun ohne Zerstreuung für den Herrn frei sein (*vacare Deo* Ps 45,11). So ist er dem Feuerbrand dieser wie der künftigen Welt entflohen.[187] Das Kloster ist ihm ein sicherer Zufluchtsort - wohl auch vor einer befürchteten Verfolgung - geworden.

Eine ähnliche Situation beschreibt Salvian in einem Brief an die Lériner Mönche, in dem er um die Aufnahme eines nahen Verwandten bittet.[188] Dieser Mann aus adligem Geschlecht *(non parvi nominis, domo non despectabilis)* war mit seiner Familie in Gefangenschaft geraten. Da seine Mutter nichts habe, was ihr zum Leben oder zur Flucht (!) verhülfe und in sklavenhafter Armut lebe, müsse er sich um eine Bleibe kümmern, die Salvian in Lérins erblickt.

Noch am Ende des 5. Jh.s erfahren wir von einer solchen Motivation - diesmal aus der Sicht eines Biographen. Ennodius von Pavia verfaßt um das Jahr 506 auf Bitten des Bischofs Leontius von Arles die Vita des Eremiten Antonius von Lérins.[189] Zu dieser Zeit bedrängte der Einfall der Germanenstämme auch das Donaumönchtum Severins,[190] in dessen Nähe Antonius einen kirchlichen Dienst wahrnahm.[191] Als die Situation gefährlicher wurde, zog er zunächst mit einigen Gefährten nach Italien (c. 15-17), um mit ihnen als Eremiten in der *montana solitudo* zu leben (c. 30-31). Nach einem Zwischenspiel mit einem Bären und anderen wilden Tieren beschließt er, sich auf die *nutrix sanctorum insula* zu begeben (c. 40).

Der Weg des Antonius hat demnach die Stationen: Bedrohung, Verfolgung, Verlust der Heimat, Rückzug in die neue innere Heimat des Eremitenlebens, schließlich die endgültige Geborgenheit in der Gemeinschaft von Lérins, wo man zu dieser Zeit bereits mehr zönobitisch als anachoretisch lebte.[192]

Es darf jedoch bei keinem der drei Zeugnisse die Flucht als das einzige Motiv angesehen werden. Alle Verfasser bemühen sich um die

[187] Com. 1,4/5 (147/148).

[188] Ep. 1,5 (SC 176,78).

[189] MGH auct. ant. 7 (1885, Vogel) 185-191. Zur Datierung vgl. F. Lotter, Antonius von Lérins, in: HZ 212 (1917) 263-315, hier: 292, sowie J. Fontaine, Art. Ennodius, RAC 5 (1962) 398-400.

[190] V. Antonii 13 (187): *Franci, Heruli, Saxones.*

[191] Ebd. 10: *inter ecclesiasticos excerptores.*

[192] Ebd. c. 40: *blandus iuvenibus, gravis maturis, doctus peritis, submissus existendo simplicibus, totam illam dominici gregis legionem distinctam, variatam gentibus, quasi unam animam in sua affectione collegit.*

Verbindung mit einem weiteren, das bei aller Stilisierung nicht übersehen werden darf.

Vincentius spricht von dem Wunsch nach dem *vacare deo,* jener erfüllenden und umfassenden Haltung, mit der die Leriner ihr Mönchsleben umschreiben.[193]

Salvian ist außer um die leibliche Sicherheit seines Verwandten noch um sein geistliches Wohl besorgt: Ihm soll in Lérins eine ordentliche Ausbildung und geistliche Formung zuteil werden.[194] Allein für die äußere Sicherheit hätte ihm der Rückzug nach Südgallien, etwa zu Salvian selbst nach Marseille, oder in ein anderes Kloster, z. B. das des Theoretikers Cassian, genügen können.[195]

Ennodius legt Wert darauf, daß eine politisch bedingte Flucht nicht als Motiv des Eintritts erscheint und läßt diesem Schritt eine Meditation des Antonius nach dem Vorbild der V. Hon. 7 vorangehen. Den häufigen Ortswechsel des Antonius begründet er nach altmonastischer Art mit der Flucht vor den Ehren und dem Zugriff der Bewunderer,[196] die ihm sein vorbildliches Leben zuführte.[197] Das Entscheidende für den Eintritt in Lérins ist der Ausblick auf das bevorstehende Lebensende – Antonius war nur zwei Jahre in Lérins, bevor er starb[198] – und die Sicherheit, die ihm die Gemeinschaft beim Kampf gegen den Teufel versprach.[199]

Eine genauere Untersuchung der drei Zeugnisse, die die These von Lérins als Flüchtlingskloster stützen sollten, zeigt, daß das Motiv für

193 S. o. § 1 II, 2. 2): Gebet; vgl. auch. J. Fontaine, Antike und christliche Werte in der Geistigkeit der Großgrundbesitzer des ausgehenden 4. Jh. im westlichen Römerreich, in: K. S. Frank (Hg.), Askese und Mönchtum in der Alten Kirche, (Darmstadt 1975) 281–324.

194 Ep. 1,10 (80,75): *inlicite et adhortamini, docete, instituite, formate, gignite.* – Zu *gignere* vgl. oben: § 1 I, 2. (im Zusammenhang mit dem Konzil von Arles).

195 Salvian schreibt ausdrücklich, daß es ihm um mehr als die leibliche Sicherheit geht, die der Verwandte auch anderswo hätte finden können: „Denn den anderen Leuten habe ich den Jüngling anvertraut dem Leibe, euch dem Geiste nach; den anderen um kurzer irdischer Freuden, euch um ewiger, göttlicher Güter willen. Und so habe ich richtig gehandelt: ich habe nämlich eher das von euch erbeten, woran ihr größeren Überfluß habt, da ja die Güter des Fleisches euch weniger zu Gebote stehen, als die des Geistes" (dt. Text nach BKV II,11,384). – Daran schließt sich das Zitat der vorigen Anm. an.

196 Das Motiv der Flucht vor Bewunderern ist Topos und dem Westen spätestens seit der Vita Hilarionis des Hieronymus bekannt.

197 V. Antonii 17 (187): *sed fugit honorem velut veneni poculum;* ebd. 18: *elegit secessum* <...> *obiectis ripis resistunt frena telluris;* ebd. 31 (189): *mox tamen secessus, quem pendula rupes commendabat.* Dabei hat Antonius wie alle frühen Leriner Wundertaten nicht nötig vgl. ebd. 41–42 (190).

198 Ebd. 41: *ibi biennio se ipso potior mundi istius sarcinam deponens.*

199 Ebd. 37 (189). Ganz ähnlich begründet die RIVP 1,2 das Zusammenleben der Brüder.

den Eintritt in Lérins oder gar für die Entstehung des Klosters mit der Flucht der Aristokratie vor den Barbaren nicht erschöpfend erklärt ist. Die politischen Unsicherheiten und Wirren, die die Zeit der Völkerwanderung und der Untergang Roms mit sich brachten, nährten die eschatologische Stimmung und begünstigten eine Neuorientierung auf andere Werte, die z. T. in der monastischen Bewegung ihren Niederschlag fand. Zweifellos ist zu dieser Zeit eine Abwanderung der Aristokratie aus dem Norden in den Süden Galliens festzustellen. Ebenso übten die engen verwandtschaftlichen Beziehungen der ersten adligen Lériner (Honoratus, Hilarius, Vincentius, Lupus)[200] eine nicht zu leugnende Anziehungskraft aus.

Mit dem Adel wurde zugleich auch die Bildung in Lérins ansässig. Weniger die Flucht vor politischer Verfolgung als vielmehr eine von der Bildung, d. h. von theologischem Wissen und von theologischer Auseinandersetzung geprägte Askese wurde zum Beweggrund, die Geborgenheit der Gemeinschaft in einer Zeit ideeller Orientierungslosigkeit und der Enderwartung aufzusuchen. Das war an den drei genannten Zeugnissen über jene Männer abzulesen, die das Leben im Kloster nicht als eine Folge der Flucht, außer der vor der Berühmtheit, werteten, und es wird an drei weiteren bestätigt, die die Flucht gar nicht mehr thematisieren.

Die These vom Flüchtlingskloster läßt sich also nur soweit verifizieren, als unter den Mönchen tatsächlich Männer waren, die infolge der Abwanderung in den Süden schließlich in der Nähe von Lérins ihren neuen Weg fanden. Von den ersten Lérinern stammte ein großer Teil nachweislich nicht aus der nordgallischen Aristokratie; sie gaben Lérins ein Gepräge, dessen Bedeutung weit über der einer adligen Fluchtstätte liegt.

Nachdem Eucherius sich in Cont. über die weltlichen Wissenschaften und die Philosophie ausgelassen hat, schreibt er an Valerianus, den er zum Eintritt in Lérins bewegen will: *ad studia te nostrorum et scripta converte.*[201] Daß es sich dabei um das Mönchsleben in Lérins handelt, das die Durchführung des asketischen Lebensstils stützen und erleichtern soll, geht bereits aus der Einleitung des Briefes hervor, vor allem aber aus dem Schlußteil, in dem Eucherius im Anschluß an eine lange Katechese nach dem Enchiridion Sexti auffordert: *in professionis nostrae portum prospice, proramque converte.*[202] Die dann folgende hymni-

200 Von Lupus haben wir keinen Bericht über die Bekehrung, aber schon bei Honoratus und seinem jungen Verwandten Hilarius, den er zum Eintritt bewegt, werden andere Motive genannt; von Flucht oder einer Motivation, die auch nur teilweise von politischen Verhältnissen bestimmt gewesen sei, verlautet in den Berichten nichts.

201 Cont. 724 C.

202 Ebd. 726 C; vgl. den Anfang von Cont. 711 D: *ut commendarem animo tuo causam animae tuae* <. . .> *opus nostrae professionis asserem. Et quidem a professiois vitae sanctae, pio*

sche Beschreibung dieses Hafens ist nahezu identisch mit der Schilderung der Insel, die Eucherius in Laus 31–37 ausführt.[203]

Ähnliches findet sich in den Briefen 7 und 8 des Faustus. In ep. 7 fürchtet Faustus, daß Graecus, der Empfänger, die *via regia* der katholischen Lehre verlassen habe[204] und legt anhand von Augustinus,[205] dem er zwar bereits (um 440) etwas skeptisch gegenübersteht, ihn aber dennoch als Garant für die alte trinitarische Lehre schätzt, und an Cassian[206] die Unhaltbarkeit der nestorianischen und arianischen Lehre dar *(refuge sancte frater alterutrae patris errorem)*. Im Anschluß daran drückt Faustus die Sorge um die *via regia* des religiösen Lebens aus: Graecus solle die rigoristische Askese mäßigen und von allzuviel Lesung lassen; beides mache den Geist krank, stattdessen solle er mehr körperlich arbeiten.[207] Um in beidem, Theologie und Askese, auf den rechten Weg zu kommen, legt er Graecus nahe, in Lérins einzutreten: *nihil tibi utilius scias*.[208] Das Heil ist nach Faustus nur im klösterlichen Leben zu finden.

Nach gleichem Muster verfährt er in ep. 8 (um 470). Nach einer kurzen Darlegung über das von Urbeginn in den Menschen gelegte

etiam non abhorres in genio <...>. Von *professionis nostrae* im Zusammenhang mit Lérins schreibt auch Vincentius, Com. 1,5 (147,27) und Faustus, ep. 9 (211,21). Schwerlich konnte das Wort *professio* aus der Feder eines Mönches etwas anderes bedeuten als den monastischen Stand. Es wird auch hier gebraucht, um die irdische Haltung zu beschreiben, die auf die ewige Glückseligkeit vorbereitet. Daß dies mit dem Klosterleben identisch ist, war die feste Überzeugung der ersten Leriner. Aus diesen Überlegungen heraus kann ich R. Nürnberg, Askese als sozialer Impuls 118–126, nicht zustimmen, Eucherius wolle mit seiner Schrift De contemptu mundi seinen Verwandten nur zum Leben als „entschiedener Christ" auffordern. Der allgemeine christliche Duktus der Sextussprüche, die Eucherius exzerpiert, kann nicht als Argument in Anspruch genommen werden: auch die „Instrumente der guten Werke" in RB 4 sind in ihrem ersten Teil nicht speziell monastisch, und doch ist die Regel als ganze für Mönche geschrieben.

203 Vgl. auch Cont. 717 D.

204 Ep. 7 (200,18/20).

205 Ebd. (201,12): *in scriptis sancti pontificis Augustini etiamsi quid apud doctissimos viros putatur esse suspectum, ex his nihil noveris reprehensum.*

206 Ebd. (207,27ff), vgl. Cassian, Contra Nest. 2,2,3 (CSEL 17,250). Faustus legt Wert darauf, daß das Übernommene nicht nur die Lehre der Väter, sondern apostolischen Ursprungs ist: *apud catholicam ecclesiam non solum patrum auctoritate susceptum, sed etiam apostolicis oraculis consecratum.*

207 Ep. 7 (206,28): *rectum animi sensum qui multae lectionis pondus non sustinet nec novit thesaurum scientiae dispensare, magis laboris occupatione castiga. tempera immoderatum abstinentiae rigorem, qui etiam menti generat infirmitatem* <...> *cave nimiam lectionem, ut cordi parum capaci tamquam sumpti immoderatius vini periculosam moveris ebrietatem.*

208 Ebd. (207,13/17): *et si evadere pericula non deforis ingruentiae,sed intus concepta desideras, nihil tibi utilius scias, quam ut sub aliquo probatissimo abbate vitam tuam munias ac voluntates tuas senioris legibus tradas.*

Bild Gottes folgt ein trinitarischer Teil über die Einheit der drei göttlichen Personen.[209] Daran schließt sich die Aufforderung, durch das asketische Leben selbst die Einheit in sich zu erwerben. Er nennt drei mögliche Wege dorthin, die im Zusammenhang mit der Armut bereits aufgezählt worden sind. Der erste und zweifellos der beste *(primum revera bonum)* wäre doch, wenn Ruricius, an den er den Brief schreibt, um Aufnahme in die Schule irgend eines großen Klosters bitten würde oder am sichersten gleich den Kriegsdienst in der engelgleichen Gemeinschaft auf der Insel anträte: *nam in medio saeculi institutionem eremiticam proferre quanta magnanimitas tanta est difficultas.*[210]

In allen drei Schriftstücken soll demnach Lérins die Verwirklichung einer auf Theologie gegründeten Askese erleichtern und stützen. Dies ist das Gepräge, das die ersten Leriner der Insel gaben und das ihre Bedeutung weitgehend ausmacht.

2) Die innere Motivation: Zwischen *contemptus mundi* und Gottesliebe

Ein Beispiel, wie die Deutung der äußeren Verhältnisse die innere Motivation zum monastischen Leben beeinflussen möchte, gibt die Schrift *De contemptu mundi* des Eucherius. Die Erfahrung des ins Wanken geratenen römischen Reiches und die Völkerwanderung bestimmen ohne Zweifel den eschatologischen Gedankengang der Schrift.

Das Leben in der Welt ist mit Elend beladen, von allen Seiten wird es von Leiden bedrängt. Durch finstere Übel wird es ermüdet und durch Unrecht geschüttelt. Es ist voller Mühe, unsicher durch den Wirbel der Bedrängnisse.[211] Alle Reichtümer sind vergangen; alle, die einst groß waren, sind jetzt nicht mehr, und wenn überhaupt etwas blieb, so nur das, was man an Frömmigkeit besaß.[212] Die jetzige Zeit kann nur noch Leiden hervorbringen: „Man hat es erlebt und sieht es immer noch in dieser altgewordenen Welt: Hungersnöte, Pest, Verwüstung, Kriegsleiden, Schrecken. Jetzt zeigen sich oft die Zeichen des Himmels, die Wechselfälle der bewegten Zeiten, die widernatürliche Fruchtbarkeit gewisser Lebewesen *(monstrosae animantium fecundita-*

[209] Ep. 8 (208,19–209,12), s. o. zu Anthropologie Anm. 52.

[210] Ep. 8 (210,5/8).

[211] Vgl. Cont. 714 B/C; 715 C: *(vitam) molestissimam atque incertis fatigationibus inquietam sicuti est iudices;* 726 C: *unus hic portus est, in quem nos ab omni fluctuantis saeculi iactatione referamur quem inter irruentes mundi turbines fessi petamus; huc cunctis confugiendum est, qui frementis saeculi tempestate vexantur.*

[212] Ebd. 717 B; vgl. dazu Faustus, ep. 9 (211).

tes).“[213] In den Instr. fügt er noch wie Vincentius das Auftreten des Antichrists als Zeichen der *persecutio extrema* hinzu.[214]

Die alte verschlissene Welt ist falsch, hinterhältig und obsolet geworden und treibt mit dem ganzen Menschengeschlecht einem raschen Untergang, dem Ende, dem Gericht Gottes entgegen.[215] Ihr früherer scheinbarer Glanz hat kaum noch die Kraft zu betrügen und zu verführen, in ihrem Alter strauchelt sie und stürzt bereits nieder. Die geschilderten Schrecken sind letztlich nichts als reale Zeichen des herankommenden Untergangs und ihrer Hinfälligkeit (Dekadenztheorie).[216]

Die Darstellung des Elends verbindet Eucherius immer wieder mit dem Gedanken der *brevitas,*[217] der aber von der baldigen Enderwartung zu unterscheiden ist. Nichts kann wirklich groß an Inhalten sein, was von kurzer Dauer ist. Die vielfältigen Beschäftigungen, in die die Menschen vor dem kosmischen und dem eigenen Ende zu fliehen versuchen und damit vor der Verantwortung, sich dem Gericht zu stellen, sind nicht nur eitel und leer,[218] sondern bringen dazu nur Unsicherheit und Angst und machen dadurch erst das Leben kurz und die Schmerzen lang.[219] Ruhe findet der Mensch weder bei den niedrigsten noch bei den kostbarsten Dingen dieser Welt; die einen unterliegen der Schmach, die anderen dem Neid. Reichtum ist hinfällig, sobald sich Erben melden,[220] Ehrenämter sind nur äußere Zeichen und keine wirkliche Größe,[221] die Bestand hätte. Durch das Wort des Apostels kommt die Klage zu einem Ende: „zu uns ist das Ende der Weltzeit gekommen“ (1 Kor 10,11).

Dem stellt Eucherius in leuchtenden Farben die *aeternitas* der künftigen Welt gegenüber,[222] die gerade das aufweist, was der hiesigen abgeht.

Würde sich Inhalt und Analyse der Verhältnisse allein in dieser Beurteilung der Welt erschöpfen – Elend, Alter, Kürze –, käme man

[213] Cont. 722 D. Die gleiche Formulierung findet sich bei Faustus in Hom. XLIV,55 über die Entstehung der Laster. Bei Cassian steht dieser Begriff ausschließlich im Zusammenhang mit dem Auftreten der Häretiker: Contra Nest. 1,1,1; 1,2,1; 1,3,2; 7,1,2; vgl. auch RIVP 1,2: *quia heremi vastitas et d i v e r s o r u m m o n s t r o r u m t e r r o r singillatim habitare fratres non patitur.*

[214] Instr. I (82,8).

[215] Vgl. Cont. 722 B/C, 723 A. In Instr. I spricht er noch häufiger vom Gericht (96,5.20; 103,27; 104,3).

[216] Vgl. Pricoco, L’isola 192–204.

[217] Cont. 714 B.

[218] Ebd. 715 D.

[219] Ebd.

[220] Ebd. 716 A/C.

[221] Ebd. 716 D.

[222] Ebd. 714 B.D; 715 B/C; 723 B.

mit Pricoco[223] zu der Einschätzung, daß sich diese Schrift ganz im Bereich der Dekadenztheorie eines Tertullian oder Cyprian einerseits[224] und der Contemptus-mundi-Literatur des Mittelalters andererseits befände, deren ersten Vertreter das Schreiben an Valerianus darstellte.[225] Ohne Zweifel ist Cyprian auf Lérins gelesen worden;[226] Eucherius nennt ihn unter den Exempla, die sich vom weltlichen Leben abgewandt hatten. An sich würde der Inhalt bisher auch reichen, dem Contemptus mundi, der Weltverachtung, und einem Eintritt in ein Kloster den nötigen Nachdruck zu verleihen. Eucherius sieht den Weg zum verheißenen künftigen Leben, das bereits in der Wüste des Klosters gelebt wird, sowohl durch seine Anziehungskraft wie auch durch das Abstoßende des hiesigen Lebens bestimmt.[227] Dennoch knüpft er seine Aufforderung zum Eintritt nicht an die Klagen über diese Welt; er motiviert anders, so daß sich seine Schrift weder eindeutig der Dekadenztheorie noch der Contemptus-mundi-Literatur zuweisen läßt.

So fehlt bei Eucherius fast völlig die apokalyptische Dimension, die Cyprian oder auch seine Zeitgenossen, besonders Salvian,[228] beherrschte. Er schreibt ohne großes Grauen, ja eher mit Wehmut beim Gedanken an den früheren Glanz der Welt. Daß die Welt unheilbar krank sei und daß ihr Tod unmittelbar bevorstehe, scheint Eucherius mehr zu behaupten als zu befürchten und mehr als eine Hypothese und einen Interpretationsvorschlag anzusehen denn als unwiderruflichen Termin. Sein Bild vom kosmischen Tod ist eher ein Gewebe von literarischen Vorgaben der antiken Geschichtsbetrachtung, die sich auch die christliche Tradition zu eigen machte. Aus dem Duktus des ganzen Textes gewinnt man den Eindruck, daß er sich in seinem

[223] L'isola, 144–154; 192–204.

[224] Cyprian, Ad Demetrianum; Ad Donatum (CC 3A,33–51; 1–13).

[225] Das legt sich allein lexikographisch nicht nahe. Das Wort *contemptus, contemnere,* taucht nur ein einziges Mal im Text auf, um sofort durch *spernere* (hier aber im Sinne von: sich trennen von) ersetzt zu werden, 715 C. Das deckt sich mit den Beobachtungen von J. C. Guy, La place du contemptus mundi dans le monachisme ancien, in: RAM 41 (1965) 235–249, hier: 249, der dieses Wort in den wichtigsten monastischen Texten im Zusammenhang mit *mundus* nicht nachweisen konnte. Er verweist auf das ähnliche *renuntiare,* das aber inhaltlich doch anderes meint als die durch das MA geprägte Contemptus-mundi-Literatur. Zu den mittelalterlichen Texten vgl. die Artikelserie in RAM 41 (1965) 235–432.

[226] Vgl. F. Glorie, La culture lérinienne, in: SE 19 (1966) 71–76.

[227] Cont. 714 D: *Proinde, cum in meliorem partem etiam pessima suffragentur si bonis non illicimur, malis extrudamur. Ad incitamentum meliorum, optima deterioribus concinunt, et in eadem utilitatem diversa concurrunt. Nam, cum alia nos invitant, alia fugant, in melius utraque nos sollicitant.*

[228] Vgl. J. Fischer, Die Völkerwanderung im Urteil der zeitgenössischen Schriftsteller Galliens (Heidelberg 1947); zu Salvian: 169ff; 179ff; 216ff.

Inneren gegen den Gedanken des Endes auflehnt.[229] So findet sich bei ihm keine vollständige Contemptus-mundi-Lehre mit ihrem dumpfen Empfinden der *meditatio mortis* und der verächtlichen Ablehnung der Welt, wie sie die mittelalterliche Contemptus-mundi-Literatur kennt.[230] Dazu war Eucherius ein zu feinsinniger und konservativer Aristokrat. Trotz der vorherrschenden Untergangsstimmung entwickelt er eine andere Sicht und versucht – durchaus in pädagogischer Absicht –, seinen noch an der Welt hängenden Verwandten gerade über diese Welt zur Bekehrung zu führen.

Eucherius macht das zunächst durch die Wortwahl deutlich: sowohl das hiesige wie das künftige Leben wird ohne nähere Bestimmung unterschiedslos im gleichen Atemzug *vita* genannt.[231] Wenn er dann schreibt, der einzige Grund, sich von der Welt zu trennen, sei, daß Besseres angestrebt werde, so drückt der Komparativ aus, daß die Welt nicht die schlechteste aller möglichen ist.[232] Das hiesige Leben ist zwar geringer als das künftige, es ist aber bereits *experimentum,* ist als Brücke dorthin zu verstehen. Das führt Eucherius weiter aus: alle Dinge der Welt geben ein Beispiel, wie die Gebote Gottes erkannt und befolgt werden können.[233] Die Bewunderung der Schönheiten dieser Welt muß empfindlich machen für den Glanz der ewigen.[234] Die Erkenntnis des je größeren Gottes in den Dingen[235] soll die größte und einzige Liebe zu dem wecken, von dem man alles hat, dem man alles verdankt. Gott selbst lockt zu dieser Liebe durch die Zuneigung zu seinen Werken.[236] Ein weithin sichtbares Zeichen der universalen Güte Gottes, die er der Welt erwies, sieht Eucherius in der Entstehung des Römerreiches.[237] Es einte die unterschiedlichsten Völker, so daß der Glaube an den eingeborenen Sohn sich wie ein Medikament vom Kopf in alle Glieder ausbreiten konnte und sein Lob nun auf der ganzen

229 Vgl. Pricoco, L'isola 196: „non è percorso dall' orrore".

230 Vgl. ebd. 150.

231 Cont. 715B: *certe cupiditas vitae est istud quod nos delectatione rei praesentis inexuit. Ergo amantes vitam* (= hiesiges Leben) *hortamur ad vitam* (= ewiges); 715C: *absurdum quippe atque contrarium est ut vitae* (ewiges) *detrimentum afferat amor vitae* (hiesiges).

232 Ebd. 715C.

233 Ebd. 719.

234 Ebd. 720B: *si admirationem quam ex mundi contemplatione capimus, retorqueamus in ipsum tantae machinae auctorem* <...> *quam magnificata fulgebit perpetuis forma rebus, cum sit nunc speciosa perituris.*

235 Ebd. 720C/D: *si te in aliquo capiebat tam magnificae rei dignitas, nihil illo magnificentius; si te aliquid velut aptum gloriae accomoda tumque rapiebat, nihil ille gloriosus.* – Es folgen weitere zehn Sätze der gleichen Struktur.

236 Ebd. 721B.

237 Ebd. 721C–722A; vgl. dazu S. Pricoco, Barbari, senso della fine e teologia politica. Su un passo del De contemptu mundi di Eucherio di Lione, in: Romano Barbarica 2 (1977) 209–229. P. weist auf Parallelen zu diesem Passus in der Literatur des 4. Jh. hin.

Welt erklingt. Der Mensch kann Gott nichts von dem vergelten, was er ihm Gutes tat (Ps 115,12), außer mit der ausschließlichen Gegenliebe. Die überaus große Liebe Gottes betont Eucherius mit Mt 5,45 (Gott läßt es regnen über Guten und Bösen),[238] so daß er sich selbst schließlich verblüfft die Frage stellt, wie sich dann noch der besondere Lohn der Gerechten, der Asketen, von dem anderer Menschen unterscheidet. Die Antwort entnimmt er ebenfalls der Schrift: wer viel gibt, dem wird viel gegeben; unaussprechlich ist das, was Gott denen bereitet, die ihn lieben.

Daran nun kann Eucherius leicht den Ruf zur Bekehrung und zum Eintritt in Lérins an seinen weltlichen Verwandten knüpfen. Das Leben wird vor allem als Geschenk Gottes begriffen,[239] und wer es angenommen hat, soll es mit Gottes Hilfe zur Vollendung bringen. Mehr noch: Gott selbst will den Menschen an Kindes Statt annehmen *(in adoptionem vocat)* und ihn somit neben seinen Sohn stellen; sollte das noch träge lassen und nicht zur Eile anspornen?[240] Als Unterpfand hat er in den Menschen die *imago* gelegt,[241] die nun mit größerer Mühe bedacht werden soll, als man sie dem äußeren Menschen zukommen ließ. Die schwankende Liebe werde von den Dingen weg und auf Gott hin gelenkt. Schließlich will man ja auch nicht wegen der Dinge, die man besitzt, sondern um seiner selbst willen geliebt werden.[242] Die Liebe wird zum stärksten Motiv für die Askese in der Wüste, wo der wahre Bräutigam wartet; in seinem Brief an Hilarius wiederholt er diese Meinung mit Zitaten aus dem Hohenlied.[243]

Das erste Ziel der Schrift De contemptu mundi ist, zum Eintritt in Lérins zu bewegen. Diesem Ziel wird alles weitere untergeordnet. Eucherius ist vertraut mit den Gedanken Cyprians, besonders aber mit denen des alten Mönchtums, dem die Liebe zu Gott als ein wichtiges

[238] Cont. 726 B.

[239] Ebd. 713 A.

[240] Ebd. 715 A: <. . .> *ne conditionem tantam celeri occursu mors festina praeripiat? Atque ad hanc obtinendam, tu non invias terrae solitudines, nec longinqui maris incerta penetrabis?* <die Bilder weisen eindeutig auf Lérins hin>. *Cum volueris, haec adoptio tui tecum est. Numquidnam segnes ac desides nos res ista habebit, idcirco quia tam prompta quam maxima?* Das Drängen zur Eile ist den eschatologischen Texten eigen: <. . .> *dum tempus est* <. . .> (714 A u. ö.). Auch den Mönchsregeln ist diese Formel vertraut.

[241] Cont. 715 D.

[242] Ebd. 716 C.

[243] Cont. 723 D. – Laus 38, 421/424: *in illo quoque meridie sponsus recubat habitatoresque deserto caritate vulnerati contemplantur eum dicentes: Invenimus quam quaesivit anima nostra, tenebimus eum et non dimittemus.* – Von der verwundeten Liebe (Hld 2,5) spricht Faustus in ganz persönlicher Zuneigung in seinem Brief an Graecus (ep. 7; 207,25/27): *quodsi inter haec aliquid mihi, qui austeris magis quam dulcibus sanari animam tuam cupio, credideris inputandum, memento osculis male blandis praeponi vulnera caritatis.*

Motiv zur Askese nicht unbekannt war.[244] Wenn dabei manches entschiedene Wort gegen die Güter der Welt, wie etwa den Reichtum, ausgesprochen wird,[245] so leitet er daraus dennoch nicht die Verachtung der Welt ab. Es geht ihm vor allem darum, die Relativität der Dinge vor Gottes Liebe zu betonen - nicht eine Relativität im Sinne Cassians, nach dessen Meinung manche Dinge durch den Gebrauch erst gut oder schlecht werden.[246] Ihm bleibt immer noch ein Rest von Achtung gegenüber der Welt, durch die ja die Herrlichkeit Gottes erkannt werden soll. Die Welt wird auf Gott hin transparent. Die Haltung der *conversio* ist daher zunächst die, die Welt in der eschatologischen Haltung von 1 Kor 7,29-31 so zu gebrauchen, als gebrauche man sie nicht. Das asketische Leben, die *fuga mundi,* gibt dafür den geeigneten Rahmen ab und ist die Schule auf dem Weg dorthin. Eucherius selbst, der mit seiner Frau auf Lero lebt, legt mit seinem Leben dafür ein beredtes Zeugnis ab, zu dem er sich sowohl in den Instructiones[247] wie auch in Cont. äußert: *fidelium coniugorum fructus est continentia.*[248]

Eucherius will mit der aus der Urkirche wiedergewonnenen Thematik dem eigenen pädagogischen Anliegen größere Ausdruckskraft verleihen. Von der Gattung her wäre seine Schrift am ehesten als ein Bekehrungsschreiben zu bezeichnen oder als eine Werbeschrift, da er nicht durch Drohungen, sondern durch Anreize zum Eintritt anregen will.[249]

Die gleiche Verbindung der Motive liegt der *conversio* des Honoratus zugrunde. Genaugenommen lassen sich mindestens drei Stationen in seinem Leben ausmachen, die diese Bezeichnung verdienten. Zuerst diejenige, die durch die Taufe markiert wird (V. Hon. 5-8); mit ihr fällt offensichtlich die Übernahme des asketischen Lebens in der Stadt zusammen (V. Hon. 8,2), zu dem neben den strengen Übungen auch die Wohltätigkeit gehört. Sein vorbildliches Beispiel wurde für den Bruder Venantius das Motiv, ihm in der Askese zu folgen. Eine weitere *conversio* führt die Brüder in die Wanderaskese (V. Hon. 11) aus dem Motiv der monastischen Flucht vor Ruhm und Ehre[250] und der Liebe

244 Vgl. U. Ranke-Heinemann, Die Gottesliebe als ein Motiv für die Entstehung des Mönchtums, in: MThZ 8 (1957) 289-294.

245 Cont. 716A/D, vgl. o. § 1 II, 3. 3) b. zur Armut.

246 Vgl. J. C. Guy, La place du „contemptus mundi“ 245.

247 Instr. I (75,1/16).

248 Cont. 725A; vgl. Enchiridion Sexti 239 (39): *fidelium coniugium certamen habet continentiae.*

249 Zu dieser literarischen Gattung vgl. E. Fink-Dehndorfer, Conversio. Motive und Motivierung zur Bekehrung in der Alten Kirche (Frankfurt 1986). Sehr ablehnend zu einer solchen Gattungsbezeichnung: H. J. Sieben, in: ThPh 63 (1988) 604.

250 V. Hon. 10 § 3; 12 § 3.

zur Wüste, *amor eremi* (V. Hon. 10,25). Da ihnen ihre Glorie überallhin vorauseilt, führt die letzte Wende Honoratus in die Unzugänglichkeit der Wüste von Lérins, *in eremum huic urbi propinquam.* Diese Konversionen sind in seinem Leben nie abrupt oder umwälzend wie etwa die des Augustinus, sondern haben etwas Kontinuierliches, fast Zielstrebiges in der Darstellung des Hilarius, was sich bereits lange vor der Taufe andeutete.

Seine innere Motivation, die ihn zum asketischen Leben und schließlich nach Lérins führt, kommt am deutlichsten in der *adhortatio* zum Ausdruck, die Hilarius ihm vor Empfang der Taufe in den Mund legt: Honoratus empfindet Ekel vor den Ehrenämtern, die ihm sein Vater antragen will. Reichtum, *mancipium vitiorum,* unterjocht die Seele – wahrer Reichtum ist Christus: *mihi Christus thesaurus est.* Weltliche Ehrungen verdunkeln die wahre Würde des Ebenbildes Gottes. Dieses Leben erfreut zwar, doch es schwindet dahin[251] – das angestrebte ist sowohl Überbietung wie Gegenteil des hiesigen. Die Ungebundenheit der Jugend wurde unbemerkt zur größten Fessel, der die Freiheit des Joches Christi entgegensteht. Wie bei Eucherius *(dum tempus est)* ist auch hier Eile geboten *(festinemus),* um in diesem Leben bereits das Angeld, im künftigen den Lohn zu erhalten. Letzter Grund, sich gegen den Willen des Vaters durchzusetzen, ist die Liebe zu Christus (bereits V. Hon. 5,35), die Gott in Honoratus ordnete (Hld 2,4) so daß er diese Liebe über alles andere stellte.[252] Diese geordnete Liebe ist ihm im asketischen Leben die *disciplina* (V. Hon. 7,27), die er durch eigenes Bemühen, von Christi Gnade unterstützt, verwirklichen kann.[253]

Die Überlegungen sind die gleichen, die sich so ausführlich – aber unabhängig davon: Hilarius schreibt etwa ein Jahr früher – in Cont. finden. Das deutet nicht nur auf dieselbe Beurteilung der allgemeinen Situation hin, das gleiche Empfinden, das man dieser Zeit entgegenbringt, sondern unterstreicht mit dem betont hervorgehobenen Motiv der (Gottes-)Liebe einen gemeinsamen und charakteristischen Zug der ersten Leriner Mönche.

Das bestätigt der autobiographische Bericht des Hilarius über seine eigene Bekehrung.[254] Danach hat die Sorge des Honoratus um sein, des Hilarius, Heil und seine Liebe zu ihm es vermocht, ihn die Liebe

[251] V. Hon. 7: *delectat haec vita, sed decipiat,* vgl. Jo 2,16/17.

[252] Vgl. K. S. Frank, Das Hohelied in der frühen Mönchsliteratur, in: EuA 61 (1985) 247–260, hier 257.

[253] V. Hon. 7,19: *per Christi gratiam.*

[254] Der Bekehrungsbericht ist an mehreren Stellen vom 8. Kapitel der Confessiones Augustins beeinflußt. Dieses schildert seine Bekehrung. Vgl. Courcelle, Nouveaux aspects ... 402–405; zu Augustinus vgl. Fink-Dehndorfer, Conversio.

Gottes erkennen zu lassen und ihn letztlich an beide zu binden.[255] Was die Weisheit der Mahnung nicht vermochte: ihn von den sehr gefährlichen weltlichen Gewohnheiten zu lösen, das erwirkte das Gebet und das Rufen seiner Liebe (V. Hon. 23 § 4), seine Tränen und Umarmungen (23 § 6), seine Demut und Freundlichkeit (24 § 1). Hilarius folgt dem anziehenden Beispiel des Honoratus in die Einsamkeit. Dabei wird die Wirkung des persönlichen Einsatzes von Honoratus, seine liebevolle Anziehungskraft, auf die tatsächliche *conversio* des Hilarius höher gewertet als das Wirken der Gnade Gottes, die ja letztlich nur durch Honoratus sichtbar wird.[256] – Auch den „zweiten Eintritt", die Rückkehr des Hilarius aus Arles, sieht Eucherius bestimmt durch *familiaris secreti eremi amor.*[257] Überaus häufig ist hier wieder der Begriff der Liebe: nur die Liebe zur Wüste, d. h. aber die Liebe zu Gott, zog Hilarius erneut nach Lérins, womit er bewies, daß nicht allein die Liebe des Honoratus ihn zum Leben der Askese bewegte (Laus 1–3).

Die Vita Hilarii bringt keine weiteren Aspekte, da sie in der Beschreibung des Lebens bis zur Erhebung als Bischof sich sowohl formal – lange Selbstgespräche vor der *conversio* (V. Hil. 4–6) – als auch inhaltlich an der V. Hon. und an dem eben zitierten Briefeingang von Eucherius' De laude eremi orientiert.

An letzter Stelle sei noch einmal Faustus in seiner ep. 9 zu hören, in der er die für ihn so harten Folgen der Völkerwanderung, sein Exil unter dem arianischen Westgotenkönig Eurich, als Beispiel und Bild für die Askese darstellt. In Begriffen, die sonst nur für das Inselleben herangezogen werden, beschreibt er seine mißliche Lage, die gerade dadurch nicht ohne Reize erscheint.[258] Ohne Eigentum ist er Besitzer, ohne Besitz dennoch reich.[259] Daran knüpft er die Aufforderung an Ruricius, in den Widrigkeiten des Lebens den Hafen der Religion (= das Kloster, denn Ruricius ist bereits „bekehrt") anzusteuern,[260] die

[255] V. Hon. 23,42: *vincula amoris.*

[256] Vgl. dazu unten im Kapitel über die Theologie in Lérins § 3 I, 1. 1).

[257] Laus 1,10; hier findet sich die Gleichsetzung von *amor eremi* und *amor dei:* Laus 1,10: *qui quidem eremi amor quid in te nisi dei amor appellandus est.*

[258] Ep. 9 (211,6/7): *propitia divinitate in secreto religionis congruo et tranquillissimo in silentio constituti <. . .> in hac quieta magna <. . .> inter haec positi bona praesenti insultamus exilio.* – Vgl. Douerin, Fauste de Riez 72–77.

[259] Ep. 9 (211,14/15): *Sine sede propria possessores, sine possessione divites sumus.* Vgl. dazu Cont. 717 B, wonach der einzige Besitz, der in Verfolgung bleibt, die Frömmigkeit ist.

[260] Ep. 9 (211,20/27): *quod piissimus meus Ruricius post vitae huius iactationes ad portum religionis proram salutis excelsi manu gubernante converti, quod post umbras seducentium vanitatum et illusiones transvolantium somniorum mansura et solida concupivit et despecto tandem saeculo infelicitatem eius magnam respuit, felicitatem et lucrum sui de mundo pereunte*

untergehende Welt und die Fragwürdigkeit der Dinge zu fliehen und nach dem weltlichen nun in den himmlischen Kriegsdienst zu treten. Dann folgen Mahnungen zur Askese im Stil der exterior-interior-Thematik, die ebenso wie in ep. 6 aus Hom. XXXVII,41/53 entnommen sind.[261] Den Schluß des Briefes bildet, dem eschatologischen Muster entsprechend, der Ausblick auf den ewigen Feuerbrand, den ewigen Tod und auf das ewige Leben, das denen gegeben wird, die sich darum mühen.[262]

In den weitaus zahlreicheren Berichten Salvians über die Greuel der Völkerwanderung, die der ehemalige Leriner verfaßte, nachdem er bereits in Marseille lebte, findet sich nur einmal ein Aufruf zur Buße,[263] der aber nicht mit der Aufforderung zur Askese verbunden wird oder in die contemptus-mundi-Thematik einmündet. Eine Motivation zur Askese kann seinen Schriften nicht entnommen werden.

3) Die Motivierung der Asketen: Askese zwischen Enderwartung und Vorwegnahme

Motive und Motivierung zur Übernahme des asketischen Lebens, zur *conversio,* traten in Schilderungen jener Männer hervor, die bereits eine große monastische Erfahrung besaßen, an das asketische Leben in Lérins gewöhnt waren und in ihren biographischen oder werbenden Schriften zugleich den Rahmen absteckten, in dem sich das Mönchtum auf der Insel bewegte.

Für die Mehrzahl der Mönche wird aber gelten, daß Askese von der anfänglichen Begeisterung allein nicht überleben kann. Wie bereits öfter erwähnt, erlahmte der Geist bereits in der ersten Hälfte des 5. Jh.s. Abt Faustus, der das wohl am deutlichsten erlebte, wie aus seinen Predigten zu schließen ist, versucht dem auf verschiedene Weise zu begegnen: Durch eine allmähliche Reglementierung und Institutionalisierung des Lebens, die den alten Geist aufrecht erhalten soll, und durch Erinnern an den Eifer des Anfangs. Die Asketen selbst bedürfen der Motivierung.

Dabei ist eine Unterscheidung von innerer und äußerer Motivation nicht mehr möglich, sieht man einmal von der gemeinschaftsbezogenen *aedificatio alienorum* als Ansporn für das vollkommene zönobitische Leben, also einer äußeren Motivation, ab. Die Appelle sind alle an die innere Haltung gerichtet. Wie bei der initiierenden Motivation ist auch hier der eschatologische Gedanke vorherrschend. Nur werden die

adquisivit aeque fideliter atque collabentium rerum fuga praeteriens, qua opes contemptu suo contulit, quae iam usui suo conferre nihil poterant.

261 Vgl. o. zur Anthropologie Anm. 85–87.

262 Ep. 9 (215,1/3).

263 De gub. 5,11,61.

Aufforderungen zum asketischen Leben gemäß der exterior-interior-Thematik nicht mehr von äußeren Ereignissen bestimmt – die Welt kommt ja nicht mehr in den Blick, nur noch als verlassene, in der man sündigte. Verstärkt werden die *consideratio ultimi diei,* der Ausblick auf das künftige Gericht,[264] die Hoffnung auf die Belohnung oder die Furcht vor der Verwerfung[265] genannt, d. h. der Verdienstgedanke nach der dort praktizierten Gnadentheologie kommt zum Ausdruck. Eigentümlicherweise tritt die Liebe als Motiv in den Hintergrund; ein einziges Mal fällt ein blasses *propter amorem dei* (XLIII,32).

Ausführlich wird die ausgleichende Gerechtigkeit dargestellt, in der der geduldige Gott sowohl die Belohnung, wie auch die Härte der Strafe zuteilt.[266] Die Seele, d. i. der Mönch, soll sich immer vor Augen halten, welche Beschämung *(magna confusio)* er *in conspectu fratrum* oder *in conspectu angelorum*[267] erleidet, wenn er vor dem göttlichen Tribunal steht und für seine schlechten Taten Rechenschaft ablegen muß, nachdem er die gebotenen Heilmittel der Züchtigung verschmähte. Diese Gedanken sind im Mönchtum nicht neu, sie finden sich bereits in den Apophthegmata und der Vita Antonii des Athanasius.[268]

Der eschatologische Gedanke findet seinen Höhepunkt in der Beschreibung des ankommenden Herrn.[269] Er soll den Mönch so sicher bereit finden, wie seine Ankunft gewiß ist. Faustus nutzt diese Thematik zugleich für seine theologische antimonophysitische Aussage: Die Ankunft des Herrn ereignet sich in dem Leib, den er zum Heil der Menschen angenommen hat. Die Worte Jesu an den Zweifler Thomas: „Sieh meine Hände, und lege deine Hand in meine Seite . . ." (Jo 20,27) werden an die Mönche gerichtet. Der Nachlässige soll an den Wunden erkennen, wieviel die göttliche Liebe durch ihn, aber auch für ihn litt. Die Spuren der Nägel werden dem Bösen am Tag des

[264] XXXVII,27; XL,30.80; XLII,137.155.

[265] XXXVIII,7: *in spem caelestium promissiorum tanto incitemur studio, tantoque inardescamus affectu;* vgl. dazu De gr. 1,10 (33,26); XXXVIII,217.235. Furcht vor der Hölle und Hoffnung auf den Himmel als Motivationen im asketischen Leben finden sich z. B. auch bei Cassian, Conl. 11.

[266] Vgl. XL,72/82.

[267] XLIII,97 und XLII,152. Die gleiche Wendung findet sich bei Porcarius, Monita 40: *cogita illam nimiam confusionem, cum ante eos apparueris quos vidisti sacerdotes magnos* <. . .>

[268] Vgl. dazu P. Nagel, Die Motivierung der Askese in der alten Kirche und der Ursprung des Mönchtums (Berlin 1966) 33–34. Bei Cassian werden die Motive zum asketischen Leben: Furcht vor der Hölle, Hoffnung auf den Himmel, die Liebe zum Guten in Conl. 11 (bes. 11,6. – Conl. 11 gehört zu dem Teil der Conlationes, die Cassian insbesondere Lérins gewidmet hat) abgehandelt; vgl. dazu A. Hoch, Johannes Cassian (Freiburg 1895) 104.

[269] XXXIX,107/126.

Gerichts schrecklich, dem Guten heilbringend sein. So grell die Farben sind, mit denen Faustus die Unterwelt zu beschreiben weiß,[270] so spart er auch nicht in der Schilderung der künftigen Herrlichkeit, die beide bereits jetzt verkostet werden können.[271] Damit begegnen wir jener eigentümlichen ungelösten Spannung, in der sich das Mönchtum sieht: zwischen Enderwartung und bereits vollzogener Parusie. Die Absicht der Motivierung wird jedoch deutlich: Der Mönch soll durch seine Mühen und asketischen Anstrengungen zum einen der Würde des künftigen Lebens entsprechen, zum anderen durch eben dieses Leben die Furcht vor dem Gericht verlieren. Jeder Drohung mit dem Gericht und jedem Anreiz durch die Verheißung der künftigen Herrlichkeit folgen daher Aufforderungen zu gesteigerter Askese.

In der Schilderung der Reize der Wüste, die einen Asketen in seinem Leben und Streben motivieren sollen, bringt es Eucherius zu einer beispiellosen und in Lérins nicht mehr erreichten Höhe. In seinem Brief an Hilarius (Laus) will er ihn nicht nur zu seiner Rückkehr aus Arles beglückwünschen, sondern ihm das Leben in Lérins erneut anziehend vor Augen stellen. Im Verlauf des Briefes abstrahiert er mehr und mehr von den referierten biblischen Geschichten, die die Wüste zum Thema haben, und akkumuliert alle Gnadenerweise an sie und ihre Vorzüge auf die eine *eremus,* die er im Auge hat, die Stätte des asketischen Lebens. Nur hier gelingt es in vollkommener Weise.[272] Fast notwendig läuft der Brief in einer hymnischen Paradiesesschilderung aus, vergleichbar mit jenen, die sich in den hieronymianischen Mönchsviten finden.[273] Erst an ihrem Ende erfährt man, daß diese *eremus,* dieser Ort, das Paradies von Lérins ist. Das hebt erneut die Bedeutung des Ortes auch als geographische Größe hervor, die bereits im Zusammenhang mit der Stabilitas zu vermerken war. Es geht nicht um den *locus solitudinis,* nicht um

270 Ebd. 127/134.

271 XLI,60: *etiam in hoc corpore praegustare conemur;* vgl. XL,1/4; die himmlische Heimat, die nach 1 Kor 2,9 nicht recht erfaßt werden kann, ist bereits in Lérins verwirklicht: XXXVIII,3; XL,50/51; vgl. Cont. 726C. Rein futurisch bleibt das Bild vom Paradies in XLII,162/174 und XLI,50 – (Text: s. u. 2. 3) zur *vita angelica).*

272 Laus 33,344: *Ubi magis vacare et quam dulcis sit dominus videre contingit? Ubi promptior ad perfectionem tendentibus via panditur? Ubi maior virtutibus campus aperitur? Ubi facilius mentis, ut possit circumspicere, custodia? Ubi liberior cordis, ut deo adhaerere certet, intentio quam illis utique secretis, in quibus deum non solum invenire promptum est, verum etiam custodire?*

273 Ebd. 42,472: *Aquis scatens, herbis virens, floribus retinens, visibus odoribusque iocundo, paradisum possidentibus se exhibet quem possidebunt;* vgl. damit etwa Vita Hilarionis c. 31 (PL 23,45) – bei Eucherius fehlt freilich der Vermerk, daß sich die Mönche in Lérins ihr Paradies mit ihrer Hände Arbeit bereitet haben, wie es Hilarion tat –, oder auch die genüßliche Beschreibung des *locus amoenus* als Ort der Versuchung in Vita Pauli c. 3 (PL 23,18).

eremus oder *desertum,* es geht nur um Lérins: *Lerinum meam honore complector.*

Mit einem Strich wischt Eucherius die Spannung von Enderwartung und Vorwegnahme beiseite: *rem porro ipsam capiunt, dum spem sequuntur.* So erscheint es folgerichtig, daß hier nicht mehr von der Antizipation des himmlischen Reiches qua Askese die Rede ist.[274] Keine Leistungen werden mehr verlangt, keine Verheißung, keine Drohung mehr ausgesprochen – der Himmel ist bereits auf Erden in der höchsten Form der Liebe, der Vereinigung mit dem Bräutigam, angebrochen.[275]

Dies wird zur unausgesprochenen, zur subtilsten Form der Motivierung. Die hymnische Preisung des Ortes, die Aufhebung von Vergangenheit (biblische Geschichte) und Zukunft (Verheißung des Himmels) im Gegenwärtigen und die Beglückwünschung zu dem Schritt des erneuten Eintritts in Lérins soll in Hilarius die Freude am asketischen Leben wachhalten, um diese Aussicht nicht zu verlieren: „mit Jesus in das verheißene Land einzutreten".[276]

Zusammenfassung

Bei der Motivation zur Askese und der Motivierung des Asketen gehen die Lériner von den Ereignissen der Zeit aus, die sie nach einem bereits vorliegenden eschatologischen Deutemuster für ihre Absicht auswerten. In den programmatischen Werbeschriften findet sich jedoch nicht ausschließlich die Verachtung der Welt als Motiv, sondern in ihrer (einstigen) Schönheit und in ihrer Hinfälligkeit kann die immer bleibende Liebe Gottes erkannt werden, die zum stärksten Antrieb werden soll. Einem solchen Empfinden, geprägt von einem trotz allem positiven Welt- und Menschenbild, folgten zu Beginn des 5. Jh.s eine größere Zahl von Asketen aristokratischer Abstammung, die die Barbareneinfälle in den Süden verschlagen hatte. Einen nicht unerheblichen Einfluß auf die Zugwirkung hatte das Beispiel des Honoratus, die geistige und geistliche Formung, die die Ruhe und die Geborgenheit des Gemeinschaftslebens Gleichgesinnter auf der Insel versprach. Als erstes Motiv wird das *vacare deo* und die durch Gott geordnete Liebe genannt. Die Erfahrung dieser Liebe, die zum Fundament individueller Zuneigung wurde – auch das ist Beweggrund zum Eintritt –, findet bei allen Lérinern über die üblichen literarischen Höflichkeitsfloskeln hinaus einen schriftlichen Niederschlag, so daß man dies für eine wichtige

[274] Vgl. zur Antizipation: Nagel, Die Motivierung der Askese 34–62.
[275] S. o. Anm. 243.
[276] Laus 44,522: *cum Jesu terram repromissionis intrabis.*

Komponente des Geistes von Lérins ansehen kann: inmitten einer immer bedrohlicheren Welt sollte es freundschaftliche und christliche Zuneigung dokumentieren und neuen, nicht mehr trügerischen Lebensraum geben.[277]

Der eschatologische Gedanke der ausgleichenden Gerechtigkeit und Vergeltung wie auch der der vorweggenommenen Herrlichkeit im asketischen Leben waren auch in Lérins probate Mittel, die anfanghafte Faszination zu einem kontinuierlichen Streben zu motivieren.

2. Mönchsleben und Askese nach den Metaphern der Lériner

Die so motivierte Askese suchte sich Formen des Ausdrucks, die sich in Metaphern für das Mönchsleben niederschlagen. Man mag darin erneut eine Motivierung erkennen, die aber unausgesprochen bleibt, wie bei der Schilderung des Paradieses in De laude eremi. Hier geht es um Bilder für den Vollzug der Askese. Lérins schuf dabei keine neuen, aber die Auswahl der Metaphern, die Art und Weise, wie die Lériner sie ausschöpfen und nutzen, ihre bisweilen mitgelieferten Deutungen und die Entwicklung und Verschiebung ihres Gebrauchs werfen noch einmal ein Licht auf das monastische Selbstverständnis des Lériner Mönchtums im 5. Jh.

1) Nachfolge Christi und der Heiligen

Mönchsleben versteht sich in erster Linie als *imitatio.* Das ist so selbstverständlich, daß der Begriff als solcher gar nicht mehr aufzutauchen braucht, sein Inhalt jedoch immer gegenwärtig ist.

Daß dabei das Leben Jesu Gipfel und Zentrum aller Nachahmung darstellt, ist in gleicher Weise vertrautes Gedankengut, wenngleich es bisweilen als so überragend und abstrakt erscheint, daß zu seiner Interpretation Beispiel und Nachahmung der Heiligen, deren Vorbild näher zu liegen und plastischer zu sein scheint, eher herangezogen und empfohlen wird. Als erste Form der *Imitatio Christi,* wie auch der Heiligen, fanden wir bisher das *unus fieri.* Die Nachahmung Christi in Gehorsam und Armut wurde bereits dargestellt; ebenso, zu einem späteren Zeitpunkt der Entwicklung, seine Vorbildhaftigkeit für die ganze Gemeinschaft als Haupt und Glieder.[278]

[277] Vgl. I. Opelt, Die Briefe Salvians von Marseille, in: Romano Barbarica 4 (1979) 161–182; hier 178.

[278] S. o. § 1 I, 3: Die geistliche Dimension des Leitungsamtes; II, 3. 3): Gehorsam und Armut; II, 4.: Horizontale Beziehungen – Vgl. zum Ganzen: K. S. Frank, Angelikos Bios, 1–4.

a. *Crux* und *jugum*

Nachfolge Christi ist überall dort gemeint, wo von *crux* die Rede ist.[279] Die Übernahme der Askese wird formelhaft als Kreuzesnachfolge gedeutet. Die Verwendung von 2 Kor 4,10 unterstützt Faustus in dieser Interpretation: *mortificationem Christi praeferebat <i. e. Maximus> in cruce: ut reliquias quasdam videres in corpore.*[280] Für Honoratus heißt es ebenfalls sehr verhalten, daß er sein tägliches Kreuz auf sich nahm.[281] Ganz ähnlich ist der Gebrauch von *iugum* (Mt 11,30). Das Joch Christi nimmt auf sich, wer sich zu ihm bekehrt und damit das viel engere Joch der weltlichen (Schein-)Freiheit abwirft.[282] Dieses leichte Joch Christi wird leichter und versüßt sowohl durch größeren Gehorsam als auch durch die Fürsorge des Oberen.[283]

Kreuz und Kreuzesnachfolge - bei den Mönchen Zentrum der Nachahmung Jesu - ist das einzige Bild, das direkt aus dem Leben Jesu übernommen wird; daß selbst das noch im Vergleich mit dem Mönchtum anderer Provenienz in Lérins verhältnismäßig schwach bleibt, entspricht der bisher bei den Leriner Schriftstellern gefundenen Selbstbeschränkung in der Darstellung äußerer Tugendleistungen und exaltierter Askese, zu der das Bild des Kreuzes bisweilen angeregt hat. Hier findet sich vielmehr das Ideal der innerlichen Tugend, die sich vor anderen verbirgt und Äußerlichkeit und Übermaß ablehnend gegenübersteht.[284]

Das Kreuz wirkt jedoch in anderer Weise in der asketischen Praxis fort: im *signum crucis,* dem besondere Macht im Kampf gegen die Laster zugeschrieben wird. Faustus verknüpft das mit den für ihn charakteristischen Patriarchenbildern: „Wie der Vater des Glaubens Abraham jene fünf Könige (*reges,* Gen 14) - wobei das Besondere *(mysterium)* im Literalsinn verborgen ist - mit 318 Mann besiegte, so sollen auch wir gegen die Hauptlaster *(principales vitiorum)* im Namen Jesu und mit dem Kreuzzeichen - diese beiden werden bei den

279 Z. B. *abstinentiae crux:* XXXVII,32 = ep. 6 (197,10/12) = ep. 9 (212,17/18); *corporis crux:* XXXIX,81.

280 Hom. XXXV,253.

281 V. Hon. 37,19.

282 Vgl. V. Hon. 8,3: *iugum dominicae servitutis subsidia cervice suscipiens iugum libertatis excussit intelligens summum esse captivitatis genus licentiam iuventutis;* Hom. LXXII,22: *laudent eum melius, qui eum <Honoratum> iugi meditatione sectantur;* Cont. 718 B: *quae sublimitas* <gemeint sind die bekehrten Aristokraten> *non iam se ad istud leve caeleste iugum, cum deditione submittit.* - H. Bacht, Vexillum crucis sequi, in: Martyria - Leiturgia - Diakonia, hg. v. O. Semmelroth (Mainz 1968) 149-162, bes. 158ff.

283 Vgl. Hom. XXXVIII,51; Porcarius, Monita 64/65; V. Hon. 18,25; 24,17.

284 Vgl. V. Hon. 37,19: *sine ulla semper notabili superstitione servasti omnes semper nimietates et cognatum nimietatibus gloriae fugiens appetitum.*

Griechen durch die zwei Frauen Abrahams versinnbildet – kämpfen."[285]

Das Beispiel Christi wird bei den Lérinern noch insofern Gegenstand der Nachfolge, als Gott Mensch wurde und in seiner Menschwerdung zeigte, daß schwaches Fleisch gegen die Angriffe des Feindes kämpfen und siegen kann.[286] Nach Christus zeigen die Oberen in vollendeter Weise, daß dem Menschen Nachfolge gelingen kann, weshalb man schließlich in ihnen Christus und den Heiligen folgt: Sie trugen gerade in ihrem Oberendienst das Kreuz Christi voran.[287]

b. *Exodus* und *peregrinatio*

Kommt die *imitatio sanctorum* in den Blick, wird die Bandbreite der das Mönchtum charakterisierenden Tugenden weiter und vor allem plastischer. Es kann in diesem Zusammenhang auf die Darstellung des Oberen als des geistlichen Leiters verwiesen werden: Seine Vorzüge und Tugenden in den Panegyrika erweckten den Anschein, als seien sie ihm einzig zur Nachahmung und Disziplinierung der Mönche von seinem Biographen angetragen worden (Motivation der innermonastischen Nachfolge). Im Anschluß an die Patriarchentypologie Abrahams und Moses ist die Exodusthematik in der asketischen Literatur durchaus nicht neu, aber in Lérins am meisten hervorstechend. Ihr liegt ja immer der tatsächliche, zudem durch die Insellage so deutlich markierte Auszug, das Verlassen des Heimat- und Festlandes zugrunde, um in das neue Heimatland *(patria eremi)* zu gelangen.[288] Hier nun soll in geistlicher Weise der Auszug fortgesetzt werden, der in den Entsagungen *(abrenuntiationes)* geleistet wird. *Cursus* wird daher neben *professio* und *conversatio* zum Synonym für Mönchsleben.

Ungemein häufig ist der Bezug auf die *peregrinatio* nach Gen 12,1, die die Väter von Lérins in der Nachahmung der Patriarchen auszeichnete[289] und die nun allgemeine Haltung werden sollte: *quae <gloria>*

[285] Ep. 6 (199,8/13) = ep. 9 (214,3/8); das *principales* bei *vitiorum* korrespondiert mit *reges,* wodurch die allegorische Deutung klarer wird. Hinter den „Griechen", auf die sich Faustus beruft, verbirgt sich die Quelle, die Faustus häufig heranzieht: Origenes; hier: Num. Hom. 19 (lateinisch von Rufinus; GCS 30 = Orig. 7,177–178).

[286] Vgl. die in Hom. XXXIX,107–134 erkennbare antimonophysitische Polemik. In den kleinen Cur-Deus-homo-Traktaten in XIX und XXII wird dies mit als ein Grund der Menschwerdung angesehen: XIX,135/230: *per hanc itaque materiam creaturae, nec mortis conferre pretium, nec resurrectionis praeferre potuisset exemplum. Nihil mihi contra hostem meum fiduciae contulisset, si non in meo corpore triumphasset?*

[287] XXXV,38.253; V. Hon. 37,19.

[288] XXXV,16/32; V. Hon. 15,7; vgl. ebd. 19,5: *in illo sibi patriam computantes.* Eucherius schreibt von Hilarius, Laus 1,2: *egressus dudum de domo tua et de cognatione usque in mare magnum recedentia penetraveras.*

[289] V. Hon. 11,2; 12,1.13.16; Laus 1.30; XXXV,14.47.85/88; LXXII,155; V. Hil. 5,7. Bereits vorher bei Hieronymus, ep. 125,20; Ambrosius, ep. 63 und Cassian, Conl. 3,6;

utique multiplicandi erat ipso per susceptam peregrinationem virtutis augmento.[290]

Bei Eucherius ist, wie bereits angedeutet, die Thematik des Auszugs, des Aufbruchs in die Askese und des neuen Heimatlandes mit Phil 1,23 verbunden. In den Instructiones meint er zu Ps 38,13/14: *ceterum manifestum est, quod erit, qui se supra peregrinum appellando patriam in qua futurus sit habere declarat.*[291] Zwar führt er nicht näher aus, was offenkundig ist, doch die Verwendung von *patria* und *peregrinus* im Lériner Sprachgebrauch lassen ohne weiteres an Lérins denken.

Später wird bei Faustus und Porcarius daraus das *saeculi peregrinus,* das Der-Welt-Fremdwerden; ein der *militia caelestis* gleichrangiges Ideal.[292] Offensichtlich war Vincentius davon so erfaßt, daß er sein Commonitorium unter dem Namen „Peregrinus" veröffentlichte.

Neben der Stabilitas, die in Lérins als äußere Lebensform entstand, entwickelte man als Pendant für den *homo interior* ganz bewußt die Dynamik des ständigen Unterwegsseins als einer geistlichen Haltung. Die Exodusthematik hat für den Lériner Mönch eine dreifache Bedeutung:

- der reale Auszug aus dem Heimatland,
- das Vollziehen des inneren Auszugs *(spiritaliter)* in der Form der *abrenuntiationes,* der Vermehrung der Tugenden und der Sehnsucht nach dem Himmlischen,
- das Der-Welt-Fremdwerden *(peregrinus).*

c. *Militia* und *martyrium*

Die gleiche Dynamik haben die Metaphern vom Kampf und Martyrium zum Inhalt. Dabei gilt zunächst das, was bereits zur Kreuzesnachfolge gesagt wurde. Die Terminologie brauchte seit der Vita Antonii nicht mehr gerechtfertigt zu werden.[293] Während aber bei Pachomius beispielsweise noch die Kraft des Ursprungs auch in der Begrifflichkeit zu spüren ist - die Nachfolge des leidenden und

eine unmittelbare Beeinflussung kann außer durch Cassian, zu dem die Abhängigkeit bei dieser Stelle a.a.O. nachgewiesen wurde (§ 1, Anm. 110), ausgeschlossen werden, da der Gedanke bereits Allgemeingut war. Zudem lebten die Lériner Väter die *peregrinatio* selbst vor, so daß auch auf ihr Beispiel zurückgegriffen werden konnte.

290 V. Hon. 11,15.

291 Instr. 1 (91,22).

292 Ep. 10 (216,17/19): <...> *saeculi peregrinus et paradisi candidatus mundo huic, qui iam non habet, unde decipiat vel seducat, miles Christi secretus inludis.* Monita 54: *sollicite cogita iam proximum esse diem commigrationis tuae.* Vgl. XLVIII § 9.

293 Vgl. W. Völker, Das Vollkommenheitsideal des Origenes 244; L. T. A. Lorié, Spiritual terminology 102-105; S. Pricoco, L'isola 169ff; J. Fontaine, in: SC 135,907-1042 (zu Martinus); A. Harnack, Militia Christi (Tübingen 1905); H. Emonds, Geistlicher Kriegsdienst, in: Heilige Überlieferung (Münster 1938) 21-50; J. Auer, Militia Christi. Zur Geschichte eines christlichen Grundbildes, in: GuL 32 (1959) 340-350.

gedemütigten Christus, wie H. Bacht sie herausgearbeitet hat –, findet sich am Anfang des 5. Jh.s nurmehr die Worthülle, die selbst mehr und mehr in den Hintergrund tritt und anderen Idealen Platz macht, sofern sie nicht inhaltlich neu gefüllt und bewußt gemacht wird.

So ist in der Anfangszeit von Lérins die Kriegsterminologie recht verhalten und verblaßt und zeigt nichts mehr von jener irritierenden und überraschenden Aufdringlichkeit, die sonst vorherrscht. Die Exempla, die Eucherius zur Bekehrung seines Verwandten anführt, stellen ihre Gaben „in den Kriegsdienst des himmlischen Königs".[294] Honoratus wird vom Rekrut *(tiro)*[295] zum *magister militiae caelestis,*[296] der für sein Heer[297] ein Lager aufschlägt.[298] Unter seiner Leitung wird der Mönch zum Gottessoldaten.[299] Hilarius betrachtet sich selbst als Beute, die Honoratus von einem erfolgreichen Feldzug im Triumph nach Hause bringt.[300]

Unter Faustus wird diese Begrifflichkeit erheblich ausgeweitet und zur bewußten Allegorie gestaltet. Er beschreibt den Weg des Maximus als militärische Laufbahn vom einfachen *miles Christi* zum Fürsten und Führer einer perfekten Armee.[301] Es ist durchaus möglich, daß diese Gedanken aus der Kenntnis der Martinusschriften des Sulpicius Severus stammen, die voll von dieser Terminologie sind und damit Eindruck machten.[302] Falls Faustus sie kannte und um ihre Beliebtheit wußte, wie bereits früher vermutet,[303] so war es sein Bestreben, den berühmten Mönch Westgalliens durch die eigenen Helden zu überbieten oder sie ihm gleichzustellen.

In einem nächsten Schritt stellt er den Mönchen das Kampfmotiv als jene Haltung vor, die die Patriarchen vorlebten und die nun an ihren Nachahmern, den Oberen, abgelesen werden kann: Abraham kämpfte gegen die fünf Könige, Mose gegen Amalek, Josua gegen

[294] Cont. 718 B; es sind die Begabungen, die die Aristokraten auszeichnen: *quae mundi nobilitas, qui honores, quae dignitas, quae sapientia, quae facundia, quae litterae* <. . .>.

[295] V. Hon. 9,1: Honoratus als Neugetaufter; *tiro* findet auch Verwendung für die Neueingetretenen, V. Hil. 4,14: *suscipienda caelestis militiae tirocina excitatus.*

[296] Laus 1,6 zitiert in V. Hil. 8,12/18.

[297] Laus 43,495: *agmen.*

[298] V. Hon. 16,2; LXXII,49: *castra.*

[299] LXXII,26: *deo militare.*

[300] V. Hon. 24,6: *educit me secum, suam praedam, gaudet, triumphat, exultat.*

[301] XXXV,6: *diu ille sub habitu saeculi Christi militem gessit;* ebd. 42: *dum in illa sancta congregatione de milite consurgit in principem promovetur;* ebd. 74: *vestris profectionibus militabat;* ebd. 104: *qui sacrum ad promissa caelestia promoveret ac perurgeret exercitium;* ebd. 109: *nequitiarum spiritalium exercitatissimus debellator;* ebd. 112: *non minus exemplo quam imperio militum pectus amore* <. . .> *o virum perfecti exercitus idoneum ducem.*

[302] Vgl. W. Berschin, Biographie und Epochenstil 195–211.

[303] S. o. § 1 I,3): Die geistliche Dimension des Leitungsamtes.

feindliche Nationen:[304] so hat der Asket gegen die Hauptlaster, den Teufel und die Gelüste zu kämpfen. Aber auch losgelöst von dem Motiv der Nachahmung taucht die Kampfterminologie in den Homilien auf.

Selbstverständlich ist das Mönchsleben die *christiana/caelestis militia;*[305] wie nahe dabei die Mönche den himmlischen Heerscharen, der *vita angelica,* sind, zeigt die Verwendung des gleichen Begriffes für die Engel.[306] Nicht um zu ruhen, kam man an diesen Ort, sondern zum Kampf in der Schlachtreihe.[307] Wenn auch der Kampf zunächst an der äußeren Front ausgetragen wird,[308] so hat der Kampf im Inneren den größeren Stellenwert.[309] Das wird durch die exterior-interior-Thematik bestätigt sowie durch die bei Honoratus, Hilarius und Eucherius vorgestellte Haltung der verborgenen Askese und Heiligkeit, die alles Spektakuläre meidet. Trotz dieser Wertung fehlt aber bei allen Lériner Schriftstellern eine Systematisierung oder Lehre zur Erlangung dieser Haltung. Die *certamina grata* des Honoratus und Venantius um die größere Tugend zeigen daher auch nichts von der Härte des asketischen Einzelkampfes.[310]

Was die frühen Lériner Schriftsteller weitgehend ausklammerten, lebte bei dem stark konservativ und moralisch denkenden Faustus neu auf:[311] die Verwendung dieser harten, in die Vergangenheit weisenden Sprache fügt sich in sein beständiges Bemühen, den Geist der Alten in eine zu organisierende Gruppe von Mönchen zu pflanzen, deren erste Begeisterung und charismatischer Schwung einer offensichtlichen Lauheit gewichen ist.

[304] Ep. 6 und 9; Homm. LXXII,60; XXXV,106.

[305] XXXVIII,46; XL,1.

[306] XLIII,99/100: *quid faciet (anima) cum ante finem caelestis militiae fuerit praesentata?* XLII,152: *quid faciet infelix anima, quando <...> angelorum fuerit conspectibus praesentata?*

[307] XXXIX,53: *ad pugnam, ad agonem ad exercenda cum vitiis bella;* XL,107: *quis in acie positus, ante finem certaminis arma deponat;* Hinweis auf die Stabilitas, die in Gemeinschaft (acie!) gepflegt wird. Vgl. auch XLII,101: in *medio certamine manus damus <diabolo>.*

[308] XLIII,13: *vigiliarum exercitiis;* XXXVIII,237: *exercere corporis labores;* u. ö.

[309] Vgl. XXXIX,83: *exterior homo noster sanctis laboribus exercetur, et passiones non curatur;* XLII,108: *pretiosam militiam pretioso agamus affectu* (vgl. epp. 6 und 9); XLIII,43.65: *quid prodest, si extra civitatem geramus bellum, si intus patiamur excidum;* ebd. 115: *quomodo enim poterimus praevidere in secreto hostem, si hunc evitare non valemus aperta congressione pugnantem;* Monita 30: *pugnam esse intellege contra invisibiles adversarios.*

[310] V. Hon. 9 § 2.

[311] *Militia, miles, militare* ist in den Schriften des Faustus ungemein häufig: De gr. 4,6; 11,15; 20,25; 30,19; 73,18; 92,2; 96,10; De sp. 129,19; 126,14; ep. 6 (198,1); ep. 7 (206,7); ep. 8 (210,6); ep. 9 (212,2).

Mit dem Kampfgeist verbindet sich die Vorstellung vom Martyrium, die gleichfalls nicht originell ist,[312] und die in Lérins noch mehr in den Hintergrund tritt bzw. einer neuen Deutung Platz macht. Allein in den Panegyrika findet sie sich, bei dem älteren Hilarius in bewußter Anspielung auf *martyrium* als *testimonium* oder *confessio.*

Hilarius schildert zunächst den Tod von Honoratus' Bruder Venantius, der ihn auf deren Reise nach Ägypten ereilt, als ein vollendetes Martyrium: In hebräischer, griechischer und lateinischer Sprache – sogar von Juden – wird sein Begräbnis in einer Weise begangen, die an die Verehrung der Martyrer erinnert.[313]

Honoratus selbst wäre vor dem Martyrium nicht zurückgeschreckt, hätte sich ihm nur die Gelegenheit dazu geboten. In seinen Betrachtungen beschäftigte er sich nach dem Zeugnis des Hilarius stets mit dem Martyrium und der Sehnsucht, für den Glauben Verfolgung zu erleiden. *Habet et pax martyros suos* fügt Hilarius in Anspielung an Cyprian an.[314] Ganz ähnlich schreibt Sulpicius Severus und stellt mit großem rhetorischen Aufwand noch die verschiedenen Arten des Martyriums vor, die Martin gerne auf sich genommen hätte.[315] Hilarius ist darin knapper, geht aber in der Deutung von *martyr* über Sulpicius hinaus, indem er die lateinische Übersetzung *testis* einführt, die die bloße allgemeine *confessio* (bei Sulpicius) übersteigt und konkreter faßt: Honoratus ist Zeuge *(martyr/testis)* geworden durch seine Ansprachen im Bekenntnis des dreifaltigen Gottes in einer Person:

> Und ich glaube wirklich, daß dir zum Martyrium *(ad martyrium)* nicht der Mut, nur die Gelegenheit fehlte. Tatsächlich bist du täglich in sorgfältigsten Ansprachen für das Bekenntnis *(confessio)* des Vaters und des Sohnes und des Heiligen Geistes Zeuge *(testis)* gewesen. Kaum jemand hat so klar, so ausgiebig über die Dreifaltigkeit Gottes gesprochen; du aber hast sie nach Personen unterschieden und sie geeint in Ewigkeit und Herrlichkeit der Glorie.[316]

Das ist nicht nur ein Hinweis auf antiarianische und antinestorianische Polemik, sondern stellt ein beherrschendes Motiv Lériner Frömmigkeit dar: Theologie und Askese. Zwar wird dieses Kennzeichen nicht ausdrücklich genannt; aber die Tatsache, daß Hinweise darauf latent vorhanden sind und immer wieder mitspielen, zeigt, wie sehr

[312] Vgl. E. E. Malone, The Monk and the Martyr. The Monk as the successor of the Martyr (Washington 1950); L. T. A. Lorié, Spiritual Terminology 105–106; K. S. Frank, Angelikos Bios 9–10.

[313] V. Hon. 14,14.

[314] V. Hon. 37,14; Cyprian, De zelo et livore 16 (CC 3A,84,200): *habet et pax coronas suas.* Vgl. V. Hon. 38,22.

[315] Sulpicius, ep. 2 (CSEL 1,144).

[316] V. Hon. 38 § 4.

diese Verbindung die Lériner Mönche bestimmte.[317] Schon auf Lérins, berichtet Hilarius, hat Honoratus die Gemeinschaft durch Lehre, Beispiel und Ermahnung gestärkt.[318]

Schließlich ist Maximus, in der Darstellung des Faustus, in seinem Wirken *(in illo agone)* als Bischof *athleta Christi* geworden,[319] nachdem er sich bereits als Oberer aus Lérins Gott als wohlgefälliges Ganzopfer hingab und dadurch den Triumph der alten Martyrer erwarb.[320]

Wiederum: Der Mönch auf Lérins gelangt nicht zum *martyrium sine cruore*[321] durch die heldenhaft kämpfende und offenbare Askese - wie etwa Antonius oder die Mönche in der Darstellung des Hieronymus u. a. –, sondern in der Ausübung der inneren Tugend, der Erfüllung der Dienste (als Obere) und vor allem durch das Bekenntnis zum orthodoxen katholischen Glauben. In dieser Haltung haben die Mönche ihre Oberen nachzuahmen.

Die Härte des ursprünglichen Bildes ist fast ganz ausgeblendet, und doch bestätigt sich jene stilistische Beobachtung, wonach beinahe jedem Bildwort auf Lérins eine Realität zugeordnet werden kann: durch die Neuinterpretation bzw. wörtlichste Deutung des Begriffs *martyr* als *testis;* das Martyrium wird zur konkreten *confessio* und offenbart den zentralen Kern Lérinischen Mönchtums, die Verbindung von Theologie und Askese.

d. Exemplareihen

Einen summarischen Abschluß zum Thema *imitatio* bieten die Exemplareihen. Eucherius subsumiert seine Typoi in De laude eremi primär nicht unter übergeordnete Tugenden, sie stehen vielmehr in notwendiger, sich wechselseitig bedingender Beziehung zur Fruchtbarkeit und dem Reichtum der Wüste. Ihre Bedeutung ergibt sich im Zusammenhang mit der typisierenden und idealisierenden Darstellung des Ortes.[322] Es sind Adam (Laus 6), Mose (1.16), David (17), Elija

[317] Vgl. dazu ausführlich im Kapitel über die Theologie auf Lérins § 3 II, 2.

[318] V. Hon. 19,17. In der Rede des Faustus auf Honoratus wird dieses Bekenntnis zur ausdrücklichen Charakteristik aller, die in der Nachfolge des Honoratus leben: LXXII,62/82 (Text im folgenden Kapitel S. 275 und S. 233). Auch Eucherius gibt in der Passio der Thebäischen Legion den Martyrer-Soldaten noch die Gelegenheit zu einem Bekenntnis zum Dreifaltigen, wenn dies auch nicht das beherrschende Motiv seiner Schrift ist.

[319] XXXV,65; vgl. Cassian, Inst. 5,19 (CSEL 17,97,4).

[320] XXXV,35/41 (Deutung der Opferung Isaaks auf Maximus): *super hanc itaque aram* (= Lérins) *semetipsum deo immolat;* ebd. 250: *studens de persecutore iniquo longum triumphare martyrium;* ebd. 252: *exhaustorum magnitudinem membrorum prodebat rubor antiquum, et ita mortificationem Christi praeferebat in cruce, ut reliquias quasdam videres in corpore.*

[321] Der Begriff findet sich so z. B. bei Sulpicius Severus, ep. 2.

[322] S. u. III. Der Ort.

(18), Elischa (19), Johannes der Täufer (21), Jesus (22/26),[323] die Mönche Johannes und Makarios (27). Benjamin (42) und Jakob (38) tauchen mehr assoziativ auf.[324] Eine zweite Exemplareihe (42) führt die durch die Wüste Lérins hervorgebrachten Väter an: Honoratus, Maximus, Lupus, Vincentius, Caprasius. Das Exemplarische an ihnen ist nicht nur ihre Tugend, die Ausstrahlung apostolischen Geistes,[325] sondern ihr Gleichsein mit den Alten *(veteribus sanctis pares);* das bedeutet die Bewahrung und Begründung der Tradition des ältesten Mönchtums in Lérins.[326] Konservativer Geist, die Treue zur Überlieferung, gilt als entscheidende Vorbildlichkeit. - Das kann erlären, warum etwa ein Salvian, der zur Zeit der Abfassung von Laus noch in Lérins weilte und den anderen nicht an Berühmtheit nachstand, nicht in die Liste der Lériner Väter aufgenommen wurde.

Die Exempla aus Cont. sind ebenfalls nach e i n e m Motiv ausgewählt: der Bekehrung. Clemens (von Rom), Gregorius Pontus (Thaumaturgos, ein Origenesschüler), Gregor von Nazianz und Basilius, Paulinus (von Nola), mit dem Eucherius im Briefkontakt stand,[327] Hilarius (von Arles), Petronius (von Bologna), Firmianus, Minucius (Felix), Cyprian (von Karthago), Hilarius (von Poitiers), Johannes (Chrysostomus) und Ambrosius.[328]

Wenn auch die Auswahl der Namen im Hinblick auf das Interesse und die soziale Herkunft des Adressaten, dem die Bekehrung schmack-

[323] I. Opelt, Zur literarischen Eigenart von Eucherius, Schrift De laude eremi, in: VigChr 22 (968) 198–208, möchte eine „christologische Trias: Mose - Elija - Christus" durch David und Elischa erweitert sehen. Die Anlage der Schrift legt dies jedoch nicht nahe, wenn man das Ensemble der ausgewählten Figuren betrachtet: es ist eine schlichte Chronologie.

[324] Eine kleine Reihe von atl. Personen führt Eucherius noch in Instr. (87,7/11) an, die für diesen Zusammenhang keine große Bedeutung hat: Noah, Daniel und Job; in ihnen seien drei Geschlechter vorgebildet: die Lenker der Kirche, die Enthaltsamen, die Verheirateten und Gerechten. Als Vorlage dazu diente ihm Augustinus, En. in Psalm. 132,5 (CC 40,1926,6–1930,16).

[325] Laus 42,476: *apostolicae spiritus vigore et vultus radiantes.*

[326] Ebd. 42,487: *Aegyptios patres Galliis nostris intulerunt.*

[327] Paulinus von Nola, Ep. 51 (CSEL 29,423–425).

[328] Um die Identität der Exempla bemühten sich: P. Courcelle, Nouveaux aspects de la culture lérinienne, in: REL 46 (1968) 379–409, hier 383–393; L.Cristiani, Euchér de Lyon. Du mépris du monde (Paris 1950) 47; zuletzt R. W. Mathisen, Petronius, Hilarius, and Valerianus, in: Hist. 30 (1981) 106–112. Eine kurze Diskussion über die vertretenen Thesen bei R. Nürnberg, Askese als sozialer Impuls 121–124; ihre Schlußfolgerung, die Schrift Cont. wolle n i c h t zum Eintritt in Lérins bewegen, da die angeführten Exempla keine Mönche, sondern *conversi* („entschiedene Christen") seien, kann, wie bereits erwähnt, nicht geteilt werden. Die so ausschließliche Einschränkung der Bedeutung *conversus,* mag sie auch in diesem Fall Berechtigung haben, wird man für den Gesamtkontext von Lérins nicht aufrechterhalten können. - Andere Argumente aus Cont., die im Verlauf genannt werden, legen nahe, daß Eucherius seinen Verwandten zum Mönchtum „bekehren" wollte (s. o. Motivation).

haft gemacht werden soll, mitbestimmt sein mag und sich die Schrift nicht in erster Linie an Mönche richtet, zeigt sie doch den Rahmen an, in dem Eucherius denkt; mehr noch: diese Reihe beleuchtet, wenn man das allen Gemeinsame betrachtet, den Lériner Hintergrund, das Idealbild des Mönches, wie Eucherius ihn denkt: alle waren *viri illustrissimi* des politisch-gesellschaftlichen Lebens, von aristokratischem Geschlecht; hochgebildet in der weltlichen Wissenschaft verließen sie diese um der himmlischen willen.[329] Sie wurden zu Stützen der Tradition und Garanten der Überlieferung von Gottes Wort bis in die früheste Zeit.[330] So stellte sich tatsächlich das frühe Mönchtum in Lérins dar: Adelige, Gebildete, Bekehrte, Hüter der Tradition, die hier dieser Exemplareihe Pate standen.[331] So konnte z. B. Augustinus nicht in diese Reihe aufgenommen werden, wenn ihm auch drei der genannten Charakteristika zugeschrieben werden müssen; spätestens seit seinen späten Gnadenschriften konnte er nicht mehr als Garant der Tradition angesehen werden. Auch das Fehlen von Antonius und Paulus oder Martinus läßt sich mit der geistigen Haltung des gebildeten Mönchtums von Lérins erklären, wenngleich von ihnen doch die Tradition ausging: man stieß sich an der wundertätigen, legendenumwobenen und exaltierten Askese jener Mönche, eine Abgrenzung, die in dieser indirekten Form (e silentio) immer wieder in Lérins zu finden ist. Eine alttestamentliche Trias schließt die Reihe der Exempla in Cont. ab:[332] David, Joschija und Hiskija. Das Verbindende ist die königliche Würde – im Lériner Verständnis wäre das die Aristokratie der politischen Oberschicht, die sich in Lérins einfand –, die sich mit je einer Tugend, die auch für das monastische Leben Relevanz hat, verbindet: Frömmigkeit, Treue *(stabilitas),* Demut.

2) Askese als Philosophie

Die bewußte Auswahl der Exempla bei Eucherius führt zum nächsten Parameter: Mönchtum als Philosophie. Die Begrifflichkeit ging über die alexandrinische Schule in die christliche Literatur – insbesondere die mit asketischer Ausrichtung – ein und verstand sich dort bald im Sinne des Glaubenswissens (der Glaubenswissenschaft) als Antipo-

[329] Cont. 718 D: *litteris ac philosophiae deditus caelestem hanc philosophiam concupivit;* 719 A: *mundanae potestatis sede <. . .> in sacerdotii nomen ascendit.*

[330] Ebd. 719 C: *cernis ut etiam dies atque anni, et cuncta haec ornamenta caeli, Dei verbum mandatumque infatigabili observatione conservent, praeceptorumque eius custodiant irremissa lege famulatum;* 719 B: *prolatis ex parte, quos maior fidei nostrae fervor habuit, saeculi philosophia, eloquentia, honoribusque perfunctos, ad ipsos iam reges et illud caput mundi veniam.*

[331] Ebd. 718 B; vgl. Anm. 294.

[332] Ebd. 719 B.

de zur antiken Philosophie.[333] Seit der V. Antonii hat die so verstandene Philosophie auch im Mönchtum einen angestammten Platz.[334] Ihr sind folgende Züge eigen:

1. Mit ihr ist notwendig die zumindest verbale Ablehnung der antiken Wissenschaft verbunden;
2. sie wird im Zusammenhang mit *theoria, contemplatio* und der dazu benötigten Apatheia, letztlich der *vita angelica* gesehen;
3. sie ist somit kein intellektuelles Wissen von Gott;[335]
4. ihre Kennzeichen sind nicht in großen Gesten zu suchen, sondern in der inneren Haltung, in der Nachfolge Christi. Nicht mehr an der Kleidung, dem Pallium, solle man den Philosophen erkennen.[336]

Alle diese Elemente finden sich in den Schriften des Eucherius – jedoch nur bei ihm, der von den Leriner Schriftstellern noch am meisten mit der griechischen Literatur vertraut war. Der zuletzt genannte Abschluß der Exemplareihen durch biblische Gestalten macht die Wertung deutlich. In der Ablehnung der antiken und paganen Philosophie geht Eucherius so weit, daß er den Alten überhaupt das Recht abspricht, so bezeichnet zu werden; sie tragen nur das *nomen philosophiae,* die Mönche hingegen führen das Leben der wahren Philosophie.[337] Weil die Alten Gott nicht kennen, sind sie von vornherein im Irrtum befangen und können keine *praecepta vivendi* aufstellen; nur vorgetäuschte Kraft und falsche Weisheit ist in ihren Aussagen. Da sie außerhalb der *consideratio Domini* leben, bleiben sie in Irrtümern befangen, unerleuchtet und unberaten. Auch fehlt bei Eucherius nicht die populäre Kritik an dem hedonistischen Philosophen Aristippus, die sich bis Cicero[338] verfolgen läßt: „. . . wird etwa einer aus der Schule des Aristippus die Wahrheit erkennen, der sich in seiner Naturanlage von den Seinen oder dem Vieh in nichts unterscheidet, weil er die Seligkeit in der fleischlichen Lust ansiedelt, dessen Gott der Bauch (Phil 3,19) und dessen Ruhm die Schimpflichkeit ist?“[339]

[333] Vgl. S. Pricoco, L'isola 156.

[334] Vgl. dazu B. Steidle, Homo Dei Antonius 181–182; G. Penco, La vita ascetica come „filosofia“ nell, antica tradizione monastica, in: StMon 2 (1960) 79–93.

[335] Vgl. Cassian, Conl. 14.

[336] Die Mönche trugen nach der Schilderung Cassians bisweilen ein Gewand gleicher Bezeichnung; Honoratus trug es noch als Bischof in Arles, bis es durch päpstlichen Entscheid untersagt wurde; s. o. § 1 II, 3. 1): *Mutatio nominis habitusque* Anm. 352.

[337] Cont. 724 B.

[338] Vgl. P. Courcelle, Nouveaux aspects 294; die Vorlage für diese Polemik entnimmt Eucherius hier aus Lactantius, Inst. III,7,7 (CSEL 19,191,6).

[339] Cont. 724 C; mit *pudendis* kann Eucherius auch die angebliche sexuelle Zügellosigkeit dieser Philosophenschule meinen. – Ebd.: *hic honestum iustumque praecipiet, apud quem prodigus impudicus adulter philosophatur.*

Erst nach deren Verwerfung[340] kann der Mensch lernen, dem Willen Gottes zu gehorchen und frei *(vacare)* zu sein für seine Gebote.[341] Das heißt aber, bereitwillige Hingabe in Dienst und Knechtschaft Gottes, weil nirgendwo mehr die Wahrheit ist, als in ihm.[342] Das ist die Frömmigkeit und Wahrheit, die den Philosophen abgeht; deswegen mahnt Eucherius: *ad studia te nostrorum* (= Mönchsleben) *et scripta converte.*[343] Dorthin, zum Mönchsleben auf Lérins, haben sich bereits viele berühmte Männer, ermüdet von der müßigen Arbeit in ihren „Gymnasien", zurückgezogen[344] und leben nun der himmlischen Philosophie. Ganz offenkundig wird in dieser Haltung des Eucherius sowohl die Vertrautheit mit der antiken Bildung als auch die Vertrautheit mit deren toposhafter Verwerfung sowie der eindeutig antiintellektualistische Zug der neuen und eigentlichen Philosophie. – Dennoch ist auch hier die Gleichsetzung des Mönchs mit dem wahren Philosophen keine bloße Metapher, sondern der Ausdruck einer im wesentlichen aristokratischen Verwirklichung des mönchischen Ideals und trägt zur Charakterisierung des Leriner Mönchtums bei.

Das findet sich in eigentümlicher Weise bei Faustus in seiner Zeit als Abt auf Lérins bestätigt.

Zunächst hat er sich viel stärker als Hilarius und vor allem Eucherius von der weltlichen Wissenschaft und Philosophie distanziert. Wenn sich in seinen Schriften auch noch Anklänge an Cicero, Vergil, Horaz und Seneca nachweisen lassen,[345] so erscheinen sie bereits viel weniger ausdrücklich als bei den früheren[346] und werden nie als solche gekennzeichnet. Seine Weigerung, sich an philosophischen Schriften – selbst von Christen – zu orientieren, haben wir im Kapitel über die Anthropologie zur Genüge beobachten können. Er orientiert sich mit

[340] Ebd. 724 A: *repudiatis illis philosopharum praeceptis.*

[341] Ebd.: *Ad ambienda Christi dogmatis studia.* – Auch dies ist gängiges Alexandriner Gedankengut, vgl. W. Völker, Das Vollkommenheitsideal des Origenes 58.119.178; bei Eucherius, Cont. 719 D: *nobis vero tot voluminibus divinae legis iterantur imperia ad haec saltem, quod homini ipsi attributum est, voluntati auctoris parere praeceptisque eius vacare discat.* G. Penco, La vita 87, führt Chrysostomus an: *supremae verae philosophiae dogmata.*

[342] Cont. 720 A. Vgl. 720 D: *si in aliquo te amplecti putabas veritatem, illo (Christo) nihil verius.*

[343] Ebd. 724 C.

[344] Laus 32,327–334. In der Vorrede zu seinem Commonitorium bekennt Vincentius, daß dies auch seine Erfahrung war und daß er nach der leeren Weisheit und dem Kriegsdienst in der Welt endlich die Ruhe und Freiheit habe, Gott zu erkennen (Ps 45,11). In c. 17 schildert er deutlich die Gefahren der „Philosophie" am Beispiel des Origenes und in 18 an Tertullian.

[345] Vgl. P. Courcelle, Nouveaux aspects 405–407; CC 101B.1045–1183 (Index).

[346] Vgl. die ausdrückliche Berufung des Eucherius auf die weltliche Philosophie – freilich in Exzerpte aus Cassians Conl. 14 eingebettet: Form. praef. (4,24): *sapientia mundi huius philosophiam suam in tres partes divisit* <. . .>.

Vorliebe und fast ausschließlich an theologischen, mehr noch: an asketischen Schriften.

Weiterhin suchen wir – wohl auch deswegen – bei ihm vergeblich das Bild des Mönches als Philosophen; wenn Faustus primär von der Askese als einem beständigen Kampf ausgeht, ist in der Tat wenig Raum für das beschauende Dasein des Mönches als – wenn auch wahrem, weil christlichem – Philosophen, der in der Theoria lebt.

Andererseits ist gerade mit Faustus die Schulterminologie in den Sprachgebrauch von Lérins eingeführt worden. Der Begriff *schola* darf nicht zu voreiligen Schlüssen verleiten; wir können uns hier nicht nur auf die literarischen Aussagen stützen, sondern müssen die ganze Situation von Lérins in der ersten Hälfte des 5. Jh.s beachten. Dabei ist zu erkennen, daß sich bei der geläufigen Einschätzung der Wissenschaften hinter dem von Faustus benutzten Begriff *schola* nicht eine Schule im antiken Sinn verbirgt, nicht einmal ihre „Fortsetzung" oder Analogie, sondern nur ihr „Gegenteil":[347] das Kloster als Stätte zur Erlernung der Askese. Die Durchsicht der Texte bestätigt das durchaus.[348] Es fällt einmal die bereits genannte Unsicherheit der Textüberlieferung auf: *schola* kann durch *insula* ersetzt werden[349] – die *insula* Lérins ist die Schule schlechthin, und in die wahre Schule geht, wer zur Insel kommt –, zum anderen fehlt jede negative Abgrenzung zur alten antiken Schule, wie sie Eucherius noch für nötig hält, was auf den bereits abgeschlossenen Vorgang der Übernahme dieses Begriffes in die asketische Sprache schließen läßt, der sich somit problemlos etabliert hat. Das gleichzeitige Nebeneinander von *schola* und *militia*[350] sowie die Einbettung dieser Begrifflichkeit in die exterior-interior-Thematik – der Mönch soll in der Asketen-Schule die Übereinstimmung von äußerer und innerer Askese erlernen – bestätigt das.[351] Daß in dieser *schola/insula* die Rolle des Magisters dem Oberen, die der Schüler den Mönchen zufällt, versteht sich von selbst und wurde bereits an anderer Stelle erwähnt.[352] Die Schule ist somit der Ort des

[347] G. Penco, La vita 86: „contraposta all'analoga istituzione profana".

[348] Bereits ausführlich in der geschichtlichen Einbettung dargestellt von: B. Steidle, Dominici schola servitii. Zum Verständnis des Prologs der Regel St. Benedikts, in: BM 28 (1952) 397–406.

[349] Vgl. den kritischen App. zu: XXXIX,25 und XL,114.

[350] Ep. 8 (210,3/7): <...> *si perfectam magni alicuius monasterii scholam vel certe insulanam angelicae congregationis militiam liceret expetere;* vgl. auch: ep. 10 (216,15/22); XXXIX,24/32. 51/57; XL,112/114.

[351] Vgl. XXXV,232: *quam magnifice insulano illo stadio perfectionis vias currit* <*i. e. Maximus*>*, plus est quod huc insulanam ipsam institutis ac studiis suis transtulit.*

[352] Vgl. XXXV,142. 188; auch ebd. 80: *vir ille praecipuus illic* (Lérins) *doctus, ut hic* (Riez) *doceret.* V. Hon. 24,11: Honoratus war für Hilarius die *caelestis fons sapientiae.* (Auch in der Sicht des Faustus ist Maximus für die Mönche *fons sapientiae:* XXXV,267). Vgl.

Heils und der Berufung;[353] äußerlich zwar ruhig,[354] aber doch der Ort des Kampfes. B. Steidle schreibt: „Im Wort *schola* drückt Lérins sein Wesen aus."[355] Es steht – auch bei Faustus – in der Tradition Cassians und des frühen Mönchtums überhaupt und meint die Einübung der Askese im Tugendstreben nach der inneren Vollkommenheit; eine intellektuelle Füllung ist ausgeschlossen und kann in diesem asketischen Zusammenhang nicht hineininterpretiert werden.

Allerdings darf nun aus diesem Befund über den Begriff *schola* in den Homilien nicht vorschnell die Frage nach einer Unterrichtsstätte in Lérins ebenso negativ beantwortet werden. Diese Frage findet über einen anderen Weg als den der Begriffe zu einer Antwort; die stilistische Beobachtung, daß beinahe jedem Bildwort in Lérins eine Realität in der Erfahrungswelt zugrunde liegt, trifft auch hier zu.

Bezüglich der Person des Faustus muß ein weiterer Zeuge angeführt werden, der sein Verhältnis zur „Philosophie" beschreibt. Es ist Sidonius Apollinaris in seiner ep. 9,9,12–15 an Faustus.[356] Auch wenn es nicht einfach ist, aus dem rhetorischen Rankenwerk des Sidonius wirklich Kenntnis über Faustus zu erlangen, so kann dieser Stelle wegen ihrer Ausführlichkeit doch gewisser Wert beigemessen werden.

Zunächst bescheinigt er dem Faustus hohe literarische Bildung und geistige Fähigkeiten, um dann die allegorische Heirat *(mysticus amplexus)* des Faustus mit „Frau Philosophie" zu preisen, mit der er sich bereits in den Gefahren der Jugend vermählte, sie aber wie eine erbeutete Frau aus dem Feindeslager nach Dt 21,11/13 zuerst „zurechtstutzte". Dieser harsche Vergleich ist nicht der Originalität des Sidonius erwachsen; er fand ihn beim in der Schrift erfahreneren Hieronymus.[357] Der weltlichen Weisheit sind, bevor man sich mit ihr

zudem V. Hon. 13,11; Laus 1,6. S. o. § 1 I,3.: Die geistliche Dimension des Leitungsamtes in Lérins.

353 XXXVIII,79.117; XL,120.

354 XL,209; XXXIX,46.

355 B. Steidle, Dominici schola servitii 403.

356 MGH auct. ant. 8, 158–159.

357 Epp. 21,12 und 70,2 (CSEL 54,122.702); vgl. A. Labhardt, Sur une passage des S. Jérome, in: Hommage et reconnaissance (à Karl Barth), Neuchâtel – Paris 1946 , 56–62. Faustus scheint von der Briefstelle des Sidonius beeindruckt gewesen zu sein: er benutzt sie, wenn auch nicht in dem gleichen Zusammenhang, in seiner ep. 9 (213,15/24). Es geht ihm hier darum, dem Empfänger zu raten, auf dem Weg zum *unus fieri* (vgl. dazu oben: Anthropologie, sowie C. M. Kasper, Erat vir unus (1 Sam 1,1) in der Auslegung der Väter. Eine Kurzformel zu Weg und Ziel asketischen Strebens, in: ThPh 63 [1988] 230–241) alles *(superflua prudentia saeculi, eius amputatis vitii)* zu meiden, was der *simplex incorrupta sincera prudentia Christi* entgegensteht; die Gefangene sei ihm die *spiritalis sapientia*. In ep. 6, die den gleichen Zusammenhang aufweist, fehlt allerdings der Hinweis auf Dt 21,10–13. Daraus kann man schließen, daß Faustus die Kenntnis dieser Verwendung nicht von Hieronymus übernahm,

einläßt, ihre Verführungskünste und Gefälligkeiten zu nehmen (die Haare und Nägel zu schneiden): *i. e. tristis dialecticae flexibus falsa morum et illicita velantibus.*[358] Wollte ihn jemand wegen dieser geistlichen Verbindung *(copulatum te matrimonio)* angreifen, müsse er lernen, daß Faustus nun „Platons Akademie" in viel edlerem Sinn für die Kirche nutze.[359]

Wie bereits für Honoratus die *sapientia coniux* wurde (V. Hon. 7,25), so blieb Faustus seine geistliche Braut eine untrennbare Gefährtin, sei es in seiner harten Askese in der Einsamkeit *(in abstrusis macerare solitudinibus)*, sei es im Athenaeum, dem Kloster. Mit ihm verzichtete sie auf die weltlichen Lehren und wandte sich mit ihm dem Höheren zu *(disciplinae)*. Den Inhalt seiner Lehre umschreibt Sidonius knapp: die Betonung der Gleichewigkeit des Hl. Geistes mit dem Vater; er spricht damit das Werk De spiritu sancto an. Dabei habe Faustus nichts von den Allüren der Philosophen an sich, er könne sie vielmehr alle als Häresiarchen mit ihren eigenen Waffen und seiner christlichen Lehre und seinem Geist schlagen.[360]

Wenn auch die zuletzt aufgestellte Behauptung sich nicht an den erhaltenen Schriften des Faustus verifizieren läßt, so gibt sie doch einige wertvolle Hinweise auf sein Wirken. Demnach war Faustus in größerem Maß als damals noch üblich mit der antiken Bildung vertraut – sonst hätte Sidonius nicht zu schreiben brauchen, daß Faustus deswegen angegriffen werden könnte. Jedenfalls muß er mit seiner als scharfsinnig anerkannten Lehre für die damaligen Verhält-

sondern von Sidonius; weiterhin, daß ep. 9 nach ep. 6 und nach Empfang des Briefes von Sidonius verfaßt wurde.

[358] Ep 9,9,13 (158,10): *raso capillo superfluae religionis ac supercilia scientiae saecularis amputatisque pervetustaturum vestitum rugis;* – vgl. die Wortwahl des Faustus in der vorigen Anm.; Sidonius ist dabei dem Wortlaut des Hieronymus näher als Faustus. – Vgl. dazu S. Pricoco, Sidonio Apollinare tra Claudio Mamerto e Fausto di Riez e la datazione del De Spiritu sancto, in: Did. 15 (1965) 115–140; E. L. Fortin, Christianisme et culture philosophique au Vème siècle (Paris 1959) 64–73. Zu ep. 9,9 vgl. auch oben Anm. 154 und unten Anm. 570.
Es ist übrigens auffällig, daß außer in V. Hon. 10,12 in keinem Leriner Text Frauen erwähnt werden, außer in dieser allegorischen Form (vgl. XXXV,50/57: Lea und Rachel). Auch die Stelle in der V. Hon. meint die gemiedenen Beziehungen des Honoratus, noch bevor er nach Lérins kam. Danach gab es keine Frauen mehr und somit wohl auch kein Problem mit ihnen, wie es z. B. Augustinus so ausführlich in seinen Mönchstexten behandeln muß. In den frühesten Mönchsregeln des Festlandes, der RIVP, der 2RP, der RMac und der ROr, ist dies gleichfalls kein Thema.

[359] Ep. 9,9,14 (158,18): <...> *sentiet ecclesiae Christi Platonis academiam militare teque nobilius philosophari.* Vgl. Hieronymus, ep. 21 (122,21): *sapientia saecularis* <...> *ad nostrorum dogma convertimus.* – Daß von allen antiken Philosophien zum Schluß nur noch die platonische überhaupt diskussionswürdig erscheint, ist alte Tradition, die sich schon bei Justin, Dialog mit Tryphon, findet.

[360] Ep. 9,9,14–15.

nisse in Südgallien einen nicht geringen Eindruck hinterlassen haben. Wichtiger aber scheint es, daß Sidonius Faustus' bekenntnishaftes Lehren nicht nur außerhalb des Klosters ansiedelt, sondern in der Parallelisierung von Schule in der Stadt und in der Einsamkeit, vor allem von Athenaeum[361] und *monasterium,* eine lehrhafte Auseinandersetzung bereits in Lérins verwirklicht sieht, wo gleichsam „platonische Didaktik" für die Lehre der Kirche (Trinität) genutzt worden sei.[362] Selbst wenn Faustus in seiner Abwendung von der weltlichen Wissenschaft nicht nur durch seinen naiven Biblizismus viel zu ihrem Verfall beitrug, so blieb ihm doch eine unleugbare Verwurzelung in der aristokratischen Bildungsschicht, die er mit der neuen wahren Lehre verband. In dieser Weise hat er Lérins und Riez geprägt, wenn auch nicht mehr in der Haltung des „philosophischen" Mönchtums, sondern durch Bekenntnis und Lehre, wie Sidonius berichtet.

Mönchtum als Philosophie gibt es deswegen bei Faustus nicht im Sinn des Eucherius als das beschauende Dasein. Bei ihm tritt zur gelebten Askese das aktive Element der Lehre hinzu. Theologische Auseinandersetzung und Lehre kann in Lérins als Konstitutivum angesehen werden; wenn auch nicht auf der Höhe der spekulativen Theologie eines Augustinus, so doch in einem solchen für Mönche des Abendlandes ungewohntem Maß, daß Außenstehende diese Verbindung gleichsam in einem Atemzug für erwähnenswert halten.

Schließlich aktualisiert und konkretisiert Vincentius diese Vorstellung. In seinen Schriften ist die unmittelbare Verbindung von Askese und Theologie nicht so offenkundig wie bei den anderen Lérinern, wenngleich auch hier immer der mönchische Kontext im Hintergrund steht.

Gleich zu Beginn seines Commonitoriums umreißt er programmatisch mit zwei Schriftstellen (Dt 32,7 und Spr 22,17) seine Vorstellung von der geistlichen Wissenschaft; sie liegt in der Verbindung von Alter und Weisheit[363] und dies, wie er es selbst nach den Irrungen in der Welt erfahren hatte, im Rahmen des Mönchslebens nach Ps 45,11: im *vacare deo* und der Gotteserkenntnis. Das bestätigten ihm zahlreiche durch Heiligkeit und Lehre ausgewiesene Männer, die er um Rat anging: zur wahren Weisheit gelangt man nur durch die Autorität des göttlichen Gesetzes (= Hl. Schrift) und die Überlieferung der Kirche *(traditio).*[364] Mit 1 Tim 6,20 scheidet er nicht so sehr die himmlische

[361] Das Vorbild ist eine Schule Hadrians, die vom 1. Jh. v. Chr. bis etwa ins 5. Jh. Bestand hatte.

[362] In Carm. 16,72 (240) erwähnt Sidonius noch, daß Faustus seinen Bruder erzogen habe.

[363] Com. 1,1 (147,5/8).

[364] Com. 2.

Wissenschaft von der weltlichen – diese Scheidung wird bereits vorausgesetzt; aus letzterer ist ihm auch nur noch Porphyrius als abschreckendes Beispiel der Erwähnung wert[365] –, sondern innerhalb der christlichen zwischen wahrer und falscher, die er mit den gleichfalls aus dieser Schriftstelle gewonnenen Kriterien: *novitas et oppositiones* durchführt.[366]

Selbst die Fülle der *divina philosophia* und der *caelestis sapientia,* die Origenes neben der *humana philosophia* in einem sonst unerreichten Maß besaß,[367] nutzte ihm nichts, da sie ihm zur Versuchung wurde, sich selbst zu viel zuzutrauen, sich zu überheben – ein häufiger Vorwurf aus monastischem Milieu – und die *antiqua christianae religionis simplicitas* und die *fidei integritas* zu verlassen. Das Gleiche gilt für Tertullian, der die ganze Philosophie mit seinem Geist umfaßte[368] und den gelehrten Photinus von Sirmium.[369] Nicht das Wissen als solches ist daher schlecht; es genügt aber nicht, mit Wissen zu brillieren, selbst eine exzellente Kenntnis der Hl. Schrift ist nicht ausreichend – auf einer früheren Stufe riet Eucherius noch seinem Verwandten, sich von der Welt der Schrift zuzuwenden und dies wiederum in Lérins zu tun –, wenn sie zu Hochmut, Selbstüberhebung und Abweichung von der Lehre führt, die sich in der *universitas,* der *antiquitas* und dem *consensus* der Konzilien kundtut.[370] Die wahre himmlische Philosophie sieht der Mönch Vincentius nicht mehr nur im Freisein für Gott und der *contemplatio* (Gotteserkenntnis, Schau), und auch nicht bloß in der Abkehr von der weltlichen und der Hinkehr zur christlichen Wissenschaft – wahrhaft Philosoph, der wegen der Gabe der Wissenschaft sogar den Namen Prophet verdient (Com. 10,2), ist der,

> der der göttlichen Religion, der dem katholischen Glauben nichts vorzieht, nicht das Ansehen irgendeines Menschen, nicht Zuneigung, nicht Talent, nicht Beredsamkeit und nicht Philosophie, sondern dies alles geringschätzend und im Glauben festgegründet standhaft bleibt und entschlossen ist, nur das, was die katholische Kirche allgemein von altersher festgehalten hat, festhält und glaubt, das aber, wovon er findet, daß es später von einem einzelnen ohne Rücksicht auf die Gesamtheit oder im offenen Gegensatz zu

[365] Ebd. 11,11 (161,53): *insanae Porphyrii calumniae;* 17,11 (171,56): *impius Porphyrius.*
[366] Com. 21,3.
[367] Ebd. 17,5 (170,24): *tam profudis, tam acris, tam elegantis* <...> *tanta doctrinae ac totius eruditionis magnificentia.*
[368] Ebd. 18,1–2 (172,5/8): *vir doctius in divinis ac humanis rebus exercitatius* <...> *nempe omnem philosophiam et cunctas philosophorum sectas, auctores adsertoresque sectarum omnesque eorum disciplinas, omnem historiarum ac studiorum varietatem mira quadam mentis capacitate complexus est.*
[369] Ebd. 11,7 (160,31): *erat vir ingenii viribus valens et doctrinae opibus excellens.*
[370] Ebd. 26,7.

allen Heiligen[371] als neu und unbekannt eingeführt wurde, nicht zur Religion, sondern vielmehr als zur Versuchung gehörig betrachtet.[372]

Damit charakterisiert Vincentius aber nicht nur den wahren Philosophen, sondern, wie Faustus bereits, das Mönchtum als Philosophie auf Lérins. Es ist umschrieben mit: Bewahrung und Bekenntnis der wahren Lehre[373] und des Dogmas, und zwar in dem durchaus mönchischen, an der Traditon der Väter orientierten Kontext von Lérins, der sich an den zitierten Stellen in den Begriffen offenbart: *catholicae fidei nihil praeponit* (sonst steht mit *nihil praeponit* in monastischen Texten *oratio* oder *oboedientia*), *integritas – simplicitas, humilitas, auctoritas, lex –, regula fidei, portus religionis,* (in Lérins sonst für Mönchtum gebraucht), *aequalitatis et unitatis cultor, universitas, temptatio.*

Erneut stellen wir hier eine zunächst kaum auffällige Verbindung, dann aber doch die bei Vincentius wie selbstverständliche Einbettung der Theologie in den asketischen Rahmen fest, die Lérins kennzeichnet.

Exkurs: Schola Lirinensis – Wie kann vor diesem Hintergrund der Schulbegriff auf Lérins gedeutet werden?

Es haben sich zwei Methoden herausgebildet, diese Frage zu beantworten.[374] Die jüngere – etwa seit Mitte des Jh.s – geht von dem bildhaften Charakter und den Forschungsergebnissen der Begriffsgeschichte aus. So hat sich in der alten Kirche in bewußtem Gegensatz zur antiken Schule ein Wissenschaftsbegriff gebildet, der das intellektuelle Wissen der *liberales artes* ablehnte und den Schwerpunkt auf die religiös-sittliche und moralisch-ethische Ebene in der Nachfolge des Evangeliums legte; die Kirche wird zur „Schule“, in der dies eingeübt werden soll. Die Klöster übernehmen Begriff und Inhalt und werden zu Schulen der Askese und Kontemplation. So fand die Terminologie Eingang in die RM und die RB, die nachweislich keinen Schulbetrieb nach altem Muster oder ein entsprechendes Analogon unterstützten oder anstrebten.[375] Bedenkenlos übertrug man diesen Befund auf alle

371 Vgl. auch ebd. 28,13 (188,67).

372 Ebd. 10,1–2 (174,1/11); dt. von G. Rauschen, BKV I,20 (1914), 199.

373 Die erste Veranlassung, das Commonitorium zu schreiben, ist zwar das Konzil von Ephesus und die Zurückweisung der trinitarischen Irrlehren; sein Traditionsprinzip und seine Glaubensregel richten sich aber vornehmlich gegen die Neuerungen in der Gnadenlehre, die der Augustinismus vertrat.

374 Vgl. dazu zusammenfassend: H. Hagendahl, Von Tertullian zu Cassiodor (Göteborg 1983) 93–101, bes. 95f.

375 Vgl. G. Gnolfo, Pedagogia Pachomiana, in: Sal. 10 (1948) 569–598; B. Steidle, Dominici scola servitii, in: BM 28 (1952) 397–406; A. de Vogüé, Le monastère, Église du Christ, in: StAns 42 (1957) 25–46; K. S. Frank, Vom Kloster als scola dominici servitii zum Kloster als servitium imperii, in: SMBO 91 (1980) 80–97.

Stellen der altkirchlichen und monastischen Literatur, an denen *scola* (und das entsprechende Begriffsfeld) zu finden war und lehnte jede weitergehende Bedeutung auch für den konkreten Fall von Lérins ab.[376]

Die ältere Forschung, die weniger begriffsgeschichtlich arbeitete, suchte für die konkrete Situation in Lérins, wo die Schulterminologie im westlichen Mönchtum zum erstenmal verstärkt auftauchte, eine Lösung zu finden.[377] Einzig Courcelle (1968)[378] scheint in neuerer Zeit diesen Weg zu beschreiten, indem er durch Aufspüren der Quellen der Lériner Schriftsteller eine geistige und religiöse Bildung ausmachen konnte, die über dem Durchschnitt der westlichen Klöster lag und auf eine (organisierte) Vermittlung von Wissen schließen läßt. Seine Vermutungen werden durch die Rekonstruktion der Bibliothek bestätigt, aber insofern eingeschränkt, als die These von der Ausdehnung der Wissensvermittlung auf die weltlichen Wissenschaften[379] weder in der Bibliothek noch in den Schriften der Lériner einen wesentlichen Rückhalt gefunden hätte. Dazu stand man in Lérins doch zu sehr in der Tradition der kirchlichen Ideologie, die dies ablehnte.[380] Auch die theologische Position in der Gnadenlehre rechtfertigt es nicht, von einer „Schule" im strengen Sinn zu reden.[381] Es sollte zunächst keine neue theologische Lehre entstehen, die bewußt hätte vermittelt werden sollen. Dies tat erst Faustus als Bischof. Was vorher in die asketische Unterweisung einfloß, diente vor allem der Stützung und theologischen Untermauerung des monastischen Lebensvollzugs.[382] Allein über den Begriff wird man in Lérins nicht zu einer befriedigen-

[376] Zuletzt P. Riché, Éducation et culture dans l'occident barbare VIe-VIIe siècles (Paris 1962, ³1973), Verf. geht 140–145 auf die für Lérins kontrovers geführte Diskussion ein und schließt jede Bedeutung, die über „Lérins, école d'ascése" hinausgeht, strikt aus; desgl. Viller-Rahner, Aszese und Mystik in der Väterzeit (Freiburg 1939).

[377] P. Lahargou, De schola Lerinensi (Paris 1892) bes. 1–62; J. Alliez, Lérins (Paris 1862) 26. 49–53; T. Haarhoff, Schools of Gaul (Oxford 1920) 175–197.

[378] Vgl. Nouveaux aspects de la culture lérinienne 379.

[379] Vgl. auch T. Haarhoff, Schools of Gaul 181: „Such schools as Lérins in which secular and religious studies were immediately kept up . . ." J. Alliez, Lérins, 51: „Lérins eut une école pour l'enseignement des lettres".

[380] Vgl. auch Eucherius, der die Dreiteilung der weltlichen Wissenschaften „tauft" (Form. Praef; 4,24–5,5): *sapientia mundi huius philosophiam suam in tres partes divisit: physicam ethicam logicam. id est naturalem moralem rationalem, sed naturalem illam pertinentem ad causas naturae, quae universa contineat, moralem vero, quae respiciat ad mores, rationalem autem, quae de sublimioribus disputans deum omnium patrem esse confirmet.*

[381] So M. Roger, L'enseignement des lettres classiques de Ausone à Alcuin. Introduction à l'histoire carolingienne (Paris 1905) 149; dies wird schon von P. Riché, Éducation et culture 144, abgelehnt.

[382] Vgl. dazu im folgenden Kapitel.

den Antwort auf die Frage nach einer Schule auf der Insel kommen. Hier müssen alle bisherigen Beobachtungen berücksichtigt werden.

Zuerst spricht die Bibliothek mit ihren Standardwerken zur Exegese, Kirchengeschichte und Theologie für Bewahrung und Weitergabe von Wissen. Die asketischen und theologischen Handbücher des Eucherius und Vincentius sind eigens zu diesem Zweck verfaßt. In den Widmungschreiben kommt dies expressis verbis zum Ausdruck. Eucherius erinnert seinen Sohn Salonius in den Formulae daran, daß er seit seinem zehnten Lebensjahr auf Lérins von Honoratus, dann von Hilarius unterrichtet worden sei; nach deren Weggang vollendeten Vincentius und Salvian die Ausbildung.[383] Besonders die zuletzt Genannten werden nicht nur im monastischen Sinn (Cassian: alles beruht hier auf Erfahrung und Beispiel) erzogen haben. – Die Formulae und Instructiones verstehen sich als Hilfsmittel zum tieferen Schriftverständnis,[384] vermitteln über die exegetischen Grundkenntnisse hinaus aber auch allgemein kirchliches Wissen in Form eines Reallexikons und Fremdwörterbuchs. Die Excerpta als Katechismus der Trinitätslehre werden ausdrücklich der häufigen Lektüre empfohlen.[385]

Über eine Mindestzahl von Schülern sind wir gleichfalls informiert: die Söhne des Eucherius sind die ersten namentlich genannten.[386] Paulinus von Nola berichtet in ep. 51 von drei weiteren jungen Männern, die unter Honoratus ausgebildet worden waren; über Art und Inhalt der Erziehung verlautet freilich nichts.[387] Salvian bittet in ep. 1 um die Aufnahme eines Verwandten, damit er umfassend

[383] Instr. Praef. (65,18–66,8): *dignum namque est quacumque cura mea ingenium tuum remunerari qui vixdum decem natus annos heremum ingressus inter illas sanctorum manus non solum inbutus verum etiam enutritus es sub Honorato patre, illo, inquam, insularum postea ecclesiarum magistro; cum te illic beatissimi Hilarii tunc insulani tironis sed iam nunc summi pontificis doctrina formaret per omnes spiritalium rerum disciplinas, ad hoc etiam te postea consummantibus sanctis viris Salviano atque Vincentio eloquentia pariter scientiaque praeeminentibus;* vgl. 140,6/8 (praef. zum 2. Buch der Instr.).

[384] Form. Praef. 3,9/10: *universam porro scripturam tam veteris instrumenti* <. . .>.

[385] Excerpta, Prol. (199,7): *fideliter credentius saepius ad instructionem relegenda transcripsimus.*

[386] S. o. Anm. 383; Salvian, ep. 8 an Eucherius (118,3/7): *legi libros quos transmisisti stilos breves doctrina uberes lectione expeditos instructione perfectos, menti tuae et pietati pares. Nec miror quod tam utile ac pulchrum opus ad instructionem potissimum sanctorum ac beatorum pignorum condidisti;* 15/20: *et quia iam dispensatione divina atque iudicio etiam magistri ecclesiarum esse coeperunt, donet hoc benignissima dei pietas ut doctrina illorum fructus sit ecclesiarum et tuus, profectuque excellentissimo tam illum ornent a quo sunt geniti, quam eos quos ipsi sua institutione generaverint.* Die ausdrückliche Gleichsetzung der Lehrtätigkeit der Söhne des Eucherius in ihren Diözesen mit der des Vaters in Lérins läßt erkennen, daß der Unterricht in Lérins nicht nur auf die „Erlernung“ der Askese beschränkt blieb.

[387] CSEL 29,423–425; vgl. dazu unten III 4,1).

erzogen würde.[388] Daß Faustus den Bruder des Sidonius unterrichtete, wurde bereits erwähnt.[389] Auch Lupus war als Lehrer einzelner junger Männer tätig.[390] Von Hilarius,[391] Faustus,[392] Lupus[393] und Eucherius[394] ist bekannt, daß sie an ihren Bischofssitzen (Kleriker-)Schulen mit monastischer Prägung errichteten und sich dabei am Vorbild von Lérins orientierten.

Nicht zuletzt müssen alle bildhaften o. g. Anspielungen auf die Erziehertätigkeit - nach der stilistischen Eigenart der Lériner - auf die dahinter stehende Realität befragt werden.

So ergibt sich mit großer Sicherheit folgender Befund: Die in den Texten gefundene Schulterminologie folgt z. T. dem bekannten altkirchlichen bildhaften Sprachgebrauch. Wo aber das Bild in so auffälliger Weise hervorgehoben wird, ist es in Lérins von der Wirklichkeit mitbestimmt. Das belegen die eigenen Schriften und die Zeugnisse der Zeitgenossen.[395] Wenn auch die ersten Lériner selbst noch rhetorisch ausgebildet worden waren,[396] brechen sie bewußt mit dieser Vergangenheit; alles steht auf einem niedrigeren Niveau[397] als in den antiken Rhetorenschulen, die im Laufe des 5. Jh.s untergingen. Nun geht es um die Vermittlung des Elementarwissens in Theologie und kirchlicher Praxis, wodurch die Mönche prädestiniert schienen, einen Bischofsstuhl zu übernehmen.[398] Wenn Cassian auch bekannt war und Eucherius in der Praefatio zu den Formulae seine 14. Conlatio über die geistliche Wissenschaft exzerpiert, so unerschied sich doch der Unterricht in Lérins von dem, was der Mönchsvater in Marseille lehrte,[399] sowohl inhaltlich als auch durch eine leicht faßbare Methode der

[388] Ep. 1 (80,75/76). Die Worte, die hier fallen, weisen auf einen Unterricht hin: <...> *docete, instituite, formate* <...>.

[389] S. o. Anm. 362: Eucharisticon ad Faustum = Carmen 16,72 (240).

[390] Vgl. Sidonius, ep. 7,13,1 (119).

[391] V. Hil. 15.26; vgl. dazu D. König, Amt und Askese 207-210.

[392] Sidonius, Eucharisticon ad Faustum 77/90 (241); ep. 9,9,13 (158).

[393] V. Lupi 11 (MGH merov. 7,301).

[394] Vgl. G. de Montauzan, S. Euchér évêque de Lyon et l'école de Lérins, in: BHDL (1922) 81-96.

[395] Im Osten ist die Klosterschule schon lange Praxis; Basilius, GR 15.

[396] Vgl. zu Vincentius, Com. I,5 (147-148); zu Faustus: Sidonius, ep. 7,9,11-13 (157) und Eucharisticon; zu Hilarius: V. Hil. 14; zu Honoratus: V. Hon. 4; vgl. W. Berschin, Biographie und Epochenstil 195ff.

[397] Vgl. T. Haarhoff, Schools of Gaul 191.

[398] In der Darstellung des Faustus hat es den Anschein, als sei Lérins geradezu der Ort der Vorbereitung auf das Bischofsamt: XXXV,57: *praefertur insulae, praeparatur ecclesiae.*

[399] Vgl. die Praefatio zum dritten Teil der Conlationes: der Unterricht, das ist die Einführung in das asketische Leben, vollzieht sich in Gesprächen (CSEL 13,504).

Unterweisung in Form des Listenwissens.[400] Zwar blieb auch in Lérins allem „theologisch-wissenschaftlichem" Interesse immer ein stark asketischer (religiös-sittlicher) Zug eigen, doch wurde er nicht so ausschließlich vorgetragen und vertreten wie bei Cassian.[401] Für ihn steht die „Schule der Askese" deutlich im Vordergrund, die Askese selbst ist die Schule (Conl. 14,16,9); „Wissenschaft" ist Besserung der Sitten und Reinigung von Lastern (= aktive) und Erkenntnis der tieferen göttlichen Dinge (= contemplative; Conl. 14,1); der Unterricht ist formlos, ohne „Lehrplan" und vollzieht sich im stillen Lesen der Schrift, im Rhema des Abbas sowie durch Erfahrung (ebd. 14,17,1); der Lehrer ist vor allem Beispiel, weniger „Dozent"; Lernen ist Nachahmen der Tugenden, weniger wissensmäßiges Rezipieren.[402]

Die Lériner konnten das Bildwort von der *schola* mühelos verwenden, weil hinter ihm die Realität einer (Elementar-)Schule auf der Insel stand, die in Gallien mehr und mehr in den aufkommenden Klosterschulen Nachahmung fand. Das Lériner Muster des Unterrichts und seiner Lehrbücher wurde vorbildlich bis hin zu Cassiodors umfassendem Lehrsystem.[403]

3) Mönchsleben als *vita angelica*

Um die Sammlung der Metaphern für das Mönchsleben zu vervollständigen, muß das vertraute Bild der *vita angelica* hier im Anschluß an „Mönchsleben als Philosophie" Erwähnung finden.[404] Allerdings fügt es sich nicht organisch in diesen Abschnitt ein, und das aus folgenden Gründen: Die bisher aufgezählten Metaphern stehen mit ihrer aktiven und kämpferischen Komponente, die ihnen die Lériner jeweils unterle-

[400] G. Kaufmann, Rhetorenschulen und Klosterschulen oder heidnische und christliche Cultur in Gallien während des 5. und 6. Jahrhunderts (Historisches Taschenbuch, 4. Folge, Zehnter Jahrgang, Leipzig 1869) 60–61, charakterisiert den Unterricht in Lérins: „... Ihr eigenes Bedürfnis verlangte zunächst eine Anstalt zur Pflege und Tradition der kirchlichen Wissenschaft, und bei dem lebhaften Verkehr Galliens mit Asien und Nordafrika forderte schon das Beispiel der theologischen Fakultäten zu Alexandria und an anderen Orten unmittelbar zur Nachahmung auf."

[401] Vgl. ebd. 62–64; dazu T. Haarhoff, Schools of Gaul 189: „When we take all this into account, we cannot fail to see a certain exaggeration in Kaufmann's statement, that the training of the monastic school was entirely religious and moral. These elements were doubtless predominant, but they were not all."

[402] Vgl. Praef. 5.7 zu Inst. (CSEL 17,5.6) Praef. zum dritten Teil der Conl. (CSEL 13,504) sowie Conl. 18,3 (ebd. 508). Vgl. dazu G. Kaufmann, Rhetorenschulen 72: „Um die sittliche Vorbereitung recht nachdrücklich hervorzuheben, vergaß er ganz, daß auch der Verstand regelmäßiger Übung bedarf, wenn der Geist zur Verarbeitung religiöser Fragen vorbereitet werden soll."

[403] Vgl. A. Souter, Cassiodors Copy of Eucherius's Instructiones, in: JThS 14 (1913) 69–77.

[404] Zur Entwicklung dieses Bildes bis zu seiner Übernahme ins Mönchtum s. K. S. Frank, Angelikos Bios 124–197; U. Ranke-Heinemann, Das frühe Mönchtum 65–82.

gen – sofern sie sich nicht schon vom Begriff her ergeben, wie etwa bei *militia* – für das Mönchsleben als Vollzug. Die *vita angelica* hingegen hat per definitionem nichts von dieser erdhaften Härte des Unterwegsseins an sich; sie ist in Lérins zudem nur ein Ziel der Askese neben anderen, an deren Anfang der asketische Kampf mit seinen Tugendleistungen steht.[405] Weil Tugendstreben und engelgleiches Leben bisweilen verknüpft werden, muß der *vita angelica* auch hier Aufmerksamkeit zugewandt werden. Dabei ist eine deutliche Abnahme im Gebrauch der Metapher und eine Verflachung des Bildes von Eucherius bis hin zu Faustus zu verzeichnen. In späteren Viten fehlt es fast völlig.

In dem biblisch-geschichtlichen Rückblick des Eucherius in Laus ist die Wüste, nicht primär das Tugendstreben, die beinahe ausschließliche conditio sine qua non der Geburt zum engelgleichen Leben. Faustus greift das in seiner Lobrede auf Maximus gleich zweimal auf: „O glückliches Land, das einen solchen hervorbrachte und dem Schöpfer aus einem Zögling einen Schutzherren, aus einem Menschen einen Engel bereitete."[406] Alle Leriner treffen sich in der Beschreibung ihrer Helden in Phil 3,20: *conversatio dum in desertis est, in caelis facta est.*[407] Die Mönche erhalten das Brot der Engel (Laus 12) – man denke bei *panis angelorum* an das zum Gebet und zur *ruminatio* Gesagte: das ständige Gebet ist bereits engelgleich und übrigens die beinahe einzige engelgleiche Tätigkeit, die die Leriner nennen.[408] Die Mönche sind sorgenfrei wie die Engel, von den Beschwerlichkeiten der menschlichen Natur durch die Wüste bewahrt (Laus 28,290) und brauchen nicht an den kommenden Tag zu denken (12,142). Das Volk in der Wüste wurde nur 40 Jahre genährt, die Bewohner der *eremus* erhalten jedoch, solange sie leben (30,309), das lebendige Brot, das vom Himmel herabgestiegen ist (39,434). So können sie in der Apatheia – in völliger innerer und äußerer Ruhe von dem weltlichen Treiben – leben.[409] Während alles schweigt, ist einzig die Stimme Gottes zu

[405] Vgl. bei Frank (vorige Anm.) 18–61: Der positive und der negative Weg der v. a.

[406] XXXV,297; vgl. ebd. 93/94: *felix itaque terra, quae talem genuit* (= Heimatort des Maximus), *felicior, quae erudivit* (= Lérins), *sit sanctificata, quae dedit, sit benedicta, quae reddidit.*

[407] Laus 27,272 von Johannes und Makarios gesagt; V. Hon. 1,14 von Honoratus, XXXV,293 von Maximus. Vgl. auch Laus 27,284: *terram quidem corpore tunc contingerent, caelum vero spiritu iam possiderent.*

[408] Vgl. dazu die Aufzählung bei Frank, a.a.O. 62: „Sorge für den Mitmenschen"; dieses Element, sofern es die eigenen Mitbrüder betrifft, fehlt in Leriner Schriften fast völlig. Genannt werden in der V. Hon. die üblichen monastischen Tugenden: Gastfreundschaft, Unterstützung der Armen, Freikauf von Gefangenen.

[409] Laus 30,315: *merito haec genitalem deserentibus patriam temporariae patriae nomen obtineat, a quo non metus non desiderium, non gaudium non maeror evocet;* ebd. 37,407: *solus ille animo dum sonitus silentium secretae stationis intervenit interpolatque illum placidae quietis*

hören, die sich mit dem Gesang der Mönche, der selbst im Himmel bei den Engeln nicht süßer klingen kann, vermischt.[410] Über Lérins ist die Jakobsleiter aufgerichtet, über die die Mönche den Besuch der Engel empfangen.[411]

> Das Antlitz des inneren Menschen trugen sie durch die Haltung des äußeren zu Tage, gebunden durch Liebe, niedergeworfen durch die Demut, zärtlich durch Frömmigkeit, sehr stark in der Hoffnung, durch bescheidenes Auftreten, in ernsthaftem Aussehen – mit einem Wort, gerade durch die *contemplatio* der englischen Ruhe erweisen sie sich als Heer. Nichts begehren sie, nichts wünschen sie, außer gerade Jenen, den allein die Wünschenden begehren. Während sie das selige Leben suchen, handeln sie bereits selig, während sie es noch erstreben, folgen sie ihm bereits. Wünschen sie von den Sündern getrennt zu sein? Sie sind bereits getrennt. Sie wollen zu aller Zeit Gottes Lob darbringen? Sie haben es bereits. Sie wünschen, sich der Gemeinschaft der Heiligen zu erfreuen? Sie freuen sich schon. Sie begehren, Christus zu genießen? Sie genießen ihn im Geist. Sie erstreben, das Leben der Wüste zu erlangen? Sie erlangen es im Herzen. So erhalten viele von ihnen durch die große Gnade Christi im Gegenwärtigen, was sie für die Zukunft wünschten. Sie haben jetzt schon den Besitz, während sie noch der Hoffnung folgen. Sie besitzen einen großen Preis ihrer Mühen, weil schon im Werke ist, was der Lohn sein wird (Laus 43).

Ein solcher Optimismus ist bei keinem der Späteren mehr anzutreffen. Ein Korrektiv dazu wird bereits bei Eucherius, dann auch von Faustus angefügt: Das Paradies entsteht durch die *caelestibus disciplinis* des Honoratus (42,475); der Ort, den die Menschen gemieden hatten, erstrahlt nun vom D i e n s t der „Engel";[412] für Maximus heißt es, daß er, der selige Magister, die heilige Gemeinschaft in der Schule Christi in eifrigem engelgleichen Streben und Mühen *(angelicis studiis)* unterrichtete.[413] Das bringt den a k t i v e n Aspekt in das Mönchsleben als *vita angelica* und greift dem Leistung-Verdienst-Gedanken, der im folgenden Lérins bestimmen sollte, vor.[414]

Wie wenig spezifisch das einstmals gefüllte Wort vom engelgleichen Leben noch in den Homilien weiterlebt, zeigt sich darin, daß die

statum strepitus quiete dulcior et sanctus modestissimae conversationis tumultus; Cont. 726 C: *unus hic portus est, in quem nos ab omni fluctuantis saeculi iactatione referamur, quem inter irruentes mundi turbines fessi petamus; huc cunctis confugiendum est, qui frementis saeculi tempestate vexantur. Hic statio fidissima, et quies certa. Hic late recessus exclusus fluctibus silet. Hic blanda tranquillitas serenum renidet.*

410 Laus 37,403.410.

411 Ebd. 38,420.

412 V. Hon. 16,4.

413 XXXV,142.

414 Vgl. z. B. Laus 32,334/338: *(ubi quaeso, liberius quam in deserti habitatione servetur pascha?) Sed virtutibus et continentia: continentia, inquam, quae velut alia quaedam est cordis eremus.*

Vokabel *angelicus,* soweit sie in der Verbindung mit *vir* vorkommt, beliebig austauschbar oder als gleichsam superlativisches Adjektiv gebraucht wird, wenn etwa *beatus, perfectus* u. a. als zu schwach erscheinen.[415] Das gleiche gilt von der *angelica congregatio,* die ebenso *sancta congregatio, schola, caelestis militia* heißen kann - letztere Begriffe erhalten durch längere Ausführungen ohnehin größere Bedeutung.[416]

Für weitere Elemente der *vita angelica* der Oberen kann auf frühere Erörterungen verwiesen werden.[417] Ihre Vermittlung spielt bei der „Angelifikation" der Mönche eine nicht unerhebliche Rolle (LXXII,110). Durch das Motiv der innermonastischen Nachfolge gewinnt die *vita angelica* der Oberen aber auch für die Mönche Aktualität; man bedenke die paränetische Absicht selbst der Lobreden! Faustus tröstet die Leriner Mönche: Während Arles den Leichnam des Honoratus für die Erde besitzt, behalten sie in Lérins das Himmlische von ihm: seine Tugenden, die nun von allen geübt werden sollen.[418] Für Hilarius ist die *vita angelica* durch die Erfüllung des Tugendkatalogs nach 1 Kor 6,4 zu erlangen (V. Hon. 10,14) oder in der vollkommenen Apatheia, die die Oberen auszeichnete.[419]

Ohne Zweifel steht das vollkommene Leben der Engel im Jenseits als Ziel aus: Honoratus ist in den Chor der Engel aufgenommen,[420] noch im Tod verbreitet sein Leichnam himmlische Harmonie. Die Mönche werden von der *angelica congregatio* zur *consortio angelorum* hinübergehen.[421] Für das mühevolle Leben, das bei Faustus immer im Vordergrund steht, wird Gott dereinst jenes andere geben, das durch die Mühen bereits jetzt verkostet werden kann:[422]

> Jenes, das kein Auge einschätzen und das nicht durch stilles Nachsinnen des Geistes berührt werden kann; dem zu folgen leichter ist, als es zu umschreiben, dessen Lauf *(cursus)* ohne Grenzen sein wird, dessen Tätigkeit *(usus)* ohne Ekel sein wird, eine Erfrischung ohne Speise, ein Beistand ohne

[415] Vgl. XXXV,119; LXXXII,27.

[416] Vgl. Faustus, ep. 8 (210,6); XXXV,106.141.

[417] S. o. § 1 I,3. - Ergänzt werden könnte das Leuchten der Oberen (V. Hon. 11 § 3; 10 § 1; 9 § 2; vgl. dazu M. D. Valentin, in: SC 235,40; in Hom. XXXV sehr häufig), die Herrschaft über die Tiere (V. Hon. 15 § 4; LXXII,82/99), die Trennung von der Welt (V. Hon. 15 § 3), die Abgeschiedenheit nach Hebr. 11,37 (vgl. dazu U. Ranke-Heinemann, Das frühe Mönchtum 93), das Wohnen auf dem Berg nach Gen 19,17 (V. Hon. 7,16).

[418] LXXII,139; ganz ähnlich von Maximus gesagt: XXXV,298/304.

[419] V. Hon. 10,14; vgl. ebd. 8,9: *transit laetitia in serenitatem,* 18,21: *grave quod hic intulit nec minus grave, quod hic sensit iniuriam;* 26,5: *mentis serenitatem cuius testimonium vultus immutabilis erat.*

[420] V. Hon. 34,3.10.

[421] XLII,170.

[422] Im Eschaton: XLII,99. 152/153; XLIII,109; *praegustatio:* XL,1/4.

Abnahme, eine Ruhe ohne nächtlichen Schlaf, ein Leben ohne Alter; nicht abnehmende Liebe unter dem Antlitz Gottes, stets neue Annehmlichkeit bei alten und immerwährenden Freuden und ein Segen ohne irgendeine Gefahr (XLI,50/58).

Trotz solcher Bilder bei Faustus, die nur futurisch sind, ist die Metapher vom engelgleichen Leben für die Askese und das Mönchsleben verblaßt. Sie findet sich nur noch bei Eucherius, bei anderen als ein Ziel der Askese neben anderen.[423]

4) Mönchsleben als Buße

Wird das Mönchsleben als beständige Buße verstanden, befinden wir uns wieder mehr auf dem Boden der hier hauptsächlich genannten „aktiven" Askese, der *contritio.* Daß vor allem Faustus dies meint, steht außer Zweifel. Ganze Abschnitte der Predigten haben dies zum Thema,[424] wie der Zusammenhang von Stabilitas und Buße, Eintritt und nachfolgender Bewährung deutlich macht. Mönchsleben als Buße bleibt dabei keine Metapher, sondern erhält den Charakter einer Institution.

Nach Brauch und Lehre der alten Kirche unterlagen die Mönche nicht der üblichen kirchlichen Bußinstitution bei Sünden, die sie vor dem Eintritt begangen haben. An diese Stelle tritt das ernsthafte Mönchsleben mit der Ganzhingabe (exterior-interior-Thematik), das dem Büßerleben in der Welt entspricht.[425] So kann zwar das einschlägige Vokabular und Brauchtum[426] der kirchlichen Bußdisziplin oder auch das Offenbaren der Gedanken vor dem Oberen als ein der Buße vorausgehendes Bekenntnis fast völlig fehlen, die Intention ist

[423] Weil die v. a. nicht einheitlich als irdisches Ziel der Askese gesehen wird, sondern nur als eines neben anderen, geht es hier auch nicht an, alle anderen Metaphern oder Tugendleistungen n u r auf sie hinzuordnen.

[424] Neben den unter dem Abschnitt „Stabilitas" genannten Stellen vgl. etwa XLIII,94/97: *utinam interdum post speratam veniam non paeniteatur! utinam non paeniteret humiliari, quos non paenitet humilitate praeveniri!*

[425] Vgl. Vokabular und Intention der Bußpredigten in Eus. Gall., Hom. VIII,5/56. 107/175 (De quadragesima); XXVI,1/97 (De paenitentia Ninivitarum, die in De gr. 2,12 [De ninivitis] eine auffallende Entsprechung hat). – Vgl. auch XXXVI und XLV (= Hom. I und X ad monachos): an dem weithin aus technischem Vokabular bezüglich der Buße *(paenitentiam agere; p. petere; p. accipere; cura publica* u. ä. sowie dem deutlichen Bezug auf Tugenden, die in der Gemeinde ihren Platz haben (*eleemosyna* etc.), lassen sich diese beiden Homilien von den eigentlichen Mönchspredigten abgrenzen; dies wird heute allgemein angenommen, vgl. o. in den Prolegomena.

[426] Vgl. B. Poschmann, Buße und letzte Ölung, HDG IV,3 (1951) 57–61; ders., Die abendländische Kirchenbuße im Ausgang des christlichen Altertums (München 1928) 68–142.

jedoch eindeutig zu erkennen.[427] Das bestätigen auch die Freunde des Faustus.[428]

Zusammenfassung

Diese Zusammenstellung der Metaphern für das Mönchsleben und ihre Deutung erlaubte einen weiteren Einblick in die Spiritualität von Lérins. Keine von ihnen kann eine bleibende Vorrangstellung beanspruchen; es ist vielmehr eine Entwicklung festzustellen.

In der frühesten Zeit überwiegen die kontemplativen Elemente einer beseligenden, in sich ruhenden Schau (*vita angelica,* Philosophie), während das Kämpferische *(militia, agon)* kaum zur Sprache kommt. Bis hin zu Faustus ist eine Umkehrung der Werte zu beobachten. Ihm ist die Sichtweise des mit altmonastischen Theorien weit mehr vertrauten Eucherius fremd; er drängt vorrangig auf die Realisierung einer Disziplin, die dem Wachsen der Gemeinschaft und ihrer Organisation Rechnung tragen soll. Hier, in der Disziplinierung und Reglementierung und wohl auch in der Kenntnis der frühen Mönchsregeln liegt seine eigentliche Stärke. Dennoch vermeidet er, wie alle anderen, Exzentrizitäten in der Askese und im Kampf. Die malerischsten und dramatischsten Aspekte des mönchischen Kampfgeistes, die Elemente der bunten Folklore und diejenigen der düsteren unmenschlichen Opfergesinnung und des Pönitentialheldentums, die aus der östlichen Askese bekannt sind, vermeiden die Lériner ausdrücklich und konsequent. Die schwarzen, höhnisch grinsenden Teufel aus dem Leben der Väter, der Vita Antonii und der Vita Martini verstecken sich nicht unter den Kutten der Mönche von Lérins. Den Dämonenkampf mit dem leibhaftigen Teufel kennen sie nicht.

427 Vgl. XL,61; Eucherius, Inst. (103,3): *non semper paenitentiam videtur significare confessio.*

428 Vgl. Paulinus, von dem wahrscheinlich die ep. 4 (CSEL 21,181) an Faustus stammt, in einem Sermo (PL 58,875; PL 103,699): „Die kirchliche Buße soll man dem Weltmenschen auferlegen, der weiterhin das Joch der Welt trägt. Für den, der fortfährt, der Zeit zu dienen, ist es angebracht, eine Zeit der Buße, wie sie der Schwere der Sünden entspricht, festzulegen. Aber der, der der Welt entsagt und ihrem Dienst und sich für immer auf den Dienst Gottes verpflichtet, hat nicht nötig, daß man ihm die Buße auferlegt. Für den, der entsagt, ist also die öffentliche Buße nicht notwendig, denn, indem er sich bekehrt, hat er seine Sünden beweint und einen Bund mit dem ewigen Gott geschlossen." (Eindeutig meint hier „bekehren" nicht nur die Hinwendung zum „engagierten Christen", sondern den Eintritt ins Kloster; gegen die einseitige These von R. Nürnberg) – Gennadius in De eccles. dogm. 22 (ed. C. H. Turner; JThS 7 [1906] 94,13/16): *sed secreta satisfactione solui mortalia crimina non negamus, sed mutatio prius saeculi habitu et confesso religionis studio per vitae correctionem et iugi, immo perpetuo, lucto miserante Deo.*

Andere Bilder halten sich die ganze Zeit zwar durch, gewinnen somit an Bedeutung, tragen aber den sich wandelnden Verhältnissen ihrerseits Rechnung: das Martyrium, das zum *testimonium* der orthodoxen Theologie wird, und die Philosophie, die aufgrund des kulturellen Erbes der Lériner von der Theoria zur Erarbeitung und zum Erkenntnisweg des wahren Glaubens wird, in dessen Dienst sie nun steht – letztlich wieder *confessio* der Rechtgläubigkeit. Es ist jedoch nicht nur eine Rechtgläubigkeit, die im Allgemeinen bleibt – die nehmen Asketen seit Antonius für sich in Anspruch –, sondern eine, die sich darüber hinaus auf aktuelle und konkrete Inhalte bezieht: die Trinitäts- und Gnadenlehre, die, asketisch gedeutet, genutzt und gelehrt, zum besonderen Anliegen in Lérins wurden.

Gerade in diesen sich zwar wandelnden, begrifflich aber gleichbleibenden Metaphern zeigt sich das Proprium Lériner Mönchtums: Die Theologie paßt sich in die Askese ein; die Askese läßt nur e i n e bestimmte Theologie zu, die konservativ, konziliant, gemäßigt und vermittelnd ist, wie die Askese selbst in ihrer Verwurzelung in der Traditon. So konnte Lérins zu einem zwischen Ost und West vermittelnden Kulturträger in Südgallien werden, sowohl in asketischen wie teilweise auch in theologischen Belangen. Alles umgreift die *imitatio,* die neben den zeitlosen biblischen Vorbildern *(peregrinatio, imitatio Christi)* der jeweiligen Zeit ihre Modelle vorstellt und empfiehlt.

Ausblick

Die Untersuchung der späten Viten (V. Hil; V. Max; V. Antonii Lirinensis; V. Lupi)[429] bestätigt diese Entwicklung. Wegen des zeitlich großen Abstands zwischen dem Geschehen und ihrer Abfassung wurden sie bisher nicht berücksichtigt. Auch der Gattung nach[430] fügen sie sich nicht in die bisher befragten Schriften: es sind keine Sermones mehr, waren also weder als wirkliche Rede gehalten noch als solche gedacht, sondern als Buch für die Lektüre, allenfalls zum Vorlesen bestimmt. Ihre Biographen stammten nicht mehr aus dem Lériner Kreis und waren keine Mönche; ihr Interesse liegt auch

[429] Die stark von der V. Hon. und V. Hil. beeinflußte Vita Lupi und die Vita Antonii des Ennodius liefern so gut wie keine Beiträge zu dieser Frage. W. Berschin, Biographie und Epochenstil 185: „. . . ein Feuerwerk an rhetorischen Mitteln, das Ennodius abbrennt . . . seine Sensationen sind formaler Art . . . hochrhetorische Mönchsvita . . .“; V. Lupi, MGH merov. 7, 295–302 (Krusch); V. Antonii, MGH auct. ant. 7,186–190 (Vogel, 1885) auch: CSEL 6 (Hartel 1872) 383–393.

[430] W. Berschin (s. vorige Anm.) 260 zur V. Max: „Obwohl selbst noch rhetorisch gebildet, bricht Dinamius mit der rhetorischen Form des alten Sermo“; zur V. Hil. 247 ganz ähnlich.

weniger auf der monastischen als vielmehr auf der bischöflichen Zeit ihrer Helden.

Die monastische *peregrinatio* wird nicht mehr erwähnt – Etablierung der Stabilitas? –, ebenso fehlt das Wortspiel *martyr–testis* – Verblassen eines altkirchlichen Ideals in einer gesellschaftlich akzeptierten Kirche? –, wenngleich für Hilarius wie für Maximus das Bekenntnis der Dreifaltigkeit eigens betont wird.[431]

Eine gewandelte Sichtweise zeigt die V. Hil. auch zum Ideal der Philosophie. Während die V. Max. ganz undifferenziert von der *laudabilis doctrina* des Maximus spricht,[432] betont der Verfasser der V. Hil. unermüdlich die Kenntnis des Hilarius nicht nur der *philosophiae supernae dogmata*[433] und der *caelestis doctrina* und *scientia,*[434] sondern gerade auch der weltlichen Wissenschaften,[435] die ihm in der Zeit eines offensichtlichen sprachlichen Verfalls große Beachtung eintrug. Zahlreiche – manchmal völlig unbekannte – Schriftsteller werden als Zeugen angeführt, von denen ein gewisser Livius behauptet: *Si Augustinus post te fuisset, iudicaretur inferior.*[436] Einst gab es Wunsch-Martyrer, jetzt gibt es Wunsch-Kirchenväter. Daß dabei Leriner Theologie sich in nicht unwesentlichen Punkten von der des Augustinus unterscheidet, spielt keine Rolle mehr. In seinen Predigten weiß Hilarius Tränen und Zerknirschung zu wecken.[437] In seinem Leben bezeugt er, was er lehrt.[438]

Die zahllosen Anspielungen auf die *militia* meinen zunehmend ganz allgemein den Lebenskampf.[439] Bei Maximus hat die Kampfmetapher *(Christi athleta)* stets den Charakter des *defensor* gegen Irrlehrer – die Lehre des Arius wird wohl auch wegen der Gotenherrschaft als permanente Bedrohung empfunden – und gegen den Teufel, der das *castellum Reiense* angreift.[440] Neben den vermehrten Wundern, die

[431] V. Max. 17a,404; V. Hil. 26,54; – Lupus kämpft in England an der Seite von Germanus von Auxerres gegen den Pelagianismus (V. Lupi 4; V. Germanii 12).

[432] V. Max. 7,167.

[433] V. Hil. 10,26.

[434] Ebd. 31,18; 26,12 u. ö.

[435] Ebd. 14,4: Hilarius kann sich mühelos der *rhetoricas colores* bedienen wie auch das geistliche Schwert gegen die Häretiker schwingen; vgl. auch ebd. 2,18: *philosophicorum dogmatum interiorem veramque doctrinam.*

[436] Ebd. 14,24.

[437] Ebd. 16.

[438] Ebd. 10,11: *O perfectus Christi discipulus, qui vias magistri secutus exercuit docendo, quod didicit.*

[439] Nach Eph 6,12: V. Hil. 26,17; in V. Hil. cc. 1–7, die das Mönchsleben des Hilarius in Anlehnung an die V. Hon. schildern, sind auch die Metaphern zur *militia* aus dieser Vorlage entnommen (V. Hil. 4,14 = V. Hon. 9,1; V. Hil. 3,11 und 8,11/18 = Laus 1); darüber hinaus: ebd. 11,15; 26,8.

[440] V. Max. 5,107; 9,226; 10,244.

Hilarius und Maximus nach den späteren Lebensbeschreibungen gemäß dem Geschmack der Zeit vollbringen, gehört jetzt auch der Kampf gegen den leibhaftigen Teufel zu ihren Vorzügen, während der Maximus des Faustus so finster dreinblickte, daß man meinte, er vertriebe den unsichtbaren Feind allein durch seinen Gesichtsausdruck.[441] Bei Dinamius ist Maximus hingegen lieblich anzuschauen.[442] Andererseits muß wohl der süße Duft, den Maximus bei Faustus beständig verströmte, bei Dinamius verflogen sein, da Maximus, um sein Martyrium nicht zu versüßen, nie Wasser benutzte.[443] Durch Abtötung und Verdienst gleicht er den Martyrern.[444] Lupus benutzte, wie vor ihm schon Honoratus, nur eine Tunika (V. Lupi 7).

Die *vita angelica* tritt noch mehr in den Hintergrund als in den Schriften des Faustus. Wenn Dinamius auch berichtet, daß Maximus nicht weniger Umgang mit Engeln wie mit den Menschen hatte, und Hilarius durch seine Tugenden die *dignitas angelica* besaß,[445] so ist das neue Ideal doch mehr das des *vir apostolicus,*[446] des *servus dei,* vor allem aber das des *pastor,* das auf Lérins ja völlig fehlte, und des *sacrosanctus antistes.*[447] Durch die Bischofswürde leuchtet das Gesicht engelgleich aus dem *homo interior* – sogar im Tod.[448] In Lérins war Hilarius gewissermaßen der „Antitypos" zu Adam, der aus dem Paradies nicht wie ein Exilierter, sondern wie ein Sieger auszog.[449] Dort nährte ihn die *pax longa*[450] – eine Anspielung auf die englische *quietas* oder die Apatheia.

Der Wandel der Ideale, der durch den Gebrauch der Metaphern erkennbar wird, ist hauptsächlich literarischer Art[451] und durch die Intention der Schriften bestimmt. Er bestätigt aber auch die Entleerung einst aussagekräftiger Begriffe, die bereits innerhalb des (Leriner) Mönchtums um die Mitte des 5. Jh.s festzustellen war. Der Verlust an innerer Kraft mußte eine neue, von außen kommende – im Sinne der Institutionalisierung und Reglementierung (etwa Mönchsregeln) – auf den Plan rufen, um den Bestand der Mönchskolonie auf

441 XXXV,123: *terribilis incessus, reverendus aspectu: crederes quod semper invisibilem illum hostem ipsa vultus sui virtute terreret.*

442 V. Max. 4.

443 XXXV,151.216/224; V. Max. 15,350.

444 V. Maximi 4,85.

445 V. Max. 22,235; V. Hil. 5.

446 V. Max. 1,3; 17a,429; 19,472.

447 V. Hil. 10,7; 29,19.

448 V. Hil. 10,7; 29,19.

449 Ebd. 7,1/4.

450 Ebd. 10,16.

451 W. Berschin, Biographie und Epochenstil 260: „literaturgeschichtlich sind beide Viten (V. Hil. und V. Maximi) wichtig als früher Beleg für die Umstilisierung von einem Epochenstil zum anderen".

Lérins zu sichern. Eine solche Annahme scheint m. E. notwendig und berechtigt. Sie wird durch die Aussagen von Lériner Zeitgenossen bestätigt, denen die prägende Gestalt von Lérins Vorbild war.

3. Geistliche Lehre: Weg und Ziel der Askese

Die Suche nach einer eigenen geistlichen Lehre, die über den Weg und das Ziel der Askese nach Lériner Verständnis Aufschluß gäbe, bringt kaum Ergebnisse, die über das allgemein Bekannte hinausgingen. Es finden sich keine Passagen, die in etwa dem Genus einer *ars sancta* (RM), der *instrumenta bonorum operum* (RB), den Demutsstufen oder den Sextussprüchen oder der Admonitio ad filium spiritualem des Ps.-Basilius entsprächen. Wenn Faustus von *spiritales gradus* spricht,[452] entfaltet er dabei keine eigene Aufstiegslehre. Dieser negative Befund ist durch folgende Umstände zu erklären: Die ersten Vertreter des Lériner Mönchtums lebten noch in großer Selbstverständlichkeit aus dem reichen Schatz der vorliegenden Tradition,[453] der sie nur hin und wieder spezielle Ergänzungen anfügten (z. B. Stabilitas). Das Gedankengut war präsent und machte genauere Darlegungen überflüssig. Zudem ließen die frühen hymnischen und preisenden Schriften nicht viel Raum für eine tiefere Durchdringung des asketischen Strebens und Kampfes.

1) Die frühen Schriften: Askese als Ziel

In De laude eremi und im Sermo de Vita Honorati ist alles fern, was nach der Mühe des asketischen Kampfes aussieht; es herrschen Friede und Freiheit; Freiheit vom Feind sowie Freiheit zur Vereinigung mit dem Bräutigam.[454] Das in anderen asketischen Schriften für den Aufstieg benutzte Bild von der Jakobsleiter ist auch auf Lérins geläufig,[455] doch die Mönche, die bereits den englischen Chor bilden, steigen auf ihren Sprossen nicht empor, sondern empfangen über sie den Besuch der Engel. Hier ist die *angelica quies* verwirklicht, die vollkommene Bedürfnislosigkeit, die „apatheia".[456] Der *homo interior* ist

[452] Hom. XXXVIII,241.

[453] Die an Novizen gerichtete Unterweisung aus Cassian, Inst. 4,32ff, die eine Aufstiegslehre beinhaltet, wird in Lérins bekannt gewesen sein, wie die gerade aus diesem Abschnitt häufigen Zitate belegen (in mittelalterlichen Handschriften ist dieser Teil der Inst. als eine eigene Schrift bezeugt, vgl. J.-C. Guy, SC 109,171).

[454] Vgl. Laus 38,421; die Wüstenbewohner genießen bereits Christus im Geist (42,502).

[455] Laus 37,410; 38,420. Instr. 84,1/7. Vgl. dazu zuletzt S. Pricoco, La scala di Giacobbe, in: RBS 14/15 (1988), 41–58.

[456] Laus 30,316: *non metus, non desiderium, non gaudium, non maeror evocet;* 43,495: *nihil concupiscunt, nihil desiderant.*

ganz mit dem *homo exterior* in Harmonie gebracht. Das asketische Leben ist demnach selbst schon das Ziel, die Erfüllung, da es im Paradies gelebt wird.[457] Seine Anforderungen werden zwar nie in Abrede gestellt: Auszug aus dem Vaterland (Laus 30), Enthaltsamkeit und Fasten nach dem Beispiel des Mose und Elija (32), Aufgabe des Besitzes,[458] *labor vigiliaeque* (34) als allumfassender Ausdruck der Askese; es wird sogar vom Weg der Vollkommenheit gesprochen (33) – doch erweckt dies alles an einem so ausgesuchten Ort den Eindruck des Leichten, das nirgendwo einfacher gelingt (*ubi facilius . . .? ubi liberior . . .?*). Das Ziel, das alle Lériner nennen werden,[459] Tempel Gottes zu sein, ist durch das Wohnen in der Wüste bereits erreicht.

2) Anfänge einer Tugendlehre

In seinen lehrhaften Schriften zeigt Eucherius, daß es ihm nicht fremd ist, die traditionellen Ansätze, die Elemente der Askese und des Weges zum Ziel zu systematisieren. Er kennt die in der Literatur geläufige Unterscheidung der dreifachen Frucht, die die verschiedenen Stände in der Kirche hervorbringen.[460] Das Alte Testament wird insoweit als Richtschnur empfohlen, als es zur Besserung des Lebens und der Sitten dienlich scheint; die rituellen Vorschriften seien dabei zu vernachlässigen.[641] Das Übrige lasse sich auf die Kurzformel des Hauptgebotes aus Mt 22,37 reduzieren, das dem Menschen nicht erst durch das Gesetz des Mose oder durch Jesus gebracht, sondern durch das natürliche Gesetz bereits vorher in die Seiten des Herzens eingeschrieben worden sei.[462] Die fünfzehn Stufenpsalmen (119–133) werden als Aufstieg zu den höchsten geistlichen Gütern gedeutet.[463] Erneut wird die Jakobsleiter erwähnt, aber, wie schon in Laus, nicht

[457] Laus 43,507: *quia iam in opere est, quod merces erit.*

[458] Laus 32,326: *continentia est cordis eremus.* Die Ähnlichkeit zu den *abrenuntiationes* des Cassian in Conl. 3,6 ist auffällig – Faustus läßt die Stelle in Hom. XXXV anklingen –; bei Eucherius tauchen sie jedoch nicht verbunden mit Forderungen oder als Bedingung gelungener Askese auf.

[459] Vgl. 1 Kor 3,16 in Laus 3,40; 41,464; V. Hon. 17,10/11; XLII,70; De gr. 1,11 (39,10–40,10). – Der zweite Teil von De spiritu sancto ist insgesamt weniger „theologisch" und beschäftigt sich fast nur noch mit der Frage, was der Mensch an „Leistungen" erbringen muß, damit der Heilige Geist in ihm Wohnung nimmt (De sp. 2,8–12).

[460] Form. 10 (60–62); vgl. auch Laus 39,427: *illic centenos accola fructus recondit.*

[461] Instr. I (78,24).

[462] Ebd. 76,18–77,14: *in paginis cordis insculpserat;* über die Zehn Gebote vgl. 129,23–130,12.

[463] Ebd. 100,12 – aus Hieronymus, Tract. de Ps. 119 (CC 78,248).

auf den Aufstieg bezogen, sondern als Erweis der Güte des Herrn und der mystischen Begegnung mit den Engeln verstanden.[464]

Der Mensch soll sich um ein weiches und gelehriges Herz mühen, das nicht verhärtet, sondern zur Zerknirschung bereit und fähig ist.[465] – Aus dem Kolosserbrief erklärt Eucherius nur die Verse 2,20–22; da sie Speisevorschriften als Menschensatzung abwerten und somit dazu benutzt werden könnten, den Sinn des asketischen Vollzugs in Frage zu stellen, verwendet er viel Sorgfalt auf die Auslegung, um Mißverständnisse auszuschließen.[466]

An die lehrhaften und exegetischen Schriften des Eucherius kann per se nicht der Anspruch umfassender monastischer Lehre gestellt werden; die hier angeführten Stellen, die weitgehend im allgemeinen bleiben, zeigen jedoch, daß Eucherius in der Unterweisung seiner Söhne nie ganz von asketischen Gedanken abstrahiert und die Zusammenstellung seiner Exzerpte von der asketischen Literatur bestimmt bleibt.

Einen Schritt weiter führt die Bekehrungskatechese De Contemptu mundi. Da Eucherius seinen Verwandten zur *conversio* führen will, bietet er ihm am Ende eine Sammlung von vierundzwanzig Lehrsätzen an, die ihm auf dem Weg zur Vollkommenheit behilflich sein sollen.[467] Mit *ibi, illic, hic* nennt er den Ort, an dem die Tugenden geübt werden sollen (Lérins: *ad studia nostrorum converte*). Eine innere Struktur, selbst eine besondere inhaltliche Ausrichtung, ist, wie bei solchen Sentenzensammlungen häufig, nicht zu erkennnen; doch lassen sich Gruppierungen ausmachen. Zu Beginn (1) wird programmatisch der Glaube an das Wort in der Heiligen Schrift gefordert; er allein verschafft Einsicht. Dem folgen Sätze über die Verehrung Gottes als Vater und Herrn durch das Opfer der Gerechtigkeit und der Barmherzigkeit (2,3) sowie über die Nächstenliebe (4). Es schließen sich Mahnungen zu allgemeinen christlichen Tugenden und Warnungen vor Laster an: Feindesliebe (Mt 5,44 par.), Freigebigkeit als wahrer Schatz (Mt 6,19), Enthaltsamkeit; gegen Begierde, Lust, Habgier, Zorn, Betrug (6–11.23). Die Sätze 12–18 behandeln weitergefaßte christlich-philosophische Einsichten. Der Schluß ist am wenigsten gegliedert: es geht um die Reinheit, gegen den Argwohn (19), um die verborgene innere Beziehung zu Gott. Der letzte Satz zitiert Cassian mit einer monastischen Weisheit: „Die eitle Ruhmsucht fliehe um so

[464] Instr. 84,1/7.

[465] Ebd. 87,15.

[466] Ebd. 131,8–132,14.

[467] Cont. 724 C – 725 C. Die Sätze sind deutlich am Enchiridion Sexti in der Übersetzung des Rufinus orientiert (H. Chadwick, The Sentences of Sextus, Cambridge 1959); dabei entsprechen folgende Sätze des Eucherius denen des Sextus: 2 = 57; 3 = 57; 6 = 70; 7 = 333; 10 = 300. 330; 11 = 239.

mehr, je mehr du im Besseren voranschreitest; die übrigen Laster wachsen nämlich durch Laster, die *vanitas* aber durch Tugenden."[468] – Diesen Sätzen *(praecepta),* denen Eucherius selbst *vis caelestis* zuspricht,[469] läßt er die Aussicht auf das Ziel, die Erfüllung, folgen: die himmlische Ruhe, die er an diesem einen Ort Lérins verwirklicht sieht.[470]

Die mehr moralisierenden Predigten des Faustus fassen häufiger asketische und allgemeine Tugenden zu Gruppen zusammen. Man vermißt jedoch weiterhin ganz konkrete Anweisungen, etwa zu einzelnen asketischen Übungen, dem Fasten, dem Wachen, dem Gebet, zu allem, was asketisches Leben organisiert.

Einer programmatischen Einleitung, die zugleich Schwerpunkte nennt, folgt eine Liste von Tugenden (Katalog) und eine Summe mit der Umschreibung des Ziels. Vor allem lehre die Heilige Schrift, wie der Mönch zu den verheißenen Gütern gelangen kann[471] – dann folgt jedoch nur das allgemeine, auf persönliche Heiligung ausgerichtete, Mt 7,7 in der Deutung: *petamus orando, quaeremus laborando, pulsemus desiderando, proficiendo, perseverando.*[472] Das evangelische Doppelgebot fehlt ganz, Anklänge an den Dekalog sind selten. Erst innerhalb der Tugendkataloge finden sich wieder Hinweise auf die Schrift. Dabei werden die paulinischen Haustafeln, allen voran Eph 4,2 (Demut, Geduld, Maß, bedachte Rede) in Verbindung mit Ps 38,2, bestimmend.[473] Die Nähe zur Schrift ist beabsichtigt, doch hat sie keine die Askese begründende Funktion, sondern steht im Dienst der zunehmend moralisierenden Neigung der Lériner.

Vergleichbar damit sind Einleitungen *(ante omnia; imprimis),* die die Erwartung Gottes direkt an den Asketen tragen:[474] ein reines Herz, das frei ist von den kleinsten Nachlässigkeiten und nach Höherem strebt; sodann: gütige Rede, einen Geist, frei von allem Übel und Widerspruch, sowie Demut, „Ruhe" *(quies)*[475] und Liebe *(caritas).*

[468] Vgl. Cassian, Inst. 2,1–3.

[469] Cont. 726D.

[470] Ebd. 726CD; die inhaltliche Nähe zu Laus 31–37 läßt den Schluß zu, daß Eucherius bei der Formulierung der in Aussicht gestellten Verheißung tatsächlich Lérins vor Augen hatte; vgl. dazu unten zum Ort.

[471] XXXVIII,7.237: *caelestium promissorum; promissa domini Jesu Christi.*

[472] XXXVIII,1/7.

[473] Bei allen Lérinern anzutreffen: Eph 4,2: V. Hon. 19,19; Hom. XLII,135; XXXV,126; 2RP 5; ROr 4,2; Gal 5,19 und Eph 5,5: ep .5 (186,4.8); Ps 38,2: Monita 15.

[474] XLI,8/12: *ea, quae maxime deus noster in nobis desiderat.* Ohne diese Berufung auf Gottes Willen, werden in anderen Predigten die gleichen Forderungen mit *ante omnia* eingeleitet: XLI,19/32.60; XLII,113/118: Ablehnung von Widerspruch, übler Nachrede, Nachlässigkeit und Trägheit.

[475] Evtl. ist mit *quies* hier und an anderen Stellen die „apatheia" gemeint. Wenn auch der Begriff nicht auftaucht, so ist das Gemeinte klar zu erkennen; V. Hon. 8,9: *transit*

Eine weitere Gruppe von Tugenden legitimiert sich aus dem asketischen Leben selbst:[476] keine Tröstungen und keine „Ruhe" (hier negativ) zu suchen, Ehren zu fliehen, Eifer für Verdemütigungen zu haben, Armut ohne aufzubegehren.

Stilistisch als Einleitung und zugleich als Mitte allen Tugendstrebens, stellt Faustus immer wieder die Übereinstimmung von *homo interior* und *homo exterior* dar, der alle anderen Tugendübungen nach- und untergeordnet sind. Als Beispiel dafür sei Hom. XLIV genannt. Sie enthält sehr lange Tugendkataloge, die dem Mönch auf dem Weg zu dieser Harmonie eine Stütze sein wollen. Nach der einleitenden Vorstellung des Themas wird zuerst die persönliche Heiligung gefordert: den Eigenwillen verleugnen, den Begierden widerstehen, die Regel nicht übertreten, Nachlässigkeiten meiden, sich nicht mit Bosheit, Neid, Hochmut und Lüge beflecken, sondern sich um die Reinheit der Gedanken bemühen. In einer zweiten Gruppe kommen die horizontalen Beziehungen in den Blick. Sie nehmen jedoch stets nur den zweiten Rang in den geforderten Tugenden ein und werden nie so konkret, daß eine eigene Prägung erkennbar wäre; es fehlen die wichtigsten Schriftbelege zur Begründung zönobitischen Lebens: Apg 2,44/47.4,32/35, Ps 132,1 und das Doppelgebot der Liebe. Faustus mahnt zu einem lobenswerten Wettkampf in edler Eifersucht nach dem Beispiel des Honoratus und seines Bruders,[477] zu gegenseitiger Zuvorkommenheit, zu Eifer im Dienst für Gott in Lesung und Gebet. Danach kommt er zum Ausgangspunkt zurück: die individuellen und inneren Tugenden umkreist er mit auffallender Häufigkeit. Er bittet die Brüder um Nüchternheit und Keuschheit, ersucht sie, in den Tränen reich, im Zorn gemäßigt, in Sanftmut milde, selten zum Lachen, aber häufig zur Zerknirschung bereit zu sein, in Ernsthaftigkeit gegründet und in der Liebe froh *(hilaris)*. Sich nicht von Zorn und Eßgier beherrschen lassen, nicht mehr essen, trinken, ruhen, schlafen, lachen als sich ziemt; leeres Gerede meiden, dafür mehr beten und lesen. Damit der tägliche Wandel gelinge, nehme sich der Mönch vor, den Tag ohne Neid, Anfeindung und Murren zu verbringen, bemüht um die eigene Vervollkommnung und um die Auferbauung der Brüder. Letzteres umfaßt: die Jüngeren nicht verunsichern *(destruere)*, dem Oberen Gehorsam leisten, nicht lügen, keinen Meineid schwören. Wer sich dagegen verfehle, habe sofort im Herzen Buße zu tun;[478]

laetitia in serenitatem; 18,20: *grave quod hic intulit, nec minus grave quod hic sensit iniuriam;* 26,5: *perpetua mentis serenitas,* <. . .> *vultus immutabilis erat.* vgl. auch XXXIX,56/57.

[476] XXXIX,58: *peculiarius autem istud ad professionem nostram pertinet.*

[477] Vgl. V. Hon. 9,6: *certamina grata.*

[478] Vgl. XLIV,77/90: *compungamur in cubilibus.*

dabei müssen vor allem die früheren Sünden angesichts des kommenden Gerichts[479] beweint werden.

Die verbleibenden Zusammenstellungen der Leistungen auf dem Weg zum Ziel setzen jeweils einer Tugend das entsprechende Laster gegenüber, das durch sie ausgerottet werden soll:[480] *humilitas – superbia; patientia – iracundia; oboedientia – pigritia;*[481] *fervor – tepor; invidia – benevolentia;* die zuerst genannten kommen vor allem dort in den Blick, wo die horizontalen Beziehungen in den Vordergrund treten: durch seine eigene Tugend kann das Laster im anderen getilgt werden, umgekehrt kann aber auch die Tugend des Bruders durch die eigene Nachlässigkeit zerstört werden.[482]

Alles weitere findet sich, wenn auch häufig, so doch nur noch verstreut: das Fasten ist so zu üben, daß zugleich der Geist von Fehlern gereinigt ist; sich nicht wegen der Äußerlichkeiten des Mönchsleben als Heiliger fühlen (XLIII,46), die Sinne vor dem verschließen, was aus der Welt herangetragen wird.[483] An die Jüngeren ergehen Mahnungen zur Wachsamkeit gegenüber der Befleckung durch die Gedanken der Unkeuschheit,[484] während den Älteren der Stolz auf die geleistete Askese gefährlich werden kann. Schließlich muß der Mönch dem Treiben der Welt fremd werden; sie und ihre Verlockungen nicht mehr zu begehren, ist bereits ein Teil des Lohnes, den der Inselbewohner verkostet.[485]

Bei Faustus findet sich, offensichtlich durch das Genus der Schriften und den Wandel der Zeit bedingt, mehr Material, das sich als asketisches „Handwerkszeug" ansehen läßt, als bei Eucherius. Aus dieser Tatsache kann man aber auch ablesen, daß vieles aus der Tradition der Alten für die asketische Praxis nicht mehr selbstverständlich ist und neue Instruktionen notwendig wurden. Die bei Honoratus und Eucherius nur vereinzelt ergangenen Anweisungen reihen sich im Lauf der Zeit zu Tugendkatalogen, die das Material für eine *ars sancta* auch in einer Regel liefern können. Außer dem Insistieren auf der exterior-interior-Thematik setzt Faustus keine besonderen Schwerpunkte – nicht einmal das Schweigen erhält einen

[479] XL,30.82; XLII,137: *compunctio* (als Buße): XL,34.59; XLIII,83.106; passim.

[480] So z. B. in XLII,22/28.42/45; XLIII,14/19 (in der Bildsprache von der Landwirtschaft).

[481] Vgl. XLI,60/62: *pigritia cuius mater est infelicitas;* vgl. auch ep. 6 (199,22).

[482] Vor allem in XLII; aber auch XLIII,14/19; XXXIX,100; XLII,137; XXXVIII,145.

[483] XLI,60; XLIII,27.

[484] XLII,81; XLIII,81.112.

[485] XL,7/20.

aus sich positiven Wert: er warnt wie bei anderen menschlichen Regungen oder Bedürfnissen nur vor einer Verkehrung ins Übermäßige oder Negative - viel mehr drängt er auf Zurückhaltung vor allzu rigoristischer Askese.[486] Damit ist er einer der ersten Vertreter der weisen Mäßigung im abendländischen Mönchtum.

Am Ende des 5. Jh.s finden wir in den Monita des Porcarius ein letztes Zeugnis dieser Entwicklung: sie sind eine wenig strukturierte Sammlung von Mahnungen, die das innerliche Leben, die inneren Tugenden, eines in der Welt lebenden Klerikers fördern wollen. Inhaltlich gehen sie nicht über die *instrumenta* der Homilien hinaus, sie scheinen von ihnen inspiriert zu sein.[487]

III. DER ORT

Vom Mönchtum von Lérins kann man nicht sprechen, ohne daß der konkrete Ort berücksichtigt wird. Es ist nicht außergewöhnlich, bei der Gründung einer monastischen Siedlung den Ort der Askese hymnisch zu beschreiben. Wenn dabei die beschriebene Landschaft auch nicht nur Produkt der Autoren ist, so offenbart die schriftstellerische Ausgestaltung, je nach vorherrschender Spiritualität oder beabsichtigter Aussage, oftmals die ganze Bandbreite literarischer Topoi: vom *locus amoenus* - sowohl als Ort der Versuchung wie auch als von Gott selbst ausgewiesenes Paradies (z. B. V. Pauli des Hieronymus) - bis hin zur *vastitas* als dem Ort begehrter Unzugänglichkeit, aber auch der Gefährdung und des Kampfes (z. B. V. Antonii).[488] Auch daß eine Insel Stätte der Askese wird, ist kein Novum in den monastischen Landschaften.[489]

Während sich aber alle Schriftsteller nach der einleitenden Vorstellung des Ortes anderen Themen zuwenden, bleibt in den Werken der Lériner und in ihrer Askese der Ort stets bestimmend. Die besondere Hochschätzung des geographischen Ortes findet in der Personifizierung der Insel wie auch in der Entwicklung einer überaus reichen

[486] Vgl. ep. 7 (207,2/3): *tempera immoderatum abstinentiae rigorem;* De gr. 2,12 (92,5): *temporivi sunt fides atque sinceritas cordis, benivolentia, corporis temperantia, contemptus mali, appetitus boni, tranquillitas mansuetudinis, puritas castitatis.*

[487] Vgl. Monita 15: XLII,136; Monita 28: XLII,137; Monita 35 (Röm 8,11): XXXVIII,23; Monita 58: XLI,2/3.6; verwandte Gedanken finden sich bei der Erörterung der Gebetspraxis und der Warnung vor leerem Gerede.

[488] Vgl. D. von der Nahmer, Über Ideallandschaften und Klostergründungsorte, in: SMOB 84 (1973) 195-270.

[489] Vgl. Ambrosius, Exam. 3,5,23-24 (CSEL 32,1,74-75), Hieronymus, ep. 77,6 (CSEL 55,44); ep. 3 (CSEL 54,15); Sulpicius Severus, V. Martini 6,5 (CSEL 1,116,27).

Bildsprache, die den Metaphern für das Mönchtum oder für die Oberen in nichts nachsteht, ihren Niederschlag.[490]

1. Terminologie

1) *Desertum – eremus*

So lapidar Eucherius nach der Art seiner Instructiones diese Gleichung ausspricht,[491] so differenziert verwendet er beide Begriffe in seinem Brief De laude eremi. In dem 525 Zeilen umfassenden Werkchen findet sich 52mal *eremus* und ca. 40mal *desertum,* dazu ca. 20mal *solitudo* und 10mal *secretum;* zahlreiche andere Begriffe für den Ort tauchen meist nur ein- bis zweimal auf. So ist es möglich, der unterschiedlichen Bedeutung der Worte nachzugehen.[492]

Fehlte *eremus* in der profanen Sprache, führten es bald die frühen lateinischen Väter, die mit der griechischen Bibel noch gut vertraut waren, in ihren Sprachschatz ein.[493] Dabei fällt auf, daß bereits sie eher mit *eremus* als mit *desertum* asketische Gedanken verbinden,[494] die sich an den später vor allem vom Mönchtum bevorzugt benutzten biblischen Themen des Zuges der Israeliten durch die Wüste, des vierzigtägigen Fastens Jesu, der Versuchung und seiner Taufe durch Johannes orientierten.[495] Die „christliche Wüste" erscheint hier als eine neue existentielle religiöse Realität; sie meint nicht nur den Ort, die Umgebung und das Milieu, sondern vielmehr die Art des Lebens: die Askese. In den frühesten monastischen Texten bis hin zu Cassian wird

490 Vgl. etwa die problemlose Übertragung der Eigenschaften der Wüste auf Honoratus; Laus 41,460: *tuam quicumque sanctorum familiaritatem quaesivit, deum repperit; Christum in te quisquis te colit, invenit;* vgl. dazu V. Hon. 17,7/9: *Honoratum expetit quisquis Christum desideravit, et plane Christum quisquis homo expetit, invenit;* ebenso: Laus 42,459 und V. Hon. 17,13; vgl. auch Laus 42,468: *Lerinum meam honore complector.* – S. Pricoco, L'isola 154–164, hebt besonders den Aspekt des Paradieses hervor, der jedoch nur einer unter vielen ist und nicht isoliert von den anderen betrachtet werden darf.

491 Instr. II; 160,11,12.

492 Bereits Lorié, Spiritual Terminology 51–58.59–60 versuchte, der Bedeutung der Begriffe nachzugehen, kam aber wegen der Selbstbeschränkung in der Auswahl der Quellen zu keinem befriedigenden Ergebnis; weiter führt die spezielle Arbeit von J. Leclerq, „Eremus" et „eremita". Pour l'histoire du vocabulaire de la vie solitaire, in: COCR 25 (1963) 8–30; Verf. stellt darin ein Florilegium aus Väterzitaten zur Terminologie des Ortes von der Alten Kirche bis ins Mittelalter zusammen.

493 Lorié 57: *„eremus* presents the case of a loanword which through biblical translations secured itself a regular place in early christian latin." Leclerq, a.a.O. 9, nennt hier vor allem Tertullian.

494 Vgl. Lorié 57: „as a monastic term *desertum* remained an outsider in the West and failed to leave its mark";

495 Vgl. Leclerq, a.a.O. 9–12; R. Le Déant – J. Lécuyer, Art. Exode, in: DSp IV,2 (1962) 1973–1995.

mit *eremus* zusätzlich die monastische Lebensform der Anachoreten mitgemeint.[496]

Lorié konnte feststellen, daß mit dem Verschwinden der eremitischen Lebensweise auch das Wort *eremus* dem Wortschatz des Westens allmählich verloren ging und *solitudo* an diese Stelle trat.[497] In Lérins ist aber bei allen Späteren, bis hin zur V. Hil., im Rückblick auf den asketischen Ort und die Entstehung monastischen Lebens auf der Insel zu Beginn des 5. Jh.s *eremus* häufig bezeugt. Durch die Vulgata kann dieser Sprachgebrauch nicht beeinflußt worden sein: findet sich dort *eremus* kaum 10mal, so spricht das Übergewicht von 250mal *desertum* deutlich gegen eine Beeinflussung der asketischen Sprache durch die lateinische Bibel; der spezielle Gebrauch von *eremus* muß aus anderen Quellen stammen. Eine zusätzliche Beobachtung ist hier jedoch aufschlußreich: Wenn die Lériner Väter die Bibel (nach der Vulgata) referieren und mit ihr von der realen, „empirischen", Wüste reden, folgen sie ihrem Sprachgebrauch und schreiben *desertum.* Über die altkirchliche Terminologie und beeinflußt durch die populären, leicht gräzisierenden Texte, wie z. B. die lateinische Version[498] der Vita Antonii, die für „eremos" *eremus* schreibt, gelangte *eremus* in den asketischen Wortschatz der Lériner. Athanasius verwendete überall – wie die LXX – selbstverständlich „eremos" für die reale Wüste, in der sich Antonius aufhielt. Die früheste, etwas holprige, aber genauere Übersetzung eines Anonymus,[499] schreibt wie die Vulgata überall *desertum,* jedoch blieb diese Fassung ohne Einfluß im Westen, somit auch in Lérins. Meinen die (Lériner) Väter nun generell den Ort ihrer Askese, so schreiben sie *eremus,* ungeachtet der realen Verhältnisse: Wo Antonius war, und wo heute der Mönch ist, dort ist *eremus.* Keiner der Lériner benutzt nach Eucherius *desertum* zur Bezeichnung von Lérins oder des asketischen Ortes, und Eucherius schreibt nicht eine Laus *deserti* sondern *eremi.*

Bei der häufigen Verwendung beider Worte ist die Trennung nicht immer konsequent durchgehalten. Aber es wird deutlich, daß sich das Wirken der biblischen Gestalten immer „nur" *in deserto* abspielt.[500] An Stellen, in denen unmittelbar im Anschluß an die biblische Geschichte

[496] Leclerq, a.a.O. 14–18.

[497] Lorié 57; zu *solitudo* etc. vgl. Leclerq, a.a.O. 10.15.

[498] PG 26,833–976; PL 73,125–170; Fassung des Evagrius.

[499] Text in: Vita di Antonio; Introduzione di Christine Mohrmann, Testo critico et commento a cura di G. J. M. Bartelink, Fondazioni Lorenzo Valla ^{3}1981. Zur Verwendung von *desertum* in dieser Version, Lorié 57: „unfavoured by monasticism".

[500] Laus 3,45: Mose und Elija; 21 (sechsmal): Johannes der Täufer; 17,190: David; 10,122. 14,159: das Volk in der Wüste; 7,78: Mose; 24,250: Brotwunder; 26,268: Ort der Versuchung Jesu; u. ö.

der Bezug zum Jetzt hergestellt[501] oder wo ihr ein mystisch-asketischer Sinn unterlegt wird, findet sich *eremus.*[502] Während das Volk Israel als *deserti incola* bezeichnet wird, heißt es von den Asketen, sie seien die *incolae eremi.*[503]

Zahlreich sind die Belege für *eremus* als Stätte der Askese. Unter allen *loci eremi* ragt Lérins einzigartig hervor (c. 42). *Amor, caritas, dilectio* tauchen nie in Verbindung mit *desertum* auf.[504] *Amor eremi* ist *dei amor* (c. 1). Das *habitaculum eremi* ist Sitz des Glaubens, Lade der Tugend, Tempel der Liebe, Schatz der Frömmigkeit, Schatzkammer der Gerechtigkeit.[505] Eucherius hat Mühe, all die *beneficia eremi* aufzuzählen.

Der exterior-interior-Thematik folgend, ist die Askese die *eremus cordis;* dem einstigen *cultus desertum* steht nun die *corporis eremus,* i. e. *animae paradisus* gegenüber.[506] Schwerlich könnte an diesen Stellen *desertum* stehen. Ausnahmen gibt es an den Stellen, an denen sich die Begriffe häufen und die sprachlichen Ebenen wechseln, wo *desertum* zur *eremus* wird.[507] An diesen Stellen werden, ungeachtet der getroffenen Vorentscheidung und des Zusammenhangs, die beiden Begriffe abwechselnd gebraucht.[508] Der Teufel versucht sowohl *in deserto* wie *in*

[501] Vgl. z. B. Laus 24: dreimaliges *nunc.*

[502] Z. B. c. 7: Mose zieht mit dem Vieh *ad interiora deserti.* Durch das Wort des Herrn werden sie zur *sancta terra eremi* (7,38). An den brennenden Dornbusch tritt er allein. Daran schließt sich die Mahnung an, daß wer *ad eremum* ziehen will, die früheren Sorgen zurücklassen muß. - c. 22: Jesus wird vom Geist *in desertum* geführt, aber durch das Wirken eben dieses Geistes wurde es für alle Folgenden zur *eremus: fitque eremus spiritu sancto suggerente digna suggestio.* - c. 3: Das Beispiel des Mose und Elija *in desertum;* wer ihrem Beispiel folgt, erhält *visitationes in eremo.* - c. 8: Das Volk suchte Zuflucht *in solitudine* und wurde von Gott *in eremo* als den Ort der Behütung geführt. - Durch das Wohnen *in eremo* kommt das Volk erst ins gelobte Land (c. 16); im Anschluß an die Taufe Christi (c. 22) heißt es in 23,244: *in eremo constitutus, tamquam in caelum revectus, occurrentium excipitur officiis angelorum.* S. o. die Beispiele in II,2.3): Mönchsleben als *vita angelica.*

[503] Ebd. 15,180; 19,299; 36,391. Gott hat den Asketen in weiser Voraussicht nicht das *desertum,* sondern die *eremus* als Wohnstätte bereitet, die sie nun in ihrem mütterlichen Schoß birgt (34,367: *materno eremus sinu);* vgl. dazu Hom. XL,209: *in tranquillissimo sinu. Sinus* kann hier sowohl (Meeres)Bucht wie auch Busen heißen; die Bildsprache ist kaum von der realen Ortsbeschreibung zu trennen.

[504] Vgl. Laus 1,9.15; 3,40; ebenso V. Hon. 10,25; 36,12 *(amor secreti);* V. Hil. 8,4.

[505] Laus 28,287; in 42,484 erfahren wir, daß Vincentius eine *gemma splendore perspicua* aus dieser Schatzkammer ist. Vgl. 3,41: *eremus = dei nostri templum.*

[506] Ebd. 32,336 und 39,438/440. Erneut wird an dieser Stelle deutlich, daß Eucherius nicht den Leib abwertet. Vgl. auch ebd. 43,503: *vitam eremi adipisci gestiunt? corde adipiscuntur.*

[507] Vgl. 16,182: *quod filii Israel ad illam desiderabilem terram non nisi habitatione eremi pervenerunt?*

[508] Vgl. c. 8, in dem nur die empirische Wüste gemeint ist (e = *eremus;* d = *desertum*): 98 e; 100 d; 101 e; 104 d; 109 e; 111 d; 120 e; 121 d; ebenso in c. 32: 331 d; 333 e; 334

eremo, selbst im Paradies trat er als Versucher auf, besiegt wird er jedoch *in eremo* (23).

Die Beobachtung, daß im Leriner Sprachgebrauch Bildwort und abgebildete Realität nahe beieinander liegen, wird wiederum bestätigt. In *desertum* klingt deutlich das reale *deserere* mit; dies kann von dem asketischen Ort, der von Engeln heimgesucht wird, nicht mehr gesagt werden. Hinter *eremus* steht jedoch keine wirkliche Erfahrung; *eremus* ist nur aus der Literatur als Ort jeglicher Askese bekannt.

Den hier für Lérins aufgezeigten Befund bestätigte bereits in der Alten Kirche Isidor von Sevilla, der De laude eremi des Eucherius gelesen hat. In seinen Libri differentiarum beschreibt er den Unterschied zwischen *eremus* und *desertum* mit folgenden Worten: *Inter eremum et desertum: desertum est invia solitudo numquam habitatum est; eremus, ubi aliquando habitatum et derelictum est.*[509]

2) *Secretum* und andere Begriffe

Einen differenzierten Sprachgebrauch zeigt die Verwendung von *secretum.* Je nach Zusammenhang ergibt sich für *secretum* bzw. das entsprechende Adjektiv die Bedeutung der empirischen, biblischen Wüste oder des asketischen Ortes.[510] Die Asketen sind nun das von Gott angenommene Volk *(adoptiva deo gens),* denen er die *secreti spatiosa* zuweist und sie beschützt.[511] Indem Jesus in der Wüste betete *(desertum),* zeigt er, wo er in Zukunft angebetet werden will: *in secreto.* Dadurch werden die einst wüsten Orte zu *amoena secreta,*[512] in denen das Herz Gott am leichtesten anhängt *(in secretis).*[513]

Ganz bewußt nutzt Eucherius die Doppelbedeutung: Verborgenheit/Abgeschiedenheit/Einsiedelei und Geheimnis und läßt bisweilen offen, was er gerade meint;[514] auf diese Weise wird ein unleugbar mystischer Zug auf den Ort der Askese übertragen, den Eucherius auch expressis

d; 338 e; 340 d; in c. 38 ist trotz des Wechsels überall der asketische Ort gemeint: 415 e; 419 d; 421 e; 422 d; 425 e; 426 d. Durch die Übertragung der dem asketischen Ort zugeschriebenen Vorzüge auf die biblische Wüste lassen sich die verbleibenden Abweichungen von der Terminologie erklären; an folgenden Stellen erwartete man eher *desertum:* 7,94; 13,145; 14,167; 16,182; 23,245; 29,307; an fünf eher *eremus:* 1,11; 36,395; 28,292; 34,339; 44,517.

509 Diff. 1,201 (PL 83,31 A).

510 Z. B. Laus 8,109; 18,196: *Helias maximus secretorum;* 1,19: *amor secreti;* 1,9/10: *ad familiare secretum eremi te amor rettulit.* 3,44 u. ö.

511 Ebd. 38,418.

512 Ebd. 38,401.

513 Ebd. 33,349; vgl. 37,407: *sonitus silentium secretae stationis.*

514 Z. B. c. 25: die Verklärung ist geheimnisvoll und in Abgeschiedenheit geschehen; c. 29: der Herr nährt das Volk in der Wüste durch ein geheimnisvolles (abgeschiedenes) Werk seines Armes; c. 27: Johannes und Makarios erhoben ihren Geist in himmlische Geheimnisse oder Höhen (Abgeschiedenheiten).

verbis ausspricht.[515] Vom Bewohner der Wüste heißt es: *peculiarius visitationem dignatur eremi et caeli secretum.* D. h. wenn die Wüste durch Heimsuchungen ausgezeichnet ist, kann, der Struktur des Satzes gemäß, der Wüstenbewohner nicht der „Abgeschiedenheit“, sondern nur eines „Geheimnisses des Himmels“ (dies korrespondiert mit *visitationes*) gewürdigt werden.[516] Hilarius wird sich derselben Begriffe bedienen.[517]

Das verbleibende Wortfeld zur Wüste bestätigt die bisherigen Beobachtungen.

Die *vastitas* des Ortes[518] bezieht sich, wie alle Begriffe, die seine Rauheit bezeichnen, auf die tatsächliche (biblische und empirische) Wüste. *Aridus, aviditas, invius, inaquosus*[519] entspricht dem biblischen Sprachgebrauch (Ps 62,1/3) und ist auf das *desertum* bezogen, auf die *inhabitabilis terra,* während es von *eremus (sancta terra)* genau gegenteilig heißt: *non est infructuosum, non est istud sterile eremi solum nec infecunda;*[520] oder in deutlicher Gegenüberstellung: *h i c incultum desertum, i l l i c mira amoenitate iocundum est, eademque corporis est eremus paradisum, pratum et voluptas.*[521] Darüber hinaus findet sich *solitudo, recessus, recedentia, remotus, castra, tabernaculum.* Vielfach trifft man einfach auf *locus (orationis)* oder *sedes (dei, sapientiae).* Letzteres mag an die frühen Mönchsgeschichten erinnern, in denen der Abbas in der Wüste vorwiegend *sedens* angetroffen wird.[522]

2. *Topo-Graphie*

Die Schrift des Eucherius ist das früheste und ein sehr grundlegendes Zeugnis Leriner Spiritualität. Sie zeichnet, offensichtlich unter Einfluß der Mönchsviten des Hieronymus,[523] typisierend einen ideellen Ort der Askese. Alle Späteren haben sich daran orientiert. Genusbe-

[515] Vgl. ebd. 22,332.

[516] Vgl. dazu 38,419: *invisit sane speciosa deserti laetantium angelorum chorus et per illam Jacob scalam commeantes eremum frequentia abditae visitationis illustrant.*

[517] Vgl. V. Hon. 36,12: Hilarius spricht zuerst von der *amor secreti* (Liebe zur Abgeschiedenheit), die ihn nach Lérins zurückkehren ließ. Dann befallen ihn Bedenken wegen seiner Wahl zum Bischof von Arles, und er tröstet sich mit dem geheimnisvollen Ratschluß Gottes: *non est nostrum secretum aeterni Regis in ullo vel leviter culpare iudicio.*

[518] Laus 4,54; 8,100; 29,307.

[519] Ebd. 16,185; 17,192.193.

[520] Ebd. 39,425.

[521] Ebd. 39,438.

[522] Z. B. 13,156; vgl. auch in Hom. XXXV,52 *Lirinensis sedes.*

[523] Vgl. z. B. Laus 42,472 mit V. Pauli c. 3 (PL 23,18) und V. Hilarionis c. 3 (PL 23,45); bei Eucherius fehlt jedoch der Hinweis auf die Schaffung des *locus amoenus* durch die Handarbeit.

dingt sagt eine solche Schrift allerdings auf den ersten Blick nicht viel über die wirkliche Gestalt des Ortes aus, der die biographischen Schriften, in welcher Form auch immer, einige Aufmerksamkeit schenken. Diese Lücke in Eucherius' Text füllt der Sermo de vita Honorati. Durch die in De laude eremi gefundene Terminologie haben wir ein Instrumentarium, mit dem in aller Behutsamkeit die der Vita gesichtet werden kann. Ihr ist die äußere Entwicklung des Ortes zu entnehmen: Honoratus erbittet sich eine *vacans insula;* dabei wird nicht gesagt, von wem und auf welchem rechtlichen Weg er die Insel erhielt. Von dem einstigen Römerstützpunkt standen nur noch die Ruinen einer Hafenanlage. Wegen der *terribilis vastitas* und *ob nimietatem squaloris et inaccessam venenatorum* war sie von allen gefürchtet.[524]

Die nächste Entwicklungsstufe berichtet vom *castra dei,* das alsbald von *angelicum officium* erleuchtet wurde.[525] Danach wird die Mönchssiedlung zur *officina,*[526] bevor am Ende *monasterium* als Begriff für die feste Einrichtung der monastischen Niederlassung zu finden ist.

Eremus meint auch bei Hilarius stets nur den asketischen Ort.[527] Wenn Honoratus die Brüder *in squalore eremi* tröstet (c. 20), so ist das nicht mehr die frühere Rauheit der Insel (seit c. 19 ist Lérins *monasterium),*[528] sondern die Traurigkeit und die Anfechtung im asketischen Leben, die Honoratus vertreibt.[529]

Die Insel ist vom Meer umgeben, und von dieser Realität ist die Sprache in Lérins überdurchschnittlich geprägt. Daher kann man mit Recht behaupten: das häufige Auftauchen der Metapher vom Meer, vom Hafen und aller nautischen Begriffe in den Schriften der Leriner läßt über den üblichen Gebrauch dieses Bildes in der alten Kirche hinaus erkennen, welchen Eindruck die tatsächliche geographische

[524] V. Hon. 15 § 2; *vastitas* war schon bei Eucherius ein Begriff, der die Wirklichkeit beschrieb. Von *squalor ac sterilitas* schreibt Hilarius in sehr realem Zusammenhang mit den Küsten Achaias, deren Rauheit dem Bruder Honorats den Tod brachte. Vgl. dazu D. von der Nahmer, Klostergründungen in solitudine 93–94: „es gibt keine Veranlassung, an der Ernsthaftigkeit und Wörtlichkeit dieser Aussage zu zweifeln. Gibt es ein sprechenderes Zeichen der Verlassenheit und des erloschenen Lebens als Ruinen?"

[525] V. Hon. 16,3; vgl. bei Eucherius, Laus 23,244: *in eremo constitutas, tamquam in caelum revectus, occurentium excipitur officiis angelorum.*

[526] V. Hon. 17 § 6; vgl. dazu oben § 1 II 2. 1): Die Wohnungen.

[527] Vgl. V. Hon. 15,7: *patria heremi;* 10,25: *amor heremi.*

[528] Vgl. V. Hon. 15,26: *fugit horror solitudinis.*

[529] Vgl. Laus 34: dort ist der unsichere und lästige Sand der Wüste nicht der Wüstenstaub, sondern es sind die Laster. Wenn Cassian aus der Rückschau seiner Wüstenerfahrung von den *squalores solitudinis* spricht (Conl. 13,6; 367,14), meint er die reale Wüste.

Lage hinterließ.[530] Bisweilen verschwimmen auch Bild und Wirklichkeit, so daß neben der tatsächlichen Erfahrung auch die übertragene Bedeutung Gültigkeit hat.[531]

Eucherius gibt uns ein allegorisches Instrumentarium zur Deutung dieser Begriffe an die Hand,[532] doch spielt er in seinen Schriften ganz bewußt mit der möglichen Doppelbedeutung:

> Laß die Augen über das Meer deiner Müßigkeiten schweifen. Blicke auf den Hafen unseres Berufes und wende das Schiff. Hier ist dieser eine Hafen, in den wir von allen Fluten des Saeculums geworfen werden, den wir uns in allen Wirbeln der müden Welt erbitten. Nach hier müssen alle hinfliehen, die von den Stürmen der Welt hin- und hergerissen werden. Hier ist die sicherste Station, hier ist sichere Ruhe, hier schweigt die Einöde inmitten der Fluten, hier erstrahlt leuchtend die Ruhe. Wenn du dich hierher begeben haben wirst, wird dein Schiff am Anker des Kreuzes gegründet und festgehalten sein.[533]

[530] Eucherius, Cont. 715A; 717CD; 725C. Laus 42,468. Vincentius, Com. 1,2 (147, 22/27). Faustus, Hom. XXXVIII,110ff. 120ff. 130ff; XL,97.140.156.206; XLII,167; XXXV,96; ep. 9 (213,12/13).

[531] Vgl. XXXV,51: Vom Auszug des Maximus aus seiner Heimat, der zugleich als umfassende *abrenuntiatio* gedeutet wird, heißt es: *in bacula transmissum angustissimo freto deserit;* d. h. Maximus hat sowohl im Boot die Insel erreicht wie auch die Enge der sündigen Welt durch einen „Hinübergang“ verlassen. – In V. Hon. 20,2/7 heißt es von der liebevollen Aufnahme der Gäste, die sich Honoratus besonders zur Aufgabe machte: *quis non quamlibet prosperam navigationem, quamlibet secundos ventos mox pro tanti viri desiderio commodi sui contemptor abruit aut si insulam tenere non licuit violentum secundae navigationis obsequium acerbissimam tempestatem computavit?* Stürme und Schiffahrt sind geläufige Bilder für den Weg des Christen; hier aber ist zugleich die tatsächliche Überfahrt mit angesprochen. – XL,206: *qualiter stare poterit in fluctu atque in ipso colluctantium tempestatum impetu, qui tam graviter periclitatur in portu?* 210: *tranquillissimus sinus;* auch das 3. Konzil von Arles bedient sich dieser Sprache: *quos insula ipsa velut sinu quodam quietis fovens* (CC 148,132,17).

[532] Form. 3: *De terrenis,* (13–21); dort findet er u. a folgende Deutungen: *pulvis – peccatores vel carnis vanitas; montes – sancti a celsitudine virtutum; ager – hic mundus; cultura – sancti; vinea – ecclesia; aqua – populi vel temptationes; mare – saeculum sive populi; pisces – sancti; fluctus – temptationes; unda – idem quod supra; insulae – vel animae vel ecclesiae dei, quae diversis temptationum tunduntur fluctibus; litus – finis saeculi; harena maris – innumerae gentium multitudines.*

[533] Cont. 726C. Daß Eucherius mit dieser Stelle tatsächlich Lérins im Auge hat, geht aus Laus 37 hervor: *o quam iocundae sunt sitientibus deum etiam deviae illis saltibus solitudines! Quam amoena sunt quaerentibus Christum illa secreta, quae longe lateque natura excubante porrecta sunt! Silent omnia: tunc in deum suum laeta mens quibusdam silentii stimulis excitatur, tunc ineffabilibus vegetatur excessibus; nullus interstrepens illic sonus, nulla nisi forte cum deo vox est; solus ille animo, dum sonitus silentium secretae stationis intervenit interpolatque illum placidae quietis statum, strepitus quiete dulcior et sanctus modestissimae conversationis tumultus.* – 42,468: (Lerinum) *quae procellosi naufragiis mundi effusis piissimis ulnis receptat venientes ab illo, saeculi flagrantes aestu blande introducit sub umbras suas* <...>.

Ein analoger Gebrauch läßt sich von allen anderen Bildern aussagen. Die Metaphern von der Landwirtschaft und der Ernte[534] sind als eschatologische Bilder bekannt;[535] das Kloster als Weinberg – als der ausgesuchte Ort der Liebe Gottes – ist bereits bei Pachomius zu finden.[536] Gleichzeitig ist der Boden in Lérins fruchtbar genug, um Landwirtschaft und Weinbau betreiben zu können. Erneut zeigt sich, daß hinter dem Bildwort in Lérins fast immer die Wirklichkeit steht und das Entstehen der Metapher begünstigt.[537] So dürfen in einem Lériner Text Worte wie: *mare, portus, exodus, navis, schola, insula, litus, mutatio nominis habitusque, vastitas* u. a. nicht sofort und ausschließlich der Bildsprache zugewiesen werden; zu einem differenzierteren Gebrauch raten die Schriften, die mit von dem Eindruck der wirklichen Insel, d. h. von ihrer Atmosphäre, beeinflußt sind.

3. Topo-Logie

Die Bedeutung der *eremus* von Lérins für die Askese folgt aus dem Vorangegangenen. Die für das Mönchsleben benutzten Metaphern korrespondieren mit denen des Ortes.

Militia verlangt den *campus virtutis,* das *stadium* und die *harena.*[538] Trotz des *pulvis harenae* baut der Mönch in ihr sein Haus auf festen Grund (Mt 7,24). *Exodus, peregrinatio, navigatio* suchen in Lérins *patria* und *portus.* Mönchtum als Philosophie findet in Lérins die geeignete Schule; die Asketen wandeln und studieren dort wie die Alten im Gymnasium. Die *vita angelica* macht die Wüste zum Paradies. Umgekehrt gilt: durch himmlische Festsetzung dienen Engel und Himmel – seit jeher schon in den biblischen Geschichten – denen, die die Wüste aufsuchen, so daß sie dort das Paradies vorfinden und in ihr die *vita angelica* führen können. Dem Bild des Mönchs als *cultor agri pectoris*[539]

[534] Hom. XXXIX,93; XL,127/132; XLIII,1/20; Laus 39,432.

[535] Vgl. H. Rahner, Symbole der Kirche (Salzburg 1964); ders., Griechische Mythen in christlicher Deutung (Basel 1984).

[536] Laus 40,444/447; vgl. dazu Lib. Hors. 28.47; Pachomius, Katechesen 15.23 (Bo 104; 133,25 – 135,5); vgl. dazu F. Ruppert, Pachomianisches Mönchtum 159; P. Tamburrino, Koinonia, in: EuA 43 (1967) 5–21; A. de Vogüé, Le monastère, Église du Christ, in: StAns 42 (1957) 25–46. Beide untersuchen die Bilder, die für das pachomianische Monasterium Verwendung finden; dabei fällt auf, daß sie stets von der Koinonia geprägt sind, während bei Eucherius meist der Ort die Metapher für den Lebensvollzug in ihm prägt.

[537] Damit wird z. B. auch erklärt, warum keiner der Lériner Schriftsteller das Bild des Hirten für den Oberen verwendete, das aus der Literatur bestens bekannt war: in Lérins wurde keine Schafzucht betrieben, wie etwa bei Pachomius.

[538] Laus 33,346: 34,354; Hom. XXXV,232.

[539] Laus 41,457/459: *tu cultorem hunc, qui suam terram, non qui tuam excolat, requies;* 39,427: *illic multiplex germen et centrenos accola fructus recondit; non facile illic iacta semina secus*

entspricht das des Weinbergs oder des *pratum animae.*[540] Immer ergibt sich die aktuelle asketische Bedeutung durch die allegorische Auslegung der entsprechenden Bibelstelle.[541]

Die im Prolog 15 der RB mit Ps 33,14 gestellte Frage: *qui vult vitam et cupit videre dies bonos?,* die der Verfasser wie der Psalm mit der Forderung nach Tugenden beantwortet, stellt auch Eucherius in De laude eremi. Doch antwortet er anders als Benedikt: *eremum colat, qui vitam cupit* (6,74), und: *habitet in habitabilem terram, qui vult videre domini in regione vivorum* (16,183). Vor einer solchen Sicherheit warnt Faustus kaum zwanzig Jahre später: *h i c sumus et non tuti sumus.*[542] Der Ort hat für ihn keineswegs an Bedeutung verloren, doch verbindet er das Lob des Ortes stets mit Forderungen, sich dessen würdig zu erweisen. Es ist für ihn der *locus vocationis,* der Ort, an dem man den alten Menschen ablegte, an den man mit Freuden kam,[543] der *locus quietus,* schließlich der *locus salutis.*[544] Sein drängendes Werben für die Stabilitas entspringt zu einem großen Teil der hohen Bedeutung, die er diesem konkreten Ort beimißt. Die Liebe zum Ort, soll den Mönch am Weggehen hindern und letztlich zum Heil führen. In gegenseitiger Bereicherung[545] gelangt der Mönch zum Ziel der Askese: er wird, wie

viam decidunt, quae volucres assumant, nec in petrosa facile dilabuntur, quae non habentia altitudinem terrae orto sole aestuent et arescant, neque in spineta facile fugiunt, qua iam adultis sentibus obruantur. Uberi illic messem proventu colonus metet, producitur in his saxis seges illa per quam etiam ossa pinguescunt.

540 Laus 39,438; vgl. 40,448/449: *in hac maxime verus ille flos campo et lilium convallium refulget* (Hld 2,1).

541 C. 12: Manna; Aktualisierung: *sic quondam in eremo constitutis quia praestare victum terrena non poterant, caelum ministrabat.*
C. 13: Mose erhält das Gesetz: *ita dum in solitudinibus degerent, dei sedem videre vocem audire meruerunt.*
C. 14: Die nicht abgenutzten Kleider der Israeliten (Neh 9,21): *specialia contulit inaudita concessit cum divinis muneribus populum refecit in eremo.*
Fazit (15): *quamquam nec sic quidam eremi minor laus est; magna namque loci gratia est, si quales illos beatissimi saeculi felicitas habebit, tales in hoc iam istos eremus habeat.*
C. 23: Fall Adams: *diabolus, qui vicerat in paradiso, in eremo vinceretur.*
C. 24: Speisungswunder; *desertis tantorum n u n c signarum causas demus.*
C. 25: Verklärung: *bonum erat n o s h i c esse.*
C. 27: Makarios und Johannes in der Wüste: *suffragante secreto usque in id provecti sunt, ut terram quidem corpore tunc contingerent, caeli vero spiritu iam possiderent.*
Fazit (29): *fuit o l i m erga eremum cura divina providentiae summa et maxima, sed n u n c quidem parva est.* Mit einem viermaligen *nunc* werden anschließend die biblischen Geschichten nicht nur auf die *eremus* übertragen, sondern von ihr an Fülle übertroffen.

542 XL,176.205; vgl. auch die exterior-interior-Thematik z. B. XXXIX,29/32.

543 XXXVIII,117; XL,120; XXXVIII,122.141.

544 XXXIX,46/51. XXXVIII,79.108.

545 Laus 5,67: *habitationem sterilem habitatione ditaret;* 42,467: *eremi locis piorum illuminantur secessu.*

die Wüste, zum Tempel Gottes.[546] So klingt das Lob der Wüste als Lob seiner himmlischen Bewohner aus.

Die auffällige Thematisierung des Ortes machte seine überragende Bedeutung für die Askese in Lérins deutlich. Keineswegs ist die Insel nur oder immer schon Paradies gewesen, wie aus der Durchsicht aller Schriften erhellte. Eine doppelte Entwicklung in der Betrachtungsweise des Ortes läßt sich erkennen: Die vorgefundene reale *vastitas* verhinderte nach der Interpretation der ersten Lériner einen Fall, zu dem der *locus amoenus* Adam verleitete;[547] durch allmähliche Kultivierung und die Besiedlung durch heiligmäßige Männer entwickelte sich Lérins zur gottgefälligen *amoenitas.*[548] Faustus ist diese erste Zeit nicht mehr so gegenwärtig: die Schlangen, die vom Ort wichen, sind bei ihm spiritualisiert die Dämonen.

Die andere Entwicklung läuft parallel mit jener von der Anachorese zum Zönobium: anfangs tritt die *eremus* noch nach der Apophthegmatatradition als alleinige und umfassende Erzieherin aller auf[549] („die Wüste/Zelle lehrt dich alles"), so daß gesagt werden kann, s i e bringe die Asketen hervor; sie verliert zwar nie völlig an Bedeutung, doch treten verstärkt die institutionalisierenden Bestrebungen und Mahnungen des Abtes Faustus an die Stelle der alten Lehrmeisterin. Immer jedoch bleibt mehr als in anderen Mönchslandschaften der Ort als Bezugspunkt der Askese und ihres sprachlichen Ausdrucks bestehen. Letztlich scheint das Lob auf die *civitas eremi* (36.38) der Versuch einer Antwort auf die durch den Untergang Roms und die Völkerwanderung entstandene ideelle Heimatlosigkeit der Nobilität zu sein *(patria eremi).*

Der Gebrauch von Bildern in Lérins ist im Zusammenhang mit dem Ort aufgehellt worden; meist wird die Bildsprache durch eine reale Erfahrung geleitet. Die häufigen Tierbilder und insbesondere die Verwendung der Mythologie zeugen von der Kenntnis der klassischen Literatur sowie des Physiologus.[550]

[546] Eremus als Tempel Gottes: 3,42; Mönch als Tempel Gottes: 41,465.

[547] Laus 6,71: *quanto enim iocundior ille amoenitatibus locus, tanto hic in lapsum pronior fuit.*

[548] Laus 37,401: *quam amoena sunt quaerentibus Christum illa secreta, quae longe lateque natura excubante porrecta sunt.*

[549] Vgl. Laus 34.41.

[550] V. Hon. 17,30: Circe: Honoratus verwandelt nicht zu Tieren, sondern macht Bestien zu Menschen; XLIV,51/59: Vipern (aus: Physiologus); LXXII,102: Löwe, der seine Jungen durch Ablecken zum Sehen bringt (Physiologus); u. a. – Vgl. F. Buffière, Les mythes d'Homère et la pensée grecque (Paris 1956) 506. P. Aubin, Le problème de la conversion (Paris 1963) 126. Speziell zu Lérins: Courcelle, Nouveaux aspects 408.

4. Die Umwelt: Lérins in zeitgenössischen Berichten

Anstelle eines Resümees sollen die Aussagen der Zeitgenossen über dieses Mönchtum gehört werden; damit ist zugleich ein Ausblick auf die weiteren Kapitel gegeben: die Theologie und die vermutete Regel.

1) Frühe Zeugnisse zur anachoretischen Lebensform: Paulinus und Cassian

Bereits die erste Erwähnung ist aufschlußreich. Es handelt sich um ep. 51 des Paulinus von Nola an Eucherius und Galla aus der Zeit 423/6.[551]

Die Überbringer sind drei junge Mönche, die ein Jahr zuvor von Honoratus *(frater et conpresbyter meus)* zu Paulinus geschickt worden waren. Sie, die nun seine *conversi* sind, hatten ihn an den Aufenthalt des Eucherius und der Galla auf Lero *(propinqui nominis insula)* erinnert. Eucherius hat den Weggang der drei ganz offensichtlich beklagt, und obwohl Honoratus sie *de monasterio suo* aussandte, wußte Eucherius nichts von ihrer Abreise.[552] Daraus ist zu schließen:

Auf Lérins und Lero existieren unterschiedliche Formen der Askese. Auf Lero lebt die alte Art der Einzelaskese weiter, die das Zusammenleben „wie Bruder und Schwester" einschließt, während auf Lérins u. a. eine Institution gewachsen ist, die mit *monasterium* bezeichnet wird. Diese ist zum Zeitpunkt des Briefes bereits so weit gediehen, daß ein Erfahrungsaustausch mit anderen Mönchslandschaften angezeigt ist. Die drei jungen Mönche mögen die Form des sich organisierenden Mönchtums zu Paulinus getragen haben; Paulinus erhofft und erwünscht nach Möglichkeit weiteren Kontakt. Umgekehrt gelangte unbestreitbar auf diesem Weg die Kenntnis martinischen Mönchtums und seiner Schriften, denen Paulinus folgte, nach Lérins.[553] Trotz der in Südgallien vorherrschenden Opposition gegen diese Form des Mönchtums, wußte man also in früher Zeit nicht nur voneinander, sogar ein gegenseitiger Austausch ist hier bezeugt.[554] Wiewohl die Gesandtschaft Eucherius bekannt war – standen sie auch in seiner Ausbildung? –, war der Kontakt zwischen den beiden Mönchssiedlungen Lérins und Lero offenbar doch nicht so eng, so daß Eucherius von ihrem Auftrag unter Honoratus nichts erfuhr. Auch das bestätigt eigenständige Lebensformen.

[551] CSEL 29,423–425. Zur Datierung vgl. J. Th. Lienhard, Paulinus of Nola (Köln/Bonn 1977) 190.

[552] Ep. 51,2–3.

[553] Vgl. J. Th. Lienhard, Paulinus 94–106.

[554] Ein Vorgänger des Honoratus in Arles war der Martinschüler Heros. In einer Martinskirche erhält Maximus die Vorhersage seines Todes; V. Max. 17a.

Cassian, der den zweiten Teil der Conlationes Honoratus und Eucherius widmet, gibt als nächster vom Lériner Mönchtum Zeugnis (427).[555]

Von Eucherius berichtet er, daß er im Begriff stand, die „in gallischer Kälte erstarrte Provinz" zu verlassen, um bei den Mönchsvätern Ägyptens, den Anachoreten, Orientierung zu suchen. Um ihm die Reise zu ersparen, will Cassian ihm eine lebendige Anschauung von deren Lebensweise in der übersandten Schrift vermitteln. Honoratus hingegen stehe im Geist der Väter und ihrer *anachoreseos instituta* einem *ingens coenobium* vor und belehre die *congregatio* durch seinen täglichen Lebenswandel.[556]

Aus der Widmung geht zudem hervor, daß Lérins bereits im Besitz der Institutiones coenobitorum sowie des ersten Teils der Conlationes war, die dem Anspruch des Lériner Mönchtums jedoch nicht genügten *(nec ... nec ... satisfacere potuerunt)*. Auch die noch ausstehenden Conlationes sollten den Weg nach Lérins finden, um das glühende Verlangen nach der anachoretischen Lebensform seiner Väter zu stillen.

Die Begrifflichkeit des Mönchstheoretikers Cassian ist verwirrend, insbesondere, was die Spannung von *anachoresis* und *coenobium* betrifft. In Conl. 18,9–10 gibt er eine Definition von *monasterium* und *coenobium*. Demnach bezeichne *monasterium* allgemein den Aufenthaltsort von einem oder mehreren Mönchen; *coenobium* darüber hinaus die Art des Zusammenlebens im Mönchsberuf. In Conl. 18,4 nennt er die erste Art der Mönche wegen ihres Zusammenlebens *in congregatione* unter Wort und Leitung eines Abbas *coenobitae*. Damit sind jedoch nicht, wie Cassian immer wieder durchblicken läßt, die genau durchorganisierten Klöster des 6./7. Jh. gemeint, sondern eher eine vom gleichen Interesse zusammengeführte Schar von Mönchen, die noch in relativer Unabhängigkeit leben. Im *coenobium* wohnen sie in *cellae ac diversoria*, was von einer nicht zu leugnenden eremitischen Tendenz zeugt.[557] – Cassian ist selbst nie leidenschaftlich Zönobit gewesen und hat sich nie als Begründer und Förderer dieser Lebensform verstehen wollen: im Widmungsschreiben zu den Institutiones, die Bischof Castor von Apte in einer Gegend ohne *coenobia* zur Gründung eines Klosters *(monasterium)* von ihm erbittet, versteckt er sich hinter den auf diesem Gebiet erfahreneren Hieronymus und Basilius,[558] in den Conlationes hinter

[555] Praef. ad Conl. 11–17 (CSEL 13,311–312); vgl. dazu J. Leroy, Les préfaces des écrits monastiques de Jean Cassien, in: RAM 42 (1966) 157–180.

[556] Praef. ad Conl. 11–17 (CSEL 13,311,6/8).

[557] Conl. 18,5,4 (511,9); vgl. auch Conl. 3,1: der Priester Paphnutius, *congregatione nostra,* kam nie aus seiner Zelle heraus.

[558] Im Hinblick auf die eigene Definition Cassians ist es verwunderlich, daß er in Inst. 1–4, in denen er mehr, als es ihm lieb ist, über *coenobia* reden solle, vor allem den

der langen Zeit, die seit seinem Aufenthalt in dem Zönobium von Bethlehem verstrichen sei, so daß er sich nicht mehr recht zu erinnern vermag.[559]

Neben der Beschreibung der gemeinsamen Gebetszeiten (Inst. 2–3) beinhalten selbst Inst. 1–4, die als eine eigene Sammlung den Charakter einer „Regel des gemeinsamen Lebens" haben, noch manches Relikt der Wüstenanachorese; so z. B. die Arbeit in der Zelle (Inst. 2,14–15) oder auch die frei gewählte, persönliche Orientierung des Mönches an einem Älteren;[560] bereits das Buch über die Acht Hauptlaster (Inst. 5–12) entstand mehr vor dem eremitischen Hintergrund.

Eine solche Vorstellung hatte Cassian demnach von Lérins: er bezeugt den Geist der Anachorese und wünscht Honoratus und Eucherius darin zu bestärken. Die Entwicklung auf der Insel war noch nicht entschieden oder gar abgeschlossen. Für die jedoch, die mehr zönobitisch leben, sind nach Cassian die „anachoretischen" Conlationes keineswegs unbrauchbar, da sie nicht nur dem Anachoreten, sondern dem „inneren Menschen" eine Lebensform böten.[561] Ganz ähnlich ist die Lage auf den stöchadischen Inseln (îles de Hyère) bei Marseille unter dem Leiter der Gemeinschaft *(coenobium),* Theodor. Ihm widmet Cassian den dritten Teil seiner Conlationes (428). Er faßt sie allerdings nach eigenen Aussagen so ab, daß sie für beide Arten des Mönchslebens passen, da die drei anderen Empfänger, Iovinianus, Minervus, Leontius, sich erst auf der Vorstufe, dem *coenobium,* befinden und auf diesem Weg der Hochform der Askese, der Anachorese, entgegenstreben.[562] Überall jedoch – auch das wird in dem Widmungsschreiben an die Lériner Väter deutlich – ist die Richtschnur des Lebens die Übung, die Nachahmung und die Erfahrung – wiederum Elemente, die aus der Wüstenaskese gewonnen wurden; erst viel später treten die schriftlich festgehaltenen *praecepta patrum* hinzu.[563]

übergeordneten Begriff *monasterium* benutzt, der in gleicher Weise eine Anachoretensiedlung bezeichnet.

559 Conl. 17,7: *a parvulis;* praef. Inst. 4: *a pueritia nostra;* Conl. 20,2,1: *cum igitur post non longum tempus nos quoque Aegyptum petere sanctae institutionis desiderium conpulisset.*

560 In Inst. 4,29; 4,40; 5,4,1 werden Aussprüche des Eremiten Antonius als Orientierung angeführt.

561 Vgl. Inst. 2,9,3; praef. (5) ad Conl. 1–10; diese beiden Deutungen werden Faustus später besonders anregen.

562 Die Unsicherheit in der Terminologie ist offenkundig: Die drei Mönche stehen als Zönobiten, nach Aussagen Cassians, noch nicht so hoch wie Theodor, der Anachoret; und dennoch ist er es, der ein *coenobium* leitet.

563 Vgl. Praef. (1) ad Conl. 11–17 (511,8/10): *congregatio, quae cotidiano sanctae conversationis vestrae docetur intuitu, illorum quoque patrum praeceptis optet institui;* Praef. (3) ad Inst. (CSEL 17,4,13) Bischof Castor wird als ausreichendes *exemplum* genannt; ebd. 4 (5,3): *imitatio;* ebd. 7 (6,6): *utpote qui audita potius quam experta describere temptaverunt.*

2) *Schola Lirinensis:* Briefe des Salvian und an Eucherius

Die zweite Gruppe von Schriften umfaßt den Zeitraum von ca. 430–450.[564]

Die Briefe an Eucherius beziehen sich alle auf die Zusendung seiner exegetischen Bücher, die er wohl erst nach seiner Erhebung zum Bischof verschickte. Hilarius von Arles erinnert sich dabei an seine Lehrtätigkeit bei den Söhnen des Eucherius. Salvian (ep. 8; ca. 437/8) nennt eine doppelte Erziehung: *moralis institutio* und *spiritalis instructio,*[565] dank deren die Söhne des Eucherius nun selbst Lehrer der Kirchen geworden sind.

Die Beziehung Salvians zu Eucherius und Lérins war jedoch nicht immer ungetrübt. Er war ein *carus unus* des Honoratus,[566] aber 428 erwähnt Eucherius ihn nicht in De laude eremi in der Liste der *viri illustrissimi* von Lérins. Er wird wohl im Unfrieden mit Eucherius von der Insel gegangen sein, als einziger bekannter und berühmter Leriner Mönch, der nicht, um Bischof zu werden, Lérins verließ.

Eucherius und Salvian hatten durchaus unterschiedliche Ansichten – etwa in der Bewertung der Völkerwanderung. Während Eucherius noch ungebrochen römisch dachte und empfand, fand Salvian immer mehr zu einer germanenfreundlichen Sicht[567] und, bei aller Verbundenheit mit der *virtus Romana et christiana,* zu einer fast antirömischen Resignation, die eine neue Ordnung von den siegreichen Germanenstämmen erwartete. Damit setzte er sich deutlich von allen gallischen Schriftstellern seiner Zeit ab.

In ep. 2 (434) an Eucherius beklagt er sich über den gerade zum Bischof Erhobenen wegen der Zurücksetzung, die er empfand, da Eucherius ihn nur durch einen Boten habe grüßen lassen, anstatt selbst zu schreiben. Noch in ep. 1 (438), die die Leriner um die Aufnahme eines jungen Verwandten zur umfassenden Erziehung ersucht, klingt etwas von der Verbitterung des Weggangs an.

Zuvor (430) schreibt er, noch von Lérins aus, zusammen mit seiner Frau Palladia und seiner Tochter Auspiciola, die mit ihm das asketische Leben teilen, ep. 4 an seine Schwiegereltern, die sich seit den sieben Jahren, die er auf Lérins lebt, nicht mit deren Lebensform hatten anfreunden können.

564 Briefe von Rusticus, Salvian und Hilarius an Eucherius (CSEL 31,197–199); Briefe des Salvian (SC 176,76–133).

565 Es ist möglich, daß er damit auf die Titel der Bücher anspielt: Formulae spiritalis intellegentiae und Instructiones.

566 V. Hon. 19,9.

567 Vgl. A. Schäfer, Römer und Germanen bei Salvian (Breslau 1930); J. Fischer, Die Völkerwanderung 253–263: Wendung zum inneren Verstehen der Germanenwelt.

In ep. 9 an den Sohn des Eucherius, Salonius, mittlerweile Bischof von Genf, erklärt Salvian, warum er seine noch in Lérins verfaßte kirchenkritische Schrift Ad ecclesiam unter dem Pseudonym Timotheus publizierte.

Neben Hinweisen auf die Lebensformen handeln diese Schreiben von der Ausbildungs- und Erziehertätigkeit auf Lérins.

Um 449 widmet der sonst wenig bekannte Polemius Silvius Eucherius seinen Laterculus; es scheint der gleiche Silvius/Salvius zu sein, dem Eucherius, zusammen mit einer Epistula, die Passio Agaunensium Martyrum schickt.[568]

3) Der Wandel unter Faustus: Die Briefe des Sidonius

Aus der Zeit von ca. 470–490 liefert der Bischof Sidonius Apollinaris von Clermont-Ferrand (urbs Averna), zugleich politisches Oberhaupt der Auvergne, eine ganze Reihe aufschlußreicher Informationen in seiner umfangreichen Briefsammlung. Durch seine besonders gesuchte Ausdrucksweise verliert die Verläßlichkeit seiner Aussagen allerdings bisweilen an Wert.

Am reichhaltigsten sind die Briefe an Faustus und das Eucharisticon ad Faustum.[569]

In ep. 9,9,10–14 bewundert er die Schriften des Faustus und rühmt den klaren Stil der Durchführung der Themen (De spiritu sancto).[570] Nur nebenbei fällt die Bezeichnung *monasterium* für Lérins, die harte Askese der Einsamkeit *(in abstrusis macerare solitudinibus)* und die Analogie *monasterium* und *Athenaeum.*

In die gleiche Zeit datiert ep. 9,3. Auch hier findet sich Lob über die Darstellungsgabe des Faustus in seinen Briefen, den Reichtum der Tropen und Bilder, die Fähigkeit, sauber zu unterscheiden, und die Leichtigkeit einer stets treffenden Wortwahl; seine Predigten, in denen er *spiritales regulas vel forenses* zu mischen verstehe, seien teils frei vorgetragen, teils sorgfältig vorbereitet. Beide Disziplinen habe er in Lérins kennengelernt. Darüber hinaus ist zu erfahren, daß Faustus auch außerhalb von Riez, bei einer Kirchweihe in Lyon, zur Predigt eingeladen worden sei, wo Sidonius bis zur Heiserkeit applaudierte.

[568] Polemius Silvius, Laterculus (MGH auct. ant. 9,518–551). Der Brief des Eucherius an Salvius: CSEL 31,173. Die Identität der Person begründet F. Stolle, Das Martyrium der thebaischen Legion (Breslau 1891) 6–10.

[569] Epp. 9,3; 9,9; Carmen 16 (MGH auct. ant. 8,151; 156–159; 239).

[570] Ep. 9,9,10: *bipertitum sub dialogi schemate;* ebd. 13: *sentiat ecclesiae Christi Platonis academiam militare teque nobilius philosophari primum ineffabilem dei patris asserere cum sancti spiritus aeternitate sapientiam.* Der Brief ist demnach nach Erscheinen von De spiritu sancto verfaßt worden: 471. Vgl. zu ep. 9,9 oben § 2 II 2. 2): Askese als Philosophie.

Ep. 9,3,4 zeigt, wie das Andenken von Lérins in der zweiten Hälfte des 5. Jh.s weiterlebte: Sidonius nennt es eine Ringschule einer eremitischen Gemeinschaft, eine Verbindung von Zellenbewohnern, deren alte Disziplin Faustus als Bischof nicht aufgab.[571] Im Eucharisticon wird dieser Eindruck noch verstärkt: Faustus wird als *anachoreta* bezeichnet, der bemüht war, Elija, Johannes, die zwei Macarii, Paphnutius, Or, Ammon, Samarta, Hilarion und schließlich Antonius nachzuahmen.[572] Das harte Fasten – kaum gekochte Speisen – erleichterte er sich durch reichlichen Psalmen- und Hymnengesang – ein Hinweis auf die Zunahme der gemeinsamen Gebetszeiten.

Aus ep. 8,14,2[573] an den Bischof Principius von Soisson erfahren wir von einem Lériner Mönch und Bischof, einem *concellita* des Lupus und Maximus aus dem *coenobium Lirinene,* der die Askese der Archimandriten von Ägypten (Memphis) und Palästina übte.

Entscheidend für die Regeldiskussion wird ep. 7,17,3[574] an Volusianus, Bischof von Clermont, dem die Leitung des Klosters Cyricus anvertraut wird, damit er es nach den *statuta Lirinensium patrum vel Grinicensium* reformiere.

Die verbleibenden Briefe an Lériner Mönche machen nur noch Aussagen über ihre bischöfliche Tätigkeit: Faustus verhandelt mit Eurich um einen Friedensvertrag in Gallien (474)[575] – offenbar mit wenig Erfolg: wegen seiner antiarianischen Einstellung muß er in die Verbannung gehen und zieht sich durch diese Verhandlungsbereitschaft mit den „barbarischen" Goten auch noch den Groll seines ungebrochen aristokratisch und römisch denkenden Freundes Sidonius zu. Offensichtlich ist seine Verbannung nicht nur theologisch, sondern auch politisch begründet.

Nach Faustus muß Sidonius eine besondere Hochachtung für Lupus besessen haben, an den allein vier Briefe erhalten sind.[576] Er wird als der *princeps pontificum Gallicanorum* gepriesen.[577] In beiden geistlichen Lagern (als Einsiedler und Bischof) gilt er als erfahren.[578]

[571] Ep. 9,3,4; *de palaestra congregationis heremitidis et de senatu Lirinensium cellulanorum.*

[572] Carmen 16,97.

[573] MGH auct, ant 8,114.

[574] Ebd. 123.

[575] Ep. 7,6 (108) an Bischof Basilius von Aix; vgl. auch Gregor von Tours, Hist. Franc. 2,25.

[576] Epp. 6,1; 6,4; 6,9; 9,11.

[577] Ep. 7,13,1 (119); 6,1 (94–95): *pater patrum et episcopus episcoporum et alter saeculi tui Jacobus.* Der Herrenbruder Jakobus wird in den Pseudoklementinen Bischof der Bischöfe genannt (epistula Clementis; GCS, 1953, B. Rehm) – Vgl. ep. 6,17,3 (68) an Arbogast in Trier; ep. 8,15 (147) an Prosperus, Bischof von Orléans.

[578] Ep. 6,1,3: *in militia Lirinensis et in apostolica sede.* Schon ab 426/7 war er Bischof von Lyon.

Eucherius ist Sidonius wohl nur (noch) aus Claudianus Mamertus' Schrift gegen Faustus als Prediger bekannt.[579]

Sieht man von rhetorischen Übertreibungen ab, so ist den Briefen des Sidonius immer noch zu entnehmen, daß man in Lérins dem Vorbild der orientalischen, insbesondere der ägyptischen, Väter nacheiferte und diese Lebensform zu organisieren bestrebt war. Vor allem fällt das Fehlen der westlichen Mönchsväter, aber auch des Basilius und anderer Griechen als Vorbilder auf. Diese werden nicht mit Lérins in Verbindung gebracht. Sidonius sieht in Faustus den Asketen im Theologen und im Theologen und Bischof den Asketen; Theologie ist in Lérins immer mit der monastischen Herkunft verbunden; sie ist nicht von der Askese zu trennen, ohne daß sie in ein ungünstiges Licht geriete.

4) Das Wirken außerhalb von Lérins: späte Viten und Konzilstexte

Die V. Germani des Constantius von Lyon (470–480) rühmt die enge Freundschaft zwischen Germanus von Auxerre († 448) und Hilarius von Arles.[580] Beide unternehmen mit Lupus eine antipelagianische Missionsreise nach England. Vor dem theologischen Hintergrund der Südgallier kann dies jedoch nur eine „semipelagianische" gewesen sein.

Kaum fünfzig Jahre später erinnert sich der Verfasser der Vita der Juraväter zwar noch daran, daß Hilarius den Gründer der Jurensischen Klöster, Romanus, zum Priester weihte,[581] hat jedoch nicht vergessen, daß Hilarius sich grobe Anmaßungen außerhalb seiner Diözese zuschulden kommen ließ, die von dem mit Lérins enger verbundenen Constantius verschwiegen wurden.[582] Die letzte der drei Juraviten, die das Leben des Eugendus († ca. 510) schildert, weist erneut auf *statuta Lirinensium patrum* hin, die dort neben den Schriften des Basilius, Pachomius und Cassian verlesen wurden (c. 174), und nennt einen Priesterabt Marinus von Lérins, auf dessen Bitten die Lebensform des Klosters Agaunum zusammengestellt wurde.[583]

[579] Vgl. dazu oben zur Anthropologie S. 140; ep. 4,37 (55): *Eucherius sollicitat.*

[580] V. Germ. 23 (SC 112,222).

[581] VPJ 18 (SC 142,258).

[582] Papst Leo mußte mit seiner ep. 10 (PL 54,628–636) in diesen Streit eingreifen und bestrafte Hilarius mit dem Entzug eines Großteils seiner Amtsvollmachten; die V. Hil. versucht selbstverständlich, das Recht des Hilarius zu betonen; vgl. dazu ausführlich: G. Langgärtner, Die Gallienpolitik der Päpste im 5. und 6. Jh. (Bonn 1964); R. W. Mathisen, Hilarius, Germanus and Lupus. The aristocratic background of the Celidonius affair, in: Phoe. 33 (1979) 160–169. – P. Badot, L'utilisation de Salvien et de la Vita Patrum Jurensium comme sources historiques, in: RBPH 54 (1976) 391–405. hält diesen Passus der negativen Kritik in der VPJ aus sprachlichen Gründen für eine spätere Interpolation (6./7. Jh.).

[583] Vgl. dazu ausführlich u. § 4 IV zur Regula Orientalis.

Die Vita Antonii des Magnus Felix Ennodius, die auf Bitten des Abtes Leontius von Lérins um 506 verfaßt wurde, kam bereits in anderem Zusammenhang zur Sprache. Aus der um die Jahrhundertwende geschriebenen Vita Epiphanii[584] geht hervor, daß der Bischof von Pavia, der wie Faustus an Friedensverhandlungen mit Eurich beteiligt war, bei eben diesem Anlaß Lérins, die stöchadischen Inseln und Marseille besuchte und bei einem erneuten Besuch Ennodius zur *nutrix sanctorum insula* mitnahm.[585] Ein Verwandter von ihm trat später in Lérins ein.[586] Da der Mönch Antonius zuerst Severinschüler war, können wir aus den Viten des Ennodius einen Kontakt von Lérins mit dem Donaumönchtum und Eugippius sowie mit der monastischen Landschaft von Norditalien annehmen.

Die Ausstrahlung von Lérins bleibt jedoch nicht auf das Monastische beschränkt. Eine Gruppe von Zeugnissen stellen die gallischen Provinzialsynoden dar, an denen Leriner Mönche als Bischöfe teilnahmen.[587] Ein Hinweis an dieser Stelle muß genügen, da dies nicht Gegenstand der Untersuchung sein kann. Die Tatsache, daß so viele Bischöfe aus Lérins hervorgingen, läßt Rückschlüsse auf das monastische Selbstverständnis zu.[588] Nicht nur die aristokratische Herkunft ließ Leriner Mönche als potentielle Anwärter auf das Bischofsamt erscheinen, sondern zum großen Teil auch die in Lérins garantierte und vermittelte Ausbildung. Im Fall der Söhne des Eucherius ist das exemplarisch zu verfolgen.

Schließlich ist angesichts der überraschenden Machtentfaltung des Hilarius auf dem Bischofsstuhl von Arles zumindest die Frage angebracht, ob sein Unabhängigkeitsdrang (von Rom), sein Machtbewußtsein und -streben nicht z. T. ihre Wurzeln in der selbstbewußten Haltung und Atmosphäre von Lérins gehabt haben könnten. Es sei nur an das 3. Konzil von Arles erinnert, das kaum zehn Jahre nach der Maßregelung des Hilarius durch Leo I. das Autarkiestreben des Faustus durch bischöfliche Oberaufsicht einschränkte.[589]

[584] MGH auct. ant. 7, 84–109, hier: cc. 93.171 (95,37; 105,37).
[585] V. Antonii 40 (190,10); V. Epiphanii 93 (95,38).
[586] Ep. 7,14 (237,18).
[587] CC 148 (Munier 1963): Regense (439): Hilarius; Arausicanum (441): Hilarius, Eucherius, Maximus; Arelatense III (456): Salonius, Valerianus, (Maximus); Arelatense (470; vgl. CSEL 21,161–168: ep. 1 des Faustus und ep. 2 = Widerruf des Presbyters Lucidus). Zusammen mit Euphronius verfaßt Lupus ein Schreiben, in dem er Kompetenz in liturgischen (Feier der Ostervigil) und disziplinären (Wiederverheiratung von Klerikern) Fragen beweist, CC 148,140–141.
[588] S. o. § 2 I 1. 5): *Monachus* und *mundus*.
[589] Vgl. dazu o. § 1 I, 2: Die Rechtssphäre des Abtes

5) Rückblick der Lérinsschüler: Caesarius u. a.

Von Caesarius, der ab 499 in Arles lebte und ab 502 dort Bischof war, darf man mit Recht Angaben über Lérins erwarten. Enttäuschend ist seine Predigt zum Todestag des Honoratus, die keinerlei konkrete Angaben über den Gründer oder die Lebensform auf der Insel enthält.[590]

Genauer wird er bei einem Besuch seines ehemaligen Klosters.[591] Nachdem er ihr quantitatives und qualitatives Wachstum gepriesen hat,[592] läßt er einen Katalog an Mahnungen folgen, unter denen die, die das Streben nach dem Priestertum zurückweist, auffällt;[593] zwar kannte man in Lérins seit der Frühzeit die Institution des Mönches, der Priester ist, aber Caesarius greift hier auf eine alte monastische Regel zurück. Des weiteren fällt auf, daß in diesem Katalog die Regelverletzung, die in den Homilien des Faustus innerhalb eines Lasterkatalogs bereits einen festen Platz hatte, nicht eigens genannt wird.

Doch geben seine Statuta ad virgines (c. 66) Aufschluß über die Liturgie in Lérins, da er sie der *regula monasterii Lyrinensis* entnommen hatte.[594]

Eine Ergänzung zu seinen Ausführungen bietet die Vita seiner drei Schüler (542/9):[595] gleich beim Eintritt unterwarf er sich der *disciplina regularis* (c. 5) und wurde bald von der Gemeinschaft zum *cellarius* gewählt. Dieses Amt mußte er jedoch wegen allzu großer Strenge gegen sich und die Brüder wieder aufgeben. Typisch und toposhaft ist die Bemerkung, daß er als Bischof die monastische Lebensform von Lérins – *coenobium,* die Verfasser schreiben nichts mehr von einer anachoretischen oder eremitischen Lebenführung, an der Caesarius sich orientiert hätte – nicht aufgab: *canonica modulatio monachi instituta Lirinensium vel monachum* (c. 11).

Zwei späte Hinweise beziehen sich noch auf die Frühzeit von Lérins. Der eine stammt von Dinamius, dem Verfasser der V. Maximi. Es ist

[590] Sermo 214. CC 104,853–854 (887–893).

[591] Sermo 236. Ebd. 940–944.

[592] Ebd. (893,21): *beata felix insula Lyrinensis, quae cum parvula et plana esse videtur, innumerabiles tamen montes ad caelum misisse cognoscitur;* dieses Zitat stammt von Sidonius (Eucharisticon, Carmen 16, 109/110); bereits Ennodius, V. Epiphanii 93, hat es verwandt.

[593] Ebd. 897,9.

[594] Vgl. dazu in Kapitel 1: Gebet; Kapitel 4: Regelmönchtum in Lérins; in Kapitel 3 werden die Hymnen der Regel auf ihren theologischen Gehalt untersucht.

[595] Cyprian von Toulon, Vita S. Caesarii Arelatensis (G. Morin, S. Caesarii opera omnia II, Maredsous 1942, 291–345).

ein Lobgedicht (um 580) auf die Insel, das die Beachtung und Wiederbelebung der *prisca regula* hervorhebt.[596]

Fast hundert Jahre später (659) beschreibt Jonas das Leben des Johannes von Reomé.[597] Um 500 kam Johannes nach Lérins, wo damals die *religionis forma* und die *regularis disciplinae norma* des Honoratus viele Mönche anleitete (c. 4). Von Lérins brachte er dann eine *regula Macarii* mit (c. 5).

Die Schriftstellerkataloge des Gennadius (ca. 480) und des Isidor von Sevilla (615) machen keine Angaben zur monastischen Lebensform von Lérins, wenngleich sie über einige ihrer Mönche berichten.[598] Auch weitere Zeugnisse sind in ihrer Aussagekraft bescheiden: Gregor von Tours kennt in seinem Liber de gloria confessorum[599] zwar noch Lupus (66) und Maximus (83), jedoch nur um ihrer Wunder willen; obwohl er um Lérins weiß,[600] nennt er ihre monastische Vergangenheit nicht.

6) Theologische Nachwirkungen

Schließlich müssen alle Stimmen gehört werden, die sich ausdrücklich zur theologischen Position der Lériner äußern.

Das erste Zeugnis dazu ist nicht, wie bisweilen noch angenommen, die ep. Prospers an Augustinus[601] aus dem Jahr 427. Es wurde bereits nachgewiesen, daß es sich bei dem am Ende des Briefes genannten Bewunderer Augustins, der ihm nur in der Gnadenlehre nicht folgte, nicht um Hilarius, sondern um Helladius handelt, einen ehemaligen Anachoreten, der nur kurze Zeit vor Honoratus Bischof in Arles war.[602]

596 A. Riese, Anthologia Latina 1,2 (Leipzig 1894/1906) 265–266; De Lerine insula (9/12): *ut caret haec nunquam foliis nec tempora mutat, sic meritis semper pectora [viva] tenet/ prisca redivivo quo constat regula cultu, quo grex agnorum non timet ora lupi.*

597 Jonas, Vita Joannis Reomaensis (MGH rer. germ. 37,321–344).

598 S. o. Prolegomena.

599 PL 71,827–910.

600 C. 95: Reliquienwunder; von Reliquien, die Lériner Mönche nach Autun bringen, berichtet Pelagius I. in ep. 48 an König Childebert (MGH ep. III, merov. et carol. aevi [I], 70–72).

601 Inter augustinianas 225 (CSEL 57, Goldbacher 1891, 454–468) vgl. dazu O. Chadwick, Eulasius of Arles, in: JThS 46 (1945) 200–205; C. M. Kasper, Der Beitrag der Mönche zur Entstehung des Semipelagianischen Gnadenstreites, in: Signum pietatis, FS C. Mayer, hg. v. A. Zumkeller (Würzburg 1989) 153–182.

602 Vgl. Cassian, Praef. (3) ad Conl. 1–10 (CSEL 17,3–4): *sanctus frater Helladius anachoretarum instituta sublimia non ut quidam propria adgressus est praesumptione sectari, sed legitimum doctrinae tramitem sancto spiritu suggerente paene antequem disceret adprehendens non tam suis adinventionibus quam illorum traditionibus maluit erudiri.* – Praef. ad Conl. 11–17 (ebd. 312,1): *Helladio et Leontio episcopis.* (Leontius war Bischof von Fréjus). Vgl. dazu E. Griffe, La Gaule chrétienne II (Paris 1966) 239–241. In den HSS zur ep. 225 ist die Variante „Helladius“ verzeichnet.

431 erst bezieht Prosper in den Responsiones ad capitula obiectionum Vincentianarum Stellung gegen Angriffe des Vincentius auf die Gnadenlehre des „Augustinus" (= Augustinismus).[603] Die Objectiones sind verlorengegangen, ihr Inhalt kann nur aus Prospers Schrift erschlossen werden. 433 schreibt er gegen Cassian Contra Collatorem.[604] Danach verstummen auch die Angriffe auf das südgallische und Leriner Gnadenverständnis: es setzt sich in Südgallien durch; Prosper zieht nach Rom.

Erst nach 500 flammt der Streit erneut auf. In ep. 4 an Gundobad streift Avitus von Vienne die Gnadenlehre des Faustus. Jedoch gibt er sich in diesem Schreiben, das die kirchliche Bußdisziplin zum Thema hat, unsicher, und da er die Popularität des Faustus kennt, fügt er hinzu, er wisse nicht recht, ob er der Verfasser der in Frage kommenden Schriften sei.[605]

Mit dem Eingreifen des mit anderen afrikanischen Bischöfen nach Sardinien verbannten Possessor in die trinitarische Diskussion, die die skythischen Mönche mit Hormisdas austrugen, sollten die Auseinandersetzungen um die Theologie des Faustus zu einem Höhepunkt und Ende kommen. Gegen die theopaschitische Auffassung der skythischen Mönche führte Possessor die Autorität des Faustus an,[606] ohne daß ihm die Widersprüche zu Augustinus in der Gnadenlehre aufgefallen wären.[607] Die Skythen griffen unter der Leitung von Johannes Maxentius und gestützt auf Augustinus, den sie freilich selbst wenig kannten, die Theologie des Faustus an, um ihn an dieser Stelle (Gnadenlehre) als Irrlehrer zu erweisen; und wer in der Gnadenlehre irre, könne auch in der Christologie, an der sich der theopaschitische

[603] PL 51,177–186.

[604] Ebd. 213–276.

[605] MGH auct. ant. 6,2 (Peiper, 1883) 29–32; hier 29–30. Er greift jedoch ausdrücklich die von Faustus in ep. 5 (184) vertretene und aus seiner asketischen und theologischen Haltung heraus entwickelte Ablehnung der *poenitentia in extremis* an. Vgl. D. J. Nodes, De subitanea paenitentia in Letters of Faustus of Riez and Avitus of Vienne, in: RTAM 55 (1988) 30–40, bes. 33–34.36. Nodes weist dort vor allem auf den Zusammenhang von der persönlichen Vergangenheit des Faustus und der daraus resultierenden Vorstellung von der Bußpraxis hin; Avitus hingegen argumentiere von einem vorrangig pastoralen Standpunkt aus.

[606] Vermutlich stützt er sich auf die ersten 8 Bücher von De gratia, die ihm von dem Gesamtwerk vorlagen. In ep. 7 (206,9/21) und später noch einmal in ep. 3 (171–173) macht Faustus Aussagen über die Leidensfähigkeit Gottes; seine Ansicht wird von Eucherius nicht geteilt: Instr. (88,12; 110,19; 123,26): *passio in deo non cadat.* Claudianus Mamertus, der ep. 3 des Faustus zum Gegenstand seines Werkes De statu animae machte, widerlegt diese Auffassung des Faustus in c. I,3.

[607] Dies stellt Johannes Maxentius in: ad ep. Hormisdae responsio fest; PG 86,112 BC (CC 85A,123–153). Vgl. F. Loofs, Leontius von Byzanz, in: TU III (Leipzig 1888) 234–236.

Streit entspann, keinen orthodoxen Standpunkt vertreten. Sie verlangten eine Indizierung seiner Werke von Papst Hormisdas. Possessor versuchte, sich in einem Schreiben an den Papst (vom 18. 7. 520) zu rechtfertigen und stimmte in die Anklage gegen Faustus ein.[608] Als die ausdrückliche Verurteilung ausblieb,[609] schrieb Johannes Maxentius an Hormisdas einen erbitterten Brief, in dem er lange Passagen aus Faustus zitierte.[610] Diesem Brief ist zu entnehmen, daß die Schrift De gratia in der Gestalt, wie sie heute vorliegt, nicht vollständig ist.[611]

Eine erste namentliche Indizierung brachten erst die von Fulgentius von Ruspe, dem Kopf der nach Sardinien verbannten Bischöfe, verfaßten Briefe (15 und 16) zu diesem Thema. Faustus wird darin in einem Atemzug mit Pelagius, Caelestin und Julian von Eclanum genannt.[612] Ep. 17 erinnert noch einmal daran, daß Faustus aus dem Kloster Lérins stamme. Doch war seine Gnadenauffassung bereits so aus dem asketischen Rahmen gelöst, daß sie als eigenes „System" angegriffen werden konnte.[613] Fulgentius weist auf seine sieben gegen Faustus verfaßten Bücher hin, die heute verloren sind.[614] Das Konzil von Orange 529 unter Caesarius von Arles verurteilte daraufhin zwar die Lehre des Semipelagianismus, nicht aber Faustus und seine Schriften, wie es das im zweiten Viertel des 6. Jh.s entstandene Decretum Gelasianum zusammen mit den Werken Cassians ausdrücklich tut.[615]

Damit ist der Zeitraum der vorliegenden Untersuchung abgesteckt. Die zeitgenössische Beurteilung von Lérins ergibt nun folgendes Bild:

Für die Frühzeit (erstes Drittel des 5. Jh.s) hinterläßt Lérins den Eindruck, eine bewußte Entscheidung für die Anachorese nach dem Vorbild der ägyptischen Väter getroffen zu haben. Man kannte das augustinische Priestermönchtum und die Formen monastischen Lebens bei Martin, dennoch vollzog sich die Entwicklung eher nach dem Muster der pachomianischen Gemeindebildung. Ab der Mitte des 5. Jh.s taucht mehr und mehr die Berufung auf eine vorbildliche und übertragbare Lebensregel auf. Das impliziert m. E. eine schriftliche Fixierung. Zugleich nimmt die Betonung des zönobitischen Charakters

[608] Exemplum relationis Possessoris (CSEL 35,695–696, Nr. 230).

[609] Vgl. ebd. Nr. 231 (Antwort des Papstes Hormisdas).

[610] CC 85A,123–153.

[611] Das gleiche geht aus dem Konzil von Marseille vom 26.5.533 hervor, das u. a. noch einen verlorengegangenen Brief des Faustus zitiert (CC 148A,93,181/182).

[612] Ep. 15,19 (CC 91A,445–457).

[613] Ep. 16,28 (ebd. 553–562).

[614] Vgl. Isidor von Sevilla, De vir. ill. 27 (PL 83,1097 AB); Ferrandus, Vita Fulgentii 28,54 (PL 65,145 A).

[615] TU 38,4 (Leipzig 1912) hg. v. E. v. Dobschütz, 56.

zu. Für das Ende des Jahrhunderts bezeugt die monastische Literatur um Caesarius eine voll ausgebildete Organisation mit Ämtern und Offiziumsordnung.

Die zeitgenössischen Berichte zeigen weiterhin eine charakteristische Zuwendung zur Welt. Die prinzipielle Bereitschaft, sich auf Kirche und Welt einzulassen, tritt bei der Übernahme kirchenpolitischer Ämter deutlich zu Tage und ist z. T. auf die Nobilität der Leriner zurückzuführen, z. T. auch auf die gründliche und umfassende Ausbildung, die sie auf der Insel genossen. Von einer grundsätzlichen Spannung zwischen Mönchtum und Kirche kann damit nicht eigentlich die Rede sein, wenn auch die jeweiligen Machtbefugnisse erst nach gemeinsamem Ringen anerkannt werden.

Ein drittes Charakteristikum für Lérins sehen die Zeitgenossen in der Theologie, die für die Askese eine legitimierende Größe und integrative Kraft darstellt. Die Theologie ist immer eine praktische Theologie, die in bewußter Anbindung an die Tradition entstand und ihrerseits aus dem monastischen Leben und der asketischen Praxis erwuchs.

§ 3 Lehre – Theologische Askese und asketische Theologie

Wenn im Rahmen dieser Arbeit über das Mönchtum von Lérins theologische Themen, insbesondere gnadentheologische und christologische, aufgegriffen werden, so geschieht das in der Überzeugung, daß die Schriften der Leriner Mönche, aus denen man eine „Lehre" – etwa die des Semipelagianismus – meint zusammenstellen zu können, nicht von dem Gesamtkorpus des Leriner Schrifttums zu trennen sind; daß sie alle nur – wie beispielsweise umstrittene Passagen in Cassians 13. Conlatio – in ihrem monastischen Kontext zu verstehen und nur von daher zu bewerten sind. Dieser Relation nicht in der erforderlichen Weise Rechnung getragen zu haben, ist ein Mangel beinahe jeder Bekämpfung auch vermeintlicher Häretiker. Schon die Ausführungen Prospers gegen die „pelagianische" Gnadenlehre der Mönche übersah das.[1] In der dogmengeschichtlichen Entwicklung mag eine Zuspitzung auf bestimmte, aus ihrem Kontext gelöste Aussagen von Nutzen gewesen sein, um die umstrittenen Fragen klären zu können. Dabei wurden jedoch dem Angegriffenen meist Ansichten unterstellt, die er in seinem primären Anliegen nie intendiert hatte. Ein vergleichbarer Fall ist der literarische Schlagabtausch zwischen Claudianus Mamertus und Faustus, auf den im Zusammenhang mit der Leriner Anthropologie hingewiesen worden war. Berücksichtigt man den Kontext der einzelnen Aussagen bei den in Frage kommenen Texten, so wird man zugeben müssen: Es lag den Mönchen völlig fern, eine eigene theologische Lehre oder ein „System" zu entwickeln, schon gar nicht eines, das vom „consensus" abweicht. So schreibt etwa auch Cassian seine Conlationes ganz ohne polemische Untertöne, die zu theologischen Streitschriften zu gehören scheinen. Aus seinen Schriften läßt sich allenfalls eine Systematik der Askese erstellen. Auch in „De incarnatione Dei" stellt er nur die bekannte Lehre der Schrift, der Konzilien und der Väter der des Nestorius gegenüber und ist keineswegs theologisch originell. Erst durch wiederholte Mißverständnisse und falsche Darstellungen – der Lehre Augustins wie der seiner Opponenten durch die Schüler Augustins – wurden die Mönche – vor allem die von Lérins – in eine Gegenposition gedrängt, die in ihrem energischen Widerspruch

[1] Vgl. zum ganzen folgenden Abschnitt: C. M. Kasper, Der Beitrag der Mönche zur Entwicklung des Gnadenstreites in Südgallien, dargestellt an der Korrespondenz des Augustinus, Prosper und Hilarius, in: Signum Pietatis, FS für C. Mayer, hg. v. A. Zumkeller (Würzburg 1989) 153–182.

und in ihrer Verbitterung den Eindruck einer Irrlehre erwecken konnte. Die Verteidigung des Alten, der Traditon und ihrer Lebenspraxis führte sie schließlich zu eigenen theologischen Aussagen, die freilich nur von ihrem monastischen Hintergrund her zu verstehen sind. Sobald aber Aussagen aus ihrem Kontext gelöst oder von den Lériner Mönchen selbst pointiert herausgestellt werden, werden sie angreifbar.

Der hermeneutische Weg von den impliziten Theologumena zu einer greifbaren theologischen Position soll hier nachgezeichnet werden, um ein wichtiges Proprium Lériner Spiritualität aufzuzeigen.

Hier liegt m. E. ein Versäumnis der bisherigen Forschung vor. Man war vor allem bemüht, das monastische Erscheinungsbild von Lérins zu erfassen und klammerte dabei bewußt die theologischen Schriften aus.[2] Oder man untersuchte die theologischen Werke der Lériner – selbst in Monographien über Lérins – weitgehend getrennt und unabhängig von deren monastischem Engagement.[3]

Man kann für eine solche Vorgehensweise gute Gründe anführen: Man beruft sich darauf, daß das Theologietreiben nicht das ganze Lériner Mönchtum erfaßte. Diejenigen, die es taten, waren geistig privilegierte Männer, die sich gedrängt fühlten, in die aktuellen Diskussionen einzugreifen. Weiterhin ist Lérins keineswegs das einzige Kloster, das „Theologen" beherbergt oder hervorbringt. Man denke etwa an Basilius, Hieronymus, Rufinus, Augustinus, Prosper, Eugippius, Fulgentius, die skythischen Mönche u. a. Dennoch ist in Lérins die Situation eine andere.

Die theologischen Themen der Lériner sind konkret und auf wenige begrenzt. Sie handeln, abgesehen von theologischen und exegetischen Grundfragen, die in den Werken des Eucherius erörtert werden, nur von der Gnadenlehre und von einem begrenzten Ausschnitt der Trinitätslehre bzw. Christologie. Diese vielleicht gerade „aktuellen" Themen lassen sich in a l l e n Schriften mehr oder weniger ausdrücklich nachweisen und werden dann, gewiß von den herausragenden Männern, an a l l e Mönche herangetragen. Das aber heißt, daß ab einem bestimmten Stand der Entwicklung die theologische Bezugnahme Teil der monastischen Erziehung und Lehre und damit der Spiritualität wird, die a l l e Mönche leben und mit ihrem Leben und ihrer Praxis bezeugen. Theologie wird auf diese Weise zur „prakti-

[2] Ganz deutlich wird das noch bei den neuesten Darstellungen. Pricoco erwähnt die theologischen Schriften von Lérins nicht; ebensowenig Vogüé in seinen ausführlichen Kommentaren zu den Regeln von Lérins.

[3] F. Prinz, Frühes Mönchtum 50 Anm. 74, hat immerhin darauf hingewiesen, daß auch die theologischen Hauptwerke des Faustus „nicht aus dem geistigen Beitrag von Lérins auszuklammern" seien.

schen" Theologie.[4] Sie vermeidet theologische Spekulation und bewegt sich deshalb nie auf besonders hohem Reflexionsniveau. In erster Linie haben wir es hier mit Texten von Mönchen für Mönche zu tun, die aber wegen ihrer mangelnden Eindeutigkeit weder als eigentlich theologische noch als genuin monastische bezeichnet werden können.

Darüber hinaus unterscheidet sich das Mönchtum von Lérins und somit seine Hauptvertreter, wie man bereits jetzt schon sehen kann, nicht unerheblich von den genannten Mönchslandschaften und ihren Vertretern. Basilius und Augustinus waren Bischöfe. Basilius organisierte vor allem ein „sozialtätiges Mönchtum" sowie die zönobitische Stadt- bzw. Familienaskese; Augustinus formte das Klerikermönchtum. Beiden war ihr Mönchtum mehr ein Rahmen, in dem sie weitgehend ungestört ihre Gedanken entwickelten, die weitaus größeren Geltungsanspruch erhoben – und somit als „Lehre" gelten konnten –, als es die Lériner taten und beabsichtigten.[5] Hieronymus und Rufinus waren aus monastischer Sicht unstete Einzelasketen[6] und können daher nicht mit dem sich organisierenden Mönchtum von Lérins verglichen werden. Bei den skythischen Mönchen fehlt gar die monastische Selbstdarstellung, sie scheinen eher „Theologen" gewesen zu sein.[7]

In Lérins ist das monastische Interesse und der monastische Hintergund bei theologischen Interventionen immer spürbar. Selbst das Commonitorium des Vincentius ist „mönchischer" als etwa die Schriften des Prosper, der selbst Mönch in Marseille war. Im Dienst der Organisation des Mönchtums in Lérins, das zweifellos im Vordergrund des literarischen Schaffens steht, fungiert die „Theologie" als Legitimationsfaktor des asketischen Lebens. Mit der zunehmenden Organisation und gezwungen, ihre Lebenspraxis gegen die extremen Formen des Augustinismus, die im häretischen Prädestinatianismus gipfelten, zu verteidigen, werden auch die theologischen Aussagen der Lériner präziser, ohne freilich in eine eigene theologische Systematik zu münden. Daraus folgt, daß man nicht zwischen den Inhalten der „Lehre" und den „Zugeständnissen" in den seelsorglichen Schriften (Predigten) wie etwa bei Augustinus zu unterscheiden braucht.

[4] Vgl. A. Härdelin, Monastische Theologie – eine praktische Theologie vor der Scholastik, in: ZkTh 109 (1987) 400–415.

[5] In den monastischen Schriften eines Basilius und Augustinus ist „Theologie" natürlich immer präsent, jedoch nicht in jener ausschließlichen Form wie in Lérins, daß konkrete Theologumena oft nur deswegen eingefügt werden, um sie mit asketischen Mahnungen ausdrücklich in Zusammenhang zu bringen.

[6] Zur Verbindung von Askese und Theologie (Wissenschaft) bei Hieronymus vgl. M. Rothenhäusler, Hieronymus als Mönch, in: BM 2 (1920) 380–391.

[7] Vgl. E. Schwarz, ACO IV,2 (1914) Praef. V–XII; sowie: B. Altaner, Zum Schrifttum der „skythischen" Mönche, in: HJ 73 (1953) 572–575.

I. DIE STELLUNG DER LÉRINER ZUR GNADENLEHRE.[8] VON DER ASKETISCHEN PRAXIS ZUR THEOLOGISCHEN POSITION: ASKESE ALS RECHTFERTIGUNG DER THEOLOGIE

1. Die unbefangen monastische Auffassung der frühen programmatischen Mönchsschriften und Biographien

1) Die Vita Honorati – der *vir Dei* als Gnadenmittler

In den frühesten Schriften der Lériner lebt noch ganz der unbefangene Synergismus altmonastischer Prägung weiter, der im Westen zuletzt in Cassians Werk erkennbar war und der sich relativ unbeeindruckt von der gerade entfachten theologischen Diskussion zeigt. Deswegen ist gegenüber dem Versuch, sie der einen (augustinischen) oder anderen („semipelagianischen") Richtung zuzuweisen, größte Vorsicht geboten.[9]

Neben dem Kontext, aus dem man die Aussagen zur Auffassung von Gnade entnimmt, ist vor allem auch das Genus der jeweiligen Schrift zu beachten.

So steht der Sermo de Vita Honorati im Spannungsfeld von antikem Panegyrikus, altkirchlicher Mönchs- bzw. Bischofsvita und einer zur Nachahmung des Helden auffordernden Exhortatio. Daraus ergeben sich auch theologische Konsequenzen. J. P. Weiss hat in einer sehr aufschlußreichen Studie über die Verwendung des Wortes *gratia* in der Vita Honorati darauf hingewiesen.[10] Daß man von einem hauptsächlich „untheologischen" Gebrauch des Begriffs sprechen kann, wenn bei einer Häufigkeit von 25mal *gratia* nur dreimal[11] in theologischem Zusammenhang steht, leuchtet ein. Das zeigt zunächst, wie fern Hilarius einem auf den terminus technicus der neuen Diskussion verengten Gebrauch stand.

An allen anderen Stellen, die hier nicht angeführt zu werden brauchen, drückt *gratia* zum einen Liebenswürdigkeit, Stärke und Ausstrahlung des Honoratus aus und zeigt ihn damit in einer Linie mit dem antiken Heros.[12] Zum anderen ist die Gunst des Volkes gemeint,

[8] Die Kenntnis der semipelagianischen Streitpunkte und Fachtermini wird hier vorausgesetzt.

[9] So meint z. B. L. Alliez, Histoire du monastère de Lérins, Paris (1862) 132–178, daß die Lériner keine Semipelagianer gewesen seien und führt dazu einzelne „augustinische" Sätze an. Das Gegenteil ließe sich ebenso leicht belegen.

[10] J. P. Weiss, Honorat – héros antique et saint chrétien. Étude du mot gratia dans la vie de saint Honorat d'Hilaire d'Arles; in: Aug. 24 (1984) 266–280.

[11] V. Hon. 3,8/13; 7,18/19; 19,16/21.

[12] J. P. Weiss (wie Anm. 10), 269: Appliqué à une personne ou à un ensemble des personnes autres que Honorat, le mot gratia signifie donc le plus souvent faveur,

die es Honoratus entgegenbringt (siebenmal), eine Gunst *(gratia* und *gratiae),* die ihm sogar zum Hindernis für die *conversio* hätte werden können.[13] Eine Textstelle, die den Übergang zur theologischen Verwendung zeigt, sei hier wegen ihrer Bedeutsamkeit zitiert. Sie handelt von der Wahl zum Bischof:

> Wer hat in eure Herzen diese Zuneigung *(gratia)* für einen Abwesenden, noch nie Gesehenen gelegt? Wer hat in euch dieses Verlangen erweckt, daß er von denen weggenommen wurde, denen er vom Herrn für die Einöde geschenkt worden war? Das hat alles jener getan, der alles austeilt *(dispensat).* Er, der ihn auch seinem Vaterland geschenkt hat, solange es ihm passend erschien, und der ihn durch Meere und Länder fahren ließ, zum Nutzen für die, die die große Gnade *(gratia)* seines Dieners sahen (V. Hon. 25 § 2–3).

Gott gibt seine Gnade nicht eigentlich Honoratus, sondern er gibt den Menschen Honoratus als seine Gnade *(dispensat).* Er gibt ihn ihnen, wie er seinen Sohn der Welt gab! In diesem Fall ist Honoratus die Gnade, er ist der Mittler Gottes. Wenn hier Honoratus mit dem Sohn Gottes gleichsam identifiziert wird, bestätigt sich über den Gebrauch des Wortes *gratia* erneut das Bild von Honoratus als *vir dei,* als Stellvertreter Christi im Kloster, wie es oben aufgewiesen wurde. In die gleiche theologische Richtung weisen auch alle Stellen der Vita zur Lichtterminologie: *illuminatio* als Geschenk Gottes an die Menschen; *illuminatio* in Honoratus und in seiner Nachahmung und Nachfolge als Dienst an den Brüdern.[14]

Gleich zu Beginn des Sermo bekennt Hilarius, daß er eigentlich anstelle des Honoratus Gott als den Spender aller Gnaden rühmen müsse (3,9): *necesse est, ut ad largitorem gratiae Deum laus tota referatur.* In der „Meditation" des Honoratus vor seiner *conversio* heißt es (7,18): *servanda est Christo per Christi gratiam sumpta libertas.* So wenig die erste Stelle in augustinische Nähe verweist, so wenig kann die zweite pelagianisch gedeutet werden. Mit *libertas* ist nicht das *liberum arbitrium* gemeint, dessen Ursprung – aus Gott oder per naturam aus dem Menschen – in der Diskussion umstritten ist, sondern jene Freiheit, in die und zu der die Askese führt, die Freiheit von weltlichen Fesseln und Sünden, eine Freiheit, die letztlich Christus geben muß, die der Mensch zu bewahren und in der er auszuharren hat *(perseverare).* – Bei *perseverare* ist immer auch an die in Lérins entstehende *perseverantia/ stabilitas,* die Leistung des Menschen ist, zu denken. – Nach der Gnade

reconnaissance, pardon, vertu. Mais déjà apparait la notion de „charme" et son corollaire „attrait". Vgl. auch ebd. 271/2.

13 V. Hon. 5,21/23. Weiss, 273.

14 V. Hon. 11,11–15; zu *illuminare* s. o. § 1 II, 4: Vertikale und horizontale Beziehungen.

des Vaters und des Sohnes wird auch die *gratia spiritus sancti* genannt:

> Von hier *(hinc)* kam und hier blieb durch seine Gebete die über das Kloster ausgegossene Gnade des Heiligen Geistes in verschiedenen Gnadengaben *(charismatum dono),* gestärkt durch das Beispiel und die Ermahnung eines so großen Lehrers. <...> und der Ruhm des Hauptes zeigte sich in allen Gliedern (19 § 3).

Daß die Gnade durch Beispiel und Ermahnung ergeht, sagt auch Cassian; Prosper wirft ihm deswegen prompt Pelagianismus vor.[15] - Fragt man nach dem *hinc,* von wo die *gratia spiritus sancti* herkomme, so wird man auf einen zuvor zitierten Ausspruch Salvians verwiesen, der *Honoratus quasi in Christo sol* nennt: Honoratus als Haupt der Glieder und Sonne wird erneut als die Gnade Gottes in größter Nähe zu Christus selbst gezeichnet. Damit wird die Vorstellung der *gratia cooperans* deutlich: Durch das Wirken des Honoratus wird die Gnade des Geistes ausgegossen, durch sein Bemühen bleibt sie erhalten. Die *cooperatio* wird expressis verbis bei der Errichtung des Klosters genannt: *Cooperante Christo . . . Honoratus vester castra illic quaedam Dei collocat* (16 § 1). Die *cooperatio Christi* ist hier vergleichbar mit der Rolle der Weisheit bei der Erschaffung der Welt durch Gott (Spr 8,22–23).

In seinem unbefangen synergistischen Denken schafft Hilarius hier etwas eigenartige „Trinitäten“, um das Zusammenwirken Gottes mit Honoratus zu umschreiben: Zuerst ist es Honoratus - Christus - der Heilige Geist; dann Honoratus - Christus - Gottvater. In diesem Kontext geht es vor allem darum, Honoratus als Gottesmann zu erweisen - die Gnadendiskussion ist fern.

Aber nicht nur über das Wort *gratia* läßt sich der monastische Synergismus nachweisen. Besonders aus den beiden in der Vita geschilderten Bekehrungsberichten lassen sich ähnliche naive Gnadenvorstellungen herauslesen, wiewohl die Texte auch hier nicht in eine gnadentheologische Systematik gepreßt werden dürfen. Cc. 5 und 6 betonen immer wieder, daß Honoratus aus e i g e n e m Willen die Taufe erstrebt und dem Herrn schließlich *iuvante deo* diente.[16] Damit soll gewiß nicht das Tun Gottes geschmälert werden, wenngleich der Unterschied zu der von Augustinus beschriebenen eigenen Bekehrung sofort auffällt. Der Wunsch zur Taufe ohne fremdes Einwirken und sogar gegen den Willen der Verwandten ist hagiographischer Topos

[15] Z. B.: Cassian, Conl. 3,22; 13,11; Prosper, ep. ad Aug. (inter augustinianas 225,4; CSEL 57,460). In V. Hon. ist *exemplum,* das zum Guten anregt, ohne daß die Gnade genannt wird, häufig: *alii ad Orientis oras et quaecumque alia plena sanctis loca accipiendi exempli gratia accedunt: hi quicquid adeunt exemplis bonis suscitant* (12,14/19); auch: 20,20; 32,4/6.

[16] Ebd. 5,1: *baptismum proprio concupierat arbitratu.*

und weist sogar eher auf das verborgene innere Wirken Gottes und des Honoratus Verbindung mit ihm hin. – Anders steht es bei der Bekehrung des Hilarius (c. 23); hier sind die Anklänge an das 8. Buch der Confessiones Augustins, das seine Bekehrung schildert, viel deutlicher. Hilarius bestätigt zwar zunächst, daß in ihm das *velle* wie auch das *nolle* im Widerstreit lagen (23,18) – also keineswegs nur das böse Wollen von Natur aus in ihm war. Dann aber scheint seine Bekehrung auf die Gnade Gottes, die wieder Honoratus selbst ist, zurückzuführen zu sein: Nachdem er alle Bemühungen aufgezählt hat, die Honoratus aufwandte, faßt er diese zusammen: *Exagitandum me illinc et edomandum dextera Dei suscipit: illi enim me oratione tradiderat* (23,28–30): Honoratus als die Rechte Gottes. Die neuerliche *cooperatio* bei der Bekehrung wird unterstrichen durch Wendungen wie: *orationibus (Honorati) et per misericordiam dei contumacia subiugatur* (23,35) und eine Anspielung zu Mt 7,7b,[17] die das *pulsare* – an Gottes Ohr – der eigenständigen Leistung des Menschen (Honoratus) zuschreibt; erst danach öffnet Gott aus Gnade und erweicht das Herz des Hilarius.

Eine solche *cooperatio* ist nicht jene, die der Semipelagianismus propagierte; dem widerspricht schon das Wesen der Partner. Während der Semipelagianismus Gott und Mensch auf einer fast gleichberechtigten Stufe des Zusammenwirkens sieht, geht es hier um Gott und den *vir dei.* Dennoch machen diese immer wieder auftretenden Gedanken die Zuversicht des altmonastischen Synergismus deutlich, in welchem die Askese und das Wirken Gottes den Menschen zur Vollkommenheit führen und damit in göttliche Nähe versetzen.

Dem altmonastischen Synergismus, wie er noch bei Cassian zu beobachten ist,[18] ist die bisweilen starke Betonung der Gnade ebenso eigen wie das Beharren auf der zu erbringenden Leistung des Menschen. In der die Vita abschließenden Reflexion (c. 37) denkt Hilarius gewiß „theologischer" als im übrigen Bericht: Honoratus betrachtete seinen Anteil beim Wirken der Zeichen als sehr gering – nicht jedoch als nicht vorhanden.[19] Am Ende steht ein Bekenntnis, das aus dem Mund Augustins hätte stammen können:

> Ihm hast du immer alles Gute deines Wandels zugeschrieben, indem du dir und den deinen stets dies vorhieltest: „Was hast du, was du nicht empfangen hättest, und wenn du es empfangen hast, was rühmst du dich,

[17] Ebd. 23,17: *et adfectus sui clamor repulsus duritia mea piissimas Dei usque ad misericordiam pulsavit et penetravit aures.*

[18] Vgl. etwa die Sammlung von Schriftstellen in Cassians Conl. 13,9, die in gleicher Weise sowohl das Wirken der Gnade wie das Tun des Menschen erweisen wollen. Conl. 3 betont fast ausschließlich die Gnade vor der Leistung des Menschen.

[19] V. Hon. 37,4/7: *multa quidem tibi divinitas signorum specie indulta novimus, quicumque propius adsistebamus; sed in his tu minimam tui partem reputabas maiusque tibi gaudium erat quod merita et virtutes tuas Christus scriberet quam quod signa homines notarent.*

als hättest du es nicht empfangen?" (1 Kor 4,15). Doch das Gute deines Lebens war um so mehr das deine, je mehr du es als das deine leugnetest (37,30/35).

Aus diesem Satz sollte nicht eine insgesamt augustinische Parteinahme geschlossen werden. Auch hier geht es mehr darum, Gottes Wirken im Mann Gottes oder im vergöttlichten Menschen darzustellen, d. h. die Identität des Tuns Gottes mit dem Tun des Honoratus zu erweisen.

Da es in dem Sermo nicht nur um die Erbauung der Hörer durch den Vortrag des Bios geht, sondern ebenso um *imitatio dei* durch *imitatio Honorati,* bleibt das Vertrauen in und die Anforderung an die menschliche Kraft, das Leben des Heiligen, d. h. den Weg zum Heil, mit der größtmöglichen Anstrengung zu wirken, wobei die göttliche Gnade den Menschen unterstützt. Das *exemplum* des Heiligen ist Gnade, ist anregende Kraft.

2) Die Panegyrica des Faustus – auf dem Weg zur expliziten theologischen Aussage

a. Homilie auf Honoratus – Vorbildethik und Verdienstgedanke

Die Gewichtung von impliziter und expliziter theologischer Aussage in den späteren Viten ändert sich je nach dem vorherrschende Genus. Während das panegyrische Element an Bedeutung verliert, rückt das exhortative der Homilien in den Vordergrund, und durch die Verknüpfung der alt- und neutestamentlichen Vorbilder mit Ermahnungen zur *imitatio* verstärkt sich der Appell an das Leistungsvermögen der eigenen menschlichen Kraft und legt somit „pelagianische Spuren"[20] offen, die – so hat man den Eindruck – mehr und mehr bewußt vertreten werden. Ebenso entscheidend für die Entwicklung der theologischen Aussagen in den Viten ist natürlich der Standpunkt des Verfassers, sodann die jeweilige Entwicklungstufe des Gnadenstreites, nicht zuletzt auch der Ort, an dem die Vita verfaßt wurde: auf Lérins wird man anders schreiben als etwa in Marseille, wo sich nach dem Tod Cassians das Erbe Augustins durch die Intervention Prospers durchsetzen wird.

Im Anschluß an den Sermo de vita Honorati des Hilarius ist Faustus' Homilie In depositione sancti Honorati episcopi (LXXII) zu untersuchen. Faustus ist schon in seiner Lériner Zeit der entschiedenste Vertreter des altmonastischen Synergismus. Nach den Schriften seiner Bischofszeit weiß man ihn zu einem ebenso entschiedenen Vertreter des südgallischen Semipelagianismus zu rechnen. Dennoch ist diese

[20] Prosper nennt die Anfänge des „Semipelagianismus" *pelagianae pravitatis reliquiae,* ep. 225 (inter augustinianas CSEL 57,465,11).

Homilie kein ausdrückliches Beispiel dafür. Das liegt daran, daß er sich stark an der Vorlage, der V. Hon., orientiert.[21] Allerdings ist seine eingreifende Hand und Absicht spürbar, die Vorlage nach seinem pädagogischen Konzept zu ändern. Die genaue Entstehungszeit ist unbekannt; jedoch sie ist in dem Zeitraum bis ca. 30 Jahren nach der Vita Honorati anzusetzen, in eine Zeit also, da Faustus in den Mönchshomilien bereits weiterreichende theologische Aussagen machte.

Eine nicht unbedeutende Verschiebung und Intensivierung der theologischen Aussage kann Faustus an der Person des Caprasius, des Begleiters und Lehrers des Honoratus, vornehmen. Zuerst klingt es noch wie eine Anspielung auf die Stellen der V. Hon., die sich deutlich zur allmächtigen Gnade bekennen:

> Unter allen seinen Vorzügen drängt es mich besonders, dies mit gebührendem Lob zu feiern: Selbst auf den höchsten Gipfeln seiner Tugenden dachte er nie daran, sich allein zu vertrauen, so sehr er sich bewußt war, daß alles, was in ihm war *(quae in se erat),*[22] Gottes Gnade sei; vielmehr erwog er, indem er sich den seligen Caprasius als Zuflucht und Unterstützung hinzuzog, in allem, was er anzuordnen und durchzuführen hatte, stets dessen Überlegung und Rat, als stammten sie aus einer Menge bester Bücher. So führte er mit ihm wie Mose und Aaron, die zum Land der Verheißung aufgestiegen waren, die Herrlichkeit Christi in diese Wüste und errichtete dem Volk ein Lager (LXXII,41/50).

In der Intention des Faustus heißt dies: gewiß, alles ist Gnade, doch es ist sehr zu loben, die Begleitung einer Kraft, die nicht ein innerliches Wirken Gottes ist, zur Erlangung des Zieles hinzuzuziehen! Damit wird die Mitarbeit der menschlichen Leistung betont und eingefordert. In diesem Kontext ist es Caprasius, der mit der Gnade, die (in) Honoratus ist, mit Rat und Tat mitwirkt.[23]

Überall, wo Faustus den notwendigen Erwerb der Tugenden hervorhebt, kommt seine Auffassung vom (Mit-)Wirken der Gnade besonders deutlich zum Tragen. Das gilt in erster Linie von den drei Haupttugenden, die Honoratus gelehrt und verkörpert habe und die nun der Nachahmung empfohlen werden: *fides, oboedientia, humilitas.* Die *fides* wird im Abschnitt über die christologischen und trinitarischen Implikationen genauer behandelt werden. Hier interessieren nur *oboedientia* und *humilitas.*

[21] Vgl. etwa: LXXII,23/25: *nobis vero satis est ad aedificationem vestram pauca de plurimis memorare;* oder ebd. 82: *sicut legimus* (es folgt eine Reminiszenz an V. Hon. c. 15: die Inbesitznahme der Insel). Aus V. Hon. übernimmt Faustus auch die Lichtthematik.

[22] Eine Textvariante hat an dieser Stelle *inserat;* zur theologischen Bedeutung dieses Wortes im Gnadenstreit, s. u. Anm. 38.

[23] Zur Hierarchie der Oberen s. o. § 1 I.

> Halten wir den Gehorsam, zu dem er immer besonders und eifrigst gemahnt hat. Wenn der Mönch ihn nicht hat, ist er wirklich arm und nackt. Schließlich erkannte sich der erste Mensch, nachdem er aufhörte, gehorsam zu sein, als nackt.
> Halten wir die wahre Demut; die wahre, habe ich gesagt, d. h. die weiß, daß sie als herausgeforderte nicht besiegt, als gereizte nicht verletzt und durch Widrigkeiten und Unrecht nicht bewegt wird; die bereit ist zu allen Kämpfen und Angriffen, deren die Welt voll ist. Diese fehlte auch dem im Paradies vom Teufel versuchten Menschen nicht. Ihm wäre ein großer Sieg über die Versuchung beschieden gewesen, wenn er nicht gewollt hätte, daß der Rat des Versuchers an ihn herankomme (LXXII,69/79).

Der zweimalige Hinweis auf den Urstand, auf die Anthropologie, macht die Verbindung zur Gnadenlehre deutlich. War doch insbesondere im Westen, spätestens seit Augustinus, die erstere ein Teil der Soteriologie und Gnadenlehre. Vor allem in einer seiner letzten Schriften (De correptione et gratia) formt Augustinus die Lehre vom Urstand nach seiner neu entwickelten Gnadenlehre um, will aber den gegenteiligen Eindruck erwecken, daß die Lehre von der Gnade notwendig und schlüssig auf dem Urstand und Fall des Menschen aufbaut. Das kritisierte denn auch die Marseiller Opposition gegen Augustinus, wie Hilarius, der Freund des Prosper von Aquitanien, in einem Brief an den Bischof von Hippo berichtet:[24] In De correptione et gratia 12,34 hatte Augustinus unterschieden zwischen einer Gnadenhilfe, die Adam zuteil wurde, ohne die sein Wille nicht hätte beharren können *(auxilium sine quo non),* und einer solchen, die dem (prädestinierten) Menschen nach dem Fall von Gott geschenkt wird und den Willen selbst so bereite, daß er nur gemäß dieser Gnadengabe handeln könne *(auxilium quo)*. Ein Teil der Marseiller Opposition lehnte eine solche Unterscheidung bewußt ab, einen anderen Teil, die Mönche, erreichte eine solche Spitzfindigkeit erst gar nicht. Das wird an der zitierten Stelle des Faustus deutlich. Indem er den Stand der Mönche bedenkenlos mit dem des Adam vor und nach dem Fall vergleicht oder gleichsetzt, zeigt er, daß er zwischen einem *auxilium sine quo non* vor dem Fall und einem *auxilium quo* nach dem Fall nicht zu unterscheiden bereit ist. Damit aber wird die augustinische Lehre von der besonderen Gnadengabe an einem grundlegenden Punkt verlassen, denn nun hat es den Anschein, als könne der Mönch aufgrund seiner natürlichen Beschaffenheit und Veranlagung wie Adam, wenn er gewollt hätte, den Gehorsam und damit seinen paradiesischen Stand bewahren. Daß Faustus dies wirklich meint, zeigt das *noluisset* in dem zitierten Text. Das *velle* und *nolle* erhält im Gnadenstreit späte-

[24] Ep. 226,6 (inter augustinianas; CSEL 57,475) zitiert De correptione et gratia 12,34 als von den Gegnern angegriffen.

stens seit Cassian eminent theologische Bedeutung. Beides liegt nach der Meinung der Mönche in der Kraft des Menschen, mit der er über seinen Weg zum Heil oder zur Verdammung selbstverantwortlich entscheiden kann und muß. Gott wolle das Heil aller Menschen, biete es allen an und lasse ihnen die Wahl der Annahme oder Ablehnung.[25] Die Freunde Augustins greifen diese Auffassung, die zugleich die *potentia,* das gewollte Gute auch eigenständig zu tun, umfaßte, dementsprechend scharf als pelagianisch an.[26] Für Faustus stehen Adam und die Mönche in einer Linie: so wie Adam gegen den Teufel verlor, weil er nicht dem Anschlag des Versuchers widerstehen wollte, was er ohne eine zusätzliche Gnade vermocht hätte, so werden auch die Mönche keinen Triumph erlangen, wenn sie nicht in wahrer Demut gegen die Übel der Welt angehen w o l l e n; ohne ihr eigenes Wollen können sie die Kämpfe nicht bestehen. Ähnliches gilt vom Gehorsam. Nicht das Essen der verbotenen Frucht öffnete die Augen für die eigene Erbärmlichkeit, sondern das Verlassen des Gehorsams (Gott gegenüber) macht den Menschen arm und nackt. Hält er ihn hingegen, bleibt er im Stand des Paradieses. Der vom Menschen geleistete und von Gott im Oberen geforderte Gehorsam entscheidet damit über Heil und Nicht-Heil.[27]

Eine nicht ganz so pointierte Aussage macht LXXII,100/102 in Anlehnung an V. Hon. 19 § 3: Honoratus erziehe durch Ermahnungen und führe damit die Herde zum Besseren, zur Vollendung.[28] Zwar ist Erziehung und Ermahnung nicht ausdrücklich als Gnade bezeichnet worden, aber vor dem Hintergrund der aktuellen Diskussion erweckt die Wendung Verdacht. Daß der Mensch sich im Guten vollende, ist nach augustinischer Lehre allein dem Wirken der Gnade zuzuschreiben. Ganz entschieden schreibt das Prosper in seinem Brief an Rufinus: *nisi enim ipso (Christo) vocante, d o c e n t e, salvante, nemo venit, nemo e r u d i t u r.*[29] Faustus denkt an der zitierten Stelle der Homilie gewiß nicht theologisch; er benutzt unbefangen asketisches Vokabular des alten Synergismus, das erst für sich genommen anstößig würde. Dies ließe sich an vielen anderen Stellen ebenso erweisen.

Gratia ist auch bei Faustus kein „theologisch besetztes" Wort; wie Hilarius verwendet er es für Tugenden.[30] Für Gnade steht *dispensatio dei* (LXXII,155). Wenngleich er theologisch weiter ist als Cassian und

[25] Vgl. Cassian, Conl. 13,7.

[26] Z. B. Prosper, Contra Collatorem 9; 10,2; 11,1;

[27] Vgl. o. § 1 II, 3. 3): Gehorsam.

[28] LXXII,100/102: *inter haec animarum pervigil custos insistebat semper susceptum gregem assiduis exhortationibus erudire et quodammodo in melius commutare.* Vgl. o. Anm.15.

[29] Prosper ep. ad Rufinum II,3; XIII,14 (PL 51,78 A; 85 B).

[30] LXXII,111/112: *Immo vero illud narrare quis possit quomodo duas gratias in uno coniunxerat pietatem scilicet et severitatem.*

Hilarius, vermeidet er den theologischen terminus technicus. Die *vocatio* meint nicht eine verborgene Auserwählung durch Gott *(praedestinatio)* wie in der neuen Lehre Augustins, sondern das sichtbare Herausgenommenwerden *ad alumnam insulam* (LXXII,154): das erfahrene und erfahrbare Erlebnis der Berufung. Schließlich legt die aus V. Hon. übernommene Quasi-Gleichsetzung Christi mit Honoratus nahe, letzteren als die Gnade selbst zu verstehen: *mortuas saepe in corporibus animas suscitavit* (LXXII,129). Nicht zuletzt ist häufig vom *meritum* die Rede, ein Begriff, der in der Gnadendiskussion durch den pelagianischen Satz von der *gratia secundum merita data* belastet ist.[31]

b. Homilie auf Maximus – monastische Gnadenlehre im Gewand der Vita

Bei dem Abt Faustus wird man stets den Wandel von impliziter zur expliziter theologischer Aussage beobachten können, der im Dienst der Motivation bzw. Legitimation der Askese steht. In der Homilie De beato Maximo hat sich Faustus deutlich von der Lériner Urvita gelöst, wenngleich der Einfluß durch die Vorlage spürbar bleibt; so in der auf Maximus angewandten Lichtterminologie (XXXV,75/82.155.184), im pluralischen Gebrauch von *gratia,* was in diesem Zusammenhang erworbene Tugenden und Tugendgaben meint.[32] Maximus ist Gnadengabe für die Inselbewohner und alles was von ihm kommt, wird zu einer solchen: *quidquid ab uno ad universorum gratiam pervenisset, rursum ab universis gloriam revertebatur* (XXXV,145). – Nach augustinischer Tradition rühmt man Gott durch die Gaben, die er gegeben hat. – Freilich bleibt Faustus nicht nur bei diesem Gebrauch stehen: Manches Lob über die Tugenden und Verdienste des Maximus leitet er mit der bekannten und bei ihm schon entleerten Formel ein: *gratias tibi domine* (89), oder *gratias caelesti dispensationi* (172). Darüber hinaus werden Vokabular, Schriftzitate und Gedankengänge aber mehr und mehr von der Sprache geprägt, die Faustus später als Semipelagianer charakterisieren: Es finden sich direkte Parallelen zu seinen späten Schriften De gratia und zu den Briefen, aber auch zu anderen Mönchshomilien. Am wenigsten auffällig ist dabei noch die wiederum häufige Verwendung von *meritum.*[33] Pelagianisch ist die Auslegung zu Gal 6,9; sie findet sich in dieser Weise auch in De gratia 1,12, in dem Kapitel, in dem er

[31] Ebd. 12: *meritorum praemia;* ebenso: LXXII,17.21.23.39.

[32] XXXV,128: *diversitas gratiarum;* vgl. ebd. 240: *in se excolit gratiam unamquamque quasi solam;* ebd. 99: *pallium pietatis et gratiae ac praeclara meritorum indumenta;* und ebd. 70: *vobis potum de illo gratiarum fonte sitiens hauriebat;* – die *fons gratiarum,* aus der Maximus nun für Riez schöpft, ist Lérins.

[33] Z. B. ebd. 99.144.172.206 u. ö.

darlegt, daß Wollen und Nichtwollen zum Bösen wie zum Guten in der Kraft des freien Willens liegen:

> Er drängte sich selbst, nach den Mahnungen des Apostels zu handeln, in denen es heißt: Werden wir nicht müde, das Gute zu tun, denn wenn wir darin nicht nachlassen, werden wir ernten, sobald die Zeit dafür gekommen ist. Was ist es aber: das Gute zu tun? Es ist: Wenn der Mensch nicht selbst das Ende des Werkes setzt, gibt Gott nicht die Vergeltung. So viel wir nämlich in Werken säen, soviel werden wir an Früchten ernten. (XXXV,279/283).

Schon daß die Schrift und nicht Christus Maximus in der Schilderung des Faustus drängt, läßt sie (die Schrift) bei Faustus im (semi-) pelagianischen Sinn als Gnade erscheinen. Prosper hat bereits eine dahingehende Äußerung Cassians verworfen.[34] Schwerwiegender ist jedoch die Aussage, daß der Mensch das Ende, die Vollendung des Werkes, leisten solle, damit Gott ihm die Belohnung gebe. Sogar die in Südgallien entstandene Opposition gegen Augustinus hatte zugestanden, daß Anfang und Ende des guten Werkes allein bei Gott und seiner Gnade liegen.[35] Die Aussageabsicht des Faustus ist jedoch deutlich: Nicht mehr Maximus wird durch die Schrift gedrängt, sondern Faustus selbst drängt durch Ermahnung auf das Tun des Menschen. Dieser Satz leitet den Schluß der Predigt ein, der eine einzige *adhortatio* zum asketischen Leben ist und weithin mit dem Leistung-Verdienst-Schema arbeitet:

> Daher, weil Gott den Geist ohne Maß gibt, gilt: je mehr sich der Eifer der Suchenden weitet, um so mehr öffnet sich die Hand der Vergeltung zur Belohnung. Daher ziemt es sich für den Menschen, sich immer im Ersehnen des Guten zu üben (XXXV,284/287).

Das ist die Aufgabe des Asketen, die in seinem Vermögen steht. Zugleich zeigt dieses Zitat die Vorstellung der Lériner von der Gratuität der Gnade: Die Unermeßlichkeit der Vergeltung Gottes steht in keinem Verhältnis zu der kleinen Leistung des Asketen. Somit ist die Gnade im Verständnis der Lériner immer noch *gratis data,* so daß sie eine Distanz zu Augustinus in diesem Punkt kaum empfinden. Der Abschnitt und die Predigt schließen mit der typisch semipelagiani-

[34] Prosper ep. ad Augustinum (inter augustinianas 225; CSEL 57,460,4ff) und ep. ad Rufinum II,3 (PL 51,78). Die Stellen Cassians, auf die er sich bezieht, sind z. B. Conl. 3,22; 8,23 und besonders 13,7.12. Zum genauen Vergleich von Prospers Angriffen und Cassians Äußerungen vgl. C. M. Kasper, Der Beitrag (Anm 1.), bes. Anm. 50.

[35] Zur südgallischen Opposition, wie vorige Anm. In De gr. 1,10 (35,26) ist Faustus in der Auslegung zu Ps 126,1 viel vorsichtiger: *qui vero vel initium operis sibi praesumit adrogare vel finem, ad illum merito dicitur: nisi dominus aedificaverit domum, in vanum laborant, qui aedificant eam.* – Ähnlich auch in 1,8 (8,31) in der Zurückweisung des Pelagius.

schen Wendung, daß die Mönche, wenn sie wollen *(si volumus),* das unversehrt bewahren können, was sie in sich tragen, so wie es Maximus vorlebte (XXXV,304/7). In der starken Hervorhebung des Willensvermögens und der Betonung der Abhängigkeit des Gelingens vom Wollen, ist Faustus Schüler Cassians. Noch eine weitere Stelle steht in der Abhängigkeit zu Cassian; Faustus verwendet sie nochmals in ep. 12:[36] *Verus meritorum honor non alibi quam in ipsis continetur vitae* (XXXV,207); Cassian schreibt in Conl. 13,12 man müsse sich hüten, alle Verdienste der Heiligen so auf den Herrn zu beziehen, daß dem Menschen nur noch das Böse zu tun bleibe.[37] Prosper hat diese Auffassung in ContraConl. 11,2 bereits angegriffen. Faustus zeigt sich davon unberührt; dennoch bleibt der Eindruck, als habe er eine dezidierte theologische Aussage machen wollen.

Wie schon in Hom. LXXII, so ist auch hier auf das Vokabular aufmerksam zu machen, das zwar an sich unverfänglich ist, jedoch im Zusammenhang mit der Gnadendiskussion nicht unumstritten blieb bzw. gar charakteristisch für den Semipelagianismus wurde. Nach der Lehre Augustins ist jede einzelne gute Gabe und Tugend von Gott gnadenhaft dem Menschen geschenkt. Die dafür benutzten Verben *insinuare, infundere, inserere* benutzt Faustus, wenn auch nicht nur in theologischem Zusammenhang, so doch stets in dem Sinn, daß nicht Gott, sondern Maximus (also der Mensch) das aktuelle Gute einpflanze. Solange der beschriebene Obere der *vir dei* ist, mag er als Mittler der Gnade die Tugenden und den Aufstieg zu ihnen eingeben, er selbst ist ja *gratia dei.* Aber auch jeder einzelne Mönch ist gehalten, Tugenden in sich zu säen und zu pflanzen (XXXV,114. 282). In diesem Zusammenhang erinnert das *inserere*[38] an die *semina virtutum,* die Cassian nennt (Conl. 13). Diese Tugendsamen sind teils von Natur aus im Menschen *(qua gratia prima),* teils werden sie von Gott noch eingepflanzt; alle jedoch werden von ihm gehegt, damit sie wachsen und Frucht bringen und der Mensch daraufhin das Heil erwirbt. Gegen die Auffassung der in der Natur des Menschen (nach dem Fall) vorgefundenen Tugendsamen hat Prosper heftig Protest erhoben: im Menschen könne es nichts geben, was für die Erlangung des Heils

[36] CSEL 21,219,4.

[37] CSEL 13,379,25.

[38] W. Bergmann, Südgallische Predigtliteratur 44, zählt *insinuare* (neunmal), *inserere* (achtmal), *infusio* (vgl. hierzu ebd. 304 Anm. 3) zu den für Faustus typischen Vokabeln. Ganz deutlich wird die theologische Verwendung in De gr. 1,9 (29,27): *sensum rationis et arbitrium voluntatis in unamquamque animam inseruit, inspiravit, infudit;* 1,10 (34,3): *insitum bonum;* 2,9 (78,29): *quia ei (homini) inseruit veritas, iustitia, ratio, sapientia, perennitas, aeternitas.* All das sind die Cassianschen *semina virtutum,* die durch die Schöpfungsgnade im Menschen sind, also von Natur aus!

verdienstvoll wäre. Ob Faustus beim Gebrauch dieser Worte[39] in seinen Viten das Cassiansche Verständnis vorschwebte, wird man nicht mit letzter Sicherheit entscheiden können, allein ihre semipelagianische Verwendung in De gratia wirft ein Licht auch auf diese Schriften.

Ähnliches läßt sich von *consuetudo* sagen. Dieses Wort ist durch pelagianischen Gebrauch umstritten: Durch Gewöhnung an das Böse verbleibt der Mensch im Dunkel und geht zugrunde. Die Gewöhnung an das Gute stärkt ihn und läßt ihn - aus eigener Kraft - zum Heil finden. In analogem Sinn taucht es auch bei Faustus auf[40] - wenngleich er weit von sich gewiesen hätte, pelagianisch gedacht zu haben.

Nur durch gezielte Interpretation und Selektion - so verfuhr Prosper mit Cassians Schriften - ließen sich einzelne Aussagen der Faustischen Viten einer bestimmten theologischen Richtung zuweisen. Dies ist zwar nicht zulässig, weil damit das Genus und die erste Absicht der Schriften übersehen würde. Jedoch läßt sich auf diese Weise ein inzwischen sicherlich bewußter Synergismus in bisweilen deutlicher Absetzung zur Position des Augustinus erkennen. Im asketischen Kontext und Milieu ließen und lassen sich die Viten ohne Anstoß lesen und haben so auch weite Verbreitung und uneingeschränkte Aufnahme gefunden. Die unterschwellige Annäherung an den Semipelagianismus zeigt sich erst bei einer genaueren Analyse.

Exkurs: Vita Hilarii – orthodoxe Gnadenlehre aus Marseille

Die Vita Hilarii gehört nicht zum eigentlichen Leriner Schriftkorpus, ihr Verfasser ist kein Leriner Mönch. In ihrem gnadentheologischen Standpunkt ist sie von den vorgenannten Viten weit entfernt. Während sich sonst überall in Südgallien zum Zeitpunkt ihrer Entstehung (Ende 5. Jh.) die Theologie des Faustus festigte, zeigt sie - in Marseille verfaßt - evtl. noch die Spuren des Augustinusschülers und Kämpfers für die neue Lehre, Prosper von Aquitanien. Keine Wendung weist in die Richtung des Semipelagianismus. Dagegen wird betont: *gratia praecedens et industria subsequens* (6,7; 26,16); *domino gubernante* (ebd.) und schließlich *lucta compago antiquitatem potentiamque eius non potest*

[39] Vgl. XXXV,3.228: *insinuare;* 266: *inserere;* 229: *infundere;* 227: *parva haec sunt in illius caelestibus gestis; plus est quod insinuat vobis.*

[40] Vgl. ebd. 21 sowie in den Mönchspredigten: XXXVIII,219: *consuetudo proficiendi;* XXXVII,26: *consuetudo vitae prioris;* XXXVIII,200: *violentia consuetudinis et impetus passionis;* XLIII,68: *consuetudo obtrectationis;* XL,24: *consuetudo peccandi;* V. Hon. 23,20: *et vere obluctanti mihi et per saecularem illam nimis periculosam consuetudinem obstinationem interdum meam sacramento obstringenti, prophetico, ut ita dicam; spiritu ante iam praemiserat: Hoc, inquiens, quod mihi tu non praestas, Deus praestabit.*

sine dei gratia superare (26,41). Der anonyme Verfasser der Fortführung von Gennadius De vir. ill. war gewiß kein Semipelagianer wie jener.[41] So lobt er in c. 100 den Verfasser der V. Hil. als einen großen Kämpfer gegen die *haereticorum perversitas*. Es ist durchaus möglich, daß er damit lobend des Honoratus von Marseille Distanz auch zum südgallischen Semipelagianismus hervorheben will. Die V. Hil. mag daher ein Beispiel sein, wie Ort, Zeit und Verfasser zugleich den theologischen Standpunkt festlegen, selbst wenn die Lériner Schriften ihr als Quelle dienten!

3) Die asketischen Schriften des Eucherius

a. Der Weg zur Wüste als Weg zum Gnadengeschenk

Zur ersten Phase des unbefangenen Synergismus in Lérins gehören auch die asketischen Schriften des Eucherius: De laude eremi und De contemptu mundi.

Durch die Personifizierung der *eremus* in De laude eremi ist diese Schrift Vorbild für die Viten geworden. Daher sind die bisher aufgezeigten theologischen Aspekte bereits hier zu finden. Hier (c. 33–36) ist die Wüste Mittlerin der Gnade oder Ermöglichung aller Tugenden: *tu fecunda virtutibus* (41,459); allein durch sie fällt das Gute zu tun leichter *(facilius),*[42] erreicht man die wahre Freiheit (*magis vacare, liberior cordis;* c. 33). Es ist die gleiche asketische Freiheit, die Honoratus bei seiner *conversio* erfuhr. Die Wüste selbst erweist sich als Gnade Gottes. Die in ihr sind, wachen nicht umsonst (38,416). Die Reminiszenz an den von Augustinus gern für seine Theologie benutzten Ps 126,1 bestätigt diese Vermutung. Die Wüste ist die Stadt auf dem Berg, das Licht, das nicht verborgen bleiben kann: „wenn einer im Dunkeln ist, nähere er sich diesem Licht, daß er sehe" (36,397). Das allgemein gebräuchliche Gleichnis vom Landmann, der mit eigener Anstrengung sät und danach seine Frucht erhält, mit dem auch Cassian seine 13. Conl. eröffnet, greift Eucherius in c. 39 auf, um das Zusammenwirken von Natur und Übernatur (Gnade) hervorzuheben. Die guten Samen (man kann sie als die Cassianschen *semina virtutum* deuten), die der Wüstenbewohner in sich trägt und aussät, bringen

[41] Das geht u. a. aus der Charakterisierung des Caesarius hervor (c. 87; Richardson 91/92): hier erwähnt er nur lobend des Caesarius verschollenes Werk De gratia, in dem es klar heiße, daß der Mensch ohne Gnade aus sich selbst nichts Gutes tun könne. Vgl auch Feder, Der Semipelagianismus des Gennadius von Marseille, in: Schol. 2 (1927) 481–514, bes. 496–497.

[42] Vgl. auch Laus 4,35: *nec immerito ibi esse promptius creditur, ubi facilius invenitur. Promptius* und *facilius* benutzten die Pelagianer, um das Tun des Menschen nach der empfangenen Unterstützung der Gnade zu umschreiben. Auch ohne Gnade sei es möglich, Gutes zu tun, allerdings mit größerer Mühe. So wurde es bei der Verurteilung des Pelagius auf dem Konzil von Karthago 418 festgestellt.

durch die Wüste ihre Frucht. Dieses Wirken ist *quam abscondita tam vota* (36,385). Mit diesen Worten, mit denen die Semipelagianer die Unmöglichkeit, das Zusammenwirken von göttlichem und menschlichem Wirken zu erfassen, darstellen, beschreibt Prosper das verborgene, aber sicher ergehende *propositum et consilium voluntatis* von Gottes Gnadenwahl (Prädestination).[43] Das Wirken der Wüste ist zwar verborgen, *meritum tamen occulere non possit* (36,388). Eucherius ist sich bewußt, daß der Mensch der Unterstützung bedarf – die Gnade der Wüste ist die einzige Möglichkeit, zum Heil zu gelangen (c. 16), jedoch muß der Mensch mitwirken und den ersten Schritt, nämlich in die Wüste, tun, wie der Adressat der Schrift, Hilarius. Dann wird er unermeßlichen Lohn erhalten. Tiefer ist Eucherius zu diesem Zeitpunkt (426) noch nicht in die Gedanken der augustinischen Gnadentheologie eingedrungen. Das zeigt seine unreflektierte Aussage zum Urstand: *possessor paradisi <. . .> fixam sibi a deo legem servare non potuit* (6,69); er konnte die Gesetze nicht halten, da er sich vom *locus amoenus* verführen ließ. Von einem *auxilium quo* oder einem *auxilium sine quo non* ist hier, gemäß mönchischer Auffassung, nicht die Rede.[44] Der durch das Wohnen in der Wüste begnadete Bewohner ist gleich weit sowohl vom Willen wie von der Möglichkeit *(facultas)* zu sündigen entfernt (31,326). Die mögliche Sündenlosigkeit ist ursprünglich pelagianisches Gedankengut – hier soll eine solche Aussage eher zum Lob der Wüste beitragen.

b. Der Weg aus der Welt als Bedingung der Gnade

Sei es, daß z. Zt. der Abfassung von *De contemptu mundi* (432) die Entwicklung der Lehre weiter fortgeschritten war, sei es, daß der mehr exhortative Charakter der Bekehrungsschrift dazu veranlaßte: hier findet sich der monastische Synergismus ungleich entschiedener als in De laude eremi.

Gleich zu Beginn glaubt man Cassian zu hören, wenn Eucherius schreibt, daß Gott das Gute teils im Menschen findet, teils in ihn hineinlegt.[45] In der Weltanschauung des Eucherius, die in Cont. zum Ausdruck kommt, ist das Geschöpfliche etwas Gutes, durch das sich der Mensch zum Besseren, zum Lob des Schöpfers und zum Heil erheben kann. Im ganzen folgenden Werk scheint sich die Auseinandersetzung mit Cassian und die Rezeption seiner Gedanken niederzuschlagen:

> Uns aber werden mit so vielen Büchern des göttlichen Gesetzes die Vorschriften wiederholt mit dem Zweck, daß es dem Menschen selbst

[43] Ep. 225,6 (463,18/19): *occulto iudicio et opere manifesto.*
[44] Zum *auxilium quo* s. o. sowie C. M. Kasper, Der Beitrag (wie Anm. 1) 178.
[45] Cont. 712D und Cassian, Conl. 13,7.8.

anvertraut ist, dem Willen des Schöpfers zu gehorchen, und er lerne, für seine Gebote frei zu sein. Sie dienen dem Menschen, indem sie Beispiel sind (719 C).

Dieser Passus erinnert an die von Prosper beanstandete Behauptung Cassians, daß der Mensch durch Beispiel, durch geschriebenes oder natürliches Gesetz das Angebot zum Heil erhalte – anstatt durch eine besondere Gnade dazu bestimmt worden zu sein – und den Weg zur Freiheit (zur asketischen, wie zur metaphysischen des *liberum arbitrium)* finden könne.[46] Nicht primär die Gnade, sondern die *examinatio meritorum* entscheidet vor Gottes Gericht (718 C). Im Willen des sich mühenden Menschen steht es, Gottes Angebot *(adoptio)* anzunehmen oder es abzulehnen; die Verantwortung dafür liegt bei ihm selbst: *Deus te in adoptionem vocat, illud si v e l i s, tibi blandum filii nomen impartiens* (715 A). Eucherius faßt die *adoptio* hier als einen Ansporn auf, der den Menschen dazu bringen solle, das asketische Leben als Weg zu diesem Ziel einzuschlagen:

> Und wirst du nicht entflammt, mitgezogen und zur Eile gedrängt, damit nicht ein schneller Tod solch ein Angebot (der *adoptio*) raubt? Und um es zu erhalten, wirst du da nicht die unwegsamen Einöden der Erde und die Unsicherheiten des großen Meeres (Anspielung auf Lérins?) durchdringen? Wenn du w i l l s t *(volueris)*, ist diese Adoptio dein. Wird uns eine solches Angebot deswegen, weil es, je größer es ist, um so leichter zu erfassen ist, dann noch faul und träge bleiben lassen? Wer daher nicht darauf eingeht, wird als Leugner umso härter dieses Angebot erfahren: denn wie es sich den W o l l e n d e n bereit zeigt, so wird es den N i c h t w o l l e n d e n unheilvoll sein (715 A).

Damit ist Conl. 13,7 zu vergleichen, in der Cassian über den allgemeinen Heilswillen (1 Tim 2,4) und den Untergang der Nichtwollenden handelt. Stellen, die hin und wieder das vorrangige Wirken Gottes betonen, deuten nicht auf augustinische Einflüsse im Sinne der Gnadenlehre, sondern bestätigen vor dem genannten Hintergrund das bereits Gefundene: dem mönchischen Synergismus ist jenach Argumentation eine solche wechselnde Position schon bei Cassian eigen. So weiß Eucherius, daß der Mensch als Unwürdiger alles von Gott empfängt, behauptet aber auch, daß er durch *devotio* zur Vollendung gelangen kann und muß.[47] Er weiß, daß Gott es ist, der im Menschen zuerst die Liebe wecken muß, *utique Deum opportet illicere ad amorem* (721 B); er weiß mit Ps 115,12 *(quid enim retribuemus Domino pro*

[46] Vgl. Conl. 3,9: die Arten der Berufungsgnade: durch den Menschen, ihr Beispiel und das Einwirken äußerer Ereignisse. – Conl. 3,22 durch das geschriebene Gesetz; Inst. 12,18 durch das natürliche Gesetz. Prosper, ep. ad Rufinum II,3 (PL 51,78 AB).

[47] Cont. 713 A: *vitam, i. e. divinum bonum <...> ut quod Dei munere sumpsit dei devotione consummetur, atque id quod ab eodem indignus cepit, eidem subiectus impendat.*

omnibus, quae retribuet nobis), daß der Mensch kaum in der Lage ist, Gott eine Gegenleistung für seine Gnade entgegenzubringen[48] – außer der Liebe. In asketisch-theologischem Paradox sagt er: „Es ist ein großes Unrecht, daß du ihm nicht geben willst *(nolis),* was du kannst *(possis),* ihm, dem du, auch wenn du wolltest *(velis),* gar nichts vergelten könntest *(possis)*" und schließt die Überlegung mit dem pelagianisch klingenden *facile:*

> Wie können wir dem Herrn all das vergelten, was er an uns Gutes getan hat (Ps 115,12)? Wie können wir besonders das vergelten, daß er dem Menschen durch den Glauben das Heil gab und bestimmte, daß das überaus leicht zu tun wäre, was die Hoffnung des Erdkreises und das Leben der Sterblichen aufrecht hält? (721 C).

Am Schluß des Briefes, nachdem er seine Liste der guten Werke vorgestellt hat (724–725), führt er aus, daß dies zu tun allein das Werk des erbarmenden Gottes sei.[49]

Dennoch wird die insgesamt paränetische Schrift von jener asketischen Zuversicht beherrscht, wonach der Mensch, durch Ermahnung und Beispiel gestärkt und ausreichend gerüstet, den von ihm zu leistenden, in seiner Kraft stehenden Beitrag auf dem Weg zum Heil erbringen kann. Immer häufiger tauchen, wenn auch immer noch gleichsam nebenbei, theologische Aussagen auf, derer sich später der Semipelagianismus bedienen wird, um zur Leistung im asketischen Leben zu motivieren.

2. Der entschiedene Synergismus der Homiliae ad monachos. Stationen der Entwicklung einer asketischen Theologie

Hinter die Deutlichkeit der theologischen Aussagen der bis 432 verfaßten Schriften wird man in Lérins nicht mehr zurückgehen. Zudem scheint es, daß die gleichen Formulierungen aus den bisher vorgestellten Werken in Schriften eines anderen Genus eine ungleich schwerwiegendere Bedeutung haben, so nämlich in den Mönchspredigten, die nach 433, also in der Abtszeit des Faustus, entstanden. Sie sind an die Gemeinschaft der Mönche gerichtet, wohl zuerst an die zönobitisch lebende. Sie wollen Askese reglementieren und fördern und zugleich in allem, was sie sagen, theologisch belehren. Im letzten Kapitel wurde darauf aufmerksam gemacht, daß die Vorstellungen des Faustus von Gebet, Gehorsam und Stabilitas nur verständlich werden und ihren tiefen Sinn zeigen, wenn man erkennt, vor welchem theologischen Hintergrund sie entstanden sind. Dies braucht hier nicht

[48] S. o. § 2 II, 1: Motivation zur Askese.
[49] Cont. 725 D: *per opus miserantis Domini id fore non diffidimus.*

mehr eigens dargestellt zu werden. Es geht darum, eben diese Theologie der Predigten zu beleuchten, die von entscheidender Bedeutung als Wendepunkt von impliziten zu expliziten theologischen Aussagen sind, so daß sie hier als eigene Stufe in der spirituellen Entwicklung von Lérins behandelt werden.

1) Müssen impliziert Können. Paränese als Mittel zur Institutionalisierung des Gemeinschaftslebens

Vor dem primären Anliegen des Faustus, der Motivierung und Institutionalisierung der Askese, erscheint es nur zu verständlich, daß das paränetisch-exhortative Element bei weitem überwiegt. Eine Gnadenlehre wollte Faustus hier zwar nicht vorlegen, jedoch geriet er schon in Lérins mehr und mehr in Zugzwang, seine Position der Verteidigung und Rechtfertigung in Absetzung zu Augustinus auch auszuformulieren. Aussagen zur Gnade fehlen noch weitgehend; man vermißt sie zunächst nicht: die Verheißung des vorweggenommenen Lohnes (*in opere est, quod merces erit,* Laus 43,508; XL,4) für die asketische Leistung scheint an deren Stelle zu treten. Neben den dicht gedrängten Appellen an das Bemühen und die Fähigkeit des Mönches erscheint nur gelegentlich ein formelhaftes *ipso iuvante* (XLI,66), *cum dei adiutorio indefesso studio laboremus* (XXXIX,136), das die Hilfe Gottes eindeutig nur als *cooperatio,* als Unterstützung, bestimmt, dem Menschen aber die volle Verantwortung überläßt. Es liegt somit in der Hand des Mönches, das Heil zu erlangen, indem er aufrichtig seine Askese lebt.[50] Das wird mit Mt 11,12 forciert: *Regnum caelorum vim patitur et violenti diripiunt illud* (XXXVII,22). Die *violenti* sind die Asketen, die *violentia* die Askese in der Form der *abrenuntiationes* (ebd. 22/41), durch die die Übereinstimmung vom *homo exterior* und *homo interior* erreicht werden soll:[51] *ac sic talibus per violentiam regnum caeleste diripiunt.* Die Gaben Gottes, die vor jeder Leistung an alle Menschen

[50] XXXIX,96/99: *ad salutem perpetuam conquirendam, abstinentia corporalis sola non sufficit, nisi et animae quoque ieiunium per abstinentiam vitiorum fuerit sociatum.* XLIV,89/90: *compungamur in cubilibus, i. e. in cordibus nostris. si ita egeritis,* <. . .> *vos de acquisita salute gaudebitis.* S. o. § 2 I, 1. 4) zur exterior-interior-Thematik.

[51] XXXVII,42: *duo sunt abstinentiae crucis genera; unum corporale aliud spiritale.* – Entgegen der Lesart bei Glorie, der in Mt 11,12 (XXXVII,22) *rapiunt* liest, halte ich *diripiunt* (= Vulgata) für wahrscheinlicher. Diese Lesart ist im Apparat verzeichnet. Die Quelle zu dieser Stelle ist nicht Augustinus, Conf. 8,6–8, wie von Glorie im Apparat angegeben – Augustinus hat noch *rapiunt* – sondern Cassian, Conl. 24,26,12.13. So taucht sie auch in ep. 6 des Faustus auf (199,19), die aus dieser Predigt schöpft. Zudem steht in der gleichen Predigt einige Zeilen weiter (XXXVII,41) *diripitur.* Der Wechsel wäre nur schwer zu begründen. Eucherius hingegen verwendet, in Cont. 719 B, wie der größerer Zusammenhang zeigt, Augustinus als Quelle; folgerichtig findet sich bei ihm denn auch *rapiunt* in Mt 11,12; vgl. dazu P. Courcelle, Nouveaux aspects de la culture lérinienne, in: REL 46 (1968) 379–409; hier 381–382.

ergehen, werden dabei nicht geleugnet: *non vult deus noster bona sua nimia inveniendi facilitate vilescere*[52] und: *gratia ergo de gratia nascitur* (XXXVIII,227); jedoch scheint hier eher die *gratia prima* bzw. *gratia creatoris* gemeint zu sein, die der Asket bewahren soll, als eine innerlich wirkende, besondere und aktuelle Gnade, um die hauptsächlich der Streit entbrannte.

Der Einfluß des altmonastischen Synergismus, wie er von Cassian her bekannt ist (z. B. die Lehre von den *semina virtutum*), ist überall zu spüren, bei Faustus aber viel stärker hervorgehoben und deutlich mit dem *meritum*-Gedanken verbunden:[53]

> Und wo er den brennenden Eifer der Seele sieht, pflanzt er die Liebe ein; und je mehr wir zu unserem Bemühen hinzufügen, um so mehr eilt er uns zur Hilfe; und je mehr wir an Liebe hinzufügen, um so mehr wird er unsere Ehre vermehren (XXXVIII,221/224).

Es wird jedoch klar, was Faustus mit dieser Argumentation bezweckt: sie will schnell durch den Ausblick und Anreiz auf Lohn zur Askese motivieren.

2) Theoretische Distanz zu Pelagius

Zur – wenn auch zunächst unbewußten – Ausprägung der eigenen Gnadenlehre gehört zuerst die Absetzung vom Pelagianismus: „Wer sagt, er sei frei (ungebunden), leugnet, durch Christi Blut losgekauft worden zu sein" (XXXVIII,42/50). In dieser Form ist der Satz, der die metaphysische Freiheit meint, gegen Pelagius gerichtet, bei dem die Erlösungstat Christi für das Heil der Menschen nur eine untergeordnete Rolle spielte. Laut der antipelagischen Vulgärpolemik könne der Mensch nach Pelagius auch ohne den Tod Christi durch sein Streben die Freiheit von Sünden erlangen. Faustus vermischt aber gleich die metaphysische Ebene mit der asketischen oder sogar der unmittelbar erfahrbaren und möchte im Zusammenhang der Predigt mit einer solchen theologischen Aussage letztlich die monastische Stabilitas begründen: Der erlöste Mensch steht in der Schuld Christi, daraus erwächst ihm eine Bindung an ihn, der der Mönch in der lokalen

[52] XXXVIII,11; vgl. De gr. 2,12 (95,2): *nisi fuerit oboedientiae praemissa devotio, gratiae vilescit oblatio;* und De gr. 1,10 (33,26): *quapropter honorem sancti operis ac laboris de praemii magnitudine ac dignitate metire, cuius palmam tu pariter et coronam vilem absque dubio iudicas, si eam sine laboriosa contritione adprehendi posse confirmas.*

[53] Vgl. Conl. 13,7,1 (369,1/4): *cuius benignitas cum bonae voluntatis in nobis quantulamcumque scintillam emicuisse perspexerit vel quam ipse tamquam de dura silice nostri cordis excuderit, confovet eam et exsuscitat suaque inspiratione confortat.* – Conl. 13,8,4 (371,23/26): *qui cum in nobis ortum quendam bonae voluntatis inspexerit, inluminat eam confestim atque confortat et incitat ad salutem, incrementum tribuens ei quam vel ipse plantavit vel nostro conatu viderit emersisse.* Faustus unterschlägt jeweils den zweiten Teil der Aussage, daß Gott selbst den Funken im Herzen der Menschen schlage.

Stabilität Ausdruck zu verleihen hat. Die menschliche Freiheit und Ungebundenheit, die Honoratus bereits als Fessel empfunden hat, gibt er damit auf. Die anfangs gemeinte Freiheit erhält dadurch im Laufe der Argumentation eine andere Wertung. Wer Christus, d. h. wer die Insel verläßt, weiß nicht, was er gelobte, wozu er kam: *isti tales non bene petunt, sed male vitiis appetuntur, non fide pulsant, infideliter pulsantur* (XXXVIII,57). Mit diesem Satz und der darin enthaltenen Allusion schließt ein Abschnitt der Homilie XXXVIII, der die Askese mit Mt 7,7 ganz in die Beziehung von zuerst ergehender menschlicher Leistung und nachfolgendem Lohn Gottes stellt:[54]

> Bittet, heißt es, und ihr werdet empfangen, suchet, und ihr werdet finden, klopft an, und es wird euch aufgetan; d. h. daß wir bitten sollen, indem wir beten, suchen sollen, indem wir arbeiten, anklopfen sollen, indem wir streben; anklopfen, indem wir uns vollenden, anklopfen, indem wir ausharren. Und je mehr wir durch die Hoffnung auf die himmlischen Verheißungen im Mühen angeregt werden, um so mehr entzünden wir die Liebe: Damit mit der Würde der Belohnung die Größe des Verlangens übereinstimmt.

Nach Augustinus ist sowohl das *petite, quaerite, pulsate,* wie auch das *orare, desiderare, proficere,* und *perseverare* allein von Gott gewirkt. Hier drängt sich der Eindruck auf, als sei dies die vom Menschen ohne Gottes Vorgabe zu leistende Aufgabe, die er auch könne. Im Gnadenstreit etablierte sich Mt 7,7 als Leitzitat des Semipelagianismus.

In ähnlicher Weise mit zuerst antipelagianischer Tendenz verfährt Faustus in XXXVIII,161/165:

> Folgen wir deshalb um so mehr den Befehlen dessen, der für uns aus diesem Grund vom Himmel gestiegen ist, nicht allein, um uns vom Tod freizukaufen, sondern auch, um uns aufzubauen durch das Beispiel seines Lebens. Laßt uns daher mit ihm sagen: Ich bin nicht gekommen, um meinen Willen zu tun, sondern den Willen meines Vaters, der mich gesandt hat.

Damit begründet er den Gehorsam Gott gegenüber. Die zuerst ergangene Erlösungstat als Ausgang jeder Heiligung wird behauptet, zugleich aber spürt man trotz allem die Sympathie für den Pelagianismus, da das *exemplum Christi,* d. h. sein vorbildliches Leben, bereits als helfende Gnade gewertet wird. Pelagianisch wollte Faustus zwar nie

[54] XXXVIII,4/10; ebd. 151: *quantum oboedientiores fuerimus* <...> *tantum oboediet et deus orationibus nostris.* Vgl. dazu De gr. 1,10 (33,26). Zur Bedeutung von Mt 7,7 vgl. N. Brox: Suchen und Finden. Zur Nachgeschichte von Mt 7,7b, in: Orientierung an Jesus, FS für J. Schmid (Freiburg 1973) 17–36, bes. 34. In der vorpelagianischen Schrift Ad Simplicianum 1,1,14 (PL 40,108) behauptet Augustinus zwar das gleiche wie Faustus, macht aber später das Bitten, Klopfen und Suchen abhängig von der Initiative Gottes.

sein, aber es ist ihm weniger überzeugend gelungen als noch Cassian. Auch folgender Satz kann nicht darüber hinwegtäuschen: *quia dei est omne quod possumus* (XXXVIII,214); wie sehr dies nur noch den Wert einer zugestandenen Formel hat und das *omne quod possumus* die von Gott dem Menschen gegebene Naturanlage und kein *speciale donum* meint, zeigt allein der vorangegangene Satz, der die Mehrung der Verdienste dem menschlichen Können zuschreibt.

3) Reale Distanz zu Augustinus

Die Ablehnung des Pelagianismus ist eine Quelle des Semipelagianismus geworden, die andere ist die Absetzung von Augustinus, wie sie z. B. in ep. 7 des Faustus aus dem Jahr 440 hervorgeht. Er rühmt zuerst Augustinus als Autorität in christologischen Fragen, macht aber dann die Einschränkung: *in scriptis sancti pontificis Augustini etiamsi quid apud doctissimos viros putatur esse suspectum.*[55] Nicht immer wird sie so unverhohlen ausgedrückt; viel häufiger ist eine stillschweigende Distanz zur Lehre des Bischofs von Hippo und die fast aufdringliche Behauptung des alten Standpunktes zu beobachten. Daß sich das Vokabular der Gnadenlehre und der asketische Sprachgebrauch oftmals bei unterschiedlicher Bedeutung gleichen, kam Faustus entgegen. So konnte er längere Zeit gleichsam im Verborgenen seine eigene Lehre entwickeln. An einigen Beispielen aus den Homilien kann das verdeutlicht werden.

4) Theologische Lehre in asketischer Sprache

Am Anfang des christlichen Lebens, insbesondere des Mönchslebens, steht die *vocatio;* nach Auffassung der Lériner Mönche ist das Heil nur im aufrichtigen Vollzug der Askese auf der Insel zu erreichen. Die Berufung ergeht unverdient von Gott aus an alle Menschen.[56] Ihre Realisierung, der Eintritt, liegt aber ganz beim Menschen; er kann sie annehmen oder ablehnen.[57] Nimmt er sie an, muß die Verwirklichung der Askese mit vollem Engagement erfolgen, wenn Gott den erhofften Lohn geben soll.[58] Wie in allen Lériner Schriften hat die *vocatio* nichts mit der augustinischen Prädestination zu tun, die nur einige nach verborgenem Ratschluß erwählt. Die Asketen sind *electi* nicht im Sinne der aus der *massa damnationis* Herausgenommenen, sondern aufgrund ihres Standes,[59] ihres Getrenntseins von der Welt. Die *vocatio* ist

[55] CSEL 21,201,12/13.

[56] XXXVIII,118: *locus ad quem te dominus tuus vocaverat;* XL,15: *nobis dominus pia vocatione contulerat;* auch: XL,120; XLI,35.

[57] XLII,105: *multum est quod ad eremum veniendi promisimus deum, quamlibet multa sint quae speramus a deo.*

[58] XLI,38: *non respiciat deus ad munera, quae neglegenti ac vili animo offeratur.*

[59] Vgl. dagegen Augustinus, De corr. et gr. 14–16.

darüber hinaus nicht nur das einmalige Gerufenwerden, sondern, wie die häufige Verwendung von 1 Kor 1,26 *(videte vocationem vestram)* zeigt, zugleich die Aufforderung, im asketischen Leben nicht nachzulassen: Berufung als Beruf.

Den Begriff *perseverantia,* durch Augustins letzte Schrift als ein unverdientes *donum dei,* das zur Erlangung des Heils unabdingbar ist, ausgewiesen, benutzt Faustus, dem noch keine ausgebildete Terminologie der Stabilitas zur Verfügung stand, um die mönchische Leistung der Beständigkeit zu beschreiben; auch sie ist unverzichtbar, um das Ziel der Askese zu erreichen.[60]

Illuminare und *aedificare* sind Verben, die die Initiative Gottes im Gnadengeschehen umschreiben; bei Faustus meinen sie den Dienst der Brüder aneinander bei der Errichtung des Zönobiums.

Weitere Begriffe und Wendungen hängen mit dem zusammen, was bereits über die Anthropologie gesagt worden ist.[61] Die *obduratio cordis* – seit Bekanntwerden der Prädestinationslehre ist stets umstritten, wer ihr Urheber ist[62] – wird eindeutig der freiwilligen *consuetudo peccandi* zugewiesen;[63] damit ist für die Mönche zugleich die Prädestination abgelehnt. Die positive Kehrseite dieser Freiwilligkeit ist die überall angesprochene Fähigkeit, das Gute selbst zu wählen und nicht unter dem Zwang zu stehen, nur noch sündigen zu können. Dazu ist der Mensch von Natur aus im Besitz der *discretio.* Diese ist bei Faustus nicht mehr jene asketische Tugend der weisen Mäßigung, die Cassian (Coll. 2) mit den Vätern preist, sondern die im Menschen durch die *imago dei* grundgelegte *potentia,* das Böse und das Gute zu erkennen, frei zu wählen und auch entsprechend zu tun.[64] Nach Augustinus ist das erst nach dem Empfang einer speziellen Gnade möglich.

Zusammenfassung

Faustus schrieb in seinen Mönchshomilien keine theologischen Traktate; man kann daher in ihnen auch kein vollständiges Lehrsystem erwarten oder eines aus ihnen zusammenstellen wollen. Vom asketischen Standpunkt aus sind seine Schriften nicht anfechtbar; sie

[60] Vgl. o. § 1 II, 3. 3) zur Stabilitas.

[61] Zum Verhältnis Anthropologie und Soteriologie s. o. Anm 24. S. 233 und 244.

[62] Das berichtet Augustinus in ep. 194,6 (CSEL 56,181,2) an Sixtus; vgl. dazu C. M. Kasper, Der Beitrag (wie Anm. 1) 154–156.

[63] XXXVIII,200: <. . .> *libentissime rapiet ipsa violentia consuetudinis et impetus passionis: ut iam nec delinquere me intellegam, nec peccare me sentiam. Obscurat enim atque obruit intellectum delicti, assiduitas delinquendi.* An mehreren Stellen in De gr. behandelt Faustus diese schwierige Frage (nach Röm 9,18 scheint die *obduratio cordis* auf Gottes Entschluß zurückzugehen): De gr. 1,12 (40–44); 2,1 (58–61).

[64] XLII,33; s. dazu oben § 2 I: Anthropologie S. 121–124.

werden es erst, wenn sie an der neuen Gnadenlehre gemessen werden. Allerdings würde man Augustins Gnadenschriften auch nicht als monastische Lehrbücher heranziehen und sie mit dem Maßstab der Askese messen. Die Übernahme großer Teile der Homilien in De gratia läßt sie jedoch im Licht gewisser Aussagen des Semipelagianismus erscheinen. Andererseits ließe sich aber auch sagen, daß De gratia den asketischen Hintergrund nie verläßt und ganz auf der monastischen Erfahrung, die in den Homilien zum Ausdruck kommt, aufbaut. Trotz allem ist, was sich in den Homilien findet, nicht als Semipelagianismus zu bezeichnen. Zum Semipelagianismus gehören zusätzlich Aussagen zur Prädestination (evtl. zur Präszienz), die bei den genuin monastischen Texten stets fehlen.[65] Sie werden bei Vincentius und Eucherius zu finden sein. Faustus aber läßt keinen Zweifel an seiner Distanz zu Augustinus und Pelagius aufkommen. Indem er das, was er später als eigene theologische Lehre ausformuliert, in asketische Aussagen kleidet, werden die Mönche qua asketischer Unterweisung einzig für die sich entwickelnde Lehre disponiert, die zugleich in bester Übereinstimmung zu ihrer Lebensführung zu stehen scheint. Dieses Ineinander von Theologie und Askese ist für Lérins entscheidend: Mit der asketischen Lebenspraxis bezeugen die Mönche die Richtigkeit (Orthodoxie) des alten Synergismus, der nun von Faustus als eigene Lehre vorgetragen wird, umgekehrt erhält durch sie ihr Leben eine theologische Rechtfertigung und Tiefe.

3. Die theologische Position in den Lériner Kompendienwerken – methodischer Eklektizismus

1) Eucherius - vom Antipelagianer zum Semipelagianer. Exegetische Rechtfertigung

Eine letzte Gruppe von Schriften, die zeitlich mit den Homilien an die Mönche zusammenfällt, ist die mit ausdrücklich lehrhaftem Charakter. Keine von ihnen ist jedoch primär gnadentheologisch orientiert. Es handelt sich um die exegetischen Kompendienwerke des Eucherius und die christologischen des Vincentius, die sie für die Unterweisung auf Lérins verfaßten. Bei dieser erklärten Absicht - sie geht aus den Widmungsschreiben bzw. Einleitungen hervor - wiegen die überall mehr oder weniger verdeckt eingestreuten, für das geschulte Auge aber präzisen Aussagen zur Gnadenlehre noch einmal schwerer als in den Homilien, denn sie erscheinen, wenn auch im Gewand von Exegese oder Christologie, mit dem Anspruch, offizielle Lehre bzw. Lerngegenstand zu sein. Ungleich deutlicher als bisher ist die

[65] S. C. M. Kasper, Der Beitrag (wie Anm 1).

Gnadendiskussion, die nach dem Tod Augustins durch Prosper auf einen ersten Höhepunkt gebracht worden ist (430–435, die Zeit, in der diese Schriften entstanden),[66] zu spüren. Erneut wird die Absetzung von Augustinus und Prosper und die Formulierung der eigenen Position deutlich.

Von nicht unerheblicher Bedeutung für die theologische Aussageabsicht der Verfasser dieser Kompendienwerke ist der Vergleich mit den Quellen, die exzerpiert wurden: Wo liegen Auslassungen, Veränderungen und Ergänzungen vor?

Da Eucherius oftmals einzelne Schriftstellen, die er kommentiert, sowie auch die Vorlagen anscheinend willkürlich und zusammenhanglos exzerpiert, können seine gnadentheologischen Aussagen hier bedenkenlos nach vorrangig systematischen Gesichtspunkten zusammengestellt werden.

a. Asketischer Synergismus statt Pelagianismus

An erster Stelle steht für den Leriner Mönch auch hier die Absage an den Pelagianismus. Eucherius bindet sie an Spr 24,16 *(septies cadet iustus et resurgit)*.[67] Er vergleicht das menschliche Leben mit einem Lauf von sieben Tagen und fügt hinzu: *absque peccato vitae ipsius cursus esse non possit*.[68] Sündenlosigkeit bloß aufgrund tugendhaften Strebens und der Gewöhnung im Guten ist daher ausgeschlossen. – Ebenso kann das ein theologischer Angriff auf die *gratia specialis et personalis* Augustins sein, durch die der Mensch – wie die südgallische antiaugustinische Polemik den Gnadenlehrer mißverstand und bewußt diskreditieren wollte[69] – gar nicht mehr sündigen könne.

Eucherius spricht in diesem Zusammenhang auch von der siebenfältigen Gabe des Heiligen Geistes, die er *gratia* nennt; damit bewegt er sich im Rahmen der unspezifischen Leriner Terminologie: *gratia* als Tugendgabe, nicht als aktuelle oder habituelle Gnade. – Die Auslegung zu Spr 24,16 ist Eigengut des Eucherius.

Der mönchische Synergismus ist an vielen Stellen erkennbar. Ein erster Hinweis ist im Kommentar zum Baum der Erkenntnis von Gut und Böse zu finden.[70] Gegen die Prädestination oder vielmehr gegen die prädestinatianische Irrlehre von der doppelten Prädestination *(ut quidam heretici interpretantur)*, macht Eucherius klar, daß Gott nicht der Urheber des Bösen genannt werden dürfe. Zur Erkenntnis des Bösen

[66] Zur Abfassungszeit der Instr. und Form. vgl. o. in den Prolegomena.
[67] Instr. 104,13/19.
[68] *Cursus* erinnert an das mönchische Leben; s. o. § 2 II, 2. 1): Mönchsleben als Exodus und Peregrinatio.
[69] Vgl. etwa die Obiectiones Vincentianarum.
[70] Gen 2,9, Instr. 69,3/11.

gelangte der Mensch durch die *praecepti legisque transgressio/violatio.*[71] In der *custodia praecepti* hingegen besteht die wahre Weisheit und die Erkenntnis des Guten, das der Mensch dann auch tun und damit an der Erlangung des Heils mitwirken kann. Die im monastischen Sprachgebrauch von Lérins geläufigen Begriffe[72] finden mühelos Eingang in die Erklärung theologischer Sachverhalte; sie werden mithin austauschbar, wie es bei Faustus schon festzustellen war. So blieb auch hier die langsame Entwicklung der eigenen Gnadenlehre durch einige Zeit hin verborgen. Innerhalb der Auslegungen zum Buch Exodus,[73] in einer für Eucherius sehr ausführlichen Erklärung der Gesetzesübergabe, findet er erneut Gelegenheit, seine Auffassung darzustellen. Wohl in Ermangelung eines lateinischen Exoduskommentars, der als Vorlage hätte dienen können (die Übersetzung der griechischen Exodushomilien des Origenes lag ihm offensichtlich nicht vor), betreibt er keine Einzelauslegung, sondern äußert sich, gestützt auf Cassians Conl. 8,23 und Röm 2,14,[74] thematisch zur *lex naturalis.* Durch dieses *(per quam, per hoc)* allen Menschen von Anfang an eingepflanzte Gesetz *(insita in pectoribus ab origo, iam antea paginis cordis insculpserat)* konnte der Mensch schon ohne den Dekalog (das zweite Gesetz) und die Gnade Christi Gott erkennen und ihn und den Menschen bereitwillig lieben *(in promptu)*. Damit war ihm die Möglichkeit gegeben, sich als *probabilis* zu erweisen, wie Abel, Mose, Noah, Henoch. Erst als die *lex naturalis* ihre Wirkung durch Nachlässigkeit und Vergessen des Menschen nicht mehr hatte, wurde die Übergabe der zehn Gebote als Stütze auf dem Weg zu Gott nötig. Damit ist aber die *lex* (sowohl die *lex naturalis* wie auch das geschriebene Gesetz) in unleugbare Nähe zu dem von Prosper als häretisch angeklagten Diktum gerückt,[75] das im Gesetz bereits die helfende Unterstüzung (Gnade) sieht. Daß der Mensch dank des Gesetzes und in seiner Erfüllung vollkommen und Gott wohlgefällig werden kann, ist den Mönchen, zumal denen, die sich auf dem Weg der „geregelten“ Institutionalisierung befinden, geläufig. Außerhalb genuin monastischer Kreise – und auch Prosper steht im Grunde genommen außerhalb – geriet dieses Denken mehr und mehr in der Verdacht von Selbstgerechtigkeit und Häresie.

Die synergistische Thematik greift Eucherius an Ps 84,11 *(iustitia et pax osculatae sunt)*[76] erneut auf. Während er sonst zur Psalmenausle-

[71] Vgl. dazu Cassian, Conl. 13,12.
[72] Vgl. das oben analysierte Vokabular der Mönchshomilien.
[73] Instr. 76,17–77,16.
[74] Vgl. o. § 2 I, 1. 3) zur *lex naturalis.*
[75] Prosper, ep. ad Rufinum II,3 (PL 51,78 AB).
[76] Instr. 97,14/17.

gung den Commentarioli in Psalmos des Hieronymus folgt, schreibt er hier frei von der Vorlage und lapidar, daß unter *iustitia et pax lex et gratia* zu verstehen seien, die sich durch und im Mittler Christus verbinden. Das Vokabular weist zumindest auf den theologischen Hintergrund hin; inwieweit mit dem *coniunxerint* auch eine eindeutige Aussage im Sinn der *cooperatio* des menschlichen Tuns mit dem göttlichen gemacht werden soll, bleibt aber offen.

b. Können und Wollen als Voraussetzung der Gnade

Als Lériner Theologe läßt er es in einem exegetischen Werk nicht aus, die Thematik von Mt 7,7/8 zu beleuchten, um die Fähigkeit und Möglichkeit des Menschen, am Heilswerk mitzuarbeiten, zu betonen. Eucherius setzt Jo 9,31 *(scimus quia peccatores deus non exaudit)* Mt 7,8 gegenüber *(omnis qui petit, accepit)*. Die Johannesstelle scheint ihm zu hart, und so fügt er hinzu: *certum est, divinae misericordiae aurum petere pulsantibus.*[77] Er stellt klar heraus, daß die göttliche Barmherzigkeit jedem Menschen offensteht, sofern er nur erst anklopft. Dies habe aus eigenem Antrieb zu geschehen, ohne Eingreifen Gottes. Seine Quelle läßt sich nicht ermitteln: *sunt qui ex hoc ita sentiunt.*

In die gleiche Richtung zielt im Anschluß daran die Auslegung zu Jo 9,39 *(in iudicium ego in hunc mundum veni, ut qui vidunt caeci fiant).*[78] Nach dem Verständnis einer solchen Stelle gefragt, antwortet er mit dem später vielfach semipelagianisch verwandten Bild vom Arzt, den der Kranke zuerst rufen müsse, damit er sein Heilswerk vollbringen kann: *i. e. ut hi, qui se non videre confitentur et medium quaerunt videant;*[79] die, die nicht suchen – wenngleich sie es doch aus eigener Kraft könnten –, bleiben unwiderruflich blind. Die Gnade erleuchtet sie nicht.

Deutlicher wird Eucherius im Anschluß an 1 Thess 5,19.23 *(spiritum nolite extinguere).*[80] Die Gaben *(donum vel gratia)* des Geistes werden durch die Tugenden angefacht, durch Laster gelöscht. Das heißt aber, daß sie offensichtlich mit der *gratia prima (creatoris)* in den Menschen gleichsam als *semina virtutum* gelegt worden sind. An seinem Tun entscheidet sich nun, ob sie ihm zum Heil verhelfen oder in ihm verloren gehen. Eucherius spricht sich so für die *cooperatio* im Heilsgeschehen aus.

[77] Ebd. 116,26–117,8.

[78] Ebd. 117,8/20.

[79] Daran schließt sich die Thematik von Röm 2,14 an: *ergo ut qui non vident, videant, potest intellegi de gentilibus qui visuri erant per fidem; et qui vident caeci fiant, accipi de Iudaeis potest qui caecabantur per propriam infidelitatem* (117,17/20).

[80] Ebd. 130,18–131,6. Die gleiche Fragestellung findet sich in Hieronymus, ep. 120 (CSEL 55,472), der in der Auslegung aber andere Wege geht.

Aus ep. 121 des Hieronymus schöpft er z. T. seinen Kommentar zum Römerbrief[81] - jedoch nicht an jenen Stellen, die theologisch relevant werden. Hier scheint er eher Cassian verpflichtet. Es stellt sich überhaupt die Frage, ob folgender Text eine exegetische Auslegung zu Röm 8,32 *(sed pro omnibus nobis tradidit illum)* genannt werden kann oder ob nicht vielmehr die primär gnadentheologische Aussageabsicht den Passus bestimmt:[82]

> „Er lieferte ihn aus" (Röm 8,32), er (der Vater) zeigte sich also mit der Auslieferung (des Sohnes) einverstanden. In den heiligen Schriften nämlich wird von Gott bisweilen ausgesagt, er tue etwas, wobei sein Tun darin zu bestehen scheint, daß er seine Geduld zeigt. Eins nämlich ist das, von dem Gott will, daß es geschehe, ein anderes das, was (aufgrund der Zulassung) geschehen kann. Er will also, daß geschehe, was in der Tat eindeutig das Bessere ist. Doch läßt er auch das Schlechtere zu, damit der freie Wille des Menschen unangetastet bleibt; nach der freien Entscheidung zum Guten und Bösen wird denen, die demgemäß handeln, von Gott die gerechte Vergeltung ihrer Verdienste zuteil werden.

Daß das Schlechtere aufgrund der Zulassung Gottes geschehe, nicht durch zwanghaftes Tun der Nichtprädestinierten, und daß die Freiheit des Menschen, das Böse und Gute zu wählen und zu tun, so vehement betont wird, ist synergistisches und später semipelagianisches Gedankengut.

c. Semipelagianische Themen: Vorherwissen, Vorherbestimmung und allgemeiner Heilswille

Fehlte in den genuin monastischen Texten aus Lérins bisher ein theologischer Fragenkomplex, der den Synergismus zum Semipelagianismus machte: der der Prädestination und Präszienz (Betonung des allgemeinen Heilswillens als Antithese), so wird diese Thematik erstmals durch Eucherius' Unterrichtswerk ausdrücklich angesprochen und der eingeschränkte Heilswille sowie die Prädestination abgelehnt.

Wenn doch alle Macht von Gott kommt, so fragt Eucherius im Anschluß an Röm 13,1, warum sind dann nicht alle Menschen gute und treue Diener des Herrn? Darauf findet er die Antwort, daß zwar alle in gleicher Weise das Leben von Gott empfangen, ihm aber deswegen nicht gleich hingebungsvoll dienen, weil sie nicht alle in gleicher Weise (gut) leben.[83] Die Lebensgestaltung des Menschen und

[81] Vgl. zu Instr. 124,14/25 (Röm 5,6.7) Hier., ep. 121,7 (CSEL 56,27,17/12); zu Instr. 125,18/29 (Röm 9,3) Hier. ep. 121,9 (ebd. 39,1).

[82] Instr. 125,1/7.

[83] Ebd. 126,22/26.

nicht die Vorherbestimmung Gottes, der doch alle gleich ausstatte, bestimmt somit über ihre Wohlgefälligkeit.

Die Tendenz, daß Eucherius seine Vorlagen verläßt, wenn er theologische Aussagen macht – und sich darin als mehr oder weniger selbständig denkender und für Lérins schöpferischer Theologe erweist – bestätigt sich gerade in diesem Zusammenhang.

Ein besonders sprechendes Beispiel für die Lehre vom allgemeinen Heilswillen findet sich zu Ps 61,12: *(Semel locutus est deus, duo haec audivi)*. Eucherius folgt genau Hieronymus,[84] bis auf eine scheinbar geringfügige Abweichung, die aber sofort die dezidierte theologische Aussage offenlegt:

Hieronymus	Eucherius
Semel non ad numerum referendum est, sed ad sententiae firmitatem. quae sunt autem, quae duo pariter audivit? et posse Deum omnia et in sui iudicii veritate misereri.	*Semel non ad numerum referendum est, sed ad firmitatem. quae autem sunt illa duo, quae domino adiacent? et posse omnia et velle misereri.*

Hier ist Eucherius von Cassian abhängig, der in Coll. 13,7 den allgemeinen Heilswillen betont. Er setzt sich bewußt von prädestinatianischen Gedanken ab.

Wie schon bei Jo 9,31, so hat Eucherius auch zu Röm 4,11 (<. . .> *electio autem consecuta est, ceteri vero excaecati sunt*) das Bedürfnis, die Härte der Stelle mit einer anderen abzuschwächen. Nicht an Gott liege es, daß der Wille mit Blindheit geschlagen sei, denn er wolle, daß alle gerettet werden (1 Tim 2,4); die eindeutig passive Form *excaecati sunt* deutet er deswegen medial *illos, qui se ipsi excaecaverunt,* um Gott als Verursacher der Verstockung auszuschließen,[85] was man als notwendige Folge der Prädestination nach Augustinus annahm. Gott selbst aber habe kein Gefallen an der Sünde.[86] Zugleich unterläßt es Eucherius, das inzwischen augustinisch besetzte *electos* zu kommentieren,[87] weist auf die Selbstverschuldung des Menschen für sein Fallen hin und betont erneut sein eigenes Vermögen, in der Gnade zu bleiben oder nicht. – Selbstredend, daß Eucherius hier nicht der sonst benutzten Vorlage der Römerbriefkommentierung des Hieronymus folgt.[88] Ein

[84] Hieronymus, Com. in Psalmos (CC 72,213); Instr. 93,21/26.

[85] Ebd. 126,4/11.

[86] Ebd. 85,27: *deus cui non potest placare peccatum;* 86,5: *neque enim dixit, in hoc te feci, ut talis esses, sed in hoc te elegi et suscitavi, cum iam te talem ipse fecisses.*

[87] Vgl. auch ebd. 125,8/17 zu Röm 8,33.34: *quis accusabit electos dei?* Die *electi* sind alle, für die Christus gestorben ist; unter der Voraussetzung des allgemeinen Heilswillens ist davon niemand ausgeschlossen. – Auch dazu existiert keine Vorlage bei Hieronymus.

[88] Vgl. o. zu Röm 8,32 (Anm. 83).

vergleichbares Bestreben, den allgemeinen Heilswillen gegenüber Schriftstellen zu betonen, die eher dagegen sprechen, bietet Eucherius mit seinem Kommentar zu Mt 15,24.[89]

An mindestens zwei Stellen spricht er sich ausdrücklich gegen die Prädestinationslehre Augustins aus. Dabei geht er nach Jes 6,10 *(excaecavit oculos eorum et induravit eorum cor, ut non videant oculis et intellegant corde et convertantur, et sanem illos)* erneut von der bekannten Thematik der *obduratio cordis* aus. Das Prophetenwort besage, daß Gott das Künftige vorhersehe, daß die Juden nämlich nicht glauben wollen, ihnen deswegen Einsicht und Glauben nicht zukommen lasse und wegen ihres Unwillens ihr Herz verhärte und nicht aufgrund einer *praedestinatio (in his non praedestinatio divina intellegenda est, sed praescientia)*.[90] Es ist aber der Semipelagianismus, der die Prädestination auf der Präszienz gründen läßt. – Wer meint, nicht glauben zu können, wolle es oft nicht *(nos saepe aliqua dicimur non posse credere, quia nolumus)*. Damit betont er wieder das selbständige Tun und Können des Menschen. Daß Glaubenwollen und -können und damit auch der Anfang des Heilsweges beim Menschen liegen, ist über Cassian in Lérins bekannt. Diesem Anfang – so die monastische Auffassung – hilft Gott dann unermeßlich weiter. Verhärtet wird nur der Sünder, der davonläuft, nicht der, der zur Mitarbeit bereit ist.

Dennoch ist Eucherius nicht daran gelegen, Gottes Gericht und Ratschluß restlos zu erklären: *iudicia dei semper iusta sunt, sed frequenter occulta*.[91] Sowohl Augustinus wie auch seine Gegner behaupteten das; der erste bezieht die Unerforschlichkeit auf Gottes Gnadenwahl, von der hier nicht die Rede ist, die Massilienser und die Mönche auf das Zusammenwirken von Natur (Mensch) und Gnade (Gott).

An anderer Stelle lehnt Eucherius mit der Prädestination offenbar auch die Präszienz ab; wer Augustinus besonders in seinen letzten Werken gründlich studierte, konnte allerdings auch zu der Auffassung gelangen, daß diese identisch seien. – Daß Saul verworfen wurde, nachdem er erst von Gott erwählt worden war, liege an Gottes gerechtem Richtspruch und habe nichts mit Präszienz zu tun;[92] er treffe jeden, der sich als unwürdig erweise. Nicht Prädestination, sondern der Gedanke einer unmittelbar wirkenden Vergeltung wird hier deutlich. Antiprädestinatianisch ist schließlich auch die Bemerkung, daß es der heiligen Wahrheit und Gerechtigkeit widerspreche,

[89] Instr. 108,11/22; hier 19/22: *sed tamen quia virtutes postea et in gentibus factae sunt, ita testimonium hoc intellegi potest, ut ubi dicit: non veni illo subaudiatur, prius, ut sic et testimonii veritas et misericordia dei in universos prompta magis claret.*

[90] Ebd. 85,20–86,13.

[91] Ebd. 86,13.

[92] Ebd. 82,10/17.

wenn der Sünde der Entzug oder ein Mangel an Gnade voranginge. Damit will Eucherius erneut jeden Verdacht weit zurückweisen, daß Gott Schuld an der Sünde trage: allein der Mensch ist für sein Tun verantwortlich, für das Gute wie für das Böse!

Eine letzte nicht zu übersehende Reminiszenz an Augustinus schließt Eucherius an das *instaurare omnia in Christo, quae in caelis et quae in terra sunt* (Eph 1,9.10)[93] an: Die *instauratio in caelis* ist die ersatzweise Hinzunahme der Heiligen an die Stelle der gefallenen Engel – *secundum opinionem quorundam.* Daß diese Meinung von Augustinus stammt,[94] verschweigt er; namentlich nennt er nie seine Quelle; aber er enthält sich bei dieser offensichtlich populär gewordenen Auffassung auch jeden Kommentars gegen den Lehrer der Prädestination. Dagegen betont er das *omnia* der *instauratio in terra.* Dies geschehe durch das Blut Christi. Damit lehnt Eucherius sowohl den Pelagianismus wie auch den eingeschränkten Heilswillen entschieden ab.

Zusammenfassung

Das Unterrichtswerk des Eucherius läßt die Entwicklung des theologischen Standpunktes erkennen. Es ist eine Theologie, die sich bereits als Replik auf die südgallische Gnadendiskussion versteht und zugleich aus der Institutionalisierung der Askese nach dem Weggang des Honoratus erwuchs. Sie ergab sich mit als Rechtfertigung der durch Regeln geformten asketischen Praxis: der Mönch muß – und kann – etwas leisten, um die Vollkommenheit im Mönchsberuf und damit das Heil zu erlangen. Gott läßt ihm die Freiheit der Entscheidung, kommt ihm aber, wenn er das Gute gewählt hat, unterstützend zu Hilfe und wird ihm den gerechten Lohn für sein Streben geben. Da eine solche Theologie in der literarischen Gattung des Unterrichtswerkes vorgelegt wurde, konnte sie bestimmend für die monastische Erziehung auf der Insel werden. Eucherius geht über die bisher in Mönchskreisen bekannte Theologie und Kritik an Augustinus hinaus, indem er alle umstrittenen Themen des Gnadenstreites anspricht, nicht nur das Verhältnis von Natur und Gnade, sondern auch die Frage der Prädestination, und öffnet damit den Blick der Mönche für größere theologische Zusammenhänge, die sie bisher aus ihrem Lebenskreis ausgeschlossen haben. – Möglicherweise ist Eucherius sogar der erste literarisch faßbare Semipelagianer. An der Tatsache, daß Eucheris seine Quellen bewußt auswählt, sie vor allem für theologische Exkurse verläßt und verändert, auch ohne Vorlage selbständig kommentiert und dabei theologische Aussagen wagt, ist abzulesen, daß das Interes-

[93] Ebd. 129,4/17.

[94] Augustinus, De civ. Dei 22,1,2 und Enchiridion 9,22.

se, an der Gnadendiskussion gestaltend teilzunehmen, bei den Mönchen erwacht ist. Dort wo Eucherius eigenständig wird, ist die theologische Position der Leriner sichtbar, bzw. die, der nicht nur Eucherius für die Mönchsinsel Geltung verschaffen möchte. Damit bindet er das asketische Leben an die nun expressis verbis vertretene Gnadenlehre und zeigt umgekehrt, daß nur diese Theologie der asketischen Praxis entspricht und entsprechen kann.

2) Vincentius – „Semipelagianer" aus Tradition

Der Beitrag des Vincentius zur Ausbildung und Festigung der asketischen Theologie von Lérins ist wie der des Eucherius nur mittelbar zu erschließen. Das Commonitorium und die Excerpta sind primär nicht gnadentheologisch, sondern eher christologisch und antihäretisch im weitesten Sinn des Wortes ausgerichtet. So beschränken sich seine Aussagen zum Gnadenstreit auf eine versteckte Ablehnung der neuen, als augustinisch ausgegebenen Lehre und verzichten weitgehend – anders als Eucherius – auf eine positive Weiterentwicklung. Es geht ihm darum, Vätertradition zu wahren, und zwar sowohl in der asketischen Praxis wie in der sie stützenden Theologie und Anthropologie, die – wenn auch nicht so ausdrücklich – bisher immer unangefochten mit ihr verbunden war.

a. Zwischen Augustinus und Augustinismus – Verteidigung und Angriff

Seit der Reformation ist immer wieder behauptet worden, das Commonitorium sei eine verdeckte Streitschrift gegen Augustinus. Es hat bis in die jüngste Zeit nicht an energischem Widerspruch gefehlt.[95] Dieser Frage soll hier nicht nachgegangen werden. Unumstritten ist, daß Augustins Schriften in Lérins hohes Ansehen genossen, gelesen, exzerpiert und der Lektüre empfohlen wurden. Unumstritten ist weiterhin, daß einige vorzustellende Aussagen des Commonitoriums eindeutig gegen den Augustinismus gerichtet sind, worunter vorrangig die durch Freunde und Schüler Augustins ungenau vorgetragene Gnaden- und Prädestinationslehre des Bischofs von Hippo zu verstehen ist. Diese rief Verwirrung hervor und führte einerseits zur Irrlehre des Prädestinatianismus, andererseits auch zu einer heftigen Polemik gegen Augustinus. Mögen daher die Obiectio-

95 Zuletzt: W. O'Connor, Saint Vincent of Lérins and Saint Augustin, in: DoC 15/16 (1962/63) 125–275. Im Vorwort stellt Verf. die gegensätzlichen Positionen dar und bemüht sich dann geradezu rührend, Vincentius vom Verdacht des Antiaugustinismus loszusprechen. M. E. unterschätzt er zu sehr den Gesamtrahmen, in welchem die Diskussion geführt wurde, die von Anfang an in Südgallien polemische Töne anschlug. S. auch u. Anm. 112.

nes Vincentianarum, die in grotesker Verzerrung „Augustinus" wiedergeben, um seine Lehre als Häresie und Sakrileg zu brandmarken, auch nicht in der von Prosper überlieferten und widerlegten Form[96] von Vincentius stammen,[97] sind sie doch symptomatisch für den Ton, in dem die Diskussion mittlerweile geführt wurde; vor allem bezeugen sie, wie erbittert die durch die neue Lehre erschütterten asketischen Kreise ihre Lebensform verteidigten. Stammen sie jedoch aus der Hand des Vincentius – es zeigen sich inhaltliche und wörtliche Anklänge an das Commonitorium –, belegen sie erneut, daß nunmehr in monastischen und nicht nur in den klerikalepiskopalen Kreisen die Problematik von Gnadenlehre (d. h. vom Zusammenwirken des freien Willens mit der Hilfe Gottes) in ihrer Abhängigkeit von der Prädestinationslehre verstanden, diskutiert und letztlich abgelehnt wird. Letztere erregte, wie die Obiectiones zeigen, deswegen ein solches Aufsehen, weil sie nur als doppelte Prädestination verstanden wurde, also auch als eine, die unabänderlich zum Bösen prädestiniert. Angesichts einer solchen Behauptung mußte jedes sittliche Streben, insbesondere aber das asketische, als völlig sinnlos angesehen werden, während man doch der Überzeugung war, Gott damit wohlgefällig werden zu können und durch Buße und Askese das Heil von Gott als Lohn zu erhalten.

Als Grund für ein solches Mißverständnis ist neben der undifferenzierten Wiedergabe der Lehre Augustins auch der Umstand zu nennen, daß die antisemipelagianische Schrift, an der sich in Südgallien die Gemüter so erhitzten, De correptione et gratia, vor dem ersten Teil dieses Werkes, De gratia et libero arbitrio, bekannt wurde.[98] Letztere setzt aber die erste dem Verständnis nach unbedingt voraus und hätte wie bei den Mönchen in Hadrumetum die anstehenden Fragen vielleicht klären können. So aber war das Mißverständnis in Südgallien bereits vorprogrammiert. Das mag zur Zeit der Abfassung der Obiectiones (ca. 428/430) gewesen sein. Die Excerpta (nach 434) zitieren die beiden Bücher nicht, sondern nur jene späteren, die Augustinus als Antwort auf die Fragen des Prosper und Hilarius verfaßte: De praedestinatione sanctorum und De dono perseverantiae, wohl um sich den Eindruck der getreuen Gefolgschaft Augustins zu verschaffen – Vincentius zitiert sie allerdings mit entscheidenden Abwandlungen. Er exzerpiert Augustinus auf seine Christologie hin. Das, was er dabei

[96] PL 51,177–186.

[97] H. Koch, Vincenz von Lerin und Gennadius, in: TU 31,2 (1907) 35–58, hat allerdings starke Gründe für die Verfasserschaft durch Vincentius geltend gemacht, die bisher nicht überzeugend widerlegt wurden.

[98] Hilarius, ep. ad Aug. 226,10 (479,17): *librum etiam de gratia et libero arbitrio non habemus.* Vgl. C. M. Kasper, Der Beitrag 177.

in De dono perseverantiae und in De praedestinatione über Christus fand, hätte er ebenso in De correptione et gratiae finden können (z. B. 11,10). Wenn er diese Schriften aber nicht anführt, ist anzunehmen, daß er die ersten zwei „antisemipelagianischen" Schriften zu diesem Zeitpunkt noch nicht kannte (nach 434). – Zuvor ist jedoch das Commonitorium zu untersuchen.[99]

b. Das Commonitorium: Der catholicissimus als Irrlehrer

Daß Vincentius in einem Häretikerkatalog *adversus omnium haereticorum novitates* Pelagius nennt, ist nicht überraschend. Erst auf den zweiten Blick mag es verwundern, da er sein Thema vornehmlich an christologischen Irrtümern durchführt. Andere Häretiker mit nichtchristologischen Irrtümern werden nur allgemein genannt; dabei wird mehr ihr „Werdegang" zum Irrlehrer hervorgehoben, ohne vom Inhalt ihrer Lehre zu sprechen.[100] Jedoch von Pelagius zu reden, davor schaudere ihn (*horreo dicere,* 9,9). Als dessen Irrlehre nennt er die Überbewertung des *liberum arbitrium,* das der Unterstützung der *gratia dei* nicht bedürfe (24,8). Die Leugnung der Erbsünde durch Caelestinus wird im selben Atemzug genannt (24,9). Nicht ohne Absicht distanziert man sich in Lérins von Pelagius so deutlich. – Im gleichen Kapitel (24,10) erscheinen Novatian und der in Mönchskreisen umstrittene Priscillian.[101] Was ihm als Irrtum untergeschoben wird, ist in auffälliger Weise identisch mit dem, was in den Obiectiones Vincentianarum dem Augustin(ismus) vorgehalten wird: Gott wolle den Tod des Strauchelnden lieber als dessen Bekehrung; Gott sei der Urheber des Bösen (als eine Folge der Prädestinationslehre); er habe den Menschen so geschaffen, daß er notwendig nur sündigen könne und wolle.[102] Solche gnostisch-manichäischen Lehren, die nur Fatalis-

[99] Die Literatur dazu ist immens. In der neuesten, hier zitierten, Ausgabe CC 64,147–195, sind die wichtigsten Arbeiten ebd. 141–144 aufgelistet.

[100] Donatus (c.4), Origenes (c.17), Tertullian (c.18) u. a. Vgl. dazu oben: § 2 II, 2. 2): Askese als Philosophie.

[101] Kenntnis priscillianistischer Gedanken mag man in Lérins u. a. aus dem Werk Augustins, Ad Orosium contra Priscillianistas et Origenistas, gewonnen haben; bei der umfangreichen Bibliothek in Lérins, die viele Werke Augustins enthielt, ist es durchaus möglich, daß dieses Buch, das gegen manichäische Gedanken angeht, vorhanden war. – Allerdings darf auch die allgemeine Propaganda gegen den Mönch aus Spanien nicht unterschätzt werden. Zu Priscillian vgl. W. Schatz, Studien zur Geschichte und Vorstellungswelt des frühen abendländischen Mönchtums (Masch.Diss. Freiburg 1957); B. Vollmann, Studien zum Priscillianismus (St. Ottilien 1965).

[102] Com. 24,9–11; Obiectiones 15.4–6.10–13. Den Vergleich hat H. Koch, a.a.O. 46–47 erbracht.

mus nach sich zögen, warfen die ersten südgallischen Gegner auch Augustinus vor.[103]

Als häretisch stellt Vincentius in c. 26,8 die Lehre einer *magna et specialis ac plane personalis dei gratia* dar, durch die der Mensch, der sie erhalten habe, ohne Mühe und Anstrengung *(sine ullo labore, studio, industria),* ohne anzuklopfen, zu bitten und zu suchen (Mt 7,7), vor allem Bösen bewahrt bleibe und durch sie niemals sündigen könne. Es ist durchaus möglich, daß er hier das *donum perseverantiae* vor Augen hatte und angreift.[104] Es gibt aber zu dieser Zeit keinen Kreis außer dem augustinischen in Südgallien, der Ähnliches vertritt. Vincentius gehörte somit vielleicht zu jenen Opponenten, die gegen das *auxilium quo* und *auxilium sine quo non* der Beharrungsgnade ihren Widerstand anmeldeten, wovon der Massilienser Hilarius Augustinus berichtet.[105] Das ist ein weiterer Beleg dafür, daß in Lérins und nicht etwa bei Cassian, bei dem eine solche Erörterung fehlt, Augustins Thesen von der monastischen Praxis her theologisch diskutiert wurden. In den Excerpta zitiert Vincentius aus den als antisemipelagianisch geltenden Schriften De praedestinatione sanctorum und De dono perseverantiae die christologisch relevanten Passagen; diese stehen aber unmittelbar neben jenen, die die monastische Gnadentheologie angreifen.[106] Er war daher über das, was strittig war, informiert, kannte Augustins Lehre, bezog aber hauptsächlich gegen

[103] Vgl. die epp. des Prosper und Hilarius an Augustinus (inter augustinianas 225,3; 226,2).

[104] In De dono perseverantiae 23,64 (PL 44,1032) schreibt Augustinus: *Attendant ergo quomodo falluntur, qui putant esse a nobis* (gemeint sind die ihm von Prosper in ep. 225,4 beschriebenen Gegner Augustins), *non dari nobis, ut petamus, quaeramus, pulsemus: et hoc esse dicunt, quod gratia praeceditur merito nostro, ut sequatur illa, cum accipimus petens, et invenimus quaerentes, aperiturque pulsantibus: nec volunt intelligere etiam hoc divini muneris esse, ut oremus, hoc est, petamus, quaeramus, atque pulsemus.*

[105] Ep. 226,6 (475); 226,2 (469).

[106] Z. B. Exc. 8 (224) übernimmt De praed. sanct. 15,30 (PL 44,981/982) über die Vorherbestimmung Christi zum Mittler. Unmittelbar davor, 15,29, findet sich eine antipelagianische Passage, gestützt auf Weish 4,11, eine Schriftstelle, die von Augustins Gegnern als unkanonisch und daher als nicht beweiskräftig für seine Gnadenlehre betrachtet wurde – so berichtet Hilarius (ep. 226,4; 473,14/20). (Dieser Vorwurf kann die Leriner nicht treffen, da sie alle das Buch Weish ausgiebig zitieren.) Das Stück aus 15,30, in dem Augustinus in fiktivem Gespräch den Anspruch eines Menschen auf Prädestination zum Guten zur Sprache bringt und ablehnt, läßt Vincentius aus. Er übernimmt 15,31 erst wieder, wenn er die Thematik der Prädestination Christi zum Erlöser aufgreift (Exc. 8; 225,96): *singulariter praedestinatus est Christus.* Ebenso verfährt Vincentius mit De dono pers: er übernimmt in Exc. 8 (225,109/128) aus 26,67 das Thema der Prädestination Christi und mußte in dessen unmittelbarer Nähe die antisemipelagianischen Ausführungen zur Kenntnis nehmen. Auch das Enchiridion Augustins, das Vincentius christologisch ausschreibt, macht starke gnadentheologische Aussagen; jedoch stehen sie in diesem Fall nicht so auffällig neben den christologischen.

den Augustinismus Prospers Stellung. Das geht aus cc. 6,10 und 7,2 des Commonitorium hervor, in denen er die Situation beschreibt, daß der Urheber einer Lehre noch als katholisch erscheint, seine Schüler aber in ihrer Interpretation häretisch werden; oder deutlicher: daß Ansätze von Irrtümern beim Meister durch die böse „Tradition des Cham" als Blöße erst aufgedeckt werden, während man sie besser unter der verglühten Asche hätte ruhen lassen. Nach monastischem Milieu klingt es zudem, wenn er das Auftreten jener als Versuchung des Glaubens bezeichnet, die ergehe, um den Menschen zu prüfen. Diese Vermutung findet sich bestätigt, wenn man die Quelle des Vincentius für dieses Kapitel (10) heranzieht: Cassian spricht in Conl. 13,14 mit den gleichen Worten am Beispiel Jobs von der Versuchung des Asketen durch den Teufel.[107] Beide zitieren Dtn 13,1–3, um vor dem Versucher auch im Prophetengewand zu warnen. Cassians Aussage geht dahin, daß dem Menschen in einer solchen Situation genügend eigener Wille bleibe, um gegen die Versuchung anzugehen. Vincentius beläßt es bei der Warnung vor dem plötzlichen Auftreten neuer Lehren, selbst wenn ihre Urheber bisher als Orthodoxe die Zustimmung und Zuneigung der Kirche genossen.

c. Die Excerpta: Semipelagianismus im Schutz Augustins

In den Excerpta wird die Absicht, den eigenen theologischen Standpunkt durch geringfügige, aber bedeutungschwere Änderungen am Augustinischen Text zu vertreten, erneut deutlich. Vincentius nimmt sie aber nur an den genannten Gnadenschriften vor.[108] Thema ist die Einzigartigkeit des Menschen Christus vor allen anderen Menschen, seine Vorherbestimmung und Auserwählung zum Mittler und Erlöser o h n e vorhergehende Verdienste.

In c. 8 finden sich zehn Zeilen im Text, die bisher weder Madoz noch der letzte Herausgeber Demeulenaere identifizert haben. Selbst wenn diese Zeilen ein Eigentext des Vincentius wären, würden sie jeden Zweifel ausräumen, daß der Leriner Mönch den Prädestinationsgedanken Augustins freundlich gegenübergestanden hätte. Es handelt sich um ein Zitat aus De peccatorum meritis et remissione[109] (der Text

[107] Vgl. Cassian, Conl. 13,14,6 (386): *sed utique nec temptari eos iustitia domini permisisset, nisi parem in eis resistendi scisset in esse virtutum.*

[108] Exc. 8; vgl. dazu J. Madoz, Excerpta Vincentii Lirinensis (Madrid 1940) 34–37.

[109] Exc. 8 (224,66/76) = De pecc. mer. et rem. II,16,27 (CSEL 60,99/100). Die Schwierigkeit bei der Identifizierung dieser Stelle mag für die Herausgeber darin bestanden haben, daß Vincentius Werke Augustins meist im Zusammenhang eines Kapitels seiner Exzerpta zitiert. De pecc. mer. et rem. hat er bereits dreimal in c. 7 erwähnt: I,31,60 = Exc. 7,46/57; I,31,60 = Exc. 7,71/76; II,24,38 = Exc. 7,79/85. So taucht in c. 8, dessen Zusammenhang hauptsächlich von den späten „antisemipelagianischen" Schriften De praedestinatione sanctorum und De dono perseverantiae

Augustins wird in Klammern hinzugefügt, die Ergänzungen des Vincentius, die seine Absicht sofort erkennen lassen, sind durch Sperrung hervorgehoben):

Ad (hanc [i. e. culpa]) convinciendum(-am) igitur atque auferendum (-am) t u m o r e m m o r t a l i u m talis medicina caelitus venit, ad elatum hominem per superbiam deus humilis descendit per misericordiam, gratiam (claram manifestamque) s i n g u l a r e m p e r c i p u a m q u e commendans in illo (ipso) homine, quem tanta prae participibus suis (Ps 44,8) *caritate suscepit. neque enim et ipse ita verbo dei coniunctus ut ea coniunctione unus filius dei et idem ipse unus filius hominis fieret, praecedentibus suae voluntatis meritis fecit. Essent autem et duo et tres et plures, si hoc fieri non posset (posset non) per s i n g u l a r e (proprium) dei donum, sed per c o m m u n e h o m i n u m (hominis) liberum arbitrium.*

In betonter Abwandlung der Vorlage nennt er die *gratia singularis,* die n u r Christus *prae participibus suis,* in der Vorherbestimmung des Vaters, Erlöser zu sein, erhalten habe. So behauptet Vincentius im Schutz augustinischer Terminologie und Kontexte ein a l l e n Menschen zukommendes *liberum arbitrium,* in dessen Besitz sie o h n e ein *singulare donum,* ohne eine *singularis gratia* sind.

Diesem Abschnitt läßt er De praedestinatione sanctorum 15,30 folgen. Doch statt des *est etiam praeclarissimum lumen praedestinationis et gratiae,* das er bei Augustinus fand, der von der unverdienten Vorherbestimmung Christi auf die der Menschen schloß, schreibt er *praeclarissimum lumen gratiae singularis,* das nur Christus zukomme und statt *praedestinatus est ergo Jesus* (ebd. 15,31) setzt er sein in der Bearbeitung schon typisch zu nennendes *s i n g u l a r i t e r praedestinatus est Jesus,*[110] das er noch zweimal, abweichend von Augustinus, wiederholt;[111] an der dritten Stelle tauscht er *praedestinata* gegen *praestita.* Vincentius vermeidet so Begriff und Inhalt der augustinischen *praedestinatio.* An der Stelle, an der er sie nennt, betont er durch das *singulariter* die einzigartige Ausnahme Christus. Für Augustinus hingegen ist die *praedestinatio Christi,* wie der Kontext in De praedestinatione sanctorum zeigt, das Vorbild und Beispiel für die Prädestination von Menschen, die sie ohne vorhergehende Verdienste als Geschenk, als Gnade

bestimmt ist, die erstgenannte Schrift tatsächlich überraschend auf; auch der Kapitelzusammenhang, aus dem Vincentius zitiert, fällt auf. Das zeigt allerdings nur, daß es ihm bei der überraschenden Wiederaufnahme des Werkes in diesem c. 8 tatsächlich im Verborgenen um die Zurückweisung der Prädestinationslehre ging. – Die Stelle ließ sich über den Anklang an Ps 44,8 erkennen, den die Herausgeber bisher übersahen. In dieser von der Vulgata abweichenden Form ist er als typisch für die christologische Auslegung Augustins zu erkennen; den Hinweis auf diese Fassung des Psalmverses verdanke ich Frau Elisabeth Grünbeck.

110 Ebd. (225,95).

111 Ebd. (225,99) und ebd. (225,104): *singulariter, inquam;* Augustinus hat an dieser Stelle *effabiliter.*

Gottes erhalten.[112] Die geschickte Auswahl und Umdeutung der Vorlagen zeigt, daß Vincentius Augustinus sehr wohl verstanden hat. In der gezielten Bearbeitung der Texte erweist er sich, wie auch Eucherius, als Theologe, der gegen den Augustinischen Anspruch die probate monastische Position behauptet. Schließlich macht er seinen Leser glauben, all das Vorgetragene sei Lehre des anerkannten Augustinus, und verleiht damit auch seinen eigenen Änderungen dessen Autorität:[113] *haec sunt quae de libris sancti Augustini in unum velut opusculum sparsim collecta digessimus.*

d. Tradition als Legitimation

Drei Anliegen sind es, die Vincentius in seinen Schriften verfolgt. Das offenliegende: die orthodoxe Christologie darzustellen; das verborgene: unter der Hand die eigene Auffassung von der Gnade einfließen zu lassen; das über beiden stehende Anliegen und gleichsam der Schlüssel zu allem ist sein Traditionskonzept,[114] mit dem er sowohl die

[112] W. O'Conner (s. Anm. 95), 250–252, hat in seinem Versuch, Vincentius vom Verdacht des Antiaugustinismus loszusprechen, diesen Zusammenhang, insbesondere das Exzerpt aus De pecc. mer. et rem., das selbst Madoz unkommentiert läßt, übersehen. Er meint, Vincentius beziehe das *singulariter ergo adsumptus, singulariter praedestinatus est Jesus* (225,95), das er aus De praed. sanct. entnimmt, auf ep. 187 Augustins, die Vincentius im gleichen Kapitel 8 der Excerpta zitiert (223,37/66). Dort heißt es: *Est plane quod singulari quadam susceptione hominis illius una facta est persona cum Verbo. De nullo enim sanctorum dici potuit aut potest aut poterit: Verbum caro factum est. Nullus sanctorum, qualibet praestantia gratiae, unigeniti nomen accepit, ut quod est ipsum Dei Verbum ante saecula, hoc simul cum adsumpto homine diceretur. Singularis est ergo illa susceptio, nec cum hominibus aliquibus sanctis, quantalibet sapientia et sanctitate praestantibus, ullo modo esse communis.* – Zwischen den beiden Exzerpten steht jedoch der bearbeitete Text aus De pecc. mer. et rem. (vgl. Anm. 109), der die neue Thematik des *liberum arbitrium* aller Menschen einbringt; wenn danach De praedestinatione sanct. 15,30 folgt, in dem vom *praeclarissimum lumen gratiae singularis Christi* gesprochen und die Frage gestellt wird: *unde hoc meruit ut a Verbo Patri coaeterno in unitate personae adsumptus Filius Dei unigenitus esset? quod eius bonum qualecumque praecessit? Quid egit ante, quid credidit, quid petivit ut ad hanc ineffabilem excellentiam perveniret?*, so will Vincentius damit das *singularis* tatsächlich auf die Prädestination der Gnadenlehre und nicht, wie O'Connor meint, auf die vorherzitierte ep. 187 bezogen wissen.

[113] Exc. 10 (231,59/60).

[114] Immer noch unverzichtbar: J. Madoz, El concepto de la tradicion en S. Vincente de Lerins (Rom 1933). Neuerdings: H. J. Sieben, Die Konzilsidee der alten Kirche (Freiburg 1982) Kap. 4: Der Konzilsbegriff des Vincentius; 169: „Die zentralen theologischen Vorstellungen sind vor allem von traditio mit ihren beiden inneren Momenten antiquitas und universitas nicht ohne das Vorbild, das Muster der entsprechenden Mönchsgegebenheiten konzipiert. . . . durch antiquitas im Sinne von traditio bestimmt." – Vincentius sagt das selbst, wenn er in Com. 12,1 schreibt, daß es ihm darin eigentlich nicht um die christologischen Irrtümer geht: *hoc quidem ad rem, de qua nunc agimus, non adtinet* (161,3). – Prosper (ep. 225,2; 455,14) und Hilarius (ep. 226,2; 469,5) teilen Augustinus mit, daß sich die Opposition gegen ihn

konziliante Christologie und Trinitätslehre gegen Häretiker schützen will, als auch – aus der alten monastischen Praxis heraus, die in Lérins besonders gepflegt wurde und als Proprium gilt – den mit ihr verbundenen Synergismus gegen die Infragestellung durch Augustinus zu verteidigen sucht. Diesem Aspekt ist anschließend noch nachzugehen.

Die überaus zahlreichen Stellen, in denen Vincentius die Tradition beschwört, sind hinlänglich bekannt und bedürfen keiner weiteren Erörterung. Auch die Excerpta läßt er mit deutlichem Hinweis auf das Traditionsprinzip beginnen.[115] H. J. Sieben erbrachte bereits den Nachweis – wenn auch in anderem Zusammenhang –, daß das Vokabular zur Formulierung des Traditionsprinzips in den Schriften des Vincentius homogen und monastisch geprägt ist.[116] Vor allem Cassian, der die altmonastische Tradition in Südgallien mitbegründete, ist von besonderem Einfluß; auch De incarnatione Domini contra Nestorium hat Vincentius weitgehend ausgeschöpft.[117] Die Beobachtungen von H. J. Sieben lassen sich problemlos auf unsere Zwecke übertragen. Ergänzungen, die die monastische Erfahrung des Vincentius auf Lérins betreffen, mögen seine Behauptungen stützen.

Die von den durch Heiligkeit und Gelehrsamkeit ausgezeichneten Männern (Com. 2,1; 24,13) überkommenen Lebensregeln, Sittengebote und Glaubensvorschriften sowie die *regula fidei*[118] stehen für Vincentius auf einer Stufe und sind in gleicher Weise als *traditio* zu schützen. Dabei ist immer zu bedenken, daß mit Glaubensregel nicht das Symbol oder nur das christologische Dogma gemeint ist, sondern die ganze Lehre der alten Kirche – also auch der altkirchliche und monastische Synergismus. Ihre Autorität schöpfen

auf die *vetustas* berufe; da Hilarius weiterhin sagt, (ebd.) daß diese Stimmen außerhalb von Marseille *aliquibus locis Galliae* kämen, könnte dies ein Hinweis auf das bereits einsetzende Engagement des Vincentius sein; der Brief des Hilarius wurde ca. 428 verfaßt.

115 Exc. 1 (202,1/8); vgl. dazu Com. 26,6; 29,3; 2,1.

116 H. J. Sieben, Konzilsidee, 164–170. Ders. Der Konzilsbegriff des Vincentius, in: ThPh 46 (1971) 364–386. Er benutzt dazu den Wortindex der Ausgabe von A. Jülicher, Sammlung ausgewählter kirchen- und dogmengeschichtlicher Quellenschriften I,10 (Tübingen 1925). Für solche Zwecke ist diese Ausgabe immer noch vorzuziehen, da der Wortindex in CC leider zu knapp geraten ist. Vgl. auch: A. Pastorino, Il concetto di tradizione in Giovanni Cassiano e in Vincenzo di Lerino, in: Sileno 1 (1975) 37–46.

117 Hier ist erwähnenswert, daß sich das Traditionsprinzip des Vincentius bereits in De incarnatione 1,6 (CSEL 17,245) und in 3,12 (276–278) findet: 245,1: *omnes Africani et omnes Gallicani et catholicorum omnium fide (= ubique);* 245,5: *probatam pietatem (= semper, antiquitas);* 245,7: *consensus omnium:* 245,12: *iudicium universitatis;* 245,14: *ab omnibus (= ab omnibus).*

118 Com. 4,2 (150,11): *forma;* 6,4 (153,16): *divinus canon et ecclesiae regula;* 28,2 (186,6): *regula fidei.*

sie aus ihrem himmlischen Ursprung (ebd. 4,7; 21,2). Auch die Psalmenordnung der Pachomiusregel erhielt ihr Gewicht von der Herkunft aus der Hand eines Engels. Deswegen soll sich der Mensch zu ihnen als Wächter *(custos),*[119] Schüler *(sectator)* und Nachfolger *(sequens)* verhalten (ebd. 22,4), wie es das monastische Ideal vorsieht, und sich nicht als *auctor, institutor* und *ducens* gebärden. Traditoren sind die *praepositi,* in der Kirche (ebd. 22,2) wie im Kloster (XXXIX,1/4). Vincentius verurteilt und mißtraut der menschlichen Einsicht (ebd. 10,1), der noch so großen Geisteskraft, Tiefe, Schärfe und Feinheit des Verstandes (ebd. 17,5), den bloß menschlichen Beweisgängen (ebd. 17,7). Hier klingt erneut Cassian an, der seine Institutiones mit dem Hinweis einleitet, daß sie nicht auf dem Boden des müßigen Nachdenkens entstanden seien.[120] Den Mönch Helladius rühmt er im Vorwort zu den Conlationes, weil er lieber durch die Überlieferung unterrichtet werden wolle als durch eigene Erfindungen.[121] Schließlich schreibt er, ganz wie Vincentius, in Conl. 13,18,5 über die Gnadenlehre, daß sie von allen katholischen Vätern, die die Vollkommenheit des Herzens (das ist eines der Ziele des Asketen), nicht durch eitles Gerede, sondern in Tat und Wahrheit gelernt haben, festgesetzt sei.[122]

Ein Zeugnis für den allmählichen Übergang von der Anachorese zum Zönobium unter Faustus ist der bei Vincentius häufig bemühte communio-Gedanke als ein Element seines Traditionsprinzips, selbst wenn er nach eigenen Aussagen noch allein ein *habitaculum* bewohnte. Dabei geht es um die Unterordnung des einzelnen unter die Gemeinschaft im Dienst eines reibungslosen Ablaufes auf dem Weg der Institutionalisierung. Wenn er (Com. 28,11) von *in consentiendi unitate et consentiendi pace permanere* spricht, klingt an, was Faustus in Hom. XLII,1/60 über das Zusammenleben der Brüder sagte,[123] und das in *fidei communione persistere* (ebd.) erinnert an die Betonung der Stabilitas,[124] wobei bei Vincentius schon mehr die Gemeinschaft als der Ort als Objekt der Stabilitas erscheint. Wer die Gebote (*mandata,* ebd. 14) nicht anerkennt oder übertritt *(violat),* zieht sich den Ausschluß aus der Gemeinschaft zu. Faustus sieht als Strafe für den Ungehorsamen (gegenüber den Geboten Gottes und der Oberen) und den Übertreter der Regel *(regulam violare)* vor: *a corpore*

[119] Vgl. dazu LXXII,33: *is potest gaudere, qui fideliter sanctam regulam custodierit, ab illo (Honorato) allatum et per illum a Christo ad confirmationem loci constitutam;* ebd. 36: *praecepta eius custodierit.* Vgl. dazu u. die Auffassung des Vincentius über die Aufgabe der Konzilien!

[120] Inst. Praef. 4 (CSEL 17,5,4/6).

[121] Conl. Praef. 3 (CSEL 13,4,1/2).

[122] Conl. 13,18 (ebd. 395,20/30).

[123] S. dazu o. § 1 II, 4: Die horizontalen Beziehungen.

[124] S. dazu o. § 1 II, 3. 3) zur Stabilitas.

congregationis abscisi sine pace discedant <...> quod a praeposito possit inferri (XXXVIII,74). Wer die Gebote der Kirche mißachtet (Com. 29,10), verachtet nicht einen Menschen, sondern Gott. Genauso spricht Faustus im Zusammenhang mit dem monastischen Gehorsam (XXXVIII,47/48).

Vincentius baut seinen Kanon auf zwei Säulen auf: auf der Hl. Schrift und der Vätertradition, d. h. auf Vätersentenzen und Konzilsbeschlüssen. Das mag seine Originalität der älteren kirchlichen Tradition gegenüber ausmachen.[125] Diese Vorgehensweise entlehnt er der Mönchstradition: Schon von Pachomius heißt es, er habe seine Regel aus beiden Testamenten und den Vätern zusammengestellt.[126] Ebenso schreibt Faustus von Honoratus: *apostolicae regulae praecepta ex utroque composita testamenta velut duos tabulas detulit de institutione aegyptiorum patrum* <...> (LXXII,160). Daß zumindest bei Pachomius regelmäßige *consilia patrum,* nämlich der Oberen, stattfanden, ist bekannt. Wenn man bedenkt, was nach Vincentius die vornehmliche Aufgabe dieser Treffen sei, kann die Entstehung von Regeln in Lérins auf ähnliche Einrichtungen zurückzuführen sein.

> Die Kirche Christi aber, die eifrige und sorgsame Wächterin der bei ihr hinterlegten Glaubenslehren, ändert an ihnen niemals etwas, nimmt nichts hinweg und tut nichts hinzu. Sie schneidet Notwendiges nicht ab und fügt Überflüssiges nicht bei, sie läßt das Ihrige nicht fahren und eignet sich Fremdes nicht an; sie ist vielmehr mit aller Sorgfalt nur darauf bedacht, das Alte treu und weise zu verwalten, und zwar das, was von alters her ungeformt und keimhaft überliefert war, genauer zu gestalten und zu feilen, was schon gehörig ausgedrückt und entwickelt war, zu kräftigen und zu sichern, was schon klar und festgestellt war, zu bewahren. <...> Das und nichts anderes hat die katholische Kirche immer, durch die Neuerungen der Häretiker veranlaßt, mit ihren Konzilsbeschlüssen erreicht, daß sie das, was sie früher von den Vorfahren nur durch mündliche Überlieferung empfangen hatte, später den Nachkommen auch schriftlich und urkundlich hinterließ, indem sie in wenigen Worte vieles zusammenfaßte und oft zum Zweck des klareren Verständnisses einen nicht neuen Glaubenssinn mit einem passenden neuen Ausdruck bezeichnet.[127]

[125] H. J. Sieben, Konzilsidee, 150.

[126] Pachomiusleben, Bo 23 (VC 95); Bo 195 (212) S[10] (22.27). Pachomius, Praecepta 8 (Boon 15,4): *haec sunt praecepta vitalia nobis a maioribus tradita;* Praecepta et instituta (53,4): *iuxta praecepta maiorum et doctrina sanctarum scripturarum.*

[127] Com. 23,17.19: *Sed omni industria hoc unum studet, ut vetera fideliter sapienterque tractando, si qua illa sunt antiquitus informata et inchoata, accuret et poliat, si qua iam expressa et enucleata, consolidet et firmet, si qua iam confirmata et definita, custodiat.* <...> *quod prius a maioribus sola traditione susceperat, hoc deinde posteris etiam per scripturae chirographum consignaret, magnam rerum summam paucis litteris comprehendendo, et plerumque propter intellegentiae lucem non novum fidei sensum novae appellationis proprietate signando.*

Das entspricht dem Vokabular und der Praxis der Regeleinsetzung.[128]

Zusammenfassung

An allen Lériner Texten zeigt sich somit das zunehmende theologische Interesse: von der unterschwellig artikulierten Formulierung des altkirchlichen Synergismus führt der Weg bis zur Behauptung einer eigenen theologischen Position in bewußter Absetzung zur neuen Gnadenlehre augustinischer Kreise. Die Legitimation dazu wird letztlich von dem monastischen Interesse abgeleitet, die Tradition zu schützen und zu propagieren. Tradition, im Sinne der *antiquitas,* ist nach einer solchen Auffassung zugleich der Garant für die Orthodoxie. Damit ist die enge Verbindung zwischen Theologie und Askese offenkundig. Das Lériner asketisch-theologische Konzept kann abschließend formuliert werden: der Asket lebt den rechten Glauben.

4. Asketische Theologie in den dogmatischen Schriften des Faustus. Asketische Praxis versus theologische Spekulation als Ursprung seiner Gnadenlehre

Wie aus dieser theologischen Askese eine asketische Theologie wird, ist an De gratia des Faustus abzulesen. Es handelt sich dabei um eine offizielle Lehrschrift über die Gnade für ganz Gallien. Daher ist es nicht unwichtig, Anlage, Absicht und Umstände der Abfassung kurz zu resümieren. Der südgallische Augustinismus führte zu extremen Ausformungen, die mit Prädestinatianismus bezeichnet werden. Einer seiner Vertreter war der Presbyter Lucidus, gegen den in Arles (470) eine erste Synode unter Leontius stattfand.[129] Faustus wurde beauftragt, die südgallische Gnadenlehre gegen Pelagius und Lucidus darzulegen, was er auf dem Konzil von Lyon (ca. 470) auch tat.[130] Im prol. von De gratia spricht er selbst davon: *blasphemias eius brevi sermone praestringere et confutare necessarium iudicavimus.*[131] Es spricht einiges dafür, daß dieser *brevis sermo* im Sermo extravagans 3 der Pseudoeusebianischen Predigtsammlung (Eusebius Gallicanus) erhalten ist.[132] Das

[128] Vgl. I. Herwegen, Väterspruch und Mönchsregel (Münster ²1976).

[129] Einzelheiten über die Synode sind nur aus De gr. prol. (3–4) zu entnehmen. Ebenso ist der Brief bekannt, den Faustus an Lucidus schrieb (= ep. 1; CSEL 21,161–165), um ihn zum Widerruf seiner Meinungen aufzufordern, sowie dessen Antwortschreiben (ep. 2, ebd. 165–168). Vgl. C. Munier, Concilia Galliae, CC 148,159–160.

[130] Wie Anm. 129; CC 148,161.

[131] De gr. prol. (4,10/11); De gr. 1,1 (6,20): *brevi et necessario sermone praestringendas esse credimus.*

[132] S. einen Nachweis im Exkurs zu den Predigten des Eus. Gall.

Konzil von Lyon wünschte dazu Ergänzungen, die in De gratia vorgelegt wurden.

Inhalt und Lehre brauchen im einzelnen nicht dargelegt zu werden.[133] Auf den monastischen Hintergrund in diesem Werk muß jedoch aufmerksam gemacht werden. Da es die *via regia*[134] beschreiben möchte, die Faustus auch in der Askese empfiehlt, fehlen bereits so stark pelagianisierende Aussagen, wie sie sich Faustus noch in seinen Homilien herausnehmen konnte.[135] Das liegt wohl am offiziellen Charakter der Schrift. Dennoch bleibt die monastische Herkunft unverkennbar. Da bisher noch keine Konzilsentscheidungen und keine einheitlichen Väteraussagen zur Gnadenlehre vorliegen, ergibt sich für Faustus zunächst nicht die Möglichkeit, sich in seinem Anliegen darauf zu berufen. Immerhin bemüht er die *catholica vox,*[136] beruft sich auf *prophetae, apostoli, evangelistae et verbi sensus,* spricht von der Führung

[133] Grundlegend bleiben: F. Wörter, Zur Dogmengeschichte des Semipelagianismus, Kirchengeschichtliche Studien 5,2 (Münster 1899), Kap. II: Die Lehre des Faustus, 47–106; A. Koch, Der heilige Faustus (Stuttgart 1895); an neueren Darstellungen: C. Tibiletti, La salvezza umana in Fausto di Riez, in: Orpheus 1 (1980) 371–390; ders. Libero arbitrio e grazia in Fausto di Riez in: Aug. 19 (1979) 259–285; E. Amann, Semi-Pélagiens, in: DThC 14,2 (1941) 1796–1850, bes. 1833–1840; R. J. H. Collins, Faustus von Riez, in: TRE 11 (1980) 63–67; J. Douerin, Fauste de Riez, (Masch.Diss. Paris 1973) 23–40: zum „semipelagianischen" Einfluß Cassians; 188–219: zum Streit um Lucidus.

[134] De gr. prol. (4,15).

[135] Vgl. o. in XXXVIII (S. 243ff.). Andere Homilien aus Eus. Gall., meistens die, die mit größerer Wahrscheinlichkeit Faustus zugeschrieben werden können, weisen Parallelen zu De gr. auf: LIII,138/171 vgl. De gr. 1,17; LIII,152/3 vgl. ep. 5 (187,9), dort auch die mangelnde Unterscheidung von *gratia creatoris* und *gratia salvatoris:* ebd. 158: *qua gratia vel creati accipimus a domino vel redempti;* in LXII,81 werden unter den *propriae divitiae nostrae* folgende Tugenden aufgezählt: *fides, religionis cultus, divini timoris affectus, continentia corporis cordisque, patientia, pax, caritas, mansuetudo, simplicitas;* darunter befinden sich auch die Cassianschen *semina virtutum.* Desgl. LXXIV,87: *ecce intra te habes, unde regnum possis comparare caelorum.* – XIX,144/174: Betonung des freien Willens. Desgl: XXXII,72: *deus ab initio hominem conditione subiectum, discretione liberum fecit, prudentia instruxit, ratione ditavit;* 81 hebt die *ornamenta naturae (semina virtutum)* hervor. – XXII,22/41: Am Beispiel des ungläubigen Thomas wird nicht ein von der Gnade gewirkter, sondern der eigene Wunsch des Menschen nach Belehrung hervorgehoben; 73: *non est exclusa sedulitas!* – XXIV betont mehrfach die *cooperatio* Gottes mit dem Menschen; 97: *dei bonitas gratiam adiungit ad merita;* 143/151: *agnoscat homo quantum valeat, et quantum illum deo obnoxium faciat vel natura vel gratia; agnoscat homo quantum ab illo expectet deus, et quem tanta dignatione habuit carum, quam velit esse in conversatione pretiosum; agnoscat homo quantum valeat, et quantum debeat, et, dum pretium suum cogitat, vilis esse sibi desinat, et potius vicem muneris salvatoris, ex ipso bono suo id est de conservata salute, restituat. Custodiamus ergo sollicite, quod tanto sui cruoris commercio Christus redemit.* 139.186 findet sich *credulitatis affectus,* das ist semipelagianisches „Kennwort", vgl. J. Chéné, Que signifiaient initium fidei et affectus credulitatis pour les semipélagiens?, in: RSR 35 (1948) 566–588.

[136] De gr. prol. (4,14); ep. 1 (162,2) ruft zum *sentire cum ecclesia catholica* auf.

durch *sanctae traditiones ac praedicabiles disciplinae*[137] und verwehrt sich, daß das Vorgetragene eigene Einfälle seien. Immerhin kann er sich auf den Auftrag der Väter der Synoden von Arles und Lyon als Vätermajorität und Autorität berufen.[138]

Die theoretische Grundlage zur Ausformung der im großen und ganzen antiaugustinischen Gnadenlehre ist in der Leriner monastischen Anthropologie zu suchen; diese ist wiederum nur vor dem Hintergrund der monastischen Erfahrung und Praxis zu verstehen und von dort aus entstanden. Auf die Parallelen zu und die Herkunft von Cassian wurde immer wieder verwiesen.[139] Auch die Rolle, die die altkirchliche Auffassung von Gnade bei Gebet, Gehorsam, Stabilitas spielt, wurde dargestellt. Alle diese Elemente finden sich nun in De gratia. Wegen der monastischen Herkunft trägt die Schrift weitgehend paränetisch-exhortativen Charakter, wie er in den Homilien anzutreffen ist.[140] Das ist sowohl am Vokabular, an der Auswahl, Verwendung und Auslegung von Schriftzitaten als auch an der thematischen Durchführung nachweisbar. – Gleich nach der Zurückweisung der pelagianischen Irrtümer (1,1–2) kommt er (1,3) auf die für das Mönchtum zentrale Thematik des Gebetes zu sprechen; jedoch nicht mehr nur im Zusammenhang von zuvorkommender Gnade und Können des Menschen, der bei den Mönchen bis Cassian die Hauptschwierigkeit darstellte; für Faustus ist darüber hinaus – ganz wie es Prosper und Hilarius an Augustinus schreiben – die Prädestination das Hauptproblem im asketischen Leben. Angesichts einer doppelten Vorherbestimmung wäre das Gebet nutzlos und überflüssig. Augustinus sprach freilich nie expressis verbis von der doppelten Prädestination; das tat erst der Prädestinatianismus.[141] Aber selbst wenn Faustus die in Lérins aufbewahrten gnadentheologischen Werke Augustins gelesen hat, zeigt er sich davon ähnlich unbeeindruckt oder wenig überzeugt wie noch Cassian. Gerade Augustinus stützte seine Vorstellung von der Vorherbestimmung auf das Gebet, auf den liturgischen Brauch der Kirche und wies bereits in De dono perseverantiae 2,3–4

137 De gr. 2,9 (80,8/9).

138 De gr. prol. (4); ep. 1 (161,6/7): *sicut summi antistites meditantur;* ebd. (161,14/15): *nullus umquam sub religiosa professione contra catholicam fidem vel scripserit vel praedicaverit.*

139 Weitere Parallelen bei A. Koch, Der heilige Faustus 94.104.112.

140 So die Mönchshomilien; darüber hinaus XXV: De paenitentia Ninivitarum, die auffallende Parallelen zu De gr. 2,12 (De ninivites) hat; sowie die unter Anm. 135 genannten Homilien; in De gr. sind es besonders die Kapitel 1,1–5.

141 Es ist daher nicht verwunderlich, daß sich bei Faustus die gleiche Polemik befindet, die die Obiectiones Vincentianarum beherrscht: bei einer absoluten Prädestination, wobei nach Augustinischer Diktion *praedestinatio* und *praescientia* identisch sind, muß Gott als Urheber von *adulterium, homicidium* etc. verstanden werden; vgl. De gr. 2,3 (64,11/20).

und 23,63–65 dahingehende Angriffe zurück.[142] Faustus hat eher, wie schon Eucherius, Gottes gerechtes Gericht und die unmittelbar wirkende Vergeltung für die Leistung und das Fehlen des Menschen vor Augen. Nicht nur das Gebet, sondern jedes asketische Streben wird bei der allein wirkenden Gnade sinnlos,[143] die mit der Prädestination identisch zu sein scheint:[144]

> Wenn einer daher sagt, daß allein die Gnade ohne die Verrichtung eines Werkes oder einer Anstrengung genügen könne, scheint er dir bei solchen Aussagen etwa nicht mit verdrehtem Geist in jene blasphemischen Worte zu verfallen: niemand wache (mehr), niemand faste, niemand zügle die Anfechtung der Genußsucht durch die Zerknirschung der Enthaltsamkeit, niemand erkläre mehr den Lastern den Krieg durch Abtötung des äußeren (Menschen), niemand bekämpfe mehr Stürme der inneren Sorgen durch heilbringende Betrübnis, niemand widerstehe mehr der Lust, niemand suche Heilmittel für seine Vergehen durch die Mühsal des zermürbten Fleisches, niemand wehre durch die Kraft des Kreuzes mehr dem Feind, der mit den Verlockungen niedriger Lust bewaffnet ist. . . . den, den man kurz zuvor für einen Anwalt der Gnade hielt, findet man, indem er auf diese Weise den Weg des Menschen zum Heil verschließt, als Bekämpfer der Gnade, durch die das Heil gerade gebracht wurde, und es zeigt sich, daß er als Helfer der Verderbnis in den Beraterkreis des Teufels übergewechselt ist.

Die asketische Praxis wird als Argument gegen theologische Spekulation verwendet. Dies zieht sich durch das ganze Werk hindurch.[145] Gott erwählt und verwirft nicht *sine consideratione laboris devotionis*[146] und nicht *sine ratione*. Die *ratio* Gottes ist dabei der Verstehenskapazität des Menschen nachgebildet. Danach ist eine beliebige Selektion von Menschen bei der Vorstellung eines gerechten Gottes, der alle gleich ausgestattet hat, undenkbar; es kann nur einen allgemeinen Heilswillen geben.[147] Gerettet wird nicht der Prädestinierte, sondern der, von dem Gott vorhersieht, daß er sein Angebot annehmen wird, der sich

[142] Vgl. K. Federer, Liturgie und Glaube (Fribourg 1950) 19–41.

[143] *Sola gratia* und *praedestinata* sind bereits im Verständnis Augustins austauschbar, vgl. W. O'Connor, Saint Vincent of Lérins 251f.

[144] De gr. 1,9 (31,24–32,12).

[145] Besonders deutlich an: *labor oboedientiae;* vgl. auch: De gr. 1,8 (26,11/15): *patientia vincat iracundiam, temperantia refrenet concupiscentiam, humilitas exturbet superbiam, crux conterat voluptatem. quis haec sine labore cordis, sine adflictione carnis, sine magno hominis utriusque luctamine dormienti sibi per solam gratiam aestimet conferenda?*

[146] Ebd. 2,6 (71,22; 75,4).

[147] In diesem Sinn erhebt Faustus seine Stimme gegen die Auffassung der *duae generis humani massae,* De gr. 1,12 (44,12/17); 2,6 (73,26). Es zeigt sich, daß hier der Augustinismus bzw. Prädestinatianismus angegriffen wird: Augustinus nimmt wie Faustus nur eine *massa* an, allerdings mit dem Unterschied, daß es bei Augustinus eine *massa damnationis* ist, bei Faustus eine *massa* potentiell zu rettender Menschen. Die Scheidung ergibt sich erst aufgrund der Verdienste.

selbst mit um die Erlangung des Heils bemüht. Die *prima vocatio* zum Heil ergeht zunächst an alle Menschen, ob sie wollen oder nicht[148] und verlangt von ihnen nur den kurzen Weg des Glaubens, das *compendium fidei.*[149] Was sie aber so erhalten haben, müssen sie mit der Mühe der Werke bewahren; sie werden *cooperatores dei* (1 Kor 15,10), während Gott ihnen als *adiutor* beisteht. Wenn Gott aber selbst die Nichtwollenden beruft, wieviel mehr erst die Wollenden.

Eine solche Disposition erlaubt es Faustus, unter das *servare* der angebotenen *vocatio* den ganzen Reigen asketischer Tugenden und Lasterbekämpfung als Antwort und eigene Leistung zu subsumieren und einzufordern: es geht um den Kampf *(exercitium, agon)* mit dem *spiritus rebellis,*[150] um das Niederringen der *cordis elatio,* der *superbia,* um *labor servitutis,* um Bewahrung der *humilitas, castitas, virginalis integritas.*[151] Dabei werden theologische Sachverhalte in monastischen Begriffen ausgedrückt, wie es in Lérins Brauch war. Es geht um *praecepta, mandata,* die der Mensch durch Nachlässigkeit und Übertretung *(transgressio, neglegentia)* verletze,[152] durch die Leistung des Gehorsams aber halte und so gerettet werde. Die Gnade – es ist die aktuelle – wird nie geleugnet, aber auch nur in rein asketischer Funktion verstanden: an der Gnade müsse festgehalten werden, damit der Mensch nicht stolz wird und sich überhebt, am freien Willen, damit er sich nicht der Untätigkeit überläßt.[153]

Was sich an diesem Konzept nicht aus der Lériner Anthropologie erklären läßt, findet seinen Grund in der offensichtlich monastisch bedingten Unfähigkeit, zwischen der *gratia prima/creatoris* und der *gratia salvatoris* zu unterscheiden, wie es bei Cassian bereits zu sehen war; da Gott ein und derselbe ist, könne auch nicht unterschieden werden, lautet das Argument.[154] Infolgedessen lehnt Faustus – wie Vincentius – eine *gratia specialis* als nicht beweisbar und überflüssig ab. In der Kraft des Menschen[155] liegt allein das Verlangen nach Gott, das Verlangen des durch Erbschuld krank und schwach gewordenen

[148] De gr. 1,16 (52,17); die *vocatio* wird nicht als eine besondere *gratia (specialis)* verstanden.

[149] Ebd. 1,6 (22,18) und 2,10 (84,18): *de bonitate dei est, quod vocatur, de pro pia voluntate quod promptus obsequitur.* 1,8 (26,2): *meae miserationis est, ut voceris, sed tuae voluntati commissum est, ut sequaris.*

[150] Ebd. 2,1 (59,29); 2,10 (86,17; 84,22): *spiritalis bellum;* ebenso: XXXVIII,55.

[151] De gr. 1,16 (51,23); 1,17 (54,26): *superbia depravantur;* XLII,25: *superbia nostra depravat.* – De gr. 2,4 (67,1): *non excludit operis studium, sed operantis requirit obsequium, nec laborem servitutis recusat, sed humilitatem mentis insinuat.* Vgl. auch den Tugendkatalog 2,12 (92,3 ff.).

[152] Über die relative Häufigkeit dieser Worte gibt der Index zu De gr. Aufschluß.

[153] De gr. 1,13 (45,24/28).

[154] Vgl dazu A. Koch, Der heilige Faustus 86–99. Zu Cassian s. Anm. 1.

[155] De gr. 1,8 (25,31) u. ö: *semina virtutum, affectus bonae voluntatis.*

Willens nach dem Arzt,[156] das *quaerere, pulsare, petere* (Mt 7,7), wie es in den Homilien an die Mönche beschrieben wurde.[157] Ebenso ist das Beharren im Glauben *(perseverantia)* dem menschlichen Tun und Können anheimgestellt[158] – wie bereits die Stabilitas. Das schließt das Gebet darum nicht aus, nur wird ein *donum perseverantiae* ausdrücklich geleugnet.

Nach dieser kurzen Durchsicht findet sich die These einer in De gratia enthaltenen asketischen Theologie bestätigt. In allen mehr monastischen Schriften der Lériner ist durch die asketische Praxis die Ausformung der „semipelagianischen" Gnadenlehre vorbereitet worden. Die enge Verbindung von gelebter mönchischer Askese und ausdrücklicher Theologie wurde zwar durch die aktuelle Diskussion und die allgemeine asketische Stimmung begünstigt, einen kohärenten und literarischen Niederschlag als Element einer monastischen Spiritualität fand sie jedoch nur in Lérins.

II. TRINITÄTSLEHRE UND CHRISTOLOGIE. VON DER THEOLOGISCHEN POSITION ZUR ASKETISCHEN PRAXIS. THEOLOGIE ALS RECHTFERTIGUNG DER ASKETISCHEN LEBENSFORM

1. Orthodoxe Christologie als Ausweis orthodoxer Gnadenlehre

Das Engagement in dem zweiten theologischen Themengebiet, dem sich die Lériner mit besonderer Aufmerksamkeit zuwenden, ist dem in der Gnadenlehre in etwa vergleichbar. Was man dort jedoch suchte und selbst mühsam erstellte: das eindeutige Väterzeugnis und Konzilsaussagen, auf die man sich der *vetustas* und des *consensus* wegen hätte berufen können, lag beim Trinitäts- und Christusdogma bereits fast abgeschlossen vor. Dieses galt es nun gegen Neuerer und die latente Gefahr des Arianismus zu verteidigen. Die Mittel, mit denen das geschieht, können als typisch Lérinisch angesehen werden und sollen nachfolgend dargestellt werden.

Das etwa zeitgleiche Auftreten von Pelagianismus und Nestorianismus bestimmt in dieser Epoche, vor allem in den Schriften aus den mönchischen Kreisen, oftmals ein und denselben antihäretischen Text. Bereits bei Augustinus findet sich eine solche Verbindung: In De praedestinatione sanctorum 15,30 will er mit der Aussage des aus der

[156] Das beliebte Bild vom Arzt: De gr. 2,10 u. ö.
[157] Ebd.
[158] Ebd. 1,17.

Jungfrau geborenen Sohnes Gottes: Gott und Mensch, (= christologische Thematik), der ohne eigene Verdienste (= antipelagianisch) vom Vater als Mittler und Erlöser auserwählt worden ist, die Prädestination aller Menschen beweisen.[159] Das ist auch jene Stelle, die Vincentius in seinen trinitarisch und christologisch orientierten Excerpta den Spätschriften des Augustinus entnimmt, wobei er die prädestinatianischen Passagen ausblendet.

Besonders deutlich wird die Verbindung von Pelagianismus und Nestorianismus, von Soteriologie und Christologie, in Cassians De incarnatione Dei. Von den Vätern, die über die Irrtümer des gallischen Mönches Leporius berichten und seinen Libellus emendationis überliefern,[160] ist es nur Cassian, der ihm neben nestorianischen auch pelagianische Irrtümer vorhält;[161] Leporius sei in der Summe seiner nestorianischen und pelagianischen Häresien ein Schüler des Pelagius gewesen. Nach Cassian sind die beiden Irrlehren *germana et consanguinea,*[162] die nestorianische sei aus der pelagianischen entstanden:[163] „Indem sie also die Lästerung ausspricht, daß unser Herr Jesus Christus als bloßer Mensch geboren worden sei, behauptet sie ferner, es sei Sache des menschlichen Verdienstes, nicht seiner göttlichen Natur gewesen, daß er nachher zu göttlicher Ehre und Macht gelangt sei. Folglich habe er die Gottheit nicht immer durch den Besitz der mit ihm vereinigten göttlichen Natur gehabt, sondern sie nachher zum Lohn seiner Mühen und Leiden durch sein Verdienst erlangt."[164] –

159 PL 44,982 A: *Respondeatur quaeso: ille homo (Christus) ut a Verbo Patri coaeterno in unitatem personae assumptus Filius Dei unigenitus esset unde hoc meruit?* <...> *Nonne faciente ac suscipiente Verbo ipse homo, ex quo esse coepit, Filius Dei unicus esse coepit.* – Ebd. D: *praedestinatus est ergo Jesus* <...> *ipsa est illa ineffabiliter facta hominis a Deo Verbo susceptio singularis, ut filius Dei et filius hominis simul, filius hominis propter susceptum unigenitum Deum veraciter et proprie diceretur, ne non trinitas, sed quaternitas crederetur.*

160 CC 64,11–123. Die Traditoren des Libellus führt der Herausgeber R. Demeulenaere, 110, an.

161 De incarnatione Dei 1,2 (CSEL 17,239); Gennadius, De vir. ill. 60 steht wohl in Abhängigkeit von Cassian. Zwar schreibt er, Leporius sei anfangs dem Pelagius gefolgt, in dem Resümee des Libellus erwähnt er aber nur den Widerruf der christologischen Fehler. Zu De inc. vgl. A. Grillmeier, Jesus der Christus im Glauben der Kirche (Freiburg 1982) 661–672.

162 De inc. 1,2 (239,13).

163 Ebd. 5,1,1 (301,24): *discipula atque imitatrix;* 5,1,2 (302,16): *huius ergo mortiferae ac perniciosae pravitatis haec nunc orta est recens haeresis quasi redivivos quodammodo suscitans cineres veteribus favillis novum movit incendium.*

164 Ebd. 1,2; ebenso in 1,3,3–4 (240); 2,5,2–3 (256–257): Die Gnade als Geschenk wird von Gott gegeben durch Jesus Christus; da nur Gott Gnade geben kann, ist Christus Gott, Maria Theotokos. – Darin spricht sich erneut die monastische Unfähigkeit aus, ausreichend zwischen der *gratia creatoris* und der *gratia salvatoris* zu unterscheiden: ebd. 2,5,5 (257,25): *docuerat eundem deum esse quem Christum* <...> *docuerit eandem gratiam dei esse quam Christi.*

Später wird man den Semipelagianismus zum Nestorianismus in Beziehung setzen: wie letzterer in Christus zwei Personen, eine göttliche und eine menschliche, getrennt annehme, so stelle der Semipelagianismus menschliches und göttliches Handeln im Menschen nebeneinander, statt daß das göttliche das menschliche durchdringe und bewirke.

Mag die von Cassian gezeigte Genese und Verwandtschaft der Lehren ihre Richtigkeit haben oder nicht, sie zeigt ein im Mönchtum gewachsenes Gespür für und die Suche nach theologischen Zusammenhängen. Die Mönche von Lérins haben dies mindestens über Vincentius nachweislich rezipiert[165] und die Bekämpfung der Irrtümer zu ihrem Anliegen gemacht. Die zunächst überraschende Verbindung der beiden theologischen Hauptthemen des Jahrhunderts in den Schriften der Lériner wird durch den verborgenen Zusammenhang von Gnadenlehre und Christologie sofort klar: wenn man, wie Pelagius, behauptet, der Mensch könne dank seiner eigenen Kraft das Heil wirken, erhebt sich die Frage nicht nur nach der Rolle Christi im Heilsgeschehen, sondern viel grundlegender noch die nach seiner Person und seinem Wesen überhaupt. Von daher wird es verständlich, daß die Lériner so sehr die orthodoxe Christologie betonen, um damit zum Ausdruck zu bringen, daß auch ihre Gnadenlehre orthodox ist. Im 6. Jh. freilich sind die skythischen Mönche den umgekehrten Weg der Argumentation gegangen und haben Faustus, bei der Berufung des afrikanischen Bischofs Possessor auf dessen Christologie, Kompetenz auf diesem Gebiet abgesprochen, da er auch in seiner Gnadenlehre irrte.[166] Doch wie die Mönche bereits in der Gnadenlehre durch die asketische Lebenspraxis Zeugnis für die „Orthodoxie" gaben, so ist überall ihr Bemühen zu spüren, dem trinitarischen Dogma durch denselben Lebensvollzug Ausdruck zu verleihen, es in das asketische Leben zu integrieren. Unter Umständen wird zudem die Absicht verfolgt, mit der starken und offen vorgetragenen Verteidigung des Christusdogmas von der eigenen Gnadenlehre abzulenken, mit der man sich nach der Intervention der Päpste mehr und mehr isoliert sah.[167]

165 Vgl. J. Madoz, Excerpta 50–63.

166 S. o. § 2 III, 4. 6): Die Umwelt. – Der Zusammenhang von Gnadenlehre und Christologie ist bisher leider kaum erforscht. Darauf weist bereits A. Grillmeier, Jesus der Christus 604, Anm. 17 hin. Zu den Arbeiten, die zu dieser Frage bereits beitragen und die Grillmeier anführt, ist noch zu nennen: J. W. McDewart, The Christology of the Pelagian Controversy, in: StPatr 18 (1982) 1221–1244. E. Booth, A note on some Themes of St. Augustine's de Trinitate, present in de Libero Arbitrio, in: Aug(L) 38 (1988) 25–36.

167 Daß Vincentius die dahin lautenden Papstschreiben im Commonitorium ebenfalls in seiner Absicht selektiv exzerpierte, ist hinlänglich bekannt.

2. Trinität und Christusdogma in den programmatischen Mönchsschriften – Zeugnis und Engagement

In dieser Gruppe Leriner Schrifttums sind die Anklänge an das Thema relativ verhalten. Aber das unvermittelte Auftauchen trinitarisch-christologischer Aussagen spricht dafür, daß diese Thematik durchaus latent vorhanden war.

Sicherlich nur in theologischer Formel spricht Eucherius in Laus 25 im Zusammenhang der Verklärung vom *homo assumptus,* der auf dem Berg seine verborgene Majestät offenbart. Die asketische Schlußfolgerung ist klar: Jesus in seinem göttlichen Wesen kann nur schauen, wer seinem Beispiel folgend sich in die Einsamkeit zurückzieht, sich von den irdischen und niedrigen Werken auf den hohen Berg begibt und dort frei von den Verbindungen mit irgendwelchem Laster und erhöht in reinstem Glauben und ausgezeichneter Tugend sein Leben verbringt. Diese Gedanken konnte Eucherius schon bei Cassian (Conl. 10,6) finden, bei dem der christologische Aspekt jedoch nicht in der Weise ausgeprägt ist.

Es ist erneut Faustus, der ein solches Theologumenon bewußt in antimonophysitischem Interesse übernimmt: In seiner Art, den Mönchen eindringlich ein konsequentes asketisches Leben einzuschärfen, erinnert er so an das Wiederkommen des Richters in dem Leib, *quod pro nostra salute susceptum; pro nostra absolutione damnatum, et pro nostrorum vulnerum medicina lancea clausisque confixum est* (XXXIX, 107/127); dann werden die Mönche in den Wunden des Gekreuzigten ihre eigenen Sünden erkennen. Die Spuren der Nägel werden für die Nachlässigen schrecklich sein, für die Eifrigen heilbringend. Die asketische Absicht dieser Vision ist offenbar. Der antimonophysitische Hinweis[168] schließt hier unmittelbar an die exterior-interior-Thematik an. Damit wird sie besonders nachdrücklich der Beachtung empfohlen. Aber auch die Gedankenassoziation von äußerem und innerem Menschen einerseits und der Harmonie des göttlichen und menschlichen Wesens in Christus wird hier mitgespielt haben, wie weiter unten zu zeigen ist.

Hilarius bezeugt das Engagement des Honoratus in *sincerisissimis tractatibus* für die trinitarische Lehre in dem von arianischen Goten bedrohten Südgallien nach der Lehre des Konzils von Nicäa (325), das gegen Arius die Konsubstantialität des Wortes mit dem Vater lehrte, sowie der des Konzils von Alexandrien (362), das die Gleichwesentlichkeit des Geistes mit den göttlichen Personen lehrte:

[168] Die gleiche Thematik führt Faustus auch in seiner Symbolpredigt IX,187/191 zum Artikel: *inde venturus est iudicare vivos et mortuos* an.

Du bist sogar täglich in sehr gewissenhaften Ansprachen Zeuge *(testis/martyr)* für das Bekenntnis des Vaters und des Sohnes und des Heiligen Geistes gewesen. Kaum jemand hat so ausgiebig, so klar über die göttliche Dreifaltigkeit gesprochen; du aber hast sie in den Personen unterschieden und sie verbunden in Ewigkeit und Herrlichkeit ihrer Glorie.[169]

Hilarius bringt das mit dem asketischen Bild des *martyr/testis* in Verbindung.[170] *Martyr* gehört geradezu notwendig zum Bild des in der antiken Mönchsvita gezeichneten Helden. Das Zeugnis ist jedoch nicht nur ein allgemeines unblutiges Christusbekenntnis, sondern die konkrete nachnicänische Lehre.

Faustus nutzt in Hom. LXXII über Honoratus diesen Hinweis in Verbindung mit einer Bitte aus dem den Sermo de Vita Honorati abschließenden Gebet für sein asketisch-theologisches Anliegen; bei Hilarius heißt es: *impetra ut,* <. . .> *quae docuisti, aliquatenus obtinere mereamur* (39,6). Weiter schreibt Faustus:[171]

Also, Geliebteste, damit wir erreichen können, was er erhielt, folgen wir zuerst dem, was er lehrte: Halten wir besonders den rechten Glauben: Wir glauben an den Vater und den Sohn und den heiligen Geist, den einen Gott. Wo nämlich Einheit ist, kann keine Ungleichheit sein; und, weil der Sohn, da er Gott ist, vollkommen, vollendet und ganz ist, kann die Vollkommenheit nicht geringer genannt werden.

Das Bild der Einheit der verschiedenen Personen in dem Einen Gott ist Vorbild für die Einheit der mittlerweile zönobitischen Gemeinschaft von Lérins.[172] Daß Honoratus wirklich so gelehrt hat, kann aus der Vita als bestätigt angesehen werden; er wird seine theologisch-asketische Beschäftigung nicht erst in der Bischofszeit aufgenommen haben.[173] Aber selbst wenn dies nicht in der Weise wie in LXXII geschildert stattgefunden haben soll, so ist es nun eindeutig Faustus, der durch diese theologisch-asketische Aussage auf die Gemeinschaft einwirken will.

[169] V. Hon. 38,22/26: *Quotidianus siquidem, in sincerissimis tractatibus, confessionis Patris ac Filii et Spiritus Sancti testis fuisti. Nec facile tam exerte, tam lucide quisquam de divinitatis trinitate disseruit, cum eam personis distingueres et gloriae aeternitate ac maiestate sociares.*

[170] S. o. § 2 II, 2. 1) a: Mönchsleben als Martyrium.

[171] LXXII,62: <. . .> *ut adipisci possimus illa, quae obtinuit, sequamur illa prius, quae docuit: Teneamus imprimis fidem rectam: Credamus patrem et filium et spiritum sanctum: unum Deum* (Quicumque 15). *Ubi enim est unitas, esse non potest inaequalitas; et, cum filius, quia deus est, perfectus, consummatus et plenus sit, prorsus minor dici non potest plenitudo.* An diesen Passus schließen sich die theologischen Begründungen für Gehorsam und Demut an; s. o. im Text nach Anm. 24.

[172] Schon Augustinus verwendet die trinitarische Thematik, um für die Einheit der Gemeinschaft zu werben: Contra Petil. 2,104,239 (CSEL 52,152–155).

[173] Es ist zu bedenken, daß die RIVP als einzige der frühen Mönchsregeln mit einer trinitarischen Doxologie endet.

Nach dem Vorbild der V. Hon. läßt Honoratus von Marseille am Ende der Vita Hilarii (26,53) den sterbenden Hilarius eine Adhortatio an die Trauergemeinde halten. Auch hier ermahnt er sie: *fidem trinitatis immobiliter retinete.*

Als letzte Schrift in dieser ersten Gruppe ist die Passio Agaunensium Martyrum des Eucherius zu nennen.[174] Das Zusammentreffen verschiedener mündlicher Traditionen und die Aussageabsicht des Eucherius hat Pricoco sehr scharfsinnig analysiert.[175] Eucherius bringt in der Passio eine neue Haltung der Christen zu ihrem heidnischen Herrscher zum Ausdruck: sie sind bereit, ihm zu dienen, auch als Soldaten Kriegsdienste zu leisten, was in der frühen christlichen Tradition ja abgelehnt wurde. Erst als sie sich weigern, gegen Christen zu kämpfen, erleiden sie das Martyrium (Dezimierung). Allein aus diesem moralischen Grund, und nicht wegen ihres Christseins und Glaubens, müssen sie sterben; das will Eucherius zum Ausdruck bringen. So ist es überraschend und fast überflüssig, zweifelsohne aber mit dem steten trinitarischen Interesse der Lériner Mönche zu erklären, daß er sie in ihrer Rechtfertigungsrede an Kaiser Maximian ein antiarianisches Glaubensbekenntnis sprechen läßt: *Deum patrem auctorem omnium et filium eius Jesum Christum deum credimus.*[176] Eucherius führt das nicht weiter aus. Aber daß das Bekenntnis selbst in diesem Zusammenhang, wo es eigentlich fremd ist, auftaucht, zeigt schon, daß die trinitätstheologischen und christologischen Fragen lebendige Motive Lériner Geistigkeit und Spiritualität darstellen.

3. Trinität und Christusdogma in den Lériner Lehrschriften – Konzilstreue und Unterweisung

Das wird besonders deutlich an den Schriften des Vincentius, des Eucherius und des Faustus. Die vor allem trinitätstheologische und christologische (antiarianische und antinestorianische) Orientierung der Schriften des Vincentius wurde bereits erwähnt.[177]

Da er sich in den Excerpta auf Augustinus stützt, ist der asketische Bezug nicht so offensichtlich wie in anderen Lériner Texten und geht nicht weiter über das monastische Traditionsbewußtsein hinaus, als es bereits im Zusammenhang mit der Gnadenlehre zum Ausdruck kam. Allerdings bleibt das Faktum an sich bemerkenswert, daß er solche

[174] CSEL 31,165–172.
[175] S. Pricoco, L'isola dei santi 223–244.
[176] Passio 4 (169,4).
[177] Ausführlich handelt davon J. Madoz, Excerpta 51–64; ders., El concepto 157–163.

theologischen Aussagen für die Belehrung der Mönche zusammenstellte.

Ähnlich ist es bei den exegetischen Werken des Eucherius. Sie sind bisher noch nicht auf ihre christologischen Aussagen hin untersucht worden.

Zuerst ist auch hier die Frage nach den benutzten Quellen gerade dieser Stellen sinnvoll. Sie lassen sich nur in weit geringerem Maß nachweisen als bei der Gnadenlehre; und dort, wo sie ausfindig gemacht werden konnten, sind keine gravierenden Änderungen durch Eucherius vorgenommen worden. Damit wird die Einstellung der Leriner zu den aktuellen theologischen Diskussionen evident: Die Konzilsentscheidungen im Christusdogma wurden fraglos übernommen und als approbierte Meinung gegen die Häretiker vertreten. In der Gnadenlehre, wo solche fehlten und man sich zudem in der Defensive sah, veränderte man die benutzten Vorlagen auf die eigenen asketisch-theologischen Vorstellungen hin, um ihnen die gewünschten Inhalte zu unterlegen.

Die im lexikographischen Anhang zu den Instructiones u. a. erklärten Begriffe *omousion: unius substantiae; omooeusion: similis substantiae*[178] verweisen auf die immer noch aktuelle arianische Diskussion.

Geradezu programmatisch ist der Beginn der Instr. Die erste Frage zum Buch Genesis lautet: *Quibus scripturarum testimoniis trinitas adprobatur?* Die Antwort, die auf Gen 1,1.2: *in principio (hoc est in filio) fecit deus caelum et terram et spiritus dei ferebatur super aquas,* auf Gen 1,26: *faciamus hominem* sowie auf den Taufbefehl Mt 28,19 verweist, wird Augustinus bzw. Ambrosius entnommen[179] und nicht dem sonst eher bevorzugten Hieronymus. Die rhythmische Sprache, die Eucherius nicht in der Vorlage fand, erinnert stark an das Quicumque:[180]

ecce habes et deum patrem et filium et spiritum sanctum.
sed pater ingenitus, filius genitus, spiritus sanctus nec genitus, nec ingenitus.
ne si ingenitum dixerimus duos patres videamur, si genitum, duos filios, sed potius qui ex patre et filio procedat, velut quaedam patris filiique concordia.
ergo pater ex quo omnia, filius per quem omnia, spiritus sanctus in quo omnia.

Es handelt sich hier wohl eher um eine hymnische Doxologie als um exegetische Ausführungen. Darauf wird noch weiter einzugehen sein.

Schriftstellen, die traditionellerweise trinitarisch gedeutet werden, fehlen bei Eucherius nicht: Jes 6,10: *sanctus, sanctus, sanctus dominus*

178 Instr. 159,22.

179 Vgl. Augustinus, De gen. ad lit. 1,6 (CSEL 28,1,10,7) zur Trinität; Ambrosius, De sp. s. 2, prol. 1 (CSEL 79,87,1) zur Taufthematik.

180 Instr. 67,7/11, vgl. Quicumque 16.20f.

exercituum <. . .> unam ostendunt divinitatem in mysterio trinitatis.[181] Ebenso wird 1 Jo 5,8 angeführt.[182]

Kreisten die Gedanken zu den bisher genannten Schriftstellen mehr um die alte arianische Frage, so beziehen sich die folgenden auf die nestorianische Irrlehre, auf die Inkarnation, die Gegenstand des zweiten Teils des Quicumque ist und die ebenfalls in Lérins erörtert wurde.

Aus Ps 81,9 *(non erit in te deus recens)*[183] folgert Eucherius: *(antichristum refutandum esse) Christus autem deus recens non erat* und fügt als Bestätigung Jo 1,1 an. – Auch in Ps 86,5 *(homo et homo factus est in ea, et ipse fundavit eam altissimus)* ist *homo* der aus Maria geborene Christus, der selbst ihr Schöpfer ist.[184] Christus ist der Höchste, Maria Gottesgebärerin.[185] – Die Erklärung zu Jo 3,13 *(nemo ascendit in caelum, nisi qui descendit de caelo, filius hominis qui est in caelo): licet adsumpserit hominem, tamen homo et deus hoc est Christus una persona est*[186] ist wieder zu vergleichen mit Quicumque 32.35: *Qui licet deus sit et homo, non duo tamen sed unus est Christus.* – Zu Jo 14,28 *(pater maior est me)* und Jo 10,30 *(ego et pater unum sumus)* heißt es abschließend: *Jesus ita verus homo ut verus deus, de patre deo deus, de matre homine homo, illud secundum hominem, hoc secundum deum locutus creditur.*[187]

Schwerlich wird man hier von Theologie im Sinne theologischer Reflexion oder gar Spekulation sprechen können. Eucherius ging es primär auch nicht darum, vielmehr beabsichtigte er, wie bei den Aussagen zur Gnadenlehre, in den Erklärungen zur Schrift eine kirchlich für verbindlich gehaltene oder gewünschte Lehre in prägnanten Sätzen einfließen und zum Gegenstand des Lernens werden zu lassen. Die Methode ist dabei denkbar einfach: naiv biblizistisch, und in dieser Form immer wieder in Lérins anzutreffen, soll mit einer Ansammlung von Bibelstellen ein dogmatischer oder asketischer Inhalt leicht faßbar bestätigt oder begründet werden.

Auch in der schon öfter zitierten ep. 7 des Faustus an den Diakon Graecus aus dem Jahr 440 ist die Verbindung von trinitätstheologischen Themen mit der asketischen Frage anzutreffen. Das zeigt sich nicht nur darin, daß er den Adressaten nach Lérins einlädt, um dort

[181] Instr. 84,24–85,19; die Vorlage zur ganzen Stelle ist Hieronymus, Com. in Esaiam 3,4,2 (CC 73,85–86).

[182] Instr. 137,20–138,19. Vgl. dazu A. Bludau, Das Comma Johanneum 1 Joh 5,7 bei Eucherius und Cassiodor, in: ThGl 19 (1927) 149–156.

[183] Instr. 96,24/29.

[184] Ebd. 97,22/28.

[185] Vgl. dazu zu Ps 81,1 (Instr. 97,5/13): <. . .> *si voluerit ut homo appelletur deus, cum deus appellatus sit homo.*

[186] Ebd. 114,13/23.

[187] Ebd. 117,21/25.

die *via regia* in Theologie und Askese zu begehen.[188] Vor allem werden Fragen zum Nestorianismus nach der Lehre des Konzils von Ephesus behandelt. Der Arianismus kommt zwar auch zur Sprache, erscheint allerdings nur als enger Verwandter des Nestorianismus.[189] Auf der Insel ist man, wie das an Vincentius zu sehen war, mehr an der aktuellen großkirchlichen Diskussion interessiert. Faustus nennt nur hier den Nestorianismus; seit er auf dem Festland lebt, ist die Frage der gotischen Arianer für ihn drängender. Wegen seines energischen, auch politisch-diplomatischen Kampfes gegen den mit der gotischen Fremdherrschaft verbundenen Arianismus muß Faustus schließlich in die Verbannung gehen.

Die Stellungnahme gegen den Arianismus ist ihm, theologisch und methodisch gesehen, Mittel zum Zweck in seinen primären Anliegen. Es ist eine beliebte und weitverbreitete Strategie, unliebsame Lehrmeinungen zu bekämpfen, indem man sie in die Nähe schon bekannter Häresien brachte: war Augustins Gnadenlehre mit dem Manichäismus in Verbindung gebracht worden, so rückte Faustus die Lehre von der Unkörperlichkeit der Seele in die Nähe des Arianismus; er machte für die Anschauung, daß die Seele körperlich sei, asketische Gründe geltend.[190] Er fürchtete aber auch, die Arianer könnten ungehindert die göttliche Natur Christi und die Gottheit des Heiligen Geistes in Frage stellen, würde man eine der wesentlichen Eigenschaften der Gottheit, die Unkörperlichkeit, auf ihre Geschöpfe – die menschliche Seele und die Engel – übertragen.

Einzig in den Homilien, in denen er wörtlich ep. 7 wiederverwendet, taucht der Nestorianismus noch einmal auf.[191] Faustus begegnet den anstehenden Fragen mit der in Lérins propagierten Methode: durch Berufung auf die Schrift und die *universitas* der Vätertradition. Wo Faustus dieses Modell zugunsten eigener Überlegungen verläßt, wirkt es wegen mangelnder theologischer Tiefe und seines Biblizismus fast naiv. Darin spiegelt sich jedoch der asketische Hintergrund: Faustus fordert eine bereitwillige und unreflektierte Unterordnung unter die bewährten und anerkannten Autoritäten im Dienst der Einheit und Wahrung der Tradition und dies sowohl im Monasterium wie in der Kirche. – Der Gedankengang der ep. läßt sich kurz zusammenfassen. Nur in der Trinität könne man von einer Substanz in der Distinktion

[188] S. o. § 2 II, 1: Motivation zur Askese.

[189] Ep. 7 (204,16/19): *qui deum filium hominis credendum denegat, Nestorii impietate maculatur, qui duas substantias in redemptorem non credit, Arri laqueo deceptus involvitur.*

[190] Ep. 3 (173). vgl. o. § 2, I zur Anthropologie. – Das gleiche Schicksal widerfuhr aber auch der Lehre des Faustus. S. dazu oben § 2 III, 4.6): Theologische Nachwirkungen.

[191] Hom. XXVII,36/52 = ep. 7 (203,20–204,22); Hom. LXXVI, 30/36 = ep. 7 (205,20–206,1).

von drei Personen reden. Der inkarnierte *homo assumptus* muß als eine Person in zweifacher Natur verehrt werden. Andernfalls leugne man die Annahme des Leibes zur Rettung des Menschen oder ließe Gott am Kreuz sterben *(in substantia maiestatis suae divinitas)*. Deswegen darf man das Bekenntnis des wahren Menschen und wahren Gottes in keiner Weise bezweifeln: *in Christum dominum ita perfecta et inseparabili distinctione credamus, ut dei et hominis simplicem personam et duplicem noverimus esse substantiam,*[192] da man sonst eine Quaternität bekenne.[193] Seine Formel: *ut deus pater hominis sit, ut homo mater dei sit* begründet er mit einer Auslegung zu Jes 9,6 *(parvulus natus est nobis, filius datus est nobis).*[194] Durch das Wortpaar *simplex – duplex* eröffnet sich ihm die Möglichkeit, die theologische Thematik auf die asketische zu übertragen.

4. Gelebte Konsequenz

1) Askese: *Christus simplex* und die *simplicitas monachi*

Analog zur *simplex-duplex*-Begrifflichkeit, oder vielmehr aus ihr erwachsend, entwickelt Faustus seine exterior-interior-Thematik.[195] Ziel des asketischen Lebens sei die Übereinstimmung des *homo exterior* mit dem *homo interior,* d. h. der Mönch soll seine Gespaltenheit *(duplex)* verlassen und die Einfachheit *(simplex)* erstreben. In trinitarischen Fragen spricht Faustus von der *substantia simplex* bei gleichzeitiger *subsistentia triplex,* ferner von Christus als *persona simplex* mit einer *natura duplex.*[196] Wie schon bei der Gnadenlehre verwendet Faustus asketisches Vokabular in theologischem Zusammenhang und theologisches in asketischem und kann daher, sicherlich von letzterem geleitet, die theologische Aussage für die Askese fruchtbar machen:[197]

> Und so ist Gott weder vermischt noch in eigene Personen geteilt, e i n e Kraft und ungeteilte Macht. Und wie er durch die Zeiten hindurch in seiner Subsistenz dreifach ist, weil ja jeder für sich subsistiert, so ist er doch in seiner Substanz einfach, weil einer nicht sich selbst vorausgehen kann noch

[192] Ep. 7 (204,20/22); und ebd. (205,8/18): *qui si talis error est in domino salvatore unam et simplicem credidisse substantiam, qualis error est duplicem adseruisse personam.*

[193] Vgl. auch Faustus, De sp. 2,4 (109,13/14).

[194] Ep. 7 (204,24–206,21). Vgl. Hom. I aus Eus. Gall.

[195] Vgl. o. § 2 I, 1. 4) zur exterior-interior-Thematik.

[196] Ep. 8 (209,19/28) und De sp. 2,6 (146,17/24).

[197] Ep. 8 (209,19/28): *ac sic deus noster nec permixtus in personis propriis nec divisus, una virtus nec potestate divisa nec tempore sicut in subsistentia triplex est, quia sibi quisque subsistit, ita in substantia simplex est, quia unus se ipsum praecedere nesciens nec posteriorem recipit nec priorem. i n d e e t n o s de hac accepimus simplicitate, si in nobis nihil sit dissonum, nihil varium, nihil diversum, si semper idem esse probabilibus studiis et fundatis in Christo sensibus enitamur, ut inmutabiles in bono novis tantum in diem profectibus inmutemur.*

ein Späterer einen Früheren aufnimmt. Daher nehmen auch wir von dieser Simplicitas an, wenn in uns nichts Dissonantes ist, nichts Vielfältiges oder Gegensätzliches, wenn wir erstreben, immer derselbe in Christus durch lobenswertes Mühen und festgegründete Gesinnung zu sein, damit wir unveränderlich im Guten uns durch steten Fortschritt verbessern.

Diese Verbindung des theologischen mit dem asketischen Gedanken hat Faustus hier von Origenes übernommen, freilich in aktualisierter trinitarischer Formulierung.[198] Die orthodoxe christologische Formel wird zum asketischen Lebensprogramm.

2) Liturgie: Gefeierte Dogmatik

a. Doxologische Dogmatik in Lériner Glaubensbekenntnissen

Ein weiterer Bestandteil seiner Argumentation, der ebenfalls auf die klösterliche Praxis hinweist, ist die Benutzung von liturgischen Texten als zusätzlicher theologischer Autorität - neben Schrift und Tradition - in strittigen Fragen. Zuerst zitiert er in ep. 7 ein ambrosianisches Weihnachtslied, das in Lérins in Brauch war, um damit die zwei Naturen in Christus zu beweisen.[199] An zweiter Stelle nennt er ein Symbolum. Zwar zitiert er nur das erste Glied des zweiten Artikels, jedoch macht die charakteristische Konstruktion (Relativsatz) sowie die Wortwahl (Präpositionen) eine Identifikation möglich: *credo et in filium dei Jesum Christum, qui conceptus est de spiritu sancto, natus ex Maria virgine.*[200] Diese Formel ist eine frühe Weiterentwicklung des altrömischen Symbols. Wie eine Synopse der altkirchlichen Glaubensbekenntnisse zeigt,[201] ist diese Formel zu dieser Zeit singulär.[202] Sie läßt sich erst wieder in Faustus, De spiritu sancto nachweisen,[203] sowie in

[198] Zum Nachweis der Abhängigkeit des Faustus von Origenes an dieser Stelle vgl. C. M. Kasper, Erat vir unus (1 Sam 1,1) in der Auslegung der Väter, in: ThPh 63 (1988) 230–241.

[199] Ep. 7 (203,10/14): *accipe etiam in hymno sancti antestitis et confessoris Ambrosii, quem in natali dominico catholica per omnes Italiae et Galliae regiones persultat ecclesia: procede de thalamo tuo, geminae gigans substantiae.* Es handelt sich um den ambrosianischen Hymnus: *Intende qui regis Israel;* Text in: C. Blume, Analecta hymnica medii aevi 50, (Leipzig 1907) 13; die in Betracht kommende Strophe lautet:
procedat e thalamo suo
pudoris aula regia
geminae gigas substantiae
alacris ut currat viam.
Die Echtheit des Hymnus verbürgt zudem Augustinus, Sermo 372, PL 39,1663.

[200] Ebd. (205,6/8).

[201] Diese läßt sich aus J. N. D. Kelly, Altchristliche Glaubensbekenntnisse (Göttingen 1972) sowie H. Lietzmann, Symbole der Kirche (Bonn 1914) 5–18 zusammenstellen.

[202] Zu dieser Formel und Formulierung bei Faustus vgl. F. Kattenbusch, Verbreitung und Bedeutung des Taufsymbols (Leipzig 1900) 879–883.

[203] De sp. 1,3 (105,15/18): *conceptus est de spiritu sancto,* und ebd. (105,26): *homo namque adsumptus ex Maria operatio spiritui sancti* <...> *conceptus est potentia;* diese und

den beiden Homilien über das Symbol aus Eus. Gall.,[204] die chronologisch der Abhandlung De spiritu sancto, die aus ihnen schöpft, vorausgehen.[205] Dies sind die frühesten Belege. Erst zur Zeit des Caesarius in Arles sowie durch seinen Schüler Cyprian in Toulon, ist sie wieder bezeugt.[206] Der vollständige Text des Symbols läßt sich aus De spiritu sancto und der ep. 7 zusammenstellen. Er ist identisch mit dem der beiden Homilien – abgesehen von den Varianten, die sich durch die Zitation ergeben.[207] Man kann daher mit Recht vom Symbolum Gallicanum reden (so Glorie), genauerhin vom Symbolum Fausti (so die traditionelle Symbolforschung), da bei ihm das früheste Zeugnis für diese Textform vorliegt. Da es sich aber bis in die Lériner Zeit nachweisen läßt, muß man schließen, daß die theologische Beschäftigung bei den Mönchen ein eigenes Symbol in Anlehnung an das altrömische Bekenntnis hervorgebracht hat, das für die liturgische Verwendung geeignet war und von dort Eingang in die theologische Begründungsstruktur fand.[208]

Es erhebt sich hier aber sofort die Frage, warum dann nicht Vincentius gerade in seinem Commonitorium pro catholica fidei antiquitate et universitate adversus profanas omnium haereticorum novitates sich auf dieses Lériner Symbol beruft. In der ganzen Schrift kommt das Wort *symbolum* nicht ein einziges Mal vor. Dieser Sachverhalt ist mit dem für ihn charakteristischen geschärften Problembewußtsein zu erklären. Er hält zwar daran fest, daß es eine konkrete Tradition darüber, was die Bibel aussage, in der Kirche geben müsse, aber das Symbol ist angesichts der mannigfaltigen Häresien, die sich alle darauf und auf die Schrift berufen, nicht mehr die gültige Summe dieser Tradition. Man braucht einen präziseren Maßstab, den er in seinem Kanon des *ubique, semper et ab omnibus* festlegt. Das Symbol ist für ihn ebenso interpretationsbedürftig wie die Schrift. – Faustus selbst hat noch etwas von diesem kritischen Bewußtsein übernommen, wenn

ähnliche Anklänge an die Formel aus ep. 7 in De sp. sind bisher meist übersehen worden. Daher glaubte man bisher nur den dritten Artikel des Symbols, den über den Heiligen Geist, aus seinen Schriften entnehmen zu können.

204 CC 101,97–126; zur Verfasserschaft der zwei Symbolpredigten durch Faustus s. u. im Exkurs zu den Predigten des Eusebius Gallicanus.

205 Einzelne Artikel des Symbols finden sich in einigen Homilien des Eus. Gall., deren Ursprung sehr wahrscheinlich auf Faustus zurückgeht, vgl. Index auctorum in CC 101B,1076–1077.

206 Caesarius, Expositio vel traditio symboli (= Sermo 9), CC 103,4650. Cyprian von Toulon, Ep. ad Maximum episcopum, MGH Epp. III, (1892 Gundlach) 434–436. Vgl. dazu Kelly, a.a.O. 177–180.

207 Der vollständige Text in: CC 101B,898–899.

208 Eine ähnliche Vermutung, die aber nicht wie hier begründet wird, spricht bereits F. Kattenbusch, a.a.O. 747 aus; Anm. 34 heißt es: „. . . ich möchte glauben, daß es speziell für die klösterliche Feier der Kommunion stilisiert ist."

er auch unbefangener mit dem Symbol umgeht. Er ist zumindest an anderer Stelle bemüht, seinen Ursprung auf Schrift und Vätertradition zurückzuführen.[209]

Das Interesse an theologischen Fragen und die Beschäftigung damit sind in Lérins also offenkundig mit der gelebten Askese und Liturgie verbunden, wenn nicht gar deren konstitutiver Bestandteil. So läßt sich vermuten, daß man, um den Glauben zu sichern, nach einer „Formel *(= regula fidei)* über der Formel *(= symbolum)*" suchte, die - unter Berücksichtigung der *simplex et imperita mens* - zugleich feierlich kultische Funktion übernehmen konnte. Diese kann mit einigem Recht in einer vielleicht frühen Form des Quicumque angenommen werden. Über die Herkunft dieses Symbols ist bereits viel gerätselt worden. Sicher ist, daß die Formelsprache des Quicumque zum festen Wortbestand derer gehörte, die sich mit trinitarischen Fragen zu Beginn des 5. Jh.s beschäftigten. So ließen sich bisher bei vielen Autoren, allerdings aus jeweils verschiedenen ihrer Schriften, Hinweise auf das Ps.-Athanasianum finden, was zur Verwirrung in der Verfasserfrage führte. Seit der Entdeckung der Excerpta des Vincentius durch J. Madoz sind die Argumente für den Ursprung in Lérins gestärkt geworden.[210] Eine Synopse bei Madoz, in der er Zitate aus Vincentius, Augustinus und Faustus mit dem Quicumque vergleicht, zeigt, daß allein aus den zwei Schriften des Vincentius, dem Commonitorium und den Eigentexten der Excerpta, den Tituli, mittels deren er die Augustinusexzerpte systematisch ordnet, große Teile des Quicumque zusammengestellt werden können, während bei Augustinus dazu eine wesentlich größere Zahl an Werken herangezogen werden muß. Darin zeigt sich die Tendenz, bekannte Formeln auf e i n e n knappen Text zu konzentrieren. Darüber hinaus sind vielfältige Spuren des ps.-athanasianischen Glaubensbekenntnisses bei allen Lérinern zu finden. Dabei ist zu beachten und als weiterer Hinweis auf die vermutliche Herkunft des Quicumque zu werten, daß sich so viele Zeugen in e i n e m eng begrenzten Raum finden. Eucherius wurde bereits genannt. Hilarius

[209] Ep. 7 (201,14/18): *Fidei sensum maxime de duabus substantiis vel naturis dei et hominis domini ac redemptoris nostri scito apud catholicam ecclesiam non solum patrem auctoritate susceptum, sed etiam oraculis consecratum;* De sp. 1,1 (102,5/9): *Fides catholica in universum mundum per patriarchas ac prophetas et gratiae dispensatores spiritu sancto insinuante diffusa est. hanc apostolica sollicitudo atque perfectio, sicut per sacras paginas dilataverat, ita in symboli salutare carmen mira brevitate collegit* <...>. Ebd. 1,2 (104,15/17): *De sacris omnimodo voluminibus quae sunt credenda sumamus, de quorum fonte symboli ipsius series derivata subsistit.* Ebd. (105,3/5): *In nullis autem canonicis, de quibus symboli textus pendet, accipimus, quod in ecclesiam credere debeamus.*

[210] Los Excerpta, 65-90; dort auch die wichtigste Literatur bis zum Erscheinungsjahr 1940; danach ist kaum Nennenswertes zum Quicumque mehr gesagt worden.

von Arles, der sich laut Vita zu trinitarischen Fragen äußerte, bringt in seiner Explanatio symboli einen großen Abschnitt des Quicumque.[211]

Caesarius schließlich, der nicht nur in seiner Nonnenregel ein Zeuge Leriner Kultur und Liturgie ist und in ihr viele Texte (Hymnen) erstmals nennt, ist zugleich der erste, der einen freieren, aber vollständigen Text des Quicumque überliefert.[212] Gerade angesichts der Tatsache, daß er als Lériner Traditor fungiert, ist die These nicht von der Hand zu weisen, daß er es in dieser Form aus Lérins mitgebracht hat. Auch inhaltlich läßt sich die These stützen, entsprechen doch die zwei unterschiedlichen Teile des Symbols genau den theologischen Themen der Lériner: Trinität und Inkarnation.

b. Hymnologische Dogmatik – Liedschatz von Lérins

Als letzten literarischen Niederschlag der lebendigen christologischen und trinitarischen Gedanken auf Lérins sei nochmals die Nonnenregel des Caesarius befragt. In der Recapitulatio (c. 65–72) stellt er u. a. die Offiziumsordnung *secundum regulam monasterii Lyrinensis* zusammen.[213] Von den 16 Hymnen, die er dort aufzählt, sind mindestens vier oder fünf sicher von Ambrosius;[214] ein großer Teil ist anonym und an dieser Stelle erstmals bezeugt. Seien sie nun wirklich in Lérins entstanden (was unter Berücksichtigung des Bisherigen – theologisches, asketisches, liturgisches und hymnologisches Interesse – sehr wahrscheinlich ist) oder nicht, jedenfalls spiegeln gerade diese nichtambrosianischen Hymnen die ausschließlichen theologischen Themen der Lériner deutlich wieder. Der Hymnus zur Sext in der Osterzeit *Iam sexta sensim volvitur*[215] reflektiert die Heilsereignisse der sechsten Stunde, darunter den Besuch der Engel bei Abraham: *tres*

[211] Text in: K. Künstle, Bibliothek der Symbole (Mainz 1900) 173–175; bes. 174: *Sed tamen imitare debemus, quod pater deus est et filius deus est et spiritus sanctus deus est, quasi non sunt tres dii, sed unus est deus* (Quic. 15.16). *Pater non est genitus, filius a patre genitus est, spiritus sanctus nec genitus, nec ingenitus, sed a patre et filio procedit* (Quic. 20–22). *Pater non est senior de filio secundum divinitatem, nec filius iunior est de patre, sed una aetas, una substantia, una virtus, una maiestas, una divinitas, una potentia est patris et filii et spiritus sancti* (Quic. 31.6.9–14). *Credite ecclesiam catholicam, hoc est universalem in universo mundo, ubi unus deus colitur, una fides servatur. Et qui non est in unitate ecclesiae, partem in regno dei non habebit* (Quic. 2.40) – Die Verszählung des Quicumque folgt CC 50,566–567. – Das trinitarische Interesse des Hilarius bezeugt V. Hil. 14.

[212] Caesarius, Sermo 3, CC 104,20–21. G. Morin, Le symbole d'Athanase et son premier témoin S. Césaire, in: RBen 18 (1901) 337–363; ders. L'origine de symbole d'Athanase, in: RBen 44 (1932) 207–219.

[213] SC 345,252–256.

[214] A. S. Walpole, Early latin Hymns (Cambridge 1922); Ambrosianische Hymnen, die Caesarius nennt, stehen dort unter folgenden Nummern: 4: *Iam surgit hora tertia,* 56: *Ter hora trina volvitur,* 10: *Hic est dies verus dei,* 2: *Aeterne rerum conditor,* 5: *Deus creator omnium.*

[215] Walpole, Nr. 55.

vidit, unum credit und fügt – nicht als Schlußstrophe – eine trinitarische Doxologie ein:[216]

unum rogemus et Patrem
deum regemque Filium
simulque sanctum spiritum
in Trinitate Dominum.

Am Sonntag zur ersten Nocturn wird das ganze Erlösungswerk im Hymnus *Rex aeternae Domine* in Anlehnung an die Artikel des Symbols besungen. Der Inkarnation aus der Jungfrau Maria wird dabei besondere Aufmerksamkeit gewidmet.[217] Wahlweise kann zu diesem Hymnus auch *Mediae noctis tempus est* gesungen werden.[218] Hier werden sogar Fachtermini der trinitarischen Diskussion verwandt:

dicamus laudes ut Deo
Patri semper ac Filio
sancto quoque Spiritui
perfecta enim Trinitas
uniusque substantia
laudanda semper nobis est.
Gloria Patri ingenito
gloria unigenito
simul cum sancto spiritu
in sempiterna saecula.

[216] Eine inkarnatorische Schlußdoxologie hat der von Caesarius für die Terz am Sonntag angesetzte Hymnus: *Iam surgit hora tertia.* – Die in den drei Engeln typologisch gedeutete Trinität ist ein beliebtes Thema der Väter: Faustus, De sp. 1,6 (109,15/17); vor ihm bereits Ambrosius, De sp. II, prol. 4; Augustinus, De trin. II,11,20.

[217] Walpole, Nr. 42:
qui es ante saecula
semper cum Patre Filius.
. . .
quem diabolus deceperat
hostis humani generis
cuius tu formam corporis
adsumere dignatus es.

ut hominem redimeres
quem ante iam plasmaverat
et nos Deo coniungeres
per carnis contubernium.

quem editum ex virgine
pavescit omnis anima
per quem nos resurgere
devota mente credimus.

[218] Walpole, Nr. 41.

An Festtagen wurde das Te Deum gesungen. Für den liturgischen Brauch ist es erstmals von Caesarius für Lérins bezeugt. Die Verfasserfrage ist nicht gänzlich geklärt. G. Morin und A. E. Burn nehmen Bischof Niketas von Remesiana an.[219] Die Verwendung des Hymnus ist für Lérins wegen seiner theologischen Aussagen wiederum typisch in dieser frühen Zeit: VV. 11–13 enthalten einen Lobpreis der Trinität, der Inkarnation und des Erlösungswerkes Christi:[220]

Patrem immensae maiestatis,
venerandum tuum verum et unicum Filium,
sanctum quoque Paraclitum Spiritum.
Tu Patris sempiternus es Filius,
tu ad liberandum suscepturus hominem
non horruisti virginis uterum.

Diese Stellen mögen genügen. Es ist unverkennbar, daß das Bekenntnis des Christusdogmas zum Vollzug des asketischen Lebens in Lérins wurde: D e r A s k e t b e k e n n t d e n w a h r e n G l a u b e n.

3) Architektur – „versteinerte Dogmatik"

Ein nichtliterarisches Zeugnis, das ebenso die Verbindung von Theologie und Askese zum Ausdruck bringt, ist eine der sieben Kapellen der Insel: Ste.Trinité. Dieses kaum 10 m lange Gebäude ist das erste im Abendland mit einem Dreifaltigkeitspatrozinium und diente sowohl als Eremitage wie als Friedhofskapelle. Schon die Bauweise als Dreikonchenanlage mit dreifach gestuftem Dach weist bildlich auf das Mysterium der Trinität hin. Die Konstruktion der Kuppel (koptische Kalotte) sowie aufgefundene Stuckreste und Grabbeilagen lassen diese Kapelle an das Ende des 5. Jh. datieren.[221]

5. Asketische Theologie in De spiritu sancto – antihäretische Zielsetzung mit asketischen Implikationen

Eine der Arbeitshypothesen, die die vorliegende Untersuchung leitete, ging davon aus, daß die Lehrinhalte der Spätschriften der干Leriner, insbesondere die des Faustus, die ihn bekannt und berühmt gemacht haben, ihre Wurzel in der asketischen Erfahrung von Lérins

[219] G. Morin, in: RBen. 11 (1894) 49–77; A. E. Burn, The Hymn Te deum and its Author, London 1926. Dagegen: E. Kähler, Studien zum Te Deum, Berlin 1958.

[220] Text bei A. E. Burn, Niceta of Remesiana (Cambridge 1905) 83–91.

[221] Zur Architektur dieser Kapelle: F. Benoît, Les chapelles triconques paleochrétiennes de la Trinité de Lérins et de la Gayole, in: RivAC 25 (1949) 3–28; Viollet-le-Duc, Art. Lérins, in: Dictionnaire de l'architecture francaise IV,348ff; H. Morris, Abbaye de Lérins (Paris 1909) 380; R. Doré, Lérins dans Congress archéologique de France, 95e session (Aix-en-Provence et Nice 1932) 367–383.

haben, dort also bereits rudimentär vorgezeichnet und von daher zu verstehen sind. Beim Übergang von der theologischen Askese zur asketischen Theologie in der Gnadenlehre, d. h. in De gratia, konnte das bereits eine Bestätigung finden. Aber auch bezüglich der trinitarischen Frage, genauer in De spiritu sancto, läßt sich das feststellen. Wie De gratia ist De spiritu sancto in antihäretischer Absicht verfaßt und richtet sich gegen die pneumatomachische Irrlehre des Macedonius, der behauptete, der Geist sei Geschöpf Gottes.[222] Faustus ist in seiner Argumentation dabei nicht originell und stützt sich in den theologischen Teilen auf bekannte Autoritäten, Augustinus, Ambrosius, Eusebius von Vercelli und die Lehre der Konzilien. Eine kurze Inhaltsangabe macht Aufbau und Absicht der Schrift deutlich. In 1,1–3 stellt er gegen die Arianer und Macedonier den dritten Artikel seines Glaubensbekenntnisses vor und legt das ihm aus Lérins bekannte Traditionsprinzip dar. 1,4–6 handelt allgemein von der Lehre der Trinität, die er mit einer großen Zahl von Schriftbeweisen und mit dem theologischen Wortschatz, der auf der Insel in Brauch war, bekräftigt. 1,7–8 beweist, daß der Hl. Geist eine eigene Person in der Trinität und damit Gott ist, der aus dem Vater und dem Sohn hervorgeht (1,9). In 1,10–13 und 2,1 führt er aus, daß der Geist nicht an den Raum gebunden sei, daß ihm daher wie nur Gott die Unkörperlichkeit zukomme.[223] 2,2 referiert den Einwand der Macedonier, der in den folgenden Kapiteln widerlegt wird (2,3–5). Die letzten sechs Abschnitte handeln vom Tun des Menschen, das dergestalt sein muß, daß der Geist in ihm Wohnung nehmen kann, daß der Mensch Tempel des Heiligen Geistes wird (1 Kor 3,16).

Schon der äußere Aufbau zeigt, daß Faustus in seinem Werk dem Gegenstand, der als ein Ziel der Askese in Lérins erwiesen wurde, einen großen Raum, nämlich ein Viertel (2,6–12), einräumt; im zweiten Teil des zweiten Buches häufen sich daher auch die asketischen Ermahnungen, die aus seinen anderen Schriften genugsam bekannt sind. Sie sind zusätzlich über das ganze Buch verstreut.

Gleich zu Beginn äußert er, daß es mit gutem Recht zur *professio* gehöre, an Gott, den Einen, zu glauben, den es in Treue zu suchen gelte *(quaerere)*.[224] Das erinnert an Homilie LXXII, in der Faustus es als erste Aufgabe des Mönchsberufes *(professio)* bezeichnet, den rechten Glauben an die Dreifaltigkeit zu bewahren. Wie schon bei der

[222] Vgl. dazu M. Simonetti, Fauste di Riez e i Macedoniani, in: Aug. 17 (1977) 333–354; J. Douerin, Fauste de Riez 170–187.

[223] Vgl. dazu o. § 2 I, 2. 3): Die Körperlichkeit der Seele.

[224] De sp. 1,1 (103,16/21): *in deum ergo credere hoc est fideliter eum quaerere et tota in eum dilectione transire. credo ergo in illum, hoc est dicere: confiteor illum, colo illum, adoro illum, totum me in ius eius ac dominum trado atque transfundo. in professionis huius reverentia universa divino nomini debita continentur obsequia.*

Gnadenlehre, bei der es um das Zusammenwirken von Gott und Mensch geht, das sich dem Fragen des Menschen entzieht, verwehrt er auch bei dem *procedens a patre filioque* der *curiositas* den Zutritt des genauen Erforschens;[225] der Glaubenssatz muß dem Fragenden genügen. Was darüber hinausgeht, sind *inutilia et non necessaria, inania et vacua.*[226] Den praktischen Teil des zweiten Buches leitet Faustus mit Mt 8,20 ein:[227]

> Die Füchse haben ihren Bau und die Vögel des Himmels ihre Nester, der Menschensohn aber hat nichts, wo er sein Haupt zur Ruhe legen könnte. Das heißt: verschlagene Irrlehren und die Mächte der Finsternis und der Lüfte haben sich einen Sitz in den Herzen der Menschen mit tiefwurzelnder Herrschaft gegründet, von mir aber, den sie als Mensch im Fleisch vor sich sehen, glauben die Ungläubigen nicht, daß sich Gott im Innern eines Menschen verberge.

Daher muß das Herz gereinigt werden, um dem Herrn einen Platz zu bereiten. Nicht von ungefähr schließt sich daran ein längerer Exkurs (2,5) zur Taufthematik an, der das Sterben und Wiedergeborenwerden in Christus mit Röm 6,3 betont, das Absterben von der Welt und ihren Lastern. Hier ist daran zu erinnern, daß sich im Laufe des 5. Jh. im Mönchtum eine Gelübdeformel entwickelt, die die *professio* mit der Taufe verglich. Für viele Mönche war noch zur Zeit des Faustus der Eintritt mit der Taufe verbunden. Das brachte als Konsequenz und Verpflichtung mit sich, durch Askese der Welt abzusterben, um so zur *gratia adoptionis* zu gelangen.[228] Nur durch den Geist erfährt der Mensch die *abremissa peccatorum* (Symbol), wird er wirklich frei,[229] nachdem er sich selbst durch Übertretung *(transgressio)* des Gehorsams, des guten Eifers und der Liebe zerstört hatte.[230] Nun stärkt der Geist selbst das Leben in Demut, Unterwerfung und Beständigkeit: *humilitatis, subiectionis, stabilitatis facta est confirmatio.* Gestützt auf diese Taufkatechese kann Faustus wie in den Mönchspredigten die Verheißung anknüpfen, daß der Mensch bereits das Reich Gottes in sich trägt (Lk 17,21), daß er das Künftige vorweggenommen

[225] Ebd. 1,9 (115,14): *non vis scire quod deus noluit ignorari, et vis scire, quod non iussit inquiri* <. . .> *non scruteris, qualiter deus sit, quem deum esse manifestum est. hic ratio latet, veritas non latet.*

[226] Ebd. 1,9 (116,26; 117,3).

[227] Ebd. 2,4 (141,6/10).

[228] Ebd. 2,6 (149,18); Teile dieses Taufexkurses decken sich thematisch mit Hom. XV: De pascha und mit XXXIV: De trinitate, die mit Sicherheit von Faustus sind.

[229] Ebd. 2,7 (150,12/13): *spiritus sanctus, nisi prae omnibus liber esset, de servis liberos facere non posset.*

[230] Ebd. (150,8/10): *universam creaturam peccato constat fuisse obnoxium, quorum tamen in deum oboedientiam sollicitudinem caritatem transgressorum ruina fundavit.*

hat und ihm nun die Aufgabe bleibt, dies zu bewahren,[231] indem er nicht mehr der Welt dient. Das verlangt aber die Mitarbeit des Menschen; und so wundert es nicht, wenn Faustus hier sowohl die von Cassian und später von den Semipelagianern viel benutzte Perikope des Hauptmanns Cornelius (Apg 11), der sich aufgrund seiner vorausgehenden Frömmigkeit das Heil erwarb,[232] anführt, als auch das in De gratia 1,5 für seine Theologie gedeutete 1 Kor 15,10 zitiert: *abundantius illis omnibus laboravi. non ego, sed gratia dei m e c u m.*

Ein kurzer Exkurs (2,9) gegen Novatian betont den Wert der Buße, die der Geist auf diesem Weg gewährt, - ebenfalls ein für die Mönchsspiritualität zentrales Thema.

Die Summe seiner asketischen Vorstellungen formuliert er im Schlußkapitel im Anschluß an 1 Kor 3,16 und 1 Kor 6,20: *(glorificate et portate deum in corpore vestro):*[233]

> Wer also dem Heiligen Geist voll Eifer einen Tempel der Reinheit im Herzen begründet und durch Keuschheit und Abtötung des Fleisches Gott im Leibe trägt, der trägt notwendigerweise den in sich, von dem wir geistig in Besitz genommen werden. Den du daher im Tempel als würdig erkennst, von dem wisse, daß er mit göttlichen Ehren anzubeten, mit Feiern zu rühmen und mit Opfern sehr zu ehren ist.

In ähnlich enger Verbindung wie Sermo 3 extr. aus Eus. Gall. mit De gratia steht Hom. XXXIV De trinitate generalis mit De spiritu sancto, nur daß letztere aus dem größeren Werk hervorgegangen zu sein scheint und ihm nicht als Vorlage galt.[234]

Mit Mt 16,24: *si quis vult post me venire abneget semet ipsum sibi* beginnt sie gleich asketisch und läßt eine Auslegung folgen, die dem theologisch-monastischen Programm folgt, das Faustus Honoratus in den Mund legt:[235]

> Wir wollen also erkunden, auf welche Weise wir, die wir in diesem Körper leben, Christus nachfolgen können. Wir folgen ihm, wenn wir seine Gebote bewahren, wenn wir tun, was er selbst aufgetragen hat, wenn wir ihm mit der ganzen Ergriffenheit des Herzens anhängen.

Zu diesem Programm gehört neben der asketischen Leistung[236] auch das Bekenntnis des Glaubens: *fides autem vera atque perfecta est: si unum*

[231] Ebd. 2,8 (151,10/12): *dei utique sunt regnum, qui ei se praeparare merentur in templum dei utique, non creaturae.*

[232] Cassian, Conl. 13,5; Faustus, De sp. 2,8.

[233] De sp. 2,12 (156,27-157,4).

[234] CC 101,387-393. Die Predigt ist mit an Sicherheit grenzender Wahrscheinlichkeit von Faustus; vgl. dazu im Exkurs zu Eus. Gall.

[235] XXXIV,2/6 vgl. dazu LXXII,62/80; s. o. Anm. 171 und nach Anm. 23. Zum asketischen Gebrauch dieses Schriftwortes in De gr. vgl. § 2 Anm. 62.

[236] XXXIV,7/13: *Abnegamus vero nos: cum studemus odisse quod fuimus, et amare incipimus quod esse debemus. Ergo toties nos negamus: quoties ad meliora convertimur; quoties, exterioris*

dei nomen in trinitatis confessione credamus (XXXIV,14). Was nun folgt, ist eine Kurzfassung aller in De spiritu sancto angesprochenen Themen, die dann wieder in einem semipelagianisch-paränetischen Schluß ausklingt:[237]

> Erkenne, wie viel du vermagst und erwäge, was du schuldig bist. Erwäge, wie stark du bist, so daß du endlich davon ablassen kannst, dir selbst wertlos zu sein: um Überheblichkeit und Hochmut zu unterdrücken, gedenke, daß du Erde und Staub bist; um das unterschwellige Schlechte zurückzuweisen und die Annehmlichkeiten billiger Laster zu überwinden, denke daran, daß du Gottes Werk und Gottes Abbild bist. Es sollen also nicht die den verderblichen Einflüssen der Welt allzusehr zusprechen, die Gott zu Hohem berufen hat: zu Hohem, sage ich, denn zweifle nicht, daß diejenigen, die du um einen himmlischen Preis losgekauft siehst, für Himmlisches vorbereitet sind.

Somit zeigt sich an den theologischen Spätschriften erneut, daß Faustus seine theologischen Gedanken nie isoliert aussagt, sondern sie stets im Rahmen einer asketischen Theologie zur Sprache bringt. Sie ist, das sei ausdrücklich vermerkt, keine „Theologie des Mönchtums“ oder über das Mönchtum, sondern bezeichnet vielmehr eine Methode, die, von der Askese ausgehend, theologische Themen diskutiert bzw. in das asketische Leben integriert. Ihre Kennzeichen sind neben der Paränese der reiche Schriftgebrauch, mit dem Faustus in der Liturgie in Lérins vertraut wurde, und ein schlichter Gedankengang, der Unterwerfung unter die anerkannten oder bewährten Dogmen fordert, um die Einheit(-lichkeit) zu wahren. Seine Originalität sollte daher nicht primär im theologischen Beitrag oder in theologischer Spekulation gesucht werden, die die Entwicklung der Lehre hätte fördern können, sondern in der so ausdrücklichen Verbindung von Theologie und Askese: Theologie wird durch ihre Bezugnahme auf das sich mühende Leben und in ihren schlichten Mitteln konkret, eine praktische Theologie; die Askese gewinnt durch den ausdrücklichen theologischen Bezug an spiritueller Tiefe oder findet in ihr eine zusätzliche kirchliche Rechtfertigung. Die aktuellen theologischen Themen bleiben auf diese Weise nicht einer denkenden Oberschicht vorbehalten, sondern werden für alle nachvollziehbar und sogar lebbar. Dafür zeugt letztlich auch die Popularität, die Faustus' Schriften in Südgallien zuteil wurde.

vetustate deposita, in domini servitute novi hominis alacritate iuvenescimus; quoties ad fervorum animi de tepore, ad continentiam de voluptate, ad munditiam de inhonestate transimus; quoties fidem veram deposita incredulitate suscipimus. Vgl. dazu ep. 6 (199,19/22).

[237] XXXIV,147/155; eine vergleichbare Passage ist in De gr. 1,8 (26,11/21) zu finden, sowie beinahe wörtlich in XXIV,143/151; Text oben in Anm. 135.

§ 4 Conclusio – Lérins als Regelmönchtum

Auf dem Hintergrund der voraufgehenden Untersuchungen zur Organisation des Leriner Mönchtums, zum monastischen Selbstverständnis und zur theologischen Position geht es im letzten Kapitel um die Frage, ob das Mönchtum von Lérins eine eigene Regel hervorbrachte oder adaptierte und, wenn ja, ob eine solche sich mit einer oder mehreren der bekannten frühen Mönchsregeln identifizieren läßt. Die Tatsache, daß eine plausible Zuweisung nur durch eine Analyse der „geistlichen Schriften" des Leriner Schriftkorpus möglich ist, bringt einerseits Schwierigkeiten mit sich: die unterschiedlichen Gattungen zeichnen sich durch unterschiedliche Aussageabsicht, Stilistik, Terminologie etc. aus, die von der der Regeln durchaus verschieden ist, so daß ein Vergleich nicht leichthin durchgeführt werden kann.[1] Auf der Basis der in den ersten Kapiteln gewonnenen Ergebnisse zur Organisation des gemeinschaftlichen Lebens dürfte jedoch ein methodisch sauberer und überzeugender Vergleich möglich und durchführbar sein.

Andererseits gibt ein solches Vorgehen den Blick auf die Wechselwirkungen zwischen Regeltext und Brauchtum einerseits und „spirituellen" Schriften andererseits frei: letztere können Zeugnis einer Umsetzung geschriebenen, meist der östlichen Tradition entnommenen Wortes in eine dem Westen angepaßte Lebenspraxis sein oder ihrerseits die Grundlage für eine neu entstehende, nun selbst Tradition begründende Regel darstellen.

Ein insgesamt relativierendes Faktum für die Sicherheit der Zuweisung eines anonymen Regeltextes an ein bestimmtes monastisches Milieu muß jedoch auch genannt werden. Ein Regeltext kann weitgehend unabhängig neben den anderen Texten ein Eigenleben führen. Für Lérins als einer sich konstituierenden Gemeinschaft sollte freilich die Wirkung der als bedeutsam für die Entwicklung gewerteten Regel auf andere Texte nicht zu gering veranschlagt werden. Eine Wechselwirkung muß angenommen werden.

a. Der Stand der Forschung: Vorschläge, Mängel und Kritik

Jede Monographie über Lérins oder Themen, bei denen die Mönchsinsel eine gewichtige Rolle spielt, wird früher oder später an

[1] Auf dieses Problem hat u. a. K. S. Frank, Das Leben der Juraväter und die Magisterregel, in: RBS 13 (1984) 35–54 hingewiesen.

der Frage nach einer Regel nicht vorbeigehen können. Die Auskünfte von Schriftstellern des 5. Jh.s, die am Schluß von Kapitel 3 angeführt wurden, aber auch das Selbstzeugnis der Leriner – davon wird noch die Rede sein – machen ein Ausklammern dieses Themenkomplexes unmöglich.[2] Die überlieferten rein literarischen Mitteilungen lassen allerdings konträre Deutungen zu, die die Forschungsgeschichte bis zu den neuesten Publikationen von S. Pricoco (1978) und A. de Vogüé (1982) hin bestimmen.

Die ältere französische Literatur[3] vertrat weitgehend die These, es habe in Lérins eine geschriebene Regel gegeben. Man berief sich dazu auf äußere Argumente – die literarischen Berichte – wie auf innere: die Autorität und die Qualitäten des Gründers sowie die Umstände des Zusammenlebens machten die Annahme einer Regel zwingend. Es müßte jedoch nicht notwendig Honoratus der erste Urheber oder Verfasser der schriftlich fixierten Regel gewesen sein; er hätte noch als *forma vivens* den Eifer seiner Schüler wecken und leiten können.[4] Mit dieser Argumentation suchte man das auffällige Schweigen des Hilarius im Sermo de Vita Honorati über die als wichtig eingestufte Frage der Regelgabe zu erklären.[5] Es ist allerdings in keiner Weise erwiesen, daß diese Frage dem Hilarius ebenso wichtig erschien!

Dieses Schweigen wie auch das Fehlen jeglichen Hinweises auf eine Leriner Regel im Codex Regularum des Benedikt von Aniane sind die Hauptargumente der gegenteiligen Meinung, es habe in Lérins keine Regel gegeben.[6] Hier war es vor allem C. F. Arnold, der die Belegstellen für die mögliche Existenz einer Regel sprachlich und im Kontext des Mönchtums vom 5.–7. Jh. untersuchte.[7] Da keine „Leriner" Regel überliefert ist, interpretierte er sämtliche in Frage kommenden Hinweise der Väter als nicht aussagekräftig, indem er darauf hinwies, daß Worte wie *statuta, instituta, regula, praecepta* etc. im 5. Jh. keineswegs e i n e feste Bedeutung im Sinn des Terminus technicus des Mönch-

[2] Eine Sammlung der zeitgenössischen Belege zur Leriner Regel findet sich bereits bei V. Barralis Salerno, Chronologia Sanctorum et aliorum virorum Illustrium ac Abbatum Sacrae Insulae Lerinensis (Lyon 1613); die ältere Literatur bis in die Mitte dieses Jh.s griff stets auf diese Sammlung zurück.

[3] P. Goux, Lérins au cinquième siècle (Paris 1856) 42–58; L. Alliez, Histoire du monastère de Lérins (Paris 1862) 40–50; H. Moris, L'abbaye de Lérins (Paris 1909); L. Cristiani, Lérins et ses fondateurs (Wandrille 1946) und A. C. Cooper-Marsdin, The History of the Islands of Lérins (Cambridge 1913) äußern sich nicht.

[4] P. Goux, Lérins 42–43. V. Hon. 32,4/6: *Et dignum plane erat ut qui vitae semper exempla praebuerat etiam mortem suam in exemplum advocaret.*

[5] So auch noch M. D. Valentin, Hilaire d'Arles, Vie de saint Honorat, SC 235 (1977) 25–26.

[6] Von P. Goux, Lérins 42, und L. Alliez, Histoire 41, wird diese Meinung bereits diskutiert.

[7] C. F. Arnold, Cäsarius von Arelate (Leipzig 1894) 509–523: Die Lerinenser Regel.

tums haben. Das Ergebnis seiner sorgfältigen Untersuchung setzte sich in der kritischen Forschung durch[8] und wurde von Pricoco in extenso wiederholt:[9] es sei in philologischer und geschichtlicher Irrtum, Anfang des 5.Jh. in Gallien überhaupt von einem Regelmönchtum zu sprechen. Sein insgesamt sehr positiv aufgenommenes Buch fand aber gerade an dieser Stelle, wiederum aus dem französischen Sprachraum, vorsichtige Kritik.[10]

Jeweils im Anschluß an die Analyse der Textzeugen und die Entscheidung für oder gegen eine Regel anhand der sicheren Lériner Quellen versuchten beide Forschungsrichtungen die Form des ursprünglichen Lebens zu rekonstruieren; die erste immer noch in der Absicht, wenigstens den Inhalt der vermuteten Regel, die man stark durch Pachomius geprägt glaubte, zu skizzieren. Die strenger philologische Richtung hingegen neigt stets dazu, das Toposhafte der monastischen Sprache – begründet durch literarische Vergleiche und die von daher postulierte ausschließliche Abhängigkeit der Lériner von anderen Mönchslandschaften – über das Konkrete zu stellen; sie kommt so zu entsprechend dürftigeren Aussagen als die vorliegende Studie, die besonders den Entwicklungsprozeß des Lériner Mönchtums unter weitaus mehr und teilweise anderen Gesichtspunkten untersucht, als Pricoco es tat:[11] zu berücksichtigen waren u. a. die geographische Lage in ihrer Auswirkung auf die sprachliche Form der monastischen Gedanken, der archäologische und theologische Befund sowie die homiletische Tätigkeit des Faustus in ihrer Wechselwirkung mit der asketischen Praxis.[12] Zudem kann m. E. nicht nur mit dem Argument der Abhängigkeiten gearbeitet werden, weil dies einer originären Kraft nicht entsprechend Rechnung trüge: eine eigenständige und selbständige Weiterentwicklung des vorgefundenen Traditionsgutes, das richtungsweisend für Spätere wurde, wird auf diese Weise nahezu für unmöglich erklärt.

Auf dieser Grundlage ergibt sich die Möglichkeit, die bisherigen Hypothesen, die sich noch unversöhnt gegenüberstehen – sieht man

[8] In wesentlichen Zügen wird es von F. Prinz, Frühes Mönchtum, 47–101, übernommen.

[9] L'isola 77–103.

[10] Vgl. die Rezension von J. den Boeft, in: VigChr 34 (1980) 203–205; A. de Vogüé, in: RHE 76 (1981) 94–97, u. a.

[11] So wurde hier z. B. auf eine genaue Untersuchung der Passio agaunensium martyrum verzichtet, der Pricoco unter der Überschrift „L'ideologia" eine sehr eingehende Untersuchung widmet, 204–245.

[12] Diese Gesichtspunkte wurden bisher erstaunlicherweise immer unberücksichtigt gelassen, wenngleich man sich doch andererseits bereits daran gewöhnt hatte, etwa politische, gesellschaftliche und rechtliche Einflüsse auf das Gepräge monastischer Texte zuzugeben.

einmal von den popularwissenschaftlichen Arbeiten, die die Meinung Vogüés fraglos übernahmen,[13] ab – erneut zu prüfen und der einen oder anderen zumindest zu größerer Plausibilität zu verhelfen.[14] Bei einer Untersuchung, die sich nur auf die einschlägigen Texte und Begriffe beschränkt, war kein überzeugendes Ergebnis mehr zu erwarten. Dagegen ließ sich bei der „atmosphärischen", genealogischen Betrachtung allein aus inneren Gründen eine Entwicklung auf eine Regel hin feststellen: Die zunehmende Systematisierung der Gedanken, Verrechtlichung und Reglementierung des Lebens des einzelnen (Gelübde, Stabilitas ...) und der Gemeinschaft, wie aus den Predigten des Faustus zu entnehmen ist, nicht zuletzt die Regelung der Kompetenzen von Abt und Bischof auf dem Konzil von Arles (456), lassen die Annahme einer Regel als sinnvoll erscheinen. Aus diesem Grund ist die Frage nach der Regel im Unterschied zu den früheren Arbeiten an den Schluß gestellt worden, damit ihre Beantwortung den Gang der Untersuchung nicht von vorneherein in eine bestimmte Richtung festlegt.

Über einen ganz anderen methodischen Weg gelangte die französische Regelforschung, die in den Arbeiten Vogüés ihren Höhepunkt erreichte, zum gleichen Ergebnis, das freilich immer hypothetisch bleiben muß,[15] solange die Quellenlage keine sichereren Belege dafür oder dagegen bietet.

Die französische Forschung fragte zunächst nicht nach Lérins, sondern analysierte die ältesten abendländischen Mönchsregeln – nach den Augustinusregeln – und suchte sie zu datieren und zu lokalisieren. Wegen ihrer auffälligen äußeren Form, in Gestalt von „Konzilstexten", und ihrer rudimentären und archaischen Ausdrucksweise wies man sie bald hauptsächlich Südgallien/Lérins zu und versuchte das mit einzelnen Belegen aus dem „Lériner Milieu" zu erhärten. Eine systematische Aufschlüsselung dieses Milieus, die zuließe, einzelne Angaben der Regel mit entsprechenden Korrelaten aus

[13] Z. B. J. Gobry, Les moins en occident II. De saint Martin à saint Benoît (Fayard 1985) 244–253.

[14] Vgl. F. Prinz, Frühes Mönchtum ²1988, 644: „... so daß eine auf Vogüé wie Pricoco aufbauende umfassende Monographie über Lérins wünschenswert bleibt: in vielen Fragen ist eben noch nicht das letzte Wort gesprochen – falls es im wissenschaftlichen Erkenntnisprozeß überhaupt so etwas wie ein letztes Wort geben kann." Vgl. R. Nürnberg, Askese als sozialer Impuls (Bonn 1988) 111 Anm. 55: „Die Diskussion um den tatsächlichen Lériner Ursprung der Regeln ... braucht hier nicht untersucht zu werden. Dazu ist eine eigene Untersuchung erforderlich ..."

[15] Vgl. Vogüé, SC 297 und 298; im Folgenden zitiert als „Vogüé".

Lériner Texten in Verbindung zu bringen, ist jedoch bisher nicht veröffentlicht worden.[16]

1959 brachte A. Mundo in einer entscheidenden Studie[17] „Abtssynoden", die er zumindest seit dem 6. Jh. glaubt nachweisen zu können,[18] als Entstehungsort der „Regeln der Heiligen Väter" (Regula quattuor Patrum = RIVP, Secunda Regula Patrum = 2RP, Tertia Regula Patrum = 3RP) in die Diskussion. Dabei übertrug er den Befund des 6. Jh.s fraglos auf den Anfang des 5. und grenzte den in der alten Kirche klar umrissenen Begriff „Synode" nicht genügend gegen den von ihm kreierten ab, was in der Folgezeit zu nicht geringen Verwirrungen in der Bestimmung des Genus führte. So blieb die Frage unbeantwortet, ob es sich bei der textlichen F o r m der Regeln vom Autoritätsanspruch her gesehen um Synoden oder „imitierte Synoden" handle, an deren Ende die Herausgabe des Dokumentes stand, oder gar nur um die bloße Fiktion einer Versammlung. Mundo sieht das Vorbild der „Abtssynoden" im östlichen Mönchtum, bei Pachomius und Basilius, vorgezeichnet.[19] Dieses erhob freilich nie den Anspruch, Synoden im Sinn des altkirchlichen Fachausdrucks zu veranstalten, so daß der Bergriff von vorneherein fragwürdig erscheint. Um diesem Problem zu entgehen, postulierte Mundo bei seinen Abtssynoden die Gegenwart eines Bischofs. Bestätigt sah er seine Hypothese durch die auffallenden Initia *(sedentibus nobis in unum; resedentibus nobis in unum)* – ohne dabei den Erweis zu bringen, daß nicht auch andere Dokumen-

[16] A. de Vogüé verweist a.a.O. 93–94 auf eine nicht veröffentlichte Studie von A. Mundo, in der er einen solchen Vergleich durchgeführt haben soll.

[17] A. Mundo, Les anciens synodes abbatieux et les Regulae SS. Patrum, in: StAns 44 (1959) 107–125.

[18] Tatsächlich kennen die gallischen Konzilstexte des 6. Jh. eine Reihe von Canones, die in irgendeiner Weise Abtsversammlungen nennen; jedoch immer unter der Leitung eines Bischofs und nie mit legislativer Gewalt ausgestattet, und sei es auch nur für die eigenen Belange: Orléans (511) can. 19 (CC 148A,10); Tours (567) can. 7: *episcopus nec abbatem nec archipresbyterum sine omnium suorum cumpresbyterorum et a b b a t u m c o n c i l i o de loco suo praesumat eiecere* (ebd. 178); Auxerre (561–605) can 7: *Medio Madio omnes p r e s b y t e r i a d s y n o d o in civitatem veniant et kalendis Novembris omnes a b b a t e s a d c o n c i l i u m conveniant* (ebd. 266); Paris (614) can. 4: *abbas recurrat a d s y n o d u m* (ergänze: *episcoporum*) (ebd. 276). Zum Komplex der „Konziliarität" der Lériner Regeln bin ich für äußerst hilfreiche Hinweise Herrn P. H. J. Sieben SJ dankbar.

[19] Die Oberenversammlungen bei Pachomius: Praec. 27; vgl. dazu H. Bacht, Ursprung II, 144–145, Anm. 127 mit umfangreichen Literaturhinweisen; Oberenversammlungen bei Basilius: GR 54; vgl. dazu P. J. Fedwick, The Church and the Charisma of Leadership in Basil of Caesarea (Toronto 1979) 122–124. In beiden Texten wird jedoch nicht gesagt, daß Dokumente mit legislativem Charakter erlassen wurden.

te so beginnen –, und durch die Einleitung der einzelnen „Diskurse“[20] *(N. dixit);* dies können Kennzeichen von Konzilstexten sein, jedoch gehören zur Authentizität von Konzilien weitere genau vorgeschriebene Angaben, die hier alle fehlen (Ort, Datum, Name und Titel der Teilnehmer u. a.). Mundo nennt weiterhin als Beleg ein Explicit der RIVP nach dem vierten Diskurs, das eine Handschrift, die er für ursprünglich hält, anführt *(explicit regula abbatum XXXVIII).* Die gleiche HS hat in 4,9 einen Zusatz, der terminologisch deutlich zwischen *sinodo episcoporum* und *conventu fratrum* unterscheidet.[21] Der Begriff „Abtssynode“ sollte daher vermieden werden. Diese Hypothese war der erste Versuch, den der Form nach mit keiner anderen Regel vergleichbaren Texten auf die Spur zu kommen. Ihr in irgendeiner Weise „kollegialer“ Ursprung sei zunächst nicht in Frage gestellt.

Mundo möchte für die Entstehung der Regulae Patrum ohne stringente Belege[22] den Einfluß von Lérins geltend machen. Er setzt die Entstehungszeit aber in der zweiten Hälfte des 5. Jh.s an und beruft sich dabei auf die zönobitische Lebensform am Anfang des ersten Diskurses, die nicht zur Frühzeit von Lérins passe.

Die 2RP stehe formal, literarisch und inhaltlich in Folge und Abhängigkeit der RIVP. Hauptsächlich formal, vom „synodalen Charakter“ her, weniger inhaltlich, berühre sich damit die 3RP, die mit gallischen Konzilien (Agde 506, Orléans I 511 und II 533) in Verbindung gebracht werden könne. In diesen Komplex von Regeln ordnet er zudem aufgrund literarischer Abhängigkeit die Regula Macarii (RMac), für die man bisweilen Honoratus als Verfasser nannte,[23] als weitere Quelle der 2RP ein (Ende 5. Jh.) sowie die Regula orientalis (ROr), die bis dahin, einer Notiz im Schriftstellerkatalog des Gennadius zufolge, einem Diakon Vigilius zugeschrieben[24] und aufgrund der internen Chronologie des Verzeichnisses entsprechend früh datiert wurde (420). An dieser Zuweisung äußerte Mundo zwar Zweifel, fand aber zu keiner schlüssigen Chronologie der fünf kleinen Regeln. J. Neufville beschränkte seine Forschungen auf die ersten beiden Regeln, deren Textüberlieferung äußerst kompliziert ist, und bereitete in zwei

[20] Der Begriff wird von Vogüé übernommen, um die vier bzw. fünf größeren Abschnitte der RIVP von den einzelnen Kapiteln, die meist mit *„qualiter ...“* eingeleitet werden, zu unterscheiden.

[21] RIVP 4,9 (Vogüé 200): *quod si praesumpserit talia facere noverit se in sinodo episcoporum aut in conventu fratrum suorum in audientiam venire.*

[22] Er nennt lediglich die Pseudonymität der RIVP und den Archaismus der Sprache: beides ist für Lérins typisch.

[23] So bei J. J. Antier, Lérins 79.

[24] Gennadius, vir. ill. 52 (Richardson 79).

Studien[25] eine erste kritische Edition vor, die er 1967 vorlegte.[26] Aufgrund des Handschriftenbefundes, deren älteste er für Italien ausfindig machen konnte, korrigierte er die zuerst von Mundo übernommene Meinung dahingehend, daß er nun nicht mehr die Provence in der zweiten Hälfte des 5. Jh.s – er dachte anfangs an die Klostersiedlungen der Stöchadischen Inseln (Iles d'Hyères), da seiner Meinung nach Obere von mehreren Klöstern angesprochen seien –, sondern Italien im zweiten Viertel des 5. Jh.s als Ursprungsort annahm. Diese Lokalisierung genügte Pricoco, die Hypothese Mundos nicht weiter zu verfolgen und für Lérins keine Regel anzunehmen.[27] Neufville fand für seine Vermutung eine Bestätigung darin, daß die einleitenden Formeln *(sedentibus ..., resedentibus ...)* bei römischen Konzilien verwendet worden seien, nicht jedoch bei gallischen *(cum ... convenissemus ...)*.[28] Die archaische Sprache (*monachus* und *abbas* tauchen z. B. nicht auf) machte hingegen eine frühe Datierung notwendig. Das Explicit, das 38 Äbte als „Herausgeber" oder Verfasser nennt, weist Neufville neben anderem in die merowingische Zeit (8. Jh.). Den „synodalen" Ursprung bezweifelt er nicht.

Eine letzte These von F. Masai[29] stützt sich auf Passagen aus der Vita Patrum Jurensium:[30] Die Pseudonyme der vier Väter der RIVP, Serapion, Macarius, Paphnutius und der andere Macarius, fasse der anonyme Verfasser der Vita unter „die heiligen Väter von Lérins" zusammen. Die Juraväter hätten dann die RIVP gelesen, die „kollegia-

[25] Sur le texte de la règle des IV Pères, in: RBen 75 (1965) 307–312; und: Les éditeurs des Regulae Patrum, in: RBen 76 (1966) 327–343.

[26] Règle de IV Pères et seconde Règle des Pères, in: RBen 77 (1967) 47–106. Das Stemma codicum, 57, vermittelt einen Eindruck von der komplizierten Entstehungsgeschichte der Regeln.

[27] L'isola 95 Anm. 52.

[28] So beginnt die 3RP und eine HS der 2RP!

[29] F. Masai, La Vita patrum iurensium et les débuts du monachisme à Saint Maurice d'Agaune, in: FS B. Bischoff (Stuttgart 1971) 43–69.

[30] VPJ 174 (SC 142,426–428): *Et quia sermo adtulit ut de institutione patrum per imitationem beati Eugendi aliqua tangeremus, iuxta promissum quod memet praedixi tertio opusculo servaturum, prout memoriae, Christo inspirante, suggeritur, abrenuntiantum exordia primitus imitamus: sic namque quod non illa omnino quae quondam sanctus ac praecipuus Basilius Cappadociae urbis antistes, vel ea quae sancti Lirinensium patres, sanctus quoque Pachomius Syrorum priscus abba, sive illa quae recentior venerabilis edidit Cassianus fastidiosa praesumptione calcamus; sed ea cotidie lectantes, ista pro qualitate loci et instantia laboris invecta potius quam Orientalium perficere adfectamus, quia procul dubio efficacius haec faciliusque natura vel infirmitas exsequitur Gallicana.* Ebd. 179 (432–434): *instituta quae de informatione monasterii vestri, id est Acaunensis coenobii, sancto Marino presbytero insulae Lirinensis abbate conpellente, digessimus, desideria vestra, tam pro insignibus quam pro iubentis auctoritate, Christo opitulante, luculenter explebunt.* Eine ausführliche Deutung dieser Stelle erfolgt unten zur Regula Orientalis.

len" Ursprungs sei. – In einer späteren Studie[31] glaubte er in dem Ensemble der in VPJ 174 genannten Väter: Basilius, die Väter von Lérins, Pachomius, Cassian, die Quellen der ROr zu sehen, ein Florilegium aus Pachomius, das mit Cassian und Leriner Texten auf Anregung des Abtes Marinus von Lérins für Agaunum vom Verfasser der VPJ aus Condat adaptiert worden sei. Was Jonas von Bobbio in der Vita des Johannes Reomaensis „Regula Macarii" nennt, die Johannes in sein Kloster geholt habe, ist für F. Masai die RIVP.[32] Der Ursprung dieser rätselhaften Regeln läge mittelbar oder unmittelbar in Lérins; Masai gelang es ebenfalls nicht, eine einheitliche Chronologie der fünf Regeln aufzuweisen.

Alle diese Hypothesen unterzog A. de Vogüé in seinen umfassenden Studien zu den „Regeln der Heiligen Väter" einer eingehenden Kritik[33] und stellte dagegen seine Hypothese der Genealogie aller kleinen Väterregeln, die er mit der Entwicklung von Lérins, soweit sie ihm die Forschung vorlegte, in Verbindung brachte („tentation lérinienne"). Sein erstes Anliegen war die Edition der Regeln, die Erstellung eines gesicherten Textes, die Datierung und Lokalisierung, die Erklärung des Inhaltes und der Form sowie die Ermittlung der Quellen. Von daher ist der Gang seiner Untersuchung bestimmt, und es ist legitim, daß er sich nicht noch eingehend mit der Urgestalt von Lérins nach dessen gesicherten Quellen beschäftigte, wenngleich dies seinen Untersuchungen von Nutzen gewesen wäre. – M. E. ist für die Datierung und Lokalisatioin nicht primär die Frage der benutzten Quellen aufschlußreich, sondern vielmehr die, wie eine Regel tatsächlich der vorgefundenen Situation entspricht. – Vogüés Hypothese, die alle Regeln in ein System zu bringen versteht und daher große Anerkennung verdient, ist kurzgefaßt die:[34]

Die RIVP sei konziliaren Ursprungs und fungiere am Anfang des Regelstammbaumes als „Gründungsurkunde". Teilnehmer der bald nach 410 stattfindenden „Minisynode" seien Honoratus unter dem Pseudonym Macarius, der zweimal das Wort ergreife und als Redaktor

[31] F. Masai, Recherches sur les règles de S. Oyende et de S. Benoît, in: RBS 5 (1976) 43–73.

[32] So schon in: Les antecedents de Cluny. La Règle du Maître a Moutiers-Saint Jean, in: A Cluny. Travaux du congrès (Dijon 1950) 192–202. Eine solche Zuweisung kommt nicht von ungefähr, führt doch die HS M aus dem 11. Jh. die RIVP unter dem Incipit *Regula sancti patris nostri Macharii* an; vgl. Vogüé 180. G. Penco, Sulla diffusione della Regula Magistri, in: Ben. 10 (1956) 181–198, ging sogar noch weiter: aus der Verbindung der süditalienischen Rezension π der RIVP mit der Regula Magistri wollte er folgern, daß überall dort, wo von der RMac die Rede ist, die RM gemeint sei.

[33] SC 297. 298, bes. 297, 101–112.

[34] Da dieses Kapitel ständig in Auseinandersetzung mit Vogüé bleibt, erübrigt sich hier ein Eingehen auf einzelne Argumente. Einen summarischen Überblick gibt Vogüé 21–39.

arbeite, Leontius, der Bischof von Fréjus, als Serapion und Caprasius, der Lehrer des Honoratus, als Paphnutius, gewesen. Die 2RP sei nach der Bischofswahl des Honoratus (427) als ein Zeugnis des Aggiornamento entstanden. An ihrer Entstehung seien die gleichen Väter beteiligt gewesen, Redaktor sei der bei Gennadius genannte Diakon Vigilius. Abt Porcarius habe unter Verwendung der 2RP und von Hieronymus Ende des 5. Jh.s die RMac geschaffen, die von ihrer Art mit den Monita des Porcarius vergleichbar ist. Sein Nachfolger Marinus habe in dieser Tradition fußend eine eigene Regel verfaßt, die bis auf die Teile, die der anonyme Verfasser der VPJ in der ROr mit pachomianischen Texten verband, verloren gegangen sei. Die 3RP schließlich sei das Produkt eines gallischen Konzils (Clermont 535).[35] Ihre Verfasser seien Bischöfe, die in Anlehnung an die RMac – und somit auch an die 2RP – sowie an einige Texte aus den Konzilien von Agde (506) und Orleans (511 und 533) eine Sammlung von Canones für Mönche erlassen hätten.

Den Nachweis der Genealogie und Abhängigkeit der Regeln voneinander hat Vogüé mit Sorgfalt und Umsicht durchgeführt; er wird nicht weiter in Frage gestellt. Aufgrund der eigenen Untersuchung muß jedoch geprüft werden: stimmen Lokalisierung und Datierung? Kann man der Hypothese Mundos und Vogüés von der konziliaren Entstehung der ersten zwei Regeln folgen? Können die von Vogüé vorgeschlagenen Verfasser bestätigt werden? Kurz: Stammen die „Regeln der Heiligen Väter“ aus Lérins?

b. Das Selbstzeugnis der Lériner über ihre Regel

Zuerst ist zu fragen, wie sich die Lériner Mönche selbst nach ihren eigenen Aussagen geleitet und reglementiert sahen. Finden sich bei ihnen Hinweise zur Entstehung einer Regel, die dann im Zusammenhang mit anderen Texten gedeutet werden können?

Dazu sind zunächst die Stellen zu untersuchen, die irgendeine mündliche oder schriftliche Äußerung eines Lériner Oberen zum Gegenstand haben. So läßt sich eine breitere Vergleichsbasis erstellen, die auch darüber Aufschluß gibt, wie die Verfasser der Texte je unterschiedliche Äußerungen bewerten und welchen literarischen Gattungen sie sich zuordnen lassen. Das führt noch einmal zur philologischen Prüfung des Wortfeldes *regula*.

Drei klar unterschiedene Arten, sich zu äußern, sind von Honoratus in der in Arles gehaltenen Predigt über sein Leben durch Hilarius überliefert. Am weitaus häufigsten sind seine *exhortationes,* die stets durch einen situationsgebundenen Sachkontext oder durch eindeutige

[35] Wegen ihrer späten Datierung bleibt sie von der weiteren Untersuchung ausgeklammert.

Attribute (*vividis exhortationibus,* 17,38) gekennzeichnet sind;[36] demzufolge kann man darunter nur den individuellen Zuspruch verstehen, der mündlich erfolgte und deutlich von dem eher anonymen und sachlichen Anliegen einer Regel unterschieden ist. Dies ist das erste Mittel, mit dem Honoratus die Gemeinschaft leitete. In diesem Sinne ist auch die Aussage zu interpretieren, daß er sowohl die Starken wie die Schwachen ihren ungleichen Kräften entsprechend durch ein „angemessenes Gesetz" begleitete (*impar viribus pari lege comitatus,* 18,15). Eine solche Ausdrucksweise widerspricht einer technisch-juristischen Deutung von *lex,* sie weist im Kontext der an Honoratus gerühmten Seelenführung im Gegenteil auf seine Einfühlungsgabe hin.

Eine zweite Art der Äußerung sind seine Antworten auf Fragen in *litterarum officia,*[37] worunter keine ausgedehnte Korrespondenz zu verstehen ist, sondern, der Tradition der Vätersprüche folgend, kurze geistliche Weisungen[38] (sie fanden auf Wachstäfelchen Platz), die auf Anfragen verfaßt wurden. Man sammelte sie zwar (in *scrinis aut armariis,* 22,13), aber als ihr eigentlicher Platz galten die Herzen *(arca pectoris, inscripta sensibus),* wodurch ihre Funktion als Apophthegmata bzw. heilbringendes Rhema bezeugt ist.[39]

Als letzte verbale Äußerung werden von Honoratus die Ansprachen zur Dreifaltigkeit genannt (*sincerissimi tractatus,* 38,22).

Ergänzend und zum Vergleich seien zwei Begriffe genannt, die in der Regeldiskussion immer Interesse wecken: *praecepta* und *mandata,* die Honoratus beim Katechumenenunterricht rezitiert und gesungen hörte.[40] Der Kontext weist sie eindeutig als Bezeichnung der Heiligen Schrift aus. Im Laufe der Zeit verselbständigte sich der Gebrauch, und beide Begriffe meinen allgemein „Anweisung", „Gebot", allerdings nicht in allen Leriner Texten.

Diese Angaben sind mit den Ausführungen des Faustus über Honoratus zu vergleichen. Der in Riez – also fern von Lérins – gehaltene Panegyrikus auf Maximus ist unpräzise wie der Sermo de

[36] V. Hon. 17,26: *pulsa est per exhortationes ipsius varia pestis animorum;* 27,1: *iam vero sub exhortatione ipsius quis anxius non dolorem suum sprevit?* 38,9: *saepe dormiens sanissimae exhortationis, saepe orationis adfectu officiosissimo verba fudisti.*

[37] V. Hon. 22.

[38] V. Hon. 22,3: *quam novis adfectibus variata reddebat, quam gravia, quam blanda, quam dulcia.*

[39] Vgl. Verba seniorum V,114 (PL 103,933 A): *Prophetae conscripserunt libros; patres autem nostri venerunt post eos, et operati sunt in eis plurima, et iterum successores illorum commendaverunt eos memoriae. Venit autem generatio haec quae nunc est, et scripsit ea in chartis atque membranis, et reposuit in fenestris otiosa.*

[40] V. Hon. 7,5; *praecepta et mandata;* 32,3: *mandata.*

Vita Honorati in Arles. Der Passus, der von Honoratus handelt, ist jedoch von größerer Bedeutung:

> Selig ist dieser (Lérins und Riez) gemeinsame Vater (Maximus), den sich nach dort (Lérins) Honoratus geben ließ und den seine Ehre dann nach hierhin zog (raubte). Würdig ist er, dem jener erste Baumeister des Schiffes Lérins nach sich das Steuer zu führen überließ. Würdig ist er, dem Honoratus, wie der zum Himmel aufsteigende Elija seinem Schüler Elischa, den Mantel der Frömmigkeit und Gnade und die hell leuchtenden Kleider der Verdienste überließ, die er in sich mehrte und im Sohn verdoppelte. Würdig, sage ich, ist er, dem jener außerordentlich gütige Vater Honoratus, der wie der erste Führer des ersten Volkes Israel, Mose, als er es durch die Wüste führte, das Gesetz *(legem)* übergab und ihm wie dem starken Mann Josua die frommen Rechte *(pia iura)* übertrug.[41]

Nachdem Faustus Maximus mit Abraham, Isaak und Jakob verglichen hat, verläßt er in auffälliger Weise die biblische Chronologie und führt erst die Propheten, dann Mose und Josua an. Das ist sicher nicht ohne Grund geschehen. Die Elija-Elischa-Parallele bedeutet die Designation des Maximus als Nachfolger Honorats.[42] Ebenso hat das zweite Bild eine Entsprechung in der Wirklichkeit, die, wenn sie schon nicht der biblischen Chronologie folgt, diejenige der Insel nachzeichnet: Honoratus übergibt Maximus nach dessen Designation ein Gesetz, das – wie man es aus dem anschließend noch weiter ausgedehnten Vergleich zu Josua, der das Volk immer wieder auf das von Mose erhaltene Gesetz verpflichtete (Jos 1ff), entnehmen kann – als schriftlich fixiertes der Leitung der Mönche auf der Insel dienlich ist.[43] Das sagt, wie in der biblischen Geschichte, noch nicht aus, daß der, der das Gesetz übergibt, auch dessen Urheber sein muß! Zweimal erwähnt Faustus *instituta, institutiones;* beide Male aber legt sich eine Deutung auf eine Regel nicht nahe.[44]

Wesentlich konkreter wird Faustus vor den Brüdern in Lérins. Hier hat der absolute Gebrauch von *regula,* wie auch aus den Homilien deutlich wird, den monastisch-technischen Sinn.

Die Situation der Homilie auf den Gründer ist die: Honoratus ist seit längerem tot; einige Mönche seien glücklich zu preisen, die ihn noch von Angesicht zu Angesicht erlebt hatten (LXXII,26/29). Die anderen

[41] XXXV,95/104.

[42] S. o. § 1 I, 2: Die Rechtssphäre des Abtes.

[43] Vgl. Laus 13,145: „Hat nicht auch derselbe Hebräer das Gesetz *(lex)* und die himmlischen Verordnungen *(edicta)* als Einwohner der Einöde (*eremus!,* als asketische Wüste) empfangen und dann, während es so nahegebracht worden ist, die mit Gottes Finger in die Tafeln geschriebenen Zeichen zu sehen verdient?"

[44] XXXV,57: Maximus habe durch *institutionibus virtutum* Priester und Patriarchen gezeugt. – XXXV,232: <...> *plus est quod huc insulam ipsam institutis ac studiis suis transtulit.*

stünden ihnen aber nicht nach, wenn sie seine Wege beschritten *(illius vias),* Vaterland und Eltern mit dem gleichen Eifer *(illius fervore)* verachteten und in seiner Kraft *(illius virtute)* die Blendwerke der Welt niederträten. Glücklich sei schließlich der zu preisen, der die „heilige Regel *(sanctam regulam)* beobachtet, die von ihm hierhergebracht wurde *(ab illo allatam)* und durch ihn von Christus zur Festigung *(ad confirmationem)* dieses Ortes verfügt wurde *(constitutam)*" (LXXII,33/35). In der Aufzählung erfolgt im letzten Glied ein Stilwechsel: Es heißt nicht wie bei den drei vorhergehenden Forderungen, man solle mit seinem Eifer „seiner Regel" folgen. Allenfalls dann könnte man diesen Satz und den Begriff *regula* als eine Beschreibung der umfassenden monastischen Lebensform, ihrer Bräuche und Einrichtungen verstehen.[45] In diesem allgemeinen Sinn wird *regula* z. B. von Cassian gebraucht. Bei ihm aber steht die so verstandene *regula* und ihre Befolgung als einer monastischen Tugend n i c h t in einer Aufzählung von Tugenden, die erst in ihrer Zusammenstellung die monastische Lebensform umschreiben, wie es sich bei Faustus an dieser Stelle findet; dies bedeutete einen als unnötig empfundenen Pleonasmus. Auch steht der Begriff bei Cassian nicht am Ende einer Aufzählung, sondern steht allein, ist unbestimmt und austauschbar bzw. parallel oder elliptisch zu *praecepta, statuta, instituta, disciplina, typus* gebraucht.[46]

[45] So will Pricoco, L'isola, 82 diese Stelle interpretieren: „la condizione stessa monastica".

[46] So schreibt nur wenig nach Cassian noch Eucherius, Laus 42,474: *digna (insula) quae c a e l e s t i b u s d i s c i p l i n i s Honorato auctore fundata sit, quae tantis i n s t i t u t i s tantum nacta sit patrem, apostolici spiritus vigore et vultus radiantem.* – *caelestibus* und *apostolici* weisen auf das biblische Fundament hin, auf das Honoratus seine Leitung baute.
Vgl. Cont. 711 D: *Et quidem a professione vitae pio etiam non abhorres ingenio, qui ea quae sacrae institutiones docent praevenisti* <. . .>.
Ebenso meint in Laus 35,372: *Fervent ibi conscriptae interioris hominis salubriter l e g e s e t a e t e r n i s a e c u l i i u r a s u b t i l i u s,* eher die in den Menschen eingeschriebene *lex naturalis* als eine schriftlich fixierte Mönchsregel. – Dennoch darf man die von Eucherius öfter behauptete *solitudinis libertas* nicht gegen eine Regel ausspielen wollen, wie das zuletzt auch Pricoco, L'isola 81, tat. Diese *libertas* ist die Freiheit, zu der die Askese allgemein hinführt, s. o. § 3 I, 1. 1).
Stellen bei Cassian sind z. B. Inst. Praef. 8 (CSEL 17,6,22): *Non secundum typum maiorem antiquissima constitutione fundatum, sed pro arbitrio unus cuiusque instituentis monasterium.* – Inst. 2,9,3 (25,4/9): *institutionem coenobiorum* <. . .> *disciplina interioris anachoretarum doctrina.* – Inst. 2,9,1 (18,14): *totque proponendum typos ac regulas vidimus, quot etiam monasteria cellasque conspeximus.* – Conl. Praef I, 3–7 (CSEL 13,3–4): *instituta;* praef. II, 1 (311–312): *instituta anachoreseos;* Conl. 18,2,2 (CSEL 13,507,25): *non ut has regulas ob quas huc conmeaverant atque instituta susciperent.* – Conl. 19,2,2 (535,24/28): *regula – disciplina.*

Bei Faustus aber ist *regula* zunächst herausgehoben durch *sancta,* was Cassian nach seinem Verständnis von *regula* nie in dieser Zusammensetzung gebraucht; damit wird sie in die Nähe der Heiligen Schriften (bei Faustus *sancta pagina*) gerückt, was sowohl ihre Qualität wie auch ihre Form, nämlich schriftlich verfaßt, unterstreicht. Zusätzlich erscheint die Regelbefolgung als e i n e g l e i c h b e r e c h t i g t e Forderung neben den anderen aufgezählten, die insgesamt die Tugenden des Mönchslebens ausmachen. Hätte Faustus den Gebrauch Cassians vor Augen gehabt, hätte er schreiben müssen *illius regulam sequi* oder *secundum illius regulam vivere;* für diesen umfassenden Sinn steht aber eingangs bei ihm: *illius vias cucurrere,*[47] er wird am Schluß der Aufzählung nicht noch einmal das gleiche gesagt haben wollen. Zudem heißt es bei ihm *sanctam regulam c u s t o d i r e,* was sich stets auf die Einhaltung konkreter Anweisungen bezieht. – Die heilige Regel ist von Honoratus „herbeigebracht worden" *(allatum);* hinter diesem im Zusammenhang mit der Regelgabe befremdlichen Ausdruck mag sich verbergen, daß Honoratus nicht selbst oder alleiniger Schöpfer der Regel war. Sie ist *ad confirmationem* gegeben; sprachlich schwingt hier ein eher technischer Sinn mit. Wäre die vollkommene Lebensführung, die *conditio monastica,* die *conversatio,* die Honoratus beispielhaft vorlebte, gemeint, hätte Faustus, wie aus früheren Untersuchungen hervorging, den Begriff für die Auferbauung der Brüder verwendet: *ad aedificationem.* – Schließlich ist das Wort *constituere* dem Verständnis von *regula* als allgemeiner, umfassender Lebensform und -weise durchaus abträglich: Abgesehen davon, daß altmonastischer Sprachgebrauch, etwa bei Cassian, diese Verbindung von *regula* und *constituere/custodire* als Begründung einer monastischen Lebensweise nicht kennt,[48] taucht die gleiche Zusammenstellung im Konzil von Arles (456, kurz vor der Abfassung von Hom. LXXII) auf,[49] das ausdrücklich auf die Regel des Gründers rekurriert.

Neben der Regel sind die *praecepta* zu beobachten, die mit ihr nicht identisch sind, sondern offensichtlich nebenher existierten oder teilweise in sie eingegangen sind: *qui, inquam, praecepta eius custodierit, sic habeat,* <. . .> (LXXII,36). Durch Befolgung der *praecepta* kann Honoratus, spätestens in der Ewigkeit, erkannt werden. Abgesehen davon, daß durch die biblische Nähe des Satzes (Ex 15,26) auch Gottes

[47] Vgl. *cursus,* was in Lérins das ganze Mönchsleben umschreibt. Vgl. § 2 II, 2. 1): Mönchsleben als *peregrinatio.*

[48] Vgl. Inst. Praef. 3 (4,9/10): *in provincia siquidem coenobiorum experti Orientalium maximeque Aegyptiorum volens i n s t i t u t a f u n d a r i.* – Ein Gegenbeispiel in De Inc. 7,3,2 (356,374): *quia constitutiones constitutori sunt obnoxiam non constitutionibus constitutor.*

[49] CC 148,134,34/36: *regula quae a fundatore ipsius monasterii dudum constituta et in omnibus custodita.*

Gebote gemeint sein könnten – und schon deswegen nicht die Regel gemeint ist –, verbindet Faustus mit dieser Forderung die Aussicht auf die gleichen Verdienste, die Honoratus zuteil wurden.[50] Genauso spricht Faustus aber auch, wenn er das theologisch-asketische Konzept des Honoratus vorlegt, das natürlich viel weiter ist als eine Regel: „damit wir das erhalten können, was jener erhielt *(obtinuit),* folgen wir zuerst dem *(sequamur* – nicht *custodimus!),* was er lehrte *(docuit* – nicht *constituit!)".*[51] Das *sequi* ist weiter gefaßt und damit der „Lehre" eher angemessen als *custodire,* das – auch nach biblischem Sprachgebrauch – sich in gleicher Weise auf die Einhaltung von Satzungen wie auf eine Regel bezieht. Durch die Kontexte unterscheidet daher auch Faustus die nach Gattungen unterschiedenen Äußerungen des Honoratus: Nur an das jeweils Umfassendere der asketisch-theologischen Lehre, nicht so sehr an die Befolgung der Regel knüpft er jedesmal die Aussicht auf Verdienst und Lohn, selbst wenn er sie im anderen Fall gewiß nicht ausschloß; im Text ist sie nicht belegt.

Eine letzte konkrete Aussage über die Regel ist am Ende des Panegyrikus erneut im Zusammenhang mit der Mosestypologie zu lesen:

> *erit nobis Moyses: quibus, de Aegypti servitute translatis, apostolicae regulae praecepta, ex utroque composita testamento, velut duas tabulas, detulit de institutione aegyptiorum patrum, tamquam de monte virtutum* (LXXII,160/164).

Die zwei Tafeln des Mose weisen auf die schriftliche Fixierung hin, wenn auch *regula* und *praecepta* durch das Attribut *apostolicae* nicht monastisch-technischen Sinn haben, sondern wie in der V. Hon. die Bibel meinen. Die beiden Tafeln deuten evtl. die Quellen der einen Regel an, aus denen Honoratus schöpfte *(detulit;* vgl. LXXII,34: *ab illo allatum):* die Heilige Schrift und die Instituta der ägyptischen Väter, wobei an Pachomius zu denken wäre.[52]

Diese Beobachtungen werden aus den Homilien an die Mönche bestätigt. Dreimal taucht dort ein stereotypes *regulae transgressio,* einmal *regulam violavi* inmitten eines umfangreichen Lasterkatalogs auf, der auch andere einzelne Vergehen gegen die *conditio monastica* aufführt.[53] Unmöglich kann daher *regula* selbst noch einmal diese

[50] LXXII,38/40: *quique nunc suorum studuerit heres esse meritorum, contiget ei ut et bonorum postmodum sit coheres.*

[51] LXXII,62: *ut adipisci possimus illa, obtinuit: sequamur illa prius, quae docuit;* vgl. den gleichen Zusammenhang in V. Hon. 39,6/9: *impetra ut <...>, quae docuisti aliquatenus obtinere mereamur.*

[52] In den koptischen Pachomiusviten findet sich die gleiche Wendung, um zum Ausdruck zu bringen, woraus Pachomius seine Regel schöpfte: Bo 23 (Lefort 95); Bo 195 (212); S[10] (227).

[53] XXXVIII,197; XL,181; XLIII,69; XLIV,13.

conditio meinen; die Übertretung der *sancta regula* ist ein Laster n e b e n den anderen genannten und bezieht sich wie diese auf eine konkrete und bekannte Gegebenheit!

Daneben werden die *praecepta seniorum* erwähnt, die eindeutig mündliche ad hoc ergangene Anweisungen sind.[54]

So läßt sich zusammenfassen: Bereits im zweiten Viertel des 5. Jh.s wird in Lérins von einer Regel im monastischen Sinn gesprochen. Sie ist schriftlich fixiert und wird in irgendeiner Weise mit Honoratus in Verbindung gebracht, der nicht ihr eigentlicher Schöpfer ist, doch geht zumindest ihre Einführung auf ihn zurück. Ein genauer Zeitpunkt ist nicht auszumachen. Wenn die ans Volk gehaltenen Panegyrika über Lériner Väter nicht konkret erwähnen, daß Honoratus eine Regel gab, so liegt das an den genannten Gründen: Honoratus ist nicht der alleinige Verfasser einer Regel, und: in diesen Viten – nicht so in LXXII an die Mönche – wurden, wie oben erwiesen, nur die Tugenden und Leistungen der Väter erwähnt oder so interpretiert, daß sie von allen nachgeahmt werden können. Deswegen keine Wunder, keine Erwähnung des Vaterlandes und auch kein Kommentar zur Regelgabe.[55]

Wenn die dem Leben des Honoratus so nahe V. Hon. seine Initiative an einer Regelsetzung nicht mitteilt, so kann man daraus schließen, daß Honoratus, der noch sehr in der Vätertradition stand, zunächst auch gar nicht beabsichtigte, eine Regel zu geben und anfangs wohl auch ohne diese auskommen wollte und konnte.[56] Seine *praecepta,* die in Sentenzen gesammelt später vielleicht in einprägsame Reihen und Sätze über Tugenden eingegangen sind, standen an der Stelle eines fixierten Regeltextes. Wie Cassian bezeugt, war das Wort des Honoratus nicht von seiner Lebensführung zu trennen.[57] Mit seinem Beispiel gibt er ausreichend Zeugnis und Anweisung. So wird sein Leben zum Typus, erhält prägende Kraft und konnte in nachher festgehaltenen Texten in gewisser Weise zur *regula* werden (vgl. den Lériner Abtsspiegel). Sein zunächst individueller Zuspruch, den er aus der Schrift und den Vätern entlehnte, konnte verallgemeinert und stilisiert zur Richtschnur werden.

[54] Vgl. XXXVIII,31: *ad leve praeceptum senioris respondere;* XXXVIII,88: *ad suscipienda praecepta nec auctoritate nec ratione flectatur.*

[55] Die V. Hil., die kein Sermo mehr ist, hätte hier mehr bieten können, doch schöpft sie ihre Information über Honoratus ausschließlich aus der V. Hon. bzw. aus Laus.

[56] Vgl. Apophthegmata Patrum, Poimen 174: Abbas Poimen will keine Regel erlassen, sondern Vorbild sein und bleiben, *forma vivens.* Vgl. V. Hon. 32,4: *Et dignum plane erat ut qui vitae semper exempla praebuerat etiam mortem suam in exemplum advocaret.*

[57] Conl. 11–17, Praef. 1 (311,9): *quae (congregatio) cotidiano sanctae conversationis vestrae docetur intuitu.* Vgl. I. Herwegen, Väterspruch und Mönchsregel, 15–16.

Wenn gerade Faustus so häufig auf der Einhaltung der Regel insistiert, so ist das aus besagten „inneren Gründen“ nicht verwunderlich, da er bei allen angesprochenen Themen auf eine Systematisierung und Regementierung drängte. In einer Zeit, da die anfanghafte Begeisterung allmählich erlahmte, hat er, der konservativ Denkende, ein lebhaftes Interesse an der Aufrechterhaltung der „alten Zucht“ und Tradition, die er durch die Einhaltung der Regel *(regula, institutio)* gewährleistet sieht.

I. REGULA QUATTUOR PATRUM – DAS ZEUGNIS DER GENESE IN LÉRINS

Für die erste Zeit von Lérins (bis 427) ist allein schon aus den eben angeführten Gründen eine Regel mit Sicherheit anzunehmen. Die Frage nach eventuellen späteren Regeln wird weiter unten im Zusammenhang mit den zeitgenössischen Aussagen zu erörtern sein.

Wenn es darum geht, der These Vogüés folgend, zunächst die RIVP mit einer ersten Lériner Regel identifizieren zu wollen, ergeben sich zu den eingangs genannten Problemen sogleich eine Reihe weiterer, die häufig nur mit Konjekturen mehr oder weniger befriedigend gelöst werden können. Die frühesten Lériner Zeugnisse (Laus und V. Hon.) datieren aus den Jahren 426 und 430 und resümieren aus dem bis dahin erreichten Entwicklungsstand das Werden des Mönchtums in Lérins. Ein unmittelbarer Vergleich ist – zumal bei der extrem frühen, m. E. nicht sehr überzeugenden, Datierung Vogüés – nicht möglich und muß sorgfältig rekonstruiert werden. Zum anderen hat der Text der RIVP zahlreiche Veränderungen erfahren, und es scheint mir keineswegs gewiß, daß sich in dem von Vogüé vorgelegten Text die ursprüngliche Form findet. So werden im folgenden die wichtigsten Textvarianten mit berücksichtigt.

Der Gang der Untersuchung umfaßt folgende Sufen: Vergleich des Inhalts von Regel und Lériner Texten entlang den Gliederungspunkten der vorausgegangenen Kapitel, Analyse des Vokabulars und schließlich die Frage nach der Form der RIVP.

1. Der Obere

1) Terminologie in der Textgeschichte der RIVP

Der Leiter der Gemeinschaft heißt in dem von Vogüé vorgelegten Text der italienischen HSS-Familie ε durchgehend *is qui praeest.* Diese

Formulierung ist deutlich von der lateinischen Regula Basilii geprägt.[58] M. E. liegt hier nicht die ursprüngliche Begrifflichkeit der RIVP vor.

Eine besondere Bedeutung der RBas für die Organisationsform und die Terminologie des frühen Leriner Mönchtums ist nicht nachzuweisen. Die Basilianischen Parallelen aus dem großen Asketikon, die Valentin zur V. Hon. anführt,[59] sind zu sehr allgemein monastisches Gedankengut, als daß sich ein Einfluß nachweisen ließe. Vogüé schließt zudem aus, daß es sich bei *is qui praeest* um eine Übersetzung des griechischen „proestos" handelt.[60] Erst für einen späteren Zeitpunkt ist die Existenz der RBas auf Lérins sogar handschriftlich nachgewiesen und hat von da an Relevanz erlangt.[61] Eine Lösung bezüglich der Oberenterminologie ermöglichen die Textvarianten. Zwei Textzeugen (T und A der gallofränkischen HSS-Familie α) bieten an den in Frage kommenden Stellen fast ausnahmslos ein zusätzliches *pater;* dabei bringt T die Form stets im Nominativ (etwa: „der, der als Vater vorsteht", wobei nur das *is* dekliniert wird), A führt *pater* dekliniert, entsprechend des Zusammenhangs, ein („der Vater, der vorsteht").

Beinahe durchgängig setzt die süditalienische Rezension π (Handschrift P) der RIVP, die Vogüé wegen ihrer Bedeutung getrennt edierte,[62] entsprechend der erwiesenermaßen späteren Datierung *praepositus* an diese Stelle – dieser Praxis folgt auch die der RIVP folgende 2RP. Diese Varianten sind die entscheidendsten und konsequentesten,

[58] Vgl. dazu Vogüé 106.139. Auf Basilius weist ebenso die zweimalige Verwendung von *regula pietatis:* im ersten Diskurs (1,7) im Zusammenhang mit der Begründung der gemeinschaftlichen Lebensform und im vierten (4,2) bei den Zusätzen über die Aufnahme von besonderen Gästen: Klerikern und Mönchen. Zum besseren Verständnis der folgenden Untersuchung ist es angeraten, die kritische Edition des Regeltextes aus den SC und das Stemma codicum heranzuziehen.

[59] Vgl. SC 235,92 Anm. 2.4; 102 Anm. 1; 186 (Index). Das große und kleine Asketikon des Basilius sind zudem arm an monastischen Fachtermini und konnten daher kaum als Orientierung ausgewertet werden. Die Bevorzugung des ägyptischen Mönchtums vor dem Basilianischen für die Anfänge von Lérins ist in den früheren Kapiteln deutlich geworden.

[60] Vogüé 139.

[61] In mehreren Artikeln hat K. Zelzer die kritische Ausgabe der RBas (CSEL 86) vorbereitet (vgl. ebd. XII, Anm. 3). Daraus, daß eine HS-Gruppe neben der RBas auch Cassian, Caesarius, Euagrius, Faustus und die RMac enthält, möchte Zelzer schließen, daß diese Gruppe auf einen „Subarchetypus", einen Leriner Urtyp der RBas zurückgehe und sie daher für die Anfangszeit von Lérins nachgewiesen sei. Das Vorkommen des Caesarius in diesen HSS, dessen eifrige Sammlertätigkeit hinlänglich bekannt ist, weist jedoch nicht unbedingt auf den Anfang des 5. Jh.s als den Zeitpunkt für ein Eintreffen oder eine Einflußnahme der RBas auf Lérins hin. Eher wäre hier an die Zeit des Faustus zu denken, also an das zweite Drittel des 5. Jh.s Vgl. ders., Zur Überlieferung der lateinischen Fassung der Basiliusregel, in: TU 125 (1981) 625–635, hier 634.

[62] Vogüé 561–576; Text 580–602.

die die Textgeschichte der RIVP vorweist. Keine der HSS bietet aber eine ursprüngliche Fassung. Alle tragen Spuren der Bearbeitung, was sich aus der inneren Uneinheitlichkeit und der äußeren unterschiedlichen Gestalt der regional verschiedenen Fassungen leicht ablesen läßt.

Die einheitliche Terminologie in ε läßt auf Bearbeitung schließen. Eine Ausnahme in den mit α gemeinsamen Teilen[63] stellt 2,2 dar. Sie bezieht sich zwar nicht auf den Begriff, aber auf den Numerus. Hier heißt es: *nunc qualiter spiritale exercitium ab his qui praesunt teneatur Deo iuvante ostendimus.* Der folgende Vers nennt den Oberen wieder wie überall im Singular. Danach beginnt erst das eigentliche Kapitel (RIVP 2,3): *debet is qui praeest, talem se exhibere ut apostolus ait: Estote forma credentibus* (1 Tim 4,12);[64] die vorangegangenen Verse des 2. Diskurses scheinen als Überleitung nachträglich eingefügt worden zu sein.[65] Das Schriftzitat, das ursprünglich im Singular steht, wird dem Kontext angepaßt. α hat sowohl in 2,2 wie in 2,3, mit dem das eigentliche Kapitel beginnt, den Plural, aber nicht in der 3., sondern in der 2. Person (wie das adaptierte Schriftzitat): *debitis qui praeestis patres vos.* Diese sehr persönliche, einer Regel eher fremde Anrede an den oder die Oberen, die an mündliche Unterweisung erinnert, findet sich in α mehrfach, während ε unpersönlich bleibt.[66]

Nicht nur an die Oberen werden (in α) solche persönlichen Anweisungen erlassen, sondern auch an die Brüder: 3,3 bringt gar die Anrede *dulcissimi fratres*[67] (fehlt in ε); in 2,23 (an die Novizen) und 3,13 (an die arbeitenden Brüder gerichtet) heißt es statt *debent* (ε): *debitis* (α). Die Schlußformel in 4,20 legt auf diese persönliche Weise nahe, die Anweisungen zu befolgen. Der 5. Diskurs (ein Zusatz: nicht in α) bringt in 11–18 eine neuerliche Anrede an die Oberen in diesem Stil.

[63] 1.–4. Diskurs; der 5. ist aus äußeren – nicht mit *N. dixit* eingeleitet – und inneren Gründen – Doppelungen zum 2. – ein Zusatz.

[64] Vogüé und Neufville diskutieren an dieser Stelle, ob sich die RIVP an mehrere Klöster richtet. Diese Annahme ist nicht nötig, wie aus der folgenden Untersuchung hervorgeht.

[65] RIVP 2,1: *Macarius dixit quoniam fratrum insignia virtutum habitationis vel oboedientiae superius conscripta praevenerunt. Nunc qualiter spiritale exercitium ab his qui praesunt teneatur . . . ostendimus.* Der erste Satz resümiert das Vorangegangene, *nunc* leitet zum Folgenden über. Vgl. unten: zur Form Anm. 132ff. – *insignia virtutum* findet sich bei Faustus in XXVII,18.

[66] RIVP 2,16: *qualiter vero examinatio erga eos, qui de saeculo convertuntur teneri debeat ostendimus vobis.* – Die Aufnahme der Novizen ist in α und ε Aufgabe des Oberen. In π ist sie wie in den späteren Regeln, in der Regula Benedicti und der Regula Magistri, zu der π in der HS P als Einleitung dient, dem Oberen genommen. Folglich steht in dem ganzen Passus, der von der Aufnahme handelt (2,16–35), auch nicht *praepositus.*

[67] Vgl. dazu Vogüé 170.

Daraus kann ein erster vorsichtiger Schluß gezogen werden. Die Fassungen α und ε haben eine gemeinsame Wurzel, sie schöpfen aus einem Depot persönlicher Anweisungen, die in (2–3) fast ausnahmslos zum Unpersönlichen hin korrigiert werden. α gibt mit dem Umfang 1.–4. Diskurs einen früheren Redaktionsschluß wieder,[68] während ε im 5. Diskurs noch einmal aus dem Depot schöpft (11–18) und aus der „Ursammlung" persönlicher Rede die Anweisungen an den Oberen ergänzt.

In einer weiteren Redaktionsstufe, die die Diskurse 1–4/5 – vielleicht nach der Benutzung der RBas – durchstrukturierte, mag dann auch die in ε einheitliche Formel *is qui praeest* eingefügt worden sein, so daß sich jetzt nicht mehr entscheiden läßt, ob in einer Urfassung nicht vielleicht bloß *pater* stand. An zwei Stellen in α (3,11 und 4,13) steht *pater* jedenfalls noch allein ohne *is qui praeest.*

Diese Bezeichnung ist – nach den Ergebnissen der vorausgegangenen Untersuchung – in Lérins für den Oberen gebräuchlich. Sie ist aber, wie bei Pachomius und den lateinischen Pachomiusregeln, so an die Gestalt des Gründers gebunden, daß sie mit seinem Weggang an Bedeutung, ja an Gültigkeit verliert. Sobald also der Regeltext unter einem anderen Oberen, sei es in Lérins oder in einem anderen Kloster, Verwendung findet, wofür ja die regionalen Rezensionen sprechen, muß diese spezifische Bezeichnung einer anderen allgemeingültigeren weichen.

Betrachten wir nun Diskurs 2 und 3 als den Kern einer ersten Regel,[69] so ist eine „basilianische Redaktionsstufe" zusätzlich dadurch bestätigt, daß der Ausdruck *regula pietatis* nur in 1 und 4 vorkommt, die demnach Zusätze sind.

Die persönlichen Redeteile der Regel können formal mit den von Faustus zur Befolgung vorgelegten *praecepta Honorati* identifiziert werden; in α finden sich davon trotz späterer Bearbeitung noch deutlichere Spuren. Das wird durch die weiteren Beobachtungen zur Oberenterminologie bestätigt. α hat in 1,10 nicht wie sonst *pater,* sondern

[68] Vgl. das Explicit der 38 Äbte, die den Text mit verschiedenen größeren Zusätzen versehen: 2,24; 3,24; 4,11 im textkritischen Apparat bei Vogüé.

[69] Dazu besteht größte Berechtigung: der 1. Diskurs befaßt sich mit der Begründung einer „zönobitischen Lebensweise", betont (wie die RBas) mit Ps 132,1 das Gemeinschaftsleben und richtet sich tendenziell gegen das eremitische; dazu gibt es im frühen Lérins (bis ca. 430) keine Parallelen. Der 2. Diskurs schließt zu deutlich und bewußt an 1 an (vgl. Anm. 65). In 3,31 findet sich ein erster Schluß: *custodienda sunt ista praecepta et per singulos dies in aures fratrum recensenda (sunt ut non condemnentur in peccatis suis,* add. α). 4 behandelt Fälle, die erst im Laufe der Zeit virulent wurden: Aufnahme von Klerikergästen und Mönchen. Auch weist die in 4 auffällige Häufung des Begriffs *monasterium* (4,3.4.7.18.19 – dagegen nur einmal in 2 und 3 [2,25 und 3,28]) auf eine andere und weitere – zönobitische – Entwicklungsstufe hin; in 1,8 steht, bedingt durch das Schriftzitat (Ps 67,7) *domus.*

senior, was auf eine spätere Zeit schließen läßt. In Lérins ist der Terminus bei Faustus bezeugt. π weicht fast überall da, wo α die gewöhnlich einheitliche Bezeichnung *pater* verläßt, ihrerseits von der Bezeichnung *praepositus* ab und übernimmt aus ε *is qui praeest* bzw. *senior* wie α. π ist somit nicht ganz von ε abhängig, wie Vogüé annimmt, sondern von einer unbekannten Zwischenstufe; oder: frühe Stufen von α und π werden nachträglich aus einer späteren vollständigen Quelle (Handschrift) mit dem Umfang von ε (1.–5. Diskurs), aber von unterschiedlicher Hand ergänzt und zwar um jeweils die Verse, in denen die abweichende Oberenterminologie vorliegt.[70] Das zeigt sich zusätzlich an der Verknüpfung der Schriftzitate: In 2,6 und 2,20 (und in 2RP 34!) wird jeweils eine dritte Schriftstelle mit der dem Text sonst fremden Formel *et alio loco* an die vorhergehende angebunden. In π fehlt dies jedesmal. Nur die im Anhang (5. Diskurs) 5,9 erneut auftretende Formel übernimmt π. Daraus ist zu schließen, daß 5 nicht ursprünglich mit 1–4 verbunden war, sondern gesondert kursierte. π übernahm den 1.–4. Diskurs noch in einer älteren Fassung, bevor der Bearbeiter, der auch den 5. schuf, verändernd eingriff. *Alio loco* ist zwar eine sonst nicht unübliche Form der Zitatverknüpfung. In Lérins begegnet sie aber vor allem bei Faustus, für den sie typisch ist.[71]

Die Bezeichnung *pater* für den Lériner Oberen ist in einer ersten Stufe der RIVP, deren Gestalt uns freilich nicht vorliegt, genauso üblich wie in der Pachomiana latina.[72] Von daher lassen sich folgende Entwicklungsstufen der RIVP in Lérins lokalisieren:

[70] 1,10 α: *unum praeesse seniorem,*
π: *unum praeesse* (= ε).
2,7 α: *illo qui praeest* (= ε);
π: *a seniore.*
2,7 ist eine Doppelung zu 2,4 und deswegen ein Zusatz; die Bearbeitung an dieser Stelle zeigt sich auch darin, daß in π bereits 2,6 ausgelassen ist.
2,15 α: *is qui praeest* (= ε);
π: *is qui praeest.*
2,15 wirkt an dieser Stelle nachgeschoben.
3,18 α: *eo qui praeest* (= ε);
π: *seniore.*
3,16–18 ist textlich durcheinander geraten, kaum ursprünglich.
2,2 ist die sekundäre Einführung zum 2. Diskurs;
π: *ab his qui praesunt* (= ε).
Im 5. Diskurs, der bei α fehlt, folgt π ε.

[71] Vgl. Bergmann, Südgallische Predigtliteratur 19. Zu den für Faustus typischen Worten rechnet Bergmann auch *tenere* und *debere,* die ebenfalls häufig in RIVP vorkommen. Der Einschub in 2RP 34 weist deutlich auf Faustus hin; s. u.

[72] Vogüé 167/169 ist sich hier nicht so sicher; er weist darauf hin, daß Caesarius in den Predigten an das Volk, wie auch in der Regel für Mönche von *abbas* spricht, während er in den Sermones an die Mönche vom Abt als vom *pater* redet. Damit will V. sagen, daß *pater* nicht unbedingt Archaismus sei. Doch mit seiner Beobachtung ist die

Es existiert eine Sammlung von Redeeinheiten des Honoratus an die Mönche im allgemeinen und an seine Nachfolger im besonderen; aus diesen erwuchs eine Urregel (RIVP 2 und 3), die, hauptsächlich nach vorne und hinten ergänzt (RIVP 1 und 4), den Bedürfnissen der Zeit angepaßt und in diesem Umfang bereits „exportiert" wurde, wo sie eine für die neuen Umstände endgültige Bearbeitung erfuhr.[73] Nach dem Weggang des Honoratus wurde sie erstmals terminologisch „verallgemeinert" und danach, als man den Oberen nicht mehr *pater* nannte, um einen weiteren Anhang (5) ergänzt,[74] der z. T. nochmals aus der Redesammlung schöpft. Eine solche Form fand nach Süditalien (π), wo sie erneut einer gründlichen formalen Revision unterzogen und um einen weiteren Diskurs (6) erweitert wurde. In späterer Zeit wurden schließlich α und π nach der in Italien kursierenden Form ε bearbeitet.[75]

2) Die Hierarchie der Oberen

Die Bezeichnung der anderen Oberen in der RIVP läßt sich ebenfalls mit der Leriner Terminologie vergleichen. RIVP 4,17 nennt einen *secundus* (α und ε) als Stellvertreter des *pater*. Eine solche Institution ist in Leriner Texten - bedingt durch die Gattung - nicht namentlich genannt, doch läßt sie sich in der Person des Caprasius annehmen.[76] Dieses Amt existierte, terminologisch an Pachomius orientiert, offensichtlich nur für die Frühzeit von Lérins gleichsam „ad personam". So

Antwort selbst schon gegeben: Sobald Caesarius nämlich im technischen Sinn vom Oberen spricht, benutzt er den zu seiner Zeit geläufigen terminus technicus. So ist es auch in der RIVP und der Pachomiana latina. Wenn er sich an die Mönche persönlich wendet, schlägt er einen persönlicheren, wärmeren Ton an und fordert so die Mönche auf, ihrem „Vater" zu gehorchen. Eine so deutliche terminologische Abstufung der Oberen wie in den Hom. ad. mon. des Faustus und eine so klare Identifizierung des Oberen als *pater* in der V. Hon. findet sich bei Caesarius nicht.

[73] Von solchen „Exporten" geben die Zeitgenossen Auskunft; s. o. § 2 III, 4.

[74] Vgl. dazu die etwas abweichende Meinung Vogüés 76.162, der allerdings nicht von einer solchen Genese des Textes spricht. Die Konsequenzen der hier vorgetragenen Meinung werden bei der Untersuchung der Form der RIVP wieder eine Rolle spielen.

[75] Eine Bestätigung der hier entwickelten Chronolgie der Textgeschichte (keine Chronologie der HSS!) liefern die 2RP und die RMac. Die HSS E_1 und E_2 der italienischen HSS-Familie sind zwar die ältesten erhaltenen, bieten aber nicht den ursprünglichen Wortlaut; dieser ist in T und A der gallofränkischen HSS-Familie α zu lesen. Die 2RP ist in E_1 sowie in T und A überliefert (Vogüé 273). Die RMac, die den zweiten Teil von 2RP (23/42 mit Ausnahme von 32b/36) übernimmt, folgt in ihren Exzerpten aber überwiegend dem Wortlaut der 2RP, der in T und A steht - also in den HSS, denen zur Oberenterminologie in Lérins der Vorrang gegeben wurde - nur in seltenen Fällen dem in E_1. Wenn nun die 2RP und die RMac in dieser Folge von Lérins sind, ist dies ein Beleg, daß die ursprüngliche Leriner Fassung in α (T und A) vorliegt.

[76] Vgl. o. Tabelle zu der Oberenstruktur in § 1 I, 1.

hat bereits π dort nicht mehr *secundus,* sondern eine unbestimmte Formel: *qui post eum (praepositum) est in ordine vel quaecumque alium ex fratribus, quem ipse voluerit.*[77] Das wiederum stützt die These, daß ein konkret für ein Haus geschaffener Text, soll er anderswo Gültigkeit haben, seiner speziellen Terminologie entkleidet und allgemein gefaßt wurde.

In der „Urregel" heißt es in 3,11, daß der *pater* die Arbeit zuteilt, wenn welche anfällt. Das ist nur in α bezeugt und dort auch ohne den Zusatz *is qui praeest,* was in diesem Fall die ursprüngliche Form ist; es entspricht dem in V. Hon. § 18 beschriebenen Brauch. ε streicht den Oberen an dieser Stelle vollständig und fügt in 3,14 an, daß der Obere die Arbeitsverteilung delegieren soll und zwar *uni inungere;* damit kommen neue, zunächt terminologisch unbestimmte Offiziale in den Blick (π nennt ihn *idoneus frater).* Diese könnten in Lérins ihr Entsprechen in den aus der Pachomiana latina bekannten *ministri* haben. So sind in 3,21 für den Fall einer größeren Gemeinschaft verschiedene Dienste vorgesehen. RIVP spricht von einer Wochenordnung *(ordo hebdomadarum)* und von *officia . . . in ministrando;* ganz offensichtlich verbirgt sich hinter dieser Formel die Institution der späteren *ministri.* Die HS A aus α bestätigt das indirekt, indem sie *ebdomadarios* schreibt, ein Begriff der sich gleichfalls bei Pachomius findet und die Wochendiener bezeichnet. Ein Abschreibfehler ist wegen der korrekten Form und des sinnvollen Begriffs an dieser Stelle nicht anzunehmen.

3,23 nennt noch den *cellarium frater,* dem die Verteilung der Lebensmittel obliegt. Neben den Tugenden des Oberen der Gemeinschaft sind die des Cellerars am ausführlichsten dargestellt (RIVP 3,23/26). Im Zusammenhang mit seinem Dienst ergeht an die Brüder die Anordnung, alle Werkzeuge des Klosters als geheiligt anzusehen (RIVP 3,27). Dieses Amt mit der gleichen Bezeichnung hatte Caesarius in Lérins inne. Aus der V. Hon. wissen wir, daß Honoratus erst, als er dem Ansturm von Mönchen und Gönnern auf die Insel nicht mehr allein gewachsen war, *dispensatores* nach pachomianischem Vorbild einsetzte,[78] die die eingegangenen Gaben verteilten. Bei Pachomius ist die Aufgabe der *dispensatores* mit der des *cellarium frater* identisch.[79]

Im Kloster der RIVP muß es noch einen Pförtner gegeben haben; in 2,37 wird ohne Titelangabe ein beauftragter Bruder erwähnt, der die ankommenden Gäste dem Oberen meldet, bei dem sie offiziell

[77] Vgl. Pachomius, Praec. 63; Vogüé 575.

[78] Es ist nicht eindeutig zu entscheiden, ob die V. Hon. *dispensator* wirklich als terminus technicus einführt; das Fehlen des terminus technicus in V. Hon. läßt sich aus der durch die Gattung bestimmten Aussageabsicht des Hilarius erklären.

[79] S. o. § 1 I, 1; vgl. H. Bacht, Vermächtnis II,66 Anm. 23–25.

empfangen werden.[80] – Somit findet sich in Lérins eine der RIVP durchaus vergleichbare Oberenstruktur. Sie läßt sich bei aller Unsicherheit der Terminologie in den Lériner Quellen über die Zuweisung der Aufgaben der Offizialen nachweisen.

3) Die Aufgaben des Oberen

Es lassen sich überraschend viele Übereinstimmungen zwischen den Stellen der RIVP, die vom Oberen handeln, und den von Honoratus geübten Tugenden, die sich in dem „Lériner Abtsspiegel" zusammenfassen ließen, feststellen.

Charakteristisch ist die Ämterzentrierung, die sich bereits innerhalb der Textgeschichte der RIVP aufzulösen beginnt, bedingt durch die „täglich wachsende Gemeinschaft" und die dadurch notwendig gewordene Aufteilung der Aufgaben.[81] Darunter fällt die Aufnahme und Unterrichtung der Novizen (RIVP 2,16/35 = V. Hon. 17 § 3), die Betreuung der Gäste (RIVP 2,37/41 = V. Hon. 20) und der Kranken (RIVP 3,19[82] = V. Hon. 18 § 3). Dabei verbirgt sich hinter dem schlichten Ausdruck, daß der Obere den Gast erbaue (RIVP 2,41: *ut possit aedificari),* all das, was Lériner Sprachgebrauch und auch Hilarius in V. Hon. mit dem Wort *aedificare* an brüderlicher Zuwendung verbindet.[83] Selbstverständlich wird die Regel in der Beschreibung dieser Tugend nicht so ausführlich, wie auch umgekehrt die reglementierenden Einschränkungen der Regel – Vermeidung des Kontaktes von Gästen und Brüdern – keine Parallele in V. Hon. haben, die nur das uneingeschränkte Lob des Gründers verkündet.

Viel reicher wird die RIVP in der Beschreibung der geistlichen Führungseigenschaften des Oberen und scheut dort auch keine Wiederholungen. Diese Stellen können direkt auf Honoratus zurückgehen; in der V. Hon. lassen sie sich alle nachweisen.

[80] Vgl. Pachomius, Praec. 51.

[81] Vgl. oben: 3,11 (α): der *pater* verteilt die Arbeit; in 3,14 (ε) wird das bereits delegiert. – 2,16ff: der Obere unterrichtet die Novizen; in π ist ist ihm diese Aufgabe genommen; das gleiche trifft in 2,36ff für die Aufnahme der Gäste zu.

[82] Bemerkenswert ist die Variante in M: während ε schreibt: *quod si infirmus est animo huiuscemodi frater, oportet frequentius operari* – was Cassians Behandlung der Akedia entspricht (Inst. 10,8–18.22–25) – hat M (10. Jh.) in offensichtlicher Abschwächung der altmonastischen Praxis: <. . .> *firmus in corpore.*

[83] Vgl. o. § 1 II, 4: „Horizontale Beziehungen"; V. Hon. 20,8: *nemo illinc non securissimus solvit, prosequente ipso amore, sumptibus, votis, et tunc primum agnitos tamquam dudum suos emittente. In squalore heremi delicias conspectu suo ministrabat, cum tanto omnes gaudio et alacritate suscipiens tamquam exspectasset.*

Den Gläubigen war Honoratus ein wahres Vorbild (RIVP 2,3; 1 Tim 4,12), indem er durch seine Tugend die Tugend anderer entzündete.[84] Er mischte Güte mit Strenge und richtete damit die Seelen der Brüder vom Irdischen zum Himmlischen auf.[85]

Eine direkte Parallele zu 1 Kor 4,21 (RIVP 2,6) fehlt zwar in den Viten (und in π, gehört also nicht zur ersten Redaktion!), doch findet sich Vergleichbares in den Homilien des Faustus.[86]

Jedem ohne Unterschied in der Person zeigte Honoratus in gleichem Maße gütige Zuneigung, wie auch RIVP 2,7/8; 5,11/13 für den Oberen verfügt.[87] Die Brüder wies er in angemessener Weise zurecht.[88] Dabei kannte er genau die Schwächen der einzelnen, die durch übertriebene Askese *(per ieiunia vel operum manuum)* oder durch überspannte Frömmigkeit *(infirmus est animo)* entstanden, und konnte Abhilfe schaffen (RIVP 3,15/19).[89]

Mahnungen an den Oberen, daß er über seine Leitung Rechenschaft ablegen muß (RIVP 2,9; 5,15.18) und Lohn empfängt, fehlen in den Viten vollständig; ein solcher Hinweis erübrigt sich, da die Hauptfiguren der Viten ohnehin in völliger Übereinstimmung mit Gott und daher richtig handeln. Erst Faustus greift den Gedanken in seinen Predigten auf, indem er die Brüder darauf hinweist, daß sie einst sein Schmuck und sein Angeld auf Lohn seien.[90]

Konkrete liturgische Angaben finden sich in der V. Hon. zwar nicht. Die Angaben, die die RIVP diesbezüglich zum Oberen macht, können

[84] V. Hon. 17,44: *virtus ad virtutem excitat.* Vgl. auch V. Hon. 19,3: *hinc illa erat orationibus suis diffusa gratia tanti doctoris et exemplo et ad monitione firmata in variis charismatum donis;* Cassian, Praef. ad Conl. 11–17 (311,9).

[85] RIVP 2,4: *pro qualitate misticae pietatis et severitatis fratrum animas ad caelestia de terrenis erigere:* V. Hon. 7,48: *hunc severus illum blandus agreditur;* 26,15: *quis ita blandimentum cum severitate coniunxit?* – XXXV,125: *metuendus severitate benignitate venerandus; minabatur quidem frontis austeritas sed cordis serenitas blandiebatur.*
RIVP 2,4: *ad caelestia de terrenis erigere:* LXXII,109: *alios ex feris hominis alios ex hominibus angelos efficiebat;* vgl. V. Hon. 18,18: *de immanibus beluis quasi mites fecit columbas* <. . .> *ex feris homines faciebat.*

[86] 1 Kor 4,21: *in virga veniam ad vos an in spiritu mansuetudinis;* vgl. XLIV,67: <. . .> *ne huic postmodum non cum linguae ac sermonis virga sed cum his verberibus veniamus.*

[87] V. Hon. 24,14: *iam vero illam sui in omnes profluam caritatem;* 18,13: *fortissimos* <. . .> *et praevalidos impar viribus pari lege comitatus.* – LXXII,64: *ubi est unitas esse non potest inaequalitas.*

[88] V. Hon. 17,49: *ad castigandi immutationem ipsam plerumque faciem castigationis immutat;* 18,21: *grave quod hic intulit, nec minus grave, quod hic sensit iniuriam. Grandi instantia opus est ut offensi gratiam hic consequatur et hic sibi illatam contumeliam aut levem aut nullam computet, hic autem se gravissimam intulisse suspiret.*

[89] V. Hon. 18 § 1; Honoratus kennt jeden, tröstet jeden, sorgt dafür, daß ihm die Arbeit nicht zu schwer wird. § 2: er kennt die Träume, alle Kräfte der Seelen, alle Regungen des Bauches. § 4: geht allen Sorgen, Nöten und Krankheiten persönlich nach. 37,3: *omnes semper nimietatis et cognatum nimietatibus gloriae fugiens appetitum.*

[90] XLIV,91/96. Vgl. V. Hon. 17,43: *virtutes animum in meriti sui cumulum transferebat.*

aber auf indirektem Weg nach Lérins gewiesen werden. Der Obere teilt die Vorbeter ein (RIVP 2,10) und erteilt bei Gesprächen das Wort (4,13). Er beschließt das Gebet (4,17), wenn er dies nicht einem würdigen (Diözesan-)Kleriker übertragen kann. Das Beschließen des Gebets ist Sache eines Klerikers. Der Obere in der Person des Honoratus ist also auch ordiniert.[91]

Von der großzügigen und großherzigen Gästepraxis in Lérins berichten sowohl Eucherius wie Hilarius. Daß das gewisse Schwierigkeiten bezüglich der Stabilitas und der Frage der Zuständigkeit des früheren Oberen des Gastes mit sich brachte, ist im Zusammenhang mit dem Konzil von Arles (456) erwähnt worden. RIVP 4,4/13 macht eine umfangreiche spezielle Ergänzung für den Fall, daß ein Mönch von einem in ein anderes Kloster überwechseln möchte. Ganz offensichtlich gab die in Lérins gehandhabte Praxis auch Anlaß zum Streit zwischen den Klöstern, da die Regel so sehr auf den Frieden insistiert *(qualiter inter se monasteria pacem firmam obtineant)*. So wird verfügt, daß die Oberen den Übertritt in Übereinkunft verfügen sollen.

Die Übereinstimmung des in RIVP entworfenen Bildes vom Oberen mit dem, was Hilarius und Faustus von Honoratus zeichnen, so auffällig sie auch sein mag, sagt für sich genommen noch nichts mit endgültiger Sicherheit über die Herkunft der RIVP von Lérins aus, ist doch nur allzu gut bekannt, daß Hilarius und Faustus die Gestaltung ihres Helden in Orientierung an den aus anderen Viten bekannten Topoi oder in ihrer bewußten Überbietung vornahmen. Das Überpersonale, was diesen Texten eigen ist, ist letztlich der Kern dessen, was die Abtsspiegel von Regeln kennzeichnet. Im Verbund mit anderen Beobachtungen gewinnt an der Darstellung des Oberen die These von der Zugehörigkeit der RIVP zu Lérins erneut an Wahrscheinlichkeit.

Dann aber ist die Frage nach der Datierung neu zu stellen. Kann die RIVP und selbst das, was ich als Lériner „Urregel" bezeichne, als Gründungsurkunde angesehen werden und damit in die erste Stunde von Lérins datiert werden? Dem scheinen die folgenden Sachverhalte

[91] Vogüé 151/2 möchte aus dieser Stelle schließen, daß der Obere Laie sei; m. E. nicht sehr überzeugend. Selbst wenn die RIVP eine Gründungsurkunde wäre, also mit dem Entstehen der Mönchsgemeinschaft auf Lérins zu datieren wäre, läßt sich aus der V. Hon. nicht eine solche zeitliche Differenz zwischen der Besiedlung der Insel und der Weihe des Honoratus konstruieren, daß in der Zwischenzeit eine immerhin so detaillierte Regel hätte gegeben werden können. Vielmehr ist eine gewisse Gleichzeitigkeit zwischen Besiedlung und Ordination anzunehmen: um Honoratus an seine Diözese zu binden, weiht ihn Leontius von Fréjus sofort; Honoratus kann sich nur als Diözesane, in Unterordnung unter den Bischof, auf Lérins niederlassen. Die Bindung erfolgt in Form der Ordination, seit jeher ein Mittel, berühmte Asketen an einem Ort zu halten. Honoratus war mit diesem Ansinnen der Bischöfe auf seiner Reise vertraut geworden und entzog sich stets durch Flucht. In Fréjus willigte er schließlich ein, da er hier am Ziel seiner Wünsche angelangt war.

zu widersprechen. Die Bestimmungen um den Oberen sind einerseits bereits zu speziell - sie scheinen Antworten auf Vorkommnisse und Zweifelsfälle in der Praxis gewesen zu sein -, als daß sie zur Gründungszeit in dieser Form hätten absehbar sein können. Auch daß die Kenntnis dieser speziellen Fälle aus anderen Texten hätte entnommen werden können, überzeugt nicht, da in Lérins zu deutlich das unsichere Tasten des Ausprobierens spürbar ist. - Zum anderen war die Gestalt des Honoratus, selbst wenn die vorgestellten Tugenden z. T. literarischen Vorbildern folgten (wobei dann die RIVP als „Gründungsurkunde" ebenfalls als Quelle für Hilarius in Frage käme), so dominant und beherrschend, daß es als unwahrscheinlich gelten kann, daß er sich nach dem Katalog einer Regel gerichtet hätte. Keiner seiner Biographen nennt die Tugend, daß Honoratus vorbildlich die Regel erfüllt hätte - er war sie ja selbst -, obwohl dies eine sehr nennenswerte Tugend ist. Die Vita kennt zudem weit mehr, nicht nur geistliche Eigenschaften des Honoratus, die über das in RIVP Niedergelegte hinausgehen, dort aber wie die anderen *spiritales exercitiae* (RIVP 2,2) hätten vermerkt sein müssen, wenn Honoratus als Erfüller der Regel aufgetreten wäre (so z. B. die starke Betonung der Liebe in der Führung, 17 § 9; seine Sorge um die Armen und Gefangenen, 20 § 4; seine Vaterschaft u. a.). Vielmehr scheint es so, als sei das in RIVP Vorgefundene ein im Laufe der Zeit gewachsenes Vermächtnis des Honoratus an die Brüder und seine Nachfolger; dafür spräche die Tatsache der mündlichen Redequelle, in der er nach und nach das in der Praxis Bewährte in loser Form festhielt, das dann selbst wieder überarbeitet wurde (Delegation der Aufgaben beim Wachsen der Gemeinschaft u. a.).

4) Die Gemeinschaft und der einzelne

Obwohl die RIVP das „Leben der Brüder regeln" will (Prol. 3), geht sie kaum auf die Gemeinschaft als solche ein - ähnlich wie die frühen Leriner Schriften.

Schon die Bezeichnung ist für die Zuweisung bedeutungsvoll. Während *congregatio* in vergleichbaren frühen Mönchstexten nicht zu finden war, ist das die Bezeichnung für die Gemeinschaft in RIVP (3,22; 5,3.10) und in Lérins. Der erste Diskurs, der auch in dieser Hinsicht - wie schon vorher zum Oberen - den Eindruck einer späteren theoretischen Grundlegung und Rechtfertigung macht, handelt von der Begründung des gemeinsamen Lebens. Das geschieht zwar mit einschlägigen Schriftzitaten, Belegen, die Augustinus und Basilius ebenso verwenden (Ps 132,1; 67,7),[92] es fehlen aber wie in

[92] RIVP 1,5.6 - Augustinus, Praeceptum 1,2: Ps 67,7; RBas 3: Ps 132,1 - vgl. Vogüé 80. RIVP 1,8.2 spricht den Wunsch aus, „daß die Brüder einmütig im Haus wohnen", aus

Lérins Apg 2,44 und 4,32, die im allgemeinen als theologische Autorität für das gemeinsame Leben herangezogen werden. Das paßt zu der anfanghaften Suche nach einer geeigneten Organisationsform zu einer Zeit, da das eremitische Leben noch Praxis war. So wundert es auch nicht, wenn die Einmütigkeit und der Zusammenhalt der Gemeinschaft in RIVP vorrangig in der gemeinsamen vertikalen Ausrichtung auf den Oberen im Gehorsam gesehen wird (1,11/18): Oberer und Gehorsam sind die einzigen Garanten der Einheit. Beziehungen untereinander werden ebensowenig thematisiert wie die Frage nach der Rolle eigener Priester; das spiegelt die Praxis in Lérins wieder.[93] Nur fremde Kleriker sollen nicht im Kloster wohnen (4,14); das bedeutet im Zusammenhang des 4. Diskurses, der den Frieden zwischen den Klöstern bei einem ungeregelten Übertritt eines Mönches in ein anderes Kloster gefährdet sieht, nicht Klerikerfeindlichkeit, sondern nur, daß auch der Übertritt eines Weltklerikers unter diese Regelung gefaßt wird. Der gegenseitige Dienst der Brüder (3,21) entspringt allein der Notwendigkeit und dem Ordnungsbedürfnis. Er wird vom Oberen bestimmt.

Der Strafkodex kennt den Ausschluß aus der Gemeinschaft *(excommunicatio a fratrum congregatione,* 5,1/10). Zu einem Zeitpunkt, da der zeitweise Ausschluß als Strafe empfunden wird, muß der Wert und die Institutionalisierung der Gemeinschaft bereits weiterentwickelt gewesen sein. Das spricht für eine spätere Datierung des 1. und 5. Diskurses. Faustus erwähnt den Ausschluß in XXXVIII,75/76 als Mittel der Zurechtweisung bei Vergehen. Der Sache nach ist die Ausschließung in allen Mönchsregeln zu finden, der Begriff *excommunicatio* scheint hier jedoch erstmalig verwendet zu sein.

Der einzelne in RIVP ist der *frater,* andere Begriffe, z. B. monachus setzen sich, wie in Lérins,[94] erst zu späterer Zeit in den anderen Regeln durch.

Zeugnisse für das beginnende Gemeinschaftsleben sind die Nennung des gemeinsamen Wohnens, Essens (2,41) und die liturgischen Versammlungen, die aber weder die in RIVP vorherrschend vertikalen Beziehungen zu durchbrechen noch die Möglichkeit zu horizontalen aufzutun scheinen. Das in 1,8 genannte Haus *(domus)* erinnert an

der Erkenntnis heraus, daß die Umstände es nicht zuließen, „daß die Brüder einzeln für sich wohnen", dies ist zu vergleichen mit Basilius, GR 35 (Schluß; nicht in der lateinischen RBas!): es ist wünschenswert, daß die Brüder an einem Ort leben. Basilius hat dies ausgesprochen, n a c h d e m sich seine Gemeinschaften bereits formiert haben, eine ähnliche Situation liegt m. E. in der RIVP vor, in der der erste Diskurs eine spätere Reflexion darstellt.

[93] Vgl. o. § 1 II, 1. 2): Geistliche Hierarchie.

[94] Vgl. ebd.

pachomianischen Sprachgebrauch, wenn der Begriff nicht durch das vorangegangene Schriftzitat (Ps 67,7) geprägt worden ist. Sonst setzt sich mehr und mehr *monasterium* durch. Die 2RP, die ein Werk der Ergänzung und Aktualisierung und in gewisser Weise eine Neufassung der RIVP ist, bezeugt in v. 30, daß sich die von Eucherius, Hilarius und Vincentius von Anfang an genannten Einzelzellen trotz des gemeinsamen Hauses gehalten haben.[95]

Die Art, in der vom Gebet gesprochen wird, entspricht genau dem für Lérins charakteristischen Brauch.[96] Einen von Horen gegliederten Tag zeigt die RIVP nicht. Sie erwähnt zwar die *hora tertia* (3,10) und die *hora nona* (3,5); die erste ist jedoch nur als Begrenzung der Zeit für die *lectio,* die zweite als Essenszeit ausgewiesen. Über eine Gebetszeit zu diesen Stunden wird nichts gesagt;[97] die 2RP 22 bestätigt diese Ordnung *(sicut dudum statutum est):* es werden Vigilien genannt (37), *missae* zu Tag und zur Nacht (32). Die Gebetszeiten sind erwiesenermaßen lang (ebd.), bedürfen daher der Ordnung durch einen Oberen (RIVP 2,10). Auch die differenzierten liturgischen Begriffe, die Eucherius erklärt, legen dies nahe.

Die Angabe in RIVP 3,7, daß sonntags nur Lieder und Hymnen zu hören seien, entspricht zwar dem Wunsch der alten Asketen und des Faustus nach dem immerwährenden Gebet (2RP 33/34), scheint aber ebenso hyperbolisch zu sein wie die Parallele aus Eucherius, Lob der Wüste.[98] Eher kommt in solchen Wendungen das individuelle Gebet zur Sprache, das an verschiedenen Begriffen nachgewiesen werden kann. Die 2RP 22, die sich in der Wendung *sicut dudum statutum est* auf den Brauch, der unausgesprochen der RIVP zugrundeliegt, bezieht, kennt den *cursus vel orationum vel psalmorum* (Anordnung von Psalmen und Gebeten in e i n e r Gebetszeit)[99] und das *tempus meditandi,* das ist die *lectio* bis zur dritten Stunde. Die unterschiedliche Bedeutung der Begriffe, die sich bis zur Wortgleichheit und Stundenangabe in Lérins

[95] 2RP 30: *qui in monasterio sunt vel qui per cellulis consistunt.* Vgl. o. § 1 II, 2. 1).

[96] Vgl. o. § 1 II, 2. 2).

[97] Cassian benutzt in Inst. 3,3,7 (37,9) die gleiche Schriftstelle, die die RIVP 3,4 für die Dauer des täglichen Fastens heranzieht, zur Begründung der Gebetszeit um die neunte Stunde (Apg 3,1: Petrus und Johannes stiegen um die neunte Stunde des Gebets zum Tempel hinauf). Es ist zu erinnern, daß die einzelnen Teile der RIVP v o r dem Erscheinen der Institutiones datieren, eine Beeinflussung durch Cassian daher nicht in Frage kommt. Die 2RP nennt die Gebetszeiten, ohne sie jedoch mit Stundenangaben zu versehen, genauer: *hora orationis.*

[98] RIVP 3,7: *nulla operatio conperiatur nisi tantum hymnis et psalmis et canticis spiritalibus dies transgrediatur.* – Laus 37,403: *silent omnia,* <. . .> *nullus interstrepens illic sonus* <. . .> *tunc hymnis suave resonantibus excelsa ipse ferventes chori pulsant atque in caelum non minus paene vocibus quam orationibus pervenitur.*

[99] Diesen Brauch schildert Cassian in Inst. 2,8.

finden, ist oben erklärt worden:[100] *lectio, meditatio* weisen auf persönliches Gebet hin. Die RIVP verwendet dazu noch den in Lérins als Bezeichnung für privates Gebet gebrauchten Begriff *deo vacare* in vergleichbarem Zusammenhang.[101] Dem steht in 2RP 37 die verwerfliche *occupatio* entgegen. Daneben erwähnt die RIVP 2,42; 4,13 als quasi liturgische Versammlung gemeinschaftliche Schriftgespräche der Brüder unter der Leitung des Oberen.[102] – Spirituelle oder theologische Dimensionen des Gebetes finden in der Regel keinen Niederschlag.

2. *Die Tugenden des Mönchs*

Im Kontext der Aufnahme von Mönchen (Novizen) werden die meisten Tugenden in der RIVP eingeführt.[103] In Anbetracht des *semper incipere* des Mönches, das Faustus später betonen wird, haben sie an dieser Stelle einen für alle gültigen Wert.

Gehorsam

Die zentrale und meistgenannte Tugend ist der Gehorsam. Seine verschiedenen Dimensionen wurden bereits dargestellt.[104] In den einzelnen Diskursen werden sie mit unterschiedlicher Gewichtung eingeführt. Der Gehorsam hat bei der sich konstituierenden Gemeinschaft zuerst ordnende Funktion. Sie wird vor allem in der „Urregel" angesprochen. Bestimmte Dinge können nur oder müssen auf Geheiß des Oberen getan werden (Ordnung des Gebets 2,10; liturgische Versammlungen 2,42; 4,13; Arbeit 3,14; 3,20). Alle gemeinsam haben gegenüber der Regel gehorsam zu sein (3,31; 4,20 = Schlußformeln). Im Dienst eines reibungslosen Ablaufs des Lebens könnte dies auch die soziale Dimension genannt werden.

Daneben steht die asketische Dimension: Das Wichtigste, was der Novize zu lernen hat, ist, nicht seinen eigenen Willen zu tun (2,23[105] in Verbindung mit 2 Tim 2,11), nichts für sich zu behalten als sein Kreuz,

[100] S. o. § 1 II, 2. 2). – Die lectio bei Augustinus, OM 3, liegt zwischen der 3. und 6. Stunde.

[101] RIVP 3,6: *Die autem dominica non nisi deo vacetur.* – Das relativiert oder erklärt die in 3,7 gemachte Angabe, daß sonntags nur Psalmen und Lieder – als gemeinsames Gebet – zu hören seien; 3,10: die *lectio* als *tempus meditandi* ist ebenso ein *deo vacare.*

[102] RIVP 4,13: *Residentibus vero fratribus si fuerit aliqua de scripturis collatio.* Von der Rangordnung im Reden handelt Basilius GR 45 (nicht in RBas).

[103] Vgl. o. § 1 II, 3.

[104] Vgl. ebd. – Vogüé 84–86.

[105] Dieser Vers gehört, wie α zeigt, zu den persönlichen Redeteilen: *ad omne opus bonum parati estote.*

was nichts anderes ist, als „in vollem Gehorsam nicht seinen, sondern des anderen Willen zu tun" (2,32/33).[106]

Davon hebt sich auffallend der erste Diskurs mit seiner allgemeinen theologischen Grundlegung des Gehorsams ab. In der allmählichen Entwicklung zum Zönobium wird der Gehorsam zur neuen Tugend, d. h. der erste Diskurs ist jünger als die übrigen. Dabei werden durch die Auswahl der Schriftzitate[107] ausschließlich die individuellen Motive und vertikalen Beziehungen betont. Der oder die Regelgeber oder Verfasser des 1. Diskurses bzw. sein Redaktor fühlen sich in ihrer Aufgabe, das Leben der Brüder zu regeln, selbst vor allem dem Hl. Geist und den Anweisungen der Schrift gegenüber zum Gehorsam verpflichtet. Faustus betont später, daß insbesondere das der Gehorsam ist, der geleistet werden muß. Er ist von der Einsicht der RIVP 1,4 getragen: jede Anweisung kann nur dann ihre Kraft bewahren, wenn sie sich von der Autorität der Schrift ableitet.[108] Aus diesem Grund kann und muß man den Anweisungen und dem Befehl des Oberen gehorchen *sicut imperii Domini* (1,12). Dem folgt sofort Hebr 13,17 *(oboedite praepositis vestris, quia ipsi vigilant pro vobis)* als ein alles rechtfertigender Beleg für die Autorität des Oberen.[109] Einen Schriftbeweis, daß der dem Oberen geleistete Gehorsam Gott entgegengebracht wird, wodurch dem Oberen als Stellvertreter größte Autorität zukommt, führt die RIVP jedoch noch nicht ein. Das wird erst die 2RP 9 nach dem ersten Wechsel des Oberen mit Lk 10,16 tun.

Sowohl die starke Betonung des Gehorsams wie auch die Gewichtung seiner Dimensionen weisen nach Lérins. Die Verteilung der verschiedenen Dimensionen auf klar unterschiedene Abschnitte der Regel spricht wiederum für ein allmähliches Wachsen und Ergänzen der Regel nach den Notwendigkeiten bzw. dem Reflexionsstand, wobei der erste Diskurs als theologische Rechtfertigung einer späteren Zeit anzugehören scheint als die konkreten Anweisungen der folgenden.

[106] Vgl. o. § 2 II, 2: Mönchsleben als crux und iugum. Vgl. Porcarius, Monita 64/65: *tene te ad crucem ut non facias voluntatem tuam.*

[107] RIVP 1,14: Mt 9,16: *Nolo sacrificium sed oboedientiam;* RIVP 1,15: Jak 2,23: *Per oboedientiam Abraham placuit Deo et amicus Dei appellatus est;* RIVP 1,16: Mt 4,18–22 und RIVP 1,17: Joh 6,38, das Faustus in Hom. XXXVIII,164 gebraucht.

[108] Vgl. Apopht. Antonius 3; Basilius, Moralia 26,1.

[109] Wie aus der V. Hon. hervorging, war anfangs unter Honoratus ein Rückgriff auf Hebr 13,17 zur Festigung seiner Stellung nicht notwendig gewesen. π ergänzt: <. . .> *nec dextrum sinistrum ve declinare;* dieses nicht nach rechts und links Abweichen erinnert an die *via regia* des Faustus.

Armut

Beim Eintritt wird der völlige Verzicht auf eigenen Besitz nach Mt 19,21 - wie es Hilarius von Honoratus schildert[110] - verlangt, aber auch die innere Entäußerung betont (2,22). Dieses Anliegen formt Faustus zu seiner exterior-interior-Thematik aus.[111] Die Möglichkeit, dem Kloster einen Teil des Vermögens zu schenken (RIVP 2,34) wird gleichfalls von Hilarius für Lérins bestätigt (V. Hon. 20 § 3); eine Ordnung, nach der beim Eintritt eines Reichen die Vermögensfrage geklärt werde *(noverit quo ordine sive ipse sive eius oblatio suscipiatur)*, nennt Faustus in ep. 8.[112] Die harte Prüfung eines Novizen, ihn eine Woche vor der Tür warten zu lassen und ihm dann nur *dura et laboriosa* vorzuhalten, findet in den Lériner Texten kein Entsprechen.[113] Offensichtlich paßt das Harte nicht in den verherrlichenden Grundtenor der frühen Schriften. Dagegen schreibt die Regel noch nichts von einem Kleider- oder Namenswechsel, der erst bei Faustus, und dort auch nicht völlig zweifelsfrei, erwähnt wird.

Arbeit

Die Angaben der RIVP (3,11/16) zur Arbeit stimmen mit denen der V. Hon. überein. Zwar verlautet in ihr nichts über einen Zeitplan (RIVP 3,11: von der dritten bis zur neunten Stunde); aber Hilarius teilte mit (V. Hon. 18 §§ 1.4), daß Honoratus die Arbeit zuwies (RIVP 3,12.14), durch sein Beispiel zur Arbeit anregte und dafür sorgte, daß sie niemandem zu schwer wurde (RIVP 3,15/16). Von den frühen Lérinern erwähnen Eucherius und Vincentius die Arbeit dagegen nicht;[114] das mag an dem vorrangigen Anliegen ihrer Schriften liegen. Der Regeltext kann so interpretiert werden, daß man sowohl das in Gallien vorherrschende Problem der Arbeitsunlust[115] gerügt findet, wie auch eine nicht für alle verpflichtende Arbeit annehmen kann: sie warnt einerseits eindringlich vor dem Murren beim Arbeiten (3,11/13),[116] andererseits hebt sie hervor, daß nur Bestimmte einen Auftrag erhalten *(his, quibus iniungitur)*. Das wird verständlich, wenn man sich erinnert, daß die Adligen am Ende des 5. Jh.s - und sicher nicht erst da - sich ihre Sklaven mitbrachten, wie wir es von Caesarius und von Antonius von Lérins wissen. Dieser Sklaven wird eigens gedacht: sie

[110] V. Hon. 20 § 3; vgl. o. § 1 II, 3. 3): Armut.

[111] Vgl. o. § 2 I, 1. 4).

[112] Wie Anm. 110.

[113] Der Brauch ist bei Pachomius, Praecepta 49, erwähnt, er findet sich später bei Cassian, Inst. 4,38.

[114] Vgl. o. § 1 II, 2. 3): Arbeit.

[115] Vgl. Cassian, Inst. 10,23.

[116] Mit Phil 2,14 und 1 Kor 10,10; beide Schriftstellen finden sich in vergleichbarem Zusammenhang in RBas 71 (KR 39) und RBas 93 (KR 133).

sollen nun wie Brüder angesehen werden (Phlm 15/16 in RIVP 2,35).[117] Das läßt sich in einem Regeltext schnell behaupten. Wenn aber die Biographen betonen, daß diese Adligen mit „nur einem" treuen Bediensteten kamen, so bedeutet das gegenüber ihrem früheren Leben zwar eine Einschränkung, läßt aber erkennen, daß die Sklaven weiter ihre Arbeit für ihre Herren verrichteten.

Conversatio

Die *murmuratio,* die in der RIVP nur im Zusammenhang mit der Arbeit erwähnt wird, führt zu den Elementen der monastischen *conversatio;* bezüglich dieser geistlichen Tugenden ist die RIVP jedoch äußerst sparsam,[118] was ihren Charakter als ein erstes Dokument notwendig gewordener Organisation unterstreicht. Das unnütze Reden wird im Strafkodex (RIVP 5) gerügt; in den ersten Lériner Texten wurde es als Problem nie genannt, erst später findet es unter Faustus ausführlich Beachtung.[119]

Die Demut wird nur im Zusammenhang mit der Ausbildung von Novizen erwähnt – dort auch nur als Ausdrucksform des Gehorsams, nicht als eigenständige Tugend (2,19/23) – und für den Fall eines Klerikers, der zur Buße im Kloster weilt (4,19). Letzteres ist der später angefügte Spezialfall. Er zeigt jedoch, daß das Kloster als Bußinstitut in früher Zeit bezeugt ist und von Faustus als bekannt vorausgesetzt wurde.[120]

Eine inhaltliche Übereinstimmung zwischen Regeltext und Lériner Zeugnissen findet sich so beinahe deckungsgleich bei jedem der behandelten Themen. Auch die Auslassungen und internen Entwicklungen des Textes stimmen mit den Verhältnissen in Lérins überein.

Eine systematische Aufstiegslehre fehlt in RIVP genauso wie in Lérins; diese zu erstellen, war nicht ihr primäres Anliegen. Zum einen ging es ihnen um möglichst rasche Einführung eines geregelten

[117] Diese Stelle ist mit dem Phlm-Zitat direkt aus Basilius GR 11 (nicht in RBas!) entnommen; ein Zeichen dafür, daß auch die griechischen Texte als Quellen herangezogen wurden.

[118] Vgl. Vogüé 87: „sujets négligés". Der 1. Diskurs macht hier, wie schon öfter erwähnt, mit tieferer Reflexion eine Ausnahme.

[119] Vgl. o. § 1 II, 3. 3) d. Monastische *conversatio.* – Erst in seiner Predigt über Honoratus schreibt Faustus, daß der Gründer gegen *otiosi sermones* angegangen sei. Die Tendenz des Faustus, Honoratus die eigenen Anliegen unterzuschieben, um ihnen damit eine größere Autorität zu verleihen, begegnete schon öfter. Das zeigt erneut, daß der 5. Diskurs in zeitliche Nähe zu Faustus zu rücken ist.
RIVP 2,42 spricht zwar vom Schweigen, nicht aber negativ vom unnützen Reden. Insgesamt scheint dieser Vers, der letzte des zweiten Diskurses, nachzuklappen, s. u. Anm. 134.

[120] Vgl. o. § 1 II, 3. 3) a: Die Entstehung der stabilitas und § 2 II, 2. 4): Mönchsleben als Buße.

Lebens, zum anderen konnte man auch ohne weiteres aus dem reichen, in den ersten Vertretern noch lebendigen Fundus der monastischen Tradition leben.

Auch zur Stabilitas, dieser in Lérins wichtigen Tugend, gibt es in so früher Zeit in der RIVP noch keine Belege. Im Zusammenhang mit der Aufnahme der Novizen klingt sie nur im Wort an; der Neuling solle ausharren *(perseverare pulsans* 2,27).[121] Im späteren Strafkodex (5,10) wird das Ertragen von Demütigungen als ein Zeichen der Bewährung, des Ausharrens in der Gemeinschaft genannt: *ut per humilitatis frequentiam non reprobus sed probatus in congregatione perseveret.*

3. Das Vokabular

Neben dem inhaltlichen Vergleich ist die Aufmerksamkeit auf einige Begriffe zu lenken, die, nicht an bestimmte Themen gebunden, der RIVP und Lérins gemeinsam sind.

Regula

Gleich zu Beginn spiegelt der Prolog die oben dargestellte terminologische Unsicherheit zum Begriff *regula* wieder: aus Prolog 3 und 2,28 geht hervor, daß der Ausdruck *regula* in Verbindung mit *vita(e)* und seine Gleichsetzung *(vel)* mit *fratrum conversatio* nicht die Mönchsregel als terminus technicus meint. Ähnlich verhält es sich in 1,7 und 4,2 mit *regula pietatis.* An diesen Stellen klingt der altmonastische Sprachgebrauch an. In 1,7 wird der Übergang zum terminus technicus spürbar, wenn zwischen der *regula pietatis* (hier: die Begründung des friedvollen Zusammenlebens der Brüder) und der *fratrum regula* (die folgenden konkreten Regelungen) sorgfältig unterschieden wird.[122] – Mit *praecepta* sind konkrete Anweisungen der Hl. Schrift (RIVP 2,30 = Mt 19,21) bzw. der Oberen gemeint (3,14); in den Schlußformeln (3,31) umfaßt der Begriff (im Pl.) die Summe der Einzelanweisungen und kommt dem terminus technicus *regula* nahe.[123]

[121] In theologischem Zusammenhang schreibt Faustus in XXXVIII,6 in Anlehnung an Mt 7,7: *pulsemus perseverando.*

[122] RIVP Prolog 3: *qualiter fratrum conversationem vel regulam vitae ordinare possimus;* RIVP 2,28: *qualiter vitam fratrum vel regulam tenere possit.* – RIVP 1,7: *firmam iam nunc regulam pietatis per Spiritus Sancti ostensionem praeclaram, fratrum regulam ordinare prosequamur.* – Daß *regula* hier Unterschiedliches meint, wird an π deutlich: statt des zweiten *regula* heißt es dort *instituta.* Es war den Mönchen klar, daß die *fratrum regula* die *instituta* sind u. u. Unmöglich hätte man im ersten Fall *regula* gegen *instituta* austauschen können. Daraus läßt sich schließen, daß man sich in den anderen Rezensionen ebenso deutlich bewußt war, daß das zweite *regula* terminus technicus ist. – An 4,2 läßt π *regula pietatis* aus.

[123] Daß die Regel, wie Faustus schreibt, aus den beiden Tafeln, der Schrift und den Vätern, hervorging, kann evtl. ebenfalls aus 1,7 entnommen werden. Dabei meint

Eremus

Der einleitende Diskurs markiert als Grundlegung in seinem ersten Teil die Sammlung der Scharen *(agmen)*[124] zu einer Gemeinschaft. Das kann sowohl die Sammlung der in dieser Gegend lebenden Wanderasketen in Lérins ohne Bestimmung der Lebensform, wie auch die Begründung eines Zönobiums auf der Insel meinen. Zu dieser Initiative sahen sich der oder die Verfasser durch die Unerträglichkeit der *heremi vastitas et diversorum monstrorum terror*[125] veranlaßt. *Eremus,* so konnte gezeigt werden, meint vorrangig den asketischen Wohnort;[126] die Ödnis *(vastitas)*[127] einer solchen Wüste ist dann vornehmlich das, was Hilarius, V. Hon. 20,10, *heremi squalor* nennt, eine Beängstigung durch und ein Überdruß an der Einsamkeit, der Honoratus in seiner Güte abhalf. Auch beim Schrecken der Monster muß nicht an die Wesen der Vita Antonii gedacht werden. Bei Eucherius und Cassian sind die Monster die Irrlehren,[128] in der spiritualisierenden Betrachtungsweise des Faustus ist es die Verführung zur Sünde (LXXII,98). Vor beidem bietet die Insel als Stütze der *via regia* in Theologie und Askese wahrhaft den besten Schutz.

4. Theologie

Schließlich sind die Begriffe aus dem theologischen Bereich von Bedeutung. Die Wendung *deo iuvante* (1,9; 2,2) findet sich in Lérins nur bis Hilarius (V. Hon. 5,9 passim). Bei Faustus sucht man diese Formel, wohl wegen seiner theologischen Position, vergebens. Erst in der V. Hil. und bei Caesarius taucht sie für den干Lériner Kreis wieder auf.[129]

der erste Teil des Verses die Anweisungen aus der Schrift, der zweite bezieht sich auf das von den Vätern Erlernte.

[124] *Agmen* als Mönchsgemeinschaft in Laus 43,495 (vgl. o. § 2 II, 2. 1) c: Mönchsleben als *militia*); allgemein wird *agmen* in Laus 9,113; V. Hil. 9,5; 9,22.33; 13,13; 29,5 verwendet.

[125] RIVP 1,2; dieser Vers fehlt vollständig in π; das weist deutlich auf den anderen Ort und die spätere Zeit hin, an dem π Verwendung fand; das Gemeinschaftsleben war dort bereits institutionalisiert.

[126] Es ist hier nicht an die Wüste der ägyptischen Mönche zu denken; vgl. § 2 III: Der Ort.

[127] Bei Eucherius kommt diese Wendung zweimal vor; Laus 8,100: *desertum vastitate;* hier ist die reelle Wüste gemeint: der Auszug des Volkes Israel; in 29,307: *eremi vastitate,* meint es eher die asketische Wüste: in c. 27 beschließt Eucherius den historisch-biblischen Rückblick auf die berühmten Wüstengestalten mit den Mönchen Johannes und Makarius. Ab da beginnt, mit nur noch gelegentlichen Reminiszenzen, das generalisierende Lob des asketischen Ortes.

[128] Cont. 722 D; vgl. o. § 2 II, 1: Motivation zur Askese.

[129] Vgl. § 3 I.

Sehr auffällig ist der trinitarische Abschluß der Regel im 5. Diskurs (Mt 28,19). Daß er nicht, wie bei vielen Predigten, ein späterer Zusatz ist, zeigt seine Übernahme in π, wo er sich trotz des zusätzlichen 6. Diskurses noch gehalten hat. Die RIVP ist die einzige Regel, die so endet. Das trinitarische Interesse in Lérins ist unverkennbar. Typisch ist das oft unvermittelte Auftauchen dieses Anliegens. Honoratus und Faustus waren bemüht, den Mönchen das Dogma für ihren Lebensvollzug nahezubringen. So kann Mt 28,19 an so exponierter Stelle ein letzter deutlicher Ausdruck dieses Interesses und zugleich ein gewichtiger Hinweis auf die Zugehörigkeit der RIVP zu Lérins sein.

5. Entstehung und Form der RIVP

1) Die Genese

Von der Form der RIVP glaubte man, auf ein Protokoll einer Synode schließen zu können. Das Auffälligste an der Regel sind zweifelsohne ihre Gliederungselemente: ein kurzer Prolog und die Einführungen von vier der fünf Diskurse erinnern tatsächlich an Konzilstexte.[130] Ein mit *N. dixit* eingeleiteter Diskurs behandelt jedoch keineswegs ein einheitliches Thema, wie es bei vergleichbaren Texten der Fall ist, sondern immer mehrere. Diese werden mit *qualiter* oder verwandten Formen eingeführt[131] und kennzeichnen im Codex Regularum meistens die einzelnen Kapitel. Das verstärkt die eingangs schon erwähnten Einwände gegen die von Mundo behauptete und von Vogüé wiederholte Gattungsbestimmung.

Die Wendung *nec tacendum est* in 3,2 und 5,1 ist eine redaktionelle Gliederungsformel.[132] Weitere Beobachtungen geben noch deutlicher Auskunft über Entstehung und Wachstum der Regel:

2,1 resümiert den ersten Diskurs, 2,2 leitet zum e r s t e n Themenkomplex des zweiten Diskurses, den geistlichen Aufgaben des Oberen, über. Dann erst beginnt das Kapitel so wie alle anderen Unterabschnitte; 2,3–9 ist eine selbständige Einheit (Oberer), die für sich als *praecepta* existiert haben könnte. Dem folgen weitere Teile: Gebet, Aufnahme der Novizen und Gäste. Damit sind diese Verse (2,1/2)

[130] Vgl. Vogüé 59–63,112–115,145–148.

[131] Etwas erzwungen erscheint mir das Bemühen Vogüés 65–66, aus der grammatikalisch unterschiedlichen Form der *qualiter*-Sätze, die These von verschiedenen Autoren der Diskurse erhärten zu wollen. Eine aktualisierende, situationsgebundene Hinzufügung von Zeit zu Zeit reicht als Erklärung aus. Dafür sprechen insgesamt weit mehr Gründe. Vgl. die Einleitungen der Regeln im Großen und Kleinen Asketikon des Basilius und in der RM.

[132] Der sekundäre Charakter dieser Formeln ist offenkundig. Im Anschluß an sie heißt es wie sonst jedesmal bei einem Neueinsatz: *qualiter* ... In ihrem Auftauchen in der „Urregel“ und im Appendix ist die redaktionelle Verklammerung zu erkennen.

keine Überschrift zum ganzen zweiten Teil,[133] sondern ein redaktioneller Zusatz mit der Aufgabe, einzelne Teile – im Codex Regularum des Benedikt von Aniane sind dies die durchlaufend nummerierten „Kapitel“ – gliedernd zu verbinden. So aber wird die These von den ursprünglichen Diskursen einzelner Redner erneut in Frage gestellt.

Die gleiche Art der Einleitung findet sich zu Beginn des 3. Diskurses.[134] Auch hier wird in 3,1 auf das Vorangegangene hingewiesen, in 3,2b – nach dem sekundären *nec hoc tacendum est* – der erste Teil des Diskurses (das Fasten) erwähnt; dem folgen weitere, in der Einleitung nicht genannte Themen, jeweils mit *qualiter* eingeführt, was somit das ursprünglichere Gliederungselement zu sein scheint.[135]

Dieser 3. Diskurs endet mit einer Schlußformel (Ende der „Urregel“), die typisch für Regeln ist: *Custodienda sunt ista praecepta et per singulos dies in aures fratrum recensenda.*

Der 4. Diskurs beginnt erneut nach dem Muster der vorangegangenen und bringt die erwähnten speziellen Fälle, die von außen an das Kloster herangetragen werden: Der Übertritt von Religiosen von einem zu einem anderen Rechtsbereich (Klosterwechsel, Übertritt von Diözese ins Kloster); es geht darum, den Frieden zwischen den Rechtssphären zu bewahren *(inter se pacem obtineant)*. Darin, sowie in der erneuten Nennung des Makarius als „Sprecher“ (ohne *alterius*), weist sich dieser Teil als eine Ergänzung aus. Nochmals wird die Regel mit einer Schlußformel beendet: *Haec vobis tenenda sufficiant, custodienda conveniant, et eritis inrepraehensibiles,* die mit dem Explicit in α bekräftigt wird.

Der 5. Diskurs fällt aus diesem Schema heraus. Ohne einleitendes *N. dixit* oder die den anderen Teilen vergleichbaren Formeln hat er den Charakter einer Appendix, der aus losen Teilen einer Sammlung nur

[133] RIVP 2,1: *Macarius dixit, quoniam fratrum insignia virtutum habitationis vel oboedientiae superius conscripta praevenerunt. Nunc qualiter spiritale exercitium ab his qui praesunt teneatur Deo iuvante ostendimus.*

[134] *Paphnutius dixit: Magna et utilia ad animae salutem dicta sunt omnia. Nec hoc tacendum est, qualiter ieiuniorum ordo tenendus sit.*

[135] In π wird diese umständliche Form der Kapiteleinleitung fast vollständig getilgt:
2,16: *qualiter vero examinatio* <. . .>
π: *ostendendum deinde est, quae examinatio* <. . .>
2,36: *qualiter peregrini hospites* <. . .>
π: *docendum deinde quomodo* <. . .>
3,21: *qualiter officiis mutuis* <. . .>
π: *in officiis vero mutuis, ordo iste teneatur.*
3,23: *qualis debeat esse, qui cellarium fratrum contineat.*
π: *cellarium vero hic credi oportet.*
4,14: *qualiter clerici hospites suscipiantur.*
π: *Si qui autem clericorum hospis advenerit.*
Vgl. auch 3,8 und 3,15.

angefügt wurde (1/10 ist ein Strafkodex;[136] 11/18 zum Oberen ist nur eine Ergänzung oder gar Doppelung zu 2,7/9). Allein die überraschende trinitarische Formel markiert den Schluß des 5. Diskurses und der ganzen Regel.

Dagegen verfügt der 1. Diskurs, sieht man vom Prolog ab, weder über Einleitung noch Schluß; er wird als reflektierende Einleitung zur ganzen Regel verstanden. In sich ist er jedoch auch uneinheitlich und bearbeitet. Er handelt von der Begründung der Gemeinschaft und der Einsetzung eines Oberen als Garanten der Einheit. Die beiden Teile sind umständlich miteinander verbunden.[137]

Nur in den Überleitungen findet sich die Formel *Deo iuvante,* die Redaktion muß also entweder vor oder nach Faustus stattgefunden haben.

Die hier aufgezählten Einleitungen und Schlußformeln fallen in ihrer Umständlichkeit auf; sie sind als Gliederungselemente nachträglich einer ungeordneten Sammlung situationsgebundener und immer wieder notwendig gewordener *praecepta* aufgesetzt worden. Die RIVP auf Lérins ist somit ein additives Flickwerk, das Zeugnis einer Genese. Ihr Grundmaterial oder ihre kleinsten Elemente - sieht man einmal von den persönlichen Redeeinheiten ab - sind die *qualiter*-Sätze; die nächste Stufe ist deren Zusammenfassung in 2 und 3, die bald um 4 und 1 ergänzt wurde; eine spätere Redaktion zu einem unbekannten Zeitpunkt fügte Ergänzungen[138] ein und gab dieser Sammlung die „konziliare Form"; unabhängig davon wurden dieser später weitere verstreute Teile in einem 5. Diskurs angehängt, der somit auch nicht mehr unter die „konziliare" Form fällt.

2) Verfasser und Bearbeiter - die „konziliare" Form

Da die RIVP nicht das Werk eines einzelnen Verfassers ist, fragt sich, wer und welche Absicht hinter der Redaktion stand.

Hier kann die These Mundos in modifizierter Form weiterhelfen: nicht „synodale", sondern „kollegiale" Verfasserschaft kennzeichnen

[136] Auch in der Pachomiana latina war der Strafkodex, der sich vor allem in den Iudica präsentiert, ein Appendix zu den Praecepta oder/und Instituta, vgl. H. Bacht, Vermächtnis II, 260 Anm. 1.

[137] RIVP 1,8/10: *Volumus ergo fratres unianimes in domo cum iocunditate habitare; sed qualiter unianimitas ipsa vel iocunditas recto ordine teneatur, Deo iuvante mandamus. Volumus ergo unum praeesse super omnes.* Das zweimalige Einsetzen mit volumus und das zweifache *ergo* markieren deutlich den nachträglichen Anschluß der Verse.

[138] Vgl. o. zum Oberen; weitere Beispiele sind: 2,42 über das generelle Schweigen der Brüder klappt nach. Der Vers ist nur assoziativ hier angeschlossen; 2,41 handelt vom gemeinsamen Essen und dem erbauenden Gespräch zwischen Oberem und Gast. 2,15 von dem sich beim Gebet verspätenden Oberen ist schwer verständlich und dem Zusammenhang der Rangordnung, die es beim Gebet einzuhalten gilt, fremd.

den Werdegang der RIVP. Dabei muß das „Kollektiv“ jedoch umfangreicher gedacht werden als die festumrissene Zahl von Synodalen eines kleinen Konzils. Es setzt sich aus jenen zusammen, die üblicherweise an der Entstehung von Texten beteiligt sind: die, die – vielleicht bei einer tatsächlichen Versammlung – den Anstoß gaben oder das Vorgefundene sanktionierten; den oder die Urheber/Verfasser der einzelnen Anweisungen sowie die Bearbeiter bzw. den Redaktor, der dem Text die endgültige Form gab. Die erste Gruppe kann, auch wenn man der These Mundos nicht folgt, nicht gänzlich ausgeschlossen werden; allerdings scheidet ein unmittelbarer Weg von einer Versammlung von „Synodenvätern“ zu dem vorliegenden „Synoden“-Text aus. Das zeigt die Textgeschichte zu deutlich.

Dem Explicit von α ist zu entnehmen, daß Abtsversammlungen tatsächlich Regeltexte als die ihren verabschiedeten,[139] wenn dies auch erst ab dem 6. Jh. nachweisbar ist. Die Zahl „38 Äbte“ ist so profan und stimmt so offensichtlich nicht mit den „Vier Vätern“ der RIVP überein, daß die Richtigkeit dieser Aussage nicht bezweifelt zu werden braucht. Wenn diese Äbte diesen Text auch nicht verfaßt haben, so haben sie doch verändernd eingegriffen. Da sie aber keine Bemühungen unternommen haben, die vier ägyptischen Namen und Formeln zu tilgen und sie auf ihre eigene Autorschaft hin zu adaptieren, kann man annehmen, daß sie genau um die Pseudonymität dieses geschätzten Textes wußten und die alten Namen als ein ehrwürdiges Denkmal stehen ließen. Hätten dort Namen von „Zeitgenossen“, Honoratus u. a., gestanden, oder hätten sie sich dahinter verborgen, wäre es leichter gewesen, diese der neuen Situation anzupassen, wie die zahlreichen anderen regionalen Veränderungen belegen. So aber war die Fiktion bekannt und als solche im Text weiter tradiert worden.

Von Lérins werden aber bereits in der ersten Hälfte des 5. Jh.s ähnliche Treffen mit Beisitz von Bischöfen erwähnt.

Ein wichtiges Zeugnis für eine solche Versammlung ist die aus einem längeren Zeitabstand zurückblickende V. Hil. Sie ist in diesem Punkt vergleichsweise ausführlich und bietet eine wichtige Ergänzung zu der Frühzeit, so daß wir hier von einem historischen Bericht ausgehen können. Der Biograph will die Demut beschreiben, die der zum Bischof geweihte Hilarius bei einem Besuch in Lérins dem Abt Faustus gegenüber zeigte. Dabei erwähnt er, daß bei dem gleichen Besuch Caprasius, Bischof Theodor von Fréjus, Maximus von Riez, der ehemalige Abt von Lérins, und Faustus zugegen waren *(residere;* V. Hil.

[139] Vogüe 167–170 datiert das Explicit und die dazugehörige Redaktion in die Nähe des ersten Konzils von Orléans (511).

12). Der Zweck wird verschwiegen. Der Zeitraum kann angegeben werden: zwischen 433 und 445.[140]

Noch aufschlußreicher ist der Konzilstext vom 3. Konzil von Arles (456). Wie bereits erwähnt,[141] greift es auf frühere Abmachungen der Äbte von Lérins mit den Ortsbischöfen zurück. Auf zwei Treffen wird rekurriert. Es können Treffen der Art sein, wie sie der RIVP und der 2RP zugrunde liegen.

Im Text heißt es, nachdem der alte Frieden *(pristina pax)* beschworen wurde: der ehemalige Abt und Bischof Theodor solle Faustus die notwendige und fromme Übereinkunft *(collatio)* gewähren und das, was er mündlich zusagte, wie es der Brauch fordere, in die Tat umsetzen.[142] Damit wird ein bereits zur Institution gewordenes Treffen zwischen dem Abt von Lérins und dem Diözesanbischof angesprochen, bei dem über Klosterangelegenheiten disputiert wurde; hier ist eine Begegnung zwischen Theodor und Faustus angesprochen. Der Text fährt fort, daß Theodor bezüglich Lérins keineswegs mehr für sich in Anspruch nehmen solle, als dies bereits sein Vorgänger Leontius festgesetzt habe *(vindicaverat)*.[143] Hier wird, was auch die Information der V. Hon. bestätigt, auf eine noch frühere Abmachung zwischen Honoratus und Leontius hingewiesen, die schon in der Anfangszeit stattfand. Ist davon etwas in RIVP auszumachen? Auch dort wird im 4. Diskurs einleitend vom Frieden gesprochen, der bei einem ungeregelten Übertritt eines Religiosen gestört werden könnte. Wenn das Konzil die *pristina pax* zwischen Fréjus und Lérins beschwört und dann an eine alte Übereinkunft erinnert, die den Übertritt eines „instabilen" Klerikers nach Lérins nur mit Erlaubnis des Ortsbischofs gestattet,[144]

[140] Maximus wurde 433 Bischof; Theodor gegen 432 (Duchesne, Fastes episcopaux II, 285). In seinen letzten Lebensjahren (445–449) war Hilarius zu sehr mit der römischen Affäre beschäftigt und strapaziert (seine Reise nach Rom im Winter, von der er sich nicht mehr erholte), so daß ein Besuch in Lérins nicht mehr so wahrscheinlich ist.

[141] Vgl. o. § 1 I, 2: Die Rechtssphäre des Abtes.

[142] *Quin potius collationem utpote antiquus abba et episcopus* (Theodor) *ei* (Fausto) *ut piam ac necessariam perpetuo exhiberet et solacia secutura quae verbis dignabatur promittere, rebus ipsis in quo usus exigeret plenissime, exhiberet.* (CC 148,133,17/20) – Das Begriffsfeld zu *collatio* ist umfangreich, vgl. Blaise, Dictionnaire . . . des auteurs chrétiens 166–167; Mittellateinisches Wörterbuch II, 831, *collatio* I,B: Zusammenkunft, Versammlung, Beratung, Besprechung, . . .; Schenkung, Übereignung, Verleihung, Zuteilung, Gewährung, Auftrag, Vollmacht.

[143] *Hoc tamen sibi tantummodo vindicaturus quod decessor sanctae memoriae Leontius episcopus vindicaverat* (ebd. 21/22); *vindico* lt. Georges: in Anspruch nehmen, Verbindlichkeiten erfüllen, sicherstellen, bewahren.

[144] *Peregrini clerici absque ipsius (episcopi) praecepto (!) in communionem vel ad ministerium non admittantur* (ebd. 25/27).

so kann u. a. diese Vereinbarung in RIVP 4,14/20 Eingang gefunden haben.[145]

Der RIVP und, wie wir sehen werden, der 2RP liegen somit z. T. gemeinsame Absprachen mit dem Diözesanbischof zugrunde. Konkrete Verfasser oder ein konkreter Redaktor lassen sich nicht ausmachen. Doch ist neben der Urheberschaft des Honoratus von einzelnen Teilen ein Anteil des Faustus an der endgültigen Gestaltung des Textes sicherlich anzunehmen.[146] Ein Zeitpunkt für die Entstehung der RIVP kann nicht angegeben werden; sicher scheint nur, daß sie nicht als „Gründungsurkunde" am Beginn des monastischen Lebens stand sondern erst im Laufe der Zeit, vielleicht nicht einmal zur Zeit des Honoratus, zu ihrer endgültigen Gestalt in der Konzilsform fand. Die Auffassung des Vincentius von der Aufgabe der Konzile, die bestehenden Bräuche zu kodifizieren und danach die Glaubensregel zu erlassen *(regula fidei),* läßt etwas vom Gang der Entwicklung der RIVP durchscheinen; hat doch Vincentius seine Konzilsauffassung aus seinen monastischen Erfahrungen und wohl auch aus dem Entstehen der Mönchsregel gewonnen.[147]

Die konziliare Formgebung der Regel hat in erster Linie eine doppelte autoritative Funktion: durch die gewichtende Nennung der alten Mönchsväter ist sie eng an die Autorität der hochgeschätzten und wenig hinterfragten monastischen Tradition gebunden. Sie weist zudem auf die Unsicherheit oder Unmöglichkeit hin, einen einzelnen Verfasser zu benennen, wie auch auf ihren teilweise kollegialen Ursprung, d. h. auf Versammlungen, deren Regelungen mit in die

[145] RIVP 4,18/19: *Nullo permittatur clerico in monasterio habitare, nisi eis tantum quos lapsus peccati ad humilitatem deduxit et est vulneratus, ut in monasterio humilitatis medicina sanetur.*

[146] Stilistische Merkmale weisen auf Faustus hin: das häufige *tenere, debere, alio loco, veritas protestatur,* die sich in RIVP finden, werden von Bergmann, Südgallische Predigtliteratur 19, als „typisch faustisch" ausgewiesen. Sidonius Apollinaris rühmt den Bischof Faustus in seiner ep. 9,3,4 (MGH auct. ant. 8, 151; um 481) wegen seiner Befähigung, hervorragende „geistliche und weltliche Regeln zu erlassen"; in beiden Disziplinen sei er überaus gelehrt *(<. . .> ut perorares, ubi te inter spiritales regulas vel forenses medioxium quiddam contionantem, quippe utraque doctissimum disciplinarum, <. . .>).* – M. E. ist die RIVP in ihrer Endfassung der 2RP nachzuordnen (s. u. 2.3), vielleicht sogar dem Konzil von Arles (456), das ja ihre Bestimmungen wieder in Erinnerung brachte. Dann ist der Anteil des Faustus offensichtlich. Wiederum ist es Sidonius, der in seinem Eucharisticon ad Faustum (Carm. 16; ebd. 239) die Vorliebe des Faustus für die Anachoreten rühmt; dort heißt es: *qua nunc Helias, nunc te iubet ire Johannes,/ nunc duo Macarii, nunc et Paphnutius heros,/ nunc Or, nunc Ammon, nunc Sarmata, nunc Hilarion,/ nunc vocat in tunica nudus te Antonius illa,/ quam fecit palmae foliis manus alma magistri.* Es ist möglich, daß Faustus die Endredaktion mit der konziliaren Form und den Einleitungsformeln *Macarius . . . – Paphnutius . . . – dixit* vorgenommen hat.

[147] Vgl. o. § 3 I, 3. 2): Tradition als Legitimation.

Gesetzgebung einflossen, oder die die bestehenden Gebräuche bekräftigten. Zudem verleiht die konziliare Form der Regel für die in den Diözesanverband eingebundene Mönchsgemeinschaft eine nicht zu umgehende endgültige Aussagekraft, wie sie sonst die Konzile genießen. Die einleitende Form *sedentibus . . .; resedentibus . . .* sowie das *N. dixit* ist daher kein Hinweis auf eine Lokalsynode in Gallien oder Italien.[148] Diese Form benutzt RIVP 4,13 für die quasi-liturgische Versammlung der Brüder zum Schriftgespräch,[149] die 2RP 12 hat an einer Parallelstelle *in conventu omnium.*[150]

Wenn auch die äußere Formgebung der RIVP deutlich über die Einleitung des großen Asketikons des Basilius hinausgeht,[151] darf daraus nicht geschlossen werden, daß sie der Gattung nach ein Synodentext oder ein Protokoll ist.

II. SECUNDA REGULA PATRUM – DAS VERMÄCHTNIS DES HONORATUS

Die 2RP ist im Vergleich zur RIVP nicht nur kürzer, sie ist vor allem einheitlicher und geschlossener in Form, Sprache und Terminologie und hat in der Textgeschichte nicht den Entwicklungsgang durchgemacht, der bei der RIVP zu beobachten war. Die Zeit des tastenden Suchens ist vorbei. Der Inhalt der RIVP liegt ihr in neuem sprachlichen Gewand zugrunde,[152] und manche ihrer formalen Elemente – die der letzten Redaktionsstufe – sind denen der 2RP durchaus vergleichbar. So konnte sie an die Stelle der älteren Anweisungen treten und diese

[148] Dies diskutieren Neufville (Italien) und Vogüé (Gallien), 111–116; letzterer möchte aus dieser Formel allein keine Lokalisierung wagen; er weist nach, daß sie tatsächlich überall und zu jeder Zeit vorkommen konnte. So wäre Vogüé hier eher Recht zu geben. Außer diesen für regionale Bestimmung herangezogenen Formeln weist eine andere direkt nach Arles. RIVP nennt das vorangegangene Gebet und bittet im Prolog um den Beistand des Heiligen Geistes. Das Gebet wird auch beim Konzil von Arles (456) erwähnt, und nur dieses und das erste Konzil von Arles (314) beziehen auf diese Weise den Heiligen Geist mit ein (CC 148,4,29). Eine solche Formel kann auf einen Arler Brauch hinweisen.

[149] *Resedentibus vero fratribus, si fuerit aliqua de scripturis conlatio* <. . .>.

[150] Vgl. den Begriff bei Eucherius, Laus 43,489.

[151] Auf diese Ähnlichkeit wies K. S. Frank, Basilius von Caesarea, die Mönchsregeln 375 Anm. 3 hin. Vogüé unterläßt den Hinweis. Vgl. unten Anm. 213.

[152] Einheit in der Gemeinschaft: RIVP 1,6/9 = 2RP4; Oberer und Gehorsam: RIVP 1,10/18 = 2RP 7/10; Gästeempfang: RIVP 2,37/40 = 2RP 14/16; Rangordnung: RIVP 2,11/14 = 2RP 17/19; Gebetszeit und Arbeit: RIVP 3,10/12 = 2RP 23/26; Schweigen: RIVP 2,42 = 2RP 39.46; Ausschluß und Zurechtweisung: RIVP 5,1/10 = 2RP 43/45.

beinahe verdrängen.[153] Die Auslassungen geben Hinweise auf die zeitliche Einordnung der 2RP und die Einbettung der Regel in die übrigen Leriner Texte.

1. Der Obere

Ein Indiz, die 2RP der RIVP nachzuordnen, ist die Bezeichnung des Oberen. Die Archaismen, *pater* und *is qui praeest,* sind völlig getilgt. Der späteren Zeit entspricht der „modernere" Begriff *praepositus,* der in Lérins erst in der Zeit des Faustus dem Titel *abbas* weicht.[154]

Nur zwei Abweichungen fallen auf: In Vers 3 heißt der Obere in dem von Vogüé vorgelegten Text der HS E_1 (HS-Familie ε) abweichend von der sonst einheitlichen Terminologie *abbas,* während α weiterhin *praepositus* schreibt. Vogüé weist *abbas* daher in den Apparat, folgt aber sonst weiterhin E_1. M. E. ist dies ein Hinweis darauf, daß die ursprüngliche Fassung der 2RP wiederum in der HS-Familie α vorliegt.[155]

Der Schlußvers 46, der sich inhaltlich nicht an den vorausgehenden anschließt,[156] fürt noch einmal *is qui praeest* ein; er ist aus RIVP 2,41/42 exzerpiert und einer früheren Entwicklungsstufe zuzuweisen, etwa zur Zeit der „basilianischen" Redaktionsstufe.

Unabhängig vom Titel der Oberen ist in 2RP 17/21 von *senior* die Rede. Im Zusammenhang der Rangordnung meint dies hier den Älteren, nicht den Oberen.[157] 2RP 20 verdeutlicht das. Dort heißt es, daß der *senior* im Chor *simplicior vel imperitior sermone sein* könnte und daher nicht Psalmen vorzutragen habe. Das kann von einem Oberen, der nach RIVP 4,17 die Gebete beschließt, kaum angenommen werden.

Weitere Offiziale werden nicht mehr genannt. Wie an vielen weiteren Stellen macht sich hierin die Etablierung gewisser Regelungen bemerkbar, die als selbstverständlich nicht mehr erwähnt werden.

[153] Das ist z. B. daran zu erkennen, daß die der 2RP folgende RMac nur diese, nicht aber die RIVP zitiert. Weitere Belege für diese Behauptung werden unten, zur Form der 2RP, angeführt.

[154] 2RP 2.7.28. Vgl. § 1 I, 1: Der Leiter der Gemeinschaft. Vogüé 252–254 empfindet es als Archaismus, daß in 2RP noch *praepositus* steht, während zeitgenössische Texte schon früher den Wandel (zu *abbas*) vollzogen, und versucht dies ausführlich zu ergründen; Aufschluß über die Entwicklung der Terminologie auf Lérins geben hier ganz einfach die Predigten des Faustus.

[155] In anderem Zusammenhang wird das bestätigt, vgl. Anm. 75 und u. zur RMac.

[156] 2RP 40/45 ist ein Strafkodex, 46 handelt vom Schweigen bei Tisch und greift somit das Thema von 39 wieder auf.

[157] Beachte die Gleichsetzung von *senior – praecedens* und *is qui in ordine – sequens.* In den Predigten des Faustus ist das gleichfalls nachgewiesen, vgl. o. § 1 I, 1. Anm. 26–32.33: *iuniores – seniores; incipientes – meliores.*

Auch bezüglich der Aufgaben des Oberen sind die Angaben aus z. T. den gleichen Gründen spärlich: Von der Aufnahme und Erziehung der Novizen ist nicht mehr die Rede; der Empfang der Gäste (14/16) und die Arbeitsverteilung (26) geschieht ohne Nennung des Oberen, eine Tendenz, die sich bereits in der RIVP bei der Delegation von Aufgaben andeutete.

Dagegen ist die Ausschließung (28) weiterhin Sache des Oberen; seine persönliche Verantwortung für jeden einzelnen ist noch erkennbar.[158]

Der RIVP 1 folgend, ist die grundlegende Verhältnisbestimmung des Oberen zur Gemeinschaft an den Anfang gestellt (2RP 3/10). Neu ist die Bemerkung über die Installation des Oberen.[159] Hier ist kein charismatischer Gründer mehr per se und fraglos der Leiter, hier wird seine Einsetzung und Bestätigung eigens genannt. Das läßt darauf schließen, daß dieses Ereignis erst wenige Zeit zurückliegt.[160] Seine Stellung in der Gemeinschaft wird zusätzlich durch Lk 10,16 bekräftigt (2RP 9): „Wer euch hört, hört mich, wer euch verachtet, verachtet mich, und wer mich verachtet, verachtet den, der mich gesandt hat." Während die Schriftbelege zum Gehorsam in RIVP 1,14/17 vor allem den Gehorsam Gott gegenüber fordern, verbindet die 2RP die beiden Dimensionen des Gehorsams durch Lk 10,16 mit dem Motiv des *vicarius Christi* im Kloster, der seine Autorität von Gott erhält. Diesen Gedanken übernimmt Faustus später in XLIII,92; allerdings zeigte sich, daß bei ihm beide Motive noch lebendig waren: der unmittelbar Gott geleistete Gehorsam des eher eremitischen Lebens und der dem Oberen geschuldete des Zönobiten. Der Entwicklungsprozeß ist bei ihm greifbar.[161] Der Akzent liegt nicht mehr auf dem Wert und Verdienst des Gehorsams unter einem subjektiven Gesichtspunkt, sondern mehr auf der hierarchischen Ordnung, die durch Gott gegeben ist. Im Zusammenhang der 2RP scheint Lk 10,16 aus RBas 70 entnommen zu sein, deren Einfluß zu dieser Zeit, seit der „basilianischen" Redaktion der RIVP, immer deutlicher zu greifen ist. Zugleich ist der neue Obere nicht mehr in derselben Weise wie Honoratus die

[158] Z. B. 2RP 10: *ita ut sine ipsius voluntate nullus frater quidquam agat, neque accipiat aliquid neque det nec usquam prorsus recedat sine verbo praecepti.*

[159] 2RP 3: *praepositus qui constitutus est in loco;* 2RP 7: *praepositus* <...> *dei iudicio et ordinatione sacerdotali.* Vgl. Vogüé 213–214.219–223. Die Bedeutung der Aussagen wird unten, zur Entstehung der 2RP, eingehend erörtert.

[160] Vgl. Vogüé 213: „font penser invinciblement à une instauration toute fraîche" ... „c'est apparemment, que le praepositus en question est tout neuf".

[161] Vgl. oben zum Gehorsam: § 1 II, 3. 3) c.; XLII,15: *Christo in senioribus obtemperavit;* XL,183/4 passim.

forma vivens. Schon im Prolog wird er zusammen mit den Brüdern der Autorität der Regel, an der er sich orientieren soll, unterstellt.[162]

2. *Die Gemeinschaft – gewandeltes Tugendverständnis*

In dem Maße, wie - im Vergleich zur RIVP - die Gewichtung der Autorität des Oberen in der 2RP abnimmt, wächst die Bedeutung der Gemeinschaft und der Beziehungen untereinander, wenngleich es immer noch[163] Eremiten gibt, die Zellen bewohnen (2RP 30). - Noch Faustus richtet seine Ansprachen sowohl an die Eremiten wie an die Zönobiten.[164] Die *unianimitas,* die der in der RIVP späte 1. Diskurs nennt (1,6/9), und die gegenseitige Liebe, die sich die Brüder erweisen sollen,[165] erhalten nun gleich mit einem Bündel an Schriftzitaten[166] einen höheren Stellenwert. Apg 2,44, das Leitzitat des zönobitischen Lebens (2RP 6), das in RIVP 1 noch fehlte, wird hier offensichtlich aus RBas 3 entlehnt.

„Liebe und Furcht" umschreibt neben dem Gehorsam die Relation des einzelnen zum Oberen:[167] *praepositus in omnibus timere, diligere et obaudire* (2RP 7), was an der Gestalt des Honoratus exemplifiziert wurde.[168]

Waren es in der RIVP die Tugenden des Gehorsams und der Armut, die die Neuaufgenommenen und Übergetretenen erlernen mußten,[169] treten nun Liebe, Demut und Geduld *(caritas, humilitas, patientia,* Eph 4,2 in 2RP 2) als alles bestimmende Grundtugenden in den Vordergrund. In Demut empfange man die Gäste (2RP 14), in Liebe regle man die Ordnung des Psalmenanstimmens (2RP 21), in Geduld und Demut nehme man Zurechtweisungen an (2RP 40/42). Diese Tugenden nach Eph 4,2 waren es, die Honoratus besonders den Brüdern

[162] 2RP 2/3: *visum est nobis conscribere vel ordinare regulam, quae in monasterio teneatur ad profectum fratrum, ut* <...> *neque sanctus praepositus* <...> *dubitationem patiatur.*

[163] Gegen Vogüé 254, der vermutet, daß dies im Vergleich zur RIVP ein Novum sei.

[164] Vgl. § 1 II, 1. 2): Die geistliche Hierarchie; und 2. 1): Wohnungen.

[165] 2RP 4: *Invicem honorantes;* die RIVP 3,21 spricht nur vom gegenseitigen Dienst (officiis mutuis) der Brüder, den der Obere noch bestimmt. Die 2RP bezeichnet somit einen deutlichen Fortschritt im Bewußtsein um den Wert der Gemeinschaft. Die von vorneherein für ein Zönobium redigierte Rezension π der RIVP fügt in 3,21 noch ein zusätzliches *invicem* ein.

[166] 2RP 2: Phil 2,2; Röm 12,10; 2RP 5: Eph 4,2; 2RP 6: Apg 2,44; 2RP 21: 1 Kor 16,4; Phil 2,3.

[167] Vgl. § 1 I, 1. mit Hinweisen auf die Quellen.

[168] V. Hon. 17 § 9: *Inde illud erat quod non facile quamquam tantum vel amari vidimus vel timeri: ita enim duos hos adfectus sui in unoquoque suorum collocabat ut et amor suus delicti metum et timor disciplinae amorem introduceret.*

[169] RIVP 2,29/31; 4,11/12.

einzupflanzen bemüht war[170] und zu denen Faustus in XLII,136, der Homilie, in der er verstärkt den Finger auf die gemeinschaftlichen Beziehungen legt, mahnt.[171] Weiterhin ist daran zu erinnern, daß *caritas,* die in der RIVP unerwähnt blieb, und die 2RP in 5 und 21 betont, in der V. Hon. nach *Deus* und *Christus* das meistgebrauchte Wort ist.

Der Mahnung zum Schweigen (11/13) wird die gegenseitige Verantwortung der Brüder füreinander beigeordnet: *ne invicem fabulis vanis destruant;* ein Wort des Trostes solle man sich an verschwiegenem Ort gewähren: *consolationem accipere vel verbum audire secretum.* Das sind Schlüsselworte, mit denen Faustus die horizontalen Beziehungen umschreibt.[172]

Die Verurteilung des dreisten Widerspruchs *(praesumptio,* 2RP 11/21) war in Lérins wohl von besonderer Dringlichkeit, da er in den Homilien stets mit Nachdruck gerügt wird.[173]

Wenn auch ein eigener Katalog von Tugenden noch fehlt, so scheinen doch alle Äußerungen des monastischen Lebens auf Lérins diesem neuen Gemeinschaftsbewußtsein zugeordnet zu sein.

Gebet und Arbeit

Gebet und Arbeit werden gleichfalls zu neuen Ausdrucksformen des Gemeinschaftslebens. An der Zeiteinteilung und der Psalmenordnung ist nichts verändert worden.[174] Doch die Rangordnung der Brüder, die die RIVP 2,10/11 nur für die Gebetszeiten festlegte, wird nun

[170] V. Hon. 19,19: *in humilitate et mansuetudine, in caritate non ficta et una capitis gloria in diversitate membrorum.*

[171] Vogüé 216 weist hier auf Einflüsse aus Augustinus, Praec. 1,8 hin.

[172] Vgl. § 1 II, 4; *destruo:* XXXVIII,198; XLII,14; XLIV,84; *contristatio, solatio:* XLII,46/49. Die Formel *fabulis vanis,* 2RP 11, kommt ebenso in XLIV,88 vor; vgl. dort auch den textkritischen Apparat zur Stelle.

[173] XXXVIII,32.46.215; XL,107; XLIII,69.

[174] 2RP 22: *cursus vero vel orationum vel psalmorum sicut dudum statutum est.* – *dudum* kann allerdings sowohl „schon lange“ wie auch „kürzlich“ bedeuten. Vogüé 229, Anm. 20, sieht in *cursus orationum* den durch Horen *(oratio)* eingeteilten Tag. Dieser Interpretation kann ich nicht folgen. Im Zusammenhang von *oratio – psalmum* wird *oratio,* wie es für Lérins nachgewiesen wurde, entweder die Gebete meinen, die mit den Psalmen wechseln (vgl. Cassian, Inst. 2,8) oder gar überhaupt das private Gebet. Für die Gebetszeit schreibt 2RP 31: *hora orationis* bzw. 2RP 32: *tempore quo missae sunt.* – Zur Bedeutung von *missa* s. die beiden lexikographischen Werke von A. Blaise, a.a.O. Zur Tagesordnung verweist Vogüé 239, Anm. 81, auf Cassian, Inst. 2,2 (3,3). Dort schildert Cassian die Ordnung der Klöster „Palästinas, Mesopotamiens und des ganzen Orients“ mit den Gebetszeiten von Terz, Sext und Non. Das trifft für Lérins nicht zu (vgl. das *dudum*); eher ist an die Ordnung der Ägypter zu denken, die Cassian in Inst. 3,2 beschreibt. Dafür spricht selbst in 2RP 25 noch die durchgehende Arbeitszeit von der dritten bis zur neunten Stunde, ohne daß an ihren Eckpunkten von einer Gebetszeit der Rede wäre.

ausdrücklich auf alle Gemeinschaftsbeziehungen ausgedehnt, „und das bis zum Geringsten, vor allem beim Gebet, bei der Arbeit und beim Antwortgeben". Vom gemeinschaftlichen Gebet her wird das ganze Leben nun geformt.[175] Die Meditationszeit bis zur dritten Stunde, die sich ebenfalls lange in Lérins hält,[176] kann aber verkürzt werden, wenn etwas gemeinsam *(in commune)* getan werden muß (2RP 24);[177] tagsüber ging man gewöhnlich noch alleine seiner Arbeit nach (2RP 11: *unusquisque operam suam et meditem suum custodiat).*

Viel Aufmerksamkeit verwendet 2RP 31/38 auf die Disziplin beim Beten. Ihm solle die Haltung des immerwährenden Gebetes nach Lk 18,1 zugrunde liegen (2RP 33/34), für die Faustus in seinen Predigten zeitlebens nicht müde wird zu werben.[178] Noch Porcarius mahnt in seinen Monita 12 mit den gleichen Worten wie 2RP 31: *orationi nihil praeponas* zum unablässigen Gebet. Es wird als eine Forderung des Gehorsams angesehen, beim gegebenen Zeichen zum Gebet *(dato signo)* alles stehen und liegen zu lassen. So erstaunt es nicht, daß die gleiche Wendung der 2RP bei Faustus dem Gehorsam zugeordnet wird: *nihil oboedientiae praeferat, nihil penitus praeponat.*[179] Das ist in der Gemeinschaft um so mehr von Bedeutung, als durch Nachlässigkeit die anderen nicht erbaut, sondern von ihr infiziert werden, wie Faustus mit 2RP 36 befürchtet.[180]

Daß langes Gebet den Brüdern Mühe macht, weiß 2RP 31 wie auch Faustus;[181] dennoch sollen sie die Gebetszeiten ohne Grund (2RP 35: *non necessitate)* nicht verlassen und sich dem Schlaf oder dem Geschwätz hingeben; dies schärft Faustus unter Berufung auf die Regel eigens ein.[182]

[175] 2RP 19; vgl. 12: *in conventu omnium nullus iuniorum quidem loquatur nisi interrogatus.*

[176] Vgl. Faustus, ep. 6 (196,26).

[177] Aus diesem Tatbestand, der in RMac 10,1 noch mehr betont wird, schließt Vogüé 42–48 die Priorität der RIVP vor der 2RP. Er unterscheidet, 230, die verschiedenen Bedeutungen von *medite:* in 2RP 11: *unusquisque operam suam et meditem suum custodiat et cogitatum habeat ad dominum,* bedeute es das unablässige Gebet den Tag über, in 2RP 22 ist es die für die Lesung festgesetzte Zeit: *tempus meditandi.*

[178] Vgl. § 1 II, 2. 2): Liturgisches und privates Gebet. 2RP 31 fügt mit dem für Faustus typischen *et alio loco* noch Sir 18,22 an: *non impediaris orare semper.* In XXXVIII,175 verwendet Faustus Sir 18,22b für seine Ermahnung zum Gehorsam.

[179] XXXVIII,170; andere Lesart: *anteponat;* die Anweisung zum sofortigen Gehorsam beim Gebet konnten die Lériner aus Pachomius, Praec. 3, entnehmen; vgl. Cassian, Inst. 4,12.

[180] 2RP 36: *quia per suam neglegentiam et alios in vitium mittit.* XXXVIII,172; XXXIX,17/19; XLII,13/14, vgl. dazu § 1 II, 4: Horizontale Beziehungen.

[181] XXXVIII,22: *lassescant licet membra vigiliis.*

[182] 2RP 37: *in vigiliis vero observandum est, quando omnes conveniunt, quicumque gravatur somno et exit foras non se fabulis occupet.* XLIII,67/69: *si me, de vigiliis revertentem, inoboedientiae passio, si ad transgressionem regulae praesumptio furtiva sollicitet,* <. . .> *ac sic uno momento laborem totius noctis* (man beachte das lange Gebet!) *effudi.* XLIV,23/30:

Insgesamt lesen sich die Mahnungen des Faustus zur Disziplin beim Gebet wie eine Auslegung zur 2RP, die er noch um die theologisch-spirituelle Dimension erweitert.[183]

Neben den gemeinsamen Gebetszeiten wird weiterhin die aus der RIVP bereits bekannte Praxis der quasi-liturgischen Versammlungen weiter gepflegt.[184]

Verstöße gegen das Gemeinschaftsleben

Wie in der RIVP 3,11 ist an die Anweisung zur Arbeit die Mahnung gebunden, nicht darüber zu murren (2RP 26ff). Diese Verbindung übernimmt Faustus in einer seiner Predigten und legt sie dort aus; es ist übrigens die einzige Stelle, in der er sich zur Arbeit äußert; sie findet sich in der Homilie, die besonders die Beziehungen untereinander betont.[185] In 2RP schließen sich daran die Zurechtweisungen für die Zuwiderhandelnden an (27/30). Was in RIVP im 5. Diskurs nur im Appendix stand, ist nun zum festen Bestandteil der Regel geworden. Diese Entwicklung in der Gesetzgebung kennzeichnet einen weiteren Schritt in der Institutionalisierung des gemeinschaftlichen Umgangs. Während in RIVP 5,4 nur das unnütze Reden und Lachen unter Strafe (Ausschließung) stand, so wird dies nun auf das Murren, die Streitsucht, das Opponieren gegen den Oberen (27) und, in einem angehängten zweiten Strafkodex (40/45: *hoc etiam addendum fuit . . .*), auch auf den mangelnden Willen, sich zu bessern, ausgedehnt. Mit Ausschluß per se wird das Verspäten beim Gebet belegt (31),[186] die anderen Fehler werden nach Einschätzung des Oberen geahndet[187]

Solemus etiam nobis de corporalium ieiuniorum ac visibilium vigilarum assiduitate blandiri, qui post vigilia – ac forte de ipsis vigiliis – ad obtrectationes, ad verbositates, ad murmurationes egrediemur. Nam qui se de choro psallentium ad comissationes inhonestas bibitionesque fortius – non solum damnabili transgressione sed etiam admirabili vilitate – subducit: multo esset levius si sobrietate dominante dormiret.

[183] S. o. § 1 II, 2. 2) b und c.

[184] Vgl. 2RP 12: *in conventu omnium nullus loquatur nisi interrogatus;* 2RP 39: *in congregatione autem ipsa legitur, aurem semper ad scripturas habeant et silentium observent omnes.*

[185] 2RP 23/26: *Ita meditem habeant fratres ut usque ad horam tertiam legant, si tamen nulla causa extiterit, qua necesse sit etiam pratermisso medite aliquid fieri in commune. Post horam vero tertiam unusquisque ad opus suum paratus sit usque ad horam nonam, vel quidquid iniunctum fuerit sine murmuratione vel hesitatione. Si quis autem murmuraverit vel contentiosus extiterit aut opponens in aliquo contrarium* <. . .>. – XLII,113/116: *Ante omnia cavemus ut, quod nobis agere necesse est, non agamus inviti, nec in opere murmuremus nec nobis de consummato opere placeamus male blandiente iactantia.*

[186] Vgl. XXXVIII,74/76.

[187] Vgl. Augustinus, Praec. 4,9.11. Pachomius, Inst. 9.10. Jud. 13.16.

(2RP 28: *secundum arbitrium praepositi; culpae qualitas)*. Neu ist im zweiten Strafkodex die Möglichkeit der Zurücksetzung in der Rangordnung (43). Er ist in der Differenzierung des Strafmaßes[188] eine Weiterentwicklung gegenüber dem ersten und besonders gegenüber dem rigoristischen in RIVP. Auch daß mit Widerspruch gerechnet wird (29), vermerkte die RIVP noch nicht. Erneut sind die Predigten des Faustus eine Illustration des Regeltextes: sowohl den frechen Widerspruch (2RP 27.40) wie den mangelnden Willen zur Besserung (43) rügt Faustus scharf,[189] bis hin zur gleichen Verwendung der Schriftzitate;[190] mehr noch: in XXXVIII § 2 weiß er von denen zu reden, die bei erfolgter Zurechtweisung lieber weggehen als sich bessern wollen, was 2RP 29 bereits untersagte.[191] Es ist sogar denkbar, daß Faustus aufgrund dieser Stellen seine Vorstellung von der Stabilitas entwickelte. Die Bedeutung der gemeinschaftlichen Beziehungen wird am Ende des ersten Strafkodexes (30) erneut deutlich, wenn er verfügt, daß der Bruder, der einem Fehler eines anderen zustimmt, gleichfalls unter Ausschluß gestellt wird. Dies setzt Kommunikation voraus. Der Schlußsatz des zweiten (44/45) sieht für den ständig Unbußfertigen mit Mt 18,17 vielleicht sogar die Entfernung aus der Gemeinschaft vor: „Er sei dir wie ein Heide und Zöllner" und werde wie ein Fremder behandelt.[192]

Auslassungen und vernachlässigte Themen

RIVP 1,1/9, die Sammlung der Brüder, der Versuch, eine Gemeinschaft zu konstituieren, wird nicht erwähnt. Es ist zu dieser Zeit nicht mehr nötig, weil beide Formen monastischen Lebens in Lérins mittlerweile Fuß gefaßt haben: die zönobitische (2RP 2: *regula, quae in monasterio teneatur ad profectum fratrum, teneatur)* und die von Anfang an bestehende eremitische (2RP 30: *fratres, qui vel in monasterio sunt vel qui per cellulis consistunt)*. Der Übergang von der einen zur anderen

[188] Vgl. dazu Pachomius, Jud. 2.9.11.

[189] XXXVIII,39/42: *qui pro disciplinae ordine castigatus, non se ad emendationem, non ad satisfactionem confert, sed magis ad illam proterviam* <...>. 204/208: *si se non humiliet, si non satisfaciat – praeposito suo nocere credat; insuper insultet et dicat: „Quam bene non acquievi! quam constanter illi restiti! quanta auctoritate respondi! Putabat: quod me semper humiliare deberem!"*. Mit *disciplinae ordo* kann der Strafkodex der 2RP gemeint sein.

[190] Jak 4,6 in 2RP 41 und LX,40.

[191] 2RP 29: *correptus autem non audeat usquam recedere;* vgl. dazu XXXVIII,42: *desero atque discedo; hoc ego ferre non patior; ingenuus homo sum; clamat autem in contumelia disciplinae, in peccato animae suae: malo discedere quam emendare, quam satisfacere, quam implere quod praecipis.*

[192] Dieser harte Satz steht schon in RBas 28 (KR 9), RBas 73 (KR 41), RBas 122 (KR 47); Ausschluß für die Unbußfertigen nennt RBas 175 (KR 57).

Form ist greifbar in der Betonung der gegenseitigen Beziehungen und im allgemeiner gefaßten Stil der Gesetzgebung.[193]

Ein Aufnahmeritus und die Erziehung der Novizen (RIVP 2,16/35) wird ebensowenig erwähnt wie eine weitere Differenzierung der Dienste. Offensichtlich hat sich das in RIVP 3,21/28 Grundgelegte bewährt oder war bereits (etwa die Ämter betreffend) auf weitere Entwicklung eingerichtet (RIVP 3,22: *si fratrum congregatio multa est).* Die Aufnahme der Gäste, Grundelement monastischen Lebens (RIVP 2,36/42), wird der Wichtigkeit wegen noch erwähnt (2RP 14/16), aber bereits die speziellen Fälle der Aufnahme fremder Mönche und Kleriker (RIVP 4) sind nicht mehr verzeichnet. Diese Bestimmung, die die Beziehung zu anderen Institutionen der Diözese und anderen Klöstern regelte, geriet in Vergessenheit. Ihre Auslassung hatte Konsequenzen, die auf dem Konzil von Arles zutage traten. Für die Datierung liefern sie wichtige Hinweise.

Tiefergehende spirituelle Angaben zum Führungsstil des Oberen (RIVP 5,11/18; 2,3/9) und zur geistlichen Haltung der Neueintretenden (RIVP 2,22/24) fehlen in 2RP. Es sind dies auffälligerweise jene Texte, die, unmittelbar an der Person des Honoratus orientiert, der Sammlung der persönlichen Redeeinheiten (meist nur in α überliefert) angehören. An ihre Stelle tritt ein gestraffter, einheitlicher und unpersönlicherer Text.

Eine geistige Aufstiegs- oder Tugendlehre wird gleichfalls nicht präsentiert - wohl aus den gleichen Gründen wie in der RIVP.[194]

Diese Indizien weisen die 2RP den Verhältnissen in Lérins zu, wie sie am Ende des ersten Drittels im 5. Jh. vorzufinden sind.

3. Form, Zeitpunkt und Verfasser

Die 2RP ist bei weitem nicht so disparat wie die RIVP. Im Vergleich zu ihr könnte sie ein einziger weiterer Diskurs zur Vorgängerin sein. Allein stilistisch und formal ist das erkennbar, indem einzelne Kapitel nicht mehr unbeholfen (additiv) mit *qualiter* aneinandergereiht werden, sondern schlichte Imperative oder Aussagesätze sind, die durch ihre Einheitlichkeit den Eindruck eines durchkomponierten Werkes erwecken. Neben fremden Quellen greift sie auf einen Textfundus aus

[193] Es ist daran zu erinnern, daß die Tendenz zu verallgemeinern bereits in der Entwicklung der RIVP zu beobachten war. Eine streng personenorientierte Führung hörte mit Honoratus auf.

[194] Vgl. § 2 II, 3: Geistliche Lehre und Ziel der Askese.

der Tradition des eigenen Hauses zurück, der vornehmlich in den Textteilen der RIVP zu erkennen ist. Von daher ist sie in ihrer Erscheinung eher als das Werk eines einzigen Verfassers zu werten.

Dennoch sind Gliederungselemente und redaktionelle Spuren zu erkennen. Zweimal werden Kapitel mit *observantes etiam hoc* ... eingeleitet (11/13; 17/21). Es handelt sich dabei um „Zusätze", die im Vergleich zur RIVP neu sind und deswegen jetzt „auch" noch zu beachten sind: horizontale Beziehungen und gegenseitige Verantwortung *(non se invicem destruant)* und die in Liebe geregelte, alles umfassende Rangordnung in der Gemeinschaft. Damit ist 2RP 5 zu vergleichen (Beginn des Regeltextes nach dem Prolog): Das ganz Neue der wechselseitigen Beziehungen und Gemeinschaftstugenden wird mit der Formel *ante omnia* ... eingeführt.

Der zweite Strafkodex (40/45) ist ein späterer Zusatz: *hoc etiam addendum* ... Er ist eine Verdeutlichung des ersten (27/30). Sein sekundärer Charakter zeigt sich an der sonst in der Regel nicht anzutreffenden Formel für die Einleitung eines Schriftzitats: *sicut Dominus dixit* ... (2RP 45),[195] die in RIVP häufig ist, und dort wohl auch auf die basilianische Redaktion zurückgeht.[196]

Ebenfalls einer anderen, wohl früheren Zeit gehört der Schlußvers 46 an. Inhaltlich greift er zwar das Thema von 39 (Schweigsamkeit) auf, das auch vor dem zweiten Strafkodex behandelt wurde; doch tut er das mit dem Vokabular von RIVP 2,41.[197] Nur hier taucht die Bezeichnung *is qui praeest* für den Oberen auf, die in RIVP (ε) verwendet wurde. Ob daher 2RP 46 ursprünglich an 39 anschließend gedacht werden kann, muß bezweifelt werden; vielmehr wurde er, wie auch 40/45 aus einer fremden Quelle angefügt, vermutlich um die Regel nicht mit dem harten Schluß des angehängten Strafkodexes, Mt 18,17, schließen zu lassen. Gegen Ende ist der sonst einheitliche Text also etwas gestört, so daß man neben einem einzelnen Verfasser

[195] Vgl. sonst: 2RP 2.6.9: *sicut scriptum est;* 33: *quia scriptum est.*

[196] Auf die häufige Verwendung dieser Formel in der RBas weist Vogüé 244, Anm. 149 hin.

[197] 2RP 46: *ad mensam autem specialiter nullus loquatur, nisi qui praeest, vel qui interrogatus fuerit.* RIVP 2,41/42: *Venientibus vero* (μ: *autem*) *ad refectionem, non licebit peregrino fratri cum fratribus manducare, nisi cum eo qui praeest, ut possit aedificari. Nulli licebit loqui nec alicuius audiatur sermo nisi divinus qui ex pagina profertur, et eius qui praeest,* <...>. Schon in RIVP 2 machte Vers 42 einen nachgeschobenen Eindruck, da Vers 41 vom getrennten Essen des Oberen mit dem Gast sprach, der durch dessen alleiniges Reden erbaut werden solle, während 42 mehr assoziativ anschließend das generelle Schweigen der Brüder verfügte. In 2RP ist es umgekehrt: 39 spricht vom Schweigen, 46 vom Schweigen bei Tisch, ohne die Erwähnung des Gastes, zu dem der Obere spricht. Der Charakter der nachklappenden Anfügung wird deutlich.

noch einen Redaktor annehmen muß. Können diese ausgemacht werden?

Zunächst läßt sich der Zeitraum der Abfassung abstecken. An vielen Stellen waren die Predigten des Faustus eine Auslegung der Regel, oft bis zur Gleichheit im Vokabular bzw. der Schriftzitate in vergleichbarem Zusammenhang. Erst unter Faustus vollzog sich der Wandel in der Oberenterminologie von *praepositus* (noch in 2RP) zu *abbas.* Damit wäre ein terminus ante quem (etwa 435) festgelegt. Der terminus post quem kann mit 426, dem Weggang des Honoratus, angegeben werden; das geht aus dem Wandel des Begriffs *pater* in der RIVP (unter Honoratus) zu *praepositus* sowie aus den Bemerkungen zur Einsetzung eines neuen Oberen in 2RP hervor. Die Grundlegung der neuen Tugenden, insbesondere der *caritas,* und das häufigere *invicem* und deren Bekräftigung durch Schriftzitate in der 2RP spiegeln aber die Zustände wieder, die Hilarius in V. Hon. für die Zeit beschreibt, kurz bevor Honoratus die Insel verließ. Sie werden mit Intensität vorgetragen *(ante omnia).* Damit fällt die Zeit der Abfassung näher an den terminus post quem als ante quem, d. h. in die erste Zeit des Abtes Maximus.[198] Wenn die Frage nach dem Verfasser gelöst werden kann, läßt sich der Termin mit noch größerer Sicherheit bestimmen.

Hier muß Vogüés These von der „Regel des Vigilius" diskutiert werden.[199] Demnach habe ein Diakon Vigilius die auf einer „Äbtesynode" gefaßten Beschlüsse der Lériner Väter in der 2RP niedergeschrieben. Diese Regel erwähne dann Gennadius in seinem Schriftstellerkatalog c. 52.[200] In der Tat ist die Textverwandtschaft von 2RP prol. und der Stelle bei Gennadius auffällig; es ist die Art des Gennadius, aus den Mönchstexten, die er rezensiert, einige Worte zu zitieren;[201] insofern scheint eine Zuweisung berechtigt. Dennoch bleiben nicht unwichtige Unterschiede, die die Verfasserschaft des Vigilius in Zweifel ziehen.[202]

198 Vgl. o. über die Einsetzung des Oberen. Mehrmals kommt Vogüé auf die Datierung zu sprechen: 213.214.251.263.

199 La Règle de Vigile signalée par Gennade, in: RBen 89 (1979) 217–229. Die These wiederholt Vogüé in: SC 297,27.247.255.

200 Ed. Richardson, 79.

201 Vogüé, La Règle de Vigile 219.

202 Vogüé, ebd. 220–223, hat große Mühe, sie durch Hinzunahme der Schlußformel von RIVP 3, an die sich die 2RP angeschlossen habe, zu erklären: *Custodienda sunt ista praecepta et per singulos dies in aures fratrum recensenda.* Vigilius habe demnach einen zum Vorlesen gedachten Text geschaffen. 220 nimmt Vogüé auch ein heute verschollenenes Incipit an, das Vigilius als Verfasser genannt habe. In SC 297 wiederholt er diese Vermutung allerdings nicht mehr.

2RP	Gennadius
Residentibus nobis in unum in nomine Domini Jesu Christi secundum traditionem Patrum virorum sanctorum, visum est nobis conscribere vel ordinare regulam quae in monasterio teneatur ad profectam fratrum.	*Vigilius diaconus composuit ex traditione Patrum monachorum regulam, quae in coenobio ad profectum fratrum in conventu legitur breviato et aperto sermone totius monasticae professionis in se tenentem disciplinam.*

Secundum traditionem Patrum in 2RP bezieht sich auf das *residentibus,* unbeschadet, ob fiktive oder reelle Zusammenkünfte gemeint sind. *Ex traditione Patrum* bei Gennadius bezeichnet hingegen die Arbeitsweise und die Quellen, aus denen Vigilius die Regel komponierte *(composuit);* die *regula* in 2RP 2 wird jedoch verfaßt und verordnet. *Conscribere vel ordinare* bezieht sich daher auf den Verfasser als Urheber! Die Regel soll im Kloster aktiv befolgt und eingehalten werden *(in monasterio teneatur);* in dem völlig unbestimmt bleibenden Kloster bei Gennadius wird sie (ca. 480) nur verlesen – als ehrwürdiges Dokument.[203] Eine Zusammengehörigkeit von Vigilius und der 2RP ist aufgrund des Belegs bei Gennadius zwar offensichtlich, jedoch charakterisieren ihn die Worte des Gennadius nicht als Verfasser, sondern als Redaktor; nichts ist davon zu erkennen, daß er etwa Protokollführer einer Synode war, wie Vogüé mutmaßt.[204] Seine Rolle ist die des Kompilators verschiedener Textstücke (Schlußteile), die er – *ex traditione Patrum,* also von Lérins stammend – der Grundform der 2RP (1/39) anfügte. Im Leriner Umkreis wird kein Vigilius genannt; die einzelnen Teile kamen bei dem regen Austausch zwischen Lérins und Marseille schnell aufs Festland und fanden dort wegen ihrer vorteilhaften allgemeinen Abfassung auch sehr bald Verwendung.[205]

Wer aber ist dann der Verfasser? Da es sich um den Text eines einzigen Verfassers handelt, ist zu fragen, wer z. B. 2RP 3 formulieren konnte: „Es schien uns gut, eine Regel zu schreiben . . ., damit wir ohne Sorge bleiben und auch der heilige Vorsteher, der an dem Ort eingesetzt ist, nicht in Unsicherheit verbleibt". Wer hat das Interesse, die Sorge um das Kloster, und wer hat die Autorität, von außen den Brüdern und dem Oberen eine Regel zur Befolgung und zur Hilfe zu schreiben? Daß der Obere selbst nicht der Verfasser ist, geht aus dem

[203] Das gleiche Schicksal widerfuhr der Rezension π der RIVP: auch sie wurde zu einem vorzulesenden Text umgestaltet und der RM vorangestellt.

[204] Vogüé 255–259. Da die RIVP ebenfalls kein Protokoll einer Synode mit drei oder vier Teilnehmern ist, entfällt auch die Überlegung Vogüés, wie sich die Urheber der 2RP, die die gleichen der RIVP seien, *viri sancti* nennen konnten.

[205] Die Priorität der RIVP vor Cassians Werken wurde in früheren Kapiteln bereits dargelegt; vgl. dazu Vogüé 142–144.

unterschiedlichen Numerus von Verfasser und Oberem im Text und der distanzierten Ausdrucksweise hervor.[206] In 2RP 4 wünscht der der Gemeinschaft offensichtlich sehr verbundene Verfasser: „. . . daß alle (nicht:,daß wir‘) einmütig . . . einander ehren und das, was vom Herrn vorgeschrieben ist, mit beständiger Treue erfüllen.“

Kann ein solcher aufgrund der bisherigen Analyse nicht evtl. in Honoratus selbst gesehen werden, der als Bischof dem neu als Praepositus eingesetzten Maximus eine Richtschnur an die Hand gab?

Die inneren Gründe sprechen dafür. Maximus ist nicht mehr die zentrale Gründergestalt, die aus sich heraus Richtschnur sein konnte und unangezweifelte Autorität per se besaß. Der Wunsch nach einem von allen beachteten Regeltext scheint, insbesondere vor dem Hintergrund, daß die RIVP eine längere Traditionsgeschichte durchmachte, durchaus verständlich. Alle Quellen von Lérins zusammengenommen liefern Hinweise, diese These zu bekräftigen.

In Hom. XXXV, De abbate Maximo, sprach Faustus davon, daß Honoratus seinem Nachfolger ein „Gesetz“ übergab, das, schriftlich fixiert, der Leitung der Brüder diente.[207] In LXXII,33 hieß es vom Gründer ausdrücklich, daß er eine Regel gab; daß dies noch während seiner Amtszeit in Lérins gewesen sein muß, wird nicht gesagt. LXXII,160/164 werden die Quellen angegeben: aus den ägyptischen Vätern. Neben Pachomius, den Faustus selbst für organisatorische Fragen auswertete, waren es die Väter „Serapion, Makarius, Paphnutius und noch einmal Makarius“, die von den Lérinern selbst genannt oder von den Zeitgenossen mit Lérins in Verbindung gebracht werden. In diesem Zusammenhang bezeichnet das zusätzlich die Abhängigkeit der 2RP von den entsprechenden Textstücken der RIVP. Neues fügte Honoratus mit *ante omnia* . . . bzw. *observantes etiam hoc* . . . ein und ließ, um der Regel die Persongebundenheit zu nehmen, die eigenen Redeteile aus.[208] Gleichfalls brauchte er nicht mehr Bekanntes und selbstverständlich Gewordenes (RIVP 2,6/35: Novizen), Überholtes (RIVP 1,1/9: Sammlung der verstreuten Brüder) und zu Spezielles (RIVP 4: Aufnahme besonderer Gäste) zu übernehmen, um die straffe und kurze Orientierung nicht zu überlasten. So ist die 2RP gegenüber der RIVP als ein allgemeines Gesetzeswerk gekennzeichnet, das nicht so sehr wie der ältere Text, trotz steter aktueller Veränderung, an eine

[206] Im großen Asketikon des Basilius, dessen Vorwort mit dem der 2RP noch größere Ähnlichkeit aufweist als mit dem der RIVP, bezieht sich der Verfasser immer selbst mit ein.

[207] S. o. Anm. 41.

[208] Die persönlichen und im Plural gehaltenen Anweisungen an die (künftigen) Oberen in RIVP 2,2/9 und 5,11/18 sind ohnehin angesichts des nun tatsächlich eingesetzten Nachfolgers gegenstandslos geworden.

konkrete Situation gebunden ist. Generalisierungen im Regeltext machen sie weiter und vielfach verwendbar, wie die Leriner Zeitgenossen bezeugen.

Ein wichtiges Indiz, die Regel des Honoratus mit der 2RP zu identifizieren, liefert erneut das dritte Konzil von Arles. Wird nämlich der Schlußsatz des Konzilstextes nach der oben vorgeschlagenen Lesart als Ablativus absolutus verstanden: „Dies nämlich entspricht ganz der Vernunft und Frömmigkeit, daß die Kleriker des Klosters die Ordination des Bischofs *(ordinatio episcopi)* in schuldiger Unterwerfung zu gewärtigen haben, die Laien der Gemeinschaft aber der alleinigen und freien Rechtssphäre *(ordinationem dispositionemque)* des Abtes, den sie sich wählen, verbleiben gemäß der in allem beachteten Regel *(regula custodita)*, die vom Gründer vor langem festgesetzt worden ist *(constituta est)*",[209] so hat man zugleich einen Hinweis auf einen Inhalt der Regel: Die Kleriker unterstehen der Jurisdiktion des Bischofs *(ordinatio)*, die Laien der des Abtes, den sie sich wählen. Da der Abt in der Frühzeit immer Priester ist, untersteht er im besonderen der *ordinatio* des Bischofs. Damit greift der Satz die 2RP auf: Der Vorsteher ist am Ort eingesetzt (2RP 2), genauer noch, er ist *praepositus Dei iudicio et ordinatione sacerdotali* (2RP 7). Der Wechsel der Terminologie: *praepositus* (in der Regel um 430) und *abbas* (im Konzil 456) läßt sich mit der sprachlichen Entwicklung der Mönchsterminologie gut erklären. *Dei iudicio* bedeutet für die Frühzeit (Honoratus – Maximus) die Designation, in späterer Zeit (Maximus – Faustus) kann sich ebenso gut in der Wahl der Brüder „Gottes Ratschluß" zeigen. *Ordinatio sacerdotalis* kann, muß aber nicht die Weihe durch den Bischof bedeuten.[210] Die Beziehung zu Lérins ist vor allem dadurch gegeben, daß der Klerikerabt dies durch sein Priestertum nur in Unterordnung unter den Diözesanbischof ist und sein kann – nicht aber in der Art, wie der Presbyter in dem Kloster Augustins. Eine solche Regelung muß in Kraft treten, wenn nicht mehr bloß vereinzelt Asketen in einer Diözese leben, sondern sich eine Mönchsfamilie in einer Diözese bildet und ein „geistlicher" Faktor wird.

Noch mehr läßt sich dem Konzilstext entnehmen. Es soll nämlich nicht nur die „Regel des Gründers" (2RP) eingehalten werden, sondern auch das, was er seinerzeit mit Leontius, dem Diözesanbischof,

[209] *Hoc enim et rationis et religionis plenum est ut clerici ad ordinationem episcopi debita subiectione respiciant, laica vero omnis congregatio ad solam ac liberam abbatis proprii quem sibi elegerit ordinationem dispositionemque pertineat regula quae a fundatore ipsius monasterii dudum constituta est in omnibus custodita.* (CC 148,134,31/36); vgl. o. § 1 I, 2: Die Rechtssphäre des Abtes nach dem Konzil von Arles.

[210] Vgl. A. Blaise, Le vocabulaire latin des principaux thémes liturgiques § 369, sowie ders., Dictionnaire ... des auteurs chrétiennes 583.

neben anderem über die Aufnahme von Klerikern vereinbart habe.[211] Diese Abmachung gehörte zu den *praecepta* des Honoratus und stand in dem redaktionell zusammengefügten Text der RIVP 4; dieser Diskurs wurde nicht mehr in die 2RP exzerpiert und konnte daher in Vergessenheit geraten.[212] Der Bischof von Fréjus sah sich berechtigt, aufgrund der alten Übereinkunft, seine Rechte, die ihm Faustus streitig machte, wieder einzufordern.

Da die 2RP nun als das Werk eines einzigen Verfassers erwiesen ist, wird die Hypothese von ihrem konziliaren Ursprung bzw. von ihrem Genus als Synodenprotokoll - wenn auch nur eines Protokollanten - vollends hinfällig. Was bedeuten dann aber Titel und Einleitung der Regel?

Der Prolog 2RP 1/4 läßt keine weiterreichenden Schlüsse auf ihre Entstehung zu als die bisher genannten. Noch mehr als der Prolog zur RIVP stimmt der der 2RP mit dem Vorwort des großen Asketikons des Basilius überein.[213] Zu den asketischen Schriften des Basilius, zum großen wie zum kleinen Asketikon, waren in der letzten Zeit unter Honoratus häufiger Parallelen formaler und spiritueller Art festzustellen, während für die Entwicklung der Organisation des Lebens und die Fachterminologie das pachomianische Mönchtum vorbildlich blieb. Honoratus, des Griechischen mächtig, schuf in seinem kurzen Text somit gleichsam eine „Mischregel“ oder ein Regelmosaik.

211 *Quod decessor suus sanctae memoriae Leontius episcopus vindicaverat . . . i. e. peregrini clerici absque ipsius praecepto in communionem vel ad ministerium non admittantur.* (CC 148,133,21ff) - RIVP 4,18: *nullo permittatur clerico in monasterio habitare.*

212 S. o. Anm. 143. Wenn sich das Konzil bezüglich dieser Stelle nur auf eine „Abmachung“ beruft, kann man sogar vermuten, daß die Endredaktion der RIVP zu diesem Zeitpunkt noch gar nicht vorlag. Hingegen wird der Inhalt von 2RP 3.7. als zu einer Regel gehörig bezeichnet.

213 Basilius: Durch Gottes Gnade und im Namen unseres Herrn Jesus Christus haben wir uns hier versammelt, wir, die wir uns das eine und dasselbe Lebensziel, ein Leben nach Frömmigkeit, gesetzt haben. Und da ihr ganz offenkundig danach verlangt, im Heil unterwiesen zu werden, sehe ich mich gezwungen, euch die Rechtssatzungen Gottes zu verkünden . . . Wir wollen miteinander beten, damit wir unseren Mitknechten die zustehende Nahrung geben. -
2RP
Wir sitzen (wieder) beieinander im Namen unseres Herrn Jesus Christus nach der Überlieferung der heiligen Väter. Es schien uns gut, eine Regel zu schreiben und zu ordnen, die im Kloster zum Nutzen der Brüder eingehalten werden soll . . . so daß alle einmütig, wie geschrieben steht, einander ehren und das, was vom Herrn vorgeschrieben ist, mit beständiger Treue beachten. -
RIVP
Wir sitzen beieinander und nehmen Kenntnis von einem sehr heilsamen Vorhaben; wir trugen unserem Herrn die Bitte vor, uns den Heiligen Geist zu geben, er solle uns belehren, wie wir den Wandel und die Lebensregel der Brüder ordnen können.

Im Incipit wird die Regel *Statuta Patrum* genannt. Diesen Terminus verwendet Sidonius Apollinaris in ep. 7,17 an Volusianus:[214] der interimistische Abt solle nach den *statuta Lirinensium patrum vel Grinicensium* das Kloster St. Cirgues reformieren. Damit ist auf diesen Text hingewiesen, der offensichtlich im Verbund mit anderen kursierte.

Von Caesarius berichten die Biographen in der Vita (I,11)[215] zudem, daß er niemals die *instituta Lirinensium* verlassen habe. Auch darin ist ein Hinweis auf die Lebensform in Lérins zu erkennen, die sich in den *Statuta Patrum* = 2RP niedergeschlagen haben kann.

Ein Rückblick auf die RIVP läßt folgende abschließende Überlegung zu: Die RIVP hatte als Zeugnis der Genese bis zur Erreichung ihrer endgültigen Fassung eine längere Entwicklung als die 2RP durchgemacht. Wenn letztere auch von ihr inhaltlich abhängt und deutlich auf ihr aufbaut, so kann die Redaktion bzw. die Form der RIVP ihrerseits z. T. bei der 2RP Anleihen gemacht haben, insbesondere, was den Prolog der RIVP im Verhältnis zur 2RP betrifft. Die 2RP kann in ihrer Endredaktion vor der der RIVP vorgelegen haben. Bei der Situation, die das dritte Konzil von Arles schildert, hatte die RIVP nicht den dokumentarischen Charakter wie die 2RP; nur so konnten ihre Bestimmungen vernachlässigt worden sein. A. de Vogüé vermutet zudem, daß dem Gennadius die beiden Texte in umgekehrter Reihenfolge vorgelegen haben,[216] was ein Hinweis auf die Chronologie ihrer „Edition“ wäre. Um ihren Wert als kirchliches Dokument zu betonen, wurde sie dann als „Konzilstext“ gestaltet, der formal viel zu mangelhaft ist, als daß er die Situation eines Konzils wiedergeben könnte. Eine gewisse Hochschätzung kirchlicher Autorität ist zumindest bei Honoratus allein wegen seiner freundschaftlichen Beziehungen zu Leontius anzunehmen. So verfügte er auch, offensichtlich bei einem Treffen mit dem Bischof, das der 2RP vorausging, daß sein Nachfolger durch diese Autorität gestützt wird. Auf diese Weise stehen von Anfang an Oberer und Brüder unter der Autorität des gleichen Gesetzeswerkes, das diese Bestimmung enthält.

Die vorangegangene Einordnung der 2RP erlaubt eine Datierung der Homilie LXXII des Faustus über Honoratus: Die Predigt ist nach der Zurechtweisung durch das dritte Konzil von Arles (456) verfaßt worden. So ergibt sich eine Erklärung für die doppelte Mahnung, sowohl die Regel des Gründers zu befolgen (LXXII,34) = 2RP, wie auch seine *praecepta* (LXXII,36) zu beachten, die erst nach dem Konzil

[214] MGH auct. ant. 8,123–124.

[215] Vita Caesarii, I,11 (300,28): *numquam tamen canonicam modulationem monachi, numquam instituta Lirinensium vel modicum subrelinquens.*

[216] La Règle de Vigile 222, Anm. 1.

mit anderen Anweisungen die Gestalt der RIVP angenommen haben und durch die konziliare Fassung Achtung erlangten und an Autorität gewannen (z. B. RIVP 4). Eine solche Datierung der Homilie LXXII erklärt auch, wie Faustus nachträglich die Aussage machen konnte, Honoratus schöpfte bei der Abfassung der Regel aus den „ägyptischen Vätern“: die Redaktion der RIVP mit ihren Einleitungen *Serapion, Macarius Paphnutius, Macarius dixit:* . . . erfolgte erst nach dem Konzil von Arles.

III. DIE REGULA MACARII - TUGENDLEHRE IN LÉRINS

Als dritte Regel im Stammbaum der kleinen Väterregeln folgt die RMac. Ihre Zuweisung nach Lérins ist ähnlich schwierig wie die der RIVP. Es fehlt an vergleichbaren Texten im Umfeld, die eine Einordnung sicherstellen können. Faustus nennt Regel und Praecepta des Gründers und bezieht sich in seinen Predigten stets auf die 2RP. Ein weiteres Gesetzeswerk unter ihm kann deshalb kaum angenommen werden. Nach ihm (ca. 460), der einzigen Zeit daher, in die die RMac in Lérins datiert werden könnte, fehlen aber bis zur Jahrhundertwende aus Lérins konkrete Angaben über die Entwicklung, die den Hintergrund einer Regel aufzeigten und einen Vergleich ermöglichten. Zudem ist die RMac im Vergleich zur RIVP und 2RP arm an technischen und organisatorischen Angaben, so daß auch von daher wenig Sicherheit für eine Zuweisung gegeben ist.

Der Gang der Untersuchung muß daher den umgekehrten Weg beschreiten, der bisher gegangen werden konnte: Von der Frage ausgehend, was die Zeugen außerhalb der Insel zur Zugehörigkeit der Regel zu Lérins beitragen, sind als zweites Form, Aufbau und Quellen der RMac zu untersuchen; schließlich werden einige ihrer Aussagen mit Predigten des Faustus verglichen. Gerade der letzte Punkt ist für sich genommen ohne große Aussagekraft, da die monastische Latinität in Südgallien Ende des 5. Jh.s durch die weite Verbreitung der asketischen Schriften Cassians, Augustins, des Sulpicius und Hieronymus, des Paulinus und Cyprian, um nur einige zu nennen, auf einem solchen Entwicklungsstand angelangt ist, daß sich ein eigenes monastisches Kolorit allein an „spirituellen“ Aussagen zur asketischen Haltung kaum mehr behaupten oder erweisen läßt.

1. Zeugnisse für die Zugehörigkeit der RMac nach Lérins

Der einzig sichere Beleg dafür, daß eine RMac mit Lérins in Verbindung gebracht werden kann – über den Verfasser oder ihre

Entstehung auf Lérins ist damit noch nichts gesagt - wird 150 Jahre nach ihrem vermuteten Auftauchen von Jonas von Bobbio in der Vita des Johannes Reomaensis († 539) erbracht (659).[217] In c. 5 berichtet Jonas, Johannes habe nach seinem Aufenthalt in Lérins um das Jahr 500 sein Kloster nach der RMac, die er dort kennenlernte, reformiert. Dazu vermerkt er in c. 4, daß die Mönche dort damals nach der *religionis forma* des Honoratus lebten, die sie mahnte, die *regularis disciplinae normam* einzuhalten.[218] In diesem Zusammenhang kann das nur bedeuten, daß die RIVP und die 2RP noch befolgt wurden, zu denen die RMac eine Ergänzung darstellte.

Einen weiteren Hinweis liefert der Vergleich mit Regeln außerhalb von Lérins vor und nach der Entstehung der RMac.

Die Regel übernimmt in cc. 10-18 den zweiten Teil der 2RP (23/42) mit bezeichnenden Auslassungen und Veränderungen.[219] 2RP 22 ordnet den *cursus vel orationum vel psalmorum* an, wie er schon lange beachtet wurde und verfügt (23) eine Meditationszeit bis zur dritten Stunde.[220] Die RMac 10 beginnt sofort: *matutinumque dictum ita meditem habeant fratres usque ad horam secundam.* Aus der 2RP läßt die RMac die Verse 32b-36 aus, in denen mit Lk 18,1 und Sir 18,22 zum immerwährenden Gebet gemahnt wird. Die Einfügung von *matutinum* und die Auslassung des immerwährenden Gebets geben evtl. Hinweise auf die Lokalisierung und Datierung. Faustus mahnt in seiner Auslegung der 2RP zum immerwährenden Gebet und warnt davor, die Vigilien zu verlassen und sich während oder auch nach ihnen dem Geschwätz hinzugeben[221] (2RP 37/38 = RMac 15,2/6). Von einer Matutin spricht er nicht. Das entspricht dem ägyptischen Brauch, von dem Cassian erzählt und der in Lérins gepflegt wurde.[222] In Inst. 3,4 berichtet er von der Einführung der *matutina* um 400 in Bethlehem, die in den Klöstern Galliens kurze Zeit nach den *nocturnis psalmis et orationibus* (vgl. 2RP!) abgehalten wurde, um dem Laster der Beflek-

[217] S. o. § 2 III, 4: Lérins in zeitgenössischen Berichten; Jonas von Bobbio, Vita Johannis c. 5 (MGH scr. rer. Germ. 37,332,7).

[218] Ebd. 330-331. Die Verbindung dieser beiden Stellen in der Vita mag den Irrtum begünstigt haben, Honoratus sei der Verfasser der Regel.

[219] Die Ausschreibung lateinischer Quellentexte in der RMac ist der stärkste Beleg gegen die Meinung von F. Prinz, Frühes Mönchtum im Frankenreich 72.94.96 passim, die RMac sei orientalischen Ursprungs.

[220] Die HS T der 2RP hat hier die zweite Stunde angeordnet. Das kann bereits die Entwicklung in Lérins wiedergeben. Die Änderung des Stundenplans ist für Vogüé, 45-48, ein Beleg für die Priorität der 2RP. - Nach der Nonnenregel des Caesarius, c. 20, wird von der zweiten bis zur dritten Stunde vorgelesen.

[221] XLIII,67; XLIV,23/26.

[222] Vgl. o. § 1 II, 2. 2): Gebet; Cassian, Inst. 3,2 (CSEL 17,34,9): *quamobrem exceptis vespertinis nocturnisque congregationibus nulla apud eos per diem publica solemnitas <...> plus enim est, id quod incessanter offertur quam quod per temporis intervalla persolvitur.*

kung, des Geschwätzes und des erneuten Schlafens vorzubeugen.[223] In Lérins war das offensichtlich bis Faustus nicht in Übung, wie das Fehlen des Begriffs sowie die Mahnungen in 2RP und den Homilien zeigen. In der Nonnenregel des Lérinsschülers Caesarius und in den Monita des Porcarius ist *matutina* bereits ein etablierter Begriff für das nach den Nocturnen/Vigilien gehaltene Morgengebet.[224] In der Nonnenregel fehlen aber auch Hinweise auf das immerwährende Gebet. An ihre Stelle ist der ausführliche Tagesplan getreten, den Caesarius nach eigenen Aussagen im Lérins der Jahrhundertwende kennengelernt hat.

Die Bezeichnung, die die RMac überwiegend für das Kloster oder den gemeinsamen Schlaf- oder Wohnraum wählt, ist bis dahin in Lérins nicht geläufig gewesen. Ihre Terminologie wechselt für die gleiche Sache zwischen *monasterium, cella* und *cellula.*[225] Mit letzterem sind nicht Einzelzellen gemeint, wie der Zusammenhang nahelegt. Dieser Sprachgebrauch ist wieder bei Caesarius belegt. Für Einzelzelle benutzt er Anfang des 6. Jh.s *mansio, cubiculum* oder setzt deutlich die *cellula* von *singulae cellulae* ab.[226]

Die von Lérins geprägten Bräuche und Vokabeln des Caesarius sowie die Entwicklung von Cassian über Lérins bis zu ihm hin machen eine Lokalisierung der RMac in Lérins möglich.

2. Quellen und Form der RMac

Hinsichtlich Genus und Zielsetzung unterscheidet sich die RMac erheblich von den früheren Regeln. Ihr primäres Anliegen ist weniger, die Organisation eines Klosters in Gang zu bringen oder zu festigen, als vielmehr auf die persönliche Vervollkommnung der einzelnen in sich wiederholenden Tugendkatalogen hinzuwirken. Dieser Aspekt fehlte weitgehend in den Vorgängerregeln, so daß die Schilderung des Jonas von Bobbio verständlich wird, daß neben dem Gesetzeswerk des Honoratus die RMac in Brauch war; d. h. aber, daß auch die RMac für sich allein genommen gar nicht den klösterlichen Ablauf vollständig regeln konnte. Ein Blick auf die Quellen drängt sich auf.

[223] Inst. 3,4,1 (ebd. 38/39); Cassian sagt auch, daß in Klöstern mit ältester Tradition dieser Brauch keinen Eingang fand, Inst. 3,4,3 (39).

[224] RVirg 70 (SC 345,266); Porcarius, Monita 13.

[225] *Cella:* 6,3; 28,1; *cellula:* 6,2; 13,1 (= 2RP 30; die 2RP hat hier noch *monasterium* stehen, das den Gegensatz von Gemeinschaftsraum und Einzelzelle deutlich machte; die RMac ändert es in *oratorium;* vgl. Eucherius, Laus, die Bezeichnung *locus orationis* für das Kloster); 21,6; 22,1; 23,3; 24,1,5; *monasterium:* (oft als Genetiv in Verbindung mit anderen Begriffen): 7,1; 9,1; 23,1.2; 30,2.4.

[226] RCaes 9.

Ein Großteil des organisatorischen Ablaufs der Gebets- und Arbeitszeit – dazu bringt die RMac nichts Eigenes – sowie die Strafkodices werden aus 2RP entnommen (RMac 10–18). Nur einen verhältnismäßig ausführlichen Aufnahmeritus (23–25) und weitere Strafbestimmungen (26–28.29) setzt die RMac hinzu. Die übrigen Teile sind Tugendkataloge, die z. T., in persönlicher Anrede, direkt aus Hieronymus, ep. 125,15, entnommen sind (RMac 4–9; 19–21).[227] Über dem zentralen Interesse der Regel, das immer wieder um dieselben Themen kreist und Wiederholungen auch zu den aus den Quellen entnommenen Teilen nicht scheut, vermißt man z. B. Anweisungen an den Oberen, die in 2RP 12.17/21 hätten gefunden werden können, Angaben über die Rangordnung, eine Einteilung von Diensten und Aufgaben, von denen die Nonnenregel des Caesarius so voll ist; überhaupt scheint sich die RMac einer organisatorischen Systematik zu entziehen. Ein tabellarischer Überblick zeigt den Aufbau der Regel; aus ihm ist zu entnehmen, worauf der Verfasser in den Teilen, die von ihm stammen, in kreisendem Procedere sein Gewicht legt und was er dazu aus den Quellen, die ihm zur Verfügung standen, entnimmt.

RMac	Quellen	vgl. in RMac	Inhalt
			persönliche Tugenden 1–9
1			Liebe untereinander und zu Gott
2			2,1; 2,7 Gehorsam
		28,4	2,2 friedfertig sein
		15,1; 19,1	2,3 nicht stolz sein
		4,3	2,5 nicht widersprechen
		4,2	2,6 nicht faul sein
3		16,5	Bescheidenheit (Lk 14,11)
4	Hieronymus ep. 125,15		4,1 Befehl des Oberen wie einen Gruß annehmen
	2RP 26	11,2; 8,1; 12,1/2	4,2 Bei Arbeit nicht murren
5		19,1; (30)	nicht stolz sein wegen getaner Arbeit
6	Hieronymus ep.125,7		Liebe zum Kloster: 6,3 Kloster als Paradies
		21,5/6	Brüder als geistliche Verwandte

[227] Zum Aufbau vgl. Vogüé 287–289.

RMac	Quellen	vgl. in RMac	Inhalt
7	ebd.		7,1 den Vorsteher fürchten wie Gott und lieben wie den Vater
	2RP 7		7,2 ebenso die Brüder lieben
8	Hieronymus ep. 125,15		Arbeit nicht hassen 3/4 bis zur Ermüdung arbeiten, in Christus ruhen
			Gebet und Arbeit 9–11
9		14	gottesdienstliche Ordnung lieben
10/11	RMac 10–18 = 2RP 23–42 außer:		Ordnung für Arbeit und Gebet
	32b/36	4,2	11,2 Arbeit ohne Murren
			Zurechtweisungen 12–13.16–17
12		16,1/4; 4,2 26,1/3	12,1 ... beim Murren 12,4/6 Ausschließung
13			... bei Zustimmung zum Irrtum
14/15		9	Eifer beim Gebet
16		19,2; 28,4 3,3	Demut bei Zurechtweisungen 16,5: Lk 14,11
17			Degradierung als Strafe
18			Schweigen bei Tisch
			persönliche Tugenden 19–21
19	ep. 125,15	5,1 16,5	19,1 nicht überheben 19,2 statt dessen Demut und Gehorsam
20	ebd. 2RP 16/18		Aufnahme von Gästen (dabei wird nur die Gesinnung betont; keine Angaben zur Form der Aufnahme
		2,7	20,4: hilaris

RMac	Quellen	vgl. in RMac	Inhalt
21	ep. 125,15 Cyprian: Or. dom. 15	 6,3/4; 7,1/3	21,1/4: erlittenes Unrecht ertragen 21,5/6: Brüder als Verwandte
			Organisation 22–25
22			notwendiger Ausgang
23–25	 RIVP 2,34		Aufnahmeritus 24,2: „wie die Regel vorschreibt"
			Zurechtweisungen 26–28
26		12,3	Ausschluß vom Gebet
27		16	Strafe bei Widerrede Schläge vom Abt vor den Brüdern
28,1/3			Maßnahmen beim Austritt
28,4/7		2,2; 16,5; 19,2	die Ruhigen und Friedfertigen erben das Himmelreich
29			Fastenordnung
30		5	Handwerke nur für den Nutzen des Klosters

In den Teilen mit persönlichen Anweisungen gleicht die RMac stilistisch und intentional den Monita des Abtes Porcarius, die er zur persönlichen Vervollkommnung für einen Bekannten verfaßte. Neben Abt Marinus, den die VPJ erwähnt, ist er der einzige Abt, der um die Jahrhundertwende namentlich aus der Vita Caesarii I,5 bekannt ist. Eine Zuweisung der RMac an Porcarius auf dieser Grundlage bleibt hypothetisch.[228] Die Art und Weise jedoch, wie sie mit den Quellentexten verfährt, ist von Lérins hinlänglich bekannt. Die Zugehörigkeit zu Lérins scheint von der Anlage der Regel und insbesondere durch die Verwendung des Leriner Ursprungstextes der 2RP in RMac gesichert

[228] Vogüé 344–347 vermutet es stark; er geht vom ähnlichen Klang der Namen aus: Macarius – Porcarius. Ein weiteres Argument ist die in Lérins beliebte Pseudonymität des Textes. Nach der V. Caes. I,5 versucht Vogüé ein Charakterbild von Porcarius zu entwerfen, das auf den Verfasser der RMac passe: „. . . un supérieur plutôt faible, chez qui la bonté l'emporte sur l'autorité . . . un homme bon et sensible . . . modeste, discret, peu soucieux de se mettre en avant." Wenn Caesarius vom Abt und den Ältesten empfangen wurde, so bedeutet dies sicher nicht eine geschwächte Oberenposition, vielmehr entspricht das der adeligen Abstammung des Novizen.

zu sein.[229] Die Werke und Briefe des Hieronymus und des Cyprian gehörten zum Bestand der Leriner Bibliothek.

3. Inhaltlicher Vergleich mit den Schriften des Faustus

Daß die RMac nach Lérins gewiesen werden kann, läßt sich an einigen Übereinstimmungen zum vorausgegangenen Schrifttum von Lérins erhärten.

Die RMac richtet sich an die *milites Christi* (1,1; 2,4). Besonders unter Faustus hat diese Metapher in Lérins große Bedeutung erlangt.[230]

Auch die auffällige Reihung von Tugenden, die die RMac kennzeichnet, tauchte erstmals bei ihm auf.[231] Die immer stärkere Betonung der brüderlichen Liebe und Beziehung reiht sich problemlos in die Entwicklung von Lérins ein.[232]

Unter den Tugenden fällt das zweimalige *hilaris auf* (2,7 und 20,4), das hier erstmals in einer Regel verwendet wird.[233] In Lérins fand sich nur bei Faustus dieses Wort; dabei scheint die Verbindung von *fides* und *hilaris* von besonderer Bedeutung zu sein.[234] Andere Tugenden der RMac sind zu wenig speziell und finden nur wenige Entsprechungen bei Faustus.[235]

Die Staffelung der Oberen ist bei beiden gleich:[236] Es gibt *seniores*[237] und als Leiter den *abbas* (27/28). Zwischen ihnen rangieren die *praepositi*. Dies ist eine Bezeichnung für ein bestimmtes Amt (ebd.), kann aber auch – wie bei Faustus – als Überbegriff für den Oberen schlechthin gewertet werden.Das ergibt sich aus der Bearbeitung der verwendeten Quellen durch den Verfasser der RMac: In 4,1 übernimmt er aus Hieronymus *praepositus monasterii,* was zweifelsohne den Leiter der Gemeinschaft in ep. 125 meint und vom Bearbeiter akzeptiert wird. In 12,3 hingegen wird der aus 2RP stammende Begriff

229 S. o. Anm. 75.

230 Vgl. o. § 2 II, 2. 1) c: Mönschleben als *militia.*

231 Vgl. o. § 2 II, 3: Geistliche Lehre; vgl. etwa den Tugendkatalog RMac 1–3 (Eigentext) mit XLIV,70/76.

232 Vor allem XLII,32: *caritatis augmentum; oleum caritatis;* passim.

233 Später findet er sich in den spanischen Mönchsregeln des Isidor 20/5,9 und des Fructuosus 7,8; 9,38; 12,9.

234 RMac 20,4: *omnibus te hilarem ostende et fideliter age.* – XLI,32: *honor hominis devotionem, fidem atque hilaritatem requirit;* XLI,20: *cum hilari agamus animo, cum fidei gaudio;* vgl. auch XLI,6.

235 RMac 6,1: *nec te familiaritas ulla ad saeculum trahat:* XL,9: *nihil commune habere cum mundo;* RMac 8,1: *otium ne secteris:* XXXIX,53: *non ad requiem hunc venimus;* XXXIX,59: *requirere nihil quietis;* RMac 22,3: *verbositas:* XLIII,25.

236 Vgl. § 1 I, 1: Der Leiter der Gemeinschaft.

237 RMac 4,1: *praecepta seniorum* = XXXVIII,31.

praepositus durch *senior* ersetzt. Hier bedeutet es eine deutliche Kompetenzverschiebung: In 2RP 28 hat der oberste Leiter nach seinem Urteil das Maß der Strafe festzusetzen; hier sind es nun die *seniores;* das weist auf eine neue Verfassung in der Struktur der Gemeinschaft, deren Bedeutung erst bei der Analyse der ROr offenbar wird, hin.[238]

Auffällig ausführlich ist der *ordo susceptionis* (23–25).[239] Er bestätigt den in den Homilien für Lérins nachgewiesenen Kleiderwechsel. Die Verordnung, gegebenenfalls seine Habe durch Darbringung auf dem Altar dem Kloster zu vermachen, unter Berufung auf eine alte Regelung (*velut regula continet),* könnte sich auf RIVP 2,34 beziehen.[240]

Öfter hat man den Eindruck, als stehe dem Verfasser der RMac die RIVP vor Augen. Es ist durchaus möglich, daß mit *regula,* die einem Eintretenden (23,2) oder einem, der austreten will (25,5), verlesen werden soll, das gesamte Regelwerk von Lérins gemeint ist, wie es Jonas von Bobbio andeutete, da nur im Zusammenhang aller Texte eine solche *regula* als ausreichende Instruktion angesehen werden kann. Möglicherweise ließe sich das anfängliche *ergo* der RMac auf diese Weise erklären. – Mit *ergo* beginnt auch der *ordo susceptionis.*

Nach der Einfügung des Aufnahmeritus und neuer Richtlinien für die Zurechtweisung (26: Prostratio vor den Brüdern; 27: Schläge bei beabsichtigtem Austritt; 28,1/3 Ausschluß von der Gemeinschaft/ Kommunion?) kehrt der Text (28,4/7) zu den geistlichen Anweisungen zurück. Das geschieht entlang der Schriftzitate, die Faustus ebenfalls in seinen Predigten benutzt.[241] Die Veränderung von Mt 11,12 in RMac von *violenti diripiunt regnum caelorum* zu *quieti et pacifici* <. . .> ist typisch für den Duktus der Regel. Aber schon Faustus definierte die *violenti* als jene, die den Zorn durch Geduld, den Stolz durch Demut, die Weinseligkeit durch Nüchternheit, die Ausschweifung durch Reinheit und den Überfluß durch Genügsamkeit und Liebe zur Armut ersetzt hatten (XXXIX,35/38).

Die Arbeit hat inzwischen eine Aufwertung erfahren. Zwar wird mit 2RP 26 in RMac 8,1 und 11,2 noch vor dem Murren gewarnt, doch gibt es welche, die sich wegen ihres Könnens bei Arbeiten überheben

[238] Vgl. o. § 1 II, 1.

[239] In seiner Ausführlichkeit läßt er sogar an eine „Profeß" denken, die in den Predigten des Faustus vermutet werden konnte; vgl. o. § 1 II, 3. 2): Professio und zweite Taufe.

[240] RIVP 2,34: *quod si voluerit monasterio partem conferre, noverit quo ordini sive ipse sive eius oblatio suscipiatur;* RMac 23,3: *quod si omnia apte susceperit, sic digne suscipiatur;* RIVP 2,22: *et sic examinatus suscipiatur.* – Vgl. Vogüé 316–321.337.

[241] Mt 11,12: RMac 28,4; XXXVII,22; ep. 6 (199,14.20/22); Mt 8,12: RMac 28,6; XXXIX,129.

(5.19). Ihnen wird die Ausübung nicht wie in RB 57,2 untersagt; der Verfasser begnügt sich mit der Ermahnung zur Demut.

In einem angehängten Schlußkapitel (30,1: *illud etiam addendum fuit*) wird nur der zu einer Arbeit zugelassen, dessen Glaube erprobt ist und der dem Kloster Nutzen bringen kann. – Der andere Zusatz (29) stellt die Nachlässigkeit beim Fasten unter schwere Strafe; das ist verständlich, da die Fastenordnung der RMac (mittwochs und freitags) im Vergleich zur RIVP 3,5, nach der an jedem Tag außer sonntags bis zur neunten Stunde gefastet werden mußte, ohnehin ein Entgegenkommen oder Nachlassen der Strenge bedeutet.

Wenn die RMac die letzte Regel des 5. Jh.s in Lérins ist, dann gibt die Folge der Regeln genau den Gang der Entwicklung auf der Insel wieder, der oben erarbeitet wurde, und zwar sowohl die Organisation wie die Geistigkeit betreffend. Aus dem anfänglichen Bedürfnis, aus der Schar der dem charismatischen Führer Folgenden eine feste Institution zu formen, entstanden zunächst Dokumente der anfanghaften und sich entwickelnden Organisation. Dabei ging die Gewichtung vom Oberen mehr und mehr auf die Gesamtheit der Brüder, in die soziale Dimension, über. Unter Faustus, der den Prozeß der Reglementierung noch stark förderte, trat aber bereits ein Wandel ein, der nunmehr bei der nachlassenden Begeisterung die Werte der Alten in Erinnerung zu rufen suchte und beidem, „Form und Geist“, in der exterior-interior-Thematik Ausdruck verlieh. Seine Gnadenauffassung gab diesem Konzept eine theologische Stütze. Die RMac ist dann sozusagen die in eine Regel gefaßte exterior-interior-Thematik,[242] die als Anleitung zu den „Instrumenten der guten Werke“ die organisatorischen Teile des干Leriner Gesetzeswerkes ergänzte.

IV. DIE REGULA ORIENTALIS: ORGANISATORISCHE SUMME VON LÉRINS

1. Präsentation und Inhalt

Der Stammbaum der kleinen Väterregeln ist mit der RMac im 5. Jh. in Lérins noch nicht vollständig, wie die Hypothese Vogüés lautet. Er verzweigt sich nach der 2RP und bringt auf der einen Seite die RMac hervor, auf der anderen die ROr,[243] die ebenso wie jene ohne Vermittlung und Zwischenglied die 2RP als Quelle benutzt; d. h., was

[242] Besonders deutlich in RMac 20, wo nicht von der Form des Gästeempfangs die Rede ist, sondern von der inneren Haltung, mit der dem Gast entgegengegangen werden soll.

[243] Vgl. dazu Vogüé 34–37.52–54 mit ausführlichem Nachweis der Abhängigkeit.

die ROr aus der 2RP entnimmt, hat sie nicht über die RMac gefunden, die nur, wenn auch fast wörtlich, den zweiten Teil der 2RP ausschreibt, sondern sie (die ROr) entnimmt die bisweilen sehr freien Anleihen aus dem ganzen Regeltext.

Gemeinsam mit den anderen Väterregeln ist ihr, daß sie sich wegen ihrer eigentümlichen Erscheinungsform einem sicher einordnenden Zugriff entzieht. Der Titel ist nicht nur anonym, sondern auch unpersönlich: Regula orientalis. Sie wird nur in einer einzigen HS überliefert.[244] Ähnlich wie bei der RMac, die die 2RP in großen Teilen wörtlich exzerpiert, besteht die ROr zu 55 Prozent aus nur wenig geänderten Exzerpten der Pachomiana latina, die sich wie bestätigende und Autorität verleihende Kommentare um die Eigentexte der ROr gruppieren. Sie allein können aber kaum den Ablauf eines klösterlichen Lebens v o l l s t ä n d i g regeln; was der RMac fehlte, die Darstellung der Dienste und der Hierarchie im Kloster, nimmt bei der ROr beinahe die Hälfte des Textes in Anspruch, und was die RMac auszeichnete, die zahlreichen Instruktionen zur persönlichen Vervollkommnung, vermißt man in der ROr beinahe gänzlich. Ein langer Tugendkatalog (ein *qualis debeat esse praepositus),* der sicher nicht nur die Tugenden des Oberen erfassen will, ist unter Auslassung der schlimmen Verwünschungen für den Fall der Nichtbeachtung aus Pachomius, Inst. 18,1/52, entnommen. Andere Tugendreihen für die Oberen *(seniores, praepositi)* sowie die Brüder sind der 2RP entlehnt, also ebenfalls nicht Eigentexte der ROr.[245]

Desgleichen vermißt man einen Tages- oder Gebetsplan[246] und eine Fastenordnung, die in den vorigen Regeln zumindest anklangen.

Die Themen des Eigentextes der längsten der kleinen Väterregeln beschränken sich auf: Funktionen der Oberen, Kampf gegen den Besitz, Disziplin im Reden, Gehorsam gegen Regel und Oberen, Bestrafung und Zurechtweisung bei Fehlern, Aufnahme der Gäste und Regelung beim Ausgang der Brüder.[247]

Trotz des unpersönlichen und anonymen Titels, der offensichtlich nur die Quellen und die Autorität des Schriftstückes markiert, und bei aller Unvollständigkeit des Inhalts muß der Text – in der Tradition der Väterregeln stehend – als richtige Regel für einen konkreten Ort – evtl. als additives Dokument – angesehen werden und nicht nur als ein künstliches literarisches Produkt:[248] die einzelnen Angaben sind sehr speziell, und zwar sowohl bei den Eigentexten (ROr(E)) wie bei den

[244] Ebd. 435.455.
[245] ROr 30 = 2RP 4/6; ROr 3,3/4 = 2RP 5/6.
[246] Vgl. aber ROr 24 = 2RP 23/24: Lesung bis zur dritten Stunde.
[247] ROr 22,1/4 vgl. RMac 22,1/3.
[248] So Vogüé 435.440/441.

ausgewählten Pachomiuszitaten und weisen direkt auf einen bestimmten Ort hin.

2. *Abfassungszeit*

Die ROr steht aber nicht nur unter dem mehr oder weniger deutlichen Einfluß monastischer Quellen. Sie bezieht in c. 1 über den Abt Aussagen des für die Geschichte von Lérins und seine Regeln so aufschlußreichen 3. Konzils von Arles (456) ein. Damit ist ein terminus post quem für ihre Entstehung festgelegt.

ROr 1,4	Konzil von Arles
ad cuius <abbatis> ordinationem omnes fratres respiciant <...> de omnibus quae in monasterio sunt libere iudicabit.	*clerici ad ordinationem episcopi debita subiectiones respiciant. congregatio ad liberam abbatis proprii ordinationem dispositionemque pertineat.*

Die Übernahme aus dem auf dem konkreten Fall Lérins bezogenen Konzil, das, wie die Teilnehmer und die Geschichte zeigen, in seiner Entscheidung modellhaft war, ist ein zusätzliches Indiz für die südgallische Herkunft der ROr.

Auch ein terminus ante quem läßt sich finden. Hier kann auf frühere Ergebnisse von A. de Vogüé zurückgegriffen werden.[249] Da der Anonymus der Vita Patrum Jurensium (VPJ) in c. 172 die ROr 26,3/5 (über die Aufnahme der Gäste durch Abt Eugendus) unter Berufung auf eine *regula patrum*[250] zitiert,[251] ist ein Datum vorgegeben, da die VPJ um 520 entstand.

[249] A. de Vogüé, La Vie des Pères du Jura et la datation de la Regula Orientalis, in: RAM 47 (1071) 121–128; ders., La Regula Orientalis. Texte critique et synopse des sources, in: Ben. 23 (1973) 241–274. In der letzten Textausgabe der Regeln in den SC wiederholt Vogüé diese Ergebnisse allerdings nicht mehr. 1971 war er nur von der Absicht geleitet, die Entstehungszeit der ROr festzusetzen, ohne sie einem Milieu oder einem Verfasser zuzuweisen.

[250] Vogüé, La Vie ... 121–124 weist nach, daß mit *regula* hier wirklich eine schriftlich fixierte Regel gemeint ist, nämlich die ROr. In SC 298, 436–437 wiederholt er diesen Teil des Artikels, ohne jedoch seine früheren Schlüsse, die eine Existenz der ROr lange vor der VJP annahm und unausgesprochen von einem einzigen Verfasser der Regel ausging, wieder aufzunehmen.

[251] SC 142,424,4/9: *omni cautela iuxta patrum regulam servans, ne conspectui adventantium laicorum vel propinquorum saltim iniussus monachus praesentaret. Si quid vero cuique fuit a proximis fortassis oblatum, congestim hoc abbati aut oeconomo deferens nihil exinde absque paterno praesumpsit imperio.*
ROr 26,3/5: *neque habeat cum aliquo de fratribus necessitatem ac facultatem loquendi absque conscientia abbatis vel seniorum praesentia. Si quid vero cuicumque de fratribus missum mandatumque fuerit nihil ad ipsum perveniat priusquam abbati vel senioribus indicetur.* Eine ähnliche Bestimmung enthält die RIVP 2,37/40. K. S. Frank, Frühes Mönchtum im Abendland II, 306 Anm. 73 und 74 weist hier auf Pachomius, Praec. 51.53. und

Damit ist jedoch noch nicht gesagt, daß die ROr die Regel der Juraklöster sei, zumindest konnte sie es nicht z. Zt. der Abfassung der VPJ und auch nicht unter dem Abbatiat des letzten der drei Juraäbte der Vita, Eugendus, in Condat gewesen sein. Von Eugendus wird nämlich berichtet, daß er „das Beispiel der orientalischen Archimandriten zurückgewiesen" habe und es für nützlicher hielt, daß alle Mönche in Gemeinschaft lebten. Deswegen ließ er die durch einen Brand zerstörten einzelnen Häuser nicht wieder aufbauen und verfügte, daß alle Mönche in einem Haus leben sollten.[252] Die ROr hingegen spricht an mehreren Stellen, die aus Pachomius entnommen sind, von *cella,*[253] und zwar nicht in dem Sinn, der bei der RMac und bei Caesarius gefunden werden konnte – daß *cella* für „Kloster" steht –, sondern in deutlicher Unterscheidung von *cella-domus.* Mehr noch: in ROr 37 wird das in Praec. 32 gefundene *domus* vom Verfasser der ROr in *cella* umgewandelt. Dies ist ein deutlicher Akzent, den er setzt und ein Zeugnis für Einzelzellen in dem Kloster, für das oder in dem die ROr verfaßt wurde.

Während Eugendus, als er Abt wurde (ca. 485),[254] das Beispiel der „Archimandriten", für das die ROr mit ihren Einzelzellen nach der Terminologie der VPJ noch ein Zeugnis gibt, verließ, schreibt Sidonius Apollinaris etwa zur gleichen Zeit an den Bischof Principius von Soisson von einem Bischof Antiolus, einem „leuchtenden Kopf" *(spectabile caput)* aus dem *coenobio Lirinensis,* der ein *concellita*[255] des Lupus und Maximus gewesen sei und in seiner Askese dem Beispiel der Archimandriten von Memphis und Palästina folgte.[256] Offensichtlich impliziert zu dieser Zeit das Wort „Archimandrit" die Existenz von Einzelzellen, die es in Lérins neben dem entstehenden Zönobium bis Faustus noch gab.

106.113 hin. Abt Eugendus, der in der beschriebenen Weise gehandelt hat, kann sich daran orientiert und der Verfasser der VPJ diese Praxis in den knappen Worten der ROr 26 am besten ausgedrückt gefunden haben.

[252] VPJ 170 (422); für das Haus steht hier *xenodochium,* das in 28,11 Bezeichnung für die Gästewohnung ist. In Pachomius Praec. 51 hat es die Bedeutung Gästehaus. Die ROr 40, die Praec. 51 übernimmt, läßt aber *xenodochium* aus, ein weiterer Hinweis darauf, daß dem Verfasser der ROr das Vokabular der VPJ nicht geläufig war, daß folglich die Verfasser beider Texte offensichtlich nicht identisch sind. – Vgl. VPJ 173 (424): *Cellam armarium arcellamve nullus illic omnino habuit unquam.*

[253] ROr 4,2 (Praec. 114); ROr 7 (Praec. 81): *cella – domus;* ROr 8 (Praec. 89); ROr 10 (Praec. 107): *cella – cubiculum;* ROr 44,2 (Praec. 94.95) und ROr 81 legen nahe, daß man zu zweit eine Zelle bewohnte: *nullus in psiatho cum altero dormiat; manum alterius nemo teneat; cumque ad dormiendum se collocaverint alter alteri non loquatur.*

[254] Vgl. F. Martin, SC 142,51.

[255] *Concellita* ist Hapaxlegomenon.

[256] Ep. 8,14,2 (MGH auct. ant. 8,114).

Auch andere termini technici lassen nicht zu, die ROr in Condat anzusiedeln: der Zellerar heißt in ROr 25 *custos cellarii* oder *cellararius,*[257] in VPJ *oeconomus.*[258] Die Institution der Wochendiener,[259] die aus der ägyptischen Traditon stammen und über die RIVP nach Lérins fanden, wird in der VPJ ebensowenig genannt wie der Pförtner[260] und die zwei *seniores,* die ein originärer Beitrag der ROr sind.[261] Besonders auffällig ist in ROr 40 (Praec. 51) das Fehlen des griechischen terminus technicus *xenodochium,* den die VPJ gleich zweimal anführt, ihrem Verfasser also vertraut ist, während die ROr damit offensichtlich nichts anfangen kann - schon *hebdomadarius* wurde latinisiert. Die Auslassung ist auch nicht damit zu erklären, daß der Verfasser der VPJ, sollte er mit dem Redaktor der ROr identisch sein, die Regel für ein anderes Kloster geschrieben habe.[262] Wenn der jurensische Anonymus die ROr auch sicher gekannt hat, so hat sie doch mit Condat nichts zu tun, sie ist keine Regel von oder für Condat: sie spricht nicht die Sprache der Vita.[263]

Damit kann an dem oben angegebenen terminus ante quem vorerst festgehalten werden. Wenn die VPJ die ROr kennt, ist sie vor 515 entstanden; wenn Eugendus nach der „Regel der Väter", die in der ROr erkannt werden kann, die Gäste aufnahm, diese Regel aber sonst alsbald verlassen hat (Einzelzellen), so war sie ihm evtl. bereits zu Beginn seiner Abtszeit bekannt, was den terminus ante quem, wie Vogüé 1971 vermutet, noch vor das letzte Jahrzehnt des 5. Jh.s rückt.

[257] Vgl. RIVP 3,23: *cellarius frater.*

[258] VPJ 68 (314,4); 70 (316,2); 75 (320); 172 (424,8); folgt Cassian, Inst. 4,10,27; Pachomius, Praec. 77 hat *dispensatores* wie V. Hon. 21,6.

[259] ROr 25,5; 28,1: *septimanarii* als Übersetzung von *hebdomadarii* (RIVP 3,22, HS A). Zur Herkunft der Institution der Wochendiener aus Ägypten vgl. A. de Vogüé, SC 186,1002-1009.

[260] ROr(E) 26: *ostiarius,* ROr 41,1 (Praec. 51): *ianitor. Ostiarius* ist auch terminus technicus in Praec. 49; vgl. dazu A. de Vogüé, Les noms de la porte et du portier dans la règle de Pachôme, in: SM 17 (1975) 233-236. - Die Pforte heißt in den Juraklöstern *vestibulum* (VPJ 46.90.121), bzw. *atrium* (90) Begriffe, die man in ROr vergeblich sucht.

[261] ROr 2: *seniores sint duo;* passim (ROr(E)).

[262] So Vogüé, s. dazu unten.

[263] Damit ist sie auch nicht jener Text, der nach Meinung F. Martins a.a.O. 31-32 in VPJ 174 in den HSS fehlt: dort sollten die Einrichtungen der Väter stehen, die Eugendus, in Anpassung an die *infirmitas gallicana* aus Basilius, den Vätern von Lérins, Pachomius und Cassian nachgeahmt habe. Vogüé, Art. cit. 126, diskutiert das noch 1971, verwirft aber diese Hypothese aus den gleichen Gründen. Er fragt sich, ob mit diesen Einrichtungen überhaupt eine schriftliche Regel gemeint sei oder ob sie nicht verstreut im Text zu suchen seien. 1982 folgt er dann F. Martin, daß in VPJ 174 eine schriftliche Regel herausgeschnitten worden sei.

1982 stellte Vogüé eine neue Hypothese vor,[264] die abermals zur VPJ führt. In seinem Bestreben, die Väterregeln in die bestehenden Lücken der Regelforschung zu weisen, entwickelt er oft gewagte Ansichten, die im folgenden eingehend geprüft werden müssen.

Der Anonymus der VPJ erwähnt im Epilog Instituta, die er redigiert habe, für/von (?) Agaune, wo seine Auftraggeber, Johannes als Zönobit und Armentarius als Einsiedler, leben:[265]

> <. . .> *instituta, quae de informatione monasterii vestri, id est Acaunensis coenobii, sancto Marino presbytero insulae lirinensis abbate compellente, digessimus, desideria vestra tam pro institutionis insignibus quam pro iubentis auctoritate, Christo opitulante, luculenter explebunt.*[266]
> (Die Instituta, die wir betreffs des Lebens in eurem eigenen Kloster, das ist das Zönobium von Agaune, auf Bitten des heiligen Marinus, Priester und Abt der Lerinischen Insel, zusammengestellt haben, erfüllen euer Verlangen, sowohl wegen der Trefflichkeit der Institutionen, wie auch wegen der Autorität des Auftraggebers, mit Christi Hilfe hoffentlich recht glücklich.)

F. Prinz, F. Martin, und K. S. Frank[267] deuten den Abschnitt dahingehend, daß Marinus vom Anonymus aus Condat die Instituta von Agaune zur eigenen Information erbeten *(compellente)* und habe zusammenstellen lassen. F. Masai,[268] dem Vogüé hier folgt, liest daraus, daß Marinus den Wunsch geäußert habe, der Verfasser der Vita möge zur Information für Agaune Instituta zusammenstellen. Vogüé geht noch weiter und behauptet, zu diesem Zweck habe Marinus seine eigene Regel dem Anonymus zugeschickt, an der er sich orientieren könne; die Eigenteile der ROr seien Reste einer umfangreicheren Regel von Lérins, die der jurensische Biograph exzerpierte[269] und sie dann selbst mit einem Florilegium aus Pachomius anreicherte. Das Ergebnis dieser redaktionellen Arbeit sei die ROr gewesen, die Instituta für Agaune. So versucht Vogüé, den unpersönlichen und anonymen Titel der Regel, sowie die unterschiedliche Sprache von VPJ und ROr in ihren Eigentexten (ROr(E)) zu erklären.

264 Vogüé 439–454.

265 Namen und Lebensform der Mönche werden in Praef. 2 (238) genannt.

266 VPJ 179 (432–434); F. Martin ebd. weist auf die Abhängigkeit dieser Stelle von Cassian, Praef. ad Conl. 11–17, hin (CSEL 13,312,7/11).

267 F. Prinz, Frühes Mönchtum 69–70; F. Martin, SC 142,51–52.56 und 432, Anm. 1; K. S. Frank, Frühes Mönchtum II, 307 Anm. 86.

268 La Vita Patrum Jurensium et les débuts du monachisme à Saint Maurice d'Agaune, in: FS B. Bischoff (Stuttgart 1971) 43–69, hier 59–60.

269 Vogüé 448: „En prenant à ce document près de la moitié de sa compilation, l'auteur jurassien assortirait son obéissance déclarée envers Marin d'un hommage tacite à l'œuvre legislative de cet abbé. Il a écrit ses Instituta pour lui complaire. N'est-il pas naturel qu'il lui fasse cet autre plaisir de le citer?“

Die Stelle ist durch die in ihr enthaltene doppelte Bitte tatsächlich nicht leicht zu verstehen.[270] Beide Übersetzungen werfen Probleme auf.

1. Bei der bisherigen Forschung erhebt sich die Frage: Die Instituta von Agaune erfüllen das Verlangen *(desideria)* der Brüder (von Agaune!) – nach was? nach eben diesen Instituta, die sie noch nicht haben und die nun der Anonymus ihnen schickt? Diese Deutung wäre möglich, da die Brüder, die offensichtlich nicht in der Lage waren, eine Richtschnur für ihr Leben zu finden, ja auch die Lebensbeschreibung der Äbte von Condat zur Orientierung und Erbauung erbeten haben. Der Anonymus, der die Verhältnisse in Agaune offensichtlich gut kannte, hatte sie bereits dem Abt von Lérins, Marinus, geschickt, der nur die Zusammenstellung dieser Instituta von einem Kenner der Materie zur eigenen Information angefordert habe. Da sie nun einmal vorliegen, fügt der Biograph sie der Vita an. Damit könnte das Verlangen der Brüder (nach allgemeiner Orientierung) gestillt werden.

2. Bei der von Vogüé vertreten Deutung bleibt die Frage: Warum sollte der Abt von Lérins den jurensischen Vitenschreiber aus Condat bitten, Instituta für Agaune zu verfassen, die zu haben bereits ein davon unabhängiges Verlangen der Brüder Armentarius und Johannes gewesen ist?[271] Kann man dann soweit gehen und behaupten, daß Marinus, um dem Anonymus zu helfen, gleich ein eigenes Dokument, nämlich die „Regula Marini" zu dessen Orientierung schickte; daß er, Marinus, selbst gar nicht die Instituta von Agaune kennenlernen wollte? Was für eine Befugnis sollte Marinus überhaupt haben, in die Geschicke von Agaune auf diese Weise einzugreifen? Andererseits aber besteht zwischen Condat/Agaune und Lérins seit frühester Zeit

[270] Daß ihr Verständnis bereits den Kopisten Schwierigkeiten bereitete, zeigen die Änderungen im Apparat. Eine HS des 16. Jh.s versucht, das *monasterium* durch *lirinensis* genauer zu spezifizieren; dem widerspricht aber das anschließende *id est Acaunensis coenobium.* Die Bollandisten schreiben mit einer HS des 12. Jh.s statt *monasterii vestri: m. nostri,* wodurch die Konfusion nicht geringer wird: das hieße, daß der Verfasser aus Agaune stammte, dies ist jedoch ausgeschlossen, vgl. F. Martin a.a.O. 48–51: der Verf. stammt von Condat.

[271] Die Überlegungen Vogüés könnten durch einen vergleichbaren Fall in der Geschichte von Lérins geleitet sein; Sidonius Apollinaris bittet in ep. 7,17 den Bischof Volusianus, das Kloster Cyricus bei Clermont nach den *statuta Lirinensium patrum vel Grinicensium* zu reformieren (s. o. zur 2RP). Der Fall ist also denkbar, daß eine fremde, aber autorisierte und geachtete Persönlichkeit regelnd in ein Kloster nach vorhandenen Regeln eingreift. Sidonius nennt die Regeln; im Fall von Agaune bleibt es jedoch reine Spekulation, daß Marinus eine Regel verfaßt hat, nach der, im Verbund mit Pachomiuszitaten, das Kloster geführt werden sollte. Aus: *instituta, quae* <. . .> *sancto Marino presbytero* <. . .> *compellente, digessimus* kann m. E. nicht geschlossen werden, daß der anonyme Verfasser der VPJ a u s einem Text von Marinus Instituta zusammenstellte.

ein Kontakt und gegenseitiges Interesse: Hilarius von Arles weihte bei Besançon den ersten Abt von Condat, Romanus, zum Priester[272] und Eucherius muß wohl selbst, bevor er seine Passio Agaunensium Martyrum schrieb, in Agaune gewesen sein. Er verrät darin eine erstaunlich gute Ortskenntnis.[273]

Beide Deutungen haben ihre Berechtigung, aber auch ihre Probleme. Die zweite Lösung, die eine Regula Marini ins Spiel bringt, klingt allerdings noch unwahrscheinlicher und gewaltsam; weder die Existenz einer Regel des Marinus läßt sich erweisen, noch daß er dem Anonymus einen Text zusandte, den dieser als Grundlage von Instituta benutzt habe, die gar die ROr darstellen sollen. Selbst über Marinus weiß man nicht viel mehr als das, was die VPJ berichtet.[274] Von daher ist der ersten Lösung, die auch problemlos mit Vogüés früheren Untersuchungsergebnissen zur ROr übereinstimmt, der Vorrang zu geben.

So kann als Zwischenergebnis festgehalten werden:

- Die ROr ist zwischen 456 und 515 entstanden, wobei eine frühe Datierung wahrscheinlicher ist.
- Die *Instituta Patrum,* die Eugendus befolgte (VPJ 174), und die *Instituta Agaunensis coenobii* sind bisher nicht identifiziert oder verloren; sie sind nicht die ROr, obwohl sie dort bekannt, im 6. Jh. aber wegen ihres Archaimus nicht mehr in Brauch war.
- Es gibt keine klaren Anhaltspunkte dafür, daß Abt Marinus von Lérins eine Regel verfaßt hat, noch dafür, daß der Verfasser der VPJ an der Entstehung der ROr beteiligt gewesen sei.

3. ROr: Niederschlag pachomianischer Adaption in Lérins durch Faustus

Wenn man Vogüé bei der konkreten Zuweisung der Regel(n) auch nicht zustimmen kann - hier zeigt sich der Mangel einer genauen

[272] VPJ 18.

[273] Passio 3, (CSEL 31,166,18/25): *Agaunus sexaginta ferme milibus a Genavensis urbe abest, quattuordecim vero milibus distat a capite Lemanni lacus quem influit Rhodanus. locus ipse iam inter Alpina iuga in valle situs est ad quem pergentibus difficili transitu asperum atque artum iter panditur. Infestus namque Rhodanus saxosi montis radicibus vix pervium viantibus aggerem reliquit, evictis transmissisque angustiarum faucibus subito nec exiguus inter montium rupes campus aperitur.*

[274] F. Prinz, Frühes Mönchtum 332, Anm. 34, diskutiert, ob der genannte Marinus der gleiche sei, auf dessen Veranlassung Eugippius seine Exzerpta Augustini verfaßt habe *(cohortante Domno meo Marino abbate;* CSEL 9,1,8). Er hätte dann an Eugippius die gleiche Bitte gehabt wie an den Anonymus: eine Zusammenfassung von theologischer/asketischer Lehre zu erhalten. Das paßte tatsächlich zum durchgehenden Interesse von Lérins. Indes, die Frage konnte nicht mit letzter Klarheit beantwortet werden: F. Martin, a.a.O. 432-433: „on voit que ces hypothèses ont de fragile". Vogüé 448, Anm. 35.

Darstellung des Lériner Milieus –, so bleiben seine textkritischen Arbeiten und Analysen von unbestreitbarem Wert. Zusammen mit den vorausgegangenen Untersuchungen ist damit die Basis für den Versuch einer neuen Lokalisierung der ROr gegeben.

Vogüé versucht, den Verfasser nach den Eigentexten der ROr zu charakterisieren.[275] Diese Beschreibung ist zutreffend. Der Text ist erstaunlich sachlich, scheut Wiederholungen von Worten und Wendungen nicht, ist einfach und direkt. Der Hauptakzent liegt auf der Autorität der Oberen. Ohne literarische Gesuchtheit, in ihrer Präzision und in kluger Weitsicht der Angaben erscheint die Regel als ein „praktisches Dokument" aus der Hand eines Verantwortlichen, eines Oberen. Der Verfasser hat die 2RP nicht bloß in ihren organisatorischen Teilen exzerpiert, wie der der RMac, um seinen eigenen Text dann mit „spirituellen Angaben" zu füllen, sondern er findet zum fundamentalen Anliegen der Väterregeln, der Organisation der Gemeinschaft, zurück. Er benutzt die 2RP äußerst geschmeidig, was auf eine große Vertrautheit mit dieser Quelle schließen läßt. Er pocht auf Gehorsam wie die Altväter und entwickelt den Strafkodex zu einer gewissen Vollkommenheit. Bezüglich der spirituellen Formung der einzelnen macht er kaum Angaben, da ihm dies in anderen Schriften offensichtlich genügend abgedeckt scheint.[276]

Diese Charakterisierung paßt exakt auf die Gestalt des Faustus, wie sie uns aus der vorangegangenen Untersuchung entgegentritt. Organisation und Gehorsam nach dem Vorbild der Alten war stets sein Anliegen. Die Vertrautheit mit der 2RP hat er in seinen Homilien unter Beweis gestellt, die auch die spirituelle Ergänzung zu dem Regeltext beinhalten, so daß in ihm auf sie ohne weiteres verzichtet werden kann.

Es lassen sich indes noch weitere Argumente finden, die diese Vermutung stützen. Einen deutlichen Hinweis liefert die Verwendung der Konzilsbeschlüsse von Arles in ROr(E)1 über den Abt. Als Teilnehmer des Konzils übernimmt Faustus aus diesem Dokument genau die Passagen, die dort die Bedeutung und Autorität des Abtes umschreiben. Die Beschlüsse des Konzils stellen im ganzen eine Beschränkung der Abtsmacht dar, um so mehr betont er nun die verbliebenen Rechte: *ad cuius ordinem omnes fratres* (nicht nur, wie das Konzil sagt, die Laien) *respiciant;*[277] *qui sustinens monasterii necessitates*[278]

[275] Vgl. Vogüé 448–450.

[276] Da Vogüé Marinus als Verfasser protegiert, ist ihm die spirituelle Dimension in der seiner Meinung nach vorausgegangenen RMac erschöpfend berücksichtigt. Von dieser zeitlichen Einordnung muß jedoch Abstand genommen werden.

[277] Das Verb *respiciant* bezeichnete sogar noch das Verhältnis der Priestermönche zum Bischof; nun wird es für ihre Beziehung zum Abt verwendet.

[278] Zu *monasterii necessitates* vgl. RMac 30,4.

de omnibus quae in monasterii sunt libere egit. ROr(E) 24 legt die Zeit der Lesung nach dem alten Lériner Plan - bis zur dritten Stunde - fest, nicht wie RMac 11,1, in Abänderung von 2RP 23, bis zur zweiten; Faustus hat diese Regelung zeitlebens empfohlen.[279]

Mit der Wendung 2RP 3: *ut neque nos laboremus, neque sanctus praepositus* <. . .> *dubitationem aliquam patiatur* hat sich Honoratus, als er Bischof wurde, mit einer Regel von der Insel verabschiedet. Ebenso beginnt nun die ROr(E) 1,1: *ut neque seniores in regendis fratribus inaniter laborent, neque disciplinam iuniorem vacillet, quae abbatis conversatione stabilita firma sit* <. . .>.[280]

Vogüé will den Verfasser der Eigentexte und den Redaktor der Regel trennen; dagegen läßt sich die Vorliebe des Faustus für Pachomius vor allen anderen monastischen Quellen anführen, insbesondere das Zurückdrängen Basilianischer Elemente, die Sprache beider Teile der ROr, die dem Sprachduktus des Faustus sehr verwandt ist. Faustus spricht in seinen Homilien Zönobiten wie Eremiten an, was das Verbleiben von *cella* in den Pachomiusexzerpten verständlich macht. Schließlich entspricht - wie bereits zur RMac gezeigt wurde - der Umgang mit Texten und Quellen in der ROr der in Lérins praktizierten Art.

Nach diesen Beobachtungen läßt sich die Hypothese vertreten, daß Faustus nach seiner Bischofserhebung für seinen Nachfolger und dessen Leitungsgremium - wie sein Vorbild Honoratus - eine Regel verfaßte. Das paßte zu seiner starken Persönlichkeit und dem Eindruck, den er bei den Zeitgenossen hinterließ.[281] Die ROr ist somit noch vor die RMac[282] zu datieren. Die Regel des Caesarius ist der RMac auch eher verwandt als der vornehmlich organisatorisch aus gerichteten Regula orientalis.

[279] S. o. Anm. 96-101.176.220; ep. 6 aus dem Jahr 480 (196,26).

[280] Vgl. Cassian, Praef. ad Conl. 11-17 (319,9): *congregatio, quae cotidiano sanctae conversationis vestrae docetur intuitu.*

[281] S. o. die Aussagen des Sidonius Apollinaris, die die Nachahmung der Anachoreten durch Faustus sowie seine Begabung, Regeln zu erlassen, betonen; Anm. 146 und 147.

[282] Die RMac berührt sich an mehreren Stellen mit der ROr. ROr 22 übernimmt die Anweisung aus Praec. 56 über den notwendigen Ausgang der Brüder und verfügt, daß sie *bini vel trini* (Eigentext!) ausgehen sollen; die RMac 22,1 folgt ihr in dieser Formulierung. Während die ROr dann aber als Argument die „Beruhigung der *seniores*" anfügt (Ausrichtung auf den Oberen), bringt der Verfasser der RMac „nur" die Sorge vor der Unmäßigkeit der Brüder im Reden und Essen, wenn auch mit Worten aus den Homilien des Faustus, zum Ausdruck. In ROr(E) 32,4 (RMac 26,2) und ROr(E) 32,10 (RMac 26,3) berühren sich die Regeln in Bestimmungen zum Strafkodex; hier aber wegen der Nähe zur gemeinsamen Quelle, der 2RP 28/30. Vgl. auch die Formel ROr(E) 29,5: *quas regula continet* mit RMac 24,2: *velut regula continet.*

Das kann abschließend durch bisher noch nicht genannte sprachliche und inhaltliche Übereinstimmungen von Regel und Schriften des Faustus erhärtet werden.

Als ein relativ sicherer Anhaltspunkt für die Einordnung von Regeltexten hat sich die Terminologie und Hierarchie der Oberen erwiesen. In der ROr[283] liegt bis auf wenige Abweichungen der gleiche Befund vor wie in der RMac – also wie bei Faustus. Die Abweichungen beschränken sich hauptsächlich auf Präzisierungen im Regeltext der ROr(E). Das braucht nicht zu verwundern: da der Verfasser der RMac ohnehin das Hauptgewicht nicht auf die Organisation legt, sind die fehlenden Angaben zu erklären (wie auch in den Homilien, in denen es nicht um die Grundlegung der Strukturen der Gemeinschaft geht). Mehr noch: den Wechsel in der hierarchischen Ordnung hat dann nicht die RMac erstmalig in Lérins bezeugt, sondern die ROr, d. h. Faustus als Leiter einer inzwischen großen Gemeinschaft. Aus der ROr entnimmt die RMac daher nur das Notwendigste.

Der Verfasser der ROr verfährt bei der Auswahl der Pachomiusexzerpte nicht gerade sorgfältig; nur selten werden sie verändert, bearbeitet oder der eigenen Terminologie angepaßt. So kommt es, daß zwischen diesen und den Eigentexten der ROr bisweilen eine begriffliche und auch eine inhaltliche Differenz aufscheint, die dem Verfasser offensichtlich nicht bewußt wurde. Die Variabilität der Terminologie ist bei Faustus in den Homilien schon aufgefallen; sie wird durch die ROr verständlicher.

Der Leiter der Gemeinschaft ist der *abbas.*[284] In ROr 41 (= Praec. 53) wird ein einziges Mal *pater monasterii* in *abbas* umgewandelt. Sonst bleibt der bei Pachomius übliche Begriff stehen[285] und erinnert an das archaische *pater*[286] aus der RIVP, das Faustus noch für Honoratus und Maximus verwendet hatte. Alle weiteren für den Abt benutzten Bezeichnungen finden sich bei Faustus. Der Abt nehme die Stelle des *doctor et pater* ein (ROr(E) 1),[287] er ist das Haupt *(princeps)* der Gemeinschaft.[288]

[283] Vgl. Vogüé 428–434.

[284] ROr(E) 1,1.2; 2,7; 3,2; 26,4; 32,2.

[285] ROr 10 (Praec. 107); ROr 15,2 (Inst. 10); ROr 21,3 (Leg. 14); ROr 27,2 (Praec. 49); ROr 42 (Praec. 55).

[286] ROr 11,1 (Praec. 118); ROr 16,2 (Inst. 17); ROr 13,2 (Inst. 5).

[287] Vgl. o. § 1 I, 1.

[288] ROr 13,3 (Inst. 5): *pater und princeps,* vgl. XXXV,43. ROr 13,3 ist wegen einer weiteren Wendung bedeutsam: Inst. 5 erlaubt die Zurechtweisung eines Bruders durch einen *minister* nur *iuxta sententiam principis.* ROr 13,3 verändert das zu *praesentiam p.;* das ist zu vergleichen mit XL,183: *praesentia praepositi* (im Zusammenhang der Homilie werden hier die geheimen und offenen Verstöße gegen den Vorsteher gerügt). Völlig sinnentstellend ist die Variante *praescientiam principis;* in

Neben dem Abt gibt es in der kollegialen Führungsschicht die Gruppe der *seniores* (nur ROr(E)).[289] Unter ihnen treten zwei hervor, deren besonderes Amt in der Mönchsgeschichte nur in der ROr(E)2 passim nachgewiesen ist.[290] Sie sorgen immer, d. h. bei An- und Abwesenheit des Abtes, für den geregelten Ablauf im Kloster; trotz unterschiedlicher Kompetenz wechseln sie sich täglich ab. Einer von ihnen sei, wenn er an der Reihe ist, die besondere Stütze des Abtes, was auch den Empfang unerwartet eintreffender Gäste einschließt:[291] *ad praestandum abbati solatium.* In der Homilie auf Honoratus beschreibt Faustus die Aufgabe des Caprasius: *in solatium atque collegium* (LXXII,45). Der zweite *senior* begleitet die Brüder bei allen anfallenden Arbeiten,[292] was zur Zeit des Honoratus der Gründer selbst noch tun konnte. Die *seniores* ersetzen damit z. T. die Präsenz des Abtes und teilen sich mit ihm die Arbeit. Gleich zu Beginn der Regel heißt es, daß i h n e n die Leitung der Brüder obliegt *(seniores in regendis fratribus).* Sie stehen den Wochendienern mit Rat zur Seite (ROr(E)28,3); ohne ihren Befehl darf keiner der Brüder etwas tun(ROr(E)31).[293] Auch der *custos ianuae* muß zuerst alles dem *senior* mitteilen,[294] bevor dieser es dann dem Abt meldet (ROr(E) 3,5; 26,2.5). Wie es die RMac bezeugte,[295] erhalten die *seniores* in der gewachsenen Gemeinschaft eine deutliche Aufwertung ihrer Kompetenzen.

Aus der Gruppe der *seniores* hebt sich sodann der *praepositus* ab (ROr(E) 3,5: *senior monasterii qui fratribus praepositus est).* Er ist der eigentliche Stellvertreter des Abtes *(habens potestatem abbate absente faciendi omnia quae abbas praesens facit).* Er wird nach einer vorgegebenen Ordnung durch den Abt nach Rat und Willen der Brüder

dieser Wendung kann nicht mehr ein Oberer gemeint sein; aber eine Zurechtweisung nur nach dem Vorherwissen Gottes ist kaum vorstellbar in einem Regeltext.

289 S. o. § 1 I: Der Obere – hierarchische Struktur. – Die Zahl der *seniores* ist nicht festgelegt: ROr(E) 32,2: *pauci seniores.* Ihnen obliegt lt. ROr(E) 32 die Aufgabe der Zurechtweisung.

290 Vgl. Vogüé 428.

291 Dies ist – in Anlehnung an RIVP 2,40/42 – also immer noch eigentliche Aufgabe des Abtes auch in der ROr.

292 ROr(E) 2,7: *considerans omnes actus singulorum;* – *actus* ist in den Mönchspredigten des Faustus häufig.

293 ROr(E) 31 ist auch 2RP 10 entnommen; dort war statt der *seniores* der *praepositus* als oberster Leiter der Gemeinschaft noch der alleinige Auftraggeber der Brüder: die Befugnis mußte wegen der größeren Gemeinschaft auf untergeordnete Obere verlegt werden.

294 ROr(E) 27,8; ROr 27,1/7 = Praec. 49; Vers 8 ist eine der wenigen Eingriffe und Aktualisierungen an dem Pachomiustext.

295 S. o. Anm. 238 S. 354.

eingesetzt.[296] Die Bedeutung der pachomianischen *praepositi* ist in ROr nur in modifizierter Weise präsent. Bei Pachomius waren die *praepositi* Vorsteher der einzelnen Häuser; hier hat e i n *praepositus* eine Funktion für die ganze Gemeinschaft. Von daher ist z. B. in ROr 39 (= Praec. 40) die Bezeichnung *praepositus domus,* nämlich jenes e i n z i g e n Hauses, das in Lérins die Zönobiten beherbergte, berechtigt. Während der Abt nicht mehr so sehr in unmittelbarer Nähe zu den Brüdern steht oder stehen kann, obliegt dem *praepositus,* gemäß dem von Pachomius gesteckten Rahmen, die direkte Autorität über die Brüder (ROr(E) 3,1: *omnem ad se curam de disciplina fratrum);* er kann sie delegieren, wenn „Ältere" mit den Brüdern arbeiten gehen.[297] Auch die *seniores* sind ihm Rechenschaft schuldig; alle jedoch müssen immer und über alles den Abt informieren, sei es auf direktem oder indirektem Weg über den *praepositus.*[298] Die Bedeutung des *praepositus* scheint dem Verfasser der ROr wegen der neuen, großen Kompetenz ein solches Anliegen zu sein, daß er für ihn den langen Tugendkatalog aus Pachomius, Inst. 8, übernimmt, während er für die Lebensführung des Abtes nur zwei Verse erübrigt (ROr(E) 1,2.3). Der *praepositus* ist ihm daher aber auch der besonderen Kontrolle der Brüder ausgesetzt: in ROr 46 (Jud. 16) setzt der Verfasser statt des unbestimmten *qui iniuste iudicaverit . . .: si praepositus . . .*[299] In ROr(E) 29,2 werden alle untergeordneten Oberen, die im Kloster ein Offizium haben, unter dem Sammelbegriff *praepositi* zusammengefaßt. Damit ist der Sprachgebrauch von Lérins exakt getroffen, der sowohl den einzelnen *praepositus,* wie d i e *praepositi* kennt.

In ROr(E) werden diese Offiziale einzeln aufgelistet. ROr(E) 25,1.10 nennt den *cellarius (cellararius)* aus RIVP 3,24/28 mit seinem Aufgaben-

[296] ROr(E) 3,1: *secundum ordinem disciplinae ordinatione abbatis et consilio et voluntate omnium fratrum fratribus praepositus est.* – *ordo disciplinae:* XXXVIII,40; auch die Pachomiana latina kennt diese Wendung; *ordinatione abbatis* s. o. Konzil von Arles. – *disciplina,* das in RIVP und 2RP noch fehlte, ist in ROr und bei Faustus überaus häufig. – Das Einsetzungsverfahren erinnert an die Bestellung des Caesarius zum Zellerar in Lérins (V. Caes. 1,5).

[297] ROr 20,1 (Leg. 13): *Maiores qui cum fratribus mittuntur foras quamdiu fuerint, habebunt ius praepositorum.* Die *maiores* der Pachomiana latina haben die Funktion der *seniores* in ROr(E). Das wird an dieser Stelle deutlich, vgl. ROr(E) 2,6: *alius (senior) exiturus cum fratribus ad omnia opera.* Zur Bedeutung der *maiores* bei Pachomius vgl. H. Bacht, Vermächtnis II, 242 Anm. 51: „mit maior dürfte jedweder Autoritätsträger im Kloster gemeint sein". Bei Faustus (Homilien) steht der Plural von *senior* und *praepositus* allgemein für Obere; auch das läßt sich in ROr nachweisen.

[298] ROr(E) 2,7; 3,5; 26,2. – ROr 16,2 (Inst. 17): *ipse autem praepositus nihil faciat, nisi quod pater iussit;* vgl. die analoge Struktur in XXXVIII,44: *abbas – praepositus.*

[299] Vgl. ROr(E) 29,3/5: *Qui* (*praepositi,* s. Vers 2) *si vel superbia vel neglegentia vel desidia aliqua ex his praetermiserint quae in regula continentur, per ipsosque destructio esse coeperit, per quos debet aedificatio crescere, omnibus condemnationibus, quae regula continet subiacebunt.*

bereich und seiner Tugendhaltung. Er ist den *seniores* unterstellt. Die Wochendiener[300] werden in ROr(E) 255 und ROr(E) 28 vorgestellt. Sie sollen nicht mehr Rechte für sich beanspruchen, als ihnen mit ihrem Auftrag zugestanden werden. Sie übernehmen Dienste, die zur Zeit des Honoratus noch zum äbtlichen Aufgabenbereich gehörten und von daher vielleicht zu Überhebung führen konnten.[301] Sie korrespondieren in ROr 38,2 (Praec. 35) mit den *ministri* (vgl. RIVP 3,22) bei Pachomius.

Einen letzten Dienst nennt ROr(E) 26,1 mit dem *ostiarius,* der in ROr(E) 27,8 *custos ianuae* heißt;[302] entsprechend der Vorlage Praec. 49 hat er die Aufgabe, die Novizen heranzuziehen, die damit ebenfalls nicht mehr beim Abt nach dem alten Vorbild der RIVP liegt.[303]

Es scheint daher nur verständlich, daß die RMac zu einem so genauen Ämterschema keine Ergänzungen mehr zu machen brauchte.

Doch nicht nur auf diesem Gebiet, sondern auch in der asketischen Begrifflichkeit, insbesondere in der Reihung von Tugenden und Lastern finden sich auffällige Übereinstimmungen zu Faustus, die nicht bloß der monastischen Latinität zugeschrieben werden können.[304]

[300] *Septimanarii;* RIVP 3,22: *ebdomadarium ordinem et officia qua sibi invicem succedant in ministrando decernere;* – *ebdomadarios* in HS A.

[301] ROr(E) 28,1: *ad cibos parandos vel ad luminaria concinnanda vel ad nitores faciendos;* und ROr 39,2 (Praec. 40): *ministri aegrotantium;* für die Kranken sorgte anfangs noch Honoratus selbst.

[302] S. o. Anm. 294.

[303] Einen vergleichbaren Pfortendienst kennt die RIVP 2,37, freilich ohne ihn mit der Aufgabe des Novizenmeisters zu verbinden. Das Verfahren bei der Aufnahme und die Wartezeit des Novizen entsprechen sich in beiden Regeln: eine Woche: RIVP 2,25; einige Tage ROr 27,2; dagegen RMac 25,1: drei Tage.

[304] Es werden nur die besonders hervorstechenden Parallelen genannt. - ROr(E) 1 verlangt vom Abt, daß er *severum, patientem, ieiunum, pium, humilem* sei. Die Tugenden des Maximus umschreibt Faustus in XXXV,125ff mit: *severitas, pietas, humilitas.*

– Seine Aufgabe ist (ROr(E) 1,7): *unumquemque secundum merita cotidianae conversationis in veritate iudicans admoneat, hortet, castiget.* Vgl. dazu: XLIV,78 (= IV,174): *nosmetipsos castigemus cotidie, ipsi nobiscum rationem de cotidiana conversatione faciamus;* XXXVIII,1: *instruit atque hortatur.* – *conversatio* ist in ROr(E), und nur da, sowie bei Faustus äußerst häufig.

- Die Tugenden des *praepositus* nach ROr(E) 3,3 sind aus 2RP 5 = Eph 4,1/2 entnommen. Dieses Schriftzitat findet sich auch in XLII,135.

- *carnis luxuria:* ROr 17,14 - LXI,91.

- *verbum otiosum:* ROr 17,16 - LXXII,127; LXXII,114; RIVP 5,2

- Verbot des Lachens: ROr 17,36; 18,1; 36 - LXIV,85.

- *querela:* ROr(E) 2,5 - XLV,16.

- *invicem consolantur:* ROr(E) 22,3 - XXXVIII,121 *fraterna consolatio;* vgl. XLII,49.

- *inanibus fabulis destruant:* ROr(E) 22,4 (aus 2RP 11) - XLIV,88.

Schließlich weist die Auswahl und die geringe Bearbeitung der Pachomianischen Texte auf Faustus hin: *comedere* aus Praec. wird zu *habere,* bzw. *reficere* und *manducare,* die in den Homilien zu finden sind; *excepto* wird zu *absque.*[305]

Die beiden Säulen des asketischen Lebens: das Wort Gottes und die Tradition finden auch über Pachomius nach Lérins, wie im vorigen Kapitel dargelegt wurde.[306]

Da der Begriff *regula* für eine literarische Gattungsbezeichnung der Pachomiana latina nicht geläufig ist, fügt Faustus ihn in ROr 17,11 (Inst. 8) ein: *neque transferat terminos r e g u l a e.*

Emendo ist in den Mönchspredigten überaus häufig; es wird an die Strafbestimmungen in ROr 34 (2RP 44) angehängt.

Zwei Kapitel der ROr – aus Pachomius und 2RP – die einen Hinweis auf die Lokalisierung der Regel geben, seien abschließend erwähnt. ROr 11,1 (Praec. 118): *nemo a terra solvat funiculum absque iussione patris.*

- *vel superbia vel neglegentia vel desidia:* ROr(E) 24,3 und ROr(E) 29,3 – die gleiche Kombination in De gr. 1,14 (47,23) und LXI,40.
- *per suum errorem et alios in vitium mittit:* ROr(E) 24,4 (aus 2RP 37) – *ne vitia nostra alios noceant:* XLII,22.
- *mendacio et maledictione et verbositate:* ROr(E) 30,1 (nach der Tugendreihe aus Eph 4,1/2) – *mendaciis vel maledictis:* XXXIX,102; *verbositate:* XLIV,85.
- *si quis errori eius consenserit et secundum duritiam illius magis consilium dederit:* ROr(E) 33,1 (aus 2RP 30) – *maleloquiorum impulsu adiuvat ad ruinam, et pro disciplinae ratione correptum, per sinistra consilia sic incitat ut allidat, sic armat ut perimat:* XLII,50/52.

Sodann ist auf den Wortschatz hinzuweisen, der sich bei den Kleinen Väterregeln nur in ROr findet, und zwar sowohl in ROr(E) wie in den pachomianischen Teilen und in den Homilien des Faustus, was einerseits die Durchdringung der Sprache des Faustus mit den Gedanken des Pachomius belegt und andererseits die Verfasserschaft der ROr durch Faustus bestätigt.

abstinentia, accedere, admonere, aedificatio, appetitus, avarus, auctoritas, cogitatio, concupiscentia, condemnatio, conscientia, consentire, conspectus, constituere, consuetudo, contemnere, contradicere, e contrario, corrigere, cubiculum, cura, delinquere, deserere, desiderium, desidere, desidia, destructio, discordia, dissimulatio, doctor, emendatio, error, exercere, figmentum, honestus, honor, hortari, indigere, inebrio, innocens, intemperantia, intellectus, intercedere, iudicium, labor, lassitudo, lex, libenter, licentia, luxuria, maledictum, malum, mendacium, mensura, mentire, meritum, mors, mos, munus, mutare, neglegentia (und alle Derivate), *negotium, nescire, nimium, niti, nocere, occasio, odiri, peculiariter, percutere, perdere, periclitor, pius, pondus, praecipue, pravitas, procedere, profusus, qualiscumque, querela, recurrere, renuntiare, respicere, resistere, revocare, ridere, securus, servire, solatium, solvere, sublimis, taedium, tarde, tribulatio, vicis, victus, vilis, vincere, vinculum, vindicare, vinum, vitium.*

305 Vgl. Vogüé 444 Anm. 25, der diese Untersuchung für ROr und VPJ durchführt; für Faustus läßt sich das ebenso belegen. Vgl. bezüglich des Gebrauchs von *absque* durch Faustus den Index zu CSEL 21. – ROr 4,2 (Praec. 114): *nihil in cella sua absque praepositi iussione quispiam habeat* (Praec: *comedet*). – ROr 7 (Praec. 81): *nemo in cella sua habeat quicquam praeter ea, quae in communi monasterii praecepta sunt.* – XXXIX,63: *nihil enim habere, interdum res necessitas est.*

306 ROr 15,2 (Inst, 10): *regulam scripturarum et monasterii disciplinam;* 17,45: (Inst. 8) *praecepta maiorem et legem dei;* ROr 19 (Jud. 7).

Mit dem Seil, das zeigt Praec. 118, ist das Tau gemeint, das ein Boot am Ufer befestigt. Die Lage an schiffbarem Wasser scheint für den Ort der ROr zwingend. Es bleibt aber zu fragen, warum nicht mehr aus Praec. 118 - z. B. die Begriffe *navis; lembus* oder in ROr12,2 (Praec. 142), in dem vom Beten bei jeder Gelegenheit, auch in den Schiffen, gesprochen wird - übernommen wurde. Der größere Zusammenhang bei Pachomius sieht das längere Arbeiten und sogar Schlafen auf den Schiffen vor. Diese Praxis ist in Lérins nicht üblich, wo man das Boot nur zur kurzen Überfahrt braucht. So werden die Verse auf das Notwendigste gekürzt. Die Mönche konnten ROr 11,1 sofort aus ihrer Situation verstehen.

ROr(E) 35 übernimmt aus 2RP 44 eine Strafbestimmung; das harte Schriftzitat, mit dem der Strafkodex in 2RP endet (Mt 18,17) wird ausgelassen. 2RP 45 fügte dann unvermittelt das Schweigegebot bei Tisch an. ROr 36 exzerpiert hier jedoch eine inhaltsgleiche Vorschrift aus Praec. 31, folgt also dem Aufbau von 2RP, wenngleich sie die Formulierung dieser Anweisung dort offensichtlich nicht fand oder bewußt umging. Das könnte die oben getroffene Feststellung bestätigen, daß der letzte Vers aus 2RP erst vom Redaktor Vigilius[307] aus einer Quelle angefügt wurde, die Faustus nicht mehr nutzte oder nutzen wollte - evtl. wegen der archaischen Bezeichnung *is qui praeest,* die in diesem Vers ein ein-ziges Mal in 2RP auftaucht.

Die Auslassungen aus der Pachomiana latina hat Vogüé bereits zusammengestellt.[308] Das Kriterium der Auswahl liegt offen zu Tage: es fehlen all jene Passagen, die speziell auf die ägyptisch-pachomianischen Verhältnisse ausgerichtet sind. Damit ist die These bestätigt, daß wir in der ROr eine für westliche Verhältnisse angepaßte Regel und Organisation von Lérins nach pachomianischen Vorbild vorliegen haben.

Die Anonymität der Regel steht in der Tradition der Lériner Regeln und Regelgeber. Sie läßt m. E. nach den eben angestellten Untersuchungen nicht mehr den Schluß zu, es handle sich bei ihr um einen Text, der nicht für eine konkrete Praxis und Gemeinschaft und somit nicht für ein bestimmtes Kloster geschaffen wäre. Die Indizien weisen auf Faustus hin, der der bedeutendste Propagator des Lériner Regelmönchtums gewesen ist. Auf den Tatbestand, daß die ROr nur in einer einzigen HS vorliegt, kann nur mit einer Vermutung geantwortet werden. Es ist denkbar, daß nach der Verurteilung der Lehre des Faustus, die im allgemeinen Bewußtsein auch als eine Verurteilung seiner Person angesehen wurde - wenn auch sein Name auf dem Konzil von Orange 529, das den Semipelagianismus verurteilte, offen-

[307] S. o. Anm. 197.
[308] Vogüé 420–422.

sichtlich unter dem Einfluß des Lérinsschülers Caesarius, nicht genannt wird –, alle seine Schriften nur noch ein „apokryphes" (so im Decretum Gelasianum) Dasein führen konnten. Viele seiner Werke, die weiterhin gelesen wurden, kursierten unter falschem Namen (De spiritu sancto unter dem Namen des Paschasius, Sermo 6 aus Eusebius Gallicanus unter dem des Augustinus, die Mönchshomilien unter den unterschiedlichsten Pseudonymen von Maximus bis Caesarius; die Konfusion dauert bis heute an). So ist es durchaus vorstellbar, daß auch die ROr mit den anderen Schriften zunächst verborgen blieb, bis Benedikt von Aniane, unbelastet von der dogmatischen Auseinandersetzung des 5. und 6. Jh.s, sie in seinen Codex Regularum aufnahm, in dem sie uns als der einzigen Quelle überliefert ist.

Regelstammbaum der Lériner Regeln

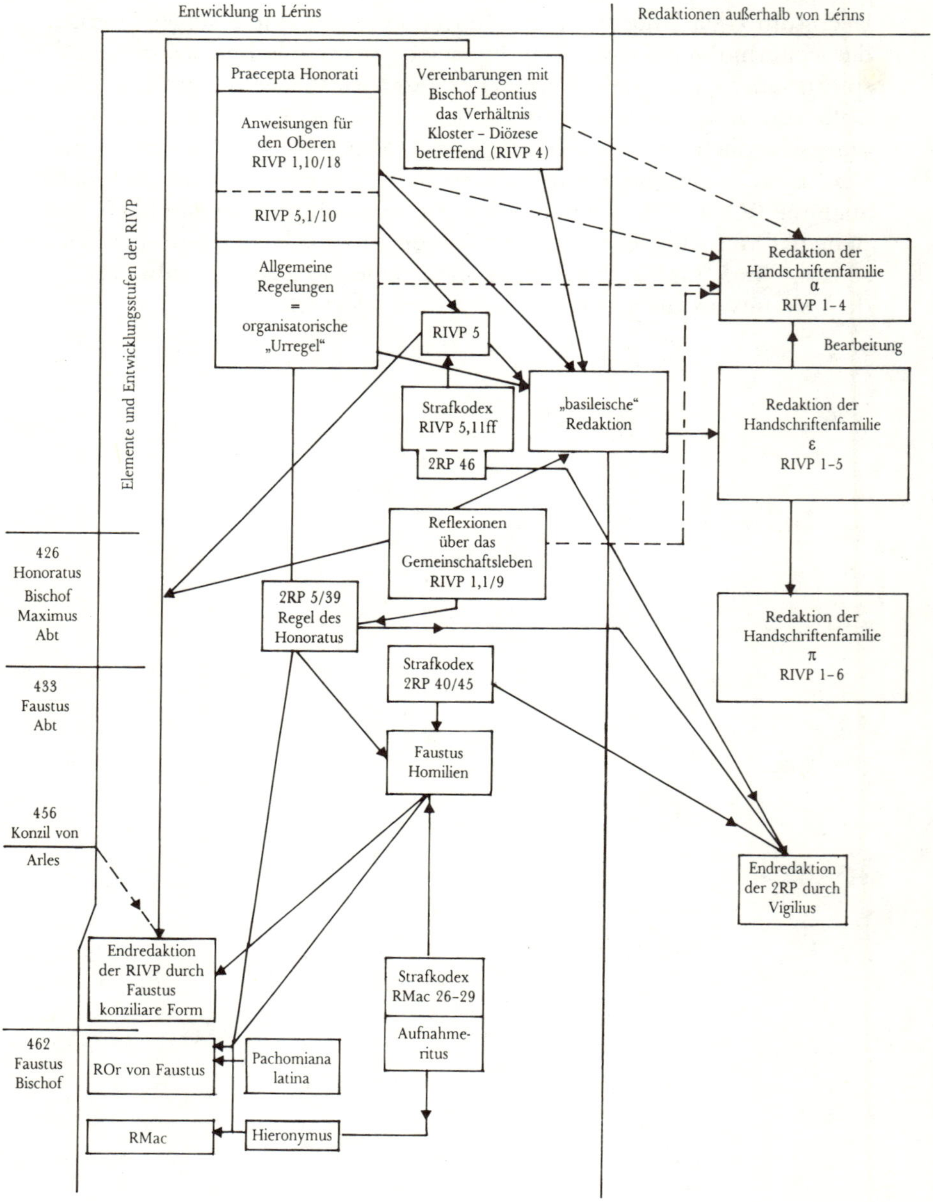

Anhang

Exkurs 1
DIE PREDIGTEN DES FAUSTUS (EUSEBIUS GALLICANUS)

M. E. ist es heute wissenschaftlich nicht mehr vertretbar, von Lérins und insbesondere von Faustus zu sprechen, ohne sich eingehend mit seiner Predigttätigkeit auseinandergesetzt zu haben. Daß er predigte, ist unumstritten, dagegen ist bis heute unklar, was davon noch erhalten ist und in welcher Form es vorliegt.

Dreh- und Angelpunkt der Forschung ist die südgallischen Predigtsammlung Ps.-Euesebius-Gallicanus (EG), in die seine Predigten eingegangen sind. Eine weitere Sammlung, der Codex Durlacensis, dessen 22 Predigten Engelbrecht in CSEL 21 dem Faustus zuschrieb, erwies sich als eine relativ späte Kompilation. Bergmann[1] wies nach, daß diese Predigten nicht von Faustus stammen und Morin gelang es, den größten Teil davon Caesarius zuzuschreiben. Weitere 9 verstreute Predigten gliederte Engelbrecht dem Werk des Faustus ein. Nur zwei dieser Homilien, die im Anhang zu EG als Sermones extravagantes zu finden sind, können Anspruch darauf erheben, von Faustus zu sein: s. 23 = s. extr. 6 (s. u.) und s. 28 = s. extr. 1.[2] Erste vorläufige Information liefert das Siglenverzeichnis zur Vetus Latina das, gestützt auf Bergmann und die kritische Edition des EG, zur Verfasserschaft der einzelnen Predigten knappe Angaben macht (unter: PS-FAU und EUS-G). Im Folgenden brauchen wir daher nur die EG-Predigtsammlung zu untersuchen.

Seit dem 17. Jh. tauchten dabei stets die gleichen Fragen auf: Wer war der Kompilator der Sammlung? Wer hat die Predigten verfaßt? Wer war Redaktor einzelner Predigtfragmente? Es hat nie an Stimmen gefehlt, die die ganze Sammlung als Werk des Faustus ansahen, und an solchen, die seinen Beitrag völlig ablehnten.[3] Ziel des letzten Herausgeber der 76 Homilien (römische Ziffern) und 9 Sermones extravagantes (arabische Ziffern) war eine gründliche kritische Edition des EG und die Datierung der Sammlung als ganzer. Zu den genann-

[1] W. Bergmann, Studien zu einer kritischen Sichtung der südgallischen Predigtliteratur des fünften und sechsten Jahrhunderts I (Leipzig 1898).

[2] Nach dem sonst sehr kritischen Urteil Bergmanns, 255–260, darf dieser Sermo als „faustisch" gelten.

[3] Vgl. den Forschungsbericht bei F. Glorie, CC 101 (1971), Proleg. VII–XXIII.

ten Fragen lehnt er es aufgrund der verworrenen HS-Situation ab, Auskünfte zu geben, die über die Feststellung hinausgehen, daß mehrere Verfasser an der Entstehung der Predigten beteiligt waren, darunter auch Faustus. So endeten auch nach der Neuedition die Bemühungen nicht, einen oder mehrere Verfasser zu bestimmen.

Als einziger behauptete noch E. Griffe 1973, Faustus sei der alleinige Urheber der Sammlung.[4] Diese Meinung ist durch die Forschung eindeutig widerlegt. Dagegen setzt sich mehr und mehr die von Bergmann 1898 und von Morin 1935[5] erneut erhobene Forderung nach einer Analyse jeder einzelnen Predigt durch, die allein zuverlässig Aufschluß über die Verfasserschaft geben kann.[6] Diese sehr arbeitsintensive Untersuchung wurde bisher jedoch nie mit letzter Entschiedenheit durchgeführt.

Richtungsweisend für die Methode bleibt immer noch die Arbeit Bergmanns, die durch die Auffindung neuer HSS an manchen Stellen modifiziert wurde (s. u. zu Hom. IX und X) - m. E. zugunsten des Faustus. Er untersuchte alle Werke des Faustus, des Codex Durlacensis und einige Predigten des EG und verglich die Homilien mit den authentischen Schriften des Reienser Bischofs. Dabei legte er das Schwergewicht vor allem auf die Theologie und den Wortschatz. Da der Wortindex in CSEL 21 sehr mangelhaft ist, hat er sehr sorgfältig zu jeder mehr oder weniger auffallenden Wendung der jeweiligen Predigt Parallelen zu den authentischen Werken aufgelistet. Für meine Untersuchung habe ich aus seiner Arbeit alles diesbezügliche Material gesammelt, das bis zu einer besseren Edition des Faustus als unverzichtbare Ergänzung zum Index herangezogen werden muß. Ein Mangel seiner Methode liegt darin, daß er zu wenig das unterschiedliche Genus einer Predigt und eines theologischen Traktates in Hinblick auf die Diktion berücksichtigte: eine theologische Aussage kann in einer Predigt aus didaktischen Gründen wesentlich pointierter und weniger differenziert ausfallen als in einem Werk, das im Auftrag einer Synode in ausgewogener Sprache verfaßt ist (s. u. sermo 3 und De gr.). Des weiteren richtete er sein Augenmerk nur auf die Endredaktion der Predigten; auf diese Weise hat er zwar jeden Bruch

[4] Nouveau plaidoyer pour Fauste de Riez, in: BLE 74 (1973) 187–192.

[5] La collection gallicane dite d'Eusèbe d'Émèse et les problèmes qui s'y rattachent, in: ZntW 34 (1935) 92–115.

[6] So L. A. van Buchem, L'Homélie pseudo-Eusébienne de pentecôte (= XXIX) (Nimwegen 1967), kritisch zu der Behauptung, Faustus sei der Verfasser: G. Winkler, Confirmation or chrismation, in: AL 58 (1984) 2–17, bes. 13; P. L. Carle, Sermon de S. Fauste de Riez (ou Lérins) pour la fête de pentecôte sur la confirmation, in: NV 61 (1986) 90–105 bestätigt das Ergebnis von van Buchem. P. L. Carle, L'homélie de pâques „Magnitudo" (= XVII) de Saint Fauste de Riez (ou de Lérins), in: Div. 27 (1983) 123–154; 28 (1984) 3–42.203–241.

in Text und Gedankenführung bisweilen zu scharfsinnig für die Gattung Predigt aufgespürt, vernachlässigte dabei aber gänzlich die Frage, ob das vorredaktionelle Werk nicht Teile des Faustus enthält und trug der Tatsache nicht Rechnung, daß Faustus eine Entwicklung im Schreib- oder Redestil gemacht haben könnte.[7]

J. Leroy hat in seiner groß angelegten Dissertation 1954[8] einen anderen Weg gewählt. Er verglich alle Predigten untereinander und stellte aufgrund sprachlicher und stilistischer Übereinstimmungen einen nicht zu leugnenden Zusammenhang aller Predigten fest. Seine Ergebnisse sah er bestätigt durch die Übernahme ganzer Textpassagen von einer Predigt in eine andere, was er, der Tradition folgend,[9] als Charakteristikum des Faustus deutete, sowie durch die Verwendung gleicher Schriftstellen(-kombinationen). Er postulierte daher einen einzigen Verfasser. Gelänge es nun, zu einer einzigen Predigt Faustus als Verfasser auszumachen, habe man ihm gleich die ganze Sammlung zuzuschreiben.

Der Vorteil dieser Methode ist, daß die Untersuchung mit zusätzlichen Kriterien und nur an einem Genus durchgeführt wird und zugleich wesentlich mehr Material berücksichtigt. Der Nachteil gegenüber Bergmann liegt jedoch darin, daß der Kontext der Predigt und der Zusammenhang bei der Einflechtung von Textübernahmen kaum Beachtung findet.

Eine wahrscheinlich auch nur approximative Lösung wird man in der Verbindung beider Methoden zu suchen haben, wobei alles bereitgestellte Material von Bergmann, Leroy, Glorie sowie das anderer Forschungsergebnisse[10] heranzuziehen ist. Diese Untersuchung ging vorliegender Arbeit voraus und beeinflußte wesentlich die These von der Verbindung von Theologie und Askese. Aus Platzgründen können die Analysen nicht im einzelnen angeführt werden; doch soll der Arbeitsgang und das Ergebnis vorgestellt und an Beispielen erläutert werden.

Der Arbeitsgang ist durch die Methoden der Literarkritik bestimmt und umfaßt folgende Schritte:

1. Vergleich und Analyse des Wortschatzes, der „locutiones peculiares“ (Bergmann 44), d. h. der von Faustus besonders häufig gebrauch-

[7] Vgl. die Kritik an Bergmanns Methode: F. Kattenbusch, Verbreitung und Bedeutung des Taufsymbols (Leipzig 1900) 976: „Wohin kämen wir nur z. B. bei Augustin, wenn wir derartige Differenzen der Citate zur Diagnostizierung echter und unechter Schriften verwenden wollten.“

[8] J. Leroy, L'Œuvre oratoire de s. Fauste de Riez. La Collection Gallicane dite d'Eusèbe d'Émèse (Masch.Diss. Straßburg 1954).

[9] Vgl. A. Engelbrecht, Studien über die Schriften des von Reii, Faustus. Ein Beitrag zur spätlateinischen Literaturgeschichte (Wien 1898).

[10] Die zu konsultierende Literatur vgl. in CC 101; Proleg. XLVI–LI.

ten Floskeln, Redewendungen und Zitateinführungen, sowie der Hapaxlegomena.[11] Hier fiel auf, daß der Caesariusschüler Cyprian von Toulon bisweilen der gleichen Diktion folgt. Das ist verständlich, da Caesarius die Predigten des Faustus sammelte und verwertete und Cyprian das Werk des Caesarius sichtete und ordnete, zugleich zeigt das, daß dieses Kriterium allein noch nicht für eine Zuweisung ausreicht.

2. Gebrauch von Schriftstellen (in welcher Fassung?) und Schriftstellenkombinationen in den Predigten und den Hauptwerken des Faustus.

3. Welche Quellen sind in den Homilien und in den Hauptschriften verwerte worden?

4. Welche theologischen Themen und Positionen werden vertreten?

5. Abhängigkeiten der Predigten untereinander und Textübernahmen;[12] wie werden die Übernahmen eingebaut?

6. Innere Struktur, Durchführung des Themas und Einheitlichkeit der Predigt. Wo ist ein Bruch, wo sind redaktionelle Eingriffe und Übergänge festzustellen?

7. (Evtl. Gebrauch von Bildern; von Caesarius ist bekannt, daß er eine wesentlich drastischere Sprache spricht als Faustus.)

8. (Abfassungszeit und -ort.)

Es empfahl sich nicht, der Reihe nach von der ersten bis zur letzten Predigt vorzugehen. Man kann von einem festen Stamm von Homilien ausgehen, die nach allgemeinem Urteil der Forschung dem Faustus zugeschrieben werden können; dazu gehört unbestritten Hom XXXV; auch LXXII und die Homiliae ad monachos werden dazugezählt, wurden aber in die Untersuchung einbezogen. Kann nun eine Predigt (z. B. XXXV) nach den o. g. Kriterien als „faustisch" ausgewiesen werden, sind ihr Wortschatz und weitere stilistische Merkmale dem Ausgangsmaterial, das aus authentischen Werken des Faustus gewonnen wurde, beizugeben, wodurch sich die Vergleichsbasis kontinuierlich vergrößert, und mit ihr die Sicherheit für weitere Zuweisungen wächst. Zugleich ist der Wort- und Schriftindex des EG zu konsultieren, um festzustellen, in welchen Predigten sich Wendungen wiederfinden. Diejenige Predigt, die dann – zusammen mit den aufgelisteten „Redintegrationes" – die größte Verwandtschaft zur gerade analysierten aufweist, wurde als nächste untersucht. Auf diese Weise konnten relativ leicht auch Fragmente ehemaliger Predigten des Faustus

[11] Z. B. *confusibilis* nur bei Faustus und in LXI,73; LIII,60; 7,45; *abremissa* statt *remissio; excuro* nur ep. 6 (196,2) und Vincentius, Com. 30,24.

[12] Durch die jeder Predigt vom Herausgeber vorangestellten „Redintegrationes", die auf die Vorarbeiten Leroys zurückgehen, ist dieser Arbeitsschritt sehr erleichtert worden.

ausgemacht werden, wenn man z. B. auf einen Cento stieß, in dem Texte mit „deutlich faustischem Kolorit" (Bergmann) durch sehr auffällige redaktionelle Eingriffe eines späteren Bearbeiters einem neuen Kontext einverleibt wurden. Ist die Einfügung gefälliger, so kann das bedeuten, daß Faustus entweder selbst die gleichen Gedanken öfter verwendete oder daß er bisweilen als sein eigner Redaktor fungierte. Auf diese Weise konnte das Problem der unterschiedlichen Sprache einer Predigt und eines theologischen Werkes beim gleichen Verfasser zufriedenstellend gelöst werden.

So konnte ich vier Kategorien von Predigten im EG ausmachen, die wie folgt definiert werden:

I mit größter Wahrscheinlichkeit von Faustus.

II im ganzen von Faustus, kleinere redaktionelle Eingriffe; von ihm selbst oder durch Formelgut Späterer erweitert.

III Cento aus Texten des Faustus; Veränderungen, meist theologischer Art, von einem Bearbeiter.

IV nicht von Faustus oder Zuweisung nicht möglich, (z. B. LXVII–LXXI sind nur Initia; s. 7 besteht zur Hälfte aus LXI, der Rest stammt aus Augustins Traktat über den ersten Johannesbrief).

Die Predigten werden der Reihe nach angeführt, in Klammern die Folge, in der sie untersucht wurden.

I	(2)	I
II	(46)	III
III	(39)	III
IV	(4)	I
V	(47)	IV
VI	(48)	II
VII	(49)	III
VIII	(31)	I
IX	(37)	I
X	(38)	I
XI	(14)	I
XII	(50)	IV
XIII	(44)	II
XIV	(51)	II
XV	(13)	III
XVI	(52)	II
XVII	(30)	I
XVIII	(53)	II
XIX	(54)	II
XX	(55)	III
XXI	(56)	IV
XXII	(57)	I
XXIII	(36)	I
XXXIV	(12)	I
XXV	(14)	I
XXVI	(59)	II
XXVII	(43)	I
XXVIII	(36)	I
XXIX	(–)	I
XXX	(60)	IV
XXXI	(61)	III
XXXII	(63)	II
XXXIII	(62)	I
XXXIV	(12)	I
XXXV	(1)	I
XXXVI	(15)	I
XXXVII	(16)	I
XXXVIII	(17)	I
XXXIX	(18)	I
XL	(19)	I
XLI	(20)	I
XLII	(21)	I

XLIII	(22)	I
XLIV	(23)	I
XLV	(24)	I
XLVI	(27)	II
XLVII	(64)	II
XLVIII	(42)	I
XLIX	(65)	I
L	(66)	II
LI	(68)	IV
LII	(67)	III
LIII	(6)	II
LIV	(29)	II
LV	(69)	III
LVI	(71)	von Hilarius
LVII	(70)	IV
LVIII	(8)	I
LIX	(9)	III
LX	(5)	I
LXI	(7)	I
LXII	(41)	I
LXIII	(35)	III
LXIV	(26)	II
LXV	(33)	III
LXVI	(34)	III
LXVII	(-)	IV
LXVIII	(-)	IV
XLIX	(-)	IV
LXX	(-)	IV
LXXI	(-)	IV
LXXII	(28)	I
LXXIII	(3)	III
LXXIV	(10)	II
LXXV	(-)	IV
LXXVI	(72)	IV

sermones extravagantes

1	(40)	I
2	(76)	IV
3	(11)	I
4	(73)	IV
5	(75)	IV
6	(25)	I
7	(77)	IV
8	(74)	IV
9	(78)	IV

An Hom. XXXIV kann die Methode der Zuweisung exemplarisch und besonders beeindruckend dargestellt werden.

Die Predigt ist in einem Stück durchkomponiert. Brüche lassen sich nicht feststellen. Größere Abschnitte aus Faustus, De sp. und ep. 6 sind harmonisch eingeflochten:

7/13	=	ep. 6; 199,19/24
25/28	=	De sp. 138,21/23
28/35	cf.	ebd. 138,25–139,7
35/37	cf.	ebd. 138,23/25
37/41	cf.	ebd. 139,7/10
46/69	=	ebd. 126,20–127,14 (cf. ep. 3; 169,25ff)
79/83	cf.	De sp. 132,1/6
89/91	cf.	ebd. 104,6/8
111/116	cf.	ebd. 145,26/29
117/125	cf.	ebd. 150,8/11
145/146	=	ebd. 143,4

Eine Übernahme, auch kürzerer Stücke, an vielen Stellen kann nur von jemandem vorgenommen worden sein, der mit De sp. sehr gut vertraut war.

1. Die Wortschatzuntersuchung kann sich daher auf die Zwischentexte beschränken. Mit dem von Bergmann erweiterten Index lassen sich hier keine Abweichungen zu Faustus feststellen. Auch alle „locutiones peculiares“ finden sich.

Die textlichen Abweichungen der Exzerpte vom Original sind unerheblich oder passen ihrerseits wieder in den Sprachgebrauch des Faustus:

26: *individuae maiestatis amplexu* (De sp. 138,21: *indissociabili maiestatis amplexu;* Faustus kennt aber auch *individua trinitas,* De sp. 118,6; 124,18).

55/51: Vertauschung der Worte: *transferunt* (De sp. 126,22: *circumferunt)*

51: Zusatz: *novo genere* von Leroy 312 als bevorzugtes Wort des Faustus ausgewiesen.

58: *ubique* statt *ubicumque* (De sp. 127,3)

60: *lavacro* statt *baptismo*

66: Zusatz: *quidem substantiae unitate*

68: *tenetur* statt *amittitur; tenere* von Bergmann 44,19 zu den ca. 20 besonders häufigen und beliebten Vokabeln des Faustus gezählt.

Dazu kommt homiletisches Formelgut, das sich auch in anderen Predigten des EG findet:

147: *perspice quantum valeas, et perpende quid debeas;* so in XIII,111; XXIV,143; sermo 5,24; De gr. 20,26.30.

147/148: *perspice quantum valeas, ut tandem tibi vilis esse tibi;* so auch in: XIII,112; XXIV,147.

Zudem finden sich Parallelen zu anderen Predigten, die dem Faustus zugeschrieben werden können:

51: *novo genere*	= XXIX,11: *novi generi*
62: Joel 2,29.28 + Apg 2,17	= XXIX,1
50/53	= XXXII,8 = De sp. 126,21
66/69	inhaltsgleich mit Hom. I,59/69
89/91	= X,11 cf. De sp. 104,6,18
145/146	= XXIX,24/25 = De sp. 143,4

2. Schriftzitate (* = nicht Vulgata)

1: Mt 16,24*; Mk 8,34; Lk 9,23: alle in LXXIII,1

79: 2 Par 6,30 kommt nur einmal in EG vor; bei keinem der von Glorie vorgeschlagenen „Mitarbeitern" an EG findet sich 2 Par 6,30, nur bei Faustus De sp. 132,2; aber auch bei Cassian, Conl. 7,13,12.

80:	1 Kor 2,10*	– De sp. 122,15 (VG).
104:	Röm 6,4	– De sp. 145,13.
107:	Joh 3,5*	– De sp. 144,15; 149,13 jeweils in der gleichen Fassung.
13/132:	Mk 2,7*	– De sp. 150,15.

Die Abfolge der Schriftzitate ist in XXXIV die gleiche wie in De sp.

3. Quellen

Die Quellen für XXXIV sind die gleichen, die Faustus in De sp. verwendet: Ambrosius, De fide; De Spiritu Sancto; Augustinus, De Trinitate; Eusebius Vercelli, De Trinitate.

§ 5 (74/116) - ein Exkurs zur Taufe - entspricht in der Gedankenführung weitgehend § 2 aus Hom. XV (15/36). Offensichtlich lag dafür eine gemeinsame Quelle vor.

4. Thematik/Theologie

Das trinitarische Interesse in Verbindung mit strengen asketischen Ermahnungen am Anfang und am Schluß entspricht dem Anliegen des Faustus und ist vielfach auch in seinen theologischen Hauptwerken zu finden. Das Quicumque klingt an manchen Stellen an.

5. Glorie vermutet, daß Hom. XXXIV nach De sp. verfaßt wurde: nach 471.

Faustus kann mit an Sicherheit grenzender Wahrscheinlichkeit als Verfasser angesehen werden.

Bei den folgenden Homilien ist die Fragestellung anders. Die Verfasserschaft des Faustus ist teilweise behauptet, dann wieder bestritten worden. Die angeführten Bedenken müssen im einzelnen widerlegt werden.

Die Einheit der Hom. XLII

Wie berechtigt die Frage nach der Integrität ist, zeigt bereits der Blick in die Edition. Die Zeilen 1/58 sind nicht nur bisher als eigene Homilie ediert worden, sondern liegen auch geschlossen in dieser Form in allen HSS vor. Erstmals der letzte Herausgeber Glorie hat sie mit den folgenden Zeilen verbunden (59/174). Dieser zweite Teil war bisher, offensichtlich durch Vertauschen der Blätter, der Schluß von XLIII. Glorie hat sich mit gutem Grund für eine Zusammenlegung der Abschnitte entschlossen: Der so zur Einheit gebrachte Text greift mit einem *sicut dixi* (99) auf einen Satz aus dem ersten Teil zurück (56/57). Desgleichen wird in 97/98 die Fortsetzung des Schriftwortes Spr 9,12 in der gleichen Fassung (nach der LXX) wie in Zeile 8 angefügt. Diese Fassung war auch in Lérins gebräuchlich und Faustus vertraut, wie andere Proverbiazitate in den Homilien beweisen. Neben diesem inneren Zeugnis der Zusammengehörigkeit existiert noch ein ganz schlichtes äußeres: Im Sermo extravagans 6 der Sammlung sind beide Teile auch nach dem handschriftlichen Zeugnis seit dem 7. Jh. als Einheit nachgewiesen. Zwar sind beide Predigten nicht identisch, aber immerhin ist in s. 6 handschriftlich kein Bruch nachweisbar; XLII,1/72 stimmt fast wörtlich mit 6,27/101 überein. Die HSS des 7. und 8. Jh.s schreiben sie dem Caesarius zu, die des 12. und 13. dem

Faustus. Als dem Caesarius gehörig fand s. 6 auch unter der Nr. 23 Eingang in die Edition der „Sermones des Faustus" Engelbrechts (CSEL 21,314/318). Als Eigentum des Caesarius zitiert sie der Defensor Locogiacensis in seinem Liber scintillarum XXVII,21.[13] Über die Fragen: welche Fassung ist früher (s. 6 oder Hom. XLII,1/58; seit der Edition von Glorie: XLII,1/174)? und: wer ist der Verfasser/Redaktor? hat man sich bereits Gedanken gemacht. Bergmann[14] kommt aufgrund seiner sprachlichen Untersuchungen zu dem Schluß, daß s. 6 jünger sei als XLII,1/58 (und die anderen Homilien, mit denen er Parallelen aufweist, darunter auch die Hom. XXXV auf Maximus, die nach allgemeiner Auffassung von Faustus ist). Er geht dabei vom Text der Ausgabe Engelbrechts aus, der nicht alle HSS, die Glorie zu Verfügung standen, berücksichtigte. Ihm folgt G. Morin;[15] beide sind sich einig, daß s. 6 nicht von Caesarius ist. Glorie zieht HSS des 9. Jh.s hinzu, die offensichtlich auf ursprünglichere, nun aber verlorengegangene Quellen zurückgreifen. Durch seine quellenkritischen Untersuchungen ist es ihm gelungen, s. 6 als den älteren zu erweisen.[16] Die meisten der sprachlichen Einwände Bergmanns gegen eine Autorschaft des Faustus erübrigen sich durch die neue Edition, da der von ihm vermißte „faustische Sprachgebrauch" an den Stellen, an denen der von Engelbrecht edierte Text von den Parallelen in XLII, XXXIX und XXXV abweicht, nun zu finden ist. Dabei ging er aber indirekt davon aus, daß die zuletzt genannten ihm als „faustisch" gelten, da er sie als Orientierung für „faustisches Kolorit" heranzog. Bei dem sonst so kritischen Urteil Bergmanns ist dieser auch nur indirekte Hinweis nicht zu gering zu bewerten.

Für die nicht mit anderen Homilien übereinstimmenden Teile aus s. 6 (3/14.102/119) läßt sich zudem „faustisches Kolorit" (Bergmann) nachweisen.[17] Innere Integrität, Gedankenführung – sofern sich das für eine Predigt sagen läßt, die Paränese an Paränese reiht, denn auch die sich mit s. 6 deckenden Teile sind in die anderen Homilien „harmonisch" eingefügt – und Sprache sprechen daher eher für als gegen Faustus. Daß s. 6 in den frühesten HSS als Caesarianisch erscheint, liegt an den bekannten Tatsachen: dem für Faustus posthum ungünstigen Ausgang des Konzils von Orange (529) sowie daran, daß Caesarius nach dem Zeugnis seiner Biographen im Besitz einer

[13] CC 117.

[14] W. Bergmann, Südgallische Predigtliteratur 191/198.

[15] Vgl. CC 104,955.

[16] CC 101B,858 mit Anm. 2.

[17] Z. B. 6,13: *spiritaliter castra* als Bezeichnung für Lérins findet sich in: XL,166; LXXII,50; die Zitateinführungen 6,101: *apostolus protestatur;* 112: *alio loco;* 113: *loquitur sermo divinus* bezeichnet Bergmann als „typisch faustisch", a.a.O. 44 (Nr. 16); 124 (12); 166 (27).

umfangreichen homiletischen Bibliothek war, die auch Stücke aus Lérins umfaßte, so daß man alles, was man bei ihm fand, als Sermones des Caesarius behandelte, wie die große Zahl der ihm fälschlich zugeschriebenen Sermones beweist.[18]

Da auch Hom. XXXV (nach 462) aus s. 6 Anleihen macht, kann letztere in die Lériner Zeit des Faustus datiert werden. Eine Frage bleibt u. U. offen: in XXXV,299 ist der *gloriosus ac praeclaris pater noster* eindeutig Maximus. In s. 6,120, der dazu die Vorlage bot, ist nicht klar, wer damit gemeint ist, da vorher niemand eingeführt wurde, der diesen Titel tragen könnte. Es kann ebenso Maximus sein, vielleicht sogar, in der absoluten Form *pater noster,* Honoratus, der Gründer.

Vergleichbare Fälle von Anleihen aus Ps.-Eusebius finden sich nicht nur in der Ps.-Columbanischen Instructio II, die den Faustus (XLIII,1/42) sogar als Quelle angibt,[19] sondern auch bei Caesarius;[20] bereits in EG tauchen wechselseitige Anleihen auf, die nicht nur auf einen späteren Redaktor zurückgehen, sondern Werk ein und desselben Verfassers sind.

Im vorliegenden Fall hat Faustus Hom. XLII als Einheit komponiert, was s. 6 unbedingt nahelegt. Der erste Teil konnte als Katechese für das Gemeinschaftsleben wegen seiner inneren Geschlossenheit später auch selbständig existieren und überliefert werden. Redaktionelle Eingriffe für die Wiederverwendung bewerkstelligte Faustus zum größten Teil selbst.

Die Symbolpredigten IX und X.

Erstmals hat P. Caspari[21] darauf aufmerksam gemacht, daß die Symbolpredigten aus EG von Faustus seien, und dies mit auffälligen Übereinstimmungen zu De sp. des Bischofs von Riez begründet.[22] Bergmann hat sie nach eingehenden Untersuchungen zeitlich vor die

[18] Vgl. CC 104,955-990.

[19] SLH 2,68,1/39; ab Zeile 6 heißt es: *non rimum nostrae privatis fundamenta iacere praesumimus, alicuius maioris doctoris auctoritatem quaerentes, sancti scilicet Fausti luculentissimam elegantissimamque, de cuius dictis pauca ac initiandum opus nostrum satis convenienter elegimus.* Vgl. dazu CC 101B,954-959; bereits vorher: A. de Vogüé, Sur une série d,emprunts de saint Colomban à Fauste de Riez, in: StMon 10 (1968) 119-123.

[20] Die zahlreichen Übernahmen durch Caesarius sind zusammengestellt in CC 101B, 1099-1102.

[21] P. Caspari, Ungedruckte, unbeachtete und wenig beachtete Quellen zur Geschichte des Taufsymbols und der Glaubensregel (Brüssel 1869) 183-224, sowie ders., Kirchenhistorische Anekdota I, Die Texte und Anmerkungen (Brüssel 1883) 313-341.

[22] Darüber hinaus gibt es weitere Parallelen der Homilien zu den Schriften des Faustus; genannt sei nur: Hom. X,43 und De sp. 1,1 (103,14/16) und ep. 5 (185,9) - an den genannten Stellen verwendet Faustus Jak 2,19; sowie IX,98/99 und ep. 5 (194,22-195,1).

größere Schrift datiert.[23] Gennadius, vir. ill. 86 (Faustus), (91,4/5) schreibt: *Ex traditione symboli occasione accepta composuit libri de spiritu sancto.* Damit kann Gennadius eine der Symbolpredigten gemeint haben. – Der Meinung Bergmanns, die Homilien über das Symbol seien nicht von Faustus, konnte sich F. Kattenbusch nicht anschließen. M. E. mit Recht: Die sprachlichen Einwände, die Bergmann gegen eine Verfasserschaft des Faustus geltend machen möchte, erübrigen sich fast alle durch die neue Edition in CC mit ausführlichem textkritischen Apparat. Die charakteristische Form des ersten Glieds im zweiten Artikel, die in ep. 7 und in den Homilien die gleiche ist *(q u i conceptus est d e spiritu sancto, natus e x Maria virgine),* würdigt er viel zu wenig. Ihm entging zudem, daß das *abremissa* im letzten Artikel (statt *remissio*) ein Hapaxlegomenon ist, das sich, lt. Thesaurus linguae latinae, nur bei Faustus findet. Wenn später Caesarius von Arles das südgallische Symbol des Faustus selbst verwendet, ersetzt er *abremissa* wieder durch *remissio.*[24] Weiterhin blieb ihm verborgen, daß die literarischen Quellen von De sp. und den Homilien die gleichen sind und zwar nicht nur in den Passagen, die De sp. aus den Homilien übernimmt. Es sind darüber hinaus die Quellen, die in Lérins gelesen wurden: z. B. Ambrosius, De fide; Cassian, De incarnatione; Augustinus, De trinitate; Eusebius von Vercelli und Ps-Eusebius von Vercelli (= Ps-Athanasius), De trinitate; Hieronymus, Lib. interpr. hebr. nom. u. a.[25] Bergmann, 81, versucht aufgrund der unterschiedlichen Darstellungen über die Herkunft des Symbols – in Hom. IX: *ecclesiarum patres* und in De sp: *sacra pagina* – Faustus die Symbolpredigt abzusprechen. Er übersieht dabei die ep. 7, in der Faustus sowohl die Schrift wie die Vätertradition als Ursprung des Symbols zu nennen weiß.[26] Die gleiche Auffassung in ep. 7 und De sp. findet sich in Hom. IX,5/7: *Ita et ecclesiarum patres, de populorum salute solliciti, ex diversis voluminibus scripturarum collegerunt testimonia divinis gravida sacramentis.* <. . .> *De canonicis itaque lectionibus, facta est in unum pretiosa collatio, angusta sermonibus sed diversa sensibus, et de utroque testamento totius corporis virtus in paucas est diffusa sententias, ut facilius animae thesaurus non in arca sed in memoria portaretur.* <. . .> *Ita et ecclesiarum magistri, studiosissima salutis nostrae negotiatores, in scripturis sanctis de magnis maxima separaverunt*

[23] W. Bergmann, a.a.O. 71–86, bes. 74 und F. Kattenbusch, Verbreitung und Bedeutung des Taufsymbols 976.

[24] So in allen anderen Glaubensbekenntnissen, mit Ausnahme des von Bangor aus dem 7. Jh; vgl. F. Kattenbusch, a.a.O. 185.

[25] Zu den Quellen von Faustus, De sp. vgl. M. Simonetti, Le fonti del De Spiritu Sancto di Fausto di Riez, in: SicGym 29 (1976) 413–245. Die Quellen zu den Homilien sind dem Apparat in CC zu entnehmen.

[26] Vgl. dazu o. § 3 Anm. 209 (Textbelege).

mentium pagina inscribenda.[27] Damit entfällt ein weiteres Argument Bergmanns gegen die Verfasserschaft der Symbolpredigten durch Faustus.[28]

Schließlich meint Bergmann, 75, einen unterschiedlichen Glaubensbegriff in Hom. X und De sp. ausmachen zu können. In De sp. 1,1 (103,15/17) und X,43 ist die Definition noch gleich: *credere = pie sperare, fideliter quaerere et tota in eum dilectione transire),* während De sp. dann fortfährt: *hoc est dicere; confiteor illum, colo illum, adoro illum, totum me in ius eius ac dominium trado atque transfundo.* Im ersten Fall läge ein „persönlich innerlicher", im zweiten ein rechtlicher Glaubensbegriff vor. Es ist höchst zweifelhaft, ob darauf eine unterschiedliche Verfasserschaft begründet werden kann; die Differenz mag sich einfach aus dem unterschiedlichen Genus der Schriften ergeben haben. - Man kann daher mit den meisten Forschern aufgrund der neuen Edition die Symbolpredigten als Werke des Faustus ansehen.

Sermo 3 extravagans

Es ist unverständlich, wie G. Morin in diesem Sermo ein Ergebnis Caesarianischer Redaktion sehen kann.[29] Die Gründe, die gegen ihn sprechen, sind zugleich Argumente, die für die Verfasserschaft von sermo extravagans 3 (CC 101B,837-841) durch Faustus sprechen:

- Sermo 3 besteht aus Teilen von De gr; jedoch nur aus 1,1-1,5, sowie aus Exzerpten der epp. 1 und 2, was dem anfanghaften Charakter von De gr. als *brevis sermo* von Lyon entspräche[30] und die Weiterführung wünschenswert erscheinen ließe.
- Die in sermo 3 über die mit De gr. identischen Passagen hinausgehenden Textteile tragen unverkennbar Sprachelemente und Theologumena des Faustus, die eher pelagianisierend sind,[31] was bei der prädestinatianistischen Stimmung nur allzu verständlich erscheint.

[27] Faustus benutzt hier das gleiche Vokabular wie Vincentius, Com. 1,5 (147) und Excerpta 1 (202,5/10; = Eigentext): *Nam cum duo sint quibus catholicae fidei fundamenta nitantur, divini scilicet canonis auctoritas et catholicorum patrum, id est et ecclesiastica traditio, utrumque continuo in eius operis exordio.*

[28] Zur Auffassung vom Ursprung des Symbols bei Faustus und Cassian, vgl. F. Kattenbusch, a.a.O. 15-16.448.

[29] CC 104,956.

[30] Im Vorwort von De gr. (4,10/11) und in De gr. 1,1 (6,20) erinnert Faustus, daß sein Werk aus einer Predigt auf dem Konzil von Lyon 470 (CC 148,161) hervorgegangen sei: *brevi et necessario sermone praestringendas esse credimus.*

[31] Dazu gehört auch die pelagianisierende Auslegung folgender Schriftzitate: 1 Kor 3,8/9 in s. 3,2 und De gr. 1,4 (18,19); 1,10 (35,16); 2,4 (66,27); - 1 Kor 6,1 in s. 3,24 und De gr. 1,5 (22,22), die unterschiedlichen Fassungen (nur in De gr. ist nach der Vulgata zitiert) lassen sich damit erklären, daß De gr. besser durchgearbeitet ist als die Predigt. - Spr 11,15 (nach LXX) in De gr. 1,3 (17,9).

Dies ist aber nicht mehr die Situation des Caesarius. Er mußte vielmehr die semipelagianischen Strömungen bekämpfen.

– Sermo 3 ist betitelt mit: „In dedicatione ecclesiae"; Synoden fanden häufig an Kirchweihtagen statt, auch die Synode von Orange (529), die den Semipelagianismus verurteilte. Sidonius Appolinaris schreibt an Faustus in ep. IX,3,5: *„nunc praecipue, cum in Lugdunensis ecclesiae dedicatae festis hebdomadalibus collegarum sacrosanctum rogatu exoraris, ut perorares,* <...> Somit könnte s.3 derjenige sein, den Faustus nach seinem eigenen Zeugnis und dem des Sidonius in Lyon gehalten hat.

– Das der Predigt vorangestellte Schriftzitat 1 Kor 3,8 findet sich in De gr. zweimal: 2,4 (66,27) und 1,4 (18,19).

– Fulgentius von Ruspe schrieb laut Vita des Ferrandus c. 28,54[32] acht verlorengegangene Bücher gegen Faustus; ebenso schrieb er gegen sermo 3. Diese Schrift liegt in Fragmenten vor (CC 91A, 870–873). Aus diesem Grund kann sermo 3 nicht von Caesarius sein.

– Sermo 3 nennt sich „Sermo Augustini"; offensichtlich konnte nach 529 eine Predigt dieses Inhaltes nur durch Namensfälschung erhalten bleiben.

Exkurs 2
DIE QUELLEN DES EUCHERIUS

Da die kritische Ausgabe der Formulae und Instructiones in CSEL 31 nicht die Quellen des Eucherius verzeichnet, soll dies in einem Exkurs nachgeholt werden. Die Zusammenstellung gibt nicht nur Auskunft über die Bibliothek in Lérins, sondern zugleich auch Aufschluß über die Exzerptionstechnik des Eucherius, die für seine asketische und theologische Aussageabsicht von Bedeutung ist. Die wichtigsten Bearbeitungen wurden im Text im jeweiligen Zusammenhang dargestellt. Zu allen biblischen Schriften und Themenbereichen, die Hieronymus streng exegetisch auslegte, ist Eucherius ausführlicher, indem er allegorische Erklärungen anfügt; bei Büchern, die Hieronymus unkommentiert läßt, bleibt Eucherius mehr im Allgemeinen; exegetische Werke aus der origenistischen Tradition scheint Eucherius nicht herangezogen zu haben. Die Liste erhebt keinen Anspruch auf Vollständigkeit. Die Bezeichnung der Werke folgt den im „Verzeichnis der Sigel für Kirchenschriftsteller" verwendeten Abkürzungen.

[32] PL 65,145 A.

Formulae Praefatio

3,5	Hieronymus, ep. 18,11 (CSEL 54,88,16)
4,14–5,8	Hieronymus, ep. 120,8.12 (CSEL 55,511–514)
5,10	Cassian, co 14,8,3 (CSEL 13,405,8)
5,11	Cassian, co 14,8,3 (ebd. 405,1/3)
5,12	Cassian, co 14,8,2 (ebd. 404,20)
5,19/24	Cassian, co 14,1,3 (ebd. 398,20–399,3)
6,1/3	Cassian, co 14,8,1 (ebd. 404,6/9)

Instructiones

Instr.	Hl. Schrift	Quelle
66/67	Gen 1,1	Augustinus, Gn li 1,6 (CSEL 28,1,10,7ff) Ambrosius sp II, Prol 1 (CSEL 79,87,10ff)
68,17/22	Gen 2,23	Hieronymus, q 6,1/13 (CC 72,5)
70,27	Gen 3,17	Hieronymus, ebd. 7,21–32 (ebd. 6)
71,1	Gen 4,16	Hieronymus, ebd. 9,20ff (ebd. 7)
71,10	Gen 5,20	Hieronymus, ebd. 10,8ff (ebd. 8)
71,12	cf. Gen 5,22	Hieronymus, ebd. 10,19f (ebd. 8)
71,18	Gen 6,3	Hieronymus, ebd. 12,9ff (ebd. 9)
72,5	Gen 9,27	Hieronymus, ebd. 13,28f (ebd. 11)
72,14	Gen 10,11	Hieronymus, ebd. 16,21f (ebd. 13)
74,8	Gen 36,24	Hieronymus, ebd. 56,23f (ebd. 44)
75,17	Gen 40,10	Hieronymus, ebd. 59,24f (ebd. 47)
75,24	Ex 13,18	Hieronymus, ep. 36,10–13 (CSEL 54,275–280)
81,18	Job 28,15	Hieronymus, nom 55,7 (CC 72,128)
84,9/23	Jes 5,1	Hieronymus, Is II; 5,1 (CC 73,63,10; 64,57)
85,2/17	Jes 6,2.3	Hieronymus, Is III,6,2 (ebd. 85–86,47)
87,7/11	cf. Ez 14,14	cf. Augustinus, Ps (zu Ps 132,5) (CC 40,1929,6)
91,25	Ps 39,8	Hieronymus, Ps (zu Ps 39,8) (CC 72,207)
93,21	Ps 61,12	Hieronymus, ebd. (zu Ps 61,12) (ebd. 213)
94,9	Ps 67,10	Hieronymus, ebd. (zu Ps 67,1–4) (ebd. 214)
94,18	Ps 67,14	Hieronymus, ebd. (zu Ps 67,10–15) (ebd. 215)
95,1/10	Ps 67,23f	Hieronymus, ebd. (zu Ps 67,33–37) (ebd. 215)
95,16	Ps 73,5	Hieronymus, ebd. (zu Ps 73,4ff) (ebd. 217)
95,27	Ps 74,9	cf. Hieronymus, ebd. (zu Ps 74,1–4) (ebd. 218)
96,7	Ps 75,11	Hieronymus, ebd. (zu Ps 75,8ff) (ebd. 218)
96,11	Ps 76,19	cf. Hieronymus, ebd. (zu Ps 76,12) (ebd. 219)
96,16	Ps 77,66	cf. Hieronymus, ebd. (zu Ps 77,1–8) (ebd. 219)
97,22	Ps 86,5	Hieronymus, ebd. (zu Ps 86,16–20) (ebd. 222)
98,25	Ps 103,6	Hieronymus, ebd. (zu Ps 103,1–4) (ebd. 228)
99,6	Ps 103,6	Hieronymus, ebd. (zu Ps 103,6–9) (ebd. 228)

99,10	Ps 103,26	cf. Hieronymus, ebd. (zu Ps 103,34) (ebd. 229)
100,12	zu Pss 119–132	Hieronymus, Ps h (CC 78, 248)
100,17	Ps 119,4	cf. Hieronymus, Ps (zu Ps 119,8–14) (CC 72,236)
101,3	Ps 121,3	cf. Hieronymus, ebd. (zu Ps 121,4–6) (ebd. 237)
102,16/26	Ps 136,8	cf. Hieronymus, ebd. (zu Ps 136,28–37) (ebd. 242)
105,25		Hieronymus, Ez I,1 (CC 75,11.191) Mt praef. (CC 77,5,55)
107,1/9	Mt 1,16	Hieronymus, ebd. I (ebd. 9,46ff)
107,10	Mt 1,20	cf. Hieronymus, ebd. I (ebd. 11,95)
108,4	Mt 5,10	cf. Hieronymus, ep. 129,1 (CSEL 56,162f)
109,10	Mt 26,29	Hieronymus, ep. 120,2 (CSEL 55,480f)
110,10	Mk 15,25	cf. Augustinus, Ev III,12,39ff (CSEL 43,323,1)
112,5	Lk 9,28 par	cf. Augustinus, ebd. II,56,113 (ebd. 219,1)
124,14	Röm 5,6–7	Hieronymus, ep. 121,7 (CSEL 56,27,12/19)
125,19	Röm 9,3	Hieronymus, ep. 121,9 (ebd. 39,1ff)
127,7		cf. Cassian, in 3,2 (CSEL 17,34,12)
129,5		cf. Augustinus, ench IX,29 (CC 46,65) ci XXII,1,2 (CC 48,699–701)
130,18	1 Thess 5,23	cf. Hieronymus, ep. 120,1 (CSEL 55,472,4)
132,17	1 Tim 2,1	cf. Cassian, co 9,9–14 (CSEL 13,259–262)
135,8		Augustinus, tri XV,26,46 (CC 50A,525,20f)
135,15		Rufinus, Eus (GCS 9,1,189,314)
137,11	1 Jo 4,18	cf. Augustinus, 1 Jo IX,4,15 (PL 35,2048)
140–145,10		Hieronymus, nom (CC 72,57–161)[33]
145,12	alleluia	Hieronymus, ep. 26,3 (CSEL 54,221,16)
145,14	amen	Hieronymus, ep. 26,4 (ebd. 222,4)
146,5/7	maranata	Hieronymus, ep. 26,4 (ebd. 222,12/18)
145,14/19	diapsalma	Hieronymus, ep. 28 (ebd. 227ff)
151–152		Hieronymus, loc (GCS 11,1 = Eus 3,1)
156,5–157,5		Hieronymus, ep. 64,10–17 (CSEL 54,597ff)
157,1	melotes	cf. Cassian, in 1,7 (CSEL 17,13,6/9).

[33] Zu diesem Abschnitt sind die genauen Parallelen zusammengestellt bei I. Opelt, Quellenstudien zu Eucherius, in: Hermes 91 (1963) 476–483.

Register

Die Register umfassen die §§ 1–4. Da die Prolegommena und der Anhang ohnehin weitgehend listenartig gestaltet sind, konnte auf ihre Auswertung in den Registern verzichtet werden.

1. Bibel

2. Quellen

(Die bisweilen in Klammern hinzugefügten Angaben geben zusätzliche Auskunft über die Zitationsweise aus den jeweils benutzen Ausgaben.) Tragen Kapitelüberschriften den Titel einer Schrift, wurden aus diesen Abschnitten die einzelnen Quellenbelege nicht entnommen; dies gilt insbesondere für die Werke des Vincentius und für die Regeln in § 4.

Ambrosius

3. Personen

Kirchenschriftsteller wurden nur aufgenommen, wenn ihr Name nicht in einem Werktitel steht bzw. im Zusammenhang mit einer ihrer Schriften verbunden auftaucht; hierzu bediene man sich des Quellenregisters.

Ebenso wurden folgende Lériner Mönche nicht eigens aufgeführt: Honoratus, Faustus, Vincentius, Eucherius, Hilarius.

4. Sachen, Orte, Begriffe

Bisweilen ist nicht der verzeichnete Begriff, aber der gemeinte Inhalt auf der angegebenen Seite zu finden. Begriffe und Sachen, die auch in Kapitelüberschriften stehen, wurden von den Seiten des so überschriebenen Abschnittes nicht ins Register aufgenommen.

5. Lateinische Begriffe

Bei lateinischen Begriffen ist immer auch das deutsche Äquivalent in das Register aufgenommen worden.